# 程千帆全集

程千帆——著

第三辑

3

闲堂诗文合抄

闲堂文薮

桑榆忆往

凤凰出版社

# 目　　次

## 闲堂诗文合抄

### 闲堂诗存

## 闲堂词存



## 闲堂文存

## 新诗少作

## 附录　新诗论

# 闲堂文薮

## 桑榆忆往



### 劳生志略



### 音旨偶闻



### 书绅杂录

## 友朋评议

# 闲堂诗文合抄

程千帆
撰

# 闲堂诗存

## 序

钱仲联

辟疆汪先生之为《光宣诗坛点将录》也，以陈散原为都头领，旧头领则以湘绮老人当之。夫散原规北宋，而湘绮则趋晋、宋，均之学古也。我不知何者为旧。鼎革以还，则闽赣流派几于弥天，然豪杰之士，不屑寄两者樊篱下者，岂无其人哉？余生虞山。虞山，东涧之乡也，西昆法乳，源远流长。自余幼为声诗，乡先辈张先生璚隐即以传东涧衣钵相期许，谓当含咀西昆以入少陵。而余于湖外诗人湘绮楼、白香亭、雁影斋诸家之作，尤所祈向，常神驰于青峰江上，与湘灵相接。壮游江湖，与贤豪长者游，若吷庵，若拔可，则皆赣闽诗坛之杰。余饫闻其绪论，以宛陵、西江、白石为高境。及讲学梁溪，与石遗老人连几席者三载，受其熏染者尤深。故余之于诗，盖杂家者流。世变日亟，旋值桑海之劫，余亦不能终为石遗所云娱独坐者之吟矣。踞皋比于大庠数十载，所挹拍者，岂无渊雅之士，而工五七言者不数数觏。晚游昆明，识程先生千帆，宁乡楚望阁主之族后人也。一言倾愫，知为振奇之士，历经枯菀，神明不减。同寓温泉者逾旬，然余性落落，未尝剧谈连夕，仅知其学殖深厚，为儒林之祭尊；诗则诵其当时口占数绝而已，未以为意也。别去三秋，余老病不堪，颓然一榻，废吟事者久矣。一夕，得先生书，以其《闲堂诗存》一册寄余命序。乃知先生之于诗，致力数十稔，所作千余章。龙汉浩劫，六丁肆虐，其祸殆比长吉余稿之遭投溷者尤甚。今出其忆诵，尚存百余篇，益以劫后新制，都为一卷。余循读数过，绝叹弥襟。其神思之窅远，藻采之芊绵，不懈而及于古。空堂独坐，嗣宗抚琴之怀也；天地扁舟，玉溪远游之心也。时复阑入宋人，运宛陵、半山、涪皤于一手。其乡先辈王、邓诸家所不能为者，而先生能之。于并世作者，风规于蒹葭楼主人为近，而初不以审曲面势伏人，斯又难矣。余僵卧者久，先生之诗，倘能如《七发》之起疾，使余策杖寻金陵旧游，从先生之后，登燕子矶，俯临大江，洪波涬潹，极望洞庭于烟云杳霭之间，慷慨高吟先生《读庄》、《效咏怀体》、《咏史》诸什，相视而笑，莫逆于心，小海之唱乎？冯夷之鼓乎？秋菊春兰，无绝终古。此集也，谓为并世一家之《离骚》可也。辛酉初冬，弟钱仲联序于吴门寓庐。

## 朱佩弦(自清)先生书甲申

千帆先生：

两度晤谈，甚快。昨承惠诗四章，风调高妙，循诵再三，不忍释手，感荷感荷。颇思和作，但有数韵甚险，恐举鼎绝膑，容徐徐为之。《萧萧》与《世味》二律，格高韵胜，前篇淫韵，次篇前三韵，尤所心赏，佩甚。《醉中》一篇，朴实有味，以俗为雅，甚得江西法，亦所偏爱也。近来不常在舍，入城时当再奉访。匆复，顺颂著祺。夫人均此致候。

弟朱自清顿首

八月十四日

## 读　老丁丑

青眚塞天地，白日去昭昭。山隳玉不辉，海枯石亦焦。群鬼森出没，腾踔纷讻呶。所愧墨逃杨，但梦鹿覆蕉。颇闻柱下史，陈言倘得要：飘风不终日，骤雨不终朝。

## 鄂渚行役，寄子苾长沙二首　戊寅

爆梦灯花乱别情，湘篁汉珮起心兵。千金一字无今古，忆汝行看白发生。

饥走名城托下僚，浮刀谁谓不崇朝。从来多病还相守，却守心魂逐暮潮。

## 余以春初就聘益阳之龙洲书院，未几病罢。比来渝州，辄以行迹可念，追赋小诗云尔四首

大道夙无外，芳草亦易求。此邦盛文华，箴言与龙洲。提绠古可汲，诸生况好修。章句亦何为？谋国在同仇。本末设不揣，方寸高岑楼。岑楼临资江，浩浩碧玉流。薄醉倚书幌，愁绝怀东周。

灯深客梦寒，困眠就纸帐。绪风逐阴雪，相忘大堤上。晓沐诧一白，蔽亏失故向。意行随江皋，振衣亦用壮。妖韶碧津渡，旧是天女相。一笑谢世情，渺渺空鱼浪。

恒情恶贫贱，得饱更求余。吾亦常苦贫，而不乐簪裾。撑肠借旧业，发箧著我书。注杜称千家，幽闷烦爬梳。孳孳事目录，琐琐及虫鱼。埋梦盈荒斋，聊可鬼载车。虚窗对平野，此意同春锄。

寒余惊春深，卧懒意行美。烟鬟亦在望，未觉三四里。空华瞥犹存，寸步曳又止。却据小丘坐，不觉日移晷。失计念堕游，故山如可徙。

## 题止畺小春集

画梦吹香两未知，人天何地著相思。白门裙屐风流尽，赢得孙郎一卷诗。

## 与石臞、印唐长亭茗话，时二君皆不乐居讲席，诗以解之

着身无地上层台，触热能同二妙来。汉宋两疲开蜀学，阮嵇孤躅近湘累。浣尘京洛今犹是，树木风烟愿岂灰？却喜江声绕浓绿，茗杯权得供低徊。

## 次韵答印唐

雾丝染鬓江潭空，秋梦不度垂房栊。灯檠药灶敌遥夜，纸窗块壁穿低风。一行作吏废诗事，百年强半居愁中。虚舟超越期力致，回首恐伤吾已翁。

## 将之打箭炉，喜得小夫消息

好语知无敌，深杯忆旧游。一为兵里别，又入隔年秋。巴字沧浪水，京尘澒洞愁。如何复行役，还慨为身谋。

## 大壮先生既为余治印，复书词卷见贻，赋谢二首　己卯

何处逢人不可愁，小长安客大壮近以自号又经秋。多生慧业余刀笔，一例风怀轶晏欧。

日饮无何君莫辞，涪翁制酒岂陶知？漉巾妙理分明识，千载惟应某在斯。

## 打箭炉端午

端午春仍在，东风竟日西。雨疏云有态，花发梦还迷。年少供衰病，才名费品题。自怜迁客意，于此尚町畦。

## 嘉州寄远四首　庚辰

巴山夜雨浮归梦，巫峡行云笑薄游。又上河桥送人处，雅州流水向嘉州。

料量贫病供初度，怜汝新词日益工。最是两年惆怅事，一尊无计与君同。

苦忆衣罗薄似云，药烟长共水沉熏。一身总当三千看，检点春妍寄与君。

鬓影春风过海船，定知千里共婵娟。香莲自覆连枝藕，便合桃根唤比肩。

## 契斋师流寓成都，赁庑旧传为扬子云洗墨池故址，郦衡叔为作图，命题二首

有身真大患，不死兴差豪。却赁扬家庑，翻疑漆吏濠。古文谁则似，斯道有同高。石斋亦用奇字教授。夙昔蒙湔祓，题诗不偿劳。

清景逃无薮，郦生信足夸。飐萍愁着雨，悬柳待招鸦。饱墨池仍洗，茹玄意有加。喜留盈尺地，况是子云家。

## 寄印唐十韵

忆谒刘夫子确杲师，花溪载酒过。小舟摇曲榜，弱柳坠斜柯。穗重垂黄发，崖崩散绿萝。瀑飞清屑玉，泉响暗翻荷。远岫匀深黛，闲潭着浅涡。相携同入崦，出语尚惊波。高第尊良友，叨陪愧等科。定知宽礼数，还喜接婆娑。熏沐余馨在，沉吟远梦多。新诗怀旧雨，忠义共研磨。

## 哭翔冬师三首

干戈飘泊际，犹自忆金陵。师固教无类，堂非德敢升。撚髭登讲席，把酒对寒灯。后此吾安仰，呼天天岂应？

冲夷中抗烈，散老识陶潜。散原翁诗云："陶集冲夷中抗烈，道家儒家出游侠。"师每诵之。乃以诗人著，徒为末俗怜。苍黄夷变夏，澒洞海成田。前事悲辛有，回头望蓟燕。

辛苦收京梦，曾闻逐醉来。远梅移未得，天意倘能回。师蜀中诗云："归欤各留命，昨夜梦收京。"又云："开筵不用思芳草，出峡吾将移远梅。"庾信江南赋，瞿塘滟滪堆。九州同不见，宁独所亲哀。

## 谢孟实先生惠红梅辛巳

元日过君家，贻余几树花。剧怜何岁月，共此小横斜。碧血沁蛟脊，芳魂咽塞笳。相看发孤兴，自笑爱春华。

## 石臞修禊峨嵋报国寺，以“此地有崇山峻岭茂林修竹”为韵赋诗，道远未赴，石臞代拈，得峻字丁丑

百年战伐星双鬓，流人久负行春兴。殷侯好事遍招邀，始信江山待高咏。花朝结社集少长，云瑟风璈亦何盛。舨公鼎足赵与林，久专益部骚坛柄。二窗声党老佳人，解道能登宁蹭蹬？癸叔先生与果玲上人唱和，有《能登集》。哲生乙部追班马，余事先为不可胜。旧闻寺字和孤桐，游刃百篇同一韵。主客论共峨嵋曲，异曲同工怜杜仲陵郑容若。我生十岁即学诗，绝倒津梁窥正闰。已愁螗斧怯车隆，敢对崇山夸岭峻？论文相师递湘蜀，王翁此语远犹近。“论文湘蜀递相师，宗派渊源定不疑。”湘绮题成都顾所持先生集句。顾先生则湘绮弟子，而家君之师也。便当芒屦踏牛心，来向诸公乞余馂。

## 呈方湖师，用师与孤桐先生唱酬韵

高斋旧傍鸡鸣寺，忆昔每过从问字。唐风宋雅尽指归，刘略班志参同异。寇深扬帆来沱岷，多士侃侃还訚訚。先生灵襟寄山水，谁识老子龙难驯？京华得名三十载，一流向尽几人在？近治郦书更马书，突过杨惺吾梁曜北推学海。生惭出则事公卿，旧业荒芜只自惊。他年法乳图宗派，敢道诗于世有名。

## 磊公下世，忽逾六旬，展对遗诗，怆然成咏二首

胡前余后风流歇，蜀道三年百不堪。触眼遗篇太惆怅，近来诗律更

谁参?

城北胜游高氏馆,石斋好客,所居近高家酒馆,诸友每以为戏。城南豪饮马公垆。马回回肆亦所常至。而今唱遍家山破,肠断金陵主客图。

## 避警雪地山,与歌川结邻,有论文之乐,赋赠二首

涉足词林百态新,要归文术贵清真。曾闻杜老分明语,不薄今人爱古人。

到眼横流看欲尽,隔帘斜日已无多。他时纵有还京乐,犹为今宵唤奈何。

## 题陈八丈幽居

柿湾清净住,空谷阅朝昏。几阵过云雨,一天秋到门。深杯聊自圣,邻佛亦称尊。居近大佛寺。斜日江干路,经过系梦魂。

## 与弘度丈结邻,因呈二首

廿载钦名德,天涯得比邻。通家三世旧,吟鬓百年身。儒术诚何用,兵戈岂不仁?殷勤问乡信,同是未归人。

结习囿难除,犹留几卷书。客怀添落木,宵雨长园蔬。占梦天仍醉,投闲愿久虚。所嗟闻道晚,邂逅庶华予。

## 溪堂展望乌尤

离堆竹影摇新秋，二水争洄持不流。连宵猛雨湿幽梦，溪堂冰簟如赘旒。清晨开门脚不袜，闲对朝阳梳绿发。初惊峰窠没溟涨，渐见螺鬟出云窟。生涯如此意有余，中隐何似专城居。有妇况复能读书，锄经日日同锄蔬。子苾方治《左传》。

## 诵避寇集，怀蠲戏老人辛巳

无还犹有地，一老抱遗经。周礼知存鲁，新篇胜发硎。灯传山月白，圣解佛头青。老人时主复性书院，书院在乌尤山，对大佛寺。举世非知识，何由判醉醒。“从人判醉醒”，集中句也。

## 重过乌尤口占壬申

山桃破萼绛成围，二月离堆翠作堆。拂面杨枝又飞雪，旧经行处已春归。

## 登恪八丈招饮，并示新诗，辄同其韵二首　壬午

国危民敢安，士穷节与守。平生不自意，濩落老杯酒。石阙口中横，由来亦已久。惟丈固道真，一扫诸空有。寸心自舒卷，群儿任唯否。想见柿子湾，春风掀瓮牖。

鬓发已垂白，旌旗犹自红。何所非乐郊，崖腹连茅宫。投荒分我辈，胜赏贪天功。新诗森剑铓，谁谓先生穷？箪瓢固屡空，薄醪欣偶供。但愁山月斜，宁顾江水东。劫火延八极，长怀袖手翁。戊戌政变后，散原翁自号“神州袖手人”。

## 题叔华夫人水仙卷子二首

□□□□□□□，玉肌沉骨靥娇黄。江皋起舞月初白，子夜微风飞暗香。

生花笔写断肠魂，天水遗民几辈存？春草已凋秋藕绝，独留清白殉乾坤。

## 重　来癸未

青春无那去堂堂，别久流光共梦长。玉树琼枝后庭曲，锦鞯娇马冶游郎。江干桃叶非前渡，陌上花钿歇故香。莫恨相思不相见，重来应减少年狂。

## 世　味

醒时何计了悲欢，短梦依依到晓残。万事乘除总天意，百年歌哭付谁看？坐惊烽燧愁来日，渐恶情怀有至难。还伴杵钟参世味，可怜长夜正漫漫。

## 萧　萧

萧萧落木添疏雨，冉冉徂年送积阴。蛇足真成失卮酒，蝇头何计破书淫。烽边故国劳吟望，梦后新愁负夙心。青鬓总怜供换世，更谁陈迹与追寻。

## 醉后与人辩斗长街，戏记以诗甲申

长醒不能狂，大醉乃有我。街东穿街西，蓝衫飘婀娜。螳臂竟挡车，决眥忽冒火。老拳挥一怒，群儿噪幺麽。景伊何媚妩，子耕尤磊砢。探怀出残刺，舞杖发强笴。终息蜗角争，幸免马革裹。举步犹循墙，归车任扬簸。唯量不及乱，中圣亦贾祸。且共食黄柑，谁教倾白堕？

## 答迹园先生

盖棺嫌早买山迟，迹园句。斯语深悲我所知。畹晚夕阳占大运，萧条朝市哄群儿。乌头马角宁终古，碧海红桑又一时。坐对微凉惜长夏，新蝉已在最高枝。

## 赠佩弦先生四绝

短梦蘧蘧感逝波，兵尘诗卷两蹉跎。扬州年少今头白，驻景神方奈汝何！

桨声灯影秦淮水，烛转蓬飘剑外身。为问江南旧游地，好天良夜付何人？

胸中泉石笑膏肓，坛上宗风别圣狂。著屐我惭成佛谢，旅蜀七载，未尝登峨嵋、青城，承询及，殊愧怍也。解颐人爱说诗匡。

访道何由失智愚，每惊高士杂屠沽。后山而后风流歇，谓顺德黄先生。先生有小印，文曰“后山而后”。肯把金针度与无？

## 甲申九月，钞顺德、蕲春两黄先生咏怀诗注成，偶效其体九首

沉痛出诙嘲，奇倔纳平淡。古来惟阮陶，其道差一贯。窈窕千岁人，盘胸只冰炭。短檠照遗篇，晤言用永叹。

活活门前水，桤林傍萧疏。秋原欻绪风，俯仰成笙竽。方流复圆折，出没随禽鱼。李叟崇上善，此意通玄儒。柔弱生之徒，逝者如斯夫。

绕窗风雨声，彷徨送遥夜。虚堂凝素魄，寒庭木叶下。岁月何飘摇，往来逐冬夏。今吾非故我，绿鬓天不借。王乔如可依，曰余早严驾。

层城矗青云，弱水回惊湍。楼台涌金银，苑囿森琅玕。洞房连曲室，妙伎发哀弹。群仙寿而康，下士饥且寒。何不食肉糜，晋惠宁独难？

三万六千日，为日苦不足。黾勉求长生，形骸同槁木。岂知仙家犬，逍遥游南北。咄哉阮步兵，独效穷途哭。

罗袜玩百钱，消息在俄顷。当其作门楣，亦谓保要领。杨花旋飞尽，青鸟去无影。终古鸡笼山，下有燕支井。书生不解事，但作亡何饮。

余生嗟犹在，虽在已堪惭。耿耿平生怀，积惨盈万端。不匮室词：“余生虽在已堪惭，说不尽从来积惨。”斯言谁解道，老成骨久寒。念彼泉下人，喟然摧心肝。

离离红豆子，三春发南枝。采撷盈怀袖，珍重遗所思。君子贵意气，将用乐我饥。悲哉久离别，灼灼空尔为！

梦本缘想生，无梦亦无想。清夜频梦君，存亡增惝怳。高树哀蝉歇，幽阶枯叶响。无鬼斯至悲，婉娈思则惘。有情终可怜，劳生一俯仰。

## 闻冰庐鬻画渝州，感题奉寄

嘉陵江上江南客，劫外相闻信转疏。尚有林泉足图画，忍忘魂梦待车书。寻常行路谁君识？粉墨生涯是此初。忽忆明朝又重九，避灾无地最愁予。

## 甲申除夕

沉沉王气未全收，形胜依然据上游。乐府旧传三妇艳，儒冠新负百年忧。侵肌海色灵山迴，逐鹿围场绝域秋。七度西川送今夕，所惭江令渐皤头。

## 寄石臞渝州乙酉

稻畦当户又芊芊，萧寺劳生坐渺然。末俗怨恩轻往复，世情甘苦有中边。鸡虫得失悲盈路，忠义提携合仰天。一字哦成聊寄与，近来哀乐倘能传。

## 戏题中庭牡丹赠同舍

绰约双姝宛转香，一般花艳总惊郎。荒台莫作三生梦，绛蜡聊分半夜光。

## 校楚辞毕，辄题其后

曳尾堂堂傲漆园，庄狂屈狷本同源。秦师不自修门入，谁识灵均万古冤？

## 抗战云终，念翔冬、磊霞两先生旅榇归葬无期，泫然有作

八岁荒嬉愧九泉，南郊宿草换新阡。爆竹满天角声死，留命东还真偶然。

## 重到嘉州，有怀子苾成都

滩声驱梦卷思潮，寒焰腾腾乱寂寥。横舍陆沉真左计，倩魂心结比天遥。向来孤介惟君会，细数悲欢不自聊。眠食而今复何似？定知消减沈郎腰。

## 诵温尉达摩支曲，忆子苾鹧鸪天词，怅触于怀，赋此却寄丙戌

万古春归梦不归，空庭斜日又花飞。故新恩怨情如在，莲麝丝尘意肯违。风雨闭门君独卧，江湖乞食我长饥。词云："莲作寸，麝成尘，寒灰香篆总难温。人间犹有残书在，风雨江山独闭门。"一椽偕隐何年事？怅望林泉咏采薇。

## 雅州寄子苾沪上

边城难得雁声酸，零露凄凄早戒寒。天末笑颦劳梦寐，眼中田海失悲欢。长图剩作青林想，小别还惊绿发残。细字短檠昏送昼，却愁冰井偶翻澜。

## 杂　佩丁亥

珊珊杂佩竹梢鸣，脉脉清川鬓底萦。一沐渐稀凋后绿，数飞终怯夜来惊。高唐枕席长哀郢，宋玉才华旧擅荆。凄恻丹心竟何用，经时制泪又缘缨。

**戊子迄辛亥二十余年诗稿全佚，以下三首，偶忆得之。**

## 八里湖作二首　戊戌

柙虎雕龙未足希，鳏生晚遇颇嵚奇。黄尘扑地秋风起，倚杖荒原学哵鸡。

少年子弟江湖老，红粉佳人白了头。忽忆何人旧诗句，峭风寒日在蕲州。

## 题襄阳云居寺丙午

米家山与习家池，三十年中偶梦之。垂老尚能来革命，云居古寺住移时。

## 肇仓、藏用两兄枉书见存，赋答四首　壬子

文藻湘潭邵西先生有别传，校雠巴县宗鲁先生许精专。学林耆旧销磨尽，收取声名四十年。

温谷兰汤吐自然，秋风玉桂更芳鲜。永安三载亲蓑笠，应识归耕计最贤。

日下高斋集众贤，清言高论酒如泉。惜华不作家伦死，岁暮怀人又一年。十六年前，藏用招饮京寓，傅、盛在座。

高情每忆王文度，雅量谁如顾彦先？安得东湖一尊酒，白头三老共

逌然。

## 意有未尽，复拟曹尧宾小游仙体

我亦当年紫府仙，屡朝金阙驾云軿。上清同谪迟归独，始信人间未了缘。

## 寿叔坎六十癸丑

莫惊玄鬓点吴霜，已有传书付礼堂。科判醉醒知历历，辨章文史视荒荒。酸辛抚迹何堪杜，亲故钟情颇忆王。自数期颐阅尘海，肯随儿女斗春光。

## 破角诗一首，效梅宛陵体

自我来沙洋，牧牛几五年。所牧六十余，驯劣互争妍。中有老黄牯，特出居群先。技巧颇精能，德性尤纯全。耕驾夙娴习，勤渠不须鞭。进退合指挥，妇孺从驱牵。素不践蔬圃，亦不犯稻田。虽纵鼻绳头，罔或肆腾骞。慈爱逮儿孙，牴戏任流连。骎骎岁月驶，角裂垂衰颜。因得破角号，服劳尚怡然。似怀尽瘁心，未遑卸仔肩。今年雪降早，北风掀寒天。一病莫能兴，泪下如流泉。斤斧何曾赦？卒葬人腹焉。贡献罄其有，身后继生前。所与者何厚，所取者何谦！爵赏所不及，书史所弗传。迅翁咏甘牛，名言著遗篇。破角诚可师，吾曹当勉旃。

## 癸丑嘉平寄子苾

晚岁金丹未可期，残年又送鬓边丝。难成枕上龙山梦，不尽尊前凤侣思。明月有情偏射牖，暗风无赖每穿衣。短檠二尺终当共，来诗云：“还待乌头白，归来共短檠。”莫为离怀损玉肌。

## 伤黑鸡甲寅

养雏成黑凤，曾伴病闲身。有让不争食，闻呼解应人。足伤犹产卵，雨猛竟离群。敝盖堪埋狗，嗟余忍鼎烹。此真所谓“病后能吟出韵诗”也。

## 子苾生日，长句为寿乙卯

结褵卅载一飞梭，雪海炎山取次过。玉貌锦襦余白首，残年饱饭老东坡。项强未始牛衣泣，目眚长愁马足讹。犹喜齐眉逾花甲，凤雏引吭欲成歌。客春丽儿举一女，小字早早也。

## 偶作进退格

过江哀愍度，避俗笑陶潜。惭愧心无义，凄凉乞食篇。如来那可负，神释定何嫌。寒夜摊黄卷，行藏慨昔贤。

## 诵子苾近作“十年春梦总成婆”、“老去始知才已尽”及“短发乱梳头”诸句，感叹今昔，不能入睡，辄作小诗奉寄，此亦少陵所谓“老妻书数纸，应悉未归情”也二首

伤别伤春幼妇词，灯前红袖写乌丝。巴渝唱遍吴娘曲，应记阿婆初嫁时。旅居渝州时，乐家有以其新诗制谱传唱者。

歌云酒雾趁飞光，理鬓熏衣语笑香。看碧转朱朱转碧，女孙今已解扶床。

## 寄怀孝章、君惠

锦城花月预英游，大句深杯各献酬。西笑梦魂劳楚蜀，南皮赏会忆陈刘。庞公语妙应难继，梁韵风流怅已休。二十九年伤折柳，不知谁剩未皤头。

## 止畺来书云，死前一面，平生之愿足矣。越岁，乃答以此诗

论交昔自爱朱刘，谓朱公叔《绝交论》，刘孝标《广绝交论》。涉世谁真共乐忧。未死尚期谋一面，平生此愿已千秋。升堂水镜今安有，弯弧逢蒙古所羞。侠骨江湖只陈迹，好从心地泯恩仇。定庵诗：“吟到恩仇心事涌，江湖侠骨已无多。”今又百年矣。

# 读　庄七首

田成亦可儿，窃国并圣智。侯门仁义存，轩冕乃肆志。诗亡春秋作，妄欲赓美刺。定哀多微辞，固是贱儒事。

道隐于小成，言隐于荣华。是非非所是，簧鼓徒矜夸。与物相刃靡，疲苶逐无涯。夏绿凋秋霜，对之益咨嗟。

儒墨称尧舜，皆谓真尧舜。尧舜不复生，儒墨诚谁定？同浴讥裸裎，万古一争竞。不齐以为齐，漆园真自圣。

韩非距显学，亦欲拯世乱。刑名原道德，史迁一笑粲。阴柔伏杀机，何由免冰炭？龟尾曳泥中，鸿毛逝天半。

子舆尝鉴井，子綦仍仰天。大哀在怀抱，谁欤使之然？达人解情理，曲钩同直弦。至乐本无乐，试观逍遥篇。

惠施过孟诸，庄周弃余鱼。濠梁虽共游，踪迹亦略殊。穷达与贫富，夜旦相代居。争关梦觉间，栩栩复蘧蘧。

桁杨者相推，殊死者相枕。离跂桎梏间，日月付驰骋。先生六十化，宁复此悲哂。坐忘或未能，姑请循其本。

# 得石臞书，却寄二首

锦城长忆共清尊，海内忘形剩子存。未死东坡真似梦，悲秋宋玉待招魂。时有传君已化去者。求禅七祖鱼缘木，面壁三年虱处裈。倒屣升堂定何日，文章交道得重论。

少年文藻动师门，老学潭潭道益尊。近与孤桐相议论，远从量守见渊源。吟魂楚蜀同摇落，世味江湖自吐吞。休念家山未归得，废书聊请一窥园。

## 以旧藏诗集数种寄赠淡芳，聊答存问之厚，因媵二绝丙辰

卅年光景剧奔轮，赢得匏瓜老病身。多谢秾华旧桃李，玄亭载酒断无人。

雏凤他年有美名，最怜才性两清醇。穷人事业今交割，检点残编寄锦城。

## 复以家藏汉砖砚奉寄二首

残甓轮囷阅古春，晓窗慵伴退闲身。花钿散与西邻女，我亦唐年入道人。

笔砚扫除吾倦矣，评量鸡雉子犹耽。承家莫负时晴帖，且与陶泓共一参。

## 寄止畺兄金陵

夙昔同心友，仳离各一天。白头千里梦，青眼卌年前。岚影钟山路，荷风北渚船。因思土星会，回首倍凄然。土星笔会，少年时与流辈所结诗社也。

## 雨中为子苾求药，时拟游湖

转烛飘蓬损少年，相思相对雪盈颠。酸辛避死曾无地，怅望来书每各天。好雨渐催山翠活，良方从乞宿疴蠲。行春莫怕欹危步，袖底东湖绝可怜。

## 上衡如先生二首

老厌京尘自闭关，还将肠胃绕钟山。长怀寂寞刘夫子，广座春风梦寐间。

争关梦觉叹何曾，敬业传薪愧不能。未死白头门弟子，尚留孱魄感师承。

## 挂冠后寄江南故人。庾哀流离暮齿，杜嗟生意可知，虽才谢前修，而情符曩哲矣四首

沉身几见海扬尘，失路终悲鸟堕云。虎阕昔惭陶相国，龙山今并孟参军。颠蛮蹶触犹争长，博谷书臧共策勋。十有八年真露电，剩将白首仰苍旻。

荆门叱犊四年余，难得量移一纸书。未答涓埃伤老悖，极知祸福自乘除。抛残旧业吾何恨，入样新文锦不如。圣听倘容求建业，岂宜更食武昌鱼？

物论方归祖孝征，枉称庾信与徐陵。争名那复趋朝市，守静差难绝爱憎。尾上苍蝇空自许，井中青黾本无能。近来稍喜金风集，佳处还堪借一灯。竹垞诗：“海内文章有定称，南来庾信北徐陵。谁知著作修文殿，物论翻归祖孝征。”

江南风景梦魂间，世法拘人竟不还。锦障步春三月雨，玉骢嘶雪六朝山。少年好事浑如昨，衰鬓逢辰忍闭关。若共盼英征故事，也应憔悴泣红颜。

## 戏为九绝句

名下堂堂盖世翁，儒林文苑两称雄。颓唐老手才人胆，肯向随园拜下风？

为文轻薄病难医，白障侵眸喻亦奇。辱骂要知非战斗，会稽遗教最堪思。

甫白操持孰劣优？春兰秋菊总无俦。蚍蜉欲撼参天树，不废江河万古流。

碎叶方舆考独精，谪仙降诞史分明。名城早拂唐旌旆，小丑雌黄枉肆情。

划却君山为拓田，关情农事李青莲。海盐胡遐叟错愕钱塘王琢崖哭，别有千秋愧郑笺。

当日题楹寄草堂，诗中圣哲语煌煌。新书却把旁人笑，未必师丹老善忘。

环堵苍生亦夙衷，岂惟广厦感秋风？强于寒士生分别，似此论量或未公。

伤寒曾诊王熙凤，中毒旋闻杜少陵。赠勺女郎缘结子，刘贡父、陆农师皆以为诗云“赠之以勺药”者，盖勺药破血，欲其不成子姓。儒先妙解此传灯。

一分为二有津梁，久矣名言日月光。求是更须尊实事，莫教舞袖太郎当。

## 奉怀印唐二首

沱滨属疾老萧郎，战手传书意自长。一别卅年千里梦，半生九死两回肠。青春任侠君余几，皓首流离我更伤。欲诵子期思旧赋，愁霖衰涕对浪浪。

江南游子总疏狂，肯信年华有断肠？词笔春温起秋肃，歌丛妙伎斗明妆。翻悲益部推耆旧，剩觉秦淮堕渺茫。往日意君应共惜，莫辞东海咏青桑。

## 奉和孝章客岁酬子苾之作

折手酬诗真倔强，攲斜左笔亦轩昂。孝章客岁以车祸折其右手，犹力疾和诗，以左手书寄。遥知私燕难倾碧，乍觉官杨又弄黄。肝肺槎牙今视昔，来诗有“嵇公结习原非懒，肝肺槎牙别有情”之句。云龙离合海生桑。沉吟三十年中事，独愧余生足稻粱。

## 寄和白匋先生见赠之作

荆吴一苇忆初杭，弱岁经筵接耿光。君特传灯夸量守，季刚师激赏先生词，赠诗有“洛诵新篇喜不胜，君家君特有传灯”之句。尧章知己迈辽阳。辽阳陈慈首始为姜尧章年谱，先生作白石词小笺，精实过之也。无成素业劳湔袚，不辨遗书孰在亡。何日北湖同一笑，尚余风月可平章。

## 江南故人闻余将休致，咸劝东游。辄赋小诗，以为息壤七首

廿载沉吟直至今，故人风义敌兼金。吴淞白浪秦淮月，识我徂东一片心。

苦读阴符少壮年，相逢休诧各华颠。无人肯谢东周子，六印难如二顷田。

诸老凋零极可悲，门生后死亦支离。石桥布厂经行处，霜厓、量守师寓大石桥，方湖师寓晒布厂。历历春风侍坐时。

土星诗屋久烟埃，童子雕虫也费才。莫厌鸡鹅恼邻里，此生无复踏莓苔。诗屋在金陵鸡鹅巷，铭竹所居，为土星笔会同人觞咏之地。

竹林古寺响钟鱼，琼树葳蕤照影初。落尽碧桃飞尽絮，尚留残梦绕南徐。

山岚冉冉毵毵柳，湖水沄沄簇簇荷。细数荆吴诸窈窕，风流终让莫愁多。

云从雾隐各寒温，重到江南合断魂。一事略同苏玉局，晚涂流落负明恩。

# 闻孝章凶问，哭寄君惠

开札惊魂泪万丝，流离暮齿益辛悲。空余鸡黍绸缪意，等是虫沙寂寞时。曳尾自惭容后死，扬灵谁与共前期？酸吟却寄城南老，海内相哀几故知。

# 咏　史四首

徐娘老泪黦罗巾，梦逐多情入海身。半面作妆卿底事，九夷沽酒彼何人？

波罗小技亦风流，三度油场夺状头。夜半瑶华宣密诏，忽惊身拜辟阳侯。

亲敲檀板抱云和，独眷红灯一曲歌。纵传伶官遗面首，始知欧史阙文多。

窃窥神器炫榴裙，祸水焉能覆六军？云雨虽亡新日月，解人终数郑台文。

# 得彦邦书，却寄丙辰

白头师弟正相望，新岁驰书到武昌。老去辛勤付沟洫，少来诗笔驾钱郎。三年赤脚生重茧，万亩春风动绿芒。蜀道山川行踏遍，羡君忧乐系农桑。

## 答淡芳四首

新岁犹钻故纸，故人远寄新篇。君念东湖风月，我怀西蜀山川。

夭桃秾李山谷，芝兰玉树庭阶。自是天公造化，臣何力之有哉？

迟暮喜逢新政，涓埃何补明时。一麾出阮是已，两弃惟严共之。

门前碧波万顷，屋后青山数重。但愿他年践约，来同秋月春风。

## 君惠远馈灵芝，赋谢

扫迹山林乏药资，欣从蜀道获先施。函腾雪岭风云气，眼乱虬龙偃蹇姿。九窍生香诗客序，七明延命道书词。行看病起春光里，何用天阶问紫芝。

## 淡芳书来云，劳动节与国武、文才会饮，而以病止酒，惟睹两君酣畅为乐。余赏其胜情，因戏效山谷体作小诗奉寄

刘王青田姿，青衿忆英发。育才三十年，未觉霜粘发。酩酊酬佳节，举觞黄河倾。孰可不与饮，亦有一公荣。

## 寄君惠

老天生空读去子，所以养豪杰。孝章言戏耳，深衷何激烈。杯盘纵诙嘲，卅年犹一瞥。逝者墓宿草，存者头白雪。相思不相见，见亦无可说。此念若浮沤，中宵肺肝热。

## 寄石斋夷门

读雨尝漂麦，歌樵略近狂。寇深同窜蜀，齿暮独游梁。会合嗟何日，交期故不忘。喜闻效熊鸟，却老得仙方。

## 重到金陵，赋呈诸老

少年歌哭相携地，此日重来似隔生。零落万端遗数老，殷勤一握有余惊。金縢昔叹伤谣诼，玉步今知屡窜更。欲起故人同举酒，夜台终恐意难明。白华含冤自沉，及昭雪，或者乃曰，君对“文化大革命”不理解，所以轻生云云。

## 有　赠五首　戊午

天际微云乍卷舒，飞琼新寄秣陵书。春风无限江南梦，又逐灵槎泛玉渠。

玫瑰秋衫别样妍，芙蓉玉立鬓云偏。马蜂一螫情弦急，恼乱欢场众少年。在大学时，尝演丁西林话剧《一只马蜂》，满座尽倾也。

只影空帏自不支，卅年幽怨夜灯知。多情却被无情误，已嫁何如未嫁时？

桃花吐蕊旋成子，桦烛煎心久化烟。犹喜雏孙相慰藉，书声时透晓窗前。

别来疑梦亦疑云，剩有娇娆心底存。他日秦淮重觌面，白头相对更消魂。

## 携兰游莫愁湖，归饮市楼

穿市车尘秋未寒，偶携之子一凭阑。妖鬟阅世旋成媪，宿梦萦襟略带欢。淡紫冶黄明晚照，修鳞短艇媚澄澜。侧身裙屐歌呼地，剩觉残年尽醉难。

## 昆明杂诗四首　己未

菉葹盈室海成田，妖乱何堪竟十年。欲起河东续天对，石林依旧矗南天。

圆通山上海棠娇，重读花潮旧梦遥。始信昆明好天气，英魂毅魄已难招。广田《花潮》一文极赞昆明海棠之盛，又尝语余云，昆明天气好。

香融粉艳溢东风，昔哭今歌少长同。此日勤渠追马队，他年踽踽住牛棚。

赋陆评钟聚一堂，新知旧学共论量。时开古代文学理论会议。鲰生亦有挥鞭意，未觉萧萧白发长。

## 游西山呈达津、厚示三首

西山何岧嶤，松竹静娟娟。滇池来袖底，龙门矗其颠。老衲示深慈，凿此一线穿。非余德敢登，聊逐健者便。余年诚可羡，即事已忘年。

太华与华亭，窈窕两朱阁。士女熙攘间，繁香自开落。谈谐方冶融，语论挟稜角。凌夷二十载，稍复得此乐。春云有卷舒，吾意不可夺。

蔡生多慷慨，王老温且文。归来贾余勇，纵谈至夜分。颇续儒林传，亦诵蟹形文。厚示论诗，因诵马雅可夫斯基之作。心危世教衰，感激前未闻。余悸与余毒，于我如浮云。

## 石林有一岩，极类阿诗玛头像，因题绝句

不负当年缱绻心，苔衣犹染泪痕深。钟情万古阿诗玛，永葆青春住石林。

## 题原平画瓦雀

饥雀何处来，茫然栖瘠竹。尔无三尺喙，那有万钟粟？

## 重禹寄示绀弩二集，因题其端

绀弩霜下杰，几为刀下鬼。头皮或断送，作诗终不悔。艰心出涩语，滑稽亦自伟。因忆倪文贞，翁殆继其轨。

## 赠卢鸿基教授

抗日战争初起，余与鸿基邂逅长沙，相得也。自尔别去，绝不相闻，殆今四十有一年矣。顷鸿基自杭州来宁，举行画展，感念宿昔，悲欢交萦，因赠三绝句。

逝者如斯往未尝，卌年离合付回肠。重逢一笑头颅在，又向金陵作道场。

英姿妙相出清新，造化为师笔自神。此是华严真法界，花花叶叶万千身。

洞庭春水共深杯，当日流离只自哀。词客画师俱老矣，余生犹及见昭回。

## 赠波多野太郎教授庚申

秦淮漾新暖，朋自远方来。奋翼一泓水，冲寒几驿梅。白头倾盖晚，青眼及春回。千载风流地，君宜数举杯。

## 饶固庵宗颐为詹无庵安泰刊行遗集，无庵哲嗣伯慧索题，因书五首

西苑初逢偶对床，最怜绮语出刚肠。白头追想新知乐，未厌潇潇夜雨长。

江头岭外垂垂树，几被狂童斫作薪。此日花城花万朵，巡檐无复看花人。

本与海绡为后进，却疑兰甫是前身。岭南词派今谁继？怅望南天一怆神。

固庵风义同琼琚，无庵地下得知无？苍虬苦语久名世：传世遗文胜托孤。先君为成都顾先生刊遗集，苍虬翁赠诗有此句也。

独抱遗编理放纷，征诗授简意何勤。海东书问风流极，头玉硗硗有少君。伯慧时讲学日本东京大学。

## 以庐山藤杖赠永璋，媵以小律

匡阜携归一段云，幻为藤杖赠诗人。凭高尚忆山排闼，穿屋云来岭又昏。

## 闻幼琴将返国讲学，诗以逆之辛酉

英年妙誉海西头，故国重归卅二秋。旧梦沉浮余白首，新文哀怨话红楼。榴花灼灼明堤岸，莲叶田田入钓舟。莫负青衿吟赏地，待君把臂后湖洲。

## 北　湖

五十年前侧帽郎，北湖千顷踏秋光。重来一事供惆怅，不见风流夏五娘。

## 西安杂题四首　壬戌

骊宫已烬曲池堙，七十西征到渭滨。初践少陵眠食地，峭风稊柳不胜春。

达夫清壮岑奇峭，杜老沉雄意更哀。拾级便应登雁塔，终南晴翠扑眉来。

吴钩越甲出秦坑，妙相犹凝战伐尘。曾扈始皇吞六合，雍州子弟六千人。

发冢诗书一炬灰，祖龙当日亦惊才。凄惶没世龙蹲叟，枉费微词记定哀。

## 天问楼图为重禹题

楼自名天问，庵仍比活埋。青灯恋红学，热泪恼寒灰。擢发罪难数，行吟老益才。先王祠庙在，呵壁未须哀。

## 咏慈禧癸亥

入内初承泽，兰儿唤小名。三千一身宠，九五百年情。故事罗衣雪，来生白骨精。恢恢视天网，异代总倾城。后小字兰儿，对雪尝着罗衣。余少游燕，闻诸老监云。

## 乙丑暮春，寓苏州大学招待所，适邻六宅头，子苾故居也。偶成二绝

窈窕词仙去不还，尚留遗宅在人间。闲寻执手巡檐处，一抹微阳度屋山。

迢迢楚水接吴山，应有英灵数往还。天赐庄头今夜月，那堪重对两凋颜。

## 题倾盖集二首

大泽穷边落日黄，疲氓倚耒偶相望。妙哉逃死九迁客，各自携归一锦囊。袖手孤吟吐光怪，轩眉大笑话荒唐。峥嵘岁月征诗史，天女修罗共作场。

神交岂但同倾盖，倾盖论文若有神。自昔妙才多铸错，断无畸士不相亲。能歌汉道昌皆李，即解儒冠溺亦秦。元祐党家欣健在，一编留赠咏诗人。

## 洛下看花呈诸老丙寅

检点春容万态殊，魏姚风韵最清姝。故应三五龙钟叟，也着闲情到鼠姑。

## 过巩县，展少陵先生墓

愤怒出诗人，忠义见诗胆。以诗为春秋，褒贬无不敢。诗圣作诗史，江河万古流。兹丘封马鬣，永与天同休。

## 黄河游览区杂咏十二首

昔苦汪洋水，今夸锦绣乡。沮洳成乐土，荆棘化康庄。

水自高于地，堤仍固比金。不须神禹力，众志本成城。

堤远意相随，羡君好颜色。秋成银白棉，夏收金黄麦。

骈立五龙山，倒影九曲水。晓吟朝阳红，夕赏暮烟紫。

双峰插青云，索桥悬其岸。策杖强登之，结念属霄汉。

华夏古文明，大河所哺育。慈母抱婴儿，象征我民族。

国色朝酣酒，天香夜染衣。玉环风韵好，千载认依稀。

竖子亦成名，难浇块垒平。阮公登广武，我上二王城。

西顾三门津，黄河浩荡春。惊湍平似镜，赤鲤倘能神？

六十老书记王仁民，人称事业狂。林峦巧妆点，来岁更芬芳。

裙屐欻联翩，高斋集众贤。竞将明秀笔，来颂舜尧天。

老去嗟才尽，聊题二韵诗。新知今日乐，好景异时思。

# 武夷纪游九首

余于丙寅夏作黄河游览区杂咏十二首，皆五言绝句。其末章有云：“老去嗟才尽，聊题二韵诗。”今又越二年矣。顷来武夷，复有纪游诗之作。而皆六七言绝句，虽增一二字，岂遂能免于才尽之诮乎？附记于此，以博同游诸君子一笑。戊辰五月。

## 抵崇安怀柳耆卿

南州欲界仙都，北宋春风词笔。晓风残月依然，怅望千秋柳七。

## 初入武夷

青山如偃蹇人，白头非折腰具。我来欲揖仙灵，满目苍崖云树。

## 游燕子岩遂至水帘洞

岩燕五只七只，岩石如燕，或谓智者能见其七，愚者则但见其五。溪壑千重百重。熔金铸一片瓦，一片岩赤色，内凹如瓦。霏玉作千尺龙。

## 水帘咏茗

才媛谓侯孝琼摇笔散珠，词客动墨横锦。凭何推激风骚？亦有乌龙绝品。

## 九曲乘桴二首

乘桴偶效鲁叟，著屐难忘谢公。拨棹清流漾碧，穿林瘦日亏红。

九曲方流圆折，滩声树影云光。风送群仙笑语，一溪草木皆香。

## 天游峰麓坐雨

更无脚力上天游，坐雨云窝得暂休。始识武夷奇绝处，溪山在在足淹留。

### 桃源观小睡

缥渺云衣护翠堆，溪流挟雨更喧豗。山房暂借游仙枕，犹有滩声逐梦来。

### 主人招饮幔亭，席中有蕨。不尝此味，六十余年矣

千里诗盟九曲浔，幔亭高宴重南金。登盘苦蕨多风味，起我怀乡一片心。

## 独　携五首　庚午

独携酸泪注星空，凤阙峨峨思不穷。曾是隔年同命地，六军齐发扫狂童。

风昏云翳作天容，时见饥鹰掠远峰。长伴御沟呜咽水，九衢严逻夏徂冬。

骈肩无籍冢无名，侠骨留香也满坑。若过北邙寻宿草，有人漫野哭清明。

故人风义夙相知，有女能文擅秀奇。谁遣存亡替离会，沉泉去国不胜悲。

神血天街淡欲无，梦边灵爽亦模胡。歌燕舞赵升平极，坐井忧天愧老夫。

## 余以病入医院，而石禅适自台北赴敦煌开会，会后枉道过存，出示见怀新作，奉酬六首，兼寄仲华

西风破睡入匡床，斗室孤呻亦自伤。失喜故人归故国，不遑颠倒著衣裳。

八十犹堪事远游，敦煌访古气横秋。前身未必梁江总，重到秦淮也黑头。

戴东原钱晓征屐齿未经过，石窟灵文入网罗。独发校雠千古覆，俗书非雅亦非讹。君论敦煌卷子字多俗体，若以为误而改之，则转滋讹谬。其说极精创。

颇忆平生高仲子，英年橐笔共征西。行吟每作伤时语，时仲华赠诗有"醉来蚁梦花前酒，醒去鸡声雪里山。愁绪万端遭世乱，狂名几日满人间"之句。好事偏耽打劫棋。

蕲春学派绍余杭，骆绍宾陆颖民刘博平殷石臞并擅场。休怅一流今向尽，海隅犹立两灵光。

蠛蠓鲲鹏各一天，梦中占梦转茫然。人生只合随缘住，流水征蓬四十年。

## 闻夷洲近事辛未

青骨成神十六秋，惊波日夕尚回流。方酣孰胜南柯战，待虑微闻楚国囚。劫后旌旗难一色，别深霜雪总盈头。无多岁月偏多感，三妹新来又远游。

## 入　梦四首

入梦飞熊遽化烟，金仙临载亦潸然。寒衣无待山河改，枉种红桑七十年。

丹陛年时噤万灵，霓旌玉节满春城。登真帝子如重降，且听秋林落叶声。

小星三五侍霞觞，娇妒犹传抵死狂。一夕凤蝉零落尽，影娥池上月如霜。

莫为兴亡叹逝波，千秋恩怨复如何。难求痼疾三年艾，苦忆逋人五噫歌。

## 辛未九月，君惠八十初度，辄成小律奉寄，以抒鄙怀，交亲五十载，不敢以寻常祝嘏之辞进也二首

书犹能读足忘穷，老在人间百事慵。安得此时江海上，不妨一笑寂寥中。

蜀水吴云断复连，白头遥对故依然。蛮颠触蹶成何事？喜汝堂堂八十年。

## 宗君良纲属题其印集，为书六句壬申

大匠斫山骨，雄浑肖天造。游刃偶得之，非代拙以巧。莫学俗薄儿，徒矜姿媚好。

## 赠永璋甲戌

晚交殊未密，共喜少陵偕。东坡诗：“更欲留诗题素壁，坐中谁与少陵偕？”余与君皆尝以杜诗教授，故借用之。我爱门人进，君怜孺子佳。余门人莫砺锋与少君总皆于杜诗有所著述，能传业也。宗风绍丁卯，大句压江淮。秋色南湖路，行吟称老怀。

## 寄克家兼怀中玉

赵堂子巷旧曾过，卅载沧桑远梦多。矍铄徐郎能忆否？菩提坊谒病维摩。

## 寄严霜三首

先德英风绝辈俦，文章憎命续风流。君栽甫先生哲嗣。刚肠得酒森芒角，一卷清诗万斛愁。

君居涨海我江浔，异地同时寂寞心。苓或有时能作帝，龙非乘运不成霖。

墙角黄梅正着花，窗前丛竹翠交加。深灯煮字无新语，愧杀颓年卖饼家。

## 咏庭中草木寄林林

林林先生近示汉俳剪云集，新颖独特，文场之异军，艺林之奇卉也。余久不作诗，见之技痒，巡览庭中草木，有东坡弟兄之思。亦仿其体，决堤作四首。乙亥八月。

彤彤一串红，新来怒放小庭中，不管雨和风。

夜色耿星河，飘然梧叶下高柯，树老得秋多。

太阳花七色，朝霞夕照随开合，娇颜长不得。

几簇翠琅玕，留伴孤松老岁寒，叔夜七不堪。

## 杂书往事，寄伊同匹刺堡，兼寿其八十四首

弱岁横经北大楼，绸缪接席共熏修。每钦粗粝供旰食，攻苦何殊墨者流。

锦城离会太匆匆，远涉鲸波遂绝踪。垂老相思忽相问，莫惊皆已白头翁。

王谢风流挥麈余，崔卢门第更谁如？殷勤异代冥搜手，孚尹千秋绝业书。君早岁所撰五朝门第，北朝门第二书，迄今为史家钦重。

北渚清尊久不温，摄山红叶绾离魂。小诗遥献南山寿，六十年前旧梦痕。

## 题傅抱石陶学士风光好图

拥帚闲庭貌若花，多情学士泛仙槎。开筵纵爱风光好，温梦终惭鬼眼斜。

## 题静海寺丙子

静海前朝寺，沧桑二百年。蛮夷曾猾夏，汉帜复中天。殿宇松篁古，勋名日月鲜。凭阑望台岛，怜汝尚孤悬。

# 跋

拙诗一卷，起丁丑(1937)，止丙子(1996)，共二百三十八首。才地既弱，格局亦小，过而存之，聊以自道其哀乐，诗云乎哉？丁丑暮秋，闲堂。

# 闲堂词存

## 浣溪沙

宿乌鸦岭梦亡友

春雪飘绵点客衣。倦怀羸马与愁宜，绕枝乌鹊怯西飞。　　不辨死生犹有梦。闲寻踪迹总成悲，不胜寒处夜何其。

## 鹊踏枝

柳外清辉楼一角。碧海冰奁，刻意怜秋约。云影渐生蟾影薄，今宵光景浑非昨。　　自卜灯花无计着。暝色侵寻，忍下重重幕。竟夜雨风相斗作，任它愁绪添眉萼。

一水盈盈秋梦浅。几度凌波，几度红香变。昨夜南塘风色乱，藕丝已逐离魂断。　　不道弄舟人去远。自苦芳心，独伴残阳晚。欲话后期惟泪眼，临波谁会年时怨。

## 踏莎行

萦鬓愁新，辞枝叶早，南园客思生秋草。阑干缺处数行云，行云过尽斜阳杳。　　驻梦深灯，送人流潦，年年风雨巴山道。吴波自碧楚天遥，清欢渐逐韶华少。

## 霜花腴

壬午九日

夜来细雨，听乱蛩还愁消尽秋光。佳约无凭，故园何处，羁怀可奈重阳。旧情暗伤，正断烽摇落江湘。更休提、年少承平，锦鞯骄马冶游郎。

长惜镜中青鬓，怕星星数点换了吴霜。仙侣争携，蛮笺乍叠，犹余结习难忘。漫悲异乡，引深卮自伴寒香。待明年、笑卷诗书，秣陵寻雀航。

## 念奴娇

癸未送春

殊乡春老，正客怀凄惋，零乱无据，遥忆江南前度日，惟有远山如雾。湖上空舲，淮东旧月，忍把归期数。梦魂难到，更惊昨夜风雨。　　休念枕障熏炉，少年心曲，不共朱颜驻。斫地埋忧，谁会得肠断高丘无女？燕蹴残英，鱼吹落絮，省识东君苦。韶华逝也，锦城斟尽芳醑。

## 南歌子

为友人赋情

绮梦莲房冷，春心凤纸残。一番相见一番难。又对晚蝉高柳送君还。

密意怜红豆，愁眉锁黛山。旧情珍重閟瑶函。忍把泪痕轻共墨痕干。

# 鹧鸪天

子苾逝世忽近期年，为刊遗词，怆然成咏

衾风钗鸾尚宛然，眼波鬟浪久成烟。文章知己千秋愿，患难夫妻四十年。　　哀窈窕，忆缠绵，几番幽梦续欢缘。相思已是无肠断，夜夜青山响杜鹃。

燕子辞巢又一年，东湖依旧柳烘烟。春风重到衡门下，人自单栖月自圆。　　红缓带，绿题笺，深恩薄怨总相怜。难偿憔悴梅边泪，永抱遗编泣断弦。

# 临江仙

寄台北友人

怪雨幽云都散了，依然满目芳菲。神州尧舜尽轩眉，海南江北处处好风吹。　　因念王孙久成客，又逢春草萋萋，故山迢递望中迷。试吟招隐，应解不如归。

# 唐多令

乙丑九月登黄鹤楼

白日丽金秋，朱阑俯碧流，历沧桑换了新楼。筋力尚能超百级，携胜侣，豁吟眸。　　兴废念悠悠，峥嵘岁月遒。问子安何日重游？笑指山川应不识，花满野，黍盈畴。

## 鹧鸪天

为宋家淇学长题喜沧桑集

击鞠当年捷似风，而今七十两衰翁。饱经忧患神犹王，赋到沧桑句便工。　　真失喜，得重逢，乾河沿前金陵大学附属中学所在地，君尝与余同学于此也。畔忆从容。严凝已逝春光好，尽在先生一卷中。

## 浣溪沙

己巳仲冬悼昭琛

朔气玄云断月明，忆君今夕倍伤情，无多老泪一纵横。　　碎玉岂缘天偶醉，绕枝空怅鹊频惊，蕙兰凋尽只芜城。

弱息寻仙竟未还，慈亲犹自念衣单，未名湖水不胜寒。　　四顾纵销金屈戌，九重谁解玉连环，旅魂归梦总辛酸。

# 跋

余素不能词，偶有所作，亦多未留稿。老妻搜寻箧衍，仅此十余篇，姑录存之。若谓缘此跻身声党，则吾岂敢。闲堂老人记，辛未春。

## 记苏诗讲义尾

丙子正月八日，宪兵围金陵大学，时距大考方二日。十五日则当局召集教育界谈话期也。汉明学生清议所遇未尝视今世为尤酷，所谓民主政体乃如是乎？天下事已可知，吾其左衽矣。于今殆求为东晋南宋犹不可得，伤哉！翌日记。

## 珍庐诗稿序

夫诗者，人心之精，玄德之符，故中声所止，应物斯感，天律既具，树义必高，语曰“无邪”，职由是矣。然自王泽竭，颂声寝，世递三古，人逾千祀。楚艳汉侈，或劝百而讽一；唐情宋意，类始正而末奇。案辔藻场，环络艺府，求其均文质于一编，会辞旨于两得。大之以觇时政，小之以发劳歌，推激《风》、《骚》，敷扬忠爱，合者罕焉。此白傅所以有况不逮杜之叹也。磊霞先生席芬名阀，夙挺贞姿，宏览儒玄，博游才义。既入金陵大学，承教和州胡君，遂以裁成芳馥，刻意声诗，每出新篇，辄惊耆宿，朝行暮遍，后绝前超。盖其情性风标，神明律吕，殆由天授，夫岂人为者乎！及倭寇侵凌，黉宇迁播，金陵大学移地成都，老师多逝，爰延先生出主中国文学系。先生当仁不让，以位为忧，不曲学以阿时，不改雅以入郑，士风丕振，群彦响臻。而壮值危邦，心腐末俗，牢愁莫畔，变徵为音。赋服贾谊，频年惟有自伤；达旨崔骃，识者知其靡乐。竟缘宿疾，永閟清光。海内同悲，友生零涕。学校谋刊遗稿，以他著颇富，未及杀青，先取歌诗，寿诸梨枣。泽珩夫人书来命序。溯余始业上庠，先生实为都讲，十年踪迹，一旦乖离，风义在师友之间，交情轶刘李而上，闭阍难叩，向寝增哀，敢举大端，以当喤引。若其质侔和璧，文炳龙鳞，彪外弸中，披卷可识，不更详云。辛巳小除，宁乡程会昌谨序。

## 跋爰居阁秋日杂诗

《易》称修辞立诚，不诚无物，故将叛者其辞惭，中心疑者其辞枝，失其守者其辞屈。孟子于诐辞知其所蔽，淫辞知其所陷，邪辞知其所离，遁辞知其所穷。盖古之君子，审分正名，如此其微至也。降及近世，人情弥险，风俗日偷，巧历不知，心计叵测。会稽章氏极论质性，因谓中行狂狷，犹《书》之刚柔协中。今不特乡愿可乱中行，即狂狷且分真伪；不特中行不可希冀，即求狂狷之诚然，亦复大难。言视古昔，殆又进焉。长乐梁众异，英年挺秀，薄海知名。早仕中朝，晚游林下。御倭战起，适在沪滨，尝赋《秋日杂诗》，自鸣忠荩，流布四至，传诵一时。乃属咏未终，祸心已作，遂奔建业，旋树伪朝。夫前代文人，不矜名节，不护细行，盖亦夥矣。而恃其才地，不惜靦颜事仇于蛮夷猾夏之交，循览史册，继踪怀宁阮髯者殆惟梁氏乎？若其扬葩振藻，差可肩随；舍事论文，无愧作者。循省遗山心画心声之言，实斋伪狷伪狂之论，后先不异，可胜喟然。故知士先器识，国老嘉谟；余力学文，圣人之遗训。德行无取，华辞何为？缀文之徒，可不于此留意也！壬午四月。

**附　原作八首：**

久谓将无幸，谁知事已然。旧闻哀者胜，持较战差贤。制梃吾何恃，成城敌不坚。捷书时反复，愁损昨宵眠。

渤海连云暗，淞波带血流。雨声回野哭，兵气挟高秋。国已成孤注，吾今亦赘旒。老来将压棹，闲澹愧沙鸥。

众稚方高议，强邻早合围。唾壶人竞碎，羽扇敌争挥。已矣符离集，辽哉采石矶。秦庭有华士，早晚乞师归。

曲突今何及，燎原势可忧。所居依燧缝，国命寄矛头。抗节城三版，惊心骨一邱。尔曹非爱死，吾亦敬兜鍪。

杀气弥江介，秋旻晚更阴。星流烽照暝，雷动弹遗音。仰视忧天坠，深居拟陆沉。新凉吾敢爱，战士夜无衾。

往岁辽宁役，崇朝陷百城。未闻诛失律，空自梦连衡。蹴踏南来马，徘徊壁上兵。东迁真失计，今日念周京。

战火无情极，吴儿骨作尘。被兵千百户，逃死两三人。荡寇知何日？抛家苦不辰。监门如解绘，身亦一流民。

赁庑真成寄，危巢亦苟全。自矜家有壁，谁信坐无毡。枕上收京梦，兵间《泊宅编》。何时江户岸，闲舣汉楼船。

## 友杏庵遗集跋

武进吴翁伯乔之没，其友同里徐先生哲东为表其墓。复撰次所造述都为一集，醵资付印，俾永其传。蒙以校雠之役相属。余闻民国初，翁与同志创春柳剧社于沪滨，谋所以激人心，正风俗。一时游从，皆卓尔有立，而新剧之运始兴。顾以生晚，不及见也。今披讽遗制，其辞气绵密以清，孚尹旁达，尤拳拳于世运之隆替，思以文德为天下倡，可谓深识之士矣。徐先生尝语余：御倭战起，江南旋陷，翁以老病，困居海隅，虽诱胁之者众，卒不污伪命以死。盖信于其言无所苟者。自惟末学肤受，曾何足以知翁。然翁客南通张季子处最久；又受业先叔祖十发老人之门，深受激赏。

及其云亡，乃更得知交如徐先生，苦心护其著述于丧乱之中，兢兢恐有失坠。夫以三君重之若此，则翁之志行文章可知。往家君刻成都顾先生集葳事，蕲水陈苍虬赠诗曰："传世遗文胜托孤，抱残字字抵琼琚。"余兹于徐先生亦云。此集虽卷帙无多，固已征翁之不死矣。壬午七月，宁乡程会昌敬跋于嘉州雪地山居。

# 跋三原于髯小词

于髯此作与不匮室"余生虽在已堪惭，说不尽从来积惨"之语，特有比兴与赋之别耳。哀哉！乙酉春。

**附　原作：**

歌乐山头云半遮，老鹰岩畔月西斜。清琴远韵起谁家？依旧小园迷燕子。剧怜苦雨冻桐花，王孙绿草又天涯。

# 题手校楚辞补注

甲申、乙酉二年，余以授徒寄居成都东郊之大东岳庙，幽忧多疾，晨昏有暇，辄事铅椠。其校此书，凡九阅月而毕。《卜居》之篇曰："宁诛锄草茅以力耕乎？将游大人以成名乎？"而今而后，余固知所取矣。千帆题记。

# 诗论骈枝自序

余以薄劣，雅好诗文，幼承庭训，长亲师友，遂缘服习，粗解声诗。庚辰而还，谬膺讲席，偶照隅隙，因著简篇。清闲尽意，久非蔡义之时；俗薄小书，讵免更生所诮。微尚夙耽，弃捐弗忍，颇加芟剪，聊复过存。孤明先发，慧业自谢夫高僧；陈言务去，下情庶符于曩哲。知音君子，倘克匡予。戊子嘉平月。

## 唐宋词人年谱序

自清季临桂王氏、归安朱氏昌明词学，昔贤校勘笺疏之术但以施诸经子史籍，少降亦仅及诗文而止者，乃始施之于词。然夷考作家行实，以供学者知人论世之助者，自海宁王氏清真先生遗事外，亦不数观。盖旧史传人，例尚简约。诸家逸事散在短书者，又往往传闻异辞，互相乖牾，或至不可究诘。苟非以通赡之才，兼断制之识，则于字句之辨订、事义之研讨，虽若不无创获，及其经年纬月，条分件系，若绳贯而珠联，使读者千载以下，与古作者如相与晤言一室之内，固犹有所谢短焉。永嘉夏先生瞿禅，博综儒玄，雅擅才艺，尤邃于倚声之学，既承诸老之业，而思补其所未备，因创为唐宋词人年谱十种，所传自温尉以次，凡二代之词林钜子，行谊可得而详者，胥有成书。自属草迨今且二十余载，旁搜远绍，匡谬决疑，遂使谱主交游经历，朗若列眉，为后之论次词史者辟其疆理，俾得恣采伐渔猎其中，岂徒备博闻之资而已，力勤而功亦伟矣！抑余读先生书，重有感者，昔顾亭林著日知录，自譬铸钱而采铜于山，因叹买旧钱强名之曰废铜以充铸者之非。今之以旧钱充铸者多矣，得先生书而熟玩之，其亦自惩而有所愤发欤？然则词人十谱之作，嘉惠学林者，又不独在词史一端，可断言也。一九五四年十月，晚学程千帆谨序。

## 批校杜诗镜铨跋尾

养疴家居，自春徂夏，因复取杜集诵之，所谓“因病得闲殊不恶，安心是药更无方”也。余究心诗史，亦既有年，手加批识，前后数过，而所见不进，岂钝根终于大乘禅无缘乎？一九六一年端节前八日，玄览居士漫书。

## 书批校张青在刊本李注王荆公诗后二则

清季仁和赵星甫钺撰《唐郎官石柱题名考》、《唐御史精舍台题名考》，属稿未半，自顾年近衰迈，不及成书，因将稿本托其乡人劳季言格，俾续成之。季言一诺无辞，而季言殁时，年仅四十有五，所著亦零乱，未克编次。其友丁保书复为之悉心理董，卒成《读书杂识》十二卷，《唐郎官石柱题名考》二十四卷，《唐御史精舍台题名考》三卷。均见季言兄检及丁氏所为《读书杂识》序。盖昔贤之以学术为天下之公器也如是，笃于风义，不负死友也如是。又季言尝镌小印，文曰：实事求是，多闻阙疑。以此为读书之旨。凡此皆足令人感发则效。一九六五年冬，从石臞假《读书杂识》阅之，既加札移，适校王诗，因记之卷尾，用自惕砺云尔。千帆，十二月十二日。

汪寄庵先生晚年尝应中华书局之请，校勘王诗，既印行，以书嘱余曰：“试为我复校之。”余敬诺。及先生归道山后，乃始得于公事余暇，将先生所校，过录于此本眉端，而蠡测所及，亦附著焉。雁湖注极精审，义例尤邃密，可为后世注诗者取法，因亦为圈出，以备将来辑录。惜年衰事冗，不知何日始能着手耳。一九六六年二月点讫，不久将有襄阳之行。千帆记于珞珈山之玄览斋。

## 涉江诗稿跋

子苾既殁弥月，余蛰居斗室，悽怆无聊，辄思理董其遗著，聊以抑哀思，慰逝者。乃先取其诗抄之。子苾席芬先德，自小能文。洎入南雍，受业于汪寄庵先生之门，深受激赏，遂从先生专攻词学，卒以倚声名海内，而颇少为诗，间有所作，亦不甚收拾。壬癸以还，倚席不讲，始时为近体，以消永日。今略加编次,并其早岁所存如干篇,厘为四卷。将谋付印,俾永其传。其为人深于诗教,温柔敦厚,淑慎坚贞,笃于亲,忠于友,平生行事,大略皆见之于吟咏,固不独才情妍妙,文藻秀杰为间气所钟已也。览者当自得之。丁巳中秋,闲堂跋。

## 汪寄庵先生评点涉江词初稿五卷跋

此子苾《涉江词》底稿五卷。前四卷多其手抄,而余补之,皆经寄庵先生评点;第五卷则余与宋生元谊、刘生彦邦为之缮写。后经删定,并甲、乙两稿为甲稿,而以自蜀东下后所作为戊稿,故篇章次第或与定本不同。子苾既殁四月,余理董其遗著,乃取而重装之。嗟乎!绮梦如烟,余香在席,百身难赎,有恨无期。丁巳霜降,闲翁挥泪记于东湖寓庐。

## 涉江词稿目录后记

右词五卷都三百八十八首,亡室沈氏之所作也。沈氏名祖棻,字子苾,别署紫曼,笔名绛燕,海盐人,自上世徙居苏州,因家焉。一九〇九年,生于大石头巷本宅。一九三四年,毕业于中央大学中国文学系,一九三六年,毕业于金陵大学国学研究班。一九三七年九月一日,与余结褵屯溪。一九四二年,始以诗律教授,历主金陵大学、华西大学、江苏师范学院、南京师范学院、武汉大学讲席,垂三十载,成就甚众。一九七六年休致。翌年六月二十七日,覯逢车祸,逝世武昌,逾月,葬于石门峰公墓。所著书有《微波辞》、《涉江词稿》、《涉江诗稿》、《宋词赏析》、《唐人七绝诗浅释》、《古诗今选》,凡六种。而短篇小说、新诗、散文、杂著之散见报刊,未及收拾者,又百数十篇。此五卷皆四十前作,出自手定。厥后辍不复为,故所存只此。若其人之志洁行芳,情深才妙,披文可见,奚俟称言?今第略志其生平云尔。一九七八年三月,闲堂。

## 林散之书画集弁言代南京书画院

乌江林散之先生夙以诗书画蜚声翰林，擅广文三绝之誉。顷既刊行其《江上诗存》内外集四十余卷，复有以《书画集》为请者，因编次斯册，以饷世人。先生早岁肥遁故园，聚徒教授，弦诵之余，驰情艺事，所诣已斐然可观。然犹自视阙然，以为未也。壮乃负笈海上，从黄翁宾虹学，再逾年，乃窥其堂奥。而又以为未也，遂只身远游，跋涉七省一万八千余里，遇佳山水，则必弛担盘桓其间，吟咏之，图貌之，不忍去。虽饥寒劳瘁，险阻艰难，胥不自顾。如是者复数年，先生身益贫而艺则骎骎度越前修矣。盖其艰苦卓绝，有如是者。其诗风调清深，妙造自然；其画笔致深厚，而情韵缥缈；至其草书则气势奔放，姿态奇逸，尤近世所未曾有。盖由先习隶楷，垂数十年，积真力久，六旬以后，始纵笔作草，故从心所欲而不逾矩，呈龙跳天门、虎卧凤阙之奇观，非苟焉已也。先生之为人，天性纯朴，淡泊自甘，初未尝以荣利萦心，而其声名则虽扶桑鸡林之远，亦无弗知之、仰之。今已八十有三，而书画吟咏未尝或辍。此缘狂童既殄，天象昭回，故硕德耆年犹得以采笔长歌鼓吹休明也。《诗》曰："惟其有章，是以有庆。"先生有焉。一九八〇年十一月。

## 吴白匋先生诗词集序

先师和州胡君翔冬，自一九二七年掌教金陵大学，至一九四〇年归道山，以诗律授诸生者十有三载，其所论次，遍及八代唐宋诸大家，乃逮文昌、浪仙、玉川、晞发亦所不废。从游之士，莫不钻仰昔贤，因其性分之所近而取则，作手辈出。而无为佘磊霞、上元高石斋及先生，实为入室弟子，其篇什皆有声于坛坫，为耆宿所惊叹，盖一时之盛也。先师之论诗，以言之有物、辞必已出为宗旨，谓不独当为今人之所不为，且当为古人之所不为，乃可以当时语道当时事，足以信今而传后。故其为诗，未尝苟作，而语必惊人。先生始从其乡先辈陈叟含光游，既已涉《风》、《骚》之阃奥，又受业于胡君，凡所造述，莫不神思卓异，摆落凡近，非下士所敢望。然先生初未尝以此自画，平居深惟诗词递嬗之轨辙，以为自髯苏以诗为词，倚声之业乃大启土宇，然于风格之融铸，若合奇丽坚苍、刚健婀娜于一炉而冶之者，盖犹有所谢短。比及近世，上彊村民合苏、吴为一手，乃大开异境，此固深可法也。乃转而肆力于词，初为白石，为梦窗，而参之以昌谷之冷艳、玉溪之绵渺，以寄其俊怀幽思。及抗日军兴，违难西蜀，遂更进以稼轩为师，而杜老忠愤感激之情，亦往复于其笔端。于是先生之词乃兼有辛、吴之胜，别开生面，当时声党莫不推挹，而诗名且为词名所掩矣。一九三三年秋，千帆始从胡君问字，于先生为后进，然每接谈燕，辄蒙熏沐。岁月易得，骎骎垂五十年，其间离合有足念者。龙汉劫消，移砚南京大学，得与先生重见，感喟今昔，悲欢交萦。顷承以一九四九年前所删存诗词稿见示，谓将刊印，属为序引。自惭薄劣，何足以序先生之集，惟就平生师友之所讲论，拉杂书之，以求印可，庶几博先生之一笑耳。散原老人云："凡托命于文字，其中必有不死之处，则虽历万变、万阂、万劫，亦终莫得而死之，而有幸有不幸之说不与焉。"乌乎！此又非妄图以焚坑润色鸿业者流，始料所及也。一九八一年小雪，程千帆谨序。

## 跋集杜句为联赠绀弩

刀锯鼎镬之余，八句故在；宋雅唐风而外，三草挺生。酒怀容减，诗兴犹浓。杜句遥呈，周婆共赏。一九八二年春。

**附　原联：**

忍能对面作盗贼
但觉高歌有鬼神

# 刘知远天宝遗事诸宫调校注序

余年弱冠，游学金陵，偶于《燕京学报》中，得读凌景埏先生所为戏曲史论文，叹其精博。后二十一年，亡室沈祖棻主讲苏州，余始得因祖棻获交于景埏，益知其学醇而品高，于出处大节，执持尤严。故于抗日战争中，虽贫乏至无以继饘粥，卒不污伪命，岂徒以文术见重于世乎？盖古所谓豪杰之士也。又二十五年，余复来金陵，与其女夫谢君伯阳共事，则景埏殁于车祸已逾廿年，而祖棻亦以车祸殁且两载。余时方汲汲整齐祖棻遗著，为之流布，而伯阳亦夙与余同志，既竭积年之精力，续成《全清散曲》、《海浮山堂词稿》之校辑，又取旧所合撰《刘知远天宝遗事诸宫调校注》，更为增补，并以景埏所著论文，辑为《撷芬室文存》附焉。于是景埏平生志业赖以不坠，可谓幸矣。伯阳谦而勤，能为编纂考订之业。间有所疑，不耻下问，故虽老而废学如余，亦时得贡其一得之愚。顷者，《诸宫调校注》二种及《文存》将由齐鲁书社出版，伯阳求序，因缕书五十年来文字因缘，死生契阔之感以应之。《诗》曰："嘤其鸣矣，求其友声。"斯盖伯阳与余心之所同然也。壬戌夏六月，程千帆序，时逃暑连云港。

# 白雨斋词话足本校注序

往者兴国与余皆负笈南都，执贽于方湖、夏庐二师之门，而年次不相及。一九七八年，余重来金陵，始共晤言，陶陶然相得也。君壮岁在南昌，即以文学批评教授，而尤深于晚清词学，寝馈既久，斐然有述作之志，不鄙固陋，就商于余。余谓近代倚声之业，盛极一时，作手辈出，固无论矣。而评论家言，若丹徒陈氏之沈郁说、临桂况氏之重拙大说、海宁王氏之境界说，亦皆卓尔树义，度越前修。然今惟《人间词话》为显学，为之笺为之论者，屡见不一见。君既有志于此，则取陈、况之书注之，亦上不负作者之苦心、下有利于来学之佳事也。兴国既不以余言为谬，乃退而发箧陈册，瞑写晨抄。越二年，卒成《白雨斋词话足本校注》十卷，都数十万言。夫亦峰论词，经涉广漠，读者每难尽悉其人、其事、其文。今君此作，遍征群籍，巨细靡遗，一篇在手，则词集词话数十百种，若鳞次栉比于左右。所论源流正变，精义深旨，悉可窥见。善哉，其能之也。而或者或以其繁为病，岂其然乎？闻君方进而从事于《蕙风词话》之研究，他日造就必更逾于此者。余比年日益衰眊，已不甚能观细字书，然犹亟盼其卒业，受而读之，风檐明灯之下，以实我枵腹。一九八二年冬，程千帆谨序，时年七十。

## 吴兴沈先生手书词稿四种跋二则

往者抗日军兴，东南名德违难入蜀，每假吟咏，以抒家国之思，而吴汪先生旭初、吴兴沈先生尹默之为，尤世所宗仰。亡室沈氏夙从汪先生学，以两先生交谊之笃也，复缘以请益于沈先生，余亦幸得窃闻其绪论之一二。汪先生尝乞沈先生钞其词，而江宁陈先生匪石、华阳乔先生大壮，更为评泊其后；沈先生又自书其诗词成册。既先后以之见赐，因并藏诸行笈，珍逾拱璧。十年浩劫，幸免秦燔，而四老归道山久矣。其时，沈先生方致力楷书，此数十番皆其得意之作，风格遒劲，韵高而势远，迹其所诣，虽唐贤何以加兹。今齐鲁书社愿为影印，以供世人之欣赏。故略述其由来，备考征云。壬戌嘉平，程千帆敬跋。

余为右跋后数月，书社复以新得尹默先生所书《涉江词》如干首见示，欲以附诸二老词集之末。谛审之，盖祖棻昔年寄呈先生求教，而先生又亲加选录者也。既不克辞，辄益以先生旧题诗词六篇，用彰前辈陶甄之雅。太史公云："附骥尾而行益显。"斯亦亡室之幸也夫。癸亥孟夏，千帆再识。

## 唐代进士行卷与文学日译本序

一九四七年余方承乏武汉大学讲席，偶说王摩诘《送綦毋潜落第还乡诗》,并及沈确士"反复曲折使落第人绝无怨尤"之评。及门诸子苦沈语之难于深会,因稍稍涉猎李唐一代科举制度与其习俗,撰跋一篇以示之,然未暇详也。其后续加探究,历时十稔,始于唐代进士行卷之风,及其与文学发展之关系,略悉梗概。于时适以非罪获严谴,叱犊䍐鸡,取薪择米,四序非我,俯仰由人。既而狂童肆虐,神州丧乱,逢掖之徒,避死无地,憎命文章,更无暇顾及之矣。及夫天象昭回,群凶就殄,余亦蒙恩起复。一九七八年,移砚南京大学,乃取旧稿残存于焚坑之余者,损益写定。又二载,卒得印行,以求教于海内外学人,盖距初属笔时忽已三十余年。乌乎,何其难也,又何其幸也!顷者,松冈、町田二先生不鄙俗薄,译之为日文,仍命作序。既不获辞,辄忆成此戋戋小书之难、之幸,染翰报之。一九八三年秋九月,程千帆序于南京,时年七十一。

## 梦秋词手稿题辞

寄庵汪先生畜道德,能文章,于学无所不窥,而平居自视阙然,未尝若至。顾尝诏其弟子沈祖棻曰:"观堂虽极推美成,然晚岁始知其妙。我则异于是,服膺清真,盖数十年如一日。且平生志业,每托之于倚声,求知后世,则吾词庶乎可也。"十年浩劫中,先生遗著多被抄焚,其手书词稿,则以文孙尧昌冒死犯难,分散藏匿,乃得不为六丁所摄,亦云幸矣。今齐鲁书社据以影印,于是先生之词之全,卒得与世人相见。披讽之余,益信君子于其言之无所苟。惜不得起祖棻于重泉,共印证之。癸亥九日,门下士程千帆敬题。

## 题张汉怡治印

漆园论道,每以锋刃为喻,若削鐻刻棘、斫轮、宰牛,其尤著者,盖技能入神,自通乎道,形上形下,非北海南海之不相及也。汉怡先生弱冠刻画金石，勇猛精进，年未及壮，而所诣已倜然可观。手法浑朴而风格遒上，殆有契于庄生所谓游刃有余，以无厚入有间者。既赏其新制，为题数语，窃意心饮翁所感，必有同符。甲子春，程千帆识。

## 章行严先生论近代诗家绝句跋

先师汪辟疆先生早岁所为《光宣诗坛点将录》，虽一时兴到谈谐之作，然其辩之博而论之精，阐述近世诗学源流者，未能或之先也。长沙章行严先生读而善之，为刊诸甲寅，遂以流布。抗日战争中，先师与章先生违难入蜀，同客渝州。虽时际艰虞，而不废讲艺。先师既取《点将录》重加厘定，章先生亦别撰论近代诗家绝句百余篇，间加小注明其故实，以为桴鼓之应，而先师复增注焉。客岁，余为先师编定遗集，超伯大兄出章先生手稿见示，因悉取其所咏诸家见于《点将录》者附入之，俾相发明，然亦偶有章先生论及，而先师书中不之载者。今依手稿略次其年代，又校以亡友潘伯鹰所得后出别本，据以增益改定，嘱老妻抄付《江海学刊》，以供当代学人之研讨，并略述其由来如此。两翁泉下有灵，倘亦执手而笑，莫逆于心乎！一九八四年十月，程千帆跋于清凉山下工人医院病榻。

## 金陵风景词选序

自孙吴宅京，金陵之为东南一大都会，旧矣。千百年来，词人才子乐其山川人物，发为咏歌者，殆不可更仆数。同门友六合宋君家淇既多所涉览，独取其长短句之图貌奥区佳境者如干篇，依其方位而件系之，复为评注，题曰“金陵风景词选”。于是来游兹土者手此一编，不特思古之幽情，油然以生，即古今治化风俗之沿革兴废，亦得借以明其大略，盖卷帙虽非甚巨，为用则实宏也。家淇磊砢英多，与余共学日，以健武称，而敦于诗，深于情，所撰乐府流美有令姿，尤为侪辈推重。上庠卒业，不相闻者将五十年，逮重逢于少年鼓箧击鞠之场，执手流连，追念昔游，则俱垂垂七十矣。顷出是篇相示，嘱为商略可否。洛诵之余，窃叹君之老而好学为不可及；又幸名都胜迹，前代风流，赖君是编而播之，亦久且远也，夫何间然？乃序以归之云。一九八五年春，程千帆。

## 跋马得为路形作惊梦图

斯大林尝赏高尔基《少女与死神》一诗能言爱战胜死，岂知汤若士于数百年前已宏宣厥旨乎？此帧措意精而用笔尤简，反复观之，知梅花数点，真有广大神通，能使半面妖鬟生而死，死而复生也。斯、高二老地下有知，固当欢喜赞叹，合掌齐念："南无马得佛！"乙丑长夏，闲堂老人题。

## 刘持生遗著中国文学史序

刘持生教授既殁，其弟子思慕者谋流布其遗著。持生以诗名世，而手稿纷乱，卒不可理，则拟先取其《中国文学史》刊之，而求序于余。余之知持生，盖由先师彭泽汪先生。抗日战争中，先生随中央大学西迁重庆，余方流寓成都。一日，先师以书诏余曰："吾近日门下有甘肃籍者三，曰刘持生、霍松林、马騄程，皆未易才也。自宋以来，文学之士，东南多于西北。今群彦联翩而至，岂地气之钟毓，有所更替乎？"余心仪之，其后得纳交于松林、騄程，独于持生悭陪接之缘。一九八二年春游西安，与之执手晤言，始得尽友三君子，知其皆高文博学，大雅不群，于是益服先师当年之知人也。持生秉性纯笃，为学一本师法，不轻著述。此文学史虽上庠讲稿，而要言胜义，出自胸中之造者，屡见不一见。世之览者，不以全书之未及毕功而忽之，则匪特逝者之幸，抑亦学林之幸也。一九八六年二月，七十三叟程千帆题。

# 四川古代教育人物序

《记》曰："发虑宪，求善良，足以謏闻，不足以动众；就贤体远，足以动众，未足以化民。君子如欲化民成俗，其必由学乎！"韩愈氏曰："古之学者必有师，师者，所以传道授业解惑也。"然则人必为学，学必有师，亦已明矣。四川天府之国，由汉以来，不特富庶于西陲为甲，声明文物亦复侔于中原，此缘自文翁石室以迄晚清之尊经书院，良师辈出，成德达材，代有其人，薪尽火传，故得奕世弥盛也。王君淡芳，教于中学四十余年，挹先贤之流风，所成就者众，犹思纂录昔人兴学施教之懿行嘉言，以为后世法，乃与其友刘彦邦、刘明、周烈荪、陈毓林等，博观约取，暝写晨抄，撰述《四川古代教育人物》一书，以为振兴教育，建设精神文明之助，其意美矣，其用宏矣。五十年前，余以抗日战争违难入蜀，授书大学，淡芳、彦邦皆尝从游处，其后遂不相见。乙丑秋，重游成都，乃得把晤，则皆垂垂老矣。觞酌间道旧时事，殆如梦寐，然历经患难，意气终不稍衰。余比年既偶有著述，二君今亦成此新篇，有合诗人嘤鸣之义。因其请而为之序，固其宜焉。丙寅八月，程千帆，时年七十有三。

# 黄先生日记校后记

先师蕲春黄公之为学，撰述至矜慎而研习至勤恪，此人之所共知也。其所创获，多笔之书眉，或载之日记。故虽不幸早世，著书未成，而遗说故在，班班可考。先师归道山垂五十年，平生所笺识评校诸籍既次第流布，独日记尚未行世。同门友生咸以为不可更缓，乃集议推唐君文、许君惟贤、王君庆元、吴君永坤整理，付上海古籍出版社印行之。日记手稿毁于抗日战争中，仅余《六祝斋日记》一卷、《阅严辑全文日记》二卷及散叶若干在。今据抄本校点，而以所征引群籍及残存手稿勘正之，凡有异同，即出校记，不敢专也。先师手迹，楷书外偶作行草，间杂篆文古籀，或用古本字、通假字。抄本一仍其旧。辄就所知，酌易通行之体，然未暇详备。分卷悉依原稿，惟篇帙过巨者，则略事变通，依月析为数卷。皆所以便读者也。四君既各毕厥功，命余覆视。余少而荒嬉，于先师之学鲜有所得，实难任此。独念诸老学长若陆先生颖民、殷先生石臞则频年衰病，潘先生石禅、高先生仲华又远处台湾，则勉竭驽钝，固亦后及门者之责，又焉敢辞？因通校一过，稍稍整齐其体例，并识崖略于此云。一九八六年十一月，受业程千帆记于南京，时年七十有四。

# 淮海词研究序

唐玲玲女史六十年代尝问业于新宁刘君，亦间从亡室沈氏游处，以倚声之学相切磨，比来二十有余岁矣。中更祸乱，而玲玲志业弥坚，讲授余闲，笃意著述，久之，成《淮海词研究》一卷。余顷避寒来鄂，玲玲过存，出示手稿。观览其书，秩然有理，新知旧义，粲然著明，有足称者。盖自晚清诸老以先儒研经之术治词，则笺疏、表谱、校勘、辑佚之作次第问世，独自宏观为之综述，明其时世，探其文心者，或尚有所未遑。今玲玲研治所及虽仅少游一家，亦足以导来者之先路，是可贵也。余于词学尤疏，殊不敢于玲玲之作详加论列，独念刘君及亡室先后谢世已久，今得玲玲传其坠绪，亦足以慰词魄于九泉，因为著其师友渊源以告读者。一九八七年一月，七十四叟程千帆谨序。

# 中国文学大事年表序

丁卯五月，吴文治先生过寒斋，以所撰《中国文学大事年表》一巨帙见示，嘱为之序。余读而善之，因援笔题其端曰：昔桓君山言，太史公《三代世表》旁行斜上，并效《周谱》。虽今表有旁行而无斜上，已失其旧，而来历固班班可考。其为体也，钩玄提要，以简驭繁，犬牙可接，雁行有序，故自班、马以降，后有作者，每则效焉。功用既宏，科条益密。逮及清朝朴学昌明，表谱之业，遂蔚然为学林之大观，然未暇施其法于文学也。近数十年，乃有人稍稍为之，若敖士英之《中国文学年表》、陆侃如之《中古文学系年》，世人既得而读之矣，然亦惜其及先唐而止。若文治此书，上起春秋，下迄近代，二千余年之文学源流，作者行迹，莫不慎加采录，粲然著明。承学之士览之，以为研治我国文学史之助，庶几事半而功倍，其为用大矣！独念其书于现代付之阙如，则美犹有憾，是不能无望于治新文学史之同志。继而思之，以文治之才之学之识，何难通古今之邮，汇为一编，倘能贾其余勇，以竟全史，则尤善之善者，文治岂有意乎？七十四叟程千帆序于南京大学。

## 自怡斋集外诗跋

先师胡君以为：诗者，缮性抒情之具，非所以为禽犊也。故自题其集曰《自怡斋诗》，而未尝辄以示人。丁丑违难入蜀，始应诸门人之请，编次为一卷，都一百有九篇。己卯仲夏刊于成都。自尔续有吟咏，亦不甚多。庚辰冬，师归道山，遗蜀中诗凡十四篇未刻。岁月飘忽，迄今已近五十年。顷广陵书社欲重印师集，因取蜀中诗，又益以旧所忆及早岁诗三篇，编为《集外诗》一卷，嘱为补刻，俾世人获见其全。然以早岁之作入集，虑非师意也。戊辰仲春，受业程千帆谨跋。

## 为品镇题范曾画宋江浔阳楼题反诗

非意态雄杰，无以见其反骨；非意绪风流，无以发其诗情。阿堵传神，一览即知他日“占得山东烟水寨，来买凤城春色”者，乃斯人也。老莲水浒叶子而后，及时雨造像此帧当推第一。戊辰二月，偕品镇兄游胥浦，出以见示。越旬日，为题之。闲堂时年七十有五。

## 马得画惊梦图为敦勇题

余读马得《惊梦图》凡数帧，用意命笔各异其趣。此幅写柳郎尤妙。盖其眼观鼻，鼻观心，振衣长揖，俨然一志诚种子。阿丽窥眸之余，安能不动心哉？嗟乎！吾马得真戏画中射雕手也。戊辰暮春，闲堂老人题。

## 重修瞻园记

明祖既一寰宇，定鼎金陵，锡爵酬庸，功臣甲第遍布城内。而徐中山勋业特隆，故城南赐宅独宏丽冠诸侯王居，世所知为大功坊者也。六百年来，盛衰不恒：其盛时固尝为名王宅邸，邀皇帝巡幸；其衰也又尝沦为特务之窟穴。沧桑之变，荣辱之分，胥于是觇之。宅之西为瞻园，饶水石花竹之胜，前代诗流既多赋咏，故其名尤著。人民共和国成立，有司以徐府故址尝居太平天国之东王，爰建太平天国历史博物馆于其地。更鸠工葺治瞻园于荒芜颓圮之中，增其旧观。于是都人士女、中外旅人之来游者，既得省历祀成败之所由，亦每巡檐凭槛，乐莲沼而友松云，盖兼鉴往知来、怡神缮性而有之。白下名区，若是者鲜矣。余少游学南京，越四十余载，而复来授书大庠。六十年中，屡过其地，迹其兴废，所感尤深。夫明祖洪王，当其初起，何尝不旰食宵衣，期有以嘉惠黔首；及上登大宝，专威柄，不旋踵而怠荒自恣，屠戮异己，自隳基业，而黎庶亦随之苦辛困顿，不聊其生。不亦重可悲夫！戊辰孟夏，偶陪匡、吴诸老重游斯园，时大雨初霁，清风飒然，小楼燕坐，娓娓道古今事，若有所会。适营缮将完，主其事者属为文记之，因就平昔所蓄念者，缀此以应，不足言文，实亦无所记也。宁乡程千帆撰并书，时年七十有五。

## 跋纪念陈寅恪先生诞辰百年学术论文集所载拙文

寅恪六丈当代通儒，余事为诗，亦复词采华茂，气骨清峻，而尤工于七言。古体掩有香山、梅村之长，今体则取法少陵，及玉溪以逮冬郎之所则效少陵者。晚经浩劫，所存虽仅寥寥百十篇，而于近百年中时局之变幻，世运之迁移，莫不寓焉。鲰生与丈三世通家，尝陪杖屦，山木之哀，久而弥笃。兹值恭三先生为编纪念文集，因与门人共撰此文，略述丈七言今体诗之渊源，以为读其诗者之一助，世之览者，或有取焉。戊辰正月，程千帆记，时年七十有五。

## 全宋诗序

求五七言古今体诗于历祀，唐宋尚已。唐宋之人运而往，其诗故在。世之向慕者方将尽求而读之，则莫贵乎总集。唐贤之为，自明季胡氏、季氏各有所纂，清康熙时，词臣又据前修之成业，编次为《全唐诗》，于是其面目居然可睹，而《全宋诗》则阙，识者憾焉。自大命重光，狂童就殄，十年之间，文教聿修。国家教育委员会全国高等学校古籍整理研究工作委员会以兹事之不可更缓也，爰确认北京大学之建议，成立《全宋诗》编纂委员会，而延傅璇琮、孙钦善二先生主之。二君高文硕学，既夙有声于翰墨之林，而共事诸学士亦皆一时之选，故其书虽卷帙之繁富，版本之歧异，搜求考订之艰辛，或十倍于《全唐诗》，而三年已斐然有成。顷将已编定者二百卷付印，索序于余。夫余之于宋诗，平居自审，盖徒有笃好而乏真知，又乌敢辱兹付托？然尝闻之先师和州胡翔冬先生：唐诗近风，主情，正也；宋诗近雅，主意，变也。非正，何由见变？非变，何由知正？正之与变，相反相成，道若循环，昭昭然明矣。自明人执其一偏之说，尊唐黜宋，而宋诗几废。清人虽尝稍悟其失，而思所以匡正之，然宋之于唐，犹或未能比肩诗衢，甚非欲窥见诗学之全者所取也。今诸君子独奋起数百载之后，广搜博访，彰阐幽微，以成此巨制，承学之士遂得毕览世传唐宋诗作，以进究其源流起伏，风格同异，与夫递嬗显晦之迹，其有功于文苑，宁有既乎？又尝闻之清儒：治古学当求其不误不漏。然不误不漏，谈何容易。去泰去甚，得其大齐，斯可矣；勤至心安，斯可矣。此之所辑录，名家传世之集，固悉在网罗，即散见于邑乘、杂记、诗话、小说及金石文字者，亦皆周咨而慎择之，以求其心之所安，诚不得不谓之勤至，然犹未敢必为无遗佚也。收阙文、采遗韵，若陆平原之所云，则犹有俟乎来者。老病废学，无所发明，辄举知闻，聊以塞责，倘亦卓尔大雅如二先生者之所许乎！一九八九年春节后五日，宁乡程千帆谨序于南京大学。

## 跋为临海市郑广文纪念馆书杜诗

郑广文之谪台州，杜老所极哀深惜，诗篇中屡见，此其一也。世传郑公在贬所，犹以化民成俗为职志，故临海之民殁而祠之。今者庙貌重新，因书此诗，张之素壁，以见古贤虽处厄穷，犹耻独善其身云。己巳秋，程千帆。

## 曹大铁梓人韵语题辞

散原翁尝云："凡托命于文字，其中必有不死之处，虽经万变万閱万劫，亦终莫得而死，而有幸有不幸之说不与焉。"大铁先生所著韵语，虽历劫者数，而大体具存，若有呵护之者。余近日乃得读之，其辞美富，其风格清且雄，其义尤芬芳悱恻，有合乎风雅，传世殆无疑也。散原之言于兹益信。己巳新秋，弟程千帆敬识。

# 唐音阁吟稿序

庚午仲春，卧疴小斋，适同门友霍松林以所撰《唐音阁吟稿》见寄，余虽数读松林诗，而今乃见其全。颇恨夙昔相知之未尽，因作笺称之。君复书以为溢美，且戏曰："吾固乐闻。屈子不云乎：高余冠之岌岌兮，亦余心之所善也。诚如是，子盍为我序之？"余大笑，因忆数十年前，彭泽汪方湖先生以诗律教授南雍，及门者以千百数。松林与余实从之游，虽年次有后先，而刻意竞病，盖未始有别。先生深通流略之学，转以其法治诗，故于历祀作家，莫不尚论其流派，剖析其同异，而于文心之曲折，风格之迁变，尤三致意焉。诸生既信受师说，粗解吟咏，每出其稿以求诲迪。先生则博隆雅教，总领众流，各依其才性之所宜，授以则效前人之道，初不欲其类己。故门下诸子渊源虽一，致力乃殊其方，宋雅唐风，皆斐然卓然有以自树立。松林之为诗，兼备古今之体，才雄而格峻，绪密而思清，至其得意处，即事长吟，发扬蹈厉，殆不暇斤斤于一字一句之工拙。或者遂以为与先师异趣，不知此正其善体先生之意，善承先生之教也。余以心脏病废学有年，何敢妄论松林之诗，今独取其不学即所以学先师之微旨，发明数语，庶几世之读君诗者，亦知方湖家法固如是云。四月初吉，学弟程千帆谨序。

# 赵少咸先生遗著序

成都赵少咸先生者，近世小学之大师也。一九三五年秋，中央大学教授蕲春黄公季刚卒于位。吴汪公旭初方主中国语言文学系，夙知先生殚精潜研，妙达神旨，以为继黄公而以音韵、文字、训诂之学授诸生者，惟先生其选，遂礼聘焉。清寂翁诗云："赵君别我东南行，南雍博士来相迎。垂帷著述不炫世，蜀学沈冥人自惊。"即咏其事也。余与先生女夫郫殷石臞同门相友善，及先生至金陵，因肃谒。中日战起，先生返乡，余亦转徙，数年后流寓成都。以先生绍介，得承乏四川大学讲席。蜀中名德胜流以其远来，每乐与接。而先生尤善遇之，所以饮食教诲之者甚至。犹忆余偶举扬子《方言》代语之义质其所疑，先生为反复陈说，娓娓数百言，犹恐其未了也，翌日更作笺谕之。盖其诲人不倦出自天性，有如是者。抗战云终，余出峡东归，其后屡经世变，踪迹渐疏，然数十年前侍坐请益之乐，固时往来于胸臆。先生平生著述凡数百万言，于《经典释文》、《广韵》二书，用力尤劬，详校博考，各为疏证。下逮段懋堂、周芑兮辈之所纂述，亦皆辩以公心，评其得失。盖自乾嘉以来，三百年中，为斯学者，既精且专，先生一人而已。先生既返道山，哲嗣幼文、吕甫及文孙振铎诸君，护持遗著，兢兢恐有失坠，故中历浩劫而大体完好。今者，将次第印行，吕甫来告，命序其端。余于小学懵无所知，虽间读先生之书，而如翘首以瞻石廪、祝融，但嗟峻极，不敢赞辞，然亦幸先生之学，由子姓门人之整齐传布，终得光大于天下后世。因略陈所怀，以复于君，殊不敢言为先生遗著序也。一九九〇年六月，门下士程千帆敬题。

## 圭翁杂忆

圭翁于一九九〇年冬返道山，余时适以心脏病入医院治疗，既未能赴吊所，为挽词，亦难曲尽数十年交亲之情，至今耿耿。衰年昏瞀，每善遗忘，今聊就所能记忆者若干事，笔之如次，以为纪念。余之知翁，盖早在三十年代之初。其时余肄业金陵大学，侧闻吴霜厓师主讲词曲，与南京词坛老宿仇述庵、石弢素诸先生结社唱和，篇什流布，倾动当时，而高第弟子，亦偶得与焉，翁其一也，心窃仪之，而未识面。一日余谒汪辟疆师，适翁先在，因订交焉。余时年二十有二，读大学三年级，翁三十余，方执教于南京女子中学。余于翁始终执礼甚恭，十年以长，则兄事之，礼也。抗日战争中，先室沈祖棻以腹中生瘤，由雅安至成都做手术，未痊，而医院不戒于火，虽幸免，而无可容身。翁时方执教成都，则慨然让舍以居余夫妇，俾祖棻得以继续治疗，余因得与朝夕相处者月余，乃悉其人匪特积学博闻，温文尔雅，而制行淳谨，尤不可及。翁笃于伉俪，中年丧偶，终身鳏居。其所为悼亡小词，缠绵悱恻，令人不忍卒读，朋辈以比纳兰容若。朱古微《宋词三百首》，为近代影响极大之选本，霜厓师尤重视之。翁早岁即斐然有著述之意，因博采词话，旁及小说杂记，以为之笺。书成，辟疆师为推荐于神州国光社印行，以时主该社者，为师早岁弟子王礼锡也。书既出，风行海内，重版多次。乃该社办事不周，竟忘致稿酬，抗战发生，该社停办，翁遂一无所获。在成都时，偶然谈及，一笑而已。以是知翁之雅量高致也。翁之为人温煦谦和，然是非分明。尝闻某君背师负恩之事，则愤然曰，此真忘恩负义，丧尽天良。特以性分所关，从不以疾言厉色面人，使人难堪耳。在成都时，祖棻以七七事变前所作《霜花腴》咏雪词示翁，其结句云："怕明朝、日压雕檐，万家清泪汍。"翁读而叹曰，此真词谶矣。相与欷歔。翁又云："汍澜，叠韵连绵词。汍字不宜单用，易为悬如何？"祖棻以为然，今《涉江词》甲稿中，本首末句作"万家清泪悬"，翁所定也。翁《梦桐词》中，《浣溪沙·成都和友人十首》乃和祖棻之作。祖棻于一九四〇年秋，自巴县界石场溯江西上，赴雅安养病，忆旧伤时，成《浣溪沙》"一别巴山棹更西"等十首寄翁，翁因依韵和之。然其着意在抒羁旅悼亡之情，与原作不尽对应也。祖棻所作亦载甲稿。《全唐诗》之纂辑，由明代胡震亨、季振宜导其先路，至清康熙，卒命词臣撰成之。而《全宋词》，则成于一介寒儒圭翁一人之手，虽篇幅若有大小，然其难易相殊，尽人可知。抗战中，书成，辟疆师为之介绍于国立编译馆。主者以翁无大名却之，而翁持之甚坚，卒得由该馆以全稿航空寄香港商务印书馆出版，而翁在抗战胜利以前，迄未之见也。书用线装，以节约纸张，故分栏排列，殊不美观。校对未由翁亲任之故，每有脱误。然翁以其数十年心血所成之书，终得与世人相见，亦颇欣然。因继之而成《全金元词》。翁之为学，厚积薄发，世人或但知其专攻词学，然观其载于《制言》之论《诗经》文字，则知其不疏于经学矣；观其《南唐艺文志》，则知其亦精于流略之学矣，特所学悉资以治词耳。故凡所考述，每能穿穴群籍，左右逢源，并世学人如夏瞿禅、詹祝南、龙榆生，皆治词甚专，然翁则专之专者。近贤始以清儒治经史之术治词，于词之纂录、表谱、笺疏、校勘、辑佚、目录、版本诸端，皆有深入博稽之功，此可总称之曰词学文献学，翁则可谓此学一大师也。翁早年社集词，多随当时风气，填长调、涩调，严守四声，独其小令，以情韵胜。在汴宋，则师法淮海、小山；在清代，则希踪忆云、饮水。翁在重庆日，即主中央大学教席，解放后，则在南京师范大学，前后数十年，弟子至四五传，治词学皆卓尔有立，故今南京师范大学中文系，颇以是闻名海内外。此庄生所云指穷于为薪火传也不知其尽也，又以大耋之年，无疾终命，若其有灵，固当含笑于九泉矣。

## 王闿运与袁世凯

湘潭王闿运，字壬秋，号湘绮，当清末民初之际，以文章经术，冠绝一时。而又滑稽多智，出语涉笔，辄有淳于、东方之风，故遗文佚事，至今犹流传众口。今第取其与袁世凯有关者二三事记之。王、袁二家，故有世谊。湘绮于世凯为丈人行，袁既显贵，湘绮仍以世兄称之，世凯亦未如之何。及辛亥革命，袁逞其权谋，遽窃国柄。然犹未以总统之位为足，遂阴谋复辟。用其长子克定及杨度诸人之计，广招才俊，为拥立计。在诸人策划下，湘绮遂于甲寅三月入京，就任国史馆馆长职。实则翁于袁之用心，早已洞悉，故于入京驱车过中南海前门时，见新华门榜，乃故诧曰："何乃题榜曰新莽耶？"盖王莽篡汉，国号曰新，史称新莽，故因而讥之。先父穆庵先生尝受业于湘绮弟子成都顾印伯先生之门，于湘绮为再传弟子，时旅食天津，及翁抵京，因往肃谒，起居之间，询以史事。翁莞尔而笑曰："民既无国，何史之有？惟有馆耳。贤契无事，可常来坐坐。"寥寥数语，于世凯之沽名钓誉，粉饰太平，以图复辟，固已洞悉其心矣。又世传翁尝撰一联云："民犹是也，国犹是也，民国何分南北；总而言之，统而言之，总统不是东西。"此联切合当时南北纷争、袁氏窃取国柄之情实，故流传甚广。惟闻先君言，翁原作实只有前十六字，其"民国何分南北，总统不是东西"十二字，乃浅人妄续。盖原作含蓄，意味无穷。续貂者一加点破，则了无余味矣。又翁临终作联自挽云："春秋表未成，幸有佳儿续诗礼；纵横计不就，空余高咏满江山。”足见其亦有功名之心，经世之志，非徒欲以文学传世者。乃平生历游曾国藩、李鸿章、张之洞、陈宝箴诸督抚之门，而终无所遇，若世凯乃欲以国史馆长之职牢笼之，宜其在职，不及一年，即拂袖南归。其偶一出山，殆亦佛图澄以石虎为海鸥意也。

# 读蠲戏斋诗杂记

马镜泉教授近以其伯父湛翁先生《蠲戏斋诗》七册自杭州见寄，余受而读之。因忆五十年前，倭寇入侵，武汉大学内迁乐山，余适流寓其地。时乡先辈刘弘度丈长该校文学院，余以其绍介，得厕讲席，而湛翁所主复性书院亦在焉。刘、马两先生尝共事宜山浙江大学。书院所假地乌尤山，江中小屿也，相传为汉犍为舍人注《尔雅》处。梵宇精洁，林木蔚然。湛翁既得安居，刘丈每乐就之，相与谈咏。余既陪丈造谒，因得屡承诲迪。至其高才博学，不慕荣利，则于《曼殊和尚文集》中知之早矣。先生之学，博通内外，贯综古今，遍究宋明诸儒之所得，而归其本于孔子仁恕之道。以知性始，以尽性终。虽论之极尽精微之处，或与并世诸名宿，如熊子真十力辈，不无异同，然期于淑世拯乱，宏扬吾华古代文化之优良传统则一。自宋以来，治心性之学者，多不工文词，或者至诋为玩物丧志，故朱晦庵外，诗或存矣，然不足传也。先生自幼能文，长而学道，独以温柔敦厚之教，流连哀思之作，固与心性之学相通而不相悖。不悉天容水色、世态物情，则理亦难穷，性亦难尽，不得取彼而舍此也，故终其身不废吟咏。而其为诗，冥辟群界，牢笼万有，玄致胜语，胥出胸中神智澄澈之造。早岁诸什，高华典雅，大类谢公。晚遭播越，亲觏乱离，吐言沈郁顿挫，又与老杜有无意为同而自同者。文质彬彬，理味交融，较之晦庵殆有过之而无不及，其我国为数极少之哲人而兼诗人欤？先生《避寇集》刊成，尝以见赐，因呈诗曰：“无还犹有地，一老抱遗经。周礼知存鲁，新篇胜发硎。灯传山月白，圣解佛头青。举世非知识，何由判醉醒？”以乌尤隔江与凌云大佛相对，从人判醉醒，则集中句也。先生答之云：“澄江流客恨，白头度危时。

雪地相逢晚，空山得简迟。吹箫天上侣，漱玉袖中词。为问晴窗外，寒梅发几枝。”雪地在乐山嘉乐门外，旧名学地头，为刘丈及余所居。先生颇赏先室沈祖棻所为词，故有五、六句。时余年未及壮，少年末学，而先生奖饰之如此，盖其谦冲之德，一言一行，皆足使人惭愧感奋，随时受益也。先生曾书答和之作见赐，十年浩劫中，为狂童所毁，闲居独处，每如赵侍御失画之后，时往来于怀。近乃荷镜泉以其珍藏手稿，复印见寄，览之欣戚交并，殆如梦寐，真可感也，因扶衰拉杂记之。辛未重九日。

## 曹大铁研铭

云之腴，墨者流，忠义研磨足千秋。我思古人俾无訧，俾无訧兮，复何求兮。辛未霜降，程千帆。

## 曹大铁四十造像赞

雁过长空，景沉寒水。雁无遗踪之意，水无留景之心。然则画中人真耶，幻耶：敢以质诸老铁。辛未秋，弟千帆漫题。

## 清史稿艺文志拾遗序

王西庄云："目录之学，学中第一紧要事。必从此问途，方能得其门而入。"斯言诚是矣。其要若此，则编撰目录者，非具过人之才之学之识，不易为功，殆可知也。史志括囊一代文献，正史中或有或无，其有遗阙，清儒及时贤颇事增补，用意殊美。独清人著述之多，远迈前祀，卷帙既夥，检括为难，自吴士鉴、朱师辙等创《清史稿・艺文志》，续之者亦数家，然皆多所漏略，不餍众望，学者憾焉。吾友王绍曾先生，早岁从张菊生元济游，能传其业。类宗贤之弘通，慕袁遗之老学，遂乃与友生遍索群籍之未尝见于朱师辙、武作成、彭国栋诸家之作者，为《〈清史稿·艺文志〉拾遗》一书。凡所著录四万余种，合三家之所得而倍之。于是清人传世诸籍，得以略备。虽时值右文，得道多助，然非绍曾之好古敏求，锲而不舍，又未必卒底于成也。余少好校雠之学，而性耽涉猎，中更世变，迄老无成。近年始与门人徐君有富撰《校雠广义》四编，聊欲为诸生之从事版本、校勘、目录、典藏之学者，略指门径，而汲深绠短，所为远不及其所欲为。虽绍曾独不鄙其俗薄，然余以之校量所为拾遗，则如小巫之见大巫，不能无终身弗如之叹、神气索然之感。纵绍曾怜余频年衰病，学殖荒落，欲引而进之，俾两书为桴鼓之应，余亦安敢诺之哉。辛未霜降，程千帆谨序。

## 沈威峰画册序

余自客岁休致以还，衰疾闭门，罕接人事。月前，扬州魏翁心饮忽以手书绍介青年画师沈君威峰来见，余素敬心饮，乃勉延之。见其为人，举止有仪节，吐属安雅，佳士也，因与款谈。威峰历陈其家境清贫，幼而失学，及攻苦习画，卒致令闻诸事甚悉，娓娓可听。继而出其近作十余幅，俾余读之。余览其所图貌，遍诸物象，而以花鸟为工。笔墨格局，皆有法度，写形巧似，而神韵奕奕，足以发之，且时于精丽之中见沈实，非时下以轻佻狂怪自炫者比。余大异之，以为当世才流，能与比肩者盖鲜。询其年，则二十有六耳。因忆蜀人张大千，近世画坛之祭酒，尝自道其所得曰："吾心之灵，与物之神遇，故其所状花草虫鱼，非仅世之花草虫鱼也，而吾心所住之象也。故必通之于书，泽之以学，合之以其人之品节风概，而后所谓气韵也、神味也、意度也，作者既悉于是焉发之，读者亦悉于是焉喻之。"张叟论艺，通乎道之理如此。今威峰年未及壮，于艺事已入其门，而升其堂，诚亦足贵矣。然衡以张叟之论，则似犹有可入其室而据其奥者。若能锲而不舍，谦冲自牧，浸润于诗书之教，翱翔于玄儒之府，以名山大川扩其心胸，澄其神志，庶乎万物之象之理之情，皆得萃其毫端，宣诸尺素，则他日得如大千之所诣，抑或过之，亦未可卜也。愿终身择善而固执之。君将于来岁东游日本，辄辑所作成册，付诸影印，俾彼邦人士，亦得览观焉，而属序于余。余以为此举有合诗人嘤鸣切磋之义，又喜威峰之敏而好学，因聊题数百言，以告世人。辛未十月，闲堂老人程千帆序于南京，时年七十有九。

## 琐记汉寿易氏与寒家世谊

先六叔祖名颂万，字子大，号鹿川田父，以世居岳麓湘川间也，又号十发，以十发为程也。幼而岐嶷，及长，文名籍甚。光绪间，与湘乡曾广钧重伯、汉寿易顺鼎中实（一称实甫）齐名，称湖南三诗人。中实弟顺豫，字叔由（一称由甫），亦擅时誉。先叔祖与易氏兄弟相交尤密，诗酒唱酬，殆无虚日。尝与诸友好结湘社，篇什流布，倾动星沙。先叔祖撰为《湘社集》数卷梓行之，今犹传世。尝记其中有诸老和玉溪生无题诗多首，惊才绝艳，芬芳悱恻，几欲并肩原作。盖当时湖外诗流，多承王湘绮之风，尊唐而黜宋也。彼此唱酬之作，今存诸集中至夥，犹忆先叔祖有赠易氏兄弟二绝云："中实才名四海传，歌楼僧院酒家船。何当共汝匡山宅，卧看香炉瀑布悬。""叔由才思那能羁，侧帽长街自唱诗。来向湘江洗愁发，五陵年少不相知。"盖尝有共隐匡阜之约。后中实卒构琴志楼于其地，虽居之不久即弃去，然此诗遂若预知他年斯楼之必成者，亦夙缘也。先君穆庵先生幼从先叔祖学，先叔祖清末与顾印伯同在武昌两湖总督张之洞幕府。印伯名印愚，华阳人，湘绮主尊经书院时，与绵竹杨锐叔峤齐名，皆为院中高第弟子。湘绮尝刊其诗入《蜀秀集》，故先叔祖命先君师之。印伯诗书两绝，诗合玉溪、玉局为一手，故自署双玉堪；书则世人以为王梦楼非其匹也。岁癸丑，殁于北京。先君自鄂赴京，收其遗稿，后卒得刊行，世所传《成都顾先生诗集》是也。又其时有番禺沈福田砚农者，亦先君诗友，客死北京，家贫子幼，先君亦多方援之，终得归葬广州。先君以寒士旅食名都，无锱铢之产，其为师刊遗集，为友营归殡，盖好义之性，禀之于天，事所当为，初不计其成败，百方筹措，而卒底于成，故名流长德，交口赞誉。中实则作《程十七郎歌为穆庵作》以美之。歌曰："包作挽联曾涤生，包送灵柩江岷樵。吾乡文正与忠烈，至今佳话传京朝。对于死者尚如此，对于生者可知矣。对于君父可知矣，对于朋友尚如此。吾友十发犹子康，美哉程氏十七郎。性情风义文学媵，竟与先哲争芬芳。包作挽联意已好，包刻遗集事更好。包送灵柩事已少，包办后事似更少。文正当日已贵官，程子乃是一孤寒。忠烈当日已壮岁，程子乃是一少年。嗟我一年哭两友，后哭沈侯先顾叟。愧无筋力与货财，难任流传与奔走。程子旧以顾为师，毅然刻顾之遗诗。鹾馆月金数十耳，刻诗倾罄囊中资。程子新以沈为友，慨然谋沈之身后。赤手劝募千余金，付与孤儿养八口。子能皆我所不能，子诚不愧江与曾。庞眉书客君昌谷，青眼高歌我少陵。文正忠烈千古业，皆其艰苦卓绝出。功名富贵视遭逢，勉子文章与道德。"歌辞跌宕昭彰，其自许与对先君之推重亦至矣。先叔祖骈散文、诗词皆工，而古文尤为当世推服。故中实赠诗，尝有"他年志墓要君文"之句。中实谢世有年，先叔祖此诺迟迟未践，亦缘中实当世畸人才子，传其行事，匪易着笔。及晚岁居海上，乃克成之。起句即云："乌乎，实甫当世之仁人也。"若高屋建瓴，通篇命意，皆为笼罩，诚奇作也。文既成，刊之《申报》之"自由谈"，世之能文者，自陈散原以下，皆无间言也。中实于学，无所不窥，成稿约七十种，刊行者不及其半，身后颇有零落。先叔祖将志其墓，则先与叔由，共编其遗书目，以俟访求。因慨然题诗四律，余旧能背讽之，今兹回忆，但记二、三、四首。而第二首之首联，亦不复记省。今录如次，甚盼海内故知，能补足之也。其二云："□□□□□□□，□□□□□□□。七十种书残劫剩，五十年笔万花嫣。心枯红豆春无国，泪触黄梅雨压天。苦语久要期志墓，此文须报况同怜。"其三云："伊人海上子由贫，共抱遗书理放纷。伎妾伶官知己赋，乞儿贵介誓灵文。得归匡俗终何补，忍痛湘累古未闻。如见活埋真面目，人间何用杜司勋。"其四云："兄弟交亲世所知，北南相望久分驰。四魂桂徼蛮夷长，五岁茶陵圣小儿。触地狂歌皆痛史，贪天大欲是离词。生民待结斯文局，任是无生孰了之。"此四诗，于中实身世，两家交情，皆囊括无遗，情深语挚，诵之诚令人回肠荡气也。中实天才绝伦，诗词造境造辞，均能于人视听思虑所不及处着想着手。尝见其为先祖子朴先生书扇，录所作咏携伎游湖小词，中有句云："怕鬓边茉莉吹香，惊得老龙难宿。"可谓想落天外。又先君曾乞人绘《岳云闻笛图》以悼印伯，中实为题诗，起云："疏钟百八声，邻笛两三弄。燕树碧无情，岳云寒不动。"亦无愧小谢"大江流日夜，客心悲未央"矣。中实联语尤工，湘绮既返道山，诸公以此老经术文章一时冠冕，出处语默，亦异恒流，哀挽之词，未敢率意。中实则援笔立成，其文云："仲尼死为儒童菩萨，伯阳古之博大真人。"众咸以为切合，他作莫能出其右也。又尝戏集李杜语为联云："瑶台月下，琼玉山头，飞燕新妆，李吟亭北；崔九堂前，岐王宅里，落花时节，杜在江南。"先君乞先叔祖书之，文既工妙，书势亦夭矫称之，见者无不宝爱。近数十年，寒家屡遭兵燹，累世所藏文物，抗日战争去其泰半，"文化大革命"中，狂童又焚掠其余。残存乡贤书画数十件，前岁悉以捐赠岳麓书院，此联亦在其中。先叔祖尝为书院山长，吾家故物存之名山，固其宜也。易、程交情既笃，又申之以婚姻。叔由之女归先叔祖之四子君谋，今著名影视演员程之，则先叔君谋之幼子，而易氏之外孙也。中实子名家钺，字君左，余少时在汉口、南京常见之。其人敏捷聪慧，文不加点，不愧名父之子。早岁浪迹名场，常为达官记室，亦或从事新闻事业。近数十年，则在港、台，以教授自靖。久无音问，莫审存亡，而余亦年近八十，缅怀夙昔，盖有不胜死生契阔之感者矣。

## 题饶选堂诗词集

硕学罕俦，妙才无对。高情踵谢，孱力追韩。胜缘夙具，游屐遍于瀛寰；微尚足征，灵襟布诸篇什。固已度越前修，导先来叶。敬题数语，聊志钦迟。辛未初冬，程千帆读。

# 殷石臞教授墓铭

相如子云，于蜀有光。君挺是继，载诞兹邦。纨绮而孤，不废传习。慈云荫之，岐嶷特立。下帷攻苦，遂游大庠。谁为其师，惟赵与黄。遍究六经，旁综百氏。尤精苍雅，幽赞微旨。积学储宝，雄辞愈妍。文耀春华，思汛流泉。弟子数传，灵钟秀毓。芝砌盈芳，兰丛散馥。大年宿疾，遽掩清辉。子之逝矣，德音莫违。彧彧修名，琅琅高致。勒石佳城，垂千万祀。

# 全唐五代文序

同门友霍松林教授老而好学，有袁伯业之风，凡所造述，胥著令闻于文苑，世人既得而读之矣。近岁复病清编《全唐文》之未尽善，遂与友生考校增补为新书，曰《全唐五代文》，都若干卷，而以序命余，余不敢辞，谨援笔题其端曰：《全唐文》成于清嘉庆间，迄今将二百载。虽其书发凡，谓于应收之作，甄录无遗，然又斥传奇之猥琐，而屏之弗录，固已自乱其例，至以限于时日闻见而失收者，亦往往而有，又安得谓之无遗哉？同治间，归安陆刚甫始为唐文拾遗及续拾，以补其阙，后仁和劳季言及近世魁儒象山陈伯弢先生又为订正沾益，然皆未有成书。建国四十年来，地不爱宝，长安洛阳出土之碑志，可补《全唐文》者，以千百数。则据前人之成业，及当世之发现，以重编此书，俾臻于完善，此固其时。然兹事体大，非有通博之学，干济之才，且勇于任事者，殆不足以总持之。而吾松林，则其人也。松林掌教关中，垂数十载，弟子至三四传。其学术文章，久为众流所仰镜，故一加倡导，群彦响臻，不数年而新编初毕，行见次第刊行，流布四至，蔚为国光，安得不谓为不朽之盛事乎？余早岁读宋子京《唐书》，见其概述三百年间文章三变，始王杨，继燕许，而终归美于韩柳一脉之为，为抵轹晋魏，上轧周汉。既信奉其说，遂以为韩柳而外，无新变之作家；古文而外，无代雄之流派。及年事稍长，每取唐诸家文而通读之，始知其林林总总，奇奇怪怪，无所不有，远非茅鹿门下逮桐城诸老之标举者所能包，又始知非尽观一代之作，殆无以明其源流，第其优劣也。而治唐代文学者，或亦虑不及此。岂不重可惜哉？今松林独于人每束全唐之文于高阁，执二三选本以侈谈其是非同异之时，兀兀穷年，取旧编扩而充之，俾读者得以尽睹前修之幽光奇意，其功乃不在徐星伯辈下。世之学者，倘能闻松林之风而说之，竞相致力于恢宏唐文之研究领域，而不以一端自画，此又松林与余之所乐闻，而始料所未必及者也。壬申七月，宁乡程千帆，时寓南京。

## 南京师范大学教授孙君墓表

君讳望，字止畺。江苏常熟人。其先以耕读世家。考绍伯始力学自奋，东游日本，治社会教育学，有声于时，君其长子也。幼而慧敏，就读苏州南京诸中学，已以文行为师友所称。既入金陵大学中国文学系，从诸大师游，益自发舒，其学且骎骎有成矣。一九三七年毕业，供职资源委员会，而不乐庶务，乃于一九四二年受母校之聘，以授书自靖。自兹厥后，掌教大学者四十八年。一九九〇年六月一日以脑溢血猝卒。春秋七十有八。君治学勤悫，赋性仁恕，而体气素弱，中经世变，颠沛幽忧，殆半其岁月，而著述讲贯，皆有定程，苟有利于门人后学者，莫不勉强赴之，用是日益衰惫。余每规之，而君不顾，终以积劳殒其身。乌乎！伤已。孔子曰："求仁得仁，又何怨。"君殆今之仁者欤？君于学，兼通辞章考据。居尝大治古今诗歌，通其流变，与常任侠、汪铭竹、滕刚、程千帆等，结诗社曰土星笔会，出版《诗帆》半月刊。又著诗集二：曰《煤矿夫》，曰《小春集》。时亦深究古代文献，网罗放逸，考订史实。居讲席既久，以性分所近，尤乐致力于唐代文史，深极研几，多所创获，非下士所敢望。浠水闻一多有重名于当世，偶见君文，叹曰：专精厉意，前无古人。即君之造诣可知矣。作述数十万言，尤著者有《校订元和姓纂》，有《辑补全唐诗》，有《笺注韦苏州集》，而诸单篇考辨之文，卓然树义于诸家之表者，又若干篇。其邃密博洽，求之前代则徐星伯，今世则岑仲勉之流亚也。君殁且二年，将葬于南京南郊之牛首山，夫人霍氏焕明求余为文以表其墓。窃念与君为金石之交者，垂六十年，平居以道义文章相切磨，交亲若兄弟，虽不文，亦何敢辞。因次其平生行谊学术之大者，表而出之，俾后世有述云。一九九二年七月，宁乡程千帆撰。

## 中国文言小说史序

近人治文学史者，颇循清儒焦里堂“一代还其一代之所胜”之论，诗尊唐，词标宋，曲崇元，推而广之，旧所斥为小道之小说、戏剧，遂亦得与诗古文辞比肩文苑。此王静安《宋元戏曲考》之所由作也。然若误解其说，以为文学之发展，悉显示于文体之变迁，以文学发展史等同于文体变迁史，甚或以为唐后无诗，宋后无词，元后无曲，举宋以来之诗，元以来之词，明以来之曲，悉屏诸诗史之外，如某二氏所著书者，则不谓为昧于文学历史之全貌不可也。吴君志达新撰《文言小说史》则异于是。其书溯源穷流，上起先秦，下逮清世。虽推唐传奇为极致，而于宋明以还，话本章回诸体，已度越传奇之际，亦能洞察文言小说仍在发展变化之中，生机犹旺，术艺可观，不独蒲留仙《聊斋志异》之为苍头异军突起也。读其书者，由是以知文学固一代有一代之所胜；治文学史者，要当还其一代之所胜，然不得以其非尤最所存，遂取舍任情，屏除史外，此所启示，钤键攸关矣。至其叙论，多可补他书之不足，人之所略，我则详之，人或有失，我则正之，犹其小者焉。志达早岁从余问业，纯笃勤渠，余颇重之。其后余以非罪获严谴，厕身刍牧者，垂二十年，故人多绝还往。其关射羿之弓者，殆屡觏不一觏。每诵张芸叟“今日江湖从学者，人人讳道是门生”，及“传语风光好流转，莫将桃李等闲栽”诸句，每为陨涕。然亦有二三子，虽在本初之弦上，犹存师弟子之谊，未忍以非礼相加，其风义有足称者，君其一也。今序君书，牵连及此，亦欲以讽末俗，使鄙夫宽、薄夫敦云。壬申冬十月，八十老人程千帆序于南京大学。

# 跋张汉怡东坡赤壁赋印谱卷子

汉怡维扬国士，多才艺，尤精金石刻画。此卷玄镠之功，不下毛颖砉骣之奏，追攀赋心，坡老有知，亦当更为浮一大白。甲戌夏程千帆漫题。时小园盆池睡莲方花也。

# 故训汇纂序

清乾嘉间，朴学鼎盛。仪征阮芸台，以懿文硕学，颉颃诸公。而久历朊仕，为高官，故所至每乐以其力提挈风雅，宏扬学术，影响所及，蔚然成风。任浙江学政时，尝策群力成《经籍纂诂》百余卷。盖本吾华语言音义相通之理，辑训诂之见于故书雅记者，依韵编之。既便读者之检索，而音韵训诂，一以贯之之理，亦由是而益明，其一事也。其书行世垂二百年，学者至今利赖之。然以创制伊始，周浃惟艰，其条理未尽当，资料未悉备，或编次失照，或引据有误，亦所未免，流传既久，阙失愈显。世之通人，每思所以更张之。始我亲教大师蕲春黄君，曾诏诸生欲踵阮公之后，更为一书，不幸早世，美志不遂。自黄君之没且五十年，其再传弟子宗福邦、陈世铙、萧海波诸子，秉承遗志，终得别撰《故训汇纂》，都八百万言，视阮著殆三倍之。其发扬前书之长，纠绳其失，补所未备者，比比皆是，诚自有训诂之书以来所未有。在昔戴东原、朱竹君创意欲著《经籍纂诂》而未果，阮公卒成之，黄君思继阮氏之后别作新书亦未克遂，而福邦等乃勤慎经年，以成此巨著，其视芸台，非惟不愧之，且远胜之矣。先师神识澄照，经术淹通，殚精小学。其门弟子传业者甚众，独故武汉大学教授广济刘博平，及师之兄子耀先以从游久，尤能笃守师法，久而愈光。福邦等既入其室，此所撰次，博雅精审，足以取信今日后世，固可必也。余虽幸及先师之门，而于训诂之学，则未能深究，老耄废业，更不敢于此巨著，妄赞一辞。独念先师虽未享大年，而成学盖早，其遗说遗书故在，远源浩流，长润禹域，永无断绝，后之学者，虽或未尝亲承音旨，而得其沾溉，亦足以发皇汉语之微旨真谛，而华夏文明之伟大光辉，亦缘是而益彰，殆无疑焉。福邦书来命序，谨陈所感如此，幸观此书者，有以教之。甲戌夏六月，程千帆序于南京。时年八十有一。

## 张金沙书法选序

余弱岁负笈金陵，喜其风土，有久居之志。中更世变，转徙川鄂者，四十余载。年六十五，始重来主南京大学讲席。继而受命兼长江苏省文史研究馆，迄今又十余年，殆不知老之已至也。枢府右文敬老，遍设文史研究馆于各省，俾其儒林艺府之耆宿，皆获招致，以发挥其余热，为四化之助力，其意殊美。而江苏故人文荟萃之区，馆员中以学术文艺名家者，盖以百数。其工书者，亦以十数，而金坛张先生金沙其一也。先生城市大隐，他无所嗜，独嗜书如性命，年近九旬，犹临池无间寒燠。书风端凝，济以秀逸，老而益进，尤为世所推重。顷者朋侪为辑其生平得意之作数十幅，将谋影印成册，以永其传，而命序于余。余既乐先生之和易，又服膺其艺事之精能，故虽于斯道懵然无知，无以发皇先生之所造诣，亦愿宣其钦挹之怀，且幸贱子之文得附先生之书以传也。壬申嘉平，宁乡程千帆拜撰。

## 南京大学教授陈君墓碑

君讳白尘，原名增鸿。江苏淮阴人。幼明敏，嗜文艺，虽生贸迁之家，乃不乐承其世业。冠岁赴上海，入南国艺术学院，从田寿昌先生游。旋以革命活动，陷身囹圄，而化名投稿，声闻日隆。尝自谓文学生涯自狱中始，诚造次颠沛必于是矣。抗日战争起，投身救亡运动，以话剧鼓舞士气，针砭时弊，扬清激浊，世莫不知有《岁寒图》与《升官图》也。人民共和国成立，奉命从事文化行政工作有年。及"文革"浩劫，狂徒肆虐，君虽处困厄，然或私有记述，则无所避忌自若。盖其赋性刚烈，惟真理之是从，不曲学以阿世，自幼及耄，终身以之。四凶既殄，禹域重光，君受聘南京大学，传其戏剧之学。我国话剧之有博士，盖自君之培育始。而创作激情，弥抑弥扬，所作《大风歌》、《阿 Q 正传》二剧，尤臻极致，殆所谓文章老更成者。一九九四年五月，以宿疾卒于家，春秋八十有六。君虽丰著述，有高名，享大年，而人犹以为未尽其才为恨，则不朽固可必也，又奚待余之费辞。夫人金玲遵遗命葬君北京，来请铭。铭曰：

上庠振铎，笔阵横矛。大师风采，彪炳千秋。

# 阳湖文派研究序

余年十四五，从先伯父君硕先生学于家塾，先叔祖子大先生方就伯父养，亦时来塾中有所诲迪。一日偶论近世古文，其言曰："汝辈亦知以姚纂曾钞相授之意乎？夫逊清学术，隆于前代，而其要略，则义理、考据、辞章三者足以尽之。义理所以尽性，考据所以穷理，然非辞章则无以发其奥蕴，故三者相须而成。世人或崇其一，而屏其二，非通方之识也。近世桐城、阳湖、湘乡诸公，独明斯理，寓之选本，以昌厥旨。故由此诸书入，则与所诵四部之籍，皆可通流，发为文章，自能进于充实，无空疏之弊矣。"余虽谨识斯言，而以童蒙无知，未能深究其义，逮游学江南，年事渐长，始间有所会，以为清儒之言三事，实与今人之标举真善美者合：义理之极致为善，考据之极致为真，而辞章之极致则美也。然则文章之道，与学术一以贯之，不徒摇荡性情、形诸咏叹即为能事，从可知矣。后五十载，重游江南，受聘南京大学。文学博士出余门者十人，女弟子惟曹虹。诸生多学诗或治文学史，而致力骈散文者亦惟虹。时肥东王气中先生年尊而学醇，以古文教授，虹从之游，能传其道。旋入余门，复上追八代，究心选学。其所得遂合骈散而一之，能观学术文章之会通，复笔散行之同异，阴柔阳刚之变化，其学且骎骎突过偏执拘迂不能致远之辈矣。比者以所著《阳湖文派研究》一书见示，且乞为序。余目患白内障有年，近月弥甚，莫能通读，独取其中论张皋文者一章览之，既叹其所得甚深。其论皋文之学，盖统性命经术文辞而一之，其所为若赋，若古文，若词，皆非徒示其自伤情多，而实关注乎世运之隆替，民生之休戚，盖与七十年前先公之诏余者，其意若合符契也。衰齿今年八十有二，耳聋目瞀，犹得于一女弟子之著作中，聆先公遗训之回响，不亦悦乎？虹情韵淑静，平居讷讷若不能言。同门论学，辞辩锋起，往复不得齐，虹或徐出一义，众纷辄解，使广座咸获蒙叟所述宜僚弄丸之乐。盖其不欲自炫，赋性则然。此人所难，而今所称为才女者，则尤难。蕲春黄君尝云："学业既成，师弟即是朋友。"老人尚冀及见汝之跻于成也，虹其勉旃。乙亥三月，程千帆序。

## 朱寿友书展序

淮安朱寿友先生，弱冠从戎，远戍辽海，执干戈，卫社稷于白山黑水之间者，二十余年，旋事军中文化工作，亦著劳绩，所至有声。而退食余闲，究心艺术，书画金石，一以贯之。文武兼资，君有之矣。年近五旬，退伍转业，与余共事江苏文史馆，因得省览其所作，甚惊异之，以为其毫端有力有韵，亦今亦古，非寻常弄笔之士所能也。因念古之大师，文章每与践履谐合，司马子长多游名山大川，文字乃深雄雅健，世所知也。寿友固尝策马荷戈雪峰林海，与大自然相莫逆者久，其胸次安得不沈雄放旷，且呈现于笔墨间乎？"每逢佳士辄心许，老见异书犹眼明。"放翁之句，实获我心矣。顷者寿友将出其所尤得意之书数十幅，展示于艺林，余欣然为题数语。世有知音，固当不以鄙言乃阿其所好。乙亥大暑，闲堂老人程千帆。时年八十有二。

# 史通三家批校辑抄题辞

昔纪晓岚读《史通》，病其芜蔓，尝加芟剪，别成削繁。书既别行，被删之文，不可复见，其所以删之之故，见于评语者，以无所附丽，世人遂亦多莫详。然其底本世人尚有传抄，学者宝焉。清末宜都杨守敬惺吾尝得其本，更施批校其上。其书后为武昌藏书家徐恕行可丈所得。巴县向承周宗鲁当世硕儒，尤精校雠，早岁尝为童子师于徐丈家，因得过录其削繁底本及杨校，又更以其所见施丹黄焉。后宗鲁先生返乡，教于重庆大学。一日过江，持是书倚舷而立，忽风来攫其一册堕江中。于是过录向本者，皆阙《内篇》摸拟至自叙，《外篇》史官、建置及古今正史。余抗战中流寓成都，尝从友人赵幼文过录向氏残本，门人张三夕复从余过录，皆以不见其全为憾也。后三夕执教武昌，忽从湖北省图书馆发现徐丈旧藏削繁底本及杨校具在，因见纪杨二家评校之全，虽向校部分已逐波臣，然亦聊可自慰矣。适元化先生主持“学术集林”，因恳三夕整理付刊，以为世之治史学者助。一九九六年四月，程千帆记于南京大学。

# 中国历代诗话全编明代卷序

昔欧阳醉翁退居汝阴，集诗话以资闲谈，司马迂叟以其尚有遗者，复续书之。自兹厥后，历祀好事者之为，或论辞，或记事，实繁有徒，其书既多行世，遂以附庸为大国，分类别裁，《苕溪渔隐丛话》、《诗人玉屑》之为是也；汇刻全书，《历代诗话》、《清诗话》之为是也。然犹有不足者，论诗之人或无意于诗话之撰，或虽尝撰诗话，而其议论未必尽在诗话之中，则其人平生之所论次，虽或见其诗话，而终未能尽窥其议论宗旨之全。此亦学林之阙典也。老友吴文治教授素精文献校雠之学，思补其阙，因倡议辑《中国历代诗话全编》一书。其历代已成之作，固赫然悉在，而诸家论诗文字散见于总别集、杂记、随笔或史传、类书者，亦在网罗之列，依人件系。于是诗论之属其人者，囊括靡遗。读者渔猎其中，固将左右逢源，更无遗佚，其用顾不宏哉！余濒年衰病，耳聋目瞀，已不复能从事文字之役。然得文治信，知此书明代卷都八百万言，即将付梓，不禁欣然，深信其成必将嘉惠文场，传久行远。又夙知文治之精勤不懈，必将贾其余勇，续成余卷，以昭宣盛世文明之光。因其属而勉为之序，固所愿也。一九九七年一月，八十四叟程千帆。

## 俭腹抄序

谚云："七十三，八十四，阎王不请自己到。"余少而荒嬉，长复未学，中更世变，糊口四方。又以非罪获严谴，沦为牧竖者几二十载，迄老无成，悠悠忽忽，遂至不请自到之年。而以授书自活，遂亦如义宁陈先生所云："以随顺世缘，故不得不有所撰述。"门人巩博士请抄其所欲抄者，别为一书，且请名于余。余曰："海外殊族之学，既非所知；禹域儒玄文史之业，亦未遑深究，名之曰《俭腹抄》其可。"丁丑夏，闲堂。

## 清人别集总目序

吾友李灵年教授穿穴文史数十年，既获休致，犹思以余热效力明时，则与同好杨忠先生约学者多人，博采清人别集之见存者，著为《清人别集总目》一书。既毕功，属序于余。余考别集之兴，盖自建安，魏文撰《并世先亡诸子遗文》都为一集是也。《颜氏家训》载《王粲集》中有难郑玄《尚书》事，知诸子之作盖人自为书，文集包罗广袤，不仅诗赋铭诔；又知集之为体，当为个人著述，非徒指个人之文学创作也。欲尽审前人之学术，于其人所著群经子史之作，固当钻研之，即于文集亦不得如北朝诸儒以为文集只有诗赋铭诔，不当论《尚书》事也。故故王有三教授为《清人文集篇目分类索引》,使清人文集中所载群经子史百家文章,悉得据以检索,遂为学术史上一大功臣。李杨两君所为与之趋向异而功绩同,业亦伟矣。余夙好目录校雠之学,虽无所成,犹笃好之。山东大学王翁绍曾著《〈清史稿·艺文志〉拾遗》,余不辞鄙陋,尝为之序。今两君所为,其道同符,则虽衰惫废学,亦不能不勉赞一言,以为绩学而仍好学者之揄扬。世之览者,或不至以余言为妄也。丁丑夏,闲堂老人程千帆序于南京南秀村宅,时年八十有四。

## 叶德辉《光复坡子街地名记》补注

湖南省城由德润门直上坡子街,商贸四五百户,为会城繁富之区。其间牌记最久者如西协盛、东协盛、劳九芝堂、詹文裕、詹有乾、詹彦文等,远者二百余年,近亦百数十年。至叶公和、余太华以下,百余年、五六十年者尤不可继述。内而外府、厅、州、县,外而北京、上海、汉口,川、广、闽、浙、两江、云、贵,往来邮信,无不称曰坡子街某号某商,此商场地名断不容以一时一人之名义轻相改署者也。

德润门:即小西门,在湘江东岸坡子街口。旧时水路运输船只多从此处起货上岸,通过坡子街,到今黄兴南路进入市内。

坡子街:西起湘江东岸小西门,东达黄兴南路的一条街。旧时为水陆运输重要通道。街市繁华。

会城:指长沙。长沙为湖南省会。

西协盛、东协盛:药店名。旧时长沙有四大药铺,名曰东协盛、西协盛、南协盛、北协盛。南协盛原址在南正街。北协盛在北正街中段,今仍旧名。东协盛在坡子街口,一说在东茅街。西协盛原在坡子街,解放后搬到西长街,改名西长街药店,八十年代又改回原名,仍在西长街。

劳九芝堂:药店,今名九芝堂,迁到了黄兴南路。

詹文裕、詹有乾、詹彦文:均为笔墨铺,今已不存。

叶公和:叶德辉家所开酱园店名,今不存。

余太华：旧时长沙最有名的金号，今不存。

两江：指江南和江西。今江苏、安徽两省地，清初为江南省，设江南总督。康熙间分为两省，而江南总督之名不变。后兼辖江西省，改称两江总督。

去年秋间，上将黄兴回湘，一二无知鄙夫，狐媚贡谀，突然改德润门为黄兴门，改坡子街为黄兴街。当时各商号抗不允从，虑者咸以军士退伍之时，恐其别引乱机，迁就寝议。当事遂以白布为地，以棉花染绿，撮成“黄兴街”三字。世俗讳绿而忌白，不知其义何居？黄兴招摇过市时，目若无睹，然则黄兴不以街名有无为荣辱，断可知矣。

去年：指1912年（民国元年）。李云汉《黄克强先生年谱》：“［民元］十月二十五日，［黄兴］由上海乘舰经鄂返湘……三十一日返抵长沙。”

迁就寝议：停止议论。这也绝非事实，群众对革命欢迎之不暇，怎会对改名“抗不允从”。

以棉花染绿……世俗讳绿：这句暗骂黄兴是戴绿头巾的乌龟。从汉代起人们即以绿帻（头巾）为贱者之服。唐封演《封氏闻见记》卷九：“李封为延陵令，吏人有罪不加杖罚，但令裹碧头巾以辱之，随所犯轻重，以日数为等级，日满乃释。吴人著此服出入州乡以为大耻。”元明时规定娼家男子戴绿头巾。梁同书《直语补证》引明人《杂俎》：“［娼妓］隶于官者为乐户，又为水户。国初之制，绿其巾以示辱。”世俗因称妻有外遇者为戴绿头巾。郎瑛《七修类稿》卷二十八：“吴人称人妻有淫行者为绿头巾。”

以白布为地……世俗……忌白：这也是暗骂黄兴的。世俗办丧事用白，故忌白色。说当事者以白布为地，暗示像这样改为黄兴街，不是办喜事而办丧事。文中说，世俗讳绿而忌白，不知其义何居，实则点醒读者：绿指绿头巾，白指丧事。

考西洋各国，惟美国以总统华盛顿名号称其都城。彼盖以其禅让功成，事属创举，后人思其遗爱，永矢勿谖；又以新立之国，本无旧名可凭，因以人名为地名，而究之华盛顿始意不过如此也。中国禅让之事,真者尧、舜、禹,伪者新、魏、晋、宋、前后五代,而汉哀帝乃至以断袖之好,欲法尧舜禅董贤,其见于中国列史,本不足奇。即令改称,亦当改之于京城,且当属之第一次之袁世凯氏。黄兴即有临时总统之日,已断无改都城之期,此固可以不盖棺而论定者也。

永矢勿谖(xuān):永记不忘。《诗·卫·考槃》句。

伪者新、魏、晋、宋、前后五代:公元 8 年,王莽篡汉建立新朝,表面上是由四岁的小皇帝孺子婴将帝位让给他的。东汉献帝刘协于 220 年让位给曹丕,建国号魏。265 年魏元帝曹奂传位给司马炎,改号晋。420 年东晋恭帝司马德文传位给刘裕,史称刘宋。前后五代:前五代指宋、齐、梁、陈、隋。宋即前述刘宋。公元 479 年,萧道成取代宋顺帝刘准,建立南齐政权。502 年,萧衍取代齐和帝萧宝融,建立梁朝。557 年,陈霸先取代梁敬帝萧方智,建立陈朝。581 年,杨坚取代北周静帝宇文衍,建立隋朝。后五代指唐以后的后梁、后唐、后晋、后汉、后周五个朝代。公元 907 年,朱全中取代唐哀帝李柷(chù),建国号梁。923 年,李存勖(xù)取代后梁末帝朱友贞,建国号唐。936 年,石敬瑭取代后唐末帝李从珂,建国号晋。947 年,刘知远取代后晋出帝石重贵,建国号汉。951 年,郭威取代后汉隐帝刘承祐,建国号周。以上这些朝代的更替,在当时均称作禅让,实际上都是对前一代政权的篡夺,不同于上古尧禅舜、舜禅禹那样真正的禅让,故称之为“伪”。

汉哀帝……断袖之好……董贤:西汉末年皇帝刘欣(哀帝),公元前 6 年至前 1 年在位。董贤,西汉云阳人,美丽善媚,为哀帝所倖,行卧不离,封高阳候。年二十二,官至大司马、卫将军。汉哀帝宠爱董贤,同起同卧,形影不离。有一次睡午觉,董贤身子压住了哀帝的衣袖。哀帝要起床,董贤还没醒,哀帝不忍惊动董贤,就剪断衣袖起床。后世因称男宠为断袖之癖。

昔清世祖入关定鼎,师至顺治门,喜其语之吉谶,后遂建号曰顺治。维多利亚,西洋美大之名花也,英主取以为名,是皆一代尊严之君主,犹且以人合物,不闻以物合人。黄兴果为中国伟人,于此等吮痈舐痔之细人，方且唾斥之不暇，何为庞然自大，居之不疑如此耶？况即改名，当援顺治英主之例，呼黄兴为坡子街，不当改坡子街为黄兴，此亦理之易晓者也。

定鼎：夏禹铸九鼎，历商至周，并为传国重器。王都所在，即鼎之所在，后人因沿用为建国定都之称。这里也指清世祖率师入关，奠定了大清王朝的一统局面。

吉谶：吉祥的预兆。

维多利亚：victoria，睡莲，花作白蔷薇色，象征美好和胜利。英语 victory（胜利）一词即由此词根而成。

吮痈舐痔：用嘴吸脓疱，用舌头舔痔疮。指不避污贱以媚悦权贵的卑劣行为。《庄子·列御寇》："秦王有病召医，破痈溃痤者得车一乘，舐痔者得车五乘，所治愈下，得车愈多。"《汉书·邓通传》："文帝尝病痈，邓通常为上嗽吮之。"

或曰：古有明妃村、莫愁湖、薛涛井，类皆以人名为地名，似可以相比况。不知此乃绝代佳人，后人致慕致爱，故以当时之产地，慰万古之相思。黄兴须眉丈夫，何乃齿之于巾帼？黄兴而司马懿也，则妇人之饰可以受之，无如其自命为豪杰也，是岂可以妇人女子待之乎？

明妃村：汉元帝刘奭（shì）的宫女王昭君，湖北秭归人。后远嫁匈奴。晋时避司马昭讳，改曰明妃，其秭归故里因号明妃村。杜甫《咏怀古迹》："群山万壑赴荆门，生长明妃尚有村。"

莫愁湖：相传六朝梁代有女子卢莫愁，美艳绝伦。梁武帝萧衍有诗曰："江中之水向东流，洛阳女儿名莫愁。十五嫁为卢家妇，十六生儿字阿侯。……"今南京水西门外莫愁湖，相传即其故居所在。

薛涛井：唐时名妓薛涛，字洪度。知音律，工诗词。当时士人韦皋、元稹、白居易、杜牧等皆尝相与唱和。侨寓成都百花潭。家旁有井，水极清洌，人称薛涛井。

黄兴而司马懿也……：诸葛亮出兵伐魏，在五丈原与魏都督司马懿对垒。诸葛亮屡次挑战，司马懿坚守不出。诸葛亮就派人给司马懿送去女人的头巾、衣饰等物以示辱，并修书一封讥刺之，想激怒司马懿出来应战。司马懿忍怒收受了巾帼妇人之饰，还是不应战。此事《晋书》卷一《宣帝纪》有记载，《三国演义》第一百三回有描述。

> 或曰：今本省之朱张渡、宗伯师臣，一则以宋朱张二子讲学城南而得名，一则以明庄天合故居而立号，又何论于黄兴？不知此陈人也，其人已死，后人追思其迹而称之。黄兴发名于明德学堂，生长于善化金坑，是宜改明德学堂为黄兴学堂，称金坑为黄兴坑，不当扰及坡子街也。

朱张渡：宋代理学集大成者朱熹和他的朋友张栻，曾在长沙城南书院讲学。朱张渡是因他二人而得名的湘江东岸渡口。据光绪丁丑(1877)《善化县志》卷二十九载："朱张渡亭，初呼古渡，又曰中渡，又曰灵官渡。乾隆八年(1743)巡抚阿御史胡巡抚蒋溥捐修，有记。"灵官渡为通过水陆洲到对岸岳麓书院的渡口。后人在其上游建亭，号曰朱张渡。今仍旧名，在北的叫灵官渡，在南的叫朱张渡。

宗伯师臣：四字为纪念明学士庄天合而立的牌坊上所刻的横额文字，在北门，民国初年拆城墙时一并拆除。庄天合，字德合，长沙人。明万历十七年(1589)进士，选庶吉士，授编修，侍讲筵，晋宫僚。以端谨受知于太子。曾为南畿乡试主考官，又分校会试卷，所拔擢者如左光斗等，皆有名于时。后官至少詹事，卒赠礼部侍郎，有《庄学士集》八卷行世。光绪丁丑《善化县志》卷二十九载："明学士庄天合墓，在八都新开铺石人冲。"

明德学堂：光绪二十九年(1903)创办的一所学校。创办人胡元倓，字子靖，以字行。黄兴于1903—1904年在明德学堂教体育、博物，兼速成师范班主任。辛亥革命后明德学堂改明德中学，解放后改为三中，八十年代末又改回明德中学原名。

善化金坑：善化，旧县名，宋置。明属湖南省长沙府。清与长沙县并为长沙府治。民国废，并入长沙。金坑，黄兴"先世乃中原望族，绵延繁衍，扩展至江西等省，均以耕读传家。至明末，海内多乱，先祖金铿公昆仲三人，景慕湘儒周敦颐濂溪先生昌明理学遗风，因由赣迁湘，卜居长沙府皇仓街。其后户口增繁，乃分居善化（在今长沙）县凉塘”（李云汉《黄克强先生年谱》第1页）。同治十三年（甲戌）九月十六日（1874年10月25日）黄兴诞生于凉塘。长沙黄姓聚族而居，共分四支，皆冠以地名，曰丁垅黄、卷石黄、河图黄、经铿黄。经铿在今长沙县双起乡。光绪年间，黄姓建石桥于该乡的金坑河上，树碑曰“黄氏经铿桥”，俗称“金坑桥”。桥旁有屋，亦名“金坑桥”。

> 或曰：今俗地名如鸡公坡、鸭婆桥、马王街、牛角巷、螃蟹井之属，或为禽，或为兽，或为水族，皆可以为地名，黄兴名街何为不可？然考鸡公鸭婆之名所由起，乃当时祝鸡放鸭者相聚而居，故相沿以物名之，马王则营中所祀之马祖，牛角螃蟹则象其形。黄兴人也，胡为以毛羽虫介之族相拟呼？

鸡公坡：长沙旧地名，在黄兴南路大古道巷内，只一小段，下接县正街，今已不存。得名由来并非如叶文所说是养鸡者相聚而居，而是有一个神话传说：古时候有一位仙人利用一个老太婆畜养多年的大公鸡，飞到天上去啄食了要来残害生灵的蜈蚣精。

鸭婆桥：长沙旧地名，原址未知在何处。郊区马王堆汉墓遗址西边有地名曰鸭婆塅，不知与文中鸭婆桥是一是二。

马王街：在黄兴南路以东，建湘南路之西，南北走向。马王应当是指五代十国时楚国开国君主马殷。马殷当时据有湖南全省及广西东部之地。后梁太祖朱全忠立，马殷遣使修贡，受封为楚王。长沙有马王宫、马王堆、马王街等遗迹。叶文说马王指“营中所祀之马祖”，按马祖是马神名。《周礼·夏官》：“校人掌王马之政……春祭马祖。”叶文以马祖释马王，以并之于鸡、鸭、牛、螃蟹等禽兽类，是为了狎侮黄兴。

牛角巷：在浏城桥下复兴街中段。

螃蟹井：在城北清水塘。

祝鸡：呼鸡。“祝祝”，呼鸡声，本作“喌（zhōu）喌”[见《说文解字》吅（xuān）部]，亦作“朱朱”。

或曰：黄兴之不可名街，既得闻其说矣，德润门名黄兴门可乎？曰，此境外事，余不得知。然余苏人也，苏州有胥门焉。考之载籍，为伍子胥伏属镂以死，后人哀之而名其城门，然则不祥甚矣！黄兴年方强仕，富贵薰蒸，善颂善祷者，固当急去之以祝其长年，而乃不谙典故如此，余何问焉！或去，因并余说记之，是为光复坡子街地名记。

境外事：指德润门在长沙市外。

载籍：犹言书籍。书是用来记载事实的，故云。

属镂：剑名。吴王夫差拒子胥之谏，使赐之属镂以死。以剑自刎叫伏剑。“伏属镂”即以属镂剑自刎。

强仕：四十岁。《礼记·曲礼》：“四十曰强，而仕。”古人认为人到四十岁，身体强健，志气坚定，一切成熟，可以出来做官了。后因谓四十岁为强仕之年。黄兴回湘这年是三十八岁。

富贵薰蒸：薰，火烟上出。蒸，气上出貌。这句说黄兴的富贵荣华正如火之上升，气之蒸腾。即蒸蒸日上，前程无量之意，但语含讥刺，和下文称“善颂善祷者”的用意一样。

## 后　记

叶德辉，江苏吴县人，清末进士，做过吏部主事等官，后定居长沙。其人在学术上颇有成就，特别是版本目录学方面的研究成果，不乏卓见。但政治上始终反对晚清以来的革命举措。戊戌政变时，是维新派谭嗣同的对头。辛亥革命，他痛恨革命党。他在长沙置房产，开店铺，收藏图书字画古玩，以尊孔为名把持学宫财产。袁世凯准备做皇帝时，他在湖南办筹安会，自任会长，称臣劝进。张勋搞复辟，他也通电捧场。1927年，湖南工农运动高涨，叶德辉反对而不遗余力。他曾作了一副对联，文云：

农运方兴，稻粱菽麦黍稷，一班杂种；会场扩大，马牛羊鸡犬豕，六畜成群。横额：斌尖卡傀。

此联首嵌“农会”二字，咒骂农协会员是杂种、畜牲。横额意为“不文不武，不大不小，不上不下，非人非鬼”。他对农运的仇恨之深，可见一斑。

当时中共湖南省委为打击破坏活动，决定镇压，密令省农协派队拘捕，交特别法庭公审。1927 年 4 月 10 日夜，农民自卫军在坡子街叶的一个姘妇家将其抓获。次日上午 10 时，在教育会坪召开湖南人民第一次铲除反动分子示威大会，到会省、市、县、郊各党派团体代表及群众十万余人。由省特别法庭公审叶德辉，当宣布其罪状后，省特别法庭判处叶德辉死刑。

《光复坡子街地名记》是叶德辉在 1913 年写的一篇文章，借坡子街改名为由，对民国元勋黄兴施行攻讦。

民国元年(1912)10 月 25 日，黄兴由上海乘舰经鄂返湘，31 日返抵长沙。当时长沙市民万人空巷，争欲一睹这位开国元勋的丰采。都督谭延闿亲率各界代表到江岸迎候，不下七八万人。湖南各界为纪念黄兴开国勋绩，特改德润门为黄兴门，坡子街为黄兴街。

下午 1 时 30 分，舰船抵岸，舢板鸣礼炮 21 响，谭延闿等登船迎接，上岸时群众欢呼，在教育会坪召开盛大隆重的欢迎大会。

当时是辛亥革命后的头一年，在以孙中山为首的革命党领导下，推翻了两千多年的封建帝制，建立了民国，气象更新，人心振奋。黄兴在开国元年回到故乡长沙，长沙人民景仰开国元勋，欢庆革命胜利，他们表现出来的热情是可以理解的，可是这却触怒了叶德辉。他于次年即写了这篇文章，对黄兴侮蔑戏弄。

首段叙述德润门、坡子街及其诸多商号的历史源流及当前繁富情况，声言几百年的老街老名，“断不容以一时一人之名义轻相改署者也”，这就给文章定下了基调。

接下来说去年黄兴回湘时，“突然改德润门为黄兴门，改坡子街为黄兴街”，把出于敬仰之情而改街名的人民群众诬为“无知鄙夫，狐媚贡谀”者流，并造谣说甚么“以白布为地，以棉花染绿，撮成黄兴街三字”。他惟恐别人不知其真意，明知故问地说：“世俗讳绿而忌白，不知其义何居？”

下文笔锋一转，中外举例：美国有华盛顿城是纪念开国总统华盛顿的，中国历史上改朝换代也有真禅让、假禅让之别。他的潜台词是：你黄兴一不是皇帝，二不是总统，又不在你手里改朝换代，有何资格改地名为己名！

叶氏又说即令改名也当“以人合物，不闻以物合人”。他举中国的顺治皇帝和英主维多利亚为例，说他们以一代尊严之君主，犹且如此，你黄兴要改，也只应把自己改名“坡子街”。此语可谓戏弄至极。

以上是文章的前半部。后半部仿古代赋体论难的方式，设为四个“或曰”。一则把黄兴贬为被人玩弄的“妇人女子”，还抬出诸葛亮以妇人之饰戏侮司马懿的历史故事来类比。“黄兴须眉丈夫”、“黄兴而司马懿也”这类语句，其讽刺挖苦之意何等明显！二则把黄兴比作鸡鸭马牛螃蟹等“毛羽虫介之族”。在解释这些地名时，他明明知道“马王街”的“马王”是指五代十国时楚国开国君主马殷，史称马殷为人谨厚，在位时卖茶铸钱，因称富饶。叶德辉却硬说“马王则营中所祀之马祖”。马祖虽然是神，毕竟还是马。《周礼·夏官·校人》的疏文说：“马与人异，无先祖可寻……故取《孝经》说，房为龙马，是马之祖。”叶氏便以之连同鸡鸭牛螃蟹等来比拟黄兴。“黄兴人也……”这个设问句的本意就是说黄兴不是人，是“毛羽虫介之族”。十四年以后，他撰写反动对联骂农协会员为杂种，为畜牲，和这是一脉相承的。最后更以“德润门名黄兴门可乎”这一设问句作结，说改城门只有伍子胥被吴王赐死后苏州有胥门之设，并惊呼“不祥甚矣”！说明他对黄兴痛恨到了极点，恶之欲其死！这个结尾还和文章开头“以白布为地”影射改名是办丧事那段文字相照应，有起有结，以死起以死结，叶德辉淋漓尽致地发泄了他对民国元勋黄兴的仇恨。

其实，就在黄兴返湘后不久，即于 11 月 20 日“致函谭延闿辞谢将长沙小西门坡子街改称先生名号”（《黄克强先生年谱》），可是叶德辉到了第二年还是写了《光复坡子街地名记》一文，并广为散发。

此文是旧民主主义革命时期史料之一种。程千帆保存得有叶当时沿街散发的原件，现已捐赠湖南省图书馆。时隔八十余年，此文见者已不多。例如杜迈之、张承宗两位先生所著《叶德辉评传》第 30 页，即将这篇明明白白的散文误称为“骈体文章”，并将《光复坡子街地名记》误称为《坡子街光复记》，可见他们只是听说，而未亲见此文，所以其所云“对黄兴肆意诽谤”，也就是想当然尔之词，似乎没有对史料审查及运用采取负责的态度。

（原载1996年《中国文化》13期）

# 跋

文术最难，余少时尝偶游其藩，而未遑致力。年六十五，重寓金陵，始稍稍用意为之。此数十篇多近十余年作，或略具法度，仍不能工，倘昔贤所云此事非力取者欤！丁丑冬，闲堂识，时年八十有五。

# 新诗少作

## 有　赠

万古的精灵飞上
曼曼的春纤：
（它们怕的就是
寂寞得慌。）
茂陵的
山色与雨声
现在全给作了
曼曼的愁眉泪眼。

自己的勇敢
也能教自己烦忧。
管不着鬓底的
征尘杂酒痕；
那一切只好听安排。
（听谁个安排？）
曼曼怕的就是
寂寞得慌。

## 二　月

半年不是短短的哩！
惟有二月是二十八天。
在春水平堤时节，河里
不应当有一张小白帆吗？

画梁是燕子的家，
粉墙是萝蔓的家，
河水才是小白帆的家：
无从窥见的是室家之好。

从此我不惋惜于往日，
但有煎心的驰逐；
当二月还没有来，
我已经厌弃了正月。

## 伽蓝寺

烟花三月的伽蓝寺，
大雄宝殿已经有点
疲倦于香花的供养。
浮世绘眼底之流走：
蛇样的身腰多着哪！
楹柱自己觉着轻飘；
长明灯则情欲的眼
看不厌时新的装束。
虔诚之叩祷，善男子，
善女人的笑相抱了。
不仅维摩是爱病的，
天女也喜春来小病。
结善缘的施主，试看
伽蓝寺山门之廛市。

五月十日午

（原载《诗帆》1卷1期，1934年9月1日出版）

## 绣　枕

扔在床角的是黯然的绣枕——
前朝的史迹。黯然的，可不是
还是那古旧又新鲜的恋情？
橙色的花枝，每一枝有一枝
故事：五月里南方的窗户下，
是谁？沉思的手指绣着沉思：
“可不知道他爱什么样的花？”

才教怪！季候一般地转着车轮，
忘不了却是那白睡莲的长夏。

三月二十七日

（原载《诗帆》1 卷 1 期，1934 年 9 月 1 日出版）

## 吴淞早春

铁炮锈开了花。
春风苏不醒
老兵脸上的青苔。
海水够他们打哆嗦。
在血腥的回忆中，
橙黄暗吐夜之色。
死去了的战烟，
往还于残垒之上，

作烈士之丰碑，
指点功罪的当年：
他们是笑抑是哭，
若找得自己的尸骸？
归途上的凉月，
犹作旧时之梦。

一九三四，二，八夜

（原载《诗帆》1卷2期，1934年9月15日出版）

## 病榻的私语

为什么你尽撩拨自己的心呢？
大夫说：诗歌，希望同失望的栈房，
同样是病人的禁果。好天良夜，
抛弃掉一些可以抛弃的东西吧！

（爸爸的白头发是七月天的星；
六十年辛苦的指望落在你肩上。
“唉，人老了！”当咳着沉重的音标，
他愿意你是他的一个克家之子。）

放下笔呀，写作徒然将你潺恼；
情爱对于穷人也是奢侈的物事。
若是你肯将伤感关入禁闭室，
便可以在院里少住半个月十天。

（原载《诗帆》1卷2期，1934年9月15日出版）

## 三　问

在山路边拾得的那只歌，
它还能告诉你，在那一天，
你忘了的，小林下的缠绵。
你倒吝惜你的不可捉摸吗？

天是青青的，草是青青的：
莫记起从前——那场风雨，
我永远不提起一句半句。
你又让我剩一场空欢喜吗？

蚀的忆，容易不过的密誓：
永远地不能够将你遗忘；
我的心葬埋在你底心上。
你要再来个这样的密誓吗？

（原载《诗帆》1 卷 3 期，1934 年 10 月 1 日出版）

## 浴　室

水蒸气倚着玻窗
安详地落泪；
木制的靠背长椅上
躺着疲困的毛巾，
衣裤靠紧了墙，

状若八仙桥一带之
夜行客国；民历让
自己呆板地被扯去，
一张，复一张。
“先生，好久没有来哪！”
于是，“五月花”三枝五枝
被烧完了，剩一堆灰。
打赤膊的高喊“出水”；
接着足尖会给指尖
来两阵麻痹。
（朦胧中听着捏脚者
剧谈吃龟饭的
卖淫的故事。）
及又见
脚步在门口一闪，
则一片山响：“请进来！”

（原载《诗帆》1卷3期，1934年10月1日出版）

## 宫　词

二百八十年，温柔的岁月，
　在一个短梦中捱过。
翻一个身，睫毛太长了的
　雄狮，它又爬进睡乡。

太平花与连理树的宫殿，
　是许多年的安乐窝；

而渐有褪了的颜色的，是
　冷宫中绣被的针线。

殿顶上莓苔与瓦松之舌，
　流传了旧时的呓语；
惟当屋脊的兽头打盹时，
　无休止的话才吐芽。

红墙黄瓦乃哑然地失笑：
　还有人在挑起老话，
现在却已经不是时候了，
　“白头宫女，谈说开元。”

（原载《诗帆》1 卷 4 期，1934 年 10 月 15 日出版）

## 圣　女

永远地，影子一般飘忽，
一般黑暗，一般沉哀。

宽博而玄色的僧袍
裹着的心，依旧鲜红而炽热。

那从前吝惜着的，
高耸，圆，软的前胸，扁平了。

偷读着魔鬼的书，觉得
项上的小十字架在轻轻地抖。

或自己亵渎，想起人间的仪式。
像作了一个恶梦，又醒了。阿门！

（原载《诗帆》1卷4期，1934年10月15日出版）

## 重　来

倘若我卷土重来，
　在再度的春风里；
你定不吝惜这句：
　“一直等你，这些年。”

软领竟漆满灰尘，
　领带如缢死之蛇，
缠着熟识的颈子。

逆旅的独身汉子，
　永是无母的孤儿：
他不会整洁衣裳。

一切的都已改变，
　青发也换上疏星。
带回来过去，惟有
　让人喘气的双臂。

（原载《诗帆》1卷5期，1934年11月1日出版）

# 想　象

想象才情的海浪淹死几个诗囚：
昌黎玉川东野浪仙太白与长吉。

穿九万里的云层，
独往来于青冥之上。

指缝里常泻出串串玲珑的烈火，
若 Vesuvius① 喷发时的熔岩，

或一湾死水之斟酌，
亦足使人跳跃的脉管静止。

……

勇敢已成为过去，
诗笔无复鲛人之泪水。

日子乃一天天地爬走，爪痕刻下：
“二十一岁，二十二岁……”

（原载《诗帆》1 卷 5 期，1934 年 11 月 1 日出版）

① Vesuvius：维苏威火山。——陆耀东注

## 斗　室

起自斗室中的蚕食声，
少年作家的笔尖秃了。

桌上，书似青山常乱叠；
昏灯，乱发，安稳地和谐。

况复精思入窈冥：寄情
屈原赋中，学楚人天问。

猛地惊醒，当卷烟包里
偶然滑出一幅裸画时。

世纪之间隔，真正使我
薄薄的花发变得更薄。

（原载《诗帆》1卷6期，1934年11月15日出版）

## 自　杀

朝开夜合花
不结果子
浓重的是露水

淡淡的影子

死在淡淡的星光下
明年在哪儿呀!

行人道上踽踽的独行者
夕阳的花雨
洒在天女身上,眩目

小饭店里刀俎声
早晚得果腹
人方为刀俎……

手帕上乃有
五十滴哥罗芳
手帕又掩住脸

如妇人娇泣后带羞涩
身体平放在小床上
氲氤的快意!复茫然醒来

"千古艰难惟一死"
再过一年,明年
二十三岁了

(原载《诗帆》1卷6期,1934年11月15日出版)

# 五千年

你怎么这样不珍重，珍重
自己，让一番风雨毁去了
五千年的美丽：这五千年！
五千年的黑发，黑眼珠，
那层陈老的香味，智慧，
聪明，曾经惭愧过南欧
葡萄园里的女人那灿烂。
你应该换上时装，你是该！
（可是当心！别招了凉！）
又用一丛活泼的紫焰，
饲养你贫困的肠胃，这股
神秘的火它能再给你年轻。
一片叶子得衬着一枝花；
八月的西风里，也许真……
真有绝代的容华，
但你却是他的老相识。
你古旧的温柔将要换得
他再度的拥抱，你努力
放荡的孩子准会收心。
不然，就只剩阵感唱，可再没
装饰你那么长的五千年，
那么长的，给你年轻，年轻！

（原载《诗帆》2 卷 1 号，1935 年 2 月 15 日出版）

## 嫁不售

牵骆驼穿过针眼：这个，
算容易，不算艰难；
但翻遍了我的生之史文，
竟找不出花烛之宵的实录。

托意于一颗豆大的灯花，
已是寒伧，又复因油干芯尽
而消灭。这时候，我正倾耳于
街头婚礼曲的进行。

（原载《诗帆》2卷1号，1935年2月15日出版）

## 夜　归

矗天高楼，参差的
市招如雨后春笋。
“大贱卖”，都市的风涛；
倦而沉默！若闻空谷足音，
当几辆车儿，索索地，
拖着醉人走过。
时头上是片青天，
标准钟正画着条直线；
望着年红灯没有人作声，

一颗坠星正往西沉。

（原载《诗帆》2 卷 1 号，1935 年 2 月 15 日出版）

## 春之羽

一年一次，或者几年一次，
从灰色的心里移巢，
春之羽，这回又掠过了。

落下的只朴拙的一翎。
（别字，我说是借体的古文，
其余的，殷代遗留之甲骨。）

她的句子也和字形一样，朴拙的，
又不肯写第二次。这我也明白：
她有着上古的笔触和中古的心。

（原载《诗帆》2 卷 2 号，1955 年 3 月 15 日出版）

## 数　字

迟暮者也为想象的年轻
羞怯得发恍：春天又回来了！
园子里徒然地有梅子满枝，
却几曾见过几个携筐者？

桃李不言，不下自成蹊吗？
为着共怜时世而布服荆钗，
等听说铅华不可弃时，心扉
已烙透年月日时之数字。

（原载《诗帆》2卷2号，1935年3月15日出版）

## 鼓 楼

鼓楼在夜色里凄然发恍。
殷红的沉默！龙踵的腰身
已经缠满不相识的茑萝。
老得忘了许多；但有许多，
他永远忘不了：明朝，清朝，
如今，太阳旗挂在眼前了。
太阳旗是那么红的，就像
他龙踵的腰身。
老眼无花，
他是看过朱太祖进城的。
而眼睛却无辜地遭咒诅：
挟扬州十日的血腥渡江，
鞑子来之前已瞑然闭上
伤心的一对，至今睁不开。
“更是不比从前了！”他叹息。
则惟有装出沉默，向苍天。

（原载《诗帆》2卷2号，1935年3月15日出版）

# 黄　昏

——为亡友马焕坤作

黄昏早眩死在树梢上，
留恋憔悴了病人的家园。
鸦背夕阳竟如此瘦弱，
逃不了，脚胫系着缕炊烟。

药炉子是可爱的活计。
别割断青春穿起的泪珠，
以你愤怒烦忧的小刀。
听！结核菌已在向你耳语。

（原载《诗帆》2 卷 2 号，1935 年 3 月 15 日出版）

# 沙　漠

沙漠里也有清冷的流泉，他们，
没有去过的人，是不会知道的。

“一阵玄色的龙卷风舞起，
崇丘高阜都变作了坡陀。”

故徒有人艳羡棕榈的家，那随
驼铃声而教人想起的景致；

而情愿跋涉这漫漫长途的，
却总是些苦行的佛教僧徒。

绿洲中茂盛的女孩，遂不禁
沉溺着传说中异国之年少。

（原载《诗帆》2卷3号，1935年4月15日出版）

## 答孙望

长因榴火忆红裳，
更难忘纤指之承筐；
人间有千万种风情，
溱与洧之上。你知道，
我不是个鲁男子。

悲兮悲兮生别离！
天下事十九不如意。
追悔放肆的少年游，
仿佛忽已三年，不曾
马在跨而鞭在手。

（原载《诗帆》2卷3号，1935年4月15日出版）

附

## 给千帆

孙　望

大道之直，方如青发，
我欲攀废园的柳条，
为君作宜春的锦鞭。

田家子将歌麦秀了！
纵然你不怀念榴花，
能忘承筐的纤指么？

（原载《诗帆》2卷3号，1935年4月15日出版）

## 秋

青草还没黄哩，
雁子还没过哩，
早上，晚上，寒冷
已自上了衣服。

轻飘也是秋吗？
忧郁是秋天里
年轻人的病症；
但我自惭衰老。

听着西风的歌——
落叶的招魂曲，
我将怎样处置
秋天之节拍呢？

长夜寂寥之袭，
残烛下的乡情，
即无雁子飞过，
秋也是真来了。

（原载《诗帆》2 卷 3 号，1935 年 4 月 15 日出版）

## 西施吟

苎萝村女伴的怀思
又沉淀于五湖烟水中了，
继之而来的：响屧廊
轻盈的步履，若有若无的；
姑苏台畔的忘忧草，
不共破碎的山河而杳沉，
如今，该更茂盛了吧！
一万斛的愁，十万行的泪，
人不定是了解人的；
他们却尽自赞着女英雄；
扁舟里老去的西施，
遂不禁惘然于承恩之日。

（原载《诗帆》2 卷 3 号，1935 年 4 月 15 日出版）

# 致梅子

蹙起那对南方的眼珠子——
在尖风里瞭望的相思。
十二月的月季残了黄昏，
芬芳静挹着丝丝呜咽。

笑容里青春和爱的标记，
听话，飘风说：没有下回。
怎好呢，曲子每低半阶音？
“寻找失物”——这告白没用。

青色的圆顶帐撒满了天；
小月亮带着黄晕幽怨。
南方的眼珠子哪，这些时，
有人为了她悭吝寻死。

（原载《诗帆》2卷3号，1935年4月15日出版）

# 鼓书场零拾

如涧水无声，如骤雨，
或水银泻地，万马争腾，
今天伺候一段……

寄沉痛于悠闲之中，

不图见之于大鼓书场：
你瞧，他们那股子劲！

（原载《诗帆》2卷3号，1935年4月15日出版）

## 郁金香

家国之痛又上了眉梢，
郁金香，这白俄的舞女，
她的眼泪是流不尽的。
客人臂里非安乐之乡；
待红日西斜而她亦老，
徐家汇疲倦的晚钟里，
莫斯科教堂走进回忆：
那时人就叫她郁金香，
不过那时她是位郡主，
谁搂着她的腰有福了。
而现在，现在呢？郁金香！

（又到了！上场的时刻。）

乃不让自己净想这些事，
她默然放下湿透的手巾。

（原载《诗帆》2卷4号，1935年5月15日出版）

# 记　忆

愿长毋相忘！记忆它能
使人凄怆，使人快乐，
使人狂易，使人麻木。
止水下是极度的湍洄。

想不起这最后的楚歌：
“虞兮虞兮奈若何！”
当我第一次看见你，
已预备了婚礼进行曲。

（原载《诗帆》2卷5、6号合刊，1935年6月25日出版）

# 吊玮德

星子逐月亮而沉没；刚在
绿肥红瘦时节，众香国里，
遂又少一对灵活的触须。

不死又如何呢？月黑风高，
当把舵者已被浸在水中，
诗人徒为殉沧桑之葬俑。

虽然如蝶粉轻盈之秀句，
具有世纪末薄命之感的，

此后是有广陵散之叹了。

（原载《诗帆》2卷5、6号合刊，1935年6月25日出版）

## 圈

让我摘下眼珠，
装饰你作耳圈。
从有一天起，
我就用不着它们；
而且，沉默也变成
我惟一的言语。

它们将帮助你
步伐的窈窕，
在黄叶摇落之
心理上；因此你能
懂得我，比我
懂得自己更多。

（原载《诗帆》3卷1期，1937年1月5日出版）

## 读柳州诗后

破额山前碧玉流，骚人遥驻木兰舟。
春风无限潇湘意，欲采蘋花不自由。

我曾经有一个小小的
白日梦，从容我自己
小小的游艇在潇湘。

帆随湘转，已而忽
沈把舵者于水中，
遂走失在空濛的烟水。

迷不知吾之所如。
虽有春风无限意，
也是相思不奈何了。

（原载《诗帆》3卷1期，1937年1月5日出版）

## 爱愁的小花

满像朵爱愁的小花，
眼泪是你的欢笑，
正如手绢是你的恩物，
它时常染着桃红色。

你任意的慵困继续在
我麻痹的膝头上滋长；
也许你又乐了，因为你晶莹的欢笑又落了。

（原载《诗帆》3卷1期，1937年1月5日出版）

## 月　夜

让酒盅替你涂上胭脂，
免得庞儿又发红。
因此，我放肆地说话。

让亮月替你披上肩纱，
两颗星，眼的朦胧。
那么，即使我不说话……

让寂寂听我的心跳，
一刻轻松又沉重。
简直不用，不用说话。

（原载《诗帆》3 卷 1 期，1937 年 1 月 5 日出版）

## 今夜月眉湾

不知今夜月眉湾：
何处有丝绒般的情感？
在丝绒缠缚的皓体上，
你嗅着常青树的气味吗？

我是冰凉的，又是火热的，
赤道里冷食店主人。

Serenade[1] 弦管夜纷纷，
无声的言语更可念了。

（原载《诗帆》3 卷 2 期，1937 年 2 月 5 日出版）

## 赎罪祭

有雨丝织帷，泪花酿酒，
有粗壮的臂是红烛，
有灼热的唇是薰炉，
神，我要向你行赎罪祭了。

请布置那庄严的祭坛，
使我得恣情的礼忏，
然后借古人的诗句来歌颂：
“未须愁日暮，天际乍轻阴！”

（原载《诗帆》3 卷 2 期，1937 年 2 月 5 日出版）

## 园中记事

我更喜欢如你秋晚的
园林，成熟了的年纪，
是更懂得怎样爱人的。

① Serenade：小夜曲。——陆耀东注

我更喜欢喷水池的碎雾，
它是使你从精致的口角，
说出那精致的事实来的。

我更喜欢有点困人的步履，
困人的，不也正是使人
获得更多温柔的将息的。

（原载《诗帆》3卷2期，1937年2月5日出版）

## 对　镜

初三的眉月，从窗隙
照见你安详的神采：
横陈着停匀的香梦，
是一方刻石，绽裂
浮雕上欲绽的花蕾。
你的鼻息轻轻地
吹着海，遂有了
发的波浪，使一张白帆
空阔于无边的水上；
臂的蛇，苹果使它
走出乐园，缠上你颈围；
仍然，无数荒唐的梦，
如苹果错落在胸前。
你让自己奇异的卷舒，
欢乐到流眼泪，又笑，
因为一个永远的不变。

我要说，转过来，这可不行：
汹涌的波浪教我打嚏；
而且，娇慵的蛇已复
疲困于苹果的捕捉。
待平明对镜，想一掷千金，
你一定要惊讶
（自己昨夜）
那一瞬豪华的挥霍。

（原载《诗帆》3 卷 3 期，1937 年 3 月 5 日出版）

## 悬　记

在软软地火炉边温梦，
于是你谈起爱情的悬记：

“当时，我还不是你的，你却已经
吻了我樱花的唇，藕的臂。”

“当时，你颂赞那梦的
王国吗，臂的藕，唇的樱花？”

“是的，但是口不应心，因为
你让我无从发出声音。”

（原载《诗帆》3 卷 3 期，1937 年 3 月 5 日出版）

## 马蹄铁

想，它祈求休息于道旁，
委顿在游女的足下，
马一定也久已失其所以为马。
夫礼义者，忠信之薄，
此日的蹄铁，也应当……
（什么?）坚固与顽强些吧！
春郊年年有一座洪炉，
吞吐着无边的绿焰，
况又万红如笑。因之我明白：
能受鼓铸的不是马·蹄·铁，
而是——
你那工于韀韅的心。

（原载《诗帆》3 卷 4 期，1937 年 4 月 5 日出版）

## 萍　末

如是我闻：
大风起于萍末。

你却常常絮絮，
如风中琴；

又令人想重过圣女祠，

尽日灵风不满旗。

设一旦空穴来风，
举起胸前烽火，

则随之一阵，将有
深秋急雨打团荷。

（原载《诗帆》3卷5期，1937年5月5日出版）

## 水

因前世是游牧民族，
生平惯逐水草而居；
即见了史迹上冰河，
亦以为奔流如渴马。

我喜欢水如同智慧，
如一个描绘：秋灯下
尺幅破墨风景之恋，
无风的港避风的溪。

（原载《诗帆》3卷5期，1937年5月5日出版）

# 夜　袭二章

## （一）

无数的触角伸向夜之边缘，
今晚的世界是我们的，
天也是属于我们的，
没有月光，不许霎眼一粒星子。

蚕子贪婪地啃着桑叶，
我们的步伐有这样的美了！
又记起两句欢喜的老话：
风高放火，月黑杀人！

## （二）

没有染过血腥的手
也染上油腻了，
今夜的猎获物是
丰富得超出记忆的。

一阵鬼脸，一阵哄笑。
一阵无情的恣意；
又有欢送的乐声了：
晨光下，一阵无目标的炮火。

七月，于重庆

（原载《中国诗艺》第1卷第1期）

# 雨 意

空有笔不能写下一个字，
为着所想写的已经远了。
它也许还栖止在没有记录的国土，
使人徒然坐对积满暗尘的书页。
旅行了一场大梦归来，
才发觉屋檐下的声音
不是“细雨湿流光”，而是
褐色之堆积。践踏着
秋林最后的叹息，
我乃检视而且收拾起我的短服。
它不再留有田中生长与成熟的香气。
有人却还在石砌的大路上走马，
在一样的蓝天下。
但是我想的又远了，远了。
无论道旁的银杏或者梧桐，
它们若谦让地隐藏起那堕地的一刻，
我一样不知道它们在落叶。
窗前却真有尺幅的雨意了。

廿八年秋，界石场

（原载《文艺春秋》第4卷第4期，1947年4月15日出版）

# 附录　新诗论

## 评戴望舒著《望舒草》[①]

诗在新文学运动中间，和其他文体，质与量上都相形见绌。设以新兴文学的集团来做对象，亦可看出此种事实：文学研究会里诸位诗人，已经多半不做诗了——俞平伯氏且曾发表过一篇对于新诗表示怀疑的《诗的歌与诵》；创造社那种狂放的作风，在诗坛上亦已绝迹。

若把近六年来的新诗分为两派，大致可以不错：在一方面，徐志摩氏介绍了西洋的诗法，形成了所谓“新月派”的诗。他和他的友人都“主张本质的醇正，技巧的周密，和格律的谨严”（陈梦家《新月诗选·序言》）。虽然“方块诗”似是一种被讥讽的作品，但他们的努力，不是没有成绩。不幸徐氏短命死矣，“新月派”失去了一个很热心的领导者。近两年来，其余的人，在外表上看来，似乎没有以前那么努力。在另一方面，则为“象征派”的诗——始于李金发而大于戴望舒。这派的作家虽然不多，但因另辟蹊径，亦足珍视。戴氏对于诗法，曾有鲜明主张：“诗不能借重音乐，诗不能借重绘画的长处，韵和整齐的字句会妨碍诗情的。”（戴望舒《诗论零札》）李氏之诗，颇同戴氏——关于这点，后面还要提及。

从这两派的主张看来，他们是在正相反的方面努力。故读这部《望舒草》者，至少不要希望它有谨严的格律。

沈从文氏尝说：“若是一个批评者不明悉一个作者当时的生活与心性，那就无从理解他那一件作品的艺术。”（仅撮大意，原文见《记丁玲女士》）关于这点，我们应该感谢杜衡写的那篇不能算短的序言。他是以一比较接近于作者生活的人的身份来写这篇序的。它帮助我们了解这部诗集，能使我们看出作者的内在的心灵发展是如何地隐现于字里行间。

---

① 《望舒草》，上海现代书店 1933 年 8 月初版。

序者所言，虽不能免袒护朋友之嫌，但就大体观察，还可说是很公允的。惟有一点，我们以为值得讨论的。

序者在论作者的作风改变以后，便说："这以后，只除了格调一天比一天苍老，沉着，一方面又渐次地能够开径自行，摆脱下许多的外来的影响之外，我们便很难说望舒底诗还有什么重大改变；即使有，那也不再是属于形式问题。"序末又说："从《乐园鸟》以后，望舒一直到现在都没有写过一首诗。像这样长期的空白，从望舒开始写诗的时候起，一直到现在，都不曾有过。以后，望舒什么时候能够再写诗是谁也不能再猜度的：如果写，写出怎么一种倾向的东西来也无从得知。"从这两段话中，我们可知序者对于作者的作品，经过了一番观察以后，下了这样一种推断：作者的诗，无论如何，在形式方面是已经固定了，虽然以后他的环境与情绪的发展，会使他的作品的内容，或与现在不同。关于这点，我却有些与此相反的意见。

据我看，作者的诗，如果再写下去，则在形式方面，或许仍要改变。因为一个前进的文学家是，常常是，应该是，而且必须是，采取一种最便于表现他的某种内容的形式来表现他那一种内容的。

对这一点，旁征博引是无须的，因为作者自己的表示已很明显。他说："愚劣的人们削足适履，比较聪明一点的人选择较合脚的鞋子，但智者却为自己制最合自己的脚的鞋子。"（《零札七》）我们当然明白现代人的脚不能穿古代人的鞋，我们更明白一个人自己的脚，有时也因种种关系，需要时常换鞋。

这部诗集的内容是他现在的脚；形式是他现在的鞋。我今试作分析如下：

序者告诉我们：作者"五年的挣扎，只换来了一颗空洞的心"。所以"他底作品里，充满着虚无的色彩"。作者先还以为"这今日的悲哀，会变作来朝的欢快"，而"渴望着回返到那个如此的青天"；然而呐喊终究抵不住内心的幻灭，乃发出"自从亚当夏娃被逐后，那天上的花园已荒芜到怎样了？"的伤感无奈的问题来。

在作者的诗句中，我们也可以看出他那渐渐冷下去的心，那由呐喊而幻灭的过程。他嫌恶现实的丑恶，但他不敢，甚至不能，解救自己。原因是很难说的，但确有过这么一段事实。他虽然有时想将自己比成天风，但天风离开了天，又能吹上哪里去呢？于是他对于天，还是不能已于思慕呢。诗人是领导群众的人，同时也是社会的爱恋者。在时代与个性等冲突之下发出来的，除了轻微的叹息和伤感的啜泣之外，还能多出点什么来呢？没有积极的人生观，没有前进的意识——我们也可这样说。但诗人正如雁子：

从不问它的歌
留下那片云上，
只管唱，只管飞扬。
黑的天，轻的翅膀。

——陈梦家：《雁子的歌》

作者的内心中，所含的是那么一种情绪，如已上述。为了适应它们，他在形式上使用了下列诸点：

（一）全集都用散文句法，没有韵铎和整齐的字句，因为那样是很难表现一种无可奈何的、淡淡的忧愁出来的。朱自清氏尝论徐志摩氏说："他用'无韵体'，结果不算坏，这种体似乎最能传出说话曲折的神气。"（《文学》创刊号）我想这几句话是更适宜于赠与本书的作者的。他为了传出曲折的神气（不限于说话方面）。

（二）更用了很多的转接词，如"于是"、"而"、"但是"、"因为"等等。例如《到我这里来》的第四节：

可是，啊，你是不存在着了，
虽则你的记忆还使我温柔地颤动，
而我是徒然地等待着你，每一个傍晚，
在菩提树下，沉思地，抽着烟。

又《村姑》篇的第六节：

她的母亲或许会说她的懒惰
(如打水的迟延便是一个好例子)，
但是她会不听到这些话，
因为她在想着那有点鲁莽的少年。

这两节是特别可以看得出的；其他各篇中间，也是极少完全没有这类使人意绪转折的字眼的。潘士(Pence)说："有力量的文字的成功秘诀，是在会用转接词。"(The Secret of effective Writing rests in the mastery of Connectives)作者当可算是会用转接词的。

(三) 对于旧的古典的应用。作者认为从"旧的事物中也能找到新的诗情"(《零札十》)，且以为"旧的古典的应用是无可反对的，在它给我们一种新情绪的时候"(《零札十一》)，所以不仅对于旧题目如《微辞》、《少年行》、《有赠》、《游子谣》和《妾薄命》等，取来应用，就是富有旧的气息的句子，亦被利用。例如：

木叶，木叶，木叶，
无边木叶萧萧下。

——《秋蝇》

结客寻欢都成了后悔，
还要学少年的行蹊吗？

——《少年行》

栈石星饭的岁月，
骤山骤水的行程：
……

——《旅思》

士为知己者用，
故承恩的灯
遂做了恋的同谋人：
……

——《灯》

以上是说作者如何为便利表现内容而采取形式。这实在是作者写诗的特征之一。另外一个特征是他作诗态度之“不单是真实，亦不单是想像”一点。这个已由序者提出。

戴氏作品之特征，已经指出。现在我再想将他的作品和李金发的作一比观。

《现代》三卷三期载有苏雪林女士所作的论文一篇（《论李金发的诗》），指出李诗具有四个特点：（一）行文朦胧恍惚；（二）表现神经艺术的本色；（三）有感伤与颓废的色彩；（四）多异国情调。又言李诗的艺术可分三点：（一）观念联络的奇特；（二）善用拟人法；（三）善用省略法。现在，让我们看和它同派的戴诗中间，是否也有这些特点。

（一）关于“行文朦胧恍惚，骤难了解”一点，戴诗中是可说没有的。序者已经很清楚地告诉我们：“在望舒之前，也有人把象征派那种作风搬到中国诗坛上来，然而搬来的都正是‘神秘’，是‘看不懂’（这，不用说，是指李金发）。那些，我以为是要不得的成份。望舒的意见虽然没有像我这样绝端（惟其是不绝端，故其诗中间尝也有‘一双无数的眼睛’那样的句子），然而他也以为从中国那时所有的象征派诗人身上是无论如何也看不出这一派诗风的优秀来的。”

（二）关于“表现神经艺术的本色”一点，戴诗中是不乏其例的。他至少是和李氏一样，受着法国诸象征派诗人的影响的。他的句子，有属于视觉敏感的，如：“她是羞涩的，有着桃色的脸，桃色的嘴唇，和一颗天青色的心。”又如：“这沉哀，这绛色的沉哀。”也有属于听觉敏感的，如：“再过几日，秋天是要来了，默坐着，抽着陶制的烟斗。我已隐隐听见它的歌吹，从江水的船帆上。它是在奏着管弦乐……”

（三）讲到“感伤和颓废的色彩”，戴诗中也是非常浓厚的。所以从这一集诗中看来，戴氏直是一个垂老的殉情主义者，流着“眼泪”，抱着“忧郁”，发着“太息”！

我怕自己将慢慢地慢慢地老去，
随着那迟迟寂寂的时间，
而那每一个迟迟寂寂的时间，
是将重重地载着无限地怅惜的。

而在我坚而冷的圈椅中，在日暮，
我将看见，在我昏花的眼前
飘过那些模糊的暗淡的影子：
一片娇柔的微笑，一只纤纤的手，
几只燃着火焰的眼睛，
或是几点耀着珠光的眼泪。

是的，我将记不清楚了：
在我耳边低声软语着
“在最适当的地方放你的嘴唇”的，
是那樱花一般的樱子吗？
那是茹丽萏吗，飘着懒倦的眼
望着她已卸了的锦缎的鞋子？……
这些，我将都记不清楚了，
因为我老了。

我说，我是担忧着怕老去，
怕这些记忆凋残了，
一片一片地，像花一样，
只留着垂枯的枝条，孤独地。

——《老之将至》

（四）异国情调，戴诗中也是有的。不过他的作品太少了，恐不能与李氏的等量齐观。

在比志步尔启碇的前夜，
托密的衣袖变作了手帕，
她把眼泪和着唇脂拭在上面，
要为他壮行色，更加一点粉香。

明天会有太淡的烟和太淡的酒，
和磨不损的太坚固的时间，
而现在，她知道应该怎样的忍耐：
托密已经醉了，而且疲倦得可怜。

这有橙花香味的南方少年，
他不知道明天只能看见天和海——
或许在"家，甜蜜的家"里他会康健些，
但是他的温柔的亲戚却要更瘦，更瘦。

——《前夜》

在艺术方面，首为苏文所提到的是联络观念的奇特。关于此点，李戴二人，可以说是异曲同工、难言长短的。戴诗中，如"温柔是缢死在你的发丝上"之"缢死"二字，"人在满积着梦的灰尘中抽烟"之"满积"二字，"发的香味是簪着辽远的恋情"之"簪"字，"她有太多的蜜饯的心……刻在醉少年的肩上"之"刻"字，都是"以从来不相连络之观念连在一处"（用雪林语）的。

次被提到的是善用拟人法。本集中此例虽不多见，然而用来也极自然。

春天已在野菊的头上逡巡着了，

春天已在斑鸠的羽上逡巡着了，
春天已在青溪的藻上逡巡着了，
绿荫的林遂成为恋的众香国。
于是原野将听倦了谎话的交换，
而不载重的无邪的小草
将醉着温软的皓体的甜香。

于是，在暮色溟溟里，
我将听见最后一个游女的惋叹，
拈着一支蒲公英缓缓地归去。

——《二月》

末了一项是善用省略法。这与“看不懂”有密切的关系，所以戴诗中不常有这一类例句。

（原载《图书评论》2 卷 3 期，1933 年 11 月出版）

# 再评《望舒草》因论新诗的音律问题

前回在《图书评论》二卷三期曾为文评《望舒草》，将这本诗集作了一个广泛的批评与比较。本篇则想就最为我所注意的《望舒草》的音律及戴望舒先生对于诗中音律的意见加以讨论。

《望舒草》后面附有《诗论零札》十七条，其中如一、五、六、七各条，是直接论到诗的音律的，其余各条，则间接地也有些关于音律的意见。在戴先生没有专篇的诗论发表以前，我们能据以研究他对于诗的音律的意见的，除了这些《零札》之外，就只有《望舒草》本身了。

《诗论零札一》说："诗不能借重音乐，它应该去了音乐的成分。"这可以算是戴先生对于诗的音律的主要意见，其余各条，不过是它的推论而已。但是戴先生所说的"音乐成分"，其意义是很模糊的：是指诗中音乐的音乐成分呢（即"被之管弦"的乐歌，或徒歌），还是诗中诗本身的音乐成分（即"不歌而诵谓之赋"的诵或赋）？若是指前者，则中国自魏晋以来，诗与诗中音乐成分就渐渐分开了（胡小石先生说："古诗与乐府但有声之别，无形之别。"正可以拿来说明魏晋间诗与乐渐分的现象。因为唱就算乐府，不唱就算古诗了。见《图书评论》二卷三期三七页《复任访秋君评〈中国文学史讲稿〉上卷》）。到齐梁时，沈约、王融、谢朓一班人严格地提出四声八病，诗的本身音乐成分可算完备。现在新诗既然不可歌，戴先生必定不是说的这个。那末，他所谓"音乐的成分"，必是讲诗本身的音乐成分了。

诗本身的音乐成分，即所谓诗的音律，它的内容，可以别为二种：一、声；二、韵。求诗每一行或一句间之字音的和谐叫作声，求全章句尾一音的呼应叫作韵。刘勰《文心雕龙·声律篇》说：

> 异音相从谓之和，同声相应谓之韵。韵气一定，故余声易遣；和体抑扬，故遗响难契。属笔易巧，选和至难，缀文难精，而作韵甚易，

虽纤毫(本作意,从纪校改。)曲变,非可缕言,然振其大纲,不出兹论。

这段文字把声和韵说得很清楚,自从中国诗发展了它的音乐成分以来,就是如此。而且两者同样被重视,认为缺一不行。在西洋方面可有点不同,韵在他们是可有可无的。如莎士比亚的悲剧和密尔顿的《失乐园》,都是无韵诗。但他们特别重视声,相当的名词是“轻重律”。他们以轻重律来规定全句中字音的长短轻重,略相当于我国旧诗里一句中的平仄;不像中国诗之一定偏重句尾一字的音,用韵来相叶调。戴先生要去掉的“音乐的成分”是不是这些呢?

让我们先看一看戴先生对于行间和谐的“声”或轻重律的意见。(为清楚起见,我将称此种行间的轻重律为“纵的轻重律”,说详后。)“诗不能借重音乐,它应该去了音乐的成分。”前面我已经引过戴先生的话了;在另一方面,《诗论零札五》说:“诗的韵律不在字的抑扬顿挫上,而在诗的情绪的抑扬顿挫上,即在诗情的程度上。”戴先生对于诗情的抑扬顿挫和字的抑扬顿挫两者间关系的漠视,是很可惊的。他显然是没有注意到诗情要如何地充分表达这个问题。《诗论零札八》又说:“诗不是某一个官感的享乐,而是全官感或超官感的东西。”这或许就是他在《零札一》《二》中说及要去掉诗中的音乐和绘画长处的理由吧!但是我们应当知道,若想使诗成为理想的全官感的或超官感的享乐,不是可以“一儿而致”的。欣赏的工具愈完备,所得的也愈多、愈全,能近于全官感,则也近于超官感。若是连表达诗情的直接和间接的工具都先加以限制,来空说全官感、超官感,则达达派那种专门使用无意义的符号来写诗的人,一定是戴先生所最崇拜的了。诗情与字音有很大的关系,已经为多数学者用各种观点证实。朱光潜先生在《替诗的音律辩护》一文中说(《东方杂志》30卷1号116页):

……诗的神情有许多要在诵读时高时低急徐的变化上见出。比如汉武帝《李夫人歌》:是耶!非耶!立而望之,翩何姗姗其来迟!末句连用七个平声字,音节本很慢的,诵读时应该在声调上能表出诗中猜疑期望的神情。

又王光祈先生《中国诗词曲之轻重律》第24页论《木兰辞》的轻重律说：

> ……其次再该两句(唧唧复唧唧，两兔傍地走)之意义而论，则皆含有一种轻而且低的性质，所以五字皆用仄声。盖仄声字之宜轻读，固已于前文再三言之矣。因为木兰心忧乃父之故，所以不能加劲工作；“唧唧”复“唧唧”，即是形容深夜机声忽断忽续之音。我们念此五字之时，其声音须特别轻而且低。……同样，“两兔傍地走”一句，乃系形容兔子傍地而走之情形。兔子素来不会“开正步走”，一如我们之体操教员，此又吾人所习知者也。换言之，我们会此五字之时，亦须应用极轻极低之音。

都是些好例子。

《望舒草》修词之精美，情绪之动人，实在可以说是近年来诗坛上的尤物。至于在它一章一句之中，每每平仄互用，教人很好念，在这种白话诗以不能“吟”而被攻击的时代，已可算得对于纵的轻重律有很聪明的应用了。这现象，与作者自己的论调，是不大相合的。他用字的抑扬顿挫与情绪的抑扬顿挫的和谐，则更以《诗论零札》的原故，成功地叫人忽略了。我且举一个显明例子，三行《游子谣》：

> 海上微风起来的时候，
> 暗水上开遍了青色的蔷薇。
> ——游子的家园呢？

这节诗末句语气是两段。上段三个字中用了两个上声，下段三个字都是平声。游子对于家园的怀念，多少带点儿“沉重”的气分；但才想起来的时光，同样也总多少带点儿“憧憬”的。用两个上声字来象征想起家园时的憧憬，然后连用三个平声字表出幻灭的悲哀，作成了这句诗的悒怏味。

戴先生的诗与诗论竟有这末的差异。我们惟一的解释只有说：他写诗，因为平素不自觉的修养，已经变成“不期而然”，至于他的诗论，则显然不免于偏颇。

其次，我们再来看戴先生对于句尾呼应的“韵”的意见。《诗论零札七》说：“韵和整齐的字句会妨碍诗情，或使诗情成为畸形的。”这样看来，他是反对用韵的。《望舒草》中诗的句尾，初看好像是没有音律的痕迹可求，然而过细研究一下，也可以发现它音律的通则。

第一，消极地反对韵。戴先生反对用韵，可以说是消极的。这就是说：他的诗不用韵，是因为恐怕韵妨碍了诗情，或是使诗情成为畸形；但是句尾偶然押韵而没有妨碍诗情，或是使诗情成为畸形，就也不故意避免。《望舒草》里面，有韵的章节不多，但是拿来作例子说明这一点，却尽够了。如：

> 林间的猎角声是好听的，
> 在死叶上漫步也是乐事，
> 但是，独身汉的心地我是很清楚的。
> 今天，我没有这闲雅的兴致。
>
> ——《秋》

“事”与“致”为韵。又如：

> 今天是亡魂的祭日，
> 我想起了我的死去了六年的友人。
> 或许他已老一点了，怅惜他爱娇的妻，
> 他哭泣着的女儿，他剪断了的青春。
>
> ——《祭日》

“人”与“春”为韵。又如：

明天会有太淡的烟和太淡的酒，
和磨不损的太坚固的时间，
而现在，她知道应该有怎样的忍耐：
托密已经醉了，而且疲倦得可怜。

——《前夜》

这节诗，以每行论，第一行中“有”与“酒”自己为韵，第三行中“在”与“耐”自己为韵，都是仄声；以全节论，第二行句尾“间”与第四句尾“怜”为韵，都是平声。单双行里，平仄互用，造成了复杂而美的节奏。又如：

房间里曾充满过晴朗的笑声，
正如花园里充满过百合或素馨。
……

——《独自的时候》

这两句句尾有韵。但《我的记忆》——戴先生的第一本诗集也有这篇诗，第二句作：

正如花园里充满过蔷薇。

原来是不押韵的，一改却变成有韵的了，也许诗人改他自己的诗稿时，情绪偏向“百合或素馨”，那不相干！却正可以替我说的“消极地反对韵”这句话作个证据。

第二，句尾间的和谐。中国旧诗句尾有韵的关系，同时也有声的关系；若是一篇诗是用的平韵，其用韵的句尾也一定全是平声。反过来仄声也如此。古诗可以每句押韵，却也平就全平，仄就全仄，到转韵时才可以改变。西洋诗句尾虽然可以无韵，但句尾一音，也是在全句的轻重中表示的，因为它是全句的一部分；而句与句之间，又自然有相对的轻重关系，句尾自然也在内。无论是句中的关系，或是句中一部分——句尾的关系，在西洋方面，统称作轻重律就得。在我国一方面，为着国人对于韵有特别着重的观念，虽然两者本是一回事，我们无妨暂时分开，称表示行间之轻重关系者，为纵的轻重律；表示各句尾之轻重关系者，为横的轻重律，以清眉目。现在且拿一首七言律诗来作用例子，用图表明它纵的轻重律和横的轻重律。

仄仄平平平仄仄
………………平
………………仄
………………平
………………仄
………………平
………………仄
………………平

新诗兴起来，经过几个阶段，如“小诗”，“自由诗”，“象征诗”，都是没有韵的。“新月派”的短诗多半有韵，长诗却不一定。新诗在韵一方面，实在是无形中大多数都遵着横的轻重律走的，因为人类的语言也自然有轻重。关于这一点，《望舒草》里面也不缺少例子：

在比志步尔起碇的前夜，　　仄
托密的衣袖变作了手帕，　　仄①
她把眼泪和着唇脂拭在上面。　　仄
要为他壮行色，更加一点粉香。　　平

---

① 一个例外。

明天会有太淡的烟和太淡的酒， 仄
和磨不损的太坚固的时间， 平
而现在，她知道应该有怎样的忍耐； 仄
托密已经醉了，而且疲倦得可怜。 平

这有橙花香味的南方少年， 平
他不知道明天只能看见天和海—— 仄
或许在“家，甜蜜的家”里他会康健些， 平
但是他的温柔的亲戚却要更瘦，更瘦。 仄

——《前夜》

一枝，两枝，三枝， 平
床巾上的图案花， 平
为什么不结果子啊！ 平
过去了：春天，夏天，秋天。 平

明天梦已凝成冰柱； 仄
还会有温煦的太阳吗？ 平
纵然有温煦的太阳，跟着檐溜， 仄
去寻坠梦的玎玲吧！ 平

——《妾薄命》

右举两个例子[①]，全篇句尾平仄都非常整齐，其他的或许零乱些，然而和谐的迹象总是可以寻得出的。句尾和谐代替句尾用韵，我想是将来新诗的一条大路。朱光潜先生在《申报月刊》三卷二期发表《长篇诗在中国何以不发达》一文，对于这个问题举出了五个重要的答案。但我以为还有“韵的限制”，也是一个原因。用韵作诗，虽然可以转韵，但究竟对于同

① 原为直排，故称“右举”。——陆耀东注

一时间空间用字，不免有所限制。新诗受西洋诗的影响很大，以后长诗必多，韵是以后很难被继续采用的了。陈梦家先生在《文艺月刊》五卷一期所发表的八百行长诗的节录，也就是无韵而有横的轻重律的应用，虽然它是不大整齐的。

所以，戴先生不主张用韵是对的，但说诗应当去了音乐的成分，却不大说得过去：语言文字本身就永远和音乐有关。《望舒草》的音律可以说是很进步的，正如同在其他的方面一样，《望舒草》在音律一方面和并世的诗集相比较，也是无愧色的。《我的记忆》中的诗，多数是有韵的，而且是采取了各种西洋的方式：用十四行式的如《十四行》，用三行连锁式的如《流浪人的夜歌》，《MANDOLINE》[①]；用两行转韵式的如《Spleen》[②]，《回了心儿吧》。他最著名的《雨巷》一诗，也有整齐的韵脚。徐志摩闻一多在北平《晨报》出版《诗镌》是在 1926 年，《我的记忆》则是在 1929 年出版。戴先生或许也受过他们的影响。但是，《望舒草》，无论在内容和外形上，都有它独特的作风，比起《我的记忆》来，有天渊之别了。

写到这里，我还想再附带地讨论一下诗究竟是不是必须有韵这问题。前面我已经提过现代新诗坛不用韵的趋向，但有些人仍以为中国诗无论如何得有韵，他们以为新诗无韵是种"反动"现象，而我却以为是"进化"的。朱光潜先生《替诗的音律辩护》一文，就是这么说法，他说：

> 日本诗和西方诗都可以不用韵，中文诗也可以不用韵么？韵在中国是常和诗相连的，自有诗即有韵，声的考究反后起，和西方演化次第恰相反。
>
> 有人说《古采莲曲》是中国唯一不用韵的诗，其实它开头两句："江南可采莲，莲叶何田田！"就是用韵的。中国历史上只有两次反韵的运动：第一次唐人译佛经的"偈"用有规律的文字而不用韵，第二次是近代白话诗的运动。此外诗人没有不用韵的。宋人的诗很受佛

① 英文，音译"曼陀林"，系乐器名。——陆耀东注
② 英文，意为"忧郁"。——陆耀东注

经的影响,他们尝遍五花八门的文字游戏,却没有仿“偈”体作过一首不用韵的诗。白话诗在初出的尝不用韵,但后来又有复韵的倾向。我们可以说:唐人译经偈和白话诗初期不用韵,都是有意要革旧创新,并非顺着语言的自然倾向,中国语言的自然倾向是朝韵走的。这是一件事实,我们要寻出解释这种事实的理由。(《东方杂志》30卷1号第109页。以下仅举页数)

接着他举了两个理由:

……西方古代希腊拉丁诗在长短音相间上见出音节,近代语言以重轻代长短。重音略当于长音,轻音略当于短音。重音通常较高,轻音通常较低。中文字平声专就低说,应该是很轻,但因为它长,所以失其为轻;仄声字专就高说,应该是很重,但是因为它短,所以失其为重。一言以蔽之,中文诗的节奏不像西文诗,在声的轻重上见得不甚显然。(第110页)

其次,西文诗的单位是行。每章分若干行,每行不必为一句,一句诗可以占不上一行,也可以连占数行。行只是音的阶级而不是义的阶段。所以诵读西文诗时,到最末一音,常无停顿的必要;每行末一音既无停顿的必要,所以我们不必特别着重它;不必特别着重它,所以它对节奏的影响较小,不必一定要有韵来帮助谐和。中文诗则不然,它常以四言五言七言成句,每句相当于西文诗的一行而却有一个完足的意义。句是音的阶段,也是义的阶段;每句最末一字是义的停止点,也是音的停止点。所以诵读中文诗时,到每句最末一字须略加停顿,甚至于略加延长。每句最末一字都须停顿延长,所以它是全诗音乐最着重的地方。如果在这一字上面不用韵,则到着重的一个音上,时而用平声,时而用仄声,时而用开口音,时而用合口音,全诗节奏就不免因而杂乱无章了。(同上)

朱先生这篇文章的议论很精到，但如右边[①]所引的，却还有可以商量的地方。朱先生以没有人仿"偈"体作不用韵的诗来证明诗不用韵非语言的自然倾向，实在没有注意到这件事实也有它的原因：第一，"偈"既是当时新创作的一种哲学文体，本来不是抒情叙事的，没有人用来作诗，也是当然。因为，诚如朱先生自己所说的："诗的情思是特殊的，所以诗的语言也是特殊的。每一种情思都只有一种语言可以表现……换一种格调则境界全非。在各国文学中，某种格调宜于表现某种情思，某种体裁宜于产生某种效果，往往有一定原则。"（第 107 页）第二，唐承齐梁的余波创律诗，其后宋有词，元明有曲，清有弹词，韵文方面，变化如此的大，文人表现的方式既多，哪里还有人去注意这种没有多大影响的小模样的佛教哲学新文体呢？朱先生其次又说白话诗后来又有复韵的倾向，是指新月派吧？然而近两年来最盛行的象征派诗是没有韵的。而新月派中受徐、闻影响很深的陈梦家、臧克家、卞之琳辈也正在解放之中。还有，关于《古采莲曲》一点：

江南可采莲，莲叶何田田！鱼戏莲叶间，——鱼戏莲叶东，——鱼戏莲叶西，——鱼戏莲叶南，——鱼戏莲叶北。

这篇诗只有头两句有韵，所以有些人说它是中国惟一不用韵的诗，这原是可以的。但朱先生却说："其实与其说它是无韵诗，不如说它后半每句一换韵。"（第 111 页）这句话仔细一想，是不能成立的。《文心雕龙·声律篇》说："同声相应谓之韵。"可见得韵是一种相对的意思，至少要有两个字"相应"，才可以看得出。假若每句不同韵可以如朱先生所说称为"换韵"，那末，无韵体这个名词就根本不通了。我以为它实在是中国惟一无韵而采用句尾和谐的诗。起头六句句尾都用平声，形容鱼的自在，末句用入声收，可以表现出"悠然而逝"的意味。

至于朱先生解释中国语言的自然倾向是朝韵走的两个理由，第一个

① 原为直排，故称"右边"。——陆耀东注

确是中文文字本身上一个困难。然而朱先生所说:“中文诗的节奏……在声的轻重上见得不甚显然。”(第110页)是指与韵比较而言,所以在下文又说:“我们并没有说声绝对不能表出节奏。平仄相间是一种秩序的变化,有变化就有节奏。”(第111页)我想:我们的新诗若是不用韵而代以注意于行间和语尾的平仄变化,也未必不可以保存诗的音乐美。因为没有韵来相比较,所以不甚显然的声也可以较以前显然了。第二个理由,朱先生说的完全是旧诗;至于新诗,则也是以行为单位,音的阶段也可以不联系义的阶段,在这些地方,新诗是都已西洋化了。最后朱先生说:假若诗不用韵的时候,“则到着重的一个音(句尾一字)上,时而用平声,时而用仄声,时而用开口音,时而用合口音,全诗就不免杂乱无章了”(第110页)。这也不然:因为在新诗中,句尾一字既非同时是音和义的阶段,也就非全诗音乐最着重的地方了。同时,我们以句尾和谐——每行末一字平仄有规律的变换——横的轻重律的应用——来代替用韵,节奏也不会杂乱无章了。而且,我们可以用同一方法注意开口合口的问题。

总之,我的结论是:“韵”这样东西,在以后新诗里一定不是一件必要的东西了,代替它的,将是句尾的和谐。

**附　记**

拣出这篇旧稿,末尾有“廿二、四、七”字样。真快,三年整了!写起时,不曾发表它,只是希望往后出的新诗集能帮助修改或补充以上的论点。结果都无从得着什么东西,在年来沙漠似的诗坛里,我想起《望舒草》真像一颗彗星了。二十五年五月记。

(原载《文艺月刊》9卷1期,1936年7月出版)

# 评《世纪的脸》[①]

## （一）

轮着指头一个一个数“五四”以来的诗歌制作者，我们每每容易忘掉一些人。“沉默”，在某一些人看起来，是“消沉”的意思，很少人把它解释成为一种转变之前的必要准备。于赓虞先生今年出版了《世纪的脸》，并附有《序语》一篇，带回了我们对于这位作者的记忆。

这位作者的风格与情调，在国内，我们很难找出一个同他比拟的人，在国外，我们自然会想起波特莱尔的《恶之花》与其他恶魔派中人的诗集。虽然，作者似乎不很愿意担承恶魔派这个名词。他说：“前，景深谓我的诗‘潮湿’，从文说我的诗‘阴暗’，还有人在某书上说我是中国恶魔派云云，这，我无从辩解。”

我们只要看一看作者创作集的题名，也可以想像到他作品的内容了：《魔鬼的舞蹈》、《骷髅上的蔷薇》、《落花梦》、《孤灵》。在这些集子中，强烈的理想追求，是一贯的；强烈的幻灭悲哀，是一贯的；强烈的伤感情调，是一贯的。

作者是一个极端“尊重情思”的人，要使“个人的心血，从笔下一滴一滴的渗入白纸”，所以写诗时纵使“人生上所见到的‘魔欲’超过了‘神思’，生活里只有阴云而没有白日”，却仍是“写时任它自由的流动”。对于那些讥笑他过于感伤，说他没有“健康”情调的人，他是没有悔艾的，他说：“平凡的人只有一个不聪明的孤独。”

---

① 《世纪的脸》，于赓虞作，北新书局 1934 年 6 月初版。

## （二）

人生是表现的，诗是真实的生活。世纪末诗人所特具的强烈的刺激的光怪陆离，是历史上划时代的标尺。自然，不仅诗人刻画时代，时代亦复陶铸诗人。有多少人踏着洪流前进，有多少人恋着古代风光，有多少人由追求而幻灭，诗歌是最清晰的镜头，它照映着形形色色。我们试看看作者在怎么告诉我们关于他自己。

首先，我们不要忘记作者是一个个性特强的人。在看重文学之社会成分的今日，特别提出一点个人成分来教大家注意，或者要为人所误会。但洪深先生有一句话是很好的解答："一个作家的生理状态……岂不是物质环境中最重要最亲切的一部分么？"

从作者的作品中，我窥见了作者的艺术，从《世纪的脸》序语中，我窥见了作者一小角的生活。严肃，沉重，倔强，忠实，作者是保有这些美德的。随波逐流当然不一定是没有意义的事，但作者却不是一个随波逐流的人物。"任生活经验、思想认识来开拓诗之领域。"他在生活的赛跑中是宁愿学那只龟，而不愿学那只兔子的。

"五四"的狂潮所给予当时一班年轻人的觉醒、希望，转瞬因为这个运动自己本身的流产而消灭。为着当时参加这个运动的人们成分非常复杂，所以后来不久的分道扬镳也就是必然的事情。作者最初"写点所谓诗，是在'五四'运动的时候"，不知道十五年以前出版的《晨曦之前》里收了这时期的诗没有？但我们知道，"从十六年起……到十八年底……这时的诗……《晨曦之前》集子里偶而显现的希望都消灭了"。

这个时期，民十六到民十八，是作者写得最多的时期："共出了《骷髅上的蔷薇》、《落花梦》、《魔鬼的舞蹈》、《孤灵》第四集，还有四十首已发表而未整理的《剑与泪》一集。"

这个时期，他觉得：

> "诗与酒与剑已为我的生命想象的装饰。"过去，无可留恋：

“往日，往日已如足下之枯草霜透心核。”将来，没有光明：

“荒途中我冒雾进行，不论有无毒蛇或陷阱，发飘泪流，我踏着人类的墓茔摸索向死城。”

以诗、酒、剑为生命的装饰，正是“五四”时期文化的征象，那是带着一点浪漫的姿势的。然而那是已经成为霜透心核的枯草了，诗人惟有出之以想象。

不怕毒蛇陷阱，种种磨难，原不为摸索向死城，而是向光明的，可是他是陷入一个矛盾中间，那便是：

“我无力破灭生命之地狱，亦无力与白雪隔绝。”

在这种矛盾中间，“有的是悲惨的生活，苦闷的思想”。他悔他自己——

“空追寻，空祈祷，空筑了理想的天堂。”

## （三）

作者的“希望”，在《晨曦之前》里偶尔一现，随即消灭。民十六到民十八这个多产期间所作的诗，他自己又发现了是“几乎是在一种情调之下，变换着字眼”。于是认为“再写也是徒然的工作”，“结果……沉默了，整二年之久，没有写过一行诗”。

如我在前面所说的：“沉默”是一种转变之前的必要准备，作者个性的严肃、沉重、倔强、忠实处，使他的转变总比别人要慢些，也就确实些、牢靠些。《世纪的脸》出版，无疑地是给与了我们以与作者前两期作品不同的声音、颜色。

作者自己说：“对于这集诗，我比较的满意之点，即各诗似乎有了独自的意境。”诚然，这是本集中一个重要的特点，但还不止于此。在这集诗中，我们还可以发现词藻方面是“绚丽之极，归于平淡”了。这以上两个特点，又是基于一个最大的特点而来，即在作者的创作态度，是比较客观、冷静了。这是两年来沉默的收获。

所谓“各诗似乎有了独自的意境”，即不复“是在一种情调之下，变换着字眼”了。换言之，较之以前，情调有着分歧了，所以意境就随之扩大。这种分歧，这种扩大，乃形成一种矛盾。而这种矛盾，无疑地是发展到较高阶段的一种必经过程。集中如《初秋》、《秋思》、《感谢词》有一种新的享乐主义的倾向，而大部分的诗，却仍然保持了那种旧有的感伤，一种带反抗性的感伤，显著的如：《病中的幻想》、《祈祷》、《希望的诰诫》诸篇。

最可看得出作者内心冲突的还是作者对于“天堂”、“地狱”的爱与弃的不同的呼声。天堂与地狱，代表着光明和黑暗两个方面。但所谓光明和黑暗，各人的看法不同，故在作者矛盾的心中，天堂有时又是地狱，地狱有时也是天堂，对于二者的爱与弃是无从定其取舍的。

在《病中的幻想》一诗中，我们可以看出作者的“天堂”观念之矛盾：起初他想象天堂之美，但“天路历程”呢？却是从“死港”航进去的。他说：

> 现在我的船将航进死港，
> 只觉有无限光明，无限欢狂。

于是他赞美：

> 啊，在那里我只愿活他一天，
> 一天就胜过人世的万年！
> 即如那人间最幸福的诗人，
> 他也没有这幸运的时辰。

但是他立刻又怀疑：

> 但恐这又是人类的愿望，

所谓天堂并不是那样辉煌；
因那里也有无知的圣徒，
上帝亦不是无偏心的明主。

结果是：

于是我将梦仍移置人间，
微笑地看人世舞台的变换。
宁愿将苦水当作了甘觞，
也不再希望走进什么天堂！

他对于“地狱”观念的矛盾，我们可以从《祈祷》和《生之相》两诗中看出。《祈祷》是一首代死者祷于神灵的诗，但这无疑地是“夫子自道也”。他说：

倘若你把他当作罪恶之流，
他情愿负起反叛的罪名；
倘真置他于地狱的苦境，
他就把你当作知心的好友。

但在《生之相》中，他却说：

或者他另外有一种眼光，
将地狱就当作人世天堂。

唉！可惜我只有笨拙的眼，
不能将丑恶往好处幻变。

如我前面提到的“生命之地狱”与“白雪”的矛盾，作者其他集中也未尝没有，不过在《世纪的脸》里，却更具体而尖锐了。

词藻方面，《世纪的脸》平淡朴实得多了。不但“吁”、“悲哉”这一类的字眼绝对没有，即“痛哭”、“蔷薇”、“尸骸”、“酒”、“剑”等字也少得多了。诗中多用眩目的有色彩的字，用得好，便是鲍明远的“雕藻淫艳，动人心魄”，用得不好，便是吴文英的“七宝楼台，拆下不成片段”。作者以前诸作，正中此弊，此集却是完全克服了。至如音节之流畅，本是“诗刊派”诗人着意的地方，在《序语》中作者又一再声明其态度，也是我们读这本书时所应当注意的一点。

## （四）

时代的狂潮虽然不吝惜给与任何人以同样的撞击，而被撞击的人的感受却是各不相同，因之我们便在现代的作品中间，看出形形色色。读完《世纪的脸》，对于这位几乎给一度的狂潮压死的作者，不胜感慨。潮，现在，不定是“有信”的了。随时随地它予人以袭击。听呀——

听夜深寂寞打孤城
春潮急

二十三年八月二十二日，于金陵

**附　注**

① 洪深先生的话见《申报月刊》3 卷 5 号《文学中的个人成分》文中。

② 凡本文所引于赓虞先生的文句，均出自《世纪的脸》的《序语》。

③ 第二节中所引诗句均出自绝了版的《骷髅上的蔷薇》集。

（原载《青年界》7 卷 2 期，1935 年 2 月出版）

# 闲堂文薮

程千帆
撰

# 题　记

收在这本小书中的文章，大体上可以分为三辑。

第一辑八篇，大体上是有关文学的，其中包括古典小说、戏剧、词曲、对联各方面的论述，只是没有论诗的。因为我有关这方面的文章较多，已经另外编成《古诗考索》一书了。

在这八篇中，《韩愈与唐代小说》一篇是译文。陈寅恪先生这篇著名的文章不见收于其所著《金明馆丛稿》初、二编及《寒柳堂集》。我曾经拜托王运熙先生去询问过为陈先生编辑《文集》的蒋秉南（天枢）先生。蒋先生说，不收这篇以及其他几篇如《元白诗中俸料钱问题》、《元微之〈遣悲怀〉诗之原题及其次序》等，是陈先生本人的意思。但这篇文章从 1936 年以英文发表，并由我于 1947 年译为汉文后，一直到现在还不断有人引用。鉴于几十年前的刊物已不易得，所以仍然收入本书。

第二辑是汉魏六朝文学散论三篇，写于 1946 年春。那时，我正在乐山武汉大学工作。武大中文系开设的中国文学史课，一向由苏雪林先生一人担任，因为年代很长，内容过多，一年往往讲不完。文学院院长刘永济先生和中文系系主任刘赜先生便将这门课程改为两年，唐以前一段由我讲授，唐以来一段仍由苏雪林先生讲授。我当时的想法和做法是：指定已经出版的若干部文学史要同学们自己去看，使他们从中获得应当知道的基本史实，而自己则着重就这一段文学的历史发展，提纲挈领，发表一些不成熟的看法，让同学在自学与听讲两方面主动地互相配合，以养成其独立思考的习惯和能力。这三篇就是我当时用的那个旧讲义的一部分，因在今天看来，所论还有一些可供参考之处，所以裁篇别出，收入本书。

第三辑八篇是有关校雠目录学的，写的时间较早，约在 1935 年至 1942 年。我便是在这些研究的基础上，在金陵大学和武汉大学讲授有关这方面的课程的。解放以后，这类课程久不设置，我在这方面的学习便也停顿下来。一直到 1980 年，我才为南京大学和山东大学的研究生系统地然而也是粗略地讲述了涉及版本、校勘、目录、典藏各方面内容的校雠学，由同学们录音整理成为《校雠学略说》一稿，但由于荒疏已久，需要反复修订，才能逐渐完善。在这件小事上，也见出了近数十年学术风会的变迁。

唐皮日休“编次其文，发箧丛萃，繁如薮泽，因名（其书曰）《文薮》”。本书是一部论学杂著，内容同样“繁如薮泽”，因此也沿用了这个书名。

1997 年 11 月　程千帆记

# 第一辑

## 辞赋的特点及其发展变迁

赋，也可称为辞赋，是我国源远流长的文体之一。它起源于战国，随着整个中国文学历史的发展而发展，直到五四运动以前，和其他古代文体一样，历代都有人用来作为抒情状物的手段。当然，赋不像诗词那样至今还拥有相当多的作者和读者，但是，在古代文学这座百花园里，也是一种盛开过的名花。在唐以前的纯文学的领域中，赋是主要的、很流行的文体，因此，有些古代学者认为它的地位比诗为高。如东汉班固根据刘歆《七略》编成的《汉书·艺文志》著录当时传世作品，先赋后诗，赋分四种而诗仅一种。梁萧统《文选》甄录历代作品，也以赋为首而诗次之。在五言诗及乐府诗形成并逐渐兴盛之后，赋也仍与诗并列，仅次于诗。如陆机《文赋》说："诗缘情而绮靡，赋体物而浏亮。"《文心雕龙》论文章体制，也是先诗与乐府，然后以赋仅列于后。因此，对于我国古代文化和文学有着广泛兴趣和具有一定欣赏水平的读者，不应当忽略赋的成就。

辞与赋本是相同因而可以互称的文体。西汉末年，大学者刘向编集屈原、宋玉等楚国作家的作品，由于它们带有强烈的楚国地方色彩，所以总题为《楚辞》，意即楚人之辞，或楚国的文学，但他的儿子刘歆协助他编定皇家藏书目录《别录》和《七略》时，却分别题为《屈原赋》、《宋玉赋》等，可见在汉人心目中，辞赋是没有分别的。不过后人的作品以赋为名的多，因而辞就被人们视为专指屈、宋以及他们的效法者的作品。赋作为共名可以包括辞，辞却不包括赋了。

赋字在文学范畴中有两种涵义：一指一种修辞手段，一指一种文章体裁。就修辞手段来说，它的意思是铺陈，凡是用铺陈的手段来描摹客观事物都可称为赋。它是原来体现在《诗经》中而为汉人所概括出来的，和另外两种用比譬、隐喻等手段的比和兴并列的。这种修辞手段，由于被作家所大量应用，加上另外一些不可缺少的因素的影响，就逐渐形成了显得很有特色的一种文体——赋。

赋以如下几种特色和其他文体区别开来：首先，如上所说，它以铺陈为其基本表现手段，如刘勰在《文心雕龙·诠赋》中所说的，其特色在于通过铺陈辞藻，展示文采，以体现物象，抒写情态。可以想像得到，既然要铺陈，就很难免夸张，所以扬雄也说：作赋一定要用类推的方法，以最美丽的语言，写极广阔的规模，使别人无法超过（《汉书·扬雄传》）。出现在《楚辞》之前的《诗经》，虽然在内容和形式上对这种文体都产生了某些影响，但《诗经》虽有铺陈，却少夸张，虽然抒情言志，并无假设虚构，逞辞雄辩。而夸张与逞辞，却是从春秋时代萌芽，到战国而大盛的辩士的文辞中所常见的。这些人以口说之辞，笔写之文，或代表国家处理国务，调整邦交，或为个人利益，游说诸侯，以取富贵。他们随机应变，诡辩浮词，发展到后来，竟成了一种学术流派，称为纵横家，乃是"九流"之一。这种游说之风，纵横之辞，正是当时赋体那种特有的铺陈夸饰的来源。所以谈到赋体铺陈的特色，我们不能也不应排除战国辩士逞辞之风对它的影响。

其次，赋的外形在文体中也可以说是最奇特的。我国古代文学，总的说来，大体上可以分为诗和文（即有韵之文与无韵之文，亦即韵文与散文）两大类。单就文来说，又可分骈文与散文两大类。句尾押韵或不押韵，是前两者的基本区别。句法整齐调谐与句法不整齐调谐，是后两者的基本区别。而赋，则是韵文、散文和骈文的混合物。它不仅可混三者于一体，在一篇之中，时而押韵，时而不押韵，有时押韵很有规律很整齐，有时又无规律不整齐；在一篇之中，又可以时而用骈句，时而用散句来写；而且也有全篇都是用散文或骈文写成的。当然，它也随着整个社会风气和文学潮流的影响而有所调整，如魏晋以降，骈文兴盛，赋的句法也偏于骈文，而形成格律谨严的骈赋；宋以来，散文比骈文更为文坛所重视，赋也就多以散文句法构成，而且用韵疏散，形成文赋。但用韵疏密无定，造句骈散不拘，这种给与作家以较大自由的形式上的特色，始终在赋史上长期保持着。

第三，赋的另外一个特色是它有不少的变体，也就是说，有许多古代篇章，另有文体名称。如本书所收五十多篇作品中，就有十多篇并不题为辞或赋。如《九歌》称“歌”，《九章》称“章”，《九辩》称“辩”，《橘颂》、《酒德颂》称“颂”，《钱神论》称“论”，《北山移文》称“移”等；或题目中并无文体名称，如《渔父》、《招隐士》等，但从实质上看，实在都是赋。这是由于古代文体分类学家往往不从实质而仅从外形上看问题，因而其处理方法和我们今天有所不同，不足为异。《文心雕龙》前半部主要是分别文体来评论作家作品的。除《辨骚》和《诠赋》两篇专论辞和赋以外，另有《杂文》一篇，介绍对问、七和连珠这三种另立名目的赋的变体。对问一体，假设客主问答，以展现作者的思想感情，多数以散文写成，部分用韵，间或全不用韵。它是战国时代辩士游说之风在文学中的再现。姚鼐在《古文辞类纂》辞赋类中收入载于《战国策》的《庄辛说襄王》等两篇，实在是这位古文大家的卓见。此外，如《渔父》、《答客难》、《解嘲》、《进学解》等，也都是对问之体。明白了这些篇章实质上都是赋，为什么后来许多著名赋作都爱用主客问答的模式作为构架这个问题，就自然得到答案了。七是一种具有更为严格模式的对问，它有一定的结构，虽由一客一主问答构成，但限于七问七答，由客人提出七种可使主人快乐的事物，前六种极力形容美好的物质生活，都被主人否决，最后一种畅谈哲理，则使主人满意，因此必然大体分为七个互相联系的段落。七本不宜作为文体名称，但自从枚乘创作《七发》，古人沿用已久，后人也只好遵用了。连珠是以精巧的比喻、整齐的句型，写成短文，来表达作者的情思。由于它的篇幅极短，所以只能写成一组而不能只写一篇。它事实上是一种微型骈文，对偶工丽，而用韵稀疏。连珠上承战国辩士广征事物、条列比喻，以从事游说的方法，下作为六朝骈赋的先驱，篇章小巧，文辞明润，许多篇结集在一起，就像一连串珍珠，所以获得这个名称。历代作家写连珠的不多，本书节选原载《文选》的陆机《演连珠》是今存此体的代表作。

第四，我们都知道，诗歌、音乐、舞蹈是同源的，它们或谓源于劳力生活，或谓源于宗教祭祀，至今还难作定论，但三者之间关系密切却是无可争议的。在我国古代文学中，《诗经》所录全为乐歌，乐府诗从汉到唐，都可入乐歌唱，词、曲就更不用说了。但赋，虽然作为一种纯文学，基本上也是韵文，广义地说，也是诗的一种，但它却是不能配乐歌唱的，亦即与音乐无涉的。《汉书·艺文志》说得明白："不歌而诵谓之赋。"诵就是有节奏地朗读，今天所谓朗诵。它不能唱，却需要朗诵，这就使赋的发展与后来文学史、文学理论批评史上一系列的问题，如齐梁时代的声律论，唐代韩愈"气盛则言之长短与声之高下者皆宜"（《答李翊书》）的理论，直到清代曾国藩的"作诗文以声调为本"（《求阙斋日记》）之说，无不有关。这也是赋体很有影响的而不甚为人们所注意的一种特色。（现代学者中有人认为《九歌》本是歌舞剧，其词当可入乐歌唱。但即使如此，也属个别现象。）

在长期历史发展中的赋大体可以分为辞赋、大赋、骈赋、律赋和文赋五种类型。现在分述如下：

一、辞赋，也就是以《楚辞》中主要形式写成的赋。因为屈原是《楚辞》的代表作家，《离骚》又是屈原的代表作品，所以《楚辞》体的赋也可称为骚赋。这种起源楚国的民歌，又接受了包括《诗经》在内的中原文化多方面影响的文体，句子有长有短，句式有散有骈（即有单有复），句尾多缀以"兮"字（即今"啊"字）作为助词。它们具有强烈的抒情意味，内容多通过写人神爱悦、个人遭际，以表达诗人内心深层的忧国忧民之感。芳菲灵异，宛转凄清，极为动人。其中除《离骚》、《招魂》等少数篇章较长外，多数是抒情短章。《九歌》、《九章》这些无比优美的作品，开辟了后代抒情小赋的广阔道路。这从本书中所选《招隐士》、《秋风辞》、《长门赋》、《洛神赋》等许多篇章中都可以看出来。

二、大赋。这里指的是如西汉司马相如、扬雄，东汉班固、张衡，晋代左思、木华、郭璞等所作的描写京城、宫殿、游猎、江海等巨大对象或场面的赋。它们的特色是篇幅长，局面大，词彩壮丽，气势宏伟。它取法屈原《离骚》，故篇幅长，而且冶骈、散、韵文于一炉；模拟辩士游说，故往往通过问答展示内容，或分方位，别地区，描摹夸饰，层出不穷。这是开始于秦始皇而完成于汉武帝的统一大帝国的强盛富庶在文学中的反映。陆机《文赋》认为"体物"是赋的主要作用,恐怕也是指这些在汉、晋时代有代表性的大赋而言。这种文学,在当时获得的评价是非常高的,但它们在内容上,与广大人民的生活距离太远,在艺术上,又往往爱堆砌词藻,多用罕见难识的字,使人不易通读,因此逐渐降低了声望,后继乏人。考虑到读者的接受能力,本书仅节录《七发》以示例,其余名篇,都未入选。

三、骈赋。这是以骈偶句子写成的、有较整齐的韵脚的赋体。它又名俳赋,俳谐含游戏的意思。宋代文坛重视古文(散文)而轻视骈文,称对偶句为俳句,所以也称骈赋为俳赋。前面已经说过,无论是辞赋、大赋以及一些赋的变体如"对问"、"七"之类,都是以散文、骈文、韵文相杂而组成的。魏晋以来,由于多数作家利用汉语所特有的对偶和声律的特质,使文章句式的结构逐渐发生变化,趋向于多用对句而少用单句,其结果是骈文的出现。先秦、两汉时期,赋是与诗并列的文学两大体裁之一。它的句式也是自由而独立的、多变的。魏晋以降,骈文渐兴,到六朝而骈文成熟,赋体也就不能不受整个形式变化的支配,逐渐减少乃至终于取消了其中的散文成分,于是骈赋就出现了。它对仗工巧,音节和谐,使人耳目一新,其中名家谢庄、鲍照、江淹、庾信之作,尤为杰出,本书所选,可见一斑。

四、律赋。律赋是骈赋进一步形式主义化的产物。律指写作这种赋所必须遵循的格律。进士科举是唐代士人最贵重的出身。在考试中,律诗和骈赋是最主要的科目,由国家统一命题。骈赋除对仗声律的要求外,还必须依照顺序的韵脚押韵。这种韵脚一般由两个四言句子组成,即限用八韵。如唐玄宗开元二年(714)试《旗赋》,以"风日云野,军国清肃"为韵。据五代时人冯鉴《文体指要》的记载,律赋限韵,始于这年。宋代试赋,也沿唐制。这些考试时所作律赋,包括平时的习作,多数不免陷于形式主义。但也有写得好的,如本书所收王棨《江南春赋》和黄滔《馆娃宫赋》,即宛转关情,清丽可喜。

五、文赋。以散文为主体,用韵稀疏而无一定之规的赋,称为文赋。《楚辞》中旧题屈原作的《卜居》、《渔父》等篇什及东方朔《答客难》、扬雄《解嘲》等赋的变体,都可属于文赋的范畴。它是战国游士的说辞走向书面文字的产物。古人写文章,为了便于读者背诵记忆,往往有韵。先秦诸子中就有不少,如《老子》全书用韵。甚至作注释也有用韵的,如王逸的《〈楚辞〉章句》即是。这都为文赋的出现提供了先例。但在宋代以前,这种现象不太显著,它往往隐没在古赋或赋的变体中,因此也没有引起人们的特别注意。在六朝迄唐代前期,骈文盛极而衰之后,以韩愈为首的作家们提倡散文,于是古文兴起。(他们称散文为古文,以区别于出现较晚的骈文。)到了宋代,欧阳修、苏轼等人更加发扬光大了古文,扩大了它的阵地。于是赋当中,也就和骈文兴盛时代出现了骈赋及其派生的律赋一样,在散文兴盛的时代出现了文赋。从具有较为严格句型、声律中解放出来的文赋,承袭了古文家长期积累起来的艺术技巧,使赋再一次展现新的容姿。它行文自由,风格多样,是文学史上散文诗化的一次成功的、重要的创造。

由先秦到宋代,赋在漫长的年代中,出现了如上的一些变化。宋代以后,赋体就没有更新的发展。元、明、清各代,也有赋家,而且间有杰作,但都难以挽回它的生命力逐渐衰亡的命运。这是广大作者和读者的选择,也是文体兴衰的规律,个别的作家、作品是无法改变的。

这个选本是以青少年为主要对象的读物。它的目的是精选各种类型的赋体名篇,以供阅读欣赏,培养他们对古典文学的兴趣和高尚的情操。对于一些不适合这些读者的篇章,大都割爱。如果能由此而引起并加深广大青少年对伟大祖国光辉灿烂的古代文化和文学的热爱,那我这个年近八十的老教师就将感到十分高兴了。

1991 年 2 月于南京大学

# 关于魏晋南北朝文学研究的一点想法

自公元220年后汉的覆亡至公元589年隋朝的统一，中国的政局经常地处于分裂状态，特别是东晋以降，南北政权的持续对峙，使得人们习惯于称这一历史时期为分裂的时代。如果说中国幅员辽阔的自然地理较易于引发文化的地域性的特征，那么，政治的不安定或政权的分立局面，往往进一步地导致政治文化发展的不平衡现象，况且南北朝政治地理的诸项条件中还杂有民族因素的介入，这种不平衡的现象就显得更为突出。一般说来，在政治、军事以及经济体制的建构方面，北方胜过南方；而在文学艺术的成就方面，南方超越北方。南北的差异是否就可以理解为文化的排斥与对立呢？回答应该是否定的。从文化发展的大势来看，在这一特定的历史时期内，相互间的融合远远多于相互间的排斥。正是基于这种融合的内在轨迹，才潜在地开启了从分裂走向统一的契机。

谈到南北朝文学，有一点世人往往习而不察，即少数民族在传统的汉族聚居区内建立非汉族政权时，同时也在大范围内接受了、沿袭了汉族文化。首先是语言。语言是人类思想感情的直接现实，即外壳。非汉族所创作的其本族口头文学，几乎没有传下来。极其个别的如《敕勒歌》，也已译成了汉语，《李波小妹歌》可能也是如此。佛典梵文是经过翻译及诵经对汉语文学产生过某些影响，而非直接以梵文从文学创作上与汉语文学接触，而且也不存在南北问题。所以我们讨论南北朝文学的异同，只是在汉族政权下生活的作者所写的汉语文学，与在非汉族政权下的作者所写的汉语文化的异同。那么这种异同是有其个性和局限性的，作者个性每每通过南北文化的地域性而显示，同时又局限于以汉语为手段来显示。这与后来的宋金文学异同一样。至于文学创作所赖以发生的文化渊源，所寄托的文化背景，则大多相同。

正由于此，一方面，因汉化的异族政权不妨碍汉文化传统的传承，异族政权往往是其与汉族大地主豪门的联合政权，中原士族往往还表现出对它的相当的信赖感，如杨衒之《洛阳伽蓝记》流露出对北魏的缅怀，就是很典型的。自孝文帝太和十九年(495)迁都洛阳至北魏覆亡(534)，洛阳作为一代政治与文化的中心，不仅象征着高度汉化的拓跋氏政权的国运，而且也象征着中原士族文化的命脉。因此，当杨衒之于北魏消亡后“重览洛阳”之际，见“城郭崩毁，宫室倾覆，寺观灰尽，庙塔丘墟”，内心涌起强烈的“麦秀之感”与“黍离之悲”(自序)。这种感情的获得，应该说是基于对汉文化生生不息的信念。另一方面，汉文化的凝聚力还深刻地表现为具有少数民族血统的政权决策人物，能表现出以汉文化正统自居的姿态，如奠定北周统治地位的宇文泰“提剑而起，百度草创，施约法之制于竞逐之辰，修治定之礼于鼎峙之日”(《周书·苏绰传》)，他所持为榜样而加以发扬光大的，是儒家理想的三代之治之一的周朝，也就是借周朝礼治的灵魂来激发强国富民的时政方略。宇文泰的得力佐臣苏绰仿效《尚书》体撰成《大诰》，“自是之后，文笔皆依此体”(同上)。这种仿古的文风之所以有如此的影响力，是因为它符合宇文氏上承周朝政统的现政构思。

同是汉语文学，在魏晋南北朝时期，特别是永嘉之乱以后，政局上南北对峙的形势进一步形成，南谓北为索虏，北谓南为岛夷，因而学术文化上形成一定的差异，“南人简约，得其英华，北学深芜，穷其枝叶”(《北史·儒林传》)。文学的南北差异性也更其突出，正如《北史·文苑传》所概括的：“江左宫商发越，贵于清绮；河朔词义贞刚，重乎气质。”这是南北文坛好尚异同的基本情况。不过，南北之间正常状态下的使臣往来，以及非正常状态下的羁留双方使臣，也是客观上造成南北文风的交融。如果只着眼于差别的形成，而不注意交融的过程，就难免失之片面。《北史·李谐传》中记载东魏、北齐与萧梁之间“南北通好，务以俊乂相矜。衔命接客，必尽一时之选，无才地者不得与焉”。这种交往的盛况以及所导致的爱赏才俊的风气，甚有春秋时代列国大夫聘问酬酢、赋诗言志的古意。交流导致互相了解，从而达到互相学习与竞争。北朝后期热衷于摹拟齐梁之诗的事例很多，表现了北方文人对南方文人的一定的倾慕。梁武帝萧衍认为温子昇的文学成就是“曹植、陆机复生于北土”（《魏书·温子昇传》）。曹植与陆机在南朝的诗学著作《诗品》中被列入上品，反映着当时人的共识。可见萧衍对温子昇的评价甚高。与此相对，奠定北齐政权的高欢曾对“江东复有一吴儿老翁萧衍者，专事衣冠礼乐，中原士大夫望之以为正朔所在”感到忧虑（《北齐书·杜弼传》）。忧虑也是一种重视。可见南北文化彼此都构成一定的刺激与影响。反映在文学艺术方面，南北的审美意识也不是绝对悬殊的。

因这一阶段文学发展上总的情况是南胜于北，所以南方文学对北方文学的影响力较大，南方文人更容易成为北方文人效仿的对象，如“邢（邵）赏服沈约而轻任昉，魏（收）爱慕任昉而毁沈约”，邢魏两人间发生的任、沈优劣之争还使得“邺下纷纭，各有朋党”（《颜氏家训·文章篇》）。但这一现象不应使我们忽视相关的另一种现象，即北方文学朴拙浑厚的气质在南北交融的过程中也有其积极的意义。庾信是由南入北的最著名的诗人，《四库提要》指出：“信北迁以后，阅历既久，学问弥深，所作皆华实相扶，情文兼至，抽白对黄之中，灏气舒卷，变化自如。”（卷一百四十八）所谓“抽黄对白”，是指偶俪精切的技巧，他在流亡北方以前已颇擅长。而北朝文学虽然不废偶俪，但表现的风格却不同于南朝的精巧。颜之推所记载的“邺下才俊”不能完全欣赏王籍“蝉噪林逾静，鸟鸣山更幽”的对句（《颜氏家训·文章篇》），就透露了北方文人的审美旨趣。文学技巧上相对稚拙或保守的一方，有时也能对进步或翻新的一方起反省的作用。杜甫对庾信的评价，一则曰“清新庾开府”（《春日忆李白》）；二则曰“庾信文章老更成”（《戏为六绝句》）、“庾信半生最萧瑟，暮年诗赋动江关”（《咏怀古迹》），或与其在南在北之作风不同有关。庾信入北以后能够运浑灏之气于“抽黄对白”之中，除了他个人才情阅历的原因之外，显然与北方人文环境的感染有关。

隋唐文学乃至文化进入了融合与发展的新的历史阶段。从历史连续性的观点看，作为隋唐文化大发展的奠基，三个多世纪的南北分裂并不能认为是文化的失落或萎缩。相反，这一时期南北文化、胡汉文化、中印文化的广泛而深刻的接触与交融，对于中华民族文化性格的形成，其意义不可低估。即以文学而言，初唐诗风中“汉魏风骨”的再现，预示着唐代文运的开新，而汉魏风骨所蕴含的文学精神在其出现之后，也不是完全隐匿失传的。《魏书·文苑传序》称北魏孝文帝“锐情文学，盖以颉颃汉彻，掩踔曹丕”，虽不无溢美，却在一定意义上反映了北朝人追攀汉魏的文学心态。所谓“汉魏风骨”，固然重在有感而发，兴寄为主，具有至真至善的思想容量；但它同时本应是发摅性灵的文学，因而也不违于至美的趣味。谢灵运的创作，沈约认为是以“兴会标举”见长(《宋书·谢灵运传论》)，白居易《读谢灵运诗》特别指出谢诗“往往即事中，未能忘兴喻”(《白氏长庆集》卷七)的特色。作为南方诗坛代表的谢灵运，他所树立的“兴会标举”的风范，与陈子昂主张的“兴寄”论，其实也有内在的历史联系。因为经过了长期实践，《诗序》之所谓比兴，到唐人已与寄托联系起来，它包含了诗的艺术技巧与社会功能两个方面，在复古中孕育创新。诗人们将复古与创新结合起来，使诗歌传统中各种对立统一的因素达到新的融合，才带来诗史上辉煌灿烂的大唐风采。

从古以来，中国人对历史全局就有合久必分、分久必合的看法。从历史发展来看，这是合于事实的。后人对于这种历史现象应当体察的是：在合中蕴藏着分的因素和契机，分中也蕴藏着合的因素和契机。所以无论是政治经济或社会文化，总是在对立中显示出统一，从隔离中倾向融合。魏晋南北朝，由于分裂的时期很长，参与斗争的民族也很复杂，所以更呈现出特殊的光彩。这一次长期的分裂，也正是一个长期的融合和互补的过程，其结果是大唐帝国的出现。分裂看来是坏事，可是分裂后的统一，却往往更加繁荣壮大，这是值得我们回顾史迹时认真玩味的。

近代以来，对魏晋南北朝文学的研究已有多方面的实绩。黄节、黄侃、刘师培、李详等前辈学者的研究形式，多是通过某部书的钻研而获得对某个专题的独到的发言权。这其实是清朝以来以朴学风格治《文选》等学的传统，事实证明，这是一个行之有效的方法。像高步瀛那样以汉学家整理经籍的功夫，做出《文选李注义疏》，我们期待类似的力作。关于这一时期诗文的资料辑录，严可均《全上古三代秦汉三国六朝文》、逯钦立《先秦汉魏晋南北朝诗》，都以一人之力而提供了该种文体的基本完备的资料。与此相关的基础性的工程，包括这一阶段学术或文学年表的陆续问世，以及各种典籍索引的纷纷出现，都是可喜的现象。对于研究的深化来说，除了有必要继续加强对基本文献的考订阐释之外，着眼于文学内外诸种关系的综合性的探讨，也是值得拓展的研究领域。无论是宗教与文学的相互影响，还是姊妹艺术间的感应关系，或是非文学的形式参与文学性的创造（如《世说新语》、《洛阳伽蓝记》、《水经注》），诸如此类的纵横交错的文学现象，本来就深刻地反映着这一时期的文化趋于沟通与融会的特点，因而如果我们能够立足于文献，并采用科学的方法，作视野开阔的钻研，相信一定会取得研究的新进展。

# 《史通》读法

## （一）

刘知幾（661—721）的《史通》自来和刘勰的《文心雕龙》并称。《文心雕龙》总结了上古迄萧齐文学创作及文学理论上所取得的巨大成就，而《史通》则总结了先秦迄唐初史籍撰述及史学理论上所取得的巨大成就。

《文心雕龙》中有《史传》一篇，概括地叙述了古代史籍的起源和发展。篇中所论，也涉及了史学的历史和理论两个方面。《史通》成书，显然是受到了《文心雕龙》，特别是其中《史传》篇的启发。

《史通》按照先秦、汉、晋撰写子书的传统习惯，分为内、外篇。内篇原有三十九篇，其中《体统》、《纰缪》、《弛张》三篇早已亡佚，外篇有十三篇，共五十二篇，存四十九篇。这四十九篇，多数是主题明确的论文，少数则是一些杂记。它们并非一时之作，而是一篇篇地写成之后，才加以统一编排、区分内外的，如《四库提要》所说："内篇皆论史家体例，辨别是非；外篇则述史籍源流及杂评古人得失。"它所论及的，几乎关涉到唐以前我国史学的全部领域，说它是一部古代史学的百科全书，也不算过分。一方面，书中每篇都有明确的范围和精辟的论点，而另一方面，内外篇之间，每篇与每篇之间，又有互相关联和补充（有时也有矛盾）的地方。

不止于此。刘知幾写《史通》，当然是要阐明史学，同时，他也像司马迁写《史记》一样，"亦欲以究天人之际，通古今之变，成一家之言"（《报任少卿书》)。所以他在《自叙》篇中说:“若《史通》之为书也,盖伤当时载笔之士,其义不纯。思欲辨其指归,殚其体统。夫其书虽以史为主,而余波所及,上穷王道,下掞人伦,总括万殊,包吞千有。……夫其为义也,有与夺焉,有褒贬焉,有鉴诫焉,有讽刺焉。其为贯穿者深矣,其为网罗者密矣,其所商略者远矣,其所发明者多矣。盖谈经者恶闻服、杜之嗤,论史者憎言班、马之失。而此书多讥往哲,喜述前非。获罪于时,固其宜矣。犹冀知音君子,时有观焉。”这一简要的自我评价,事实上也就告诉了后代的读者,《史通》固然是一部史学著作,但其中却包含了、体现了作者对整个客观世界的看法。从这部书中,我们不但可以看到刘知幾对于史学,同时也可以看到他对于哲学和文学等多方面的精辟见解。

## (二)

我们今天要读《史通》,当然首先要从史学角度着眼。个人认为,要学习这部书,似可将书中篇目按其内容略加区类,分别先后,依次阅读。

首先,可以读《史官建置》和《古今正史》两篇。我国古籍起源上古,历代都设有史官,记录史事,《尚书》及甲骨文都可证明。《史官建置》一篇,叙述了唐以前历代编年、纪传两体正史的修撰情况。将两篇合观,就是一部雏型的史学史。先读这两篇,便掌握了古代史学发生和发展的大致情况。

其次,可读《六家》、《二体》、《杂述》三篇。它们都是说明史籍体例的。刘知幾按照古代史籍的结构、断限等特点,将它们分成尚书家、春秋家、左传家、国语家、史记家、汉书家等六家。同时又按其体例分为编年、纪传二体,总称为正史;而将正史以外的各类史籍,共十种,即偏记、小录、逸事、琐言、郡书、家史、别传、杂记、地理书、都邑簿,都归入杂史。这三篇告诉了我们古代史籍体例及目录分类情况,为我们进一步阅览《四库全书总目提要》及姚振宗《隋书经籍志考证》关于史部书籍的评价,提供了方便。

再次,可续阅读《本纪》、《世家》、《列传》、《表历》、《书志》、《论赞》、《序传》、《序例》。这八篇都是讨论纪传体史籍的各个组成部分的。刘知幾虽然认为纪传、编年都是正史，但一因纪传体比编年体更能从不同的角度显示历史的全貌，二因纪传体自《史记》以下，历代都有成书，未尝中断，所以后来正史之名便为纪传体所专用了。人们所常常称道的十七史、二十二史、二十四史，便都是指纪传体的正史。《史通》这八篇，告诉了我们唐以前纪传体史籍各个部分的情状，并探讨了它们的义例得失，使读者对纪传体有一个比较完整的概念。

再次，《断限》、《编次》、《直书》、《曲笔》、《题目》、《称谓》、《载言》、《载文》、《书事》、《烦省》、《采撰》等篇则是通论史籍的编撰原则及方法的。

再次，则有讨论史籍文字技巧的各篇，如《叙事》、《浮词》、《模拟》、《言语》、《点烦》等。

以上二十余篇，可以算是《史通》全书最主要的部分。把它们通读以后，再看其他各篇，也就容易了。

概括地说，《史通》为我国唐以前的史学作了比较详细的总结，发扬了古代史官力求"直书"善恶，使史籍成为符合客观事实的"实录"的优良传统，并将其提升到理论高度。为了使得史籍成为"直笔"所书的"实录"，他对史籍的编撰和写作提出了许多有价值的原则和具体建议。指明了一个优秀的史家所必具的个人修养，即才、学、识三长，而昔人对古代、对圣人的盲目崇拜，他也给予了严正的批判，从而为后代写史，树立了好坏两方面的样板，使人知所适从。这些都是从史学角度学习《史通》以后所能获得的知识和教益。

## （三）

从哲学角度看，刘知幾思想的基本倾向是唯物的，他的历史观是进步的。对于自古以来就混杂在文献中的神奇传说与先秦诸子为了托古改制而从事的捏造，都以实事求是的精神和方法加以区别。在这方面的意见，《疑古》、《惑经》两篇很有代表性。借助谨严的论证与锐利的笔锋达到了"褫其华衮，示人本相"的目的。

他不但对传统史实与思想加以检查、怀疑与批判，对六经之书、孔丘之言都无例外，而且对史籍中广泛记载的五行灾异、祥瑞符命、神鬼迷信都加以驳斥。古代的神学家为了巩固封建统治阶级的政权，故意将一些自然现象（天）和社会现象（人）联系在一起，从而臆造出天人交感的学说。刘知幾在《五行志错误》、《五行志杂驳》两篇中，对那些广泛存在于史籍中的乌烟瘴气，逐一扫荡。

除上举各篇能代表刘知幾在历史哲学上所达到的高度以外，这种思想还贯穿全书，反复出现，如《采撰》一篇，是讨论如何搜集史料的，就明白指出，凡是属于寓言、图谶、传说、神话，都不应作为史料，编入史籍。

当然，刘知幾的反传统思想和无神论还有某些不彻底之处，因而其所论述，也往往自相矛盾，但对当时思想界来说，已经闪耀出异样的光辉。

## （四）

《史通》对于文学理论方面也做出了不可磨灭的贡献。刘知幾对如何写史，立有若干篇详加讨论，其所获得的结论，大都与文学理论相同或相通。

例如：他在《载文》、《自叙》等篇中，提出了与后代学者“文须有益于天下”相似的主张，推崇那些忠实地反映现实，“不虚美，不隐恶”的文章，而认为“繁华而失实，流宕而忘返”的作品是“无裨劝奖，有长奸诈”。这在今天也还是文学上一个重要的原则。

在《鉴识》、《核才》等篇中，他反对齐、梁以来直至唐初盘踞文坛的华靡文风，认为当代所撰史籍，每有“虚加练饰，轻事雕彩”的弊病。在《模拟》中，反对不顾精神实质而仅在形貌上学习古人，事实上是“貌同心异”，只能算是模拟之下。在《言语》中，他反对在语言上贵古贱今，认为一些史家将俗语改成雅语、今言改成昔言的做法十分可笑。在《浮词》中，他更详细地讨论了史书叙事之法，指出“尚简”、“用晦”、“贵真”的重要性。这些涉及写作方式方法的意见，也很可取。

刘知幾在《史通》中所表现出的文学观点，在某种意义上说，对唐代的古文运动起了一种“导夫先路”的作用。

总的说来，《史通》首先当然是我国史学史上的一部经典著作，但它在哲学、文学两方面也有不可忽视的贡献。所以我们读这部书，可以而且应当从这三个方面去认识它。

## （五）

《史通》在宋朝就有刻本，明代加以注释的，有李维桢《史通评释》、王惟俭《史通训故》两家。清人则有黄叔琳《史通训故补》、浦起龙《史通通释》两家。浦书后出转精，流行很广，取代了前此各家。后来的学者多在浦书的基础上进行订补。陈汉章作《史通补释》、杨明照作《史通通释补》，现附印在上海古籍出版社所出新版《史通》的后面，很便于阅读。

此外，独立成书的《史通》补注，则有彭仲铎的《史通增释》（未刊）及程千帆的《史通笺记》。

吕思勉作的《史通评》，用意在评议刘书义例得失，并非注释，但和原书对读，很能开人思悟。

解放以后，《史通》很受学术界重视，很多学者写了评介文章。这些文章，多数收在上海人民出版社出版的《中国史学史论集》（二）里面，这些文章，都有助于对《史通》的阅读。

# 古典小说技巧漫谈

## ——在《星火》、《长江文艺》、《青春》编辑部主办的青年作者讲习班上的讲话

### （一）

在我国古典文学诸样式中，小说发达得较迟。它的总成绩，无论与我国的其他传统样式如诗歌、散文相比，或与外国的同一样式相比，都可能要次一些，特别是在数量方面。

这么说，是一个大致的估计，绝不意味着古典小说对于今天在座的各位写小说的同志们没有什么可以借鉴、学习的了。反之，明、清两代出现的几部成就很高的小说，从内容到形式，将永远是后来人学习的典范，在《三国演义》、《水浒传》、《西游记》、《金瓶梅》、《红楼梦》、《儒林外史》、《聊斋志异》等名著中，有汲取不尽的丰富营养。它们所反映的封建社会生活，对于我们有巨大的、不可替代的认识作用，更不用说艺术技巧方面给予我们的教益了。

过去我们对封建主义的残余势力，特别是意识形态方面的余毒的顽固性估计不足。建国三十年来，虽然口头上也谈反对封、资、修，但事实上，在许多方面，封建主义的东西所起的危害是很大的。十年浩劫就充分说明了这一问题。

因此，今天的作家，也就和全国人民一样，必须去努力完成一项重大任务，就是肃清思想政治方面的封建主义的残余影响。要反它，得先认识它。我们的青年作者，是在红旗下长大的。就这一点来说，你们是幸福

的，但是也有缺陷。没有经历过旧社会，所以对当前许多真封建主义假社会主义的现象就看不清楚了。或者只知其危害，不知其根源。

要认识封建主义的形形色色，上面提到的那些古典小说名著是很好的参考书。因为它们反映的是未经粉饰的封建社会生活的本来面目，所以非常真实。

我们不是非常憎恶关系学吗？在《红楼梦》中，就有好几位女性关系学大师，通过她们的精彩表演，我们可以了解，关系学也有各种风格、流派。薛宝钗是一派，王熙凤又是一派，袭人、平儿虽然可算一派，然而同中有异。我们不是痛恨一些花花太岁，一些仗着特权无恶不作的坏蛋吗？《水浒传》里的高衙内、《金瓶梅》里的西门庆就是些这样的人。我们不是对一些头脑僵化、完全丧失独立思考能力和美感的好人饱含着厌恶与怜悯之情吗？《儒林外史》中马二先生就是这些人的影子。至于广大干部与知识分子在十年浩劫中所受到的骇人听闻的遭遇，可以从《聊斋志异》描写的冤案中见其端绪。当然，这只是随便举几个例子而已。

封建主义残余影响在我们今天的政治生活和经济生活中之所以依然存在，在特定的时间内，甚至变本加厉，这是有历史和社会根源的。如今，“四人帮”已被粉碎，我们正在纠正过去的错误，并开始肃清封建主义残余影响，就是为了使十年浩劫不再重演。

当一个作家想真实地反映出人民的哀乐、人民的愿望的时候，对于现实生活中存在的这个最迫切的问题，是不该而且也无法回避的。当你拿起手术刀，去割除这个痈疽时，古典小说中所展现的生活图景，作家们所提供的经验，对你决非没有用处。

为了更好地写出反映封建社会生活的诗篇，古典作家不遗余力锻炼着自己的笔，完善自己的艺术技巧。上述一些经过时间的选择而仍旧放射光芒的几部作品，在艺术上是不可企及的。当然，他们所使用的手段，是最适合于他们所要反映的内容的。我们今天没有必要，也不能完全去使用它们，或模仿他们。这是一方面。另一方面，我们是无产阶级，是人类历史上一切优美文化遗产的当然继承者，对于过去作家所提供的，而为今天我们所可以吸收和利用的东西，就决不应当轻易放弃。作为一个作家，总该是心胸开阔的，善于吸收别人的长处的。他要兼收并蓄，像一块干燥的海绵之于水分，而不能鸡肠鼠肚，以自己所已知为满足。

## （二）

文学是人学，没有人物的小说是不存在的。所以小说，归根到底是写人物，诉诸形象，将活生生的、不可重复的、不可代替的人物刻画出来。无论是正面、反面，还是中间人物，如果他在一篇或一部小说中是重要的，作家首先必需考虑到怎样安排他（她）的出场，才能取得最大的“亮相”效果。这在情节复杂、人物众多的长篇中，尤其是如此。不可忽视，安排一个重要人物出场，是小说家一桩很费力的、应当很好地完成的任务。

我们且看曹雪芹是怎样安排他在《红楼梦》中最重要的人物之一——贾府的关系学大师王熙凤的出场吧。在第二回中，通过冷子兴之口，作者介绍了她“模样又极标致，言谈又极爽利，心机又极深细”的特点，为她的出场作了准备。然后，在第三回中，作者通过新来乍到的林黛玉的所闻所见，将她推向前台：

> 一语未完，只听后院有笑话声，说：“我来迟了，没有迎接远客！”黛玉思忖道：“这些人个个皆敛声屏气，这来者是谁，这样放诞无礼！”心下想时，只见一群媳妇丫环拥着一个丽人，从后房进来。

接着作家细致地描写了她的服饰、她的容貌和从容貌中显示的“粉面含春威不露，丹唇未启笑先闻”的精神状态和其在那个贵族家庭中的特殊地位。同时，也就在这个时刻，我们初次看到了她对关系学的运用。她当然要表示喜欢林黛玉，同情林黛玉，从而博得贾母的喜欢。因此，接着就出现如下一段：

> 这熙凤携着黛玉的手，上下细细打量一番，便仍送至贾母身边坐下。因笑道：“天下真有这样标致的人儿，我今日才算看见了！况且

这通身的气派竟不象老祖宗的外孙女儿，竟是嫡亲孙女儿似的，怨不得老祖宗天天嘴里心里放不下。——只可怜我这妹妹这么命苦，怎么姑妈偏就去世了呢！”说着，便用帕拭泪。贾母笑道：“我才好了，你又来招我。你妹妹才来，身子又弱，也才劝住了，快别再提了。”熙凤听了，忙转悲为喜道：“正是呢！我一见了妹妹，一心都在他身上，又是喜欢，又是伤心，竟忘了老祖宗了，该打，该打！”

你看，多么平淡无奇的一场对话，却通过“因笑道”——“说着便用帕拭泪”——“忙转悲为喜”这三部曲，刻画出了关系学家的一个重要特征，即他们的喜怒哀乐，完全是为自己的切身利益服务的，其中找不出半点儿真实来。有了这样一个场面，读者对凤姐儿以后的一切活动，就自然会看成合乎生活逻辑的发展了。

《三国演义》中最重要的人物之一——诸葛亮是在全书已经写了三分之一弱的时候才出场的。三顾茅庐是个流传万口的动人故事，其中蕴含着丰富的道德意义和政治意义，这里且不去说它。但罗贯中用连续三回（第三十六回到第三十八回）的篇幅来写这一事件，说明他对这一人物形象塑造的高度注意和关心，所以全力以赴。

当时刘备处境困难，好容易请到徐庶来当军师，局面小有转机，徐庶又被曹操耍阴谋弄走了。正在走投无路之际，徐庶荐举了“有经天纬地之才”的诸葛亮，又郑重说明“此人不可屈致，使君可亲往求之”的情况，接着，又借司马徽之口，说出诸葛亮“可比兴周八百年之姜子牙，旺汉四百年之张子房”。经过这些铺垫，才转到“三顾”正文。在三访两不遇的过程中，崔州平等人所表现的冷淡态度，还有张飞所显示的暴躁性格（“他如不来，我只用一条麻绳缚将来”），固然是描摹刘备的求贤若渴，但也是为了间接地加强读者对诸葛亮的印象。然而还不只于此。在两人正式见面之前，《演义》有如下一段很精彩的描写：

三人来到庄前叩门。童子开门出问。玄德曰：“有劳仙童转报，刘备专来拜见先生。”童子曰：“今日先生虽在家，但今在草堂上昼寝未醒。”玄德曰:“既如此,且休通报。”吩咐关、张二人,只在门首等着。玄德徐步而入,见先生仰卧于草堂几席之上。玄德拱立阶下。半晌,先生未醒。关、张在外立久,不见动静,入见玄德犹然侍立。张飞大怒,谓云长曰:“这先生如何傲慢,见我哥哥侍立阶下,他竟高卧,推睡不起!等我去屋后放一把火,看他起不起。”(诸葛亮,如我们所知道的,是一位火攻战术的专家,张飞居然想用这一套对付他,可真是鲁班爷爷门前耍大斧了。)云长再三劝住。玄德仍命二人出门外等候。望堂上时,见先生翻身将起,忽又朝里睡着。童子欲报。玄德曰:“且勿惊动。”又立了一个时辰,孔明才醒,口吟诗曰:

大梦谁先觉,平生我自知。草堂春睡足,窗外日迟迟。(这首诗可吟得不妙,因为作者没有注意到,律化了的五言绝句,汉末还没有产生。)

孔明吟罢,翻身向童子曰:“有俗客来否?”童子曰:“刘皇叔来此,立候多时。”孔明乃起身曰:“何不早报,尚容更衣。”遂转入后堂。又半晌,方整衣冠出迎。

应当肯定,在上述场面中,诸葛亮的确是睡着了。罗贯中只是以童子之天真、张飞之鲁莽与刘备之虔诚对照,为诸葛亮的出场制造气氛。

在两人相会之后,作者主要是通过所谓《隆中对》,即一篇纲领性的政策和策略的谈话,来塑造诸葛亮的形象的。这的确是非常独特的、少见的。但是,我们也可以想一想,要塑造一位胸怀大志、腹有良谋、隐居待时的战略家的形象,这不比哪怕是非常优美的外部描写更能显示其特征吗!

现在一般人都根据恩格斯的话,认为文学作品的“倾向应当是不要特别地说出,而要让它自己从场面和情节中流露出来”。但在作品中发议论,却是我们民族文学的传统表现方式之一,为人民大众所喜闻乐见。从《诗经》、《楚辞》到《阿Q正传》、《毛主席诗词》,表示作者倾向性的议论都不少。它是作为作品的有机组成部分而存在的。发议论,一般有两种:一是作者发议论，以帮助读者认识和了解作品中的人物、事件和自己的创作意图。另一种通过作品中人物之口来发议论，如果运用得恰当，也可以成为塑造人物的一种较好手段。怎样把战略家诸葛亮年轻而又成熟、机智而又沉着的形象展现在读者面前呢？作者让他发表这次纲领性的谈话（即回目所谓“定三分隆中决策”）是一个很好的方法。除此以外，尽管他“身长八尺，面如冠玉……飘飘然有神仙之概”，也不能使刘备一下子就相信，他是一位深谋远虑的战略家，发出“先生之言，顿开茅塞，使备如拨云雾而见青天”的赞叹。当然，发议论也要掌握火候，作家如果将自己变成早期话剧（文明戏）当中的“言论小生”，那就会招致失败。

总之，古典小说家对于其作品中重要人物的出场，是经过精心设计的。在首次“亮相”的时候，就能显示出那些人物的性格特征，暗示出他们以后发展的道路。

## （三）

小说总得有情节。一部小说总是从某一个或几个侧面来写一对或几对矛盾由发生而冲突、由冲突而解决的过程。在解决之前，矛盾总是上升的，而且越来越尖锐，吸引着、刺激着读者的心灵。而最使人关心的，则是已经发展到顶点，可是又还没有解决的一刹那。古代和现代说书的艺人，往往利用这一心理状态，在紧要关头勒住，“欲知后事如何，且听下回分解”。这样卖关子，是合乎艺术规律的，不只是一种维持上座率的经济手段而已。

但矛盾总是在上升，不等于总是在直线上升。在生活中，矛盾，特别是巨大矛盾的解决，总是要经过较复杂的过程，有高低起伏的。所以将其反映在作品里的时候，就必须按照生活的本来面目去写，而不能简单化。这样，在艺术技巧上，也就随之而产生了情节中的节奏问题。在作家的笔下，必须有张有弛，有疏有密，有浓有淡，有详有略，有轻有重，从而显示出生活的丰富多彩、千变万化、引人入胜。古典作家对这一点理解得很深。特别在长篇小说中，有许多极成功的典范。

仍以《三国演义》为例，赤壁鏖兵，是以孙权、刘备为一方，以曹操为一方的大搏斗。这次搏斗，关系到双方的生死存亡。其结果，老将败在小将手下，五十四岁的曹操被三十四岁的周瑜和二十八岁的诸葛亮杀得大败而逃，从而奠定了天下三分、鼎足而立的局面。作为一个伟大的历史小说家，罗贯中运用和这一事件相称的艺术构思，成功地表现了这一战役。其中值得学习的东西很多，今天只就其节奏感这一点来谈。赤壁之战在《演义》中，从第三十八回起，到第五十回止，篇幅很长。它以战争为纲，却不曾将战争孤立起来写。在决战之前，在战争方面，不过是一些小接触，而穿插其间的，则是和这一对主要矛盾相联系的许多次要矛盾。这就使得读者“如入山阴道上，应接不暇”。作者很着力地写了孙、刘两方在特定情况之下不能不联合，而又彼此猜疑提防的情况，写了诸葛亮和周瑜斗智，写了他争取孙权的过程。同时，又写了曹操对孙权又打又拉，双方互搞阴谋诡计的情况。有了这样一些波澜起伏的情节，就使人亲切地感到生活是多么复杂。特别是在第四十一、四十二回写了“赵子龙单骑救主”、“张翼德大战长板桥”那种轰轰烈烈的场面之后，接着在第四十三回出现了“诸葛亮舌战群儒”；在第四十五回曹操折兵之后，接写蒋干中计。在这两个场面中，诸葛亮是谈笑风生，周瑜是风流潇洒。而在第四十八回，作者又忙里偷闲，写了“宴长江曹操赋诗”，再一次展现了他的文才和性格，并暗示出他的骄横和必然失败。这样一些情节及其产生的气氛，初看似乎都和战争不很协调。然而正是这些闲笔，使得整个关于战争的描写，更为饱满，更为出色。

长篇如此，短篇，甚至叙事诗，也有这个节奏感的问题。《焦仲卿妻》中刘兰芝和焦仲卿殉情，是全诗的高潮，但在兰芝被哥哥逼迫改嫁，双方决定殉情之后，实行殉情之前，却出现了一个兰芝遵照母亲的意愿缝制嫁衣的场面：

> 移我琉璃榻，出置前窗下。左手执刀尺，右手执绫罗。朝成绣袂裙，晚成单罗衫。

这不仅和篇首“十三能织素，十四学裁衣”相应，进一步赞美这一巧手姑娘，而且是在两场风暴之间的片刻宁静，为读者接受那个难以接受的高潮作了思想准备。

好比一条河流，一会儿汹涌，一会儿平静，有的地方直泻而下，有的地方却又曲折萦回，生活本身就是这样的。注重节奏，显然能够使作品更其如实地反映生活。

## （四）

写真实，或如实地反映生活，也不是绝对的。我们不能在作品中排斥偶然现象。一个人物，一个细节，可能在你所观察的、准备加以反映的某一特定生活环境中不存在，但只要它可能在另外的环境中出现，为了艺术需要，我们就可以将其移植过来。事物的偶然性，往往是在诸多必然性的交叉点上出现的，不能认为这是违背生活逻辑。“无巧不成书”，是我国人民对文学作品中偶然性正确认识的概括。

《红楼梦》写了一个贵族家庭的衰亡史，其中有复杂的情结和众多的人物。贾宝玉、林黛玉、薛宝钗以及许多女孩子们的形形色色的活动，在书中占有很大的比重。而这些事情，又多数发生在大观园里。如果没有大观园，那么，书中的一条主线，即贾、林、薛三人之间的恋爱悲剧就很难形成了。为什么呢？因为没有这座花园，宝钗就没有和黛玉竞争的环境。宝钗家庭经济很富裕，自己有房子，偶尔到贾府来走亲戚，没有特殊情况，绝无长住贾府之理。这样，就缺少在贾府施展她那一套关系学的机会了。只有让他们三个人同时生活在一起，矛盾才能发展。在这个意义上说，也可以认为，没有大观园，也就没有《红楼梦》。

大观园本是贾元春的省亲别墅。按照封建制度，君王及其妻妾临幸过的房屋只能封闭起来，贾府也是准备这么办的。打破成规，要姊妹们住了进去，完全是这位元妃娘娘心血来潮的结果。在第二十三回中，作者写道：

> 如今且说那元妃在宫中编次《大观园题咏》，忽然想起那园中景致，自从幸过之后，贾政必定敬谨封锁，不叫人进去，岂不辜负此园？况家中现有几个能诗会赋的姊妹们，何不命他们进去居住，也不使佳人落魄，花柳无颜。却又想宝玉自幼在姊妹丛中长大，若不命他进去，又怕冷落了他，恐贾母、王夫人心上不喜，须得也命他进去居住方妥。命太监夏忠到荣府下一道谕：命宝钗等在园中居住，不可封锢，命宝玉也随进去读书。

贾政对此，毫无办法，只好对宝玉说："娘娘吩咐说，你日日在外嬉游，渐次疏懒了功课，如今叫禁管你和姐妹们在园里读书，你可好生用心学习。"这又有什么用呢？宝玉进园之后，更有条件按照自己规定的，而不按照他父亲规定的生活道路走下去。于是，这一场激动人心的悲剧也就按照他和她们各自的生活道路发生、发展，而且终于走到了头，而其舞台则在大观园。

贾元春在书中并非重要人物，形象也不鲜明。她的入宫和省亲，只不过是为了说明贾府的"烈火烹油，鲜花着锦之盛"，但她这带有偶然性的"忽然想起"却是全书中一个关键性的情节。它的重要性并不明显，人们可能完全将它忽略了。但它却好比著名的棋手安放的一着闲棋，在其后局势的开展中，起了决定性的作用。

某些带偶然性出现的人物和上述带偶然性的情节有着同样的重要性。《水浒传》从第二十三回起到第三十二回是武松的传纪。决定这位英雄后半生命运的大事是杀嫂。杀嫂中出现的团头何九叔是古典小说中着墨不多却写得很成功的人物之一（记得王朝闻同志曾经专门写了一篇文章谈他），这个人物对武松了解潘金莲、西门庆等人的犯罪行为起了关键性的作用。没有他保留的骨殖，故事就不能急转直下，而这是在当时矛盾的发展中非常需要的一种情势。何九叔不愿但又不敢不接受西门庆的十两银子，另一面却用假装"中恶"避免了在验尸中担承责任，又在焚尸后偷了武大的骨殖，并且将骨殖和银子放在一个口袋里，准备万一武松来追查。这就活生生地画出了这个小人物深于世故，颇有计谋，胆小怕事，而又有正义感的复杂性格。他用两种不同的手段对待来自自己全都惹不起的两方的压力，完全合乎这个小人物的性格和思路。但小说中这个人物的出现，却带有偶然性。试想，如果当时担任团头的是张七叔，而张七叔则是个宋士杰式的人物，他就可能在武松还没有来找他之前，就主动到衙门里去控告西门庆了。如果是李八叔，而李八叔是个泼皮牛二式的人物，他就可能在西门庆送十两银子时说："大官人，这太少了，给五十两吧。"那以后的情节就是另外一回事了。可是施耐庵要将故事写成现在这个样子，所以他只让何九叔，而不让什么张七叔、李八叔之类的人参加进来。

由此可见，偶然出现的情节和人物，在小说中并非是不重要的。当然，它或他的存在，必须以对于整个情节的发展和主要人物的刻画，对于生活逻辑的发展都是不可缺少的为前提，而不应当随心所欲地添枝加叶。

## （五）

关于细节，可谈的东西很多。严格地说，没有细节，就很难写出鲜明的人物形象。有些古典小说，例如《封神演义》、《镜花缘》，前者鼓吹以仁政代替暴政，后者突出了男女平等的思想，这在明、清时代，应当说是可贵的。可是这两部小说都不善于通过细节来塑造人物，描写环境，只靠神奇古怪的故事来吸引人。为什么惊险小说、推理小说或科学幻想小说不能挤进那些伟大的作品的行列，就是因为它们没有写好人和人所赖以生活的环境，即典型环境中的典型性格。

《红楼梦》中的史湘云是个带有几分男性之美的女性，她以天真和豪爽的性格赢得了读者的喜爱。她的形象栩栩如生，但书中并没有通过一些比较集中的场面来写她，只是通过一些细节描写来塑造，但是留给读者的印象仍很深刻。在这里，显示了细节描写的威力。例如第二十一回写她睡觉不老实，被只齐胸盖着，膀子撂在被外；第二十二回写她毫无顾忌地说一个小戏子"像林姐姐的模样儿"，惹起一场小小风波；第四十九回写她打扮成一个"小骚鞑子"，"越显得蜂腰猿背，鹤势螂形"，而且大吃烤鹿肉，认为是"是真名士自风流"；第五十回写和众姐妹联句，拼命地抢先；第六十二回写她“醉眠芍药裀”。凡此种种，都从各个不同的角度，不断地加深了读者对她的印象。但是，她在自己家里，生活并不富裕，并不愉快，所以每次回家，总希望贾母能够再接她进园子来。尽管如此，她在大观园里上层妇女中，还是最天真豪爽的，最活泼的。她的家庭环境特殊，她在那样的抑压之下，却依然不失其天真豪爽。曹雪芹写这个人物，乃是对在不好的环境中却顽强地维护自己善良的本性的赞美。

细节不但构成人物的完整形象，而且作家们反映人物性格的复杂性时，也离不开它。《水浒传》出现得较早，基本上是一部英雄传奇，精雕细刻的场面比后来的《金瓶梅》、《红楼梦》等为少，但作者已经注意到这一些了。书中，鲁智深给读者的主要印象是个莽撞的人，但作者并不一味地写他莽撞：第三回写他拳打镇关西，分明知道对方已经被自己打死了，却还假意道：“你诈死，洒家和你慢慢理会。”一边骂，一边大踏步离开，随即逃走了。第五回写他经过桃花村，决心惩罚那个强娶民女的桃花山大王周通，却对刘太公撒谎，说自己会说因缘，“便是铁石人也劝得转”。他是怎样说因缘的呢？请看下面一段文字：

那大王推开房门，见里面黑洞洞地。大王道：“你看，我那丈人是个做家的人，房里也不点碗灯，由我那夫人黑地里坐地。明日叫小喽罗山寨里扛一桶好油来与他点。”鲁智深坐在帐子里，都听得，忍住笑，不做一声。那大王摸进房中，叫道：“娘子，你如何不来接我？你休要怕羞，我明日要你做压寨夫人。”一头叫娘子，一头摸来摸去。一摸摸着销金帐子，便揭起来，探一只手入去摸时，摸着鲁智深的肚皮，被鲁智深就势劈头巾带角儿揪住，一按按将下床来。那大王却待挣扎，鲁智深把右手捏起拳头，骂一声：“直娘贼！”连耳根带脖子只一拳。那大王叫一声道：“甚么便打老公？”鲁智深喝道：“教你认得老婆！”拖倒在床边，拳头脚尖一齐上，打得大王叫：“救人！”

这种鲁智深式的说因缘，真是富有创造性。我读《水浒传》已经多次，鲁智深当时虽然能忍住笑，我却每一次都忍不住。这些细节在我们面前展现了这个莽和尚有相当复杂的性格，他正直，他莽撞，然而又机智、狡猾，甚至于还有点儿幽默。

就是《金瓶梅》中西门庆那样一个恶棍，对于权势、财富与女色，有极强烈和极丑恶的占有欲，而书中写他给常峙节买房子的慷慨，对于李瓶儿之死的哀伤，也显示了存在于他身上的并不是百分之百的兽性。没有恰当的、从各种不同角度进行描写的细节，将会使人物形象、性格变得单调，多彩多姿的生活变得灰暗。人物性格的描写既要统一，又要发展，要多样化，显示其复杂性，才能比较丰满，才能吸引人。

在古典小说中，有些描写人物性格冲突的场面，通过一些细节的巧妙安排，产生了不同凡响的艺术效果。《红楼梦》第三十二回写贾雨村来了，贾政要宝玉去陪，宝玉表示不愿出去，史湘云劝他时，有下列一段对话：

> 湘云笑道："还是这个性儿，改不了。如今大了，你就不愿意去考举人进士的，也该常会会这些为官做宦的，谈讲谈讲那些仕途经济，也好将来应酬事务……"宝玉听了大觉逆耳，便道："姑娘请别的屋里坐坐吧。我这里仔细肮脏了你这样知经济的人。"袭人连忙解说道："姑娘快别说他。上回也是宝姑娘说过一回，他也不管人脸上过不去，咳了一声，拿起脚来就走了。宝姑娘的话也没说完，见他走了，登时羞得满面通红：说不是，不说又不是。——幸而是宝姑娘，那要是林姑娘，不知又闹的怎么样，哭的怎么样呢？提起这些话来，宝姑娘叫人敬重……过后还是照旧一样……谁知这一位倒反和他生分了。"宝玉道："林姑娘从来说过这些混帐话吗？要是她也说过这些混帐话，我早和他生分了。"袭人和湘云都点头笑道："这原是混帐话么？"

这段对话涉及五个人，三人出场，两人缺席。湘云和宝玉冲突是明场，宝钗和宝玉冲突是暗场。它写了两种人生观点的尖锐对立，从而深刻地揭示了真正的爱情必然基于志同道合这一生活真理。同时，通过这一场冲突，将露面的和没有露面的五个人的性格、思想都写出来了。人们赞美一石二鸟，可这里却是一石五鸟。这种场面，实在迷人。

细节的选择，还必须考虑到它们的连贯性，使之能以个别显示一般，从而形成全书的基调。我们承认《金瓶梅》的作者很有才能，但由于广泛存在于这部书中的猥亵描写，以及与之相联系的人生哲学，使得这部书的价值大大地减低了。在兰陵笑笑生看来，生活中没有任何光明，因而在书中没有出现一个正面形象，或令人同情的人物。这部小说所展示的场面，都是散发着浓重霉味的，令人窒息的。在他的笔下，即使是大晴天，也显得阴森可怕，这正是晚明社会的现实。但他所选择的细节有连贯性，从而展示了全书的基调，却是成功的。

以批判封建科举制度为主要内容的《儒林外史》，用吴组缃同志所指出的“连续短篇”的形式，写了一系列的或虚伪、或狂妄、或愚昧、或思想僵化、或行为迂腐的知识分子群像。以辛辣的讽刺手法揭露他们在封建思想的毒害和科举制度压迫之下怎样变成了畸形儿的。其中第十五回到第二十回写匡超人，第二十回到第二十四回写牛浦郎，首尾都比较完整，使我们通过作者所精选的一些细节，深刻地认识了当时的封建社会吞噬了一个个本来也很善良的普通人的全部过程。而当作家目光四射，兴酣落笔之时，有时也仅用寥寥几笔，就画出了一幅幅非常精彩的速写。如第四回范进吃虾丸子，第十四回马二先生游西湖，这些百看不厌的片段，都是人所共知的。作者通过讽刺手法，出色地运用了一系列的细节，从而成功地塑造了当时知识分子的群像。他对事的痛恨和对人的哀怜，也就贯串了全书，形成了统一的基调。

古典文学创作中的这些成功的事例，都是值得我们学习和借鉴的。

1980 年 8 月 10 日在庐山讲

9 月 19—22 日在南京整理

# 韩愈与唐代小说

陈寅恪世文此篇为研究李唐文学之一重要文献。原稿系以中文撰作，由魏楷(J. R. Ware)博士译成英文，发表于一九三六年四月出版之《哈佛亚细亚学报》(Harvard Journal of Asiatic Studies)第一卷第一期。距今逾十年矣。原稿在国内迄未刊布，故承学之士鲜得见者。兹加重译，以飨读者。魏楷博士于吾华文学，所知似不甚深，故英译颇有疏失，行文亦间或费解。如《涉闻梓旧》，本清蒋光煦所刻丛书之名，乃译作 Shê—Wên Edition of an Old Copy，可见其一斑矣。今悉随文改正，不更标举。其附注原列每叶下方者，兹改为子注，移入正文，所标引书叶数，亦从省略。皆准寅丈平日行文之例也。译成，承友人金克木先生校正，谨此致谢。一九四七年春识。

韩愈《昌黎先生文集》(《四部丛刊》影元本)卷十四有《答张籍书》、《重答张籍书》二通(籍，《旧唐书》卷一百六十有传，《新唐书》卷一百七十六附《韩愈传》)。来书二通，亦载同卷。籍第一书有云："比见执事多尚驳杂无实之说，使人陈之于前以为欢。此有以累于令德。"愈答其咎责曰："吾子又讥吾与人为无实驳杂之说。此吾所以为戏耳。比之酒色，不有间乎？"籍第二书云："君子发言举足，不远于理，未尝以驳杂无实之说为戏也。执事每见其说，亦拊抃呼笑。是挠气害性，不得其正矣。苟正之不得，曷所不至焉。"愈更答曰："驳杂之讥，前书尽之，吾子其复之。昔者夫子犹有所戏(见《论语·阳货篇》)。《诗》不云乎：'善戏谑兮，不为虐兮。'(《诗经·

卫风·淇奥篇》)《记》曰:‘张而不弛,文武不能也。’(《礼记·杂记篇》下)恶害于道哉?吾子其未之思乎?”考赵彦卫《云麓漫钞》(《涉闻梓旧》本)卷八云:“唐之举人先籍当世显人,以姓名达于主司,然后以所业投献,逾数日又投,谓之‘温卷’,如《幽怪录》(参《四库全书总目提要》卷一百四十四,小说家类,存目二)、《传奇》(《新唐书》卷五十九载裴铏《传奇》三卷)皆是也。盖此等文备众体,可以见史才、诗笔、议论。”案:籍书所云“驳杂”之义,殊不明清,未审其所指系属于一、文体,二、作意,抑三、本事之性质。若所指为第一点,则如赵彦卫所说,唐代小说,一篇之中,杂有诗歌、散文诸体,可称“驳杂”无疑。若所指为第二点,则唐代小说家之思想理论实深受佛道两教之影响,自文士如韩愈之观点言之,此类体制亦得蒙“驳杂”之名。若就第三点言,则唐代小说之所取材,实包含大量神鬼故事与夫人世所罕之异闻,此固应得“驳杂”及“无实”之谥也。

总之,设韩愈所好“驳杂无实之说”非如《幽怪录》、《传奇》之类,此外亦更无可指实。虽籍致愈书时,愈尚未撰《毛颖传》(参《五百家注音辩昌黎先生文集》卷十四《答张籍书》樊氏注。《毛颖传》见《昌黎先生文集》卷三十六),而由书中陈述,因知愈于小说,先有深嗜。后来《毛颖传》之撰作,实基于早日之偏好。此盖以“古文”为小说之一种尝试,兹体则彼所习用以表扬巨人长德之休烈者也。李肇《国史补》(《津逮秘书》本)卷下《韩沈良史才》条云:“沈既济撰《枕中记》(既济,《旧唐书》卷一百四十九及《新唐书》卷一百三十二有传。《枕中记》见《文苑英华》卷八百三十三及《太平广记》卷八十二),《庄子》寓言之类。韩愈撰《毛颖传》,其文尤高,不下史迁。二篇真良史才也。”柳宗元《读韩愈所著〈毛颖传〉后题》(《增广注释音辨唐柳先生集》卷二十一,《四部丛刊》影元本)云:“世人笑之也,不以其俳乎?而俳又非圣人之所弃者。《诗》曰:‘善戏谑兮,不为虐兮。’《太史公书》有《滑稽列传》(《史记》卷一百二十六)。皆取乎有益于世者也。”赵彦卫所谓“可见史才议论”,与李肇及柳宗元皆以《毛颖传》与《史记》并论,殊有会通之处也。

裴度《与李翱书》(度,《旧唐书》卷一百七十及《新唐书》卷一百七十三有传。翱,《旧唐书》卷一百六十及《新唐书》卷一百七十七有传。《书》见明本《文苑英华》卷六百八十及《四部丛刊》影嘉靖本《唐文粹》卷八十四)。云:“昌黎韩愈,仆识之旧矣。中心爱之,不觉惊赏,然其人信美才也。近或闻诸侪类云,恃其绝足,往往奔放。不以文立制,而以文为戏,可矣乎?可矣乎?今之不及之者,当大为防焉尔。”《旧唐书》(岑本)卷一百六十《韩愈传》云:“时有恃才肆意,亦有盭孔、孟之旨。若南人妄以柳宗元为罗池神,而愈撰碑以实之;李贺父名晋,(此句诸本皆同,据《旧唐书》卷一百三十七,《新唐书》卷二百三,及《昌黎先生文集》卷十二《讳辨》,“晋”下当补“肃”字。)不应进士,而愈为贺作《讳辨》,令举进士;又为《毛颖传》,讥戏不近人情!此文章之甚纰缪者。”从《国史补》卷下《叙时文所尚》条云:“元和以后,文笔则学奇诡于韩愈。……大抵……元和之风尚怪也。”裴度所谓“以文为戏”,与夫《旧唐书》之所指陈,皆学人基于传统雅正之文体,以评论韩愈者。在当时社会中,此非正统而甚流行之文体——小说始终存在之事实,彼辈固忽视之也。《讳辨》问题,非本文范围,姑不置论。《罗池庙碑》(《昌黎先生文集》卷三十一)则显涵深义。其中多有神怪之谈,此固可能缘于作者早岁好奇,遂于南人不经之依托,有所偏爱。若取“子不语:怪、力、乱、神”之言(《论语·述而》篇),文士所奉为科律者,以绳之,则于李肇“尚怪”之评,自以为然矣。顾就文学技巧观点论之,则《罗池庙碑》与《毛颖传》实韩集中最佳作品。不得以其邻于小说家之无实,而肆讥弹也。

贞元(785—805)、元和(806—820)为“古文”之黄金时代,亦为“小说”之黄金时代,韩集中颇多类似之作。《石鼎联句诗并序》(《昌黎先生文集》卷二十一)及《毛颖传》皆其最佳例证。前者尤可云文备众体,盖同时史才、诗笔、议论俱见也。要之,韩愈实与唐代小说之传播具有密切关系。今之治中国文学史者,安可不于此留意乎?

# 《儒林外史》试论

## ——纪念吴敬梓逝世二〇〇周年

### （一）

《儒林外史》的作者吴敬梓在1701年（清圣祖玄晔康熙四十年）生于安徽省全椒县的一个官僚地主家庭里。从清朝建立，这个家庭的科名就很盛。他的曾祖吴国对是1658年（清世祖福临顺治十五年）的探花，他的伯祖（或叔祖）吴昺是1691年（康熙三十年）的榜眼，其余中进士、举人的还有很多。所以吴敬梓很爱夸耀自己的从清初以来蒸蒸日上的家世。在《移家赋》中，他写道："五十年中，家门鼎盛。陆氏则机、云同居，苏家则轼、辙并进。子弟则人有凤毛，门巷则家夸马粪。绿野堂开，青云路近。"

但是，从他的伯父吴霖起死了以后，由于他的父亲吴旦立志要做清官，还加上一些旁的原因，这个家庭就逐渐贫穷下来。《儒林外史》中的杜少卿这个人物，是作者根据自己的形象塑造的，因而书中高老先生斥责杜少卿的父亲的一番话，也正可以说明吴旦的为人和丢官的原因：

> 到他父亲，还有本事中个进士，做一任太守，已经是个呆子了！做官的时候，全不晓得敬重上司，只是一味希图着百姓说好，又逐日讲那些"敦孝弟，劝农桑"的呆话。这些话是教养题目文章里的辞藻，他竟拿着当了真，惹的上司不喜欢，把个官弄掉了！（第三十四回）

封建社会的读书人,基本上是以官为业的。不做官,固然就会减少甚至于没有了收入,做官而要做清官,就更非“赔本”不可。再加上“兄弟参商,宗族诟谇”(《移家赋》),家庭大闹纠纷,所以在吴敬梓出生的时候,他那个自以为曾经有过“光荣”历史的家庭,已经走着下坡路了。

清兵从1644年入关,占领北京,引起了广大汉族人民的坚决的、普遍的反抗。军事斗争历时二十年之久。由于想瓦解汉族人民的斗争意志,统治者除了进行军事镇压和政治控制之外,还笼络了仇视当时以李自成和张献忠为首的农民革命军的汉族大地主阶级,以巩固自己的统治。对于其余的汉族士大夫,则施展了极端卑劣残酷的、威胁利诱双管齐下的毒计。它一面发展了八股取士的制度,并且为了收买人心,屡次严惩科场舞弊人员和诏举博学鸿儒,而同时又大兴文字之狱,来摧残汉族人民的民族意识和自尊心。这样,就使得轰轰烈烈的民族斗争,不得不逐渐地由地面转入地下,由汹涌的巨浪变成奔腾的暗流。

吴敬梓的出生,正是在清兵入关半个世纪以后,也就是汉族人民的反清运动转入低潮,满族统治者的统治由动摇变成稳固的时期。他生在这样一个时代,又生在这样一个家庭,而这样一个家庭又正是在这样一个时代里发达起来的,因而他也就不可能不是一个科举中的人物。在二十岁(1720)的时候,他考取了秀才。但此后在考场中,却并不得意,没有能够一帆风顺地继续考取更高的举人、进士。直到三十六岁(1736),安徽巡抚赵国麟才正式荐举他进京去应博学鸿辞的考试。可是不幸(从另外一方面说是非常幸运),临时又病了,没有去成。在这一年除夕,他还作诗《述怀》说:“相如封禅书,仲舒天人策。夫何采薪忧,遽为连茹阨!人生不得意,万事皆愬愬。有如在网罗,无由振羽翮。”在今天看来,我们的作家正是因为没有更深地陷入满族统治者的网罗,才能永远在祖国的文坛上“振羽翮”,然而,这却不是吴敬梓当时所能知道和理解的。

作为一个官僚地主家庭出身的人,吴敬梓和当时本阶级的其他人物一样,希望猎取功名,希望做官。这是他的思想行为的一方面。而在另一方面,吴敬梓却又是一个为他自己的阶级所憎恶的“不肖子弟”,他和他所出身的阶级,无论在思想上或行为上,都显示着一定程度的距离,在某些具体问题的看法上或做法上，甚至于还是敌对的。这仍然可以用《儒林外史》中高老先生骂杜少卿的话来说明：

> 他这儿子就更胡说，混穿混吃，和尚、道士、工匠、花子，都拉着相与，却不肯相与一个正经人！不到十年内，把六七万银子弄的精光，天长县站不住，搬在南京城里，日日携着乃眷上酒馆吃酒，手里拿着一个铜盏子，就像讨饭的一般！不想他家竟出了这样子弟！学生在家里，往常教子侄们读书，就以他为戒，每人读书的桌子上写一纸条贴着，上面写道："不可学天长杜仪！"（第三十四回）

高老先生这些意见，代表着当时一般"正人君子"对吴敬梓的看法，这是不成问题的。但吴敬梓将这段话写入自己的创作里，却并不是引以自咎，而是引以自豪。这种自豪，显示着作家对于本阶级在思想感情上的某种程度上的割裂，也正是生活教育了作家的具体结果。

出身于一个科举世家，吴敬梓青年时代很热中于功名富贵，出身于一个官僚门第，吴敬梓青年时代也很沉溺于放诞风流，他理想的人生在最初也应当不外乎是功名富贵和放诞风流的统一。但是，他在三十岁以前，由于放诞的生活，挥霍了祖先留下的遗产，三十六岁以后，又由于功名的蹭蹬，断绝了自己进取的念头。这样，就使得他自己不再有可能成为本阶级中合于标准的成员，而只能成为为本阶级中人所冷嘲热讽的、所不齿的浪子。他在长期贫困生活中所接触到的人情冷暖、世态炎凉使他更清醒地透视了现实的人生，也就使得他更愤慨地攻击着当时社会生活中的某些黑暗面。

这就是吴敬梓创作《儒林外史》的生活基础和思想基础。同时，必须指出，他的父亲和他的朋友所具有的封建社会读书人的某些优良品质对他的影响，他的在长时期中积累起来的文学修养，古典文学中长篇小说大师们提供的卓越范例，特别是明末清初一些具有先进思想的学者的学说，等等，都是他生活中的有机组成部分，对于他创作这部小说都有着巨大的帮助，也是很明显的。

《儒林外史》的创作年代，现在还没有足够的材料来确定它。不过据程晋芳《春帆集》中的《怀人诗》，其中怀吴敬梓的一首，有“外史纪儒林，刻画何工妍！吾为斯人悲，竟以稗说传！”等句，而《春帆集》载有这一组诗的一卷，是1748年（清高宗弘历乾隆十三年）至1750年（乾隆十五年）2月之间写的，可见在1750年以前，即吴敬梓五十岁以前，《儒林外史》已经写成，或至少大体写成，在社会上流传了。这部著作中所表现的思想尽管也体现了显著的、为作家本身所无力克服的矛盾，但就其所可能达到的程度来说，应当认为是成熟了的，因而假定它是草创于1740年以后，即作家四十岁以后，是比较妥当的。

1754年（乾隆十九年）10月，吴敬梓死在扬州。1768年（乾隆三十三年）至1779年（乾隆四十四年）之间，在扬州出现了《儒林外史》的第一个刻本。

吴敬梓，以自己杰出的劳作，光荣地参加了祖国古典文学的行列。

## （二）

《儒林外史》，如书名所示，是以描写“儒林”即封建社会读书人的生活为其主要内容的。在古典长篇小说中，这一题材和主题的提出，还是第一次，因而也可以说，它是富于创造性的。读书人在中国封建社会历史舞台上的活动，已经有两千多年。他们曾经扮演过无数的角色，在历史上起过好的和坏的作用。然而这些人的灵魂，这些人的行为和内心世界，在吴敬梓以前，却很少有人拿着巨大的火把在古代生活的森林中的这一角落进行过比较详细周密的查勘。这不能不说是文学史上的一个空白点，而比较成功地消灭了这样一个空白点，则正是作家的应当记录在文学史上的功劳。在吴敬梓的伟大的同辈曹雪芹正在自己的画布上用工笔在荣国府、宁国府的墙壁上先细致地染上金碧辉煌的颜色，然后又给抹上一片斜阳，显示着无限凄凉的时候，吴敬梓却以其素朴的笔触，疏疏落落地勾勒出一些小人物的平凡生活，将他们推到了舞台的前沿，使得那个时代的许多读书人从《儒林外史》这面镜子里照见了自己的过去、现在和未来，啼笑皆非地引起了内心的骚动。这两位生活在同一时代却彼此并不相识的文坛巨人，在他们的共同事业上，正是互相辉映、各有千秋的。吴敬梓所提出的新的题材和主题，从这部著作所加于晚清时代风起云涌的谴责小说的极其广泛的影响来看，也显出了它的特殊意义。

读书人在封建社会历史舞台上扮演着各式各样的角色，虽然由来已久，但其数量的增加、影响的扩大，则是在贵族政治嬗变为官僚政治以后的事情。而这一情况的改变，又是和科举制度相关联的。7 世纪初叶创始的科举制度，客观上原是统治阶级中下层的政治要求的一种反映，由于后来在新兴的李唐皇室和“山东旧族”的斗争中，前者利用了这一手段来提拔干部以代替和排斥后者的政治势力，就使得它逐渐成为统治阶级中下层的读书人的最普遍的进身之阶。随着专制主义的中央集权政治在宋以来的高度发展，统治者在客观上既要缓和本阶级的内部矛盾，也要提拔更多的干部来为自己服务，就使得科举制度更加凝固起来，几乎成为读书人唯一的正途出身。统治者通过这一手段来控制读书人，读书人也通过这一手段来靠拢统治者，于是，科举制度就成为中国封建社会专制政治不可分割的组成部分，也和读书人的生活发生了密切关系。

科举制度的考试方法，历代都有一些变革，到了明朝，才发展成为更定型化的程式，即主要是以“八股”的外形来写“代圣立言”的内容，称为“时文”或“制艺”。这是以农民革命起家，后来却背叛了农民阶级而自己当上了皇帝的明太祖朱元璋的新创造。这种方法，使得科举制度和腐朽的礼教、反动的理学更加紧密地结合起来，禁锢了读书人的自由思想，使之完全脱离现实，成为政治上的庸人，是非常恶毒的，而和明代极端专制的政治也是一致的。读书人受着控制，诚然对于皇朝有利，但他们陷于愚昧，却对于皇朝并非完全有利。这一制度，对于统治阶级来说，乃是一方面巩固了，而另一方面又削弱了自己的政权。所以明末大思想家和爱国诗人顾炎武在其所著《生员论》中慨叹地说：“时文之出，每科一变。五尺童子能诵数十篇而小变其文，即可以取功名，而钝者至白首而不得遇。老成之士，既以有用之岁月，销磨于场屋之中，而少年捷得之者，又易视天下国家之事，以为人生之所以为功名者，惟此而已。故败坏天下之人才，而至于士不成士，官不成官，兵不成兵，将不成将，夫然后寇贼奸宄得而乘之，敌国外侮得而胜之。”

顾炎武沉痛地加以控诉的“时文”，却被新兴的清王朝仍然维持着，当成了在精神上征服汉族人民的法宝。它的统治方法的主要特征就是尽量利用汉族人民生活中的一切落后的东西，来维持和加强自己的地位，所以在它入关以后，不但没有像元朝那样在长时期里停止科举，反而立即照旧举行。这就使得许多曾经因为民族的深重灾难而一度清醒过来的汉族读书人依旧沉溺下去，麻痹下去，过着麻木不仁的场屋生活，就使得他们之中的大多数仍然抱着《儒林外史》中所写的马二先生那样的人生观。当马二先生听到蘧公孙说是因为忙着料理一些家务，“所以不曾致力于举业”时，就大发议论道：

> 你这就差了，举业二字，是从古及今人人必要做的。就如孔子在春秋时候，那时用“言扬行举”做官，故孔子只讲得个“言寡尤，行寡悔，禄在其中”。这便是孔子的举业。……到唐朝用诗赋取士，他们若讲孔孟的话，就没有官做了，所以唐人都会做几句诗，这便是唐人的举业。……到本朝用文章取士，这是极好的法则。就是夫子在而今，也要念文章，做举业，断不讲那“言寡尤，行寡悔”的话。何也？就日日讲究“言寡尤，行寡悔”，那个给你官做？孔子的道也就不行了。（第十三回）

马二先生这一番以极诚恳的口吻说出的极荒谬的言论，居然“说得蘧公孙如梦方醒”，和他“结为性命之交”。自己深深地陷在泥沼里，不仅在那里自得其乐，却还手舞足蹈地对旁人招手说：“来吧！这里可真不错呀！”于是原来站在干岸上的也就立刻心甘情愿地跳进去了。这一幅漫画正说明了明清时代多数读书人在生活、思想上的悲剧意义。

科举制度在客观上是作为封建经济基础的保护物而存在的，特别是在明清时代，它和整个的封建社会的专制政治、吃人礼教各方面都有其密切的关系。正是由于它们彼此之间有这样一种密切关系，这一制度才成为封建社会的有力支柱之一。而吴敬梓早在18世纪前期，却已经就自己所生活的时代，对这一制度和被它所毒害的人物进行了比较深刻的形象性的批判，这正是《儒林外史》特别值得我们重视的理由。

至于他描写当时的生活，而给它换上了前代的衣冠，特定地以明代的读书人来影射他所生活着的那个时代的读书人，这不仅是因为两个朝代的社会情况有着许多共同之处，诸如土地兼并的更加激烈，专制主义的更加昂扬，官僚政治的更加腐败，封建礼教的更加疯狂，读书人的精神病态的更加显著等，而且也是因为受了近古文学的传统的影响，而这种传统的产生，又正是宋以来的专制政治对具有人民性的文学施行迫害的直接结果。吴敬梓生活着的时代，清王朝正在以最野蛮的手段大兴文字之狱。作家在那样一种残酷的反动时代，不作赤膊上阵的打算，也完全是必要的。

## （三）

鲁迅先生在其名著《中国小说史略》中称《儒林外史》为“以公心讽世之书”，并且这样地概括它在思想上和艺术上的特征：

> 迨吴敬梓《儒林外史》出，乃秉持公心，指擿时弊，机锋所向，尤在士林；其文又戚而能谐，婉而多讽，于是说部中乃有足称讽刺之书。
>
> ……时距明亡未百年，士流盖尚有明季遗风，制艺而外，百不经意，但为矫饰，云希圣贤。敬梓之所描写者即是此曹，既多自所闻见，而笔又足以达之，故能烛幽索隐，物无遁形，凡官师、儒者、名士、山人，间亦有市井细民，皆现身纸上，声态并作，使彼世相，如在目前。
>
> 惟全书无主干，仅驱使各种人物，行列而来，事与其来俱起，亦与其去俱讫，虽云长篇，颇同短制。但如集诸碎锦，合为帖子，虽非巨幅，而时见珍异，因亦娱心，使人刮目矣。

这些宝贵的意见，对我们今天研究这部著作仍然很有帮助。

如我们所理解，祖国古典文学的人民性有着极其广阔、复杂和深邃的内容，而每一位作家在这一方面所能达到的高度，则是和他认识生活的深度成正比的。《儒林外史》之所以被称为“以公心讽世之书”，正是因为作家在特定的历史条件之下，从生活中深刻地察觉了人民所厌恶的、腐朽的、反动的、落后的事物，并且英勇地和成功地揭露了这些事物，在客观上符合了人民的愿望的缘故，而这也就是它的人民性所在。

《儒林外史》够得上我们常常说的“嬉笑怒骂，皆成文章”这两句话。在作家十分敏锐的观察力搜索之下，一切卑劣无耻的小人物的嘴脸和他们那些不干不净的灵魂，都被他从幽暗的角落里轻而易举地拉了出来，陈列在光天化日之下。于是，我们就看到了如家中扣着邻人的猪，而还侃侃而谈地对别人说“实不相瞒，小弟只是一个为人率真，在乡里之间，从不晓得占人寸丝半粟的便宜”的贡生严致中（第四、五回）；非常富有，然而为了灯盏里点的是两茎灯草，恐怕费了油，以致临死都不肯断气的监生严致和（第六回）；居丧守礼，在宴会上连银镶杯筷也不肯用，但换了竹筷以后，却仍然可以用竹筷在燕窝碗里拣一个大虾圆子向嘴里送，中了进士，钦点了学道，却不知道苏轼是什么人的范进（第四、七回）；把小尼姑心远奸拐霸占在家里，而被朋友赞为“有管、乐的经纶，程、朱的学问，此乃是当时第一等人”的权勿用（第十二、十三回）；将猪头当作人头，冒充侠客报仇，借以诈骗别人五百两银子的张铁臂（第十二回）；跪着向人借银子，去补一个廪生，而且毫不害羞地说：“廪生，一来中的多，中了就做官；就是不中，十几年贡了，朝廷试过，就是去做知县推官，穿螺蛳结底的靴，坐堂、洒签、打人”的臧蓼斋（第三十二回），这许多土豪、流氓、痞棍、啬鬼、伪善和无知的人。而这些人，虽然是如此地可鄙、可恨、可笑、可怜，然而其中的大多数在当时却又正是以掮着礼义廉耻的大招牌的读书人的身份在社会上出现的。这样，作家就使得自己的劳作发生了“褫其华衮，示人本相”的巨大战斗作用。吴敬梓在描写这些小人物的时候，虽然根据艺术上的需要，嬉笑怒骂，各有不同，但掩藏不了的强烈的憎恨，仍然是他的感情中最主要的东西。

鲁迅先生在《中国小说史略》中又曾经指出：“辞气浮露，笔无藏锋，甚且过甚其辞，以合时人嗜好”是晚清谴责小说的特征，也是它们区别于《儒林外史》这部讽刺小说的地方。不成问题，谴责小说所接受的《儒林外史》的影响是非常明显的，特别是在对书中人物夸张的形容上，像上述严氏兄弟等这一些丑恶不堪的形象，往往是大量地重现在晚清作家们的笔下的。但《儒林外史》，比较起那些谴责小说来，为什么终竟是更富于思想价值和艺术价值呢？为什么终竟是更其讽刺的呢？我想，主要的原因就在于吴敬梓较之晚清的那些作家们，有着更深广的、从生活的底层产生的忧愤。他不仅是写出了某些人的堕落，而且还写出了这些人的何以会堕落；他不仅是攻击了某些人，而且还攻击了使得这些人变成如此这般的整个社会制度。正因为存在着这样一种本质上的差异，将吴敬梓和晚清作家们比较起来，就显出他虽然好像含蓄，实则尖锐，而别人虽然好像尖锐，实则浮浅。

从这一点来加以探索，我们就不应当忽视作家曾经以较多的笔墨（第十五回至第二十回）来描绘的匡超人这个人物。最初在小说中出现的匡超人，出身于一个贫寒而善良的家庭，自己也具有善良的性格，肯劳动，肯学习，对父亲很孝顺，对哥哥很友爱。匡太公临死时，曾经告诫他道：“功名到底是身外之物，德行是要紧的……不可因后来日子略过的顺利些，就添出一肚子的势利见识来，改变了小时的心事。”结婚，“总要穷人家的儿女，万不可贪图富贵，攀高结贵”。哥哥虽然不好，“要到底敬重他”。匡超人当时虽然哭着听了，但事实证明，由于那个社会中种种黑暗势力的吸引，他终于走上了一条和他的本来面目完全相反的道路。到了杭州以后，他先是和一班“斗方名士”结交，才知道了“天下还有这一种道理”，就是：只要会做诗，刻着行遍天下，就会比中进士还要享名，于是就和这些假名士一同做起连“且夫”、“尝谓”这些字眼都写在里面的诗来。后来和地棍潘三相与，又知道了“在客边要做些有想头的事”，不必和支剑峰、景兰江这些假名士在一道混缠，于是在潘三指使之下，开始干着各种贪赃枉法的事。虽然在杭州娶了亲，但到京以后，又欺骗了李给谏，作了他的甥婿。等到考取教习，就不仅荒诞而无耻地自吹自擂，说些什么“此五省读书的人，家家隆重的是小弟，都在书案上，香火蜡烛，供着‘先儒匡子之神位’”

这种教人听了连牙都要笑掉的、愚蠢的谎话，而且忘恩负义，诋毁从前大力帮助过他的潘三和马二先生来抬高自己，将哥哥也抛在一边了。书中没有再继续写出并没有必要继续写出的匡超人这个人物的结局，但却已活生生地画出了他由一个善良的读书人蜕化为贪官、劣绅和假名士的发展过程。这也正是腐朽的封建社会如何吞噬一个“人”的过程。这种真实而具体的描写，就说明了吴敬梓虽然是在用心地刻画人物，但通过对于典型人物的刻画，事实上已经控诉了形成这些人物的整个社会制度。

作家对于书中人物的内在冲突的描写也是特别值得注意的。这种描写，不仅是表现了每个人物本身的精神活动，而且也反映了外在世界对于各个人物的深刻影响。吴敬梓正是在这种描写中，异常深刻而猛烈地攻击了那个时代的腐朽事物的。作家笔下的马二先生，是书中受科举制度毒害最深的人物之一，是这一制度的衷心的拥护者、热忱的宣传者。由于中了科举毒，他甚至于丧失了对于生活的热爱，到了“三十六家花酒店、七十二座管弦楼”的西湖，也只知道“捵着个肚子，穿着一双厚底破靴，横着身子乱跑，只管在人窝子撞。女人也不看他，他也不看女人”。但这个迂腐，甚至显得有些麻木的书呆子，却同时具有极可尊重的忠诚、慷慨、任侠好义诸性格。当他新交的朋友蘧公孙遇到了有关身家性命的祸事时，他毫不迟疑地挺身而出，在蘧公孙还根本不知道有这件祸事的时候，就主动地替朋友出钱消灾。他原来还希望将自己的全部财产留下一点，因此一上来只想出二三十两银子了事，但当看到差人说话顶了真，心里一着急，就立刻说：

> 头翁，我的束脩其实只得一百两银子，这些时用掉了几两，还要留两把作盘费到杭州去。挤的干干净净，抖了包，只挤得出九十二两银子来，一厘也不得多。你若不信，我同你到下处去拿与你看。此外，行李箱子内，听凭你搜。若搜出一钱银子来，你把我不当人。（第十四回）

自然，在作家提供的这些细节上，我们也看到：这个老实人还是有一点狡猾的。但这种狡猾又是多么的可爱！正由于有这样一种狡猾，才更加显出了他的善良。同样，我们还可以看一看作家笔底下的王玉辉和他的女儿三姑娘。三姑娘的丈夫死了，她决心要“殉节”，“公婆两个听见这句话，惊得泪下如雨”。三姑娘的母亲老孺人听见，也“痛哭流涕”，看着绝食的女儿，“伤心惨目，痛入心脾”，自己都病倒了。然而王玉辉却认为“这是青史上留名的事”，不该阻拦女儿，因此，当女儿实行绝食以后，他居然每日在家，心安理得地“依旧看书写字，候女儿的信息”。

> 又过了三日，二更天气，几个火把，几个人来打门，报道：“三姑娘饿了八日，在今天午时去世了！”
>
> 老孺人听见，哭死了过去，灌醒过来，大哭不止。王玉辉走到床面前，说道：“你这老人家真是个呆子！三女儿他而今已是成了仙了。你哭他怎的？他这死的好，只怕我将来不能像他这一个好题目死哩！”因仰天大笑道：“死的好！死的好！”大笑着，走出房门去了。（第四十八回）

在封建礼教的枷锁之下，人的性格都扭曲得变了形，三姑娘昂着头走向残酷的死亡，而钟爱她的父亲也居然鼓励她这样做，这是一幅多么可怕的图画！但封建统治阶级是并不以吃掉三姑娘一个人为满足的，为了能够永远地摆这样的人肉筵席，他们将三姑娘尊为“烈女”，将她送入烈女祠，以便引诱更多的牺牲者。“当日入祠安了位，知县祭，本学祭，余大先生祭，阖县乡绅祭，通学朋友祭，两家亲戚祭，两家本族祭，祭了一天，在明伦堂摆席。通学人要请了王先生来上坐，说他生这样好女儿，为伦纪生色”。可是，就是在这个时候，王玉辉，这个三十年的老秀才还残留着的一点人性竟发了光，“转觉心伤，辞了不肯来”，后来出门，路过苏州，“见船上一个少年穿白的妇人，他又想起女儿，心里哽咽，那热泪直滚出来”。十分明显，我们在这些描写中看到了马纯上和王玉辉，在科举制度和封建礼教的毒害之下，精神上陷于残废的形象，然而，作为一个尊严的“人”，他们身上仍然闪耀着为统治者罪恶的黑手所掩盖不了的光芒。吴敬梓以“哀其不幸，怒其不争”的心情，如实地揭露了这样一些人物的性格上的内在冲突，就更重地鞭打了那个令人咒诅的时代，激发了人民不可遏止的、为冲破这样一个时代的罗网而斗争的愿望。

吴敬梓写出了许多为他所否定的人物，也写出了为数不少的为他所肯定的人物。在这些人物身上，我们可以看到作家思想的进步面，同时也可以看到他的进步思想的局限性。在小说的开头，作家着重地写了王冕；在小说的结尾，又写了季遐年、王太、盖宽、荆元等四个市井中间出现的奇人。这些人，虽然有的也被作家赋予了劳动人民的身份，但就其思想感情来说，很显然，仍然是读书人的化身，是与书中另外一些为作家所肯定的人物如牛布衣、庄征君、杜少卿等人的性格相一致的。作家以赞赏的心情描绘了这些人的隐士生活、隐逸思想，以及对于个性的尊重，对于个性解放的追求，这就表示了自己的，也加强了读者的对于封建秩序的离心力。例如书中曾经这样地描写了杜少卿夫妇游清凉山：

> 这日，杜少卿大醉了，竟携着娘子的手，出了园门，一手拿着金杯，大笑着，在清凉山冈子上走了一里多路。背后三四个妇女，嘻嘻笑笑跟着。两边看的人，神摇目眩，不敢仰视。（第三十三回）

将这一段文字和前面引用的高老先生骂杜少卿的话对照一下，就不难看出，吴敬梓显然地在生活态度和生活方式上向封建礼教进行了挑战，而在这种挑衅行为中，不仅反映了作家对于那种极端庸俗的、束缚个性的封建道德的鄙视和蔑视，而且也同时体现了建立在这种反抗性的基础上的新美学观点。

但是，吴敬梓虽然是一位能够洞察封建社会的某些黑暗面并给以深刻批判的优秀作家，可是究竟还是地主阶级的儿子。因而他对于整个封建社会的制度和观点的否定，就不可能是全面的而只可能是局部的，不可能是十分彻底的而只可能是有所保留的。这就使得他在揭露了范进那种假孝子之后，又煞费苦心地塑造了郭力那种真孝子（第三十七、三十八回）；在揭露了权勿用等假名士之后，又煞费苦心地塑造了杜少卿等真名士;甚至于在揭露了假侠客张铁臂之后,还塑造了一个真侠客凤四老爹(第五十回至第五十二回),以表示其对于自己心目中的“真正”的封建礼教、封建文化、封建道德的向往。这正证明了:吴敬梓在主观意识上,乃是以封建社会的维护者的身份,而不是以封建社会的革命者的身份,来反对那个时代的某些腐朽事物的。他攻击当时的社会,是为了要改善它,而不是为了要消灭它。这也就是说:他对于中国封建社会的批判,因为历史条件的限制,显然还是不够全面和不够彻底的。但同时,由于作家高度地忠实于生活和艺术,因而在作品中所体现的生活逻辑的力量、现实主义艺术的力量,就已经在客观效果上大大地突破了他的主观意识的限制,使得《儒林外史》这部杰作仍然起了巨大的、积极的反封建作用,对于人民具有重要贡献,这也是不成问题的。

正因为吴敬梓身上有着如上述的一些弱点存在,小说中才出现了作家以很大的气力来描写的祭泰伯祠那个从表面上看来是十分隆重庄严,然而实际上却不无令人有些滑稽之感的伟大场面(第三十七回)。吴敬梓天真地企图以这种事实上毫无效果的“订礼乐”的方法来挽救(更其本质地说,是粉饰)本阶级的危机,但无情的历史却给予了和他的希望全然相反的答案。不过几十年,泰伯祠的屋子也倒了,乐器也不见了,他不能不承认:“而今时世不同。”“这些古事,提起来令人伤感!”(第五十五回)这种由于封建社会和地主阶级日趋没落而引起的感伤情绪,更集中地反映在小说结束时作家所提出的一个问题里:

> 看官!难道自今以后,就没有一个贤人君子可以入得《儒林外史》的么?

这个意味深长的问题,透露了吴敬梓思想感情的秘密,也使我们测定了《儒林外史》在思想力量和艺术力量这两方面所能达到的深度和广度。

## (四)

出身于科举世家,而同时又亲身体会了这种世家的没落,并且进而更深地体会了这种世家所依存的整个封建社会的没落，于是吴敬梓写下了反映那个时代的读书人的生活的《儒林外史》。并且由于题材和主题的规定，作家对于社会矛盾的揭露，主要地也是通过读书人之间的矛盾来显示，这是十分自然的。但存在于相当广泛的各个不同阶层中的读书人之间的矛盾，原来就是那个时代总的社会矛盾的一部分，它们是不能孤立地来加以反映的。正由于此，我们才在这部以《儒林外史》为书名的杰作中，不仅看到了“官师、儒者、名士、山人”等各色“儒林”的活动，而且还看到了其他各式各样人物的活动。关于读书人以外的人物的描写，虽然在小说中不是主要的，但又是不可缺少的。它使我们对于那个时代获得了更完整的认识。

当然，具有人民性的作品并不是非要直接描写人民群众不可，许多古典作家都是以努力地挖掘本阶级的墓道的方式来服务于人民的。但是，人民群众，无论如何，总是历史上真正的主人，是封建社会中反对封建势力的主力军。所以一个古典作家，如果他直接歌颂了劳动人民，特别是在其作品中正确地反映了人民的集体形象，都值得我们付与更多的重视，因为这正是他感受到了人民的物质力量和精神力量，并且愿意接受人民以生活形象给予他的教育的具体表现。吴敬梓虽然没有着重地写到农民，但却塑造了使得一些贪官污吏对之愧死的如鲍文卿这种民间艺人的优美形象（第二十五回），而且还以同情的态度描写了市民群众的斗争场面：

> （知县）向张静斋道：“张世兄，你是做过官的，这件事正该商之于你。就是断牛肉的话，方才有几个教亲，共备了五十斤牛肉，请出一位老师父来求我，说是要断尽了，他们就没有饭吃，求我略宽松些，叫做‘瞒上不瞒下’……却是受得受不得？”
>
> 张静斋道：“老世叔，这话断断使不得了。你我做官的人，只知有皇上，那知有教亲？……依小侄愚见，世叔就在这事上出个大名。……上司访知，见世叔一丝不苟，升迁就在指日！”
>
> 知县点头道：“十分有理。”……次日早堂……叫将老师父上来，大骂一顿‘大胆狗奴’，重责三十板，取一面大枷，把那五十斤牛肉都

> 堆在枷上，脸和颈子箍的紧紧的，只剩得两个眼睛，在县前示众。天气又热，枷到第二日，牛肉生蛆，第三日，呜呼，死了！
>
> 众回子心里不服，一时聚众数百人，鸣锣罢市，闹到县前来，说道："我们就是不该送牛肉来，也不该有死罪！这都是南海县的光棍张师陆的主意。我们闹进衙去，揪他出来，一顿打死，派出一个人来偿命。"……将县衙门围的水泄不通……知县大惊。（第四、五回）

人民要吃饭，而官僚却以不让人民吃饭的方式来出名，来创造升迁的条件。张师陆是做过官的，而在人民眼中，不过是一个光棍。在人民正义的抗争之下，知县不能不"大惊"，张师陆则只好"换了蓝布衣服、草帽、草鞋，寻一条小路，忙忙如丧家之狗，急急如漏网之鱼"，连夜逃走，而学师、典史也都"出来安民，说了好多好话"（第五回）。这种阶级对立是相当尖锐的，作家笔下的描写也是十分真实的。这一斗争场面在小说中虽然不过是个插曲；虽然和书中所写的其他社会现象较少直接的联系，因而看来似乎有些偶然而且突然；虽然这一情节的提供好像只是为了批判那两个贪官和光棍，但如果我们回想一下明清以来市民斗争不断开展的历史情况，就可以知道，这一场面的出现，是和那个时代的社会真实相符合的。它反映了一种新的力量的日益成长，因而正是具有本质意义的。它绝不是《儒林外史》这部大乐章中的一个装饰性的音符。这一支插曲出现在小说里，也证明了：吴敬梓对人民的威力是有所认识的，在他进行其对于当时的读书人的批判工作的时候，同时也看见了生活在祖国大地上的，还有千千万万的人民。至于市民阶级的斗争，和作为封建社会的主要革命力量的农民阶级的斗争，原就有其密切联系，有其反封建的共同性，而且在一定的历史条件下，这两种力量就会汇合起来，更有力地推动社会前进。因此，古典作品中对于市民群众斗争的正确反映也具有重大的意义，其理由是很明白的。

和市民群众的活动必然同时存在的是豪商大贾的活动，这是祖国封建社会后期，特别是末期的重要社会情况之一，是由于商业和手工业的高度发展而形成的封建社会内部资本主义因素的体现。这种因素，由于它几乎是伴随着专制主义的中央集权政治高度发展而产生的，因而虽然一上来就和原有封建经济体系存在着某种程度的矛盾，但并没有能在和封建经济的斗争中占到上风，而形成一种新的生产关系，反之，倒是基本上（尽管也还是暂时地）作为封建经济的从属物而为整个封建制度服务的。这样，就使我们在近古社会经济史上看到地主和商人互相斗争又互相勾结的情况，逐渐地形成了官僚、地主同时也可以是豪商大贾，豪商大贾同时也可以是官僚、地主，即商业资本与官僚资本合流的历史局面。当都市中的官僚资本和商业资本的容量已经达到饱和点的时候，它们就以其联合的反动势力向农村进军，使更多的农民失去土地，产生了更多的亦官亦商、既富且贵的寄生虫。在这种高度的兼并之下，不仅使得广大的劳动人民生活日趋贫困，也使得某些中小地主和中小商人丧失了他们原有的地位；不仅使得社会经济发生变化，也使得社会风习发生变化。而为了妄图挽救这个动摇的局面，封建统治阶级就更其不遗余力地、疯狂地在人民中间推行反动的封建礼教、宣扬腐朽的封建道德，因此又引起了广大人民更激烈的反抗，形成了更尖锐的斗争。这些变化，就是明代以来的中国封建社会，也就是吴敬梓生活着的那个时代的主要特征，是使得他非常愤慨的主要情况之一，是他所认识到的使得那个时代的读书人日趋堕落的主要原因之一。

因此，《儒林外史》中就出现了“头戴方巾，手摇金扇，身穿澄乡茧绸直裰，脚下朱履”，费了几千两银子，娶翰林女儿做媳妇的大盐商万雪斋老爷。但作家随即又拆穿了这位一表堂堂的人物的后壁，原来万老爷竟是奴仆出身，只要遇着他的主子程明卿，就要“破相”（第二十三回）。此外，作家还写了寒士沈先生将女儿琼枝嫁给另一大盐商宋为富（他给书中人物取上这么一个名字，显然地是为了要使人联想起《论语》上“为富不仁矣”那句话。）作妾的悲剧，但随即又赞美了沈琼枝英勇的逃亡：“盐商富贵奢华，多少士大夫见于就销魂夺魄。你一个弱女子，视如土芥，这就可敬的极了！”（第四十一回）至于书中以较多的篇幅（第四十四回至第四十八回）来描写的五河县方、彭两家暴发户，当地“非方不亲，非彭不友”，“非方不心，非彭不口”的“恶赖”风俗，以及因此“激而为怒”的虞华轩，其用意更是异常明白的。

> 天色已黑，虞府厅上点起一对料丝灯来，还是虞华轩曾祖尚书公在武英殿御赐之物，今已六十余年，犹然簇新。
>
> 余大先生道："自古说：'故家乔木。'果然不差。就如尊府这灯，我县里没有第二副。"
>
> 成老爹道："大先生，'三十年河东，三十年河西'，就像三十年前，你二位府上何等气势！我是亲眼看到的。而今彭府上、方府上都一年盛似一年；不说别的，府里太尊，县里王公，都同他们是一个人……百姓怎的不怕他？"（第四十六回）

在这三言两语的对话里，作者就已经清楚地告诉了我们新兴暴发户与没落官僚地主之间的对立的情况。吴敬梓正是以一个没落了的官僚地主阶级成员的眼光来看那个时代日趋尖锐、复杂和深刻的阶级斗争的。在这场斗争中，他的家庭和他本人都在失败者之列。正因为这样，吴敬梓才能够通过个人的愤慨，在一定程度上反映了生活的真实和人民的愿望。

## （五）

《儒林外史》之所以成为一部具有古典价值的、永远在祖国文坛上放射着光芒的杰作，是和吴敬梓深刻地研究了、理解了现实生活，并从而掌握了正确地描写那个时代生活中的前进与落后的倾向的艺术技巧分不开的。这部小说，不仅是在主题思想上富于创造性，在表现方式上也富有独特性。

鲁迅先生指出，从《儒林外史》出现，"于是说部中乃始有足称讽刺之书"，而从它以后，"亦鲜有以公心讽世之书如《儒林外史》者"。可见讽刺是这一著作在艺术上的最主要的成就。

讽刺这一富于战斗性的表现手法，在祖国古典文学的历史上有着悠久而光荣的传统。早在周代，《诗经》中就出现了人民所创作的，全篇贯串着强烈的讽刺情调的《伐檀》、《硕鼠》、《株林》等抒情短歌。《左传》、《战国策》和先秦诸子这些经典著作中常常有片断的、精警动人的讽刺文字。自然,我们也不会忘记,到了汉代,这一手法在散文大师司马迁的笔下,有了更高的发展。特别是在唐宋以后,由于市民文学的兴起,成千累百的民间艺人又各自以其来自社会底层的生活经验和阶级感情,通过多种多样的民间文艺,投出了各人精心淬炼的匕首、投枪,大大地丰富了讽刺文学的武库。所有这些无论是来自民间的或出自伟大作家之手的讽刺作品,都具有强大的战斗力量。它们像无数的火把,在漫长的生活道路上燃烧着,不断地向社会上一切反面的、腐朽的、垂死的事物,一切阻碍进步的事物进攻,不断地照明着人民前进的方向,因而经常地使得封建统治阶级为之痛心疾首。而吴敬梓,则正是继承了、消化了这些宝贵的遗产,又通过自己长期的、辛勤的生活实践与创作实践,在长篇小说这一样式中,使讽刺的应用达到了空前成就的。

前面曾经说到,《儒林外史》之比晚清时代的一些谴责小说更其讽刺,主要的是由于吴敬梓有着更深广的、从生活的底层产生的忧愤。这也就是说,作家在他自己所生活着的时代,是站在比一般人更高的思想水平上,是和当时所可能有的先进思想联结在一起,因而才对于现实生活中一切使人堕落下去的现象发生忧愁、焦虑以至于愤怒、憎恶的感情的。不消说,吴敬梓在当时并没有看到,也不可能看到,如我们今天所已经大踏步向前走着的人民和祖国的道路,但是,从他的创作中,我们仍然可以看出,他极端地憎恶虚伪、欺诈、庸俗、愚昧,和造成人们具有这样一些恶劣品质的社会,而他所向往的,则是纯朴善良、公正廉洁、忠诚谦逊、聪明智慧,这些中国人民自来就具有的优良品质。虽然在他赋予书中人物这样一些优良品质时,往往是悲剧地、极不明确地将这些品质和他心目中“真正”的封建礼教、封建文化、封建道德加以混淆,但无论如何,由于生活逻辑的启示,他对现实社会中为当时统治阶级所奉行和维护的礼教、文化、道德总是痛恨的,他对那个由压迫和剥削人民的官僚地主、豪商大贾所把持的社会,也总认为是不合理的。这样,就使得他的思想仍然具有先进的意义,使得他对反面人物进行其攻击时,背后仍然有光明,有理想。也正是在这些地方，小说体现了作家对于祖国和人民的热爱以及他的人道主义的思想光辉。

讽刺文学的战斗力量就在于它总是通过典型人物的塑造，深刻而无情地抓住并揭露现实中的反面现象，使人因之对那些腐朽的、落后的事物采取不调和的敌对态度。自然，讽刺的对象是并不限于敌人的，吴敬梓就曾经讽刺过马二先生的书呆子气（第十四回），但是，反面人物仍然是讽刺的主要对象，因为，讽刺如果没有深刻概括的反面典型作为主要对象，就往往会使得严肃的讽刺流为笑谈，使读者体会不到作家的出发点、他的理想、他赖以讽刺的“公心”，而作品的战斗意义也就要为之削弱了。因此，在《儒林外史》中，我们是不能将作家对于马二先生的讽刺和对于严贡生等人物的讽刺不加区别地等量齐观的。他射向马二先生的讽刺的箭混合着宽恕与同情，而射向严贡生之流的则蘸满了憎恨与鄙视。

吴敬梓对于反面典型的深刻概括，不仅栩栩如生地勾勒了那些丑恶的嘴脸，而且也光芒四射地照明了产生了这些丑恶嘴脸的环境。如范进中了秀才以后，又逢着乡试，因为没有盘费进城，走去和丈人胡屠户商议，被胡屠户一口啐在脸上，骂了一个狗血喷头道：“这些中老爷的，都是天上的文曲星，你不看见城里张府上那些老爷，都有万贯家私，一个个方面大耳。像你这尖嘴猴腮，也该撒泡尿自己照照！不三不四，就想天鹅屁吃？趁早收了这心！”而在他居然中了第七名举人以后，胡屠户立刻又说：“我每常说，我的这个贤婿，才学又高，品貌又好，就是城里头那张府、周府这些老爷，也没有我女婿这样一个体面相貌。……我自己觉得女儿像有些福气的，毕竟要嫁与个老爷，今日果然不错。”小说继续写道：“自此以后，果然有许多人来奉承他……到两三个月，范进家奴仆、丫环都有了，钱米是不消说了。”只有认识了当时是这样一个趋炎附势、嫌贫爱富、庸俗和虚伪的社会，我们才能理解何以范进到了五十四岁，还要在十二月里“穿着麻布直裰，冻的乞乞缩缩”地去考秀才，而中了举人以后，竟会快乐得发了疯（第三回）。也才能理解下列这一段被鲁迅先生赞为“无一贬词，而情伪毕露，诚微辞之妙选，亦狙击之辣手”的，关于范进性格的细节描写：

两人进来，先是静斋谒过，范进上来叙师生之礼。汤知县再三谦让，奉坐吃茶。同静斋叙了些阔别的话，又把范进的文章称赞了一番，因问道："因何不去会试?"范进方才说道："先母见背，遵制丁忧。"汤知县大惊，忙叫换去了吉服。

拱进后堂，摆上酒来。……知县安了席，坐下，用的都是银镶杯箸。范进退前缩后的不举杯箸，知县不解其故。静斋笑道："世先生因遵制，想是不用这个杯箸。"知县忙叫换去。换了一个磁杯，一双象牙箸来。范进又不肯举动。静斋道："这个箸也不用。"随即换了一双白颜色竹子的来，方才罢了。知县疑惑：他居丧如此尽礼，倘或不用荤酒，却是不曾备办，落后看见他在燕窝碗里拣了一个大虾圆子送在嘴里，方才放心。(第四回)

没落的封建社会产生了范进这种虚伪透顶的性格，而范进这种性格又适应了这个社会，使他步步高升，"中了进士，授职部属，考选御史，数年之间，钦点山东学道"(第七回)，同时也更加毒化了这个社会，使它可以产生更多的范进。这就注定了它要更加迅速地崩溃的命运。

作为讽刺文学的《儒林外史》之所以卓绝，还在于吴敬梓善于从极其平常的生活中看出那些为一般人所不注意的、但又是公然存在着的一切反面现象，一切不合理的、应当加以消灭的事物，并且以极其辛辣、精悍的语言来揭露它们。像五河县的暴发户方家，"又是乡绅，又是盐、典，又是府、县官相与的极好，所以无所不为，百姓敢怒而不敢言"(第四十六回)。可是，方六老爷，作为一个市侩，虽然凭借其金钱势力取得了社会地位，并且装扮成为有文化教养的样子，但经作家略一指点，这个吸血鬼马上就现了原形：

方六老爷行了一回礼，拘束很了，宽去了纱帽圆领，换了方巾便服，在阁上廊沿间徘徊徘徊。便有了个卖花牙婆，姓权，大着一双脚，走上阁来，哈哈笑道："我来看老太太入祠。"方六老爷笑容可掬，同他站在一处，伏在栏杆上看执事。方六老爷拿手一宗一宗的指着，说与

他听。权卖婆一手扶着栏杆,一手拉开裤腰捉虱子,捉着,一个一个往嘴里送。(第四十七回)

而形容本来是个商人却一心想做名士的景兰江,作家只用了两句话:"本来有两千银子本钱,一顿诗做的精光。"(第十九回)这样一些现象,还有以前举出过一些,在那个时代里正是随时随地可以遇见的,但也是为人所习而不察的。如我们所熟知:讽刺的生命是真实。吴敬梓能够随时随地发现这些真实,并且以成功的艺术语言来揭露它们,这是只有首先具备着较高的思想水平,并在这样的水平上要求有比当时的现实更其美好的生活,才有可能的。

这部小说的结构显示着它在表现方式上的另一特点。

如我们前面所引过的鲁迅先生的话,《儒林外史》全书没有"主干",书中情节和人物的关系,又有着"事与其来俱起,亦与其去俱讫"的情况,因此,"虽云长篇,颇同短制"。据我的理解,鲁迅先生的意见是说:作为长篇小说的这部著作,并不是具备着从头到尾的、一贯的情节,像一棵树具备着树干似的,在结构方面,它有着短篇小说的某种特征。但这并不意味着:它没有统一的主题,没有完整的结构,因而作为一部长篇小说,《儒林外史》的结构是有其缺点的。反之,如果我们今天要发掘《儒林外史》在艺术上的独特性,则这一点正是其成就之一,应当加以研究的。

我们要理解这一问题,不妨首先注意到另外一个事实,就是:这部小说写了一个相当漫长的年代。作品第一回写的王冕,和在第二回中出现的人物,相去就有一百多年。因为第一回带有祖国古代小说所特有的样式"入话"的性质(第一回的回目是:"说楔子敷陈大义,借名流隐括全文。"正说明了这一点),原来就无须和正文紧密地衔接,姑且不去管它。但从第二回到第五十五回,距离也是一百多年。这就说明了,吴敬梓为了更便于选择生活的细节,充分地显示出那个时代的面貌,因而他就采取了延长所描写的年代,并对于情节、结构上的某些环节予以放松的独特艺术方法。这个方法,对于表现作家所企图加以表现的主题,是完成了它的使命的。

我们不能因为吴敬梓没有采取如我们所习见的长篇小说结构方式来进行其创作，就说《儒林外史》没有结构，或者结构松弛、不完整。因为事实上，作家并不是没有采取那种习见方式的能力的。这在小说中就可以找得出证明。如第六、七回写严贡生为了要侵占他弟弟的遗产，赶进京里去求周学道告状，被周学道拒见以后，就没有了下文，但在第十八回里，却利用浦墨卿和胡三公子的闲谈，告诉了读者这场精彩的家务官司的结果。像这样的例子，在《儒林外史》中，并不是唯一的。可见只要有需要，作家也不一定非要使得书中人物个个都像见首不见尾的神龙不可。而且，什么是结构，什么是结构的完整性，也并不是能简单地、孤立地从它本身来理解的。任何文艺作品的主要任务都是写人，通过人物的刻画来表达作家对于生活的裁判。因人物性格而产生的情节，和由情节所形成的结构，是不能不受人物和主题的支配的。我们对细节的丰富和结构的完整的要求，决不能离开对人物的突出刻画和主题的充分表达的要求。否则，为细节而细节，为结构而结构，孤立地去追求它们的丰富与完整，又有什么意义？《儒林外史》成功地塑造了许多典型人物，从而成功地表现了作家自己所规定的主题。为了有利于完成自己的工作，吴敬梓在自己小说里采取了这样一种为作品的内容所需要的结构方式。这样，就使得许多连续而又不十分连续的画面，构成了一幅完整的、丰富的祖国末期封建社会读书人的生活画卷。正如鲁迅先生所作的譬喻，它是“集诸碎锦，合为帖子”。锦虽然是碎的，帖子却仍然是整的。

当然，像这样借一种连续而又不十分连续的结构来表达一个完整的主题，从而也显示了结构本身的完整的方式，在长篇小说这一样式中，不能不说是显得有些陌生的。这也就是它被人认为是一种缺点的主要原因。但是，如果我们不把自己的眼光老是停留在长篇小说上，而对祖国古典文学的其他样式上也去注视一下的时候，就可以发现，原来这样一种方式也同样地是习见的而非陌生的。在古典散文中，司马迁《史记》中的许多类传，诸如《刺客列传》、《游侠列传》之类，古典诗歌中，诸如阮籍《咏怀》、左思《咏史》、郭璞《游仙》、杜甫前后《出塞》、王建《宫词》之类，都有着类似的情况。因而可以说，《儒林外史》之采用了这样一种结构，正是作家创造性地学习了这些优秀的遗产的结果。对于在民族形式中占有重要位置的古典文学的形式的学习，无论就语言、风格、样式、结构等中间的任何一方面来说，我们也都方才开始。在今后研究古典文学的工作中，还需要我们更勤劳、更谦逊地从各方面付出自己的劳动，才能有所收获。这里个人所提出的《儒林外史》在结构上的特点及其与古典文学的传承关系的看法，和本文中其他论点一样，也可能是错误的，希望同志们加以指正。

1954 年 5 月

# 论《长生殿》的思想性

作家依据自己一定的创作意图写成一个作品，而这个作品却在读者中间产生了分歧的、甚至完全相反的解释，因之也作出了不同的评价，这，对于我们来说，不是罕见的，反之，倒是常见的事情。

这种情形是完全可以理解的。一个作家，只有关心和注意生活，并且从一定的世界观出发，喜爱或憎恨这种或那种生活，才能从生活中获得题材，形成作品的主题思想，并且通过特定的艺术手段，主要的是通过典型人物的塑造，将自己的创作意图成功地表达出来。因此，通过作家认真的劳动而产生的作品，其思想性与艺术性的统一过程，就必然是一个复杂的、矛盾的、在一定的历史条件制约下进行的斗争过程。因此，当这个作品已经完成，作为一个完整的有机体呈现在我们面前的时候，对于它的认识，对于它的内容与形式的美学判断，也就不是一种很简单的工作，而且是一种有待于以不断的努力使之深化的工作。研究一个作品，也必然要经过复杂的、矛盾的、在一定的历史条件制约下进行的斗争过程。

《长生殿》是17世纪末叶出现在祖国剧坛和文坛上的杰出戏曲之一。它是洪昇以十年以上的时间改写了三次才完成的。洪昇写过好几个剧本，也写过不少的诗，但人们却只因为他创作了《长生殿》才将他的名字牢牢地记在心里。两百多年来，这个作品不仅一直在舞台上为人们所欣赏，而且也作为戏剧文学被大家热情地吟诵着。可是，《长生殿》尽管曾经风行一时，而过去对于它的理解，从文献纪录上检查起来，却显然还带有片面性。多数的人，是将它纯然当成一部歌颂剧中主要人物唐明皇李隆基和他的贵妃杨玉环的爱情的作品来看待的。甚至洪昇的好友，为了《长生殿》的演出得祸而“断送功名到白头”的赵执信也抱着这种看法，认为作家之写《长生殿》，乃是“才人例解说相思”的证明。（赵执信为了《长生殿》的演出得祸，详见叶德均：《戏曲论丛·演〈长生殿〉之祸》。“可怜一曲《长生殿》，断送功名到白头。”当时人咏赵的诗句。“倾国争夸天宝时，才人例解说相思。三生影响陈鸿传，一种风情白傅诗。”赵氏《上元观演〈长生殿〉十绝句》之一，见《饴山集》卷十四。）

如果《长生殿》的写作真是像过去多数人所理解的：仅仅是为了给观众绘制一幅贵族恋爱生活的图画，其中并没有包含着明确的倾向性的话，则我们今天即使不能够完全否定它的价值，也绝不可能把它评价得很高。这和它在长时期中间一直受到广泛欢迎的历史情况，是不无抵触的。因此，对这部作品进行一些新的探索是有意义的和必要的。我们已经指出，一部作品的创作过程和对于一部作品的认识过程都是复杂的、矛盾的，同时也是受着历史条件制约的。我们和洪昇生活在两个完全不同的时代，我们今天可以掌握更正确、精密和锐利的研究生活的武器，因而不仅可以一方面从前人对于《长生殿》的片面性的理解中吸收其合理的部分，一方面更广泛地和更深刻地发挥作家原来就埋藏在剧作中的思想感情，而且，还可以进一步用一种和作家原有的创作目的不相同的目的来解释它和衡量它，即用历史的现实，用历史唯物主义来解释和衡量它。马克思主义教导我们，一个古典作家，只要他忠诚地学习了生活，真实而深刻地反映了生活，则他在作品中所显示的形象，往往是大于他的思想的。生活逻辑的巨大力量，每每使得古典作家们违反自己的创作意图，在作品中，通过人物的刻画，得出和自己的意志相违背的结论。这一现实主义崇高原则的理解和运用，使我们今天可以享受到一种幸福和喜悦，那就是：对于一部古典作品，我们有的时候能够比它自己的著者还要理解得深刻一些和全面一些，比过去的读者从其中获得更多的东西。（袁世硕同志说：“洪昇为什么要写《长生殿》呢？绝对准确的答案，就只有叫洪昇自己来作。我们只能根据《长生殿》的内容，洪昇的思想，以及其所处时代的社会情况，作个力求正确的探讨。”这个说法是不妥当的。我们今天具备了无产阶级的世界观，掌握了辩证唯物主义与历史唯物主义，因此，比过去的作家更其真正地懂得他们的作品，包括他们的创作意图在内，不仅是完全可能的，而且是完全应该的。如果按照袁世硕同志的理解，那么，我们的文学史和文学批评工作，就不过是“盲人摸象”，或者“公说公有理，婆说婆有理”，正确结论的获致将成为不可能了。至于正确结论的获致，必须经过长时期的、艰苦的探索，则是不成问题的。袁说见所著《试论洪升剧作〈长生殿〉的主题思想》，载《文史哲》1954 年第 9 期。）对于《长生殿》，自然也不在例外。

最近，我花了一些时间重读了这个出色的剧本，并连带学习了已经在各种刊物上发表的研究这个剧本的论文。在学习中，我感到要对《长生殿》获得一致的认识，还得展开更充分的和更深入的讨论。因此，我也就冒昧地写了这篇文章。在这篇文章里，我不准备全面涉及《长生殿》中的许多问题，而只准备通过和有的同志在某些问题上所作的商讨，来说明自己对于这个戏曲的思想性方面的一点看法。这些意见是极不成熟的，希望同志们多加指教。

文学作品的题材总是和特定的历史时代相联系的。它首先是和作家所生活着的时代相联系。其次，如果作家写的是过去的生活，是属于历史上的人物和事件，他就必须仔细研究和分析那个和自己有了距离的时代，才能使那个时代的社会面貌、人物性格在艺术中复活。而且，这种研究和分析，又不可能是客观主义的。作家只有对准备写在他作品中的那些历史事件、历史人物感到了强烈的爱憎，并且还感到了有把一些正面的东西推到人们面前使大家也爱它，把一些反面的东西推到人们面前使大家也恨它的必要，作品才有孕育和产生的可能。因此，即使是在以历史为题材的作品中，我们所看到的，也就必然地并不仅仅是某些个历史人物在活动，同时也是作家自己的思想感情在活动。只有当作家的思想感情渗透在作品里的时候，只有当作家把自己的命运和作品中的人物的命运联系在一起的时候，这个作品才会是动人的。

《长生殿》正是一个这样的动人的历史剧本。作家选择了 8 世纪中叶，即唐代天宝之乱的前前后后这一段时间里发生的历史事件，作为自己驰骋才能的场合。我们都知道,大唐帝国是祖国历史上的一个重要的和强盛的皇朝,而爆发于755年的天宝之乱,则不仅是这个帝国由盛而衰的转折点,而且也是祖国封建社会向前发展的鲜明标志之一。虽然对于后一点,洪昇在创作《长生殿》的时候,还不可能具有明确的认识,但在历史上,开元、天宝之为一个丰富多彩的、富于吸引力的时代,是一个许多作家都为了要描写它而愿意不吝惜地付出自己的劳动的时代,则是曾经被杜甫、白居易、陈鸿、乐史、关汉卿、白朴等许多作家以自己的作品证明了的。洪昇之所以爱好这样一个古老的题材,并且愿意就这个题材一而再、再而三地进行其创造性的艺术实践,可以说,也是受了这样一个绚烂的时代与描写这样一个绚烂的时代的许多古典作品所吸引的结果。

生活永远是充满了矛盾和斗争的。文学作品既然是生活的反映,反过来,又是认识生活的工具,那末,一个作家在从事其创作活动时,就必须善于发现和表现生活中最基本的矛盾和斗争,即社会中带有根本性质的、牵涉到千千万万人民命运的问题。而这样一些问题,在生活中呈现的时候,又往往是极其复杂和曲折的。开元、天宝时代是一个大唐帝国内部的阶级矛盾逐步上升的时代,但755年蕃将安禄山的突然叛变,又使得当时的政治局势,在原有的阶级矛盾而外,又添加了很浓厚的民族斗争的性质。这就本来已经使得这一段历史呈现了相当复杂的面貌。加以在洪昇创作《长生殿》的时候,汉族人民已经生活在满族贵族与汉族大地主的双重压迫之下,作家也不可能不把他自己的生活感受、自己的思想感情灌注到剧作中,而仅仅将《长生殿》处理为历史事件之单纯的再现。这就又使得这个剧本所呈现的面貌,比当时的历史面貌还要复杂一些。开元、天宝之为一个丰富多彩的、富于吸引力的时代,其理由在此。《长生殿》之引起了许多分歧的解释,其基本原因也在此。

作为文学原料的生活现实,包括历史的现实,是异常复杂而广阔的。作家在其中慎重地选择他所熟悉的和爱好的一部分作为题材,进行创作的时候,也就由酝酿而形成了自己体现在作品中的美学方针、情调与风格。洪昇继承着古典作家们通过唐明皇李隆基和他的贵妃杨玉环的生活来反映这一时代的传统,仍然以这两个人物作为戏曲中的主要人物,并且从样式对于题材和主题有一定程度的适应性这一理解出发，认为“从来传奇家非言情之文，不能擅场……因断章取义，借天宝遗事缀成此剧”(《长生殿》自序)，对于李杨之间的恋爱纠葛、悲欢离合，作了较多的而且是细致丰富的刻画，这正是题材本身所决定的。但这并不等于说剧作本身所包含的内容就止于此了。非常显然，交织在《长生殿》中的重要矛盾共有三对，即唐明皇和杨贵妃的恋爱纠葛，李唐贵族统治阶级对广大人民的压迫剥削，蕃将安禄山对李唐皇朝的叛变和对汉族人民的残害。作家的安排既然是要以李、杨二人的私生活为线索来反映整个时代，则他们之间的私人事件——恋爱纠葛就很自然地贯串了全剧，而其余两对矛盾，则是紧紧地纽结在这一根从头到尾的线索上的。因此，在研究这个剧本时，无论是只抓住了这一根线索，而忘记了扭结在这根线索上的、事实上比这根线索所体现的矛盾更重要的另外两对矛盾，或者是虽然看到了这三对矛盾的同时存在，但却没有能对三者之间不可分割的关系及其发展和转化的情况给以比较具体的探索，都会妨碍我们对它获得完整的认识。不用说，前一种看法是表面的和片面的。它阉割了《长生殿》主要的思想内容，将它降低到一个一般的爱情剧本的地位。至于后一种看法则是孤立的和机械的。它使人不能不得到一个显然与事实并不符合的结论:《长生殿》并不是一件完整的艺术品。

探索反映在《长生殿》里的三对矛盾和每一对矛盾的两个矛盾面彼此之间的发展变化，乃是理解这个剧作的基本关键。

对于贯串剧本的线索，即唐明皇和杨贵妃的恋爱纠葛的看法，是目前存在的最主要的分歧。

有的人曾经沿袭了旧来的说法，认为《长生殿》的“主要情节”是“杨玉环跟李隆基的恋爱”，洪昇“把他们之间的爱情表现得异常真挚诚笃。他写出了杨玉环的痴情和李隆基的钟情，对他们的性格作了真实的描写”(关德栋:《洪昇和〈长生殿〉》，载《青岛日报》1954年3月23日)。但不久就“承认了自己看法的片面性”(方征:《关于山东大学中文系对〈长生殿〉的讨论》中记录关德栋同志发表的意见，载《青岛日报》1954年6月30日)。因此，对于这种意见，我们无须再在这里进行讨论。

有人认为:《长生殿》虽然写的是“杨妃与明皇的恋爱故事”,但作家所强调的是两个人在爱情问题上对立的一面,而非其统一的一面,认为作家把杨妃写得“美丽、聪明、温柔、专情”,而“对照着杨妃这个具有真情的人物,作者便刻画了好色的、性格软弱而自私的明皇”,认为杨贵妃之死,是“遭遇”了“残忍牺牲”,认为《长生殿》在思想性上的重要成就之一,是通过替杨妃洗刷了“含冤千年”所“横担”的“罪名”,反对了封建统治阶级的女祸亡国论,而这,一方面是反映了人民对这一件历史事实的看法,另一面是发扬了明末以来日益增长的民主思想(钱东甫:《关于洪昇和他的戏曲〈长生殿〉》,载《文艺月报》1954 年 8 月号)。

这种论点是新颖的,其中也含有正确的部分,例如:看出了李、杨二人的爱情生活中有其对立的一面,而这矛盾的顶点就是杨贵妃之死,同时也指出了明末清初的一些思想家对于妇女问题的先进的看法在作品中有所体现。这都是有助于我们理解这个剧本的。关于后者,作家不仅通过永新、念奴之口,委婉地说出:“那里是西子送父王,错冤做宗周为褒丧”(第三十九出《私祭》),而且还通过李龟年和李謩的对话,正面地说出了对于这个问题的意见。当李龟年叹息着说:“哎!只可惜当日天子,宠爱了贵妃,朝欢暮乐,致使渔阳兵起,说来令人痛心也!”作家就叫李謩回答道:“老丈休只埋怨贵妃娘娘,当日只为误任边将,委政权奸,以致庙谟颠倒,四海动摇,若使姚、宋犹存,那见得有此?”(第三十八出《弹词》)这和稍后的袁枚在《再题马嵬驿》诗中所说:“不须铃曲怨秋声,何必仙山海上行。只要姚崇还作相,君王妃子共长生。”(《小仓山房诗集》卷八)其替杨贵妃开脱的意图是一致的。这种看法,是有其进步的意义的。

但这些正确的部分却并不能掩盖这种论点的许多值得商榷的地方。首先,这种论点就把杨贵妃这个人物的形象(无论是存在于历史上的,或者是作家写在戏曲里的)抽象化和简单化了。当然,她是一个封建社会的女性,也要带上那一个时代统治阶级的观点和制度所加于她身上的枷锁。她,作为唐明皇的宠妃,对于唐明皇的关系,其“与普通的卖淫妇不同之点,只是在于她不是像工资劳动者那样计件出卖肉体,而是一次永远出卖为奴隶”(恩格斯:《家庭、私有制及国家的起源》第二章。张仲实译)。在统治者认为有必要的时候,她也随时可以被抛弃,被损害,甚至于丧失生命。这就是说,作为一个皇帝的贵妃,她的地位是尊贵的,而作为男性中心社会的一个女性,她的地位又是脆弱的。因此,平日虽然宠冠六宫,而情势一旦改变,又只好立刻引颈就死。而这也就是杨贵妃之所以博得许多人的同情,不断有人替她打抱不平的重要原因之一。

可是,这仅仅是杨贵妃的一方面,另一方面,她又是封建统治阶级最上层的人物。她不但和所有的统治阶级在一起,共同地压迫人民和剥削人民,而且由于地位更高,享受更奢侈,就比一般的统治阶级压迫剥削得更厉害。剧中郭子仪所指斥的"可知他朱甍碧瓦,总是血膏涂"(第十出《疑谶》),她是断断不能置身事外,认为与之无关的。从历史上考察,杨贵妃乃是当时统治阶级中一个悠久的、巨大的和极有势力的贵族婚姻集团的成员。"此一集团,武曌创组于大帝之初,杨玉环结束于明皇之末"(陈寅恪:《记唐代之李武韦杨婚姻集团》,载《历史研究》1954 年第 1 期),长期地把持着大唐帝国的政权。杨贵妃得到明皇的宠爱以后,就使得她的家族获得了更大的政治势力和经济利益,"一门一贵妃,二公主,三郡主,三夫人"(乐史:《杨太真外传》卷下),"甲第洞开,僭拟宫掖,车马仆从,照耀京邑"(同上,卷上)。以至于诗人发出了最尖锐的讽刺:"遂令天下父母心,不重生男重生女。"(白居易:《长恨歌》,同文书局石印本《全唐诗》卷十六,页十七。本文中引用《全唐诗》,均此本。)这说明,由于杨氏一门势焰熏天,人民不仅在政治上受了他们的压迫,在经济上受了他们的剥削,而且在精神上、道德情操上还受了他们的毒害。同时,就杨贵妃的个人行为来说,则她先嫁给了唐明皇的儿子寿王李瑁,后来又嫁给了唐明皇,(朱彝尊:《曝书亭集》卷五十五,《书〈杨太真外传〉后》,曾经想了一些办法,企图证明杨贵妃是"以处子入宫",不是已经嫁给儿子之后又嫁给老子的,但这个企图并没有能达到。详见陈寅恪:《元白诗笺证稿》第一章。)而嫁给唐明皇以后,又养安禄山为义子,和他通奸。(《资治通鉴》卷二百十六:"自是,禄山出入宫掖不禁,或与贵妃对食,或通宵不出,颇有丑声闻于外。"按《汉书·外戚传》:"房与宫对食。"颜师古注引应劭说:"宫人自相与为夫妇名对食。")在这些事情上,她和唐明皇倒真是一对。(钱东甫同志在上举文中强调了“杨妃的坚贞与专一的爱情”，而认为唐明皇“与梅妃的偷情以及和虢国夫人的私通，都说明他不是一个专情的，而仅是一个好色的皇帝”，并且谴责唐明皇“有了杨妃便可撇掉梅妃，有了虢国夫人又可以撇掉杨妃；对杨妃感到厌倦了，便又再去沾染一下梅妃”。这种说法是既不与历史的事实相符合，也不与作家的本意相符合的。在封建统治阶级的观点和制度中，男子的多妻是被认为合理合法的，他们的淫乱是被认为可以原谅的。而女子的改嫁——特别是像杨贵妃那样的改嫁——和通奸，则是被认为不可饶恕的。洪昇同情唐明皇和杨贵妃，因而在他们的私人生活的某些方面加以某种程度的美化和净化，但他在自序中所说的“凡史家秽语，概削不书”，显然只削去了杨贵妃那一部分，至于剧本中所写的唐明皇的行动，则是作家看来至少是无伤大雅，才加以保留的，——作家不写出杨玉环原来是寿王的妃子，不仅为了回护杨贵妃，同时也为了回护唐明皇。因为这种行动，即使就封建统治阶级的立场、男子的立场来看，也还是不道德的和丑恶的，——并非有意用来和剧中所写的杨贵妃的行为对比，以显出他们在品质上的高下。钱东甫同志所要求于唐明皇那种“专情”，是连在资本主义社会中的一夫一妻制之下都不可能做到的，而要在封建社会中的多妻制之下做到，显然更不可能。因此，说思想基本上是属于封建主义体系的作家这样地描写唐明皇就是为了批判他的用情不专，实在是不从实际出发的猜想。至于说“皇帝的本性就是如此”，如果这本性指的是封建统治阶级的阶级性，那倒是不错的。）这样，杨贵妃就不能不除了是一个被同情的对象而外，又同时是一个被谴责的对象。

从杜甫以下的古典作家，以其敏锐的观察生活的眼光同时认识到了这两方面，因此在写到这个人物的时候，其基本思想就总是混合着谴责和同情。洪昇对杨贵妃这个人物所持的态度也是这样的。在《长生殿》中，作家是同情杨贵妃的，但也绝没有忘记对于她的谴责。这种谴责，不仅表现在她的生前，如《疑谶》、《进果》等出，而且表现在她死后，如《看袜》、《弹词》等出；不仅表现在人民的口中，如文士李謩赞美她的遗袜“光艳犹存，异香未散”，“愿出重价买去”，而农民郭从谨却加以痛斥，认为“这样遗臭之物，要她何用”（第三十六出《看袜》）。而且也表现在杨贵妃自己的口中:“只想我在生所为,那一桩不是罪案,况且弟兄姊妹,挟势弄权,罪恶滔天,总皆由我,如何忏悔得尽?”(第三十出《情悔》)如果说,人民对于杨贵妃的惨死有所同情,则对于她的作恶也不会忘记,因为人民的眼睛是雪亮的。认为凡是对她同情的,就是代表人民的感情,对她谴责的,就是统治阶级男权主义者的嫁祸,这种看法显然还是太简单了一些的。

上述论点还把杨贵妃之死单纯地看成了是唐玄宗和杨贵妃之间的矛盾,而忽视了她的死亡乃马嵬兵变的直接结果,或者虽然注意到了两者之间的因果关系,但却不曾考虑到马嵬兵变的正义性,及唐明皇对这一事变所采取态度的正确性。当时,由于杨氏一门“挟势弄权,罪恶滔天”,本来已经使得人民生活愈来愈加痛苦;由于杨国忠和安禄山争权,加速了他的叛变,又危及了整个帝国的安全。在唐明皇幸蜀之前,陈玄礼部下的军士发动了一次暴动,杀死了杨国忠父子及其同恶的姊妹们,这是极端仇恨这一外戚家族的表示。在反击安禄山的进犯以前,先来一次“清君侧”运动,不但对于广大人民是有利的,对于统治阶级本身也是有利的,因为这一罪恶的外戚家族的存在,已经不只是对于人民不利,连对于整个统治阶级也不利了。所以整个说来,马嵬兵变在历史上所起的作用是好的。它减轻了大唐帝国崩溃的危机,也为人民和李唐皇朝联合起来抵抗安禄山创造了条件。在唐明皇这个统治者和安禄山这个侵略者之间,人民情愿选择前者,是很明白的。但当时的客观形势是:杀了杨国忠父子及其姊妹,并不能认为马嵬兵变这一事件就结束了,还有一个祸根。如果不连带地杀掉杨贵妃,则不仅这些军士将来必然会遭到报复,而且这一个家族的罪恶势力也可以死灰复燃。这样,就把唐明皇和杨贵妃都卷进了这个漩涡,使他们之间产生了一个突如其来的、顷刻间就发展到了最尖锐程度的矛盾。而这一矛盾的解决则是有赖于另一对矛盾的发展的。或者是:唐明皇为了保全杨贵妃而和代表正义的军士们对立起来,这样做,不但不能挽救杨贵妃,而且会使得自己的统治地位动摇,使得帝国内部发生更大的骚乱。不能够更快地和更好地反击安禄山。其结果对于广大人民也是不利的。或者是:唐明皇牺牲杨贵妃,而和代表正义的军士们一致起来,这样做,对于他自己以至于祖国和人民都更有利一些。在历史上,唐明皇走了后一条道路，不仅当时人看来是正确的，（杜甫《北征》："忆昨狼狈初，事与古先别。奸臣竟菹醢，同恶随荡析。不闻夏殷——当作殷周——衰，中自诛褒妲！周汉获再兴，宣光果明哲。桓桓陈将军，仗钺奋忠烈。微尔人尽非，如今国犹活。"《全唐诗》卷八，页八。马嵬兵变在 756 年，这篇诗写于 757 年，是对于这次事件最先出现的正确评论。顺便指出：近来讨论《长生殿》的文章中，上举钱东甫同志的一篇和陈友琴同志的《读〈长生殿〉传奇》都引证了鲁迅先生《花边文学·女人未必多说谎》中的一段话，而鲁迅先生文中，则引用了《北征》中"不闻夏殷衰，中自诛褒妲"两句。但杜甫这两句诗，不论从诗人的基本思想上考察，或者是从本诗的作意、上下文句上考察，都是肯定唐明皇对于这次事件的处理的，鲁迅先生却引来否定它，就和杜甫的原意正相反了。鲁迅先生的这一疏忽，引用《女人未必多说谎》一文的同志，是应当加以校正的。陈友琴同志文载《文学遗产》第 21 期。《光明日报》1954 年 9 月 21 日。）在今天看来，也还是不失其为正确的。自然，这样做法，就不能不同时在另外一方面做一个负心汉。用《长生殿》中的话来说，就是"割恩正法"（第二十五出《埋玉》）。唐明皇在宠妃和自己的地位、国家、祖国、人民之间，无法两全，不能不有所选择，这是当时特定的历史情况，也就构成了《长生殿》的悲剧意义，奠定了这个剧本情节的基础。如果忘记了李隆基是一个所谓"一身负社稷之重"的皇帝，忘记了那是一个皇帝制度还是合理的存在的时代，忘记了当时蕃将叛变，国势危急，必须首先缓和内部矛盾，以便抵抗蕃将内犯那种历史局势，而把唐明皇看成宋元南戏中的王魁和蔡二郎那种负心汉，仅就这一点来强调他的"性格软弱而自私"，恐怕是既远离于历史的真实，也不符合于作家创作的意图的。

因为上述论点的持有者没有能够深入地发掘埋藏在《长生殿》中的历史生活，就不得不使自己的意见陷于片面。而为了维护其片面的主张，就在剧本中尽量地摘录了有关杨贵妃的"专情"的描写，排斥了有关唐明皇的和杨贵妃的"专情"相适应的描写。但从戏曲整个的倾向看来，从《定情》直到《重圆》，作家所强调的，绝不是他们之间的对立的一面，而是其统一的一面；是两人的互爱，而非杨贵妃的"专情"和唐明皇的"滥情"的对照，是很显然的。

写一个以“痴心女子负心汉”为主题的作品是可以的，而且是为人民所需要的。在祖国的古典文学中，就有过不少的在表现这个主题上有所成就的作品。可是，《长生殿》所要表现的并不是这一点，因为李、杨之间的恋爱纠葛这一历史事件，是不适于表现这个主题的。如果说，洪昇是一个高明的剧作家，则他不曾违背历史生活的真实，不曾把唐明皇和杨贵妃的悲欢离合狭隘地写成一个“痴心女子负心汉”的故事，不曾把杨贵妃单纯地写成一个受压迫妇女的典型，正是他高明的地方。

还有人认为《长生殿》并“不是以恋爱为主题的戏，而是写杨、李的‘逞侈心、穷人欲’，写封建皇朝崩溃时的情景”，因为“封建统治者不可能有‘真挚诚笃’的‘爱情’”。[上举方征文中所记录的某些同志的意见。顺便指出，根据这个记录，关德栋同志曾经认为：《长生殿》以让李隆基进入月宫与杨玉环重圆结束，“简直可以说是表现了爱战胜了死”。大家一致否定了这个看法，认为：“‘爱情战胜了死’，正是一种资产阶级‘恋爱至上’的观点。”不用说，关德栋同志用这句话来赞《长生殿》，是不很适当的，但同时，说这句话正是资产阶级“恋爱至上”的观点，也不很适当。米哈依洛夫斯基、贝尔金娜在《高尔基》这本小册子中写道：“高尔基的社会哲学思想，在长诗《少女与死神》中达到了辉煌的艺术表现。1931 年 10 月 11 日，斯大林听完作者朗诵了这篇长诗之后，在正文的最后一页写道：‘这篇东西比歌德的《浮士德》更有力（爱战胜了死）。’艺术家对一个被解放的人的取之不尽的创造潜力的信心，对人民力量的信心，培养了体现在这篇长诗中强烈的乐观主义和积极的无产阶级的人道主义。在神话幻想的形象中，高尔基肯定人能战胜具有破坏性的自然界力量，能战胜社会压迫的力量，爱战胜死。”由此可见“爱战胜死”这一概念，和资产阶级“恋爱至上”的观点，并无必然的关系。贝尔金娜著《高尔基》系从苏联《大百科全书》选译，译者之远。《少女与死神》写于 1892 年。]

和这些看法相类似的是：“《长生殿》中所表现的‘情’，本非事实所固有，而是洪昇根据自己的思想所补充、强调和突出出来的”，因而在这个剧本中所写的爱情，乃是“唯心论的观点”的产物。作家的“民族意识与唯心的‘情’的观念凝结在一起”，就使得剧本的思想内容存在着矛盾。而洪昇用“叫李隆基和杨玉环两个人悔过”的方法来解决这个矛盾，乃是他“主观意识中的东西，唯心的‘情’的观念占了主导、统治的地位”的结果，而这又是作家“粉饰现实，逃避现实”的表现（袁世硕同志的意见）。

当然，我们并不能说，作家大量地写在某个作品里的东西就是在我们今天看来还是这个作品里所表现的最重要的东西；但同时，我们也不能说，作家大量地写在某个作品里的东西不是他所比较关心和注意的东西。任何作家也不会将不能引起自己爱憎的生活盲目地填充在自己的作品里。《长生殿》从头至尾以较多的篇幅描写了李、杨二人生前死后的恋爱纠葛，而又通过这条线索，反映了当时所存在的巨大的、带有根本性质的社会矛盾。因此，说它不是一个以恋爱为主题的戏曲，是与事实不符的，而如果认为它的主题限于描写恋爱，也同样不对。

那么，进一步要讨论的就是统治阶级是否具有真正的爱情及作家是否可以在作品中赋予属于统治阶级的人物以真正的爱情的问题。如所周知，在妇女真正获得解放以前，在使人类真正获得幸福的新社会出现以前，“不论在哪一种场合之下，婚姻都是由两方底阶级地位来决定的，所以就这点而言，常是权衡利害的婚姻”。这样，就使得“那古代所仅有的一点夫妇的情爱，并不是主观的爱好，而是客观的义务；不是结婚底基础，而是结婚底附加物”（恩格斯：《家庭、私有制及国家的起源》第二章）。杨玉环的入宫，是由于高力士的搜拔，而高力士则是武则天集团的死党。高力士为了搜拔一个在这一个集团内部说来是“色艺无双”的人献给唐明皇，甚至不惜使明皇陷于乱伦。这固然显示了唐明皇的淫昏，而这个婚姻之为一种具有巨大政治目的的、权衡利害的婚姻则是极其显然的（详见陈寅恪：《记唐代之李武韦杨婚姻集团》）。因而，在客观实际上，李、杨双方，就不可能具有真挚、诚笃、专一的爱情，也是极其显然的。他们之间也许有点附加物式的爱情，然而和存在于人民生活中的爱情，是有着本质上的区别的。

但我们并不能由此就得出结论，认为：既然如此，作家就不可以赋予出现在自己作品中的属于统治阶级的人物以真正的爱情，如果这样写了，就是无中生有的唯心主义。因为，在古代的阶级社会中，“以两方底相互爱情高于其他一切考虑为结婚理由的事情，在统治阶级的实践上”虽然“是从来没有听说过的”，然而“在风流逸事中，或在毫无顾忌的被压迫阶级中”，却还“是有这样的事情”（恩格斯:《家庭、私有制及国家的起源》第二章）。在阶级社会中，统治阶级和被统治阶级的关系，既然是处在阶级社会这个统一体中，因一定的条件，一面互相对立，一面又互相联结、互相贯通、互相渗透、互相依赖。则机械地把两个敌对的阶级看成是两个在思想感情上一概绝缘的、互不关涉的存在，认为凡是古代文学作品中有关封建统治者的爱情描写，都是不真实的，认为《长生殿》中所表现“情”既非事实所固有，而是作家根据自己的意思所补充、强调和突出出来的，那它就一定是反现实主义的，是唯心观点的产物，恐怕不是很妥当的看法。值得我们仔细地加以研究的，倒是究竟是一种什么力量，使得作家在戏曲中，特别是在后半部中写出了那一些极其哀伤悱恻的，至今还令人感动的文章，使得人们对于唐明皇和杨贵妃这两个本来准备给予他们以憎恨的人物，在作家的艺术力量感染之下，倒反而给予了他们以同情？这种力量，在今天来说，究竟应当加以否定还是肯定？换句话说，我们应当研究作家在《长生殿》中赋予李、杨两人以真实的爱情，是根据一些什么条件？作家根据这些条件在艺术上对唐明皇和杨贵妃这两个人物进行塑造的结果，应当给以怎样的评价？

前面曾经指出，历来的古典作家对待杨贵妃这个人物的态度是混合着谴责与同情的。这是因为她既是一个当时罪恶的统治集团中的成员，同时又是一个在男权社会中被牺牲了的女性。现在可以继续指出，历来的古典作家对待唐明皇这个人物的态度也是这样，这是因为他既是一个开元治世的皇帝，又是一个天宝乱世的皇帝。一方面，事实上，这个皇帝是十分淫昏，另一方面，在封建社会中，皇帝又通常被人们认为是一个处在超然地位的、代表着国家的、应该为人爱戴的领袖。国家虽然“建立在祖国的土地和被压迫阶级上面”，但“代表国家的君主和他的朝廷”，却“在表面上似乎是站在社会之上，通常以公正的中间人姿态来缓和两大敌对阶级的冲突，因此也似乎代表了被压迫阶级。在这种情况下，祖国、国家、君主常混为同一的事物，被统治阶级区别不清楚，统治阶级也未必故意区别不清楚”。“因此，被统治阶级爱祖国也爱及国家和君主，统治阶级中某些人爱国家和君主也爱及祖国”。而“在反抗外族侵略的情况下，统治阶级和被统治阶级的爱国行动，一般都表现为爱本族的朝代和君主”（范文澜：《关于中国历史上的一些问题》第八节，《中国科学院历史研究所第三所集刊》第1集）。李隆基不仅是一个皇帝，而且在他统治的时期里，还曾经有过一段令人怀念的所谓“太平盛世”。（对于开元之治的怀念和天宝之乱的痛惜，是755年以后唐代诗人带有普遍性的主题之一。试举两个有名的作品作例子。杜甫《忆昔》之二：“忆昔开元全盛日，小邑犹藏万家室。稻米流脂粟米白，公私仓廪俱丰实。九州道路无豺虎，远行不劳吉日出。齐纨鲁缟车班班，男耕女桑不相失。……岂闻一绢值万钱，有田种谷今流血。洛阳宫殿尽烧焚，宗庙新除狐兔穴。”元稹《连昌宫词》：“姚崇宋璟作相公，劝谏上皇言语切。燮理阴阳禾黍丰，调和中外无兵戎。长官清平太守好，拣选皆言由相公。开元之末姚宋死，朝廷渐渐由妃子。禄山宫里养作儿，虢国门前闹如市。弄权宰相不记名，依稀忆得杨与李。庙谟颠倒四海摇，五十年来作疮痏。”这说明在乱前，唐代的政治经济情况好一些，因此人民的生活也好一些，乱后则相反。杜诗见《全唐诗》卷八，页二十三。元诗见《全唐诗》卷十五，页三十九。）后来又遭遇到带有民族斗争性质的安禄山之乱，在马嵬兵变这一事件上，并采取了比较正确的处理方法，缓和了当时的阶级矛盾，以便于更有利地抵抗安禄山的进攻，这就使得古典作家们在描写他的时候，虽然不能不加以谴责，但同时又不能不寄以同情。对于这两个历史人物混合着谴责与同情，应该认为是正确的，它乃是客观历史的反映。因为，我们知道，异族侵略这一事实，在历史上，常常是会起着重大作用的。民族矛盾的发展，就往往使得阶级矛盾暂时居次要地位。在这种情况之下，人民也就往往会改变他们对于皇帝的观感。（在历史上，当祖国遭到异族侵凌的时候，即使是昏君也会被人民寄以同情，例子是很多的。战国时，楚怀王被秦人用欺骗手段捉去，后来竟然死在秦国。“秦人归其丧于楚。楚人皆怜之，如悲亲戚。”见《史记·楚世家》。晋时，刘聪捉住愍帝，出去打猎，“令帝行车骑将军，戎服执战为前导。百姓聚而观之,故老或欷歔流涕”。见《晋书·愍帝纪》。)古典作家们为了唐明皇和杨贵妃的危害祖国而谴责他们,又为了女性遭受牺牲而同情杨贵妃,为了祖国遭受侵犯而同情唐明皇。这就使得谴责和同情这两种似乎是矛盾的感情在爱国主义思想和民主思想的基础上获得统一,在一定程度上代表了人民对于这一历史事件的看法。这就使得民间文学中的许多作品,在处理这个题材时,和古典文学采取了大致相同的观点,如大鼓书中的《剑阁闻铃》就是一例。

安禄山的叛变,严格地说,并不全然是民族矛盾爆发的体现。它同时还反映了唐代中央政府从开国以来一贯歧视山东河北地区因而引起的这一地域的人民和中央政府统治阶级的矛盾,也反映了上述那些地方的军阀和中央政府的矛盾。不过安禄山既然是一个父亲是胡人、母亲是突厥人的所谓杂胡,部下的将士又有极多的是非汉族,当他侵入汉族人民居住的地区的时候,就使人不能不感性地首先觉得这种行为完全是异族侵略的性质,因而迅速地激发了广大汉族人民的爱国主义的感情。加上开元以来,土地兼并虽然加速进行,使得农民和地主两大阶级之间的这个原来存在的基本矛盾更有发展,但还没有达到极尖锐的时期,因此所谓开元治世,虽然更大的利益是属于统治阶级的,然而人民的生活也同时是比较安定的。到了安禄山一旦叛变,长驱直入大唐帝国的心脏,“步骑散漫,人莫知其数,所过残灭”(《资治通鉴》卷二百十七)。进入长安以后,又“命大索三日……铢两之物,无不穷治,连引搜捕,支蔓无穷”,这就使得“民间骚然”,不能不“益思唐室”了(同上,卷二百十八)。总之,安禄山的叛变对于汉族广大人民的直接的、巨大的影响,就是使得他们陷入了困苦的境地,因而也就直接引起了他们对于过去一切的怀念。杜甫在《北征》这篇诗中所咏叹的:“昊天积霜露,正气有肃杀。祸转亡胡岁,势成擒成胡。胡命其能久?皇纲未宜绝!”(《全唐诗》卷八,页八)并不只是诗人个人的心声,而是当时人民共同的愿望。在大唐帝国遭受到蕃将安禄山的侵犯的时候,作家们,自杜甫以下,开始表示了他们对于唐明皇(连带也对于杨贵妃)的同情,关怀了两人私生活中所遭遇的不幸。(杜甫在《北征》痛斥了杨贵妃集团之祸国,而在《哀江头》一诗中却写道:“少陵野老吞声哭,春日潜行曲江曲。江头宫殿锁千门，细柳新蒲为谁绿？忆昔霓旌下南苑，苑中万物生颜色。昭阳殿里第一人，同辇随侍君王侧。辇前才人带弓箭，白马嚼啮黄金勒。仰身向天仰射云，一笑正坠双飞翼。明眸皓齿今何在？血污游魂归不得。清渭东流剑阁深，去住彼此无消息。人生有情泪沾臆，江水江花岂终极？黄昏胡骑尘满城，欲往城南忘城北。”则又极其明显地把李、杨二人私人生活的不幸和祖国的灾难关合在一起了。杜诗见《全唐诗》卷八，页六。）自白居易、陈鸿以下，在描写他们的私生活时，并开始赋予了他们以在他们身上原来不可能具有的真正的爱情。（白居易的《长恨歌》和陈鸿的《长恨歌传》对唐明皇和杨贵妃一方面是讽刺和谴责，一方面又第一次在祖国文学史上对于他们之间的爱情作了深刻而生动的描写。《长生殿》事实上是它们的一个发展和在传奇这个样式中的一个成功的移植。因为《歌》和《传》更是人所熟知的作品，这里就不再征引了。应当附带指出的是：钱东甫同志因为要证实自己的论点，硬说：“《长恨歌》与《长恨歌传》虽然常常放在一起，但两者处理这个故事的态度是不同的。”他认为：“陈鸿在传后一节论赞中，说明他的写作意图道：‘意者不但感其事，亦欲惩尤物，窒乱阶，垂于将来者也。’这就是很清楚地显露了他的封建统治阶级的立场。”而白居易则似乎是并不要求“惩尤物，窒乱阶”的。这个意见是不对的。第一，传奇小说乃是唐代贞元、元和之间的一种新的文学样式，它通常是要同时具备史才、诗笔、议论。它可以一个人独写，也可以两人分写，但即使由两人分写，仍然是一个整体。因此，“陈氏之《长恨歌传》与白氏之《长恨歌》非通常序文与本诗之关系，而为一不可分离之共同机构”，《歌》主要地担负了抒情——即诗笔的部分，而《传》主要地担负了叙事——即史才，说理——即议论的部分，陈寅恪先生《元白诗笺证稿》第一章对此点有详细论述，可参看。“惩尤物，窒乱阶”，根据创作上的分工，是应当由陈鸿来说的，并非两个人的态度有什么不同。第二，白居易在《长恨歌》中虽然没有十分明白地说出这个意思来，然而在别的许多诗中却是说了的。这里只举一个例，《新乐府·李夫人》：“君不见，穆王三日哭，重璧台前伤盛姬。又不见，泰陵一掬泪，马嵬坡下念杨妃。纵令妍姿艳质化为土，此恨长在无销期。生亦惑，死亦惑，尤物惑人忘不得。人非木石皆有情，不如不遇倾城色。”白诗见《全唐诗》卷十五，页六八。）这正是祖国作家们的爱国主义思想的一种曲折的体现，和他们同时表示了对于两人的谴责，也并不矛盾。它们都根源于作家们对于现实生活的感受。

杜甫、白居易这些伟大的现实主义诗人所提出的对于这一题材的处理方法，随着此后的阶级矛盾和民族矛盾的日益开展而形成了一个传统。通过李、杨的恋爱纠葛以反映当时的阶级矛盾和民族矛盾，也成为一个普遍的主题。我们姑且不去细数那些存在于唐、宋以来诗集中的关于这个题材的数量极多的诗歌，只就民族斗争非常尖锐和深入的元朝来看，以今所知，就有关汉卿的《唐明皇哭香囊》，白朴的《唐明皇秋夜梧桐雨》、岳伯川的《罗光远梦断杨贵妃》等杂剧及王伯成的《天宝遗事》诸宫调。虽然除了白朴的《梧桐雨》以外，其他三种都残佚了（《哭香囊》和《梦断杨贵妃》的佚文，见赵景深《元人杂剧辑逸》。《天宝遗事》的佚文，绝大多数散见《雍熙乐府》），但从流传的佚文来看，他们对于这一历史题材的处理，也是和其前辈一致的。作家们把当时由于祖国的覆亡而使得自己和广大人民妻离子散的命运，和唐代的人民以及唐明皇、杨贵妃由于安禄山的叛变而遭受到的不幸联系起来了。

洪昇生活在清朝初年，那是一个满族贵族在汉族人民生活的土地上所建立的政权才开始变得巩固的时代。史可法、黄道周、瞿式耜这些民族英雄壮烈的事迹，顾炎武、黄宗羲、王夫之这些爱国学者具有民主思想的学说，“扬州十日”、“嘉定三屠”这些惨绝人寰的悲剧，都在不同的情况和程度上影响了他的思想。而他自己又是一个穷苦的文士，遭遇过我们现在还不十分明白的家难，这就使得他对当时的民族压迫更容易反感一些，对当时的先进思想也更容易接受一些。再加上他所具有的对于祖国古典文学的深厚修养，就构成了他创作《长生殿》的生活、思想、艺术各方面的基础。当然，另一方面，洪昇和他所出身的阶级的千丝万缕的联系，例如他和当时大官僚黄机的亲戚关系、和王士禛的师生关系、和当时满族贵族庄亲王的友谊关系（见陈友琴：《略谈〈长生殿〉作者洪昇的生平》，载《文学遗产》第 9 期，《光明日报》1954 年 6 月 21 日），又都阻碍了他更进一步地向人民靠拢，因而也限制了他的思想水平和艺术成就。这也是我们今天对作家和这个作品进行评价的时候，不能不加以注意的。

洪昇在《长生殿》中所体现的对于唐朝开元、天宝时代的历史知识以及他对于古典文学中有关这一题材的作品的丰富而深邃的研究，不是在这一篇短文中所能详细论证的。但为了更完整地理解表现在这个戏曲中的作家的思想，对于他在剧本自序中所提出来的《长生殿》和其他的描写这个题材的作品有所不同的地方，却必须加以注意。

关于删去杨贵妃的改嫁及通奸的问题，自序说："凡史家秽语，概削不书，非曰匿瑕，亦要诸诗人忠厚之旨云尔。"从杜甫、白居易一直到元、明时代的剧作家，对于杨贵妃的这些行为，从来都是直言不讳，而洪昇却加以删削，确实是容易引起疑问的，于是有人认为："作者既要暴露罪恶，而又装腔作势的有许多顾忌……其实是大可不必的。"（陈友琴：《读〈长生殿传奇〉》）其实，洪昇的动机是不难加以说明的。他对李、杨二人的态度既然是混合着谴责与同情，则他对于杨贵妃，必须把她修改成为一个一般的、还值得同情的人物，而不能把她写成既和唐明皇相爱，而又那么不干不净，自相矛盾，以削弱自己的说服力。在这一点上，洪昇以前的作家确实是注意得不够的，因而他们笔底下的杨玉环这个人物是不够完整的，甚至在某些作品中还是分裂的。洪昇从民族意识和民主思想的基础上出发，对他们的私人生活的某些方面加以某种程度的美化和净化，使得自己所赋予作品中人物的爱情更容易感动人，这不仅是"忠厚之旨"，在艺术要求上也是必要的。这既非不必要的顾忌，也并不妨碍作家对他们在另外一些方面所作的批判，所以自序接着说："然而乐极哀来，垂戒来世，意即寓焉。"

关于让李、杨二人悔过的问题，自序说："且古来逞侈心而穷人欲，祸败随之，未有不悔者也。玉环倾国，卒至陨身，死而有知，情悔何极！苟非怨艾之深，尚何证仙之与有？孔子删《书》而录《秦誓》，嘉其败而能悔，殆若是欤？"洪昇在这里所作的关于他增添这一段情节的解说，是很微妙的，可是联系到作家的思想感情加以考察，就仍然可以得到它的真义。"封建时代的许多诗人和作家都不能不通过封建主义的思想体系，去服务封建制度和统治阶级，——对于这一事实，我们不仅应该从这些诗人和作家的阶级性(他们大都是从属于统治阶级或和统治阶级有密切联系的人)去说明,而且应该从当时社会的客观现实去说明。如果在当时社会封建生产关系还是巩固地存在着,封建主义的思想体系还是合理地具有支配的势力,则根据封建主义思想去维护封建制度,不仅在统治阶级看来是合理的,在所有的人看来也还是合理的,在这样的时候……引起诗人和作家的正义感和对于人民的同情的,只是统治阶级的过度的残酷剥削,以及与此相联的黑暗的政治、社会的破绽、阶级的矛盾等。”(冯雪峰:《回答关于〈水浒〉的几个问题》第九节,《文艺报》1954 年第 6 号)《长生殿》中所反映的历史时代,毫无问题是一个封建主义的思想体系还是合理地具有支配势力的时代,洪昇所生活的历史时代,则是一个资本主义虽然已经萌芽,而封建生产关系还是巩固地存在着的时代。至于他本人的思想基本上是属于封建主义的体系,则更不用说。这样,就使得他在剧本中通过历史事实揭露了,然而也只是在一定限度内揭露了汉族统治阶级的残酷剥削、黑暗统治、社会破绽、阶级矛盾。但由于安禄山之乱所具有的民族斗争的性质,由于从北宋以来汉族人民长期受着异族的侵凌的情况,特别是由于他自己生活在汉族人民被满族贵族奴役的时代,就又使得他在剧本中流露了无论在唐代或清代阶级矛盾向民族矛盾转化,使后者代替前者而上升为主要矛盾这一历史事实。这在戏曲中的具体表现,就是同情唐明皇和杨贵妃,赋予他们两人以真正的爱情,并且令他们悔过。作家让唐明皇向杨贵妃悔过,因为他“情薄负盟”(第四十七出《补恨》),作家又让杨贵妃和唐明皇都向人民悔过,因为在杨的方面,是“罪恶滔天,总皆由我”(第三十出《情悔》),在李的方面,是“朕之不明,以致如此”(第二十六出《献饭》)。洪昇安排这些情节的主要企图显然在调和阶级矛盾,而这种企图,一方面固然显示了作家在思想体系上的局限性,他不可能不是一个皇权主义者,而另一方面,又确实反映了阶级矛盾向民族矛盾转化的客观现实和作家自己的民族意识与民主思想。在这里,无妨指出序文中有两句不为人所注意的话的涵义。作家为什么忽然要扯到孔子删《书》而录《秦誓》的问题呢?据古籍参合考订,《秦誓》是秦穆公为晋所败之后,表示痛自悔改而作的。由于他能悔,后来不仅打败了晋国,而且作了西戎的霸主(高松兆:

《〈秦誓〉考》,国立清华大学中国文学会编:《语言与文学》)。序文出人意外地把秦穆公和唐明皇加以关合,这就隐蔽然而又分明地表示了自己对祖国复兴的希求,对于"败而能悔"的汉族皇帝的渴望。以男女之情来比自己与祖国、国家和君主之情,是祖国古典文学中习见的和有势力的表现方法之一。在戏曲开始的《传概》一出中,作家写道:

〔满江红〕今古情场,问谁个真心到底?但果有精诚不散,终成连理。万里何愁南共北,两心那论生和死。笑人间儿女怅缘悭,无情耳! 感金石,回天地;昭白日,垂青史。看臣忠子孝,总由情至。先圣不曾删郑卫,吾侪取义翻宫徵。借太真外传谱新词,情而已。

这就更其直接地证明了:作家的民族意识与作家所描写李、杨爱情,与其以为是矛盾的,毋宁认为是统一的;与其认为是作家粉饰现实,逃避现实,毋宁认为是作家正视现实,反映现实。《长生殿》在两百多年以来所显示的艺术上的魅力,是和数千年来植根在广大人民生活沃土中的深厚的民族意识分不开的,是和作家也已接受了的民主思想分不开的,因而也是应当予以肯定的。

以上,我极其粗略地通过对于某些同志所持有的对于李、杨恋爱纠葛的看法所表示的异同之见,说明了自己对于这个剧本中贯串全剧的线索的一些理解。依据这一些理解,不难看出,作家以较多篇幅描写的唐明皇与杨贵妃之间的私生活,对于作家的创作意图,即通过这一私人事件来反映那个伟大的历史时代,并且又通过这些历史情节来揭示自己所生活着的时代的面貌,来宣布自己的民族意识和民主思想,所起的作用是明显的。

但重要的是:作家并不是把这一根线索孤立地加以描绘的。它也不可能是孤立的。李、杨两人的恋爱纠葛这一对矛盾,如前面所已经提及的,是和另外两对矛盾,即李唐贵族统治阶级对广大人民的压迫剥削、蕃将安禄山对李唐皇朝的叛变和对汉族人民的残害紧密地联系着的。在剧本的上卷中,作家通过了复杂的艺术结构指出:由于杨贵妃这个封建帝王宫廷中的典型人物在一系列的斗争中获得了胜利，排斥了虢国夫人和梅妃在唐明皇心中的地位（关于杨贵妃的性格及其形成的原因，袁世硕同志的分析是正确的，本文中不再重复），杨氏外戚家族就由于她的专宠而更加隆盛起来。其结果，就从更多的方面挖松了大唐帝国的墙脚。不但人民所受的压迫剥削是更加厉害了，而且，如《权閧》一出所写的，统治阶级当权派的内部也引起了分化，并由之而产生了后来安禄山叛变事件的萌芽。作家在戏曲中细致地刻画了唐明皇对杨贵妃的爱情由不专而专，即由矛盾而统一的情节，也同时通过这些刻画揭露了他们的荒淫生活。这种荒淫生活影响了帝国的政治，使之变成黑暗，影响了帝国的经济，使之转为枯竭，也就促使统治阶级和广大人民中间原来存在的矛盾不断地发展，带有民族矛盾性质的叛变逐渐形成。而由于"杨国忠与禄山不相悦，屡言禄山且反。上不听。国忠数以事激之，欲其速反，以取信于上。禄山由是决意遽反"（《资治通鉴》卷二百十七）。这就使得当时主要的、但还没有发展到饱和状态的阶级矛盾必须让位于突然爆发的、带有民族矛盾性质的新矛盾。同时，由于这一新矛盾的突然爆发，又打破了唐明皇、杨贵妃两人私生活中由梅妃之死而形成的静止状态。马嵬兵变基本上是人民和统治阶级矛盾激化的呈现，但军士们之杀杨国忠，据历史上的记载，却是借口"国忠与胡虏谋反"（《资治通鉴》卷二百十八），这也就可以看出人民对于异族侵略的态度。因为唐明皇对于这一件事处理得宜，这就使得新的矛盾更加迅速地代了旧的，而作为剧本中主要线索的李、杨恋爱纠葛，也由此从生前转入死后，有了新的开展。从这些叙述远远不够完全的、交织着的几对矛盾里，我们看出了作家的现实主义的艺术才能。

但无论这些历史现象描绘起来是多么复杂，而作家所用以描绘这些现象的态度却是异常鲜明的。洪昇一方面暴露了封建帝王宫廷中的腐朽生活及其对人民的压迫和剥削，暴露了统治阶级中"君王舅子三公位，宰相家人七品官"的丑恶关系（第三出《贿权》），暴露了杨国忠与安禄山之间，杨贵妃与虢国夫人、梅妃之间的矛盾，给我们指出了这个皇朝已面临重大的危机；而另一方面，又通过《进果》一出，描写了在祖国的土地上，还有成千上万的、在深重灾难之中也有勇气生活下去的人民；通过《疑谶》一出，歌颂了站在人民一道，极端仇视那些“野狼”、“妖狐”，并且决心要拯救祖国的郭子仪，给我们以祖国一定会得救的信心。这就使人清楚地感到，出现在剧本的场面虽然是复杂的、矛盾的，然而作家的意图却是单纯的、统一的。他唯一的意图就是要以热爱、支持祖国来反对颠覆祖国。

比起上卷来，《长生殿》的下卷确实是单薄一些。这主要是由于作家以同情替代了他对于唐明皇和杨贵妃的谴责，连带地也放松了对于整个统治阶级的批判的缘故。这样一来，在剧本中所显示的矛盾就只剩下了两对，即民族矛盾和李、杨之间死后的恋爱纠葛，而这两对矛盾，又是平行地发展着的。李唐皇朝平定了安禄山，唐明皇和杨贵妃由悔过而重圆，都写得很顺利。在戏剧冲突的处理上，很明显地具有“让棋”的现象，因而削弱了自己的说服力。而且在情节的安排上，为了要凑足和上卷相同的出数，也显得冗长。但作为一个完整的艺术品来说，下卷仍然是全剧的一个有机组成部分。特别是就思想内容来说，作家所借以宣布其对祖国和人民的热爱的另外一些重要情节，如关于异民族入侵，关于马嵬兵变以后李、杨两人的不幸遭遇等方面的处理，都是见于下卷中的。如果在整个《长生殿》中没有了《骂贼》、《弹词》、《献饭》、《情悔》等出，我们就很难不认为作家的创作意图、作品的主题思想没有得到充分表现。如像《骂贼》一出就通过历史情况，对清朝和当时投降清朝的官吏，作了最严厉的指斥。他分明地说出：

〔元和令〕恨仔恨泼腥膻莽将龙座渰，癞虾蟆想天鹅啖，生克擦，直逼的个官家下殿走天南。你道恁胡行堪不堪。纵将他寝皮食肉，也恨难劖。谁想那一班儿，没掂三，歹心肠，贼狗男，

〔上马娇〕平日家张着口将忠孝谈，到临危翻着脸把富贵贪，早一齐儿摇尾受新衔，把一个君亲仇敌当作恩人感。咱，只问你蒙面可羞惭？

倘使我们回想一下当时南明政府的逃跑路线，就会更深地体会到“官家下殿走天南”一句的涵义；看一看《清史稿》中的一些传记，就可以更多地认

识雷海清在这里所骂的那班人的嘴脸。至于在《弹词》一出中，李龟年所唱的：

〔转调货郎儿〕唱不尽兴亡梦幻，弹不尽悲伤感叹。大古里凄凉满眼对江山。我只得拨繁弦，传幽怨，翻别调，写愁烦，慢慢的把天宝当年遗事弹。

则正是《长生殿》的又一篇自序。如果说那一篇自序是作家着重地说明了自己何以要同情那一对不幸的爱侣，则这一篇正是作家着重地说明了自己何以要谴责他们，何以要憎恨统治阶级和异族侵略者。这都是《长生殿》不可缺少的部分。因此，我觉得，认为《长生殿》的下卷，比起上卷来，存在着较多的弱点和缺点，是可以的，而认为上卷"从主题思想、结构等方面看，是可以独立，而无损于艺术的完整性"，下卷"基本上可以说是失败之作"(袁世硕同志的意见)，则是不很恰当的。

总的说来，《长生殿》的思想性就在于作家对写在剧作中的三对矛盾及其不同的矛盾面，表示了自己的态度：当写统治阶级和广大人民的利益相矛盾的时候，他鲜明地站在人民这一边；当写异族侵略者和祖国的利益相矛盾的时候，他鲜明地站在祖国这一边；当写杨贵妃遭受了不可避免的牺牲以后，他对唐明皇给予了应有的谴责，对杨贵妃给予了较多的同情。这样，剧本就比较正确地反映了历史生活中主要的东西，呈露了现实主义的光彩。

《长生殿》在思想内容方面同时是有其弱点和缺点的。由于题材的选择影响了作家的美学方针，剧本中把过多的篇幅给予了李、杨两人的私生活，使它基本上成了一个生旦戏。这就使得作品中对于阶级矛盾和民族矛盾的描写，虽有若干场面是深刻的，然而在总体上是不够宽阔的。特别是在下卷中，由于作家对于唐明皇和杨贵妃的同情，竟然把当时一个重要的客观存在——阶级矛盾从生活中抽走了，这是和天宝之乱以后的历史现实不符合的。在这种地方，我们看到了他所受到的世界观、历史条件的制约。

在情节上，重圆固然是悔过的一个很自然的发展。但作家却通过重圆这个场面，让唐明皇和杨贵妃在历尽艰难困苦，获得了一切之后，立刻又失去了一切。“尘缘倥偬，忉利有天情更永，不比凡间梦。悲欢和哄，恩与爱，总成空。跳出痴迷洞，割断相思鞚。”（第五十出《重圆》）在自序中，洪昇说，他之所以这样地处理，是因为“情缘总归虚幻。清夜闻钟，夫亦可以蘧然梦觉矣”。这说明了什么呢？洪昇，作为一个时代的先行者，他不能不感到他自己的阶级已经在没落了。他所刻意描写的唐明皇和杨贵妃的爱情，是建立在人民和统治者矛盾的统一的基础上的。但他从现实生活中得出来的结论，则是和他在创作中表达的希望相反的。他看到了，尽管还是模糊的，阶级矛盾存在的绝对性，看到了自己努力调和这种矛盾的徒劳，于是，这一阵寒流迂缓地然而又强有力地透过了他的心灵，使得《长生殿》在最后的结束中，不能不带有虚无主义的意味。

《长生殿》，就是这么一个相当出色地反映了生活中许多复杂的矛盾，而它本身却又蕴藏着作家本身所无力克服的矛盾的作品。

1954 年 10 月

# 关于对联

对联(对子、楹联、楹帖)是我国具有民族特征的汉语文学样式之一。它起源于宋初,流行于全国,至今不衰。凡是宫殿庙宇、楼台亭馆,乃至私人的客室书斋,很少有不悬挂对联的。历代许多由著名作家所撰、著名书家所写的对联,已经由国家文物管理机构定为珍贵文物,妥善保护或收藏。

人们喜爱这种文艺作品,并非偶然,而是由于它能够以短小的形式(一副最短的对联可以只有六个字,即上下联各三字;而最长的名作也不超过一两百字,如云南昆明大观楼所悬孙髯翁撰的长联就只有一百八十字,即上下联各为九十字),包括丰富复杂的思想感情,而其所赖以表达这些思想感情的形式,又突出地表现了汉语特有的对仗工巧、音调和谐之美。同时,绝大多数的对联是要悬挂在墙壁或屋柱上的(故对联也称为楹帖或楹联,楹即屋柱;而旧日给人写对联,则谦称为"补壁"),所以又总是借助于我国特有的书法艺术,写成后再加以装裱或雕刻。一副好对联,往往是优美的思想感情与语言文字以及精湛的书法与工艺美术的有机统一体。谁又能拒绝它的魅力呢?

前人论及对联的起源,多认为它是从"桃符"变化而来。古人迷信,认为桃木可以辟鬼,神荼、郁垒两神可以驱鬼,所以有如《说郛》卷十引马鉴《续事始》中所记载的:

> 《玉烛宝典》曰:"元日造桃板著户,谓之仙木……"即今之桃符也。其上或书神荼、郁垒之字。

这写在桃符上的“神荼、郁垒之字”，后来逐渐演化，变为在桃板上写一篇诗，或只写一篇诗中的一联了。梁章钜《楹联丛话》卷一云：

尝闻纪文达（昀）师言，楹帖始于桃符。蜀孟昶“余庆长春”一联最古。但宋以来春帖子多用绝句，其必以对语朱笺书之者，则不知始于何时也。按《蜀梼杌》云：蜀未归宋之前一年，岁除日，昶令学士辛寅逊题桃符板于寝门，以其词非工，自命笔云：“新年纳余庆，嘉节号长春。”后蜀平，朝廷以吕余庆知成都，而长春乃太祖诞节名也。此在当时为语谶，实后来楹帖之权舆。但未知其前尚有可考否耳。

纪昀从《蜀梼杌》中找出这段宣扬宿命论的故事，认为孟昶所题桃符二句为门联（大门对子）所始，亦即为对联所始。在没有找到更早的文献之前，未尝不可暂时予以承认。但事实上，汉语文学中对句的存在，却远在其前。

对联的成立，有一个先决条件，即语言的字、词在形体和声音上，有相对，即构成对偶的可能性。而汉语则正是这样一种语言。它的每一个字，多数都是形、音、义的统一体。而字又分平上去入四声（现代汉语分阴阳上去四声），简化之，则为平仄二声（即平或阴阳为平声，上去入或上去为仄声）。积字成句时，如果注意到它们在语法上实词和虚词以及音调四声或平仄的排列组合，使之有规律地相同相反，相间相重，就能构成既有悦目的建筑美，又有动听的音乐美的对句。所以《文心雕龙·丽辞》说：

造化赋形，支体必双；神理为用，事不孤立。夫心生文辞，运裁百虑。高下相须，自然成对。

又骆鸿凯《文选学·评骘第八》引黄季刚老师《书后汉书论赞》云：

尚考文章之多偶语，固由便于讽诵，亦缘心灵感物，每有联想之能；庶事浩穰，常得齐同之致。或比方而愈了，或反复以相明。兼以诸夏语文，单觭成义，斯所以句能成匹，语可同韵。是则联类之思，人

> 类所共有；排比之文，吾族所独擅。论文体者宜于此察也。至于调和声律，本惬人情。观夫琴瑟专一，不能为听；语言哽介，不能达怀。故丝竹有高下之韵，宣唱贵清英之响。然则文词之用，以代语言，或流弦管。焉能废斯乐语，求诸鄙言，以调喉娱耳为非，以蹇吃冗长为是哉？

则对汉语文学体式中具备对偶声律之故，说得更为清楚了。

正由于“高下相须，自然成对”，所以在我国古书中，出现对句就非常之早。今但以先秦典籍为例，如《尚书·益稷谟》：

> 决九川，
> 距四海。

《诗·大雅·抑》：

> 诲尔谆谆，
> 听我藐藐。

《论语·为政》：

> 君子周而不比，
> 小人比而不周。

《春秋》隐公十一年《左传》：

> 天而既厌周德矣！
> 吾其能与许争乎？

可以看出，这些最早出现的对句，虽然不假修饰，然而已经相当整齐，而且也非常和谐。特别是《左传》一联，双句单意，语气自然，摇曳多姿，富有情趣。

由于对句和声调为汉语所固有，所以一直到现在，一些对句还保留在书面语言和口语当中。例如：

虚心使人进步，
骄傲使人落后。

还有：

惩前毖后，
治病救人。

由于见于人人阅读的《毛泽东选集》，已经成为家喻户晓的成语。又如：

路遥知马力，
日久见人心。

以及：

酒逢知己千杯少，
话不投机半句多。

也常出现于人们的口语当中。由此可见，对句在汉语中，是从古到今，一直存在的。

魏晋以来，文章由散文发展为骈文，再演进为四六；诗歌由古诗发展为新变体，再演进为律诗，都发展了对句，也就给后来对联的出现提供了条件。非常清楚，后来的五、七言对联，是从诗歌，特别是律诗中分化出来的。有些五、七言对联，本来就是古人律诗中的一联，或集两人之诗为一联，这就无须举例了。而以字数不等的句子构成的长联，则是从骈文中分化出来的。例如陆机《演连珠》云：

臣闻
利眼临云，不能垂照；
朗璞蒙垢，不能吐辉。

是以
明哲之君，时有蔽壅之累；
俊乂之臣，屡抱后时之悲。

徐陵《玉台新咏序》：

琉璃砚匣，终日随身；
翡翠笔床，无时离手。

庾信《哀江南赋序》：

孙策以天下为三分，众才一旅；
项籍用江东之子弟，人惟八千。

《演连珠》中的“臣闻”、“是以”是文句中的连接词，愈到后来，这些词用得愈少，乃至于不用，也就成为完全的对句，而更接近于联语了。

唐宋以来，作文咏诗注重声律对偶的风气，对于使对联成为一种精美完善的独立文学样式，无疑地具有促进作用。下面的一些文献可以证明这一点。孙光宪《北梦琐言》卷四“温李齐名”条：

李义山谓曰：“近得一联，句云‘远比召公，三十六年宰辅’，未得偶句。”温曰：“何不云‘近同郭令，二十四考中书’。”宣宗尝赋诗，上句有“金步摇”，未能对，遣未第进士对之。庭云乃以“玉条脱”续之。宣宗赏焉。又药名有“白头翁”，温以“苍耳子”为对。他皆类此。

这种提倡巧对的风气，后来又由书籍中的语言延伸及于口语。如陈师道《后山诗话》载：

某守与客行林下，曰“柏花十字裂”，愿客对。其倅晚食菱，方得对云“菱角两头尖”。皆俗谚全语也。

直到当代，也还有以如下一联为人所称赏的：

三星白兰地，
五月黄梅天。

当然，仅有工巧的字面，并不能成为一副好的对联，甚至沦为文字游戏，但追求字面的工巧，却也是作对子的一种不可缺少的手段。

从晋人傅咸集经语为《七经诗》，开创了集句体，即将别人的成句，按照自己的意图编排，成为一篇作品。这种风气，宋以来很为盛行，大诗人王安石也很喜欢集句。如周紫芝《竹坡诗话》曾载：

王荆公作集句，得“江州司马青衫湿”之句，欲以全句作对，久而未得，一日问蔡天启：“‘江州司马青衫湿’，可对甚句?”天启应声曰：“何不对‘梨园弟子白发新’?”公大喜。

上句出《琵琶行》，下句出《长恨歌》，都是白居易的代表作，用来作对，可谓珠联璧合。对联因为形式短小，用集句的方法构成，很为方便。因此后人以两家五言或七言诗句集为联语的，很是通行。而长联则多用词句集成，因为词的句法由两个字到八九个字的都有，比较容易通过仔细地选择排比，表现作者较为细致复杂的思想感情。

将一篇作品中特别精彩的句子摘出来，加以评赏，这个风气始于六朝。钟嵘《诗品》中即有其例。而谢灵运对《登池上楼》中“池塘生春草，园柳变鸣禽”二句，自认为如有神助，更是众所周知的。唐代批评家又用“摘句图”这样一种形式，将标举警句这种批评方法固定了下来，这些句子就更其易于传诵人口。其结果往往使得这些作品流传的并非其全篇，而是其中的某些警句了。元人蒋正子《山房随笔》云：

> 薛制机言，有贺自长沙移镇南昌者，启云：
> 夜醉长沙，晓行湘水，难教槽燕之留；（杜甫）
> 朝飞南浦，暮卷西山，来听佩鸾之舞。（王勃）
>
> 又有贺除直秘阁依旧沿江制置司干办公事云：
> 望玉宇琼楼之邃，何似人间；
> 从纶巾羽扇之游，依然江表。
>
> 上巳请客云：
> 三月三日，长安水边多丽人；
> 一觞一咏，会稽山阴修禊事。
>
> 又云：
> 良辰美景赏心乐事，四者难并；
> 崇山峻岭茂林修竹，群贤毕至。

这些不知作者的四六文，全篇都已亡佚，而其中的精警之句，却因见赏于蒋正子，而被保存了下来。这也就证明了某些优美精彩的句子，是有其相对的独立性的。再如吕本中《紫微诗话》所载李廌祭苏轼文云：

> 皇天后土，实表平生忠义之心；
> 名山大川，复收自古英灵之气。

简直就是一副非常好的挽联。摘句这样一种方式，对于使对联从诗文中分化出来，而成为一种独立的文体，显然也不无影响。凡此种种，都使得对联迅速成长成熟起来。从南宋起，就大量出现在社会各阶层生活中间，而佳作也就层出不穷了。

对联的流行，还不仅因其具有怡神悦性的文艺价值，也因为和其他文艺一样,它同时还具有广泛的社会功能。就是那么两条对仗工巧、声调和谐的文字,在建筑物的墙壁或楹柱上一挂一贴,它们就经常面对读者,起着劝勉、评论、庆贺、哀悼、咏叹、讽刺等许多方面的作用,而一贯渗透于其中的,则是发自作者内心的丰富复杂的抒情因素。有许多对联,其所给人的美感享受,绝不逊于一首好的诗歌。

以下,试就古今著名对联,按照它们的内容,粗略地加以分类,各举数例如下,以供欣赏。

**甲、劝勉** 如孙中山先生常写的一联是:

革命尚未成功,
同志仍须努力。

还有鲁迅先生赠瞿秋白的清人何溱(瓦琴)集《兰亭序》字联是:

人生得一知己足矣!
斯世当以同怀视之。

前者表现了一位领导人物希望与同志们团结一致,尽快完成革命事业的迫切心情;后者则不但体现两位革命家的深厚友谊,而且反映了他们对广大人民深沉的爱。

清人程祖洛曾自撰一联,悬挂在书斋里:

醴泉无源,芝草无根,人贵自立。
流水不腐,户枢不蠹,民生在勤。

这副对联之所以出名,是因为它能激发一个没有门第可依仗的人奋发图强、力争上游的精神,并且指出了勤劳是取得成功的主要手段。

清代古文家吕璜,曾因冤案入狱十五年。平反以后,出任庆元县的知县,写了如下一联,悬挂在大堂上:

我也曾为冤枉，痛入心来，敢糊涂忘了当日？
汝不必逞机谋，争个胜去，看终久害着自家。

和上面几副以劝勉为主题的对联不一样，它是就特定的情况作出自我劝勉。上联根据自己所受的冤枉，推己及人，认为今天自己判案，必须十分公正审慎；下联警告那些搞阴谋诡计的人，强调正义最后总要战胜邪恶。就在今天看来，也还有其值得借鉴的现实意义。

**乙、评论** 应用对联这种形式，对人对事，进行评论，这在过去庙宇中悬挂的对联是习见的。如唐将张巡、许远在抗击安史叛乱的战争中英勇牺牲。后人立庙奉祀这两位英雄，称为双庙。有人题一联道：

国士无双双国士，
忠臣不二二忠臣。

又南宋初年的民族英雄岳飞和女真贵族侵略者作战，获得辉煌胜利，为人民立了大功。但汉奸卖国贼秦桧及其党羽却以“莫须有”的罪名，将岳飞迫害致死。后人在西湖岳飞坟的东侧立庙，塑像奉祀，并用铁铸成秦桧等四人跪像，放在坟前。有人题一联道：

青山有幸埋忠骨，
白铁无辜铸佞臣。

这两副对联都歌颂了抵抗侵略、保卫祖国的英雄。（如我们所知道的，安禄山、史思明之乱，虽系地方叛变，但具有民族侵略的性质。）通过对历史人物的评论，发扬了爱国精神。前联用重字，后联从青山、白铁着想，都见出作者构思的巧妙。

1925年，北洋军阀段祺瑞镇压人民爱国运动，制造了震惊世界的“三·一八”惨案。鲁迅先生为此写了《纪念刘和珍君》一文，对反动派进行了严厉的谴责。许多人在开死难烈士追悼会时送了挽联，其中全国学生联合会送的一联是：

英魂不必含冤，试听举国悲歌，荣哀奚似？
祸首休要得意，且看他时算账，胜负如何！

这一副对联的特点是，用挽联的形式，表达了对反动派的声讨、对烈士们的歌颂，而且指出了，在和黑暗势力的斗争中，人民必然是最后的胜利者。它具有政论的性质。

**丙、庆贺** 用联语表示庆贺和哀悼，是旧社会通行的一种应酬手段，所以佳作不多，但其中也有或感情真挚，或语言工巧而为人所传诵的。如有人赠送某老将军的寿联，只用了八个字：

寿登大耋，
勇冠三军。

便很完整地刻画出一位将军老而不老的形象（八十岁谓之耋）。还有人集古人诗句为联，庆贺一位老诗人的生日，其词如下：

彩笔昔曾干气象，
流年自可数期颐。

上联赞扬他的创作成就，下联祝贺他健康长寿，活到百岁（期颐），也很切合一位老诗人的身份。像这样的作品虽然并不能排除应酬的气味，但并不庸俗，不公式化，还是可取的。

庆祝寿诞的联语一般比较庄重，而庆贺婚礼的联语则可以写得比较风华而富于情趣。记得有人集宋词为联，庆贺友人新婚云：

海棠花下去年逢，无语只低眉，还是那时情绪；
宝钗楼上梳妆晚，相看成一笑，更须整顿风流。

上联写从去年恋爱到今年结婚，对这个幸福的过程，充满了甜蜜的回忆；下联写成婚以后愉快的现实生活。全篇使用成句而结构自然，意境优美，很能曲曲地传出一对新婚夫妇的心情，而祝贺之意也就自在其中，不愧妙手。

**丁、哀悼** 古人送死者出殡要唱挽歌，以表哀悼，所以后人用联语对死者表示哀悼，也就称为挽联。对死者深沉的悲痛，往往可以产生动人的作品，否则就不免流为一般应酬文字。如清人梁绍壬挽妻联云：

> 四千里累尔远来。父在家，母在殡，翁姑在堂，属纩定知难瞑目；
> 廿三年弃余永诀。拜无儿，哭无女，继承无侄，盖棺未免太伤心。

他写的仅是封建家庭中许多被认为不愉快的事实。面对这些事实，想到不但活着的自己非常伤心，就是死去的妻子也难以闭目。行文虽平铺直叙，却出自肺腑，使读者对这个家庭的不幸遭遇深感同情。

临死的人写联自挽，往往是一种特殊方式的遗嘱。如某人妻自挽联：

> 我别良人去矣！大丈夫何患无妻。倘他年重结丝萝，莫对生妻谈死妇；
> 儿从严父教欤？小孩子终当有母。若异日再飞芦絮，须知后母即亲娘。

当她不得不永远离开她的丈夫和孩子的时候，她想到她丈夫会重新结婚，可是又无法拒绝这个事实，而她对将来的新人的性情，也无从预知，生怕她丈夫怀念旧情，偶尔谈起她，反而引起新人的妒嫉。同时，她又非常怕新人虐待她的孩子，所以就用了一个典故，祈求丈夫注意这个问题。（据说，孔子的弟子闵子骞是一位孝子，他的后母用棉花给自己的孩子做冬衣，而用芦花给他做。后被其父发现，要休掉他的后母，闵子骞反为后母求情，因此母子和好。联中所谓“飞芦絮”即指此事。）《论语·泰伯》云：“鸟之将死，其鸣也哀；人之将死，其言也善。”这副自挽联确实写得缠绵悱恻，令人读来难以忘怀。

在北洋军阀时代，有一年，北京大学学生浴室年久失修，忽然倒塌，有的学生竟被压死。开追悼会时，中文系林损教授送了这样一副挽联：

重压之下，安得不死？
洁身自好，何以为生！

这副对联，语意双关，一方面切合题意，另一方面又对当时广大人民处在军阀的压迫之下的危险命运，以及每一个善良的人要想保全自己的清白都很困难的情况作了如实的反映。言简意深，所以一时传诵，称为名作。

**戊、咏叹** 这主要是指的题咏一些名胜古迹的写景抒情之作。它不但要切合那些名胜古迹的历史背景、风景特点，也要体现作者本人的胸怀和感情。所以这一类的作品和抒情诗最为接近。如南京莫愁湖胜棋楼旧有这样一副对联：

王者五百年，湖山犹有英雄气；
春光二三月，莺花合是美人魂。

相传莫愁湖是南朝时著名美女莫愁的旧居，而胜棋楼则是明太祖朱元璋和他的大将徐达下棋赌胜的地方。这两件历史故事，一英雄，一儿女，上下联分咏，构思贴切，用语工丽。

在昆明大观楼，有孙髯翁所题著名长联：

五百里滇池，奔来眼底。披襟岸帻，喜茫茫空阔无边。看：东骧神骏，西翥灵仪，北走蜿蜒，南翔缟素；高人韵士，何妨选胜登临，趁蟹屿螺洲，梳裹就风鬟雾鬓；更苹天苇地，点缀些翠羽丹霞；莫孤负四围香稻，万顷晴沙，九夏芙蓉，三春杨柳。

数千年往事，注到心头。把酒凌虚，叹滚滚英雄谁在。想：汉习楼船，唐标铁柱，宋挥玉斧，元跨革囊；伟烈丰功，费尽移山心力，尽珠帘画栋，卷不及暮雨朝云；便断碣残碑，都付与苍烟落照；只赢得几杵疏钟，半江渔火，两行秋雁，一枕清霜。

这副对联上联从空间着笔，下联从时间着笔，将由远及近的滇池风物，从古到今的云南历史，概括于这一百八十个字当中。以雄浑之笔，写兴衰之感，而将眼前美妙的风物与作者慷慨的心情，熔为一炉。以对联这种形式来说，它可以算是很长了，但就其容量来说，却仍然如佛法所说的“纳须弥于芥子”。对于这位作者的生平及其他作品，我们几乎无所知，但这一副长联却会永远保留在人们的记忆里(《滇池》1979 年第 1 期有这副长联的注释和翻译，可以参看)。

**己、讽刺** 讽刺是文学艺术重要社会功能之一，在对联当中出现讽刺，也是很自然的。这一类对联有一个特点，就是一般都只在口头流传，很少正式写了挂在屋柱或墙壁上。因为事实上是无法这样做的，它们往往是针对某种社会现象或某个人物的拟作而已。例如：相传有一副题财神庙的对联：

颇有几文钱，你也求，我也求，给谁是好？
不作半点事，朝也拜，夕也拜，教我如何！

这分明是写来讽刺那些一心想不劳而获的懒虫的，难道会被允许和另外许多祈求财神菩萨保佑的对联挂在一起吗？

辛亥革命以后，野心家袁世凯盗窃了总统职务，又一心想消灭孙中山先生领导的革命事业，于是引起了南北之争。当时著名文人王闿运曾拟了一副对联，讽刺袁氏：

民犹是也，国犹是也。
总而言之，统而言之。

这当然是不能正式写出，题好上下款，送到总统府去悬挂的。(王闿运此联，后来有人在上联后加“民国何分南北”一句，下联后加“总统不是东西”一句，反不及原作之含蓄有味。）

抗日战争后期，国民党反动政府更加贪污腐化，司法机关也是“衙门八字开，有理无钱莫进来”。当时有人就替法院拟了一副门联：

有条有理，
无法无天。

意思是：有金条就满有道理，无法币就暗无天日。八个字就揭穿了反动政权一个重要的侧面。还有，当时国民党的空军本来就不多，还要保全实力，准备打内战。所以日本飞机到后方来轰炸的时候，人们就只好进防空洞躲避。因此，袁思永先生就给防空洞拟了一副门联：

见机而作，
入土为安。

这本是两句成语。这里却以机会之机双关飞机之机，又以下葬（入土）之义双关进洞之义，表示了对于反动政府的防空措施毫无信心；也就揭露了他们“内战内行，外战外行”的丑恶嘴脸。很显然，像这样一些对联是颇富战斗性的。

对联是我国文学中一种源远流长、兼有普及提高之长的、为人民大众所喜闻乐见的样式。它本应该在文学史中占有一席之地，但不知为什么，却被我们的文学史家们一致同意将它开除了。这恐怕也是文艺界应当平反的错案之一。我在这里对它略作介绍，无非抛砖引玉，引起注意。我希望在不久的将来会有专门研究对联的专文或专著问世。

1981 年 4 月

# 第二辑

## 赋之隆盛及旁衍

——汉魏六朝文学散论之一

### （一）赋之名义及特征

赋也者，汉代文学之主流也。语其得名，实涵二义：一者讽诵，二者敷陈。盖古之文章，宣诸唇吻，有入乐不入乐之分。其不入乐者，复有徒歌与讽诵之别。刘向称“不歌而诵谓之赋”①。郑玄《〈周礼〉注》谓“背文曰讽，以声节之曰诵”。明此体但可诵而不可歌也。此其一。赋、敷、布、铺诸字，声近义同，古籍多通用②。此体既以赋名，故亦有敷陈之义。郑玄

① 引见《文心·诠赋篇》。《汉志》亦云：“《传》曰：不歌而诵谓之赋，登高能赋，可以为大夫。”（据《文心》，知“不歌而诵谓之赋”一语，乃《别录》之文，而“登高能赋，可以为大夫”之言，则见《〈毛诗·鄘风·定之方中〉传》。是“《传》曰”二字，应在“不歌而诵谓之赋”下。所当乙正也。）太炎先生《国故论衡·辩诗》云：“登高孰谓？谓坛堂之上，揖让之时。”盖古者诸侯卿大夫交接邻国，微言相感，称诗喻志，必使工歌之，若工歌而对方犹不知悉，则改为诵。如《左》襄十四年：“公使歌之，遂诵之。”杜《注》：“恐孙蒯不解故。”又襄二十八年：“穆子不悦，使工为之诵茅鸱。”此歌诵区别之最显者。既不歌而诵则谓之赋，故汉人多以赋诵（颂）连言，如《史记·相如传》《大人赋》又称《大人颂》，《汉书·枚皋传》称其“为赋颂好嫚戏”是也。《楚词》或名诵，与《汉赋》之称赋皆表示其不可歌。（《三都赋·序》：“古人称不歌而颂谓之赋。”易诵为颂，此二字相通之证。）

② 诸字通用见之故书雅记者，今略举如次。赋与敷：《左》襄二十七年引《夏书》：“赋纳以言。”《正义》：“古本作敷纳以言。”《〈管子·山权数篇〉注》：“赋，敷也。”赋与布：《〈诗·烝民〉传》：“赋，布也。”《释名·释典艺》：“敷布其义谓之赋。”（注转下页）

《〈周礼〉注》释六诗之赋，云“赋之言铺，直铺陈政教善恶”。犹系就诗三百篇言。若皇甫谧《三都赋·序》谓：“赋也者所以因物造端，敷弘体理，欲人不能加。”则尤明画矣。此其二。

赋之得名，已显示其音节与修辞上之特征。而其体制组织作用诸点，并有可言。此诸特征，亦或见于他体，而同时存在，唯汉赋为然。是则吾人所当留意者也。

首就音节言，不歌而诵一语，显示赋乃不入乐之韵文，同时复具有可以讽诵之音节。此事对于文学作品脱离音乐而创建其本身节奏之美，关系颇大①。先秦之作，《诗三百篇》全为乐歌，楚辞则有入乐者，有不入乐者②。及于汉代，纯资讽诵之长篇赋体乃出。此乃一大进步也。

次就体制言，赋乃韵文、骈文、散文三者之混合体。其用韵固疏密无定，其造句亦骈散不拘。盖在汉世，骈散之别，尚不著明也。其后若六朝迄唐，则偏于复笔，而成骈赋、律赋；宋以来则偏于单笔，而成文赋。斯乃整个文风推移使然，非其本始也③。

次就风格言，则此体又为极端夸饰之文。盖敷陈乃赋之本义。过分之敷陈，则为夸饰也。自汉世扬雄论赋，已谓：“必推类而言，极靡丽之辞，

---

（续上页注）赋与铺：《〈楚辞·悲回风〉注》：“赋，铺也。”《〈诗·定之方中〉传》：“升高能赋。”《疏》：“赋其形状，铺陈其事势也。”

① 韵文作品其始皆入乐，故其节奏即音乐之节奏。及脱离音乐而独立，乃进而追求其本身之节奏。此即后世声律之学所由来。《诗品·序》云：“诗既不被管弦，亦何取于音律邪？”盖误认音乐节奏与文词节奏为一事，迂谬甚矣。

② 《楚辞》入乐者，如《九歌》；不入乐者，如《离骚》、《天问》。先儒于此，辨之详矣。

③ 赋之迁变，孙梅《四六丛话·叙》尝论其略云：“西汉以来，斯道为盛，承学之士，专精于此，赋一物则究此物之情状，论一都则包一朝之沿革。辍翰传诵，勒成一学。……左、陆以下，渐趋整炼，齐、梁而降，益事妍华，古赋一变而为骈赋……固非古音之洋洋，亦未如律体之靡靡也。自唐迄宋，以赋造士，创为律赋，用便程式。……又有骚赋，源出灵均，幽情藻思，一往而深，则骚之真也，班、张优为之。又有文赋，出荀子《礼》、《智》二篇，古文之有韵者是已，欧、苏多有之，皆非浅学所能学步也。”日本铃木虎雄博士所著《赋史大要》述之尤详。吾友殷石臞教授尝译为汉文，学者所当览观也。

闳侈钜衍，竞于使人不能加。”①后之论者，多及兹义。《文心雕龙》“极声貌以穷文”一语，尤为赅括焉。

次就组织言，则其方式多用主客问答之辞为全篇纲领②。此本战国游说之风，而旧题屈之《卜居》、《渔父》，宋之《高唐》、《神女》诸作及荀子《赋篇》皆用之，旁衍而为对问之流，亦用其法。问答之体，最便反复敷陈，赋之沿用说士此式，殆以此故。

末就作用言，赋有讽诵之义。讽诵之法，本系于诗，其作用在讽谏。赋出于儒家思想兴盛之后，既袭其名称，遂亦袭其作用。故《史记·相如传赞》以为相如虽虚辞滥说，然其要归，引之节俭，与诗之讽谏无异。然此正面意义之讽谏，究不敌反面意义之夸饰。故扬雄复有“劝百讽一”之讥。此则赋体本身之矛盾也③。

## （二）赋之渊源

汉赋之兴，已在《诗三百篇》与《楚辞》成熟之后。故旧之论者，以为赋之渊源，盖兼斯二者。如《文心雕龙·诠赋篇》所云“受命于诗人，拓宇于《楚辞》”，即其一例④。《文心》之论固是，然以今考之，犹有缺憾者，则赋之由来，不独前世之篇章而已，而前世之言语，亦有甚重要之关系。专就

① 见《汉书·扬雄传》。

② 即《文心·诠赋》所谓“述（元作遂，今改）客主以首引”也。

③ 《史记·相如传赞》之末复有扬雄语云：“靡丽之赋，劝百讽一，犹驰骋郑卫之声，曲终而奏雅，不已亏乎。”又《汉书·雄传》云：“雄以为赋者将以风也，必推类而言……竞于使人不能加也，既乃归之于正，然览者已过矣。往时武帝好神仙，相如上《大人赋》，欲以风，帝反缥缥有凌云之志，由是言之，赋劝而不止，明矣。”《文章流别论》云：“假象过大，则与类相远；逸词过壮，则与事相违；辩言过理，则与义相失；丽靡过美，则与情相浮。此四过者，所以背大体而害政教。是以司马迁割相如之浮说，扬雄疾辞人之赋丽以淫。”盖赋体本身之矛盾，前修早已见及。

④ 《文心·诠赋》：“郑庄之赋《大隧》，士蔿之赋《狐裘》，结言扫韵，词自己作，虽合赋体，明而未融。及灵均唱《骚》，始广声貌。然赋也者，受命于诗人，拓宇于《楚辞》也。于是荀况《礼》、《智》，宋玉《风》、《钓》，爰锡名号，与诗画境，六义附庸，蔚成大国。”

篇章探索，殆难窥其全豹也。春秋战国间之篇章言语，皆始于言志，渐进则骋辞，其影响赋体之发生，胥有可寻究者，兹分述之：

首就篇章言，韵文莫先于《诗》，而赋诗言志，则春秋时代之习尚。其赋诗之法，则有借古诗言志者，亦有自作诗言志者。其例皆具于《左传》。前者如襄公二十七年子展等赋《草虫》，后者如闵二年许穆夫人赋《载驰》是也[①]。春秋以降，旧制泯绝，诗与乐分，而自作诗言志之法，遂单方发展，继承诗中讽谏之义，以成新体。《汉书·艺文志》所谓："聘问歌咏不行于列国，学诗之士逸在布衣，而贤人失志之赋作。"是也。案《楚策》载荀子去楚，为书以谢春申君，"因为赋曰"云云。此赋亦见今本荀子赋篇，又别题《佹诗》之号[②]。是其名称曰诗曰赋，初无定准，而其内容则为言志，为讽谏。此正足以证成《汉志》所言。盖由《诗三百篇》言志之篇章变而为赋之痕迹，于此灼然可睹也。

《三百篇》初不骋辞，《楚辞》若《离骚》、《九歌》、《九章》之伦，亦为言志抒情之作。独《招魂》、《大招》、《卜居》、《渔父》诸篇，与宋玉诸赋[③]，则渍染战国游说之风，习为铺饰夸张、抑扬往复之法，斯实前代篇章由言志以趋骋辞之一变。故姚鼐《古文辞类纂·序》谓《渔父》、《楚人以戈说襄王》及宋玉《对王问遗行》，皆设辞无事实，乃辞赋之文[④]。《史记·货殖传》

---

① 《春秋》隐三年《左传》："卫人所为赋《硕人》也。"《疏》："郑玄云：'赋者，或造篇或诵古。'然则赋有二义。此与闵二年郑人赋《清人》，许穆夫人赋《载驰》，皆初造篇也，其余言赋者，则皆诵古诗也。"文六年《左传》："国人哀之，为之赋《黄鸟》。"《〈毛诗·秦风·黄鸟〉传》："国人刺穆公以人从死而作是诗也。"以二者比勘，则《左传》之赋可释为作，明矣。

② "宝珍隋珠，不知佩兮！袆布与丝，不知异兮！闾姝子奢，莫知媒兮！嫫母求之，又甚喜之兮！以瞽为明，以聋为聪，以是为非，以吉为凶。呜呼上天！曷惟其同。《诗》曰：上天甚神，无自瘵也。"以上《国策》原文，《韩诗外传》四，《荀子·赋篇》略同。

③ 宋玉赋《文选》录五首，近人或疑其伪，（刘大白著《宋玉赋辨伪》，载《小说月报》十七卷号外。）然傅毅《舞赋》之托襄王宋玉回答，曹植《洛神赋》亦言感宋玉对襄王神女之事，则《风赋》、《高唐》诸篇，久已传诵，至迟亦在汉初已有之，仍在汉赋大盛以前。

④ 《渔父》诸篇盖皆设辞，而太史公以《渔父》入《屈原传》，刘向以入《新序·节士篇》。《国策·楚王以弋说襄王》，太史公以入《楚世家》。《宋玉对楚王问》，刘向以入《新序·杂事篇》。故姚序谓"太史公、刘子政不辨，而以事载之，盖非是"。

云:“南楚好辞,巧说少信。”《汉书·地理志》推而衍之,略述屈子以至汉世吴王、淮南王招致文士之事,而结云:“吴有严助、朱买臣贵显汉朝,文辞并发。故世传楚词,其失巧而少信。”《史》、《汉》之说,可注意者二端:皆言巧说少信,此正纵横家之特征,一也。《史》言“好辞”,《汉》则引申为“文辞并发”。盖辞本口说之义,班固恐人误会马迁所指,仅属言语,故分别坐实之,以文指当时之篇章,辞指当时之口说。二也。他如荀子五赋,乃以隐语为之①,篇幅虽小,文亦繁复。隐本战国游士资为谈助之物,则荀作亦可归入骋辞之流。此则由《楚辞》、荀赋骋辞之篇章变而为赋之痕迹也。

次就言语论,古代不仅有言志之篇章,盖亦有言志之言语,然以其为口说之散录,而非笔著之韵文,故前人拘于形貌以论文者,多不留意。今考之《论语》,《公冶长篇》载颜渊、季路与孔子言志,《先进篇》载子路、曾皙、冉有、公西华与孔子言志。此类问答,其初虽但称言志,而其后则以赋诗言志观念之延长,亦或称之为赋。《韩诗外传》七记孔子游于景山之上,子路、子贡、颜渊从。孔子曰:“君子登高必赋,小子愿言者何?其愿,丘将启汝。”于是子路以次,各有所说,与《论语》大同。此事《外传》九及《说苑》、伪《家语》亦有之,唯“君子登高必赋”一语,彼三文皆作“二三子各言尔志”。以此相衡,则知言志之言语,至迟在汉初人已视为赋之开端②,其

---

① 《文心·谐讔》:“讔者隐也,遁辞以隐意,谲譬以指事也。……君子嘲隐,化为谜语。谜也者,回互其辞,使昏迷也。……义欲婉而正,辞欲隐而显,荀卿《蚕赋》,已兆其体。”

② 《韩诗外传》七:“孔子游于景山之上,子路、子贡、颜渊从。孔子曰:‘君子登高必赋。小子愿言者何?其愿,丘将启汝。’(案此云愿,即《论语》之志也。上言“必赋”,下言“其愿”,见是一事。)子路曰:‘由愿奋长戟,荡三军,乳虎在前,仇敌在后,蠡跃蛟奋,进救两国之患。’孔子曰:‘勇士哉!’子贡曰:‘两国构难,壮士列阵,尘埃涨天,赐不持一尺之兵,一斗之粮,解两国之难。用赐者存,不用赐者亡。’孔子曰:‘辩士哉!’颜回不愿。孔子曰:‘回何不愿?’颜渊曰:‘二子已愿,故不敢愿。’孔子曰:‘不同,意各有事焉。回其愿,丘将启汝。’颜渊曰:‘愿得小国而相之,主以道制,臣以德化,君臣同心,外内相应。列国诸侯莫不从义向风。壮者趋而进,老者挟而至,教行乎百姓,德施乎四蛮。莫不释兵,辐辏乎四门……言仁义者赏,言战斗者死。则由何进而救?赐何难之解?’孔子曰:‘圣士哉!’”按此未必实有其事,多半为《先进篇》故事之汉人翻版,然由此正可见汉人有认赋出于古人言志之语者。

始盖不论句式为整齐或参差，句尾为有韵或无韵，本体为篇章或言语也。故余杭章公《六诗说》亦举《外传》此文为赋所自出①。由言志之言语衍进为赋，盖可于此征之。

春秋之世，列国邦交已繁，折冲尊俎，渐尚骋辞。《左传》所载，斑斑可考。如襄二十七年宋人享赵文子，孔子使举是礼，以为多文辞②。又二十五年，子产献捷，晋人不能难，孔子称之曰："志有之：言以足志，文以足言。不言，谁知其志？言之无文，行而不远。晋为伯，郑入陈，非文辞不为功，慎辞也。"③此以志辞连举，正见由发泄个人情绪至说服他人意见之过程。观子产所言，则历陈史事，以辩护其侵略，正所谓骋辞，非言志也。降及战国，斯风尤盛，言语之过分夸张，与故事之任意编造，随在可见。此盖大有助于赋之成立。章学诚《诗教篇》尝举汉赋主题，战国游谈皆已具之。其见极卓④，唯未及上溯春秋耳，此则由骋辞之言语衍进为赋，章氏之论，尤可证焉⑤。

## （三）汉赋发生之社会背景

赋之来由，具如上述。若兹体之勃兴西汉，则除文体本身之发展条件已臻成熟而外，其社会背景，尤关重要。今就政治、经济、个人诸因素略论之。

---

① 《六诗说》云："《艺文志》曰：'不歌而诵谓之赋。'《韩诗外传》记孔子游景山上曰：'君子登高必赋。'子路、颜渊各为谐语，其句度参差不齐。次有屈原、荀卿诸赋，篇章闳肆。此则赋之为名，文繁而不可被弦管也。"

② 《左传》襄公二十七年《疏》："此文甚略，本意难知。盖于此享也，宾主多有言辞，时人迹而记之。仲尼见其事，善其言，使弟子举是宋享赵孟之礼，以为后人之法，丘明述其意，仲尼所以特举此礼者，以为此享多文辞，以文辞为可法，故特举而施用之。"

③ 又襄三十一《传》载子产如晋，坏馆垣，晋人难之，子产加之辨析，遂不能罪。叔向曰："辞之不可以已也如是夫！子产有辞，诸侯赖之，若之何其释辞也？《诗》曰：'辞之辑矣，民之协矣；辞之绎矣，民之莫矣。'其知之矣。"此亦子产有辞之证。

④ 《文史通义·诗教上》："京都诸赋，苏、张纵横六国，侈陈形势之遗也。《上林》、《羽猎》，安陵之从田，龙阳之同钓也。……《韩非·储说》，比事征偶，连珠之所肇也。……孟子问齐王之大欲，历举轻暖肥甘，《七林》之所启也。"

⑤ 本节参用彭仲铎《汉赋探源》（载《国文月刊》第二十二期）之说。

诗以言志，渐变而为骋辞。纵横之风，乃成一种实际政治艺术。其隆盛每在分裂之时，其衰歇必于统一之代。自陈涉发难迄吴、楚七国之乱，乃战国局面之短期重演。故此期文学，亦与同风。汉初赋家若陆贾、贾谊、枚乘、相如之属，迹其行事，率尝参与政治①。及中央集权之势已成，纵横者流，遂由政治活动之骋辞，转为艺术创作之造赋。观卫绾之奏论贤良②，武帝之诏责严助③，可见当时游士政治活动受朝廷限制之情形。故章公《辩诗》以为武帝以后，宗室削弱，藩臣无邦交之礼，纵横既绌，然后退为赋家。盖武帝以前，文学盛于侯国，作家以政治活动为主，艺术创作为辅。以后则反是，作家既群居王朝，而心思才力，亦集中于文学，故此体因而大盛。其作品染有浓厚之纵横色彩，亦此之由④。斯所谓政治因素也。

吾人居今研读汉代诸赋，每有气魄雄伟，堂庑阔大之印象，此则当时经济富饶之反映也。盖高、惠、文、景之代，大难初夷，中朝方以黄、老之学为治⑤，而郡国诸侯亦各务拊循其民，梁、吴、淮南诸国，所居为天下膏腴，

---

① 据《史》、《汉》所载，陆贾名为有口辩士，居高帝左右，常使诸侯。尝游说南越王赵他，使称臣于汉，又为陈平周勃居间，使相结合，诛诸吕，以安刘氏。贾谊上疏陈政事，欲文帝推行中央集权之制，削弱诸侯。又求为属国之官，以为若行其计，必系单于之颈而致其命。枚乘尝上书谏吴王谋逆，不听，乃去之梁。相如尝使巴蜀，作檄以宣汉之威德。此诸人从事政治活动之证也。

② 《汉书·武帝纪》："诏举贤良方正直言极谏之士，丞相绾奏：所举贤良或治申、商、韩非、苏秦、张仪之言，乱国政，请皆罢。奏，可。"

③ 《汉书·严助传》："拜为会稽太守，数年不闻问。赐书曰：'……间者，阔焉久不闻问，具以《春秋》对，毋以苏秦纵横。'助恐，上书谢。"

④ 《汉书·邹阳传》："汉兴，诸侯王皆自治民聘贤。吴王濞招致四方游士，阳与吴严忌、枚乘等俱仕吴，皆以文辩著名。久之，吴王……阴有邪谋，阳奏书谏。……吴王不纳其言。是时景帝少弟梁孝王贵盛，亦待士。于是邹阳、枚乘、严忌……皆去之梁，从孝王游。阳……介于羊胜、公胜诡之间。……梁王始与胜、诡有谋，阳争以为不可，故见谗。枚先生、严夫子皆不敢谏。及梁事败，胜、诡死，孝王恐诛，乃思阳言，深辞谢之。"此所引一例，知当时游士，不外反对中朝、拥护中朝二派。反对派既失败，拥护派遂亦以在安定环境中而无所施技，而转事文章。其或有从事政事如相如之喻巴蜀，固非其本身之主要事业也。

⑤ 《史记·陈丞相世家》、《外戚世家》、《田叔传》、《张释之传》、《晁错传》、《武安侯传》、《汲郑传》、《儒林传》皆称黄、老言，盖最为当时显学。其以黄、老之术为治者，可举曹参为代表。《曹相国世家》云："参代何为汉相，举事无所变更，一遵（注转下页）

因得以其财力招延四方豪俊。此见汉初游士多在诸侯之国，固由其时形势动荡，急于求士；亦缘地域富饶，足以养士也①。至武帝之初，七十年间，休养生息，而中朝尤臻殷富②，帝王夸侈之心，遂以日盛，而直接刺激赋之发展。如武帝读相如《子虚赋》而善之，相如以为此诸侯之事，未足观，乃更为《天子游猎赋》。又武帝好仙道，相如以为列仙之传居山泽间，形容甚臞，非帝王之仙意，乃奏《大人赋》③。此皆可见汉赋勃兴与经济之关系。盖经济优越，则生活富裕。生活富裕，则由物质之享受，而进为超物质之追求。观相如赋仙，亦置山泽之臞不取，尤可见其消息。斯所谓经济因素也。

汉高以马上得天下，不事《诗》、《书》，虽传世有《大风》之歌，然不足以证其爱好文事也④。降及景帝，亦不好辞赋。故相如乃去梁，从诸侯游士

---

(续上页注)萧何约束。卒，百姓歌之曰：'萧何为法，顜若画一。曹参代之，守而勿失。载其清静，民以宁一。'"贾生好大喜功，多所更张，故诸老臣共非之。后人多以为元老嫉贤，实则汉初政治风气如此，贾生逆此潮流，故见排也。

① 《汉书·吴王濞传》："孝惠、高后时，天下初定，郡国诸侯各务自拊循其民，吴有豫章郡铜山，即招致天下亡命者盗铸钱，东煮海水为盐，以故无赋，国用饶足。"又《梁孝王武传》："梁……为大国，居天下膏腴地。……孝王，太后少子，爱之，赏赐不可胜道。于是孝王筑东苑，方三百余里。……招延四方豪杰。自山东游士莫不至。"淮南地域，在自然地理及经济地理上与吴同区，今所谓江淮平原是也，故亦富饶能养士。《汉书·淮南传》云：淮南王安"亦欲以行阴德拊循百姓，流名誉。招致宾客方术之士数千人"(参《楚辞·招隐士》王逸《序》)。

② 《汉书·食货志》："至武帝之初，七十年间，国家亡事，非遇水旱，则民人给家足，都鄙廪庾尽满，而府库余财。京师之钱累百巨万，贯朽而不可校。太仓之粟，陈陈相因，充溢露积于外，腐败不可食。"

③ 见《史记》本传。

④ 《史记·项羽纪》："汉遣陆贾说项王，请太公，项王弗听。汉王复使侯公往说项王。项王乃与汉约，中分天下……即归汉王父母妻子。……汉王乃封侯公为平国君，匿弗肯复见，曰：'此天下辩士，所居倾国，故号为平国君。'"又《郦食其传》："沛公不好儒，诸客冠儒冠来者，沛公辄解其冠，溲溺其中，与人言，常大骂。"又《陆贾传》："陆生时时前称说《诗》、《书》，高帝骂之曰：'乃公居马上而得之，安事《诗》、《书》！'"汉初赋家即游士之另一身分。高帝以平民起事，对传统文化无素养，又恶游士之足以倾国，故自不喜游士或赋家。

居①。其时诸侯，独淮南王辩博善为文辞，史有明征②。自余若吴王濞、梁孝王武虽喜养士，而文艺欣赏与政治权谋固交相为用，犹难谓其对于赋之发达，有何提倡之功也③。至于武帝，当平治之时，具雄大之才，禀夸侈之性，对此体始特别爱好，故读相如《子虚》，竟有恨不同时之语。巡游各地，所见所感，辄使严助、枚皋之流赋之④。上之所好，下必有甚焉。赋之盛况，遂至是而极矣。其曾孙宣帝亦喜之，谓辞赋大者与古诗同义，小者辩丽可喜，有仁义风谕、草木多闻之观⑤。故武、宣之世，言语侍从之臣，朝夕论思，日月献纳，迄汉末校录，盖千有余篇⑥。斯所谓个人因素也。

## （四）汉赋流别

辞赋二名，对文则异，散文则通。故汉人行文，多辞赋连举⑦。其在

---

① 见《史记·司马相如传》。

② 《汉书·淮南传》："时武帝方好艺文，以安属为诸父，辩博善为文词，甚尊重之，每为报书及赐，常召司马相如等视草，乃遣。"

③ 当时文艺政治之交相为用，观前引《史》，《汉》诸人本传可知。

④ 《史记·司马相如传》："上读《子虚赋》而善之，曰：'朕独不得与此人同时哉！'得意曰：'臣邑人司马相如自言为此赋。'上惊，乃召问相如。"《汉书·严助传》："有奇异，（武帝）辄使为文。"又《枚皋传》："从行至甘泉、雍、河东，东巡狩，封泰山，塞决河宣房，游观三辅离宫馆，临山泽，弋猎、射驭、狗马、蹴鞠、刻镂，上有所感，辄使赋之。"又《艺文志》有"上所自造赋二篇"，盖武帝不仅爱好，且能创作也。其赋虽佚，然传世《秋风辞》犹可见其文采。

⑤ 《汉书·王褒传》："上令褒与张子侨等并待诏，数从褒等放猎，所幸宫馆，辄为歌颂，第其高下，以差赐帛。议者多以淫靡不急，上曰：'"不有博弈者乎？为之犹贤乎已！"辞赋大者与古诗同义，小者辩丽可喜。辟如女工有绮縠，音乐有郑、卫。今世俗皆犹以此虞说耳目，辞赋比之，尚有仁义讽谕、鸟兽草木多闻之观，贤于倡优、博奕远矣。'"

⑥ 班固《两都赋·序》："至于武、宣之世，乃崇礼官，考文章……故言语侍从之臣，若司马相如、虞丘寿王、东方朔、枚皋、王褒、刘向之属，朝夕论思，日月献纳；而公卿大臣御史大夫兒宽，太常孔臧，太中大夫董仲舒、宗正刘德、太子太傅萧望之等，时时间作……故孝成之世，论而录之，盖奏御者千有余篇。"诸家之赋，《汉书·艺文志·诗赋略》著录綦详。

⑦ 《史记·司马相如传》："景帝不好辞赋。"《汉书·王褒传》："辞赋大者与古诗同义。"皆辞赋连称之证。

晚周，辞盛而赋微，汉则反是。故汉人行文，复多以赋该辞①。然此二体，在汉世仍各循厥流波而发展。大抵一则畸于抒情，乃汉赋之别派；一则畸于写实，乃汉赋之正宗。作家或兼具二长，或专攻一体，兹分别疏述其略如次：

别派作家，首推贾谊。其《惜誓》②、《吊屈》二作，皆《楚辞》之嗣响。而《鹏赋》一篇，假设己与鹏鸟回答，以抒其对于人生之理解，尤足珍视③。少后则淮南小山之《招隐士》，奇倔幽峭，殆今传汉人楚词体中最佳之作④。若司马相如最伟大之作品，自属正宗一系。然抒情短篇，若《哀二世赋》，亦一时之选也。扬雄承庄忌、王褒、刘向之风⑤，刻意模拟《楚辞》，而有《反离骚》、《广骚》、《畔牢愁》诸制，其文或传或不传，而刻画太工，反非极诣⑥。东京以降，则班彪《北征》、冯衍《显志》、班固《幽通》、张衡《思玄》，皆此系名作。《北征》气浩而力沈，《显志》意哀而声激，《幽通》则步趋《离骚》，《思玄》又规抚《幽通》，并致英奇，有可观者。而《北征》句式，渐多

---

① 汉时赋盛辞微，故习惯上以赋该辞，如屈原之文，为楚辞之代表，贾谊亦楚辞嫡系，而《史记·屈原传》称："忧愁幽思，而作《离骚》。"《报任安书》则云："屈原放逐乃赋《离骚》。"又《屈传》称："贾生……过湘水，投书以吊屈原。"《贾传》则云："为赋以吊屈原。"此即其蜕变之迹，故至《七略》乃一切称之为赋，更不出辞名矣。（刘歆《七略》今佚，而《汉书·艺文志》全取刘书，由《汉志》固可见《七略》之旧也。）

② 《楚辞·惜誓》王逸《序》云："不知谁作，或曰贾谊，疑不能明也。"洪兴祖《楚词补注》以吊屈赋与之比勘，云："与此语意颇同，故定为贾作。"

③ 《史记·贾传》："贾生为长沙王太傅三年，有鸮飞入贾生舍，止于坐隅。楚人命鸮曰'服'。贾生既以谪居长沙，长沙卑湿，自以为寿不得长，乃为赋以自广。"此赋有数事可注意：（一）谋篇之法乃假设己与鹏鸟问答，上承骋词之言语，下开后来大赋宾主问对之法。（二）举史事以自喻，上承《离骚》，下开刘向以次用事之风。（三）《史记》载此赋，句尾有兮字，《汉书》俱删之，可见东汉以来已觉赋体可省语尾虚字。此三点前二属此赋本身之特色，后一属赋体衍进之痕迹。

④ 《招隐士·序》："《招隐士》者，淮南小山之所作也，昔淮南王安博雅好古，招怀天下俊伟之士。自八公之徒，咸慕其德而归其仁，各竭才智，著作篇章，分造词赋，以类相从，故或称小山，或称大山。其义犹诗有《小雅》、《大雅》也。"《艺概》卷三《赋概》云："屈子以后之作……骨之奇劲，莫如淮南《招隐士》。"

⑤ 见《楚辞》者，庄有《哀时命》，王有《九怀》，刘有《九叹》。

⑥ 《汉书·雄传》："乃作书，往往摭《离骚》文而反之，自岷山投诸江流以吊屈原，名曰《反离骚》；又旁《离骚》作重一篇，名曰《广骚》；又旁《惜诵》以下至《怀沙》一卷，名曰《畔牢愁》。"《广骚》、《畔牢愁》今并佚。

六言①。《思玄》系辞，全为七字②，一则可见魏晋小赋发展之由来，一则可见七言诗体流行之概况，均吾人所宜注意者。东汉之末，则有王逸《九思》，此今本《楚辞》之末篇，亦即两京别派赋体之结局也。要而论之，楚辞自屈、宋逸步，莫之能追，汉人蹑踪，亦有二等：纯粹模拟之作，如今《楚辞》所载，其下也。虽复依傍前式，亦每自致英奇，如贾、马、班、冯之为，其上也，然此系终属余波而非新制，欲识汉赋之真面，仍当于正宗作品求之。

正宗作家，疑始陆贾③。《七略》载贾赋三篇，今尽亡失。然其人为有口辩士，史有明文，而《文心雕龙·才略篇》复称贾"赋《孟春》而选《典诰》，其辩之富矣"。则正汉赋之特色。惜末由知其详。少后则有枚乘，所著《七发》而外，有梁王《菟园赋》④。其时梁客皆善辞赋，乘尤高。相如游梁，乃作《子虚赋》以写诸侯田猎之事，疑由乘启之也。《子虚》所赋，当以梁苑为蓝本，及其亲侍武帝，得见帝室皇居、珍怪异物，遂更逞才力，以造《上林》。描写之恢奇，风格之巨丽，均足代表帝国之伟大气象，遂为汉赋正宗奠不拔之基⑤。盖相如为人，兼有思想复杂⑥，想像丰

---

① 《北征》除《乱辞》乃用四言外，其余皆六言句，总八十二句，其中尾缀兮字者仅三十句。

② 《思玄赋·系》曰："天长地久岁不留，俟河之清祇怀忧。愿得远渡以自娱，上下无常穷六区。超逾腾跃绝世俗，飘遥神举逞所欲。天不可阶仙夫稀，柏舟悄悄吝不飞。松乔高峙孰能离？结精远游使心携。回志朅来从玄谋，获我所求夫何思？"

③ 《文心·诠赋》："汉初词人，顺流而作，陆贾扣其端，贾谊振其绪。"汉世赋家，盖莫先于陆矣。

④ 《菟园赋》今见《古文苑》。其文错脱不可理，先师黄先生尝为校释，见《〈文心雕龙〉札记》。

⑤ 《史记》本传："相如客游梁，梁孝王令与诸生(谓邹、枚之徒)同舍，相如得与诸生游士居，数岁，乃著《子虚》之赋。……久之，蜀人杨得意为狗监，侍上，上读《子虚赋》而善之，曰：'朕独不得与此人同时哉！'得意曰：'臣邑人司马相如自言为此赋。'上惊，乃召问相如。相如曰：'有是，然此乃诸侯之事，未足观也，请为《天子游猎赋》。'赋成，奏之。……天子大悦。"《子虚》作于景帝时，《上林》作于武帝时，《史》、《汉》合为一篇，盖以其用连续问答之辞。《文选》分为二篇，是也。

⑥ 自文翁化蜀，儒学已盛。《〈史记〉索隐》引秦宓云："文翁遣相如受七经。"故其人有儒家思想。若道家及神仙家之思想，则见于《大人赋》，纵横家思想，则见于《谕巴蜀檄》及《难蜀父老》，又从其作品可考见者也。

富①，小学湛深之长②，固有非余子所及者也。元、成以来，扬雄亦以赋称。其所作，每拟相如以为式③。然如其《甘泉》、《羽猎》，虽取法《子虚》、《上林》，而于战国以来假设宾主之法，则不更沿用。其作风绵密，亦与相如之疏荡不同。则模拟之中未尝无创造，故视拟《骚》诸作为胜。暨乎东汉，班固《两都》④，张衡《两京》⑤相继而出。正宗之赋，乃臻极诣。先是，扬雄有《蜀都赋》，杜笃有《论都赋》，然局面尚小。班、张嗣响，扩而充之，结构谨严，题材繁积，音节浏亮，皆与京都之雄伟相称，遂度越西京之作焉。他若傅毅《舞赋》、马融《长笛赋》⑥、王延寿《灵光殿赋》⑦，亦此系之佳制也。大抵两汉正宗之赋，虽皆畸于写实，然西京之初，尚遗游士夸张之习气，东京以下，则纯以事物为对象，其态度更趋客观，感情更趋沉静，此又以社会学

① 相如赋以铺张为长技，以歆动感官之材料为资粮，视《楚辞·招魂》等尤甚。

② 相如尝著《凡将篇》，今佚。《汉志》称其无复字，其赋字汇亦极丰富，皆长于小学之证也。

③ 《汉书·雄传》："先是时，蜀有司马相如，作赋甚弘丽温雅，雄心壮之，每作赋，常拟之以为式。"

④ 何焯《义门读书记》论《两都赋》云："前篇极其眩曜，主于讽刺，所谓抒下情而通讽谕也。后篇折以法度，主于揄扬，所谓宣上德而尽忠孝也。"按《赋序》云："臣窃见海内清平，朝廷无事，京师修宫室、浚城隍、起苑囿，以备制度。西土耆老，咸怀怨思，冀上之眷顾，而盛称长安旧制，有陋洛邑之议。故臣作《两都赋》，以极众人之所眩曜，折以今之法度。"故分疏为二，何说是也，其法亦从《子虚》、《上林》来。此类大赋，结构多谨严，以便控制材料，如班作即先就地理之形胜，社会之殷富画一轮廓，然后分疏其宫室、娱乐、人物、情事，条理井然。

⑤ 平子生孟坚之后，以同一题材而作大赋，力求胜于前作，故于材料方面凡为两都所无者，皆尽力描写，如平乐观之陈百戏（角觝、跳丸、走索、化装等）游幸之载小说，均多铺叙，又其篇幅之长，亦均超出《两都》。

⑥ 马氏以大音乐家而赋汉世新兴之乐器，其精彩自不待言。其句法亦有可注意者，则本文自"屈平适乐国，介推还受禄"以下，凡用五言十二句，又乱词"近世羌笛从羌起，羌人伐竹未及已"以下，凡用七言十句。此事一则足以旁证五七言诗之形式在季长之世已颇流行，二则六朝小赋，如子山《春赋》之类，多杂以五七言诗句法，其风亦自此开之也。

⑦ 《鲁灵光殿赋·序》云："鲁灵光殿者，盖景帝程姬之子恭王余之所立也。……遭汉中微，盗贼奔突，自西京未央、建章之殿，皆见隳坏，而灵光岿然独存。"自《上林》以迄《京都》诸赋，莫不及宫室，而文考独取一殿赋之，奇诡尽致，如写景则远观与近观别，粗视与谛视又别，实较前人为胜。其中描写殿中壁画，亦前人所无。

术之迁变，而影响文学表见者也。

## （五）赋之旁衍

赋既兼具骈、散、韵文之形态，而为此三者之中间体制，故其确定范围，不易指陈。昔贤分析文体，自晋以来，已臻细密。其中数类，以今观之，实为赋体之旁衍①。兹并加综述，以见此汉代文学主流之盛及影响之著焉。

一曰对问。此体假设客主问答，以畅作者之怀。散而不韵，实战代游谈之嫡裔，然羌无故实，则赋家凭虚之流风。始《卜居》、《渔父》，用韵已疏，逮宋玉《对楚王问》一篇，遂更不用韵②。此其变化之迹也。宋玉之作，真伪难知。若汉人所为，则东方朔《答客难》郁为首唱，扬雄《解嘲》，班固《答宾戏》，崔骃《达旨》，张衡《应间》，皆效而广之焉。《说文・氏部》尝引《解嘲》语而称之为赋③，则对问乃赋之支条，可无疑也④。

二曰七。七者，亦问答体之赋，而具有一定之方式与结构。其法乃由客陈说七事以悦主。其前六事皆主所不喜，最后一事则使主满意。其体盖由解散《楚辞・招魂》、《大招》而成⑤。《楚辞》写宫室、饮食、倡乐、游猎之属，皆连贯而下，此则分为七单元。又七事中最后一事，必由形而下之享受，改为形而上之追寻，此其异也⑥。七不得为文体之名，前人于此，多

---

① 《文心》特作《杂文》一篇专论之，谓："凡此三者，文章之枝派，暇豫之末造也。"

② 《文心・杂文》："宋玉含才，颇亦负俗，始造对问，以申其志，放怀寥廓，气实使之。"

③ 《说文・氏部》："巴蜀山名岸胁之旁箸落欲堕者曰氏，氏崩，声闻数百里。……扬雄赋：'响若氏隤。'"

④ 《文选》有对问与设论两类，对问类仅收宋玉《对楚王问》一篇，与设论类之东方朔《答客难》、班固《答宾戏》实一系统之作，《文心》并称对问，是也，今从之。

⑤ 章学诚《文史通义・诗教上》："孟子问齐王之大欲，历举轻暖、肥甘、声音、采色，七林之所启也。"太炎先生《国故论衡・辩诗》："枚乘又以《大招》、《招魂》散为《七发》。"文体孳生，必于其类近，故后章之说为胜。

⑥ 如《七发》所说次第为：一音乐、二滋味、三车马、四游宴、五田猎、六观涛、七言论，故《文心》云："七窍所发，发乎嗜欲，始邪末正，所以戒膏粱之子也。"

有讥议①。然自枚乘首造《七发》，后来作者，多以七称，约定俗成，固亦末由校正矣。枚乘以后，若傅毅《七激》、崔骃《七依》、张衡《七辩》、曹植《七启》之类，皆承流之作②，而要以原唱为杰出，《文心》以"独拔而伟丽"评之，是也。

三曰连珠。此体乃以精巧之比喻，整齐之文辞，缀为短章，以曲达其主旨。偶而不韵，实即小型之骈文也。以比喻为文，乃战国诸子盛行之法，至广征事类，条列比喻，则《韩非·储说》其尤显著③，故论连珠起源者多推本之。逮扬雄始以连珠为称，盖以其文小巧，其辞明润，磊磊如贯珠耳④。东汉以下，拟者间出，班固、贾逵、傅毅之为，今不具存。独晋陆机《演连珠》五十首，为兹体杰构。

右列三体，《文心雕龙》列于杂文之篇，盖赋体支流，此其尤显然者。然赋在汉世，最为大国，故两京之文，若符命、论说、哀吊以及箴、铭、颂、赞之作，凡挟铺张扬厉之气者，莫不与赋相通，固不仅此述三体而已。而汉代文苑，模拟之风特盛，亦唯于赋及其旁衍诸体中，最可窥见⑤。此二事一为斜出之发展，一为直接之影响，又皆诵汉赋所不可不知者焉。

---

① 《诗教下》："七林之文，皆设问也，今以枚生发问有七，而遂标为七，则《九歌》、《九章》、《九辩》，亦可标为九乎？"此所诘难，颇当于理。

② 《容斋随笔》："枚乘作《七发》，创意造端，丽词腴旨，上薄《骚》些，故为可喜。其后继之者……规仿太切，了无新意。傅玄又集之以为《七林》，使人读未终篇，往往弃诸几格。"

③ 杨慎《丹铅录》："《北史·李先传》：'魏帝召先读《韩子连珠论》二十二篇。'……韩非书中有连语，先列其目，而后著其解，谓之连珠。"按《文心》云："扬雄覃思文阁，碎文琐语，肇为连珠（从《玉海》引），其辞虽小而明润矣。"据此则连珠之体，虽肇韩非，其名则非先秦所有，《北史》之言，盖以韩子之文有类后世之连珠，因以称之也。《诗教上》亦云："韩非《储说》，比事征偶，连珠之所肇也。"说与杨同。

④ 傅玄《演连珠·序》云："其文体辞丽而言约，不指说事情，必假喻以达其旨，而览者微悟，合于古诗兴讽之义，欲使其历历如贯珠，易睹而可悦，故谓之连珠也。"

⑤ 两汉作家颇事摹拟，不独赋之一体而已。吾友周勋初先生尝造《两汉摹拟作品一览表》，搜集良备，附见其《王充与两汉文风》一文中（载《古代文学理论研究》第二辑），可参看。

# 史传文学与传纪之发展

## ——汉魏六朝文学散论之二

## （一）纪传体与列传

吾国记事之文，自《尚书》、《春秋》开其端，历《左传》、《国语》、《国策》，法式渐臻美备。至于炎汉，司马氏复括囊旧作，附益心裁，以为纪传之体，而史体乃至大成。百世不迁，历朝继作，竟专正史之号焉①。盖《尚书》偏于记言，《春秋》专为记事，《左传》附经乃行，《语》、《策》分国自画，胥难贯穿上下，网罗巨细，甄明源委，分别重轻。而纪传一体之为，则合本纪、世家、列传、表、书等以为一编。本纪编年，以包举大端。世家区国，列传传人，以委曲细事。表以谱列年月爵秩。书以总括文物典章。相互为用，若环无端，实掩有前此诸家之长，所以最为胜业也②。

---

① 晁公武《郡斋读书志·史部序》："编年、纪传，则各有所长……而人皆以纪传便于披阅，独行于世，号为正史。"章学诚《史考释例》："编年之书，出于《春秋》，本正史也。乃班、马之学盛，而史志著录皆不以编年为正史。"

② 《史记·自序》述其每体之编次及立名之义云："略推三代，录秦、汉，上记轩辕，下至于兹，著十二本纪，既科条之矣。并时异世，年差不明，作十表。礼、乐损益，律、历改易，兵权、山川、鬼神，天人之际，承敝通变，作八书。二十八宿环北辰，三十辐共一毂，运行无穷，辅拂股肱之臣配焉，忠信行道，以奉主上，作三十世家。扶义俶傥，不令己失时，立功名于天下，作七十列传。"其各体意义，前代史家多有解说，今择录如次：（注转下页）

此体由来，洪饴孙《史目表》谓起于《世本》。《世本》者，刘向《别录》以为古史官明于古事者之所记，刘知幾《史通》则云楚汉之际好事者所为。或有两本，疑莫能详也。其书久亡，稽其逸文，亦有纪、传、世家、谱系之属，故洪氏云尔②。今更就太史公本书考之，则《大宛列传》称引《禹本纪》，《卫世家》称引世家，《伯夷列传》亦举旧传；又桓谭《新论》言史公《三代世表》乃效《周谱》，而八书亦与《尚书·禹贡》、《洪范》诸篇颇近③，是诸体旧悉具之。《世本》作者既综厥数端以为一书，司马氏踵事增华，绳贯珠联，遂为斯学奠不拔之基耳。

至由文学观点论之，则斯体肇兴，始有列传，变前此以事系年，因事成

(续上页注)本纪，裴松之《〈三国志〉注》云："本者，系其本系，故曰本；纪者，理也，统理众事，系之年月，名之曰纪。"《史通·本纪篇》："纪之为体，犹《春秋》之经，系日月以成岁时，书君上以显国统。"

表，应劭《〈汉书〉注》云："表者，录其事而见之。"按《礼》有《表记》，而郑玄云："表，明也。"谓事微而不著，须表明也，故言表(《〈史记〉索隐》引)。

书(志)，司马贞《〈史记〉索隐》云："书者，五经六籍总名也。此之八书，纪国家大体，班氏谓之志，志亦记也。"颜师古《〈汉书〉注》："志，记也，积记其事也。"

世家，《〈史记〉索隐》云："世家者，记诸侯本世也。言其下及子孙常有国。"故孟子曰："陈仲子，齐之世家。"又董仲舒曰："王者封诸侯，非官之也，得以代代为家者也。"《史通·世家篇》："案世家之为义也，岂不以开国承家，世代相续。"

列传，《〈史记〉索隐》云："列传者，谓叙列人臣事迹，令可传于后世。"张守节《〈史记〉正义》："其人行迹可序列，故云列传。"

② 洪氏《史目表》举《史记》诸体所从出云："《左传》襄二十一年《正义》引《世本·记》文，《史记索隐》、《〈路史〉注》引《世本·纪》文，记、纪音同，此即《史记》篇目之所本也。"此言纪也。又云："按《隋经籍志》：《世本王侯大夫谱》二卷，是《世本》即《周谱》也。故《〈史记〉集解》引《世本·姓氏篇》云：'言姓则在上，言氏则在下。'此即周谱旁行斜上之法。"(按桓谭《新论》云："太史公三代世表，旁行斜上，并效周谱。")此言表也。又云："按《世本》有《作篇》，记占验、饮食、礼乐、兵农、车服、图书、器用、艺术之原，即太史公八书所本，后世诸志之祖。"此言书(志)也。又云："《左传》桓二年《正义》引《世本·世家》文，襄二十一年、定元年《正义》皆引此篇，言诸侯世代谥号。"此言世家也。又云："《〈史记〉索隐·魏世家》引《世本·传》文，述卿大夫世代谥号。"此言传也。

③ 《禹贡》言地理，乃《史记·河渠书》、《汉书·地理志》所本；《洪范》述灾祥，乃《汉书·五行志》所本。

篇之法，而进以人物为中心。史事既显，个人亦张，跗萼相衔，首尾同贯，实为记事文新启之异境。盖《左》、《策》之文，虽极工妙，然随事起止，于模状人物，每不能尽其情，至于叙一人之事而年月参差，壤地隔越，更无论矣。纪传史家，虽亦颇用互见之例，有如《史通》所谓“同为一事，分在数篇，断续相离，前后屡出”之病，而于人物之描写，则终较余体为胜。故自汉人合《春秋》经传为一，以创编年之体，后世史家亦沿而不废①，与纪传并行。而文士赏析，则仍去彼取此。是知就史学言，纪传一体，乃史体之重心；就文学言，纪传体中以记人为主之列传，又史传文学之重心也。

## （二）史传文学之代表作及其递嬗之迹

自《太史公书》出，而纪传之体大行，《汉书》复易其通古之法为断代，拟之为式者尤众②。然后来论文之家独许马、班、陈、范，以其所作为史传文学之模楷，号曰《四史》。若夫荀、袁《两汉纪》，易纪传为编年，虽文约易者，未可遽废，而文辞之美，终不足方驾诸家焉。

《太史公书》者，后汉以来，或循古昔史籍通称，目为之《史记》③，盖司马迁之所作也。迁父谈本史官，迁世其业④，乃思采《左传》、《国语》，删

① 《后汉书·荀淑传》：“悦，字仲豫……（献）帝好典籍，常以班固《汉书》文繁难省，乃令悦依《左氏传》体以为《汉纪》三十篇。”按《春秋》编年，而《左氏》叙事，《传》虽附《经》，实出两手。悦书则兼经传之体，既编年亦叙事，不得谓其专取法于左氏也。

② 《史通·六家》：“《汉书》者，究西都之始末，穷刘氏之废兴，包举一代，撰成一书，言皆精炼，事甚该密，故学者寻讨易为其功，自尔迄今，无改斯道。”盖后世续史，多限于一代，其端实自班氏发之。

③ 司马所作，本名《太史公》，见《汉书·艺文志》及《叙传》。又称《太史公书》，初见于本书《自序》，又见《汉书·宣元六王传》。又称《太史公记》，见《汉书·杨恽传》。曰书曰记，皆于太史公下附缀一字，盖明其为太史公所书所记耳。至《史记》一辞，乃汉世通指前代史籍者，屡见于司马本书。迄东汉之末，荀悦《汉纪》、《武荣碑》等始以专指马书，盖取以作《太史公记》之简称。自《史记》名行，而《太史公》之名反废矣。

④ 《史记·自序》：“迁仕为郎中，奉使西征巴蜀以南……还报命。是岁（元封元年）天子始建汉家之封，而太史公留滞周南（今洛阳），不得与从事，故发愤（注转下页）

《世本》、《国策》，下迄《楚汉春秋》之类，上起黄帝，下终汉武，错综今古，勒成一书①。未成，忽遘李陵之祸。既遭腐刑，鄙没世而文采不表于后，故隐忍苟活，卒竟其业②。其书既行，颇为世重。自刘向、扬雄博极群书，皆称迁有良史之才，不虚美，不隐恶③。而作述宗旨，本法《春秋》，故微文刺讥，亦间不免焉。至其文字组织之复杂，连系之严密，叙述之美妙，并造极峰。故史传之文，千古以来咸推第一，鲁迅《汉文学史纲要》至谓为“史家之绝唱，无韵之《离骚》”，非虚誉也。

马迁之作，年止武帝，太初以还，阙而不录。后来好事，颇续其书④。逮乎班彪，甄采旧事，旁贯异闻，以为后篇，不为世家，唯存纪传⑤。子固以父所撰，未尽一家，乃复起元高皇，终乎王莽，究西都之始末，以造《汉

---

（续上页注）且卒。而子迁适使反，见父于河洛之间。太史公执迁手而泣曰：‘余先，周室之太史也。……自获麟以来，四百有余岁，而诸侯相兼，史记放绝。今汉兴，海内一统，明主、贤君、忠臣、死义之士，余为太史而弗论载，废天下之史文，余甚惧焉，汝其念哉。’迁俯首流涕曰：‘小子不敏，请悉论先人所次旧闻，弗敢阙。’卒三岁，而迁为太史令，紬史记石室金匮之书。”

① 见《汉书·司马迁传赞》。《〈史记〉索隐·序》亦云：“《史记》属稿，先据《左氏》、《国语》、《系本》、《战国策》、《楚汉春秋》及诸子百家之言，而后贯穿经传，驰骋古今，错综隐括，使各成一国一家之事。”

② 司马迁《报任安书》：“李陵既生降，隤其家声，而仆又茸以蚕室，重为天下观笑，悲夫！悲夫！……所以隐忍苟活，幽粪土之中而不辞者，恨私心有所不尽，鄙没世而文采不表于后世也。……仆窃不逊，近自托于无能之辞，网罗天下放失旧闻，考之行事，稽其成败兴坏之理……草创未就，适会此祸，惜其不成，是以就极刑而无愠色。仆诚已著此书，藏之名山，传之其人，通邑大都，则仆偿前辱之责，虽万被戮，岂有悔哉！”

③ 《汉书·司马迁传赞》：“自刘向、扬雄博极群书，皆称迁有良史之才，服其善序事理，辨而不华，质而不俚。其文直，其事核，不虚美，不隐恶，故谓之实录。”

④ 《后汉书·班彪传》：“武帝时司马迁著《史记》，自太初以后，阙而不录，后好事者颇或缀集时事，然多鄙俗，不足以踵继其书。”李贤《注》：“好事者，谓扬雄、刘歆、阳成衡、褚少孙、史孝山之徒也。”据《汉志》又有冯商所续《太史公》七篇，据《史通》则上述诸人外，更有刘向等九人。

⑤ 《史通》论班《书》不撰世家之故云：“当汉世之有天下也，其诸侯与古不同。夫古者诸侯皆即位建元，专制一国，绵绵瓜瓞，卜世长久。至于汉代则不然，其宗子称王者，皆受制京邑，自同州郡；异姓封侯者，必从宦天朝，临方域。或传国唯止一身，或袭爵才经数世，虽名班胙土，而礼异人君，必编世家，实同列传。”

书》。核其体制，多同史公，特以大名既法《尚书》而称书，故易书为志，又循家学，省去世家，更以一朝为断限而已。其文典赡谨严，与史公之雄奇直肆者异趣①。又句调多复，亦与史公以单笔取致者殊科②。和雅春容，谅一时之杰作，然马书不拘绳墨以寄其微情妙旨之境，亦少替矣。魏禧论文，谓“迁工于文，固密于体”。盖论史才则班氏为优，考文章则司马为甲，固各有其胜劣也。

若夫范《汉》、陈《志》，语史则汉在魏前，论人则范居陈后，故今先论陈氏之作。盖自炎灵失驭，三国鼎峙，魏、吴国史，俱有成书③。至晋受命，海内大同，蜀人陈寿，乃集二国旧史，与夫梁益故事，以成《三国志》。其书不为表、志，但著纪、传④，又创迴护之法，以为时讳⑤。是二者，后世多取则焉。若其文辞高简有法，善于叙事，当时已有重名⑥。叶适《习学记言》至谓其“高处逼司马迁，方之班固，但少文义缘饰，要终胜固”。虽非定评，亦可见《国志》之足以差肩《史》、《汉》矣。逮刘宋裴松之复傍摭遗逸，以为之注，所采杂史传记之属，凡数百家，遂为注家别辟涂径。由是习陈《志》者，必兼及裴《注》矣⑦。

---

① 《后汉书·班彪传论》：“迁文直而事覈，固文赡而事详，若固之叙事，不激诡，不抑抗，赡而不秽，详而有体，信哉其能成名也。”

② 曾国藩《送周荇农南归序》及王闿运《王志》并言之。

③ 魏史成书者，有鱼豢《魏略》、王沈《魏书》，吴史成书者，有韦曜《吴书》，独蜀无之。杂史则三国俱有之。

④ 按正史中不立表者《三国志》、《后汉书》、《晋书》、《宋书》、《南齐书》、《梁书》、《陈书》、《南史》、《魏书》、《北齐书》、《周书》、《北史》、《隋书》、《唐书》、《五代史》、《新五代史》。不立志者，《三国志》、《梁书》、《陈书》、《南史》、《北齐书》、《周书》、《北史》。

⑤ 赵翼《廿二史札记》卷六《三国志书法条》：“寿修书在晋时，故于魏晋革易之处，不得不多所回护。而魏之承汉与晋之承魏，一也。既欲为晋回护，不得不先为魏回护。如《魏纪》书天子以公领冀州牧，为丞相，为魏公，为魏王之类，一似皆出于汉帝之酬庸让德，而非曹氏之攘之者。此例一定，则齐王芳之进司马懿为丞相……等事，自可一例叙述，不烦另改书法。”

⑥ 《晋书》本传云：“撰魏、吴、蜀三国志，凡六十五篇，时人称其善叙事，有良史之才。夏侯湛时著《魏书》，见寿所作，便毁己书而罢。张华深善之，谓寿曰：‘当以晋书相付耳。’其为时所重如此。”

⑦ 《四库提要》论裴《注》义例，总为六条：一、引诸家之论以辨是非；（注转下页）

后汉纪传，发源《东观》[1]，自余作者，凡十许家[3]，互见短长，未能尽善。故及乎宋代，范晔乃鸠集众制，别造《后汉书》。其十志未克毕功，以罪被诛[3]。梁刘昭既注范《书》，因取司马彪《续汉书》之志兼注之，以补其阙[4]。今日所行，即范与司马二家合并之本也。范氏于己作位置甚高，尝谓自古体大思精，未有其比。尤自负其序、赞，以为《循吏》以下至六夷诸序论，笔势纵放，实天下之奇作[5]，赞乃其文之杰思，奇变不穷，同含异体，至不知所以称之[6]。先师蕲春黄君《书〈后汉书〉论赞》亦云："寻绎范氏之文，虽多偶语，而不尽拘牵，虽谐声律，而绝无胶执。"盖其运思属辞，信六代之巨丽，极才人之能事，又不仅史笔之简严有则而已。

史籍撰述，自隋以前，多属私家，迄唐以来，始有设局官修之事，既杂成众手，故文辞鲜有可观。若夫八代诸书，四家而外，如沈约、萧子显之作，其存者亦有数部，而方之前载，未足比伦，故兹不更及。今姑肇自马《史》，迄于范《书》，以窥八代史传文学递嬗之迹，则有数端可得而言。

司马氏之作《太史公书》，据其《报任安书》，乃"欲以究天人之际，通古今之变，成一家之言"。其措意与晚周诸子，未甚相远。而《自序》一篇，又

---

（续上页注）二、参诸书之说以核讹异；三、传所有之事，详其委曲；四、传所无之事，补其阙佚；五、传所有之人，详其生平；六、传所无之人，附以同类。

① 刘珍等撰《东观汉记》久佚，今惟有辑本。

② 作者多家，目详隋、唐两志，不悉举。

③ 《〈后汉书·后妃传〉注》引沈约《谢俨传》曰："范晔所撰十志，一皆托俨。搜撰垂毕，遇晔败，悉蜡以覆车。宋文帝令丹阳尹徐湛之就俨寻求，已不复得，一代以为恨。"今沈约《宋书·俨传》无此文。

④ 洪颐煊《读书丛录》卷二十二《刘昭志补注》条："《隋志》：《后汉书》百二十卷，范晔本，刘昭注。昭注补志《序》云：'乃借旧志注以补之，以合范史。'是昭未尝注司马彪全书，唯取八志以合于范史。及李贤更注范《书》，而仅及纪、传，故昭注独志存。取司马《志》以合范《书》纪传，实始刘昭。洪迈、陈振孙以为始宋孙奭，非也。"

⑤ 《后汉书·循吏传》以下则有《酷吏》、《宦者》、《儒林》、《文苑》、《独行》、《方术》、《逸民》、《列女》，皆类传。六夷者，一东夷，二南蛮及西南夷，三西羌，四西域，五南匈奴，六乌桓及鲜卑。《循吏》迄六夷，当卷一百六至一百二十。

⑥ 见《宋书·晔本传》载《狱中与诸甥侄书》（亦称《自序》）。

假与壶遂问答，以畅其绍法《春秋》之旨①，是犹孔圣自赞《春秋》，“其事则齐桓、晋文，其文则史，其义则丘窃取之”之义也。东京而降，儒术隆而诸子微，故班生之述《汉书》，虽有“穷人理，该万方，纬六经，缀道纲，总百氏，赞篇章”之说，然已与史公之牢笼万态，等夷群言，不甚拘拘于传统者有别。凌迟至于范氏，则更唯文辞是务，玩其《与甥侄书》比方班固，参踪贾谊之言，重文章，轻史法，爰然可见②。下及六代之作，多与同风。此则作史旨趣，由绍述义法而变为驰骋翰藻，其递嬗之迹可睹者一也。

次则马迁既隐以绍述自任，故成专家独断之学。撰次之法，悉以己意为衡。若项羽、吕后，列于本纪；孔子、陈王，归在世家。虽为后来嗤点，固其用意之所存也③。班《书》而下，渐有成规，如新莽建国，吴、蜀分疆，格以马例，亦宜作纪，而《汉书》但列王莽于传末，以见先代之所终；《国志》虽撰备、权为纪体，不敢制名以指实。视范《书》之以东汉诸后，临朝者多，遂远法史迁，近效华峤而立皇后纪者，且不侔矣。章学诚《文史通义·书教篇》尝谓：“迁书通变化，而班氏守绳墨……盖迁书体圆用神，班氏体方用智。”其分别精矣。详览后世之作，多祧马宗班，盖体统既定，改辙为难。此则作史体例，由独断之学而趋画一之途，其递嬗之迹可睹者二也。

复次，《太史公书·自序》及《报任安书》均尝历举往古圣贤著述之事，

---

① 《史记·自序》：“上大夫壶遂曰：‘昔孔子何为而作《春秋》哉？’太史公曰：‘余闻董生曰：周道衰废……孔子知言之不用，道之不行也，是非二百四十二年之中，以为天下仪表，贬天子，退诸侯，讨大夫，以达王事而已矣。子曰：我欲载之空言，不如见之于行事之深切著明也。夫《春秋》上明三王之道，下辨人事之纪……王道之大者也。……’壶遂曰：‘孔子之时，上无明君，下不得任用，故作《春秋》，垂空文以断礼义，当一王之法。今夫子上遇明天子，下得守职，万事既具，咸各序其宜。夫子所论，欲以何明？’太史公曰：‘……主上明圣而德不布闻，有司之过也。且余尝掌其官，废明圣盛德不载，灭功臣、世家、贤大夫之业不述，堕先人所言，罪莫大焉。余所谓述故事，整齐其世传，非所谓作也，而君比之于《春秋》，谬矣。’”

② 《书》云：“吾杂传论皆有精意深旨，既有裁味，故约其词句。至如《循吏》以下及六夷诸序论，笔势纵放，实天下之奇作。其中合者，往往不减《过秦篇》。尝共比方班氏所作，非但不愧之而已。”

③ 如《史通》、《〈史记〉索隐》等，皆论及之，今不具列，详曾运乾《〈史记〉概要》。

以为皆意有所郁结，不得通其道，故退论书策，以舒其愤，思垂空文以自见①。班氏父子泥于发愤之论，颇多贬斥之言。宋儒晁氏以次，辨之审矣②。然迁既本其绍述之旨，独断之学以为此书，故于史事叙次而外，其本人个性实渗透于全部著作之中，主观之见解与感兴，随时流露。如葛洪《抱朴子》谓其："以伯夷居列传之首，以其善而无报也。为《项羽本纪》，以据高位者非关有德也。"固不得目为意必之言焉。而班、陈以次，属辞比事，多趋客观。作者个性亦渐就澌灭。其文具存，可以复按。此则作者个性，由显而隐。其递嬗之迹可睹者三也。

再次则诸夏语文，单觭成义，故放言遣辞，或复或单。先秦经子，张弛互出，单复别异，犹不甚著。自司马氏作，挺浩瀚无涯之才，驱纵横不羁之笔。积句皆奇，屈伸随意，而单笔之文乃盛。班生继兴，勒成汉录，缘饰儒雅，从容辞章，更为史文开复笔之途。魏晋以降，骈俪大兴。诸撰史者，多遵班轨。洎乎范氏，遂弥复究心于宫商清浊③，赞论则综缉辞采，序述则错比文华，而文史几于不别矣④。《史通》尝叹六代史道凌夷，"其为文也，

---

① 《史记·自序》："(太史公遭李陵之祸，)退而深维曰：'夫《诗》、《书》隐约者，欲遂其志之思也。昔西伯拘羑里，演《周易》；孔子厄陈、蔡，作《春秋》；屈原放逐，著《离骚》；左丘失明，厥有《国语》；孙子膑脚，而论《兵法》；不韦迁蜀，世传《吕览》；韩非囚秦，《说难》、《孤愤》。《诗》三百篇，大抵贤圣发愤之所为作也。此人皆意有所郁结，不得通其道也。故述往事，思来者。'于是卒述陶唐以来，至于麟止。"

② 《文献通考·经籍考》引晁氏(公武)曰："班固常讥迁论大道，则先黄、老而后六经；序游侠，则退处士而进奸雄；述货殖，则崇势利而羞贫贱。后世爱迁者多以此论为不然，谓迁特感当世之所失，愤其身之所遭，寓之于书，有所激而为此言耳，非其心所谓诚然也。当武帝之世，表章儒术而罢黜百家，宜乎大治，而穷奢极侈，海内凋敝，反不若文、景尚黄、老时，人主恭俭，天下饶给。此其所以先黄、老而后六经也。武帝用法刻深，群臣一言忤旨，辄下吏诛。而当刑者，得以货免。迁之遭李陵之祸，家贫无财贿自赎，交游莫救，卒陷腐刑。其进奸雄者，盖迁叹时无朱家之伦，不能脱己之祸，故曰：'士贫窘得委命，此岂非人所谓贤豪者耶?'其羞贫贱者，盖自伤特以贫故不能自免于刑戮，故曰：'千金之子，不死于市。'非空言也。"

③ 晔《狱中与诸甥侄书》又云："性别宫商，识清浊，斯自然也。观古今文人，多不全了此处，纵有会者，不必从根本中来。"观此，其自负及措意可见。

④ 《文选》不录史传而录史之序、赞，序云："记事之史，系年之书，所以褒贬是非，纪别同异，方之篇翰，亦已不同。若其赞论之综辑辞采，序述之错比文(注转下页)

大抵编字不只，捶句皆双，修短取均，奇偶相配……弥漫重沓，不知所裁”。盖汉、魏以还，文体由单趋复，史家修撰，遂亦同流。此则文章体式，由单而复，其递嬗之迹可睹者四也。

## （三）杂　传

纪传体之史，固史传文学之正宗，而西汉之末，杂传渐兴②，魏晋以来，斯风尤甚，方于正史，若骖随靳③。其体实上承史公列传之法，下启唐人小说之风，乃传记之重要发展也。惜作品虽多，亡佚亦众，故世之论家，殆罕及焉。

盖自司马氏创立列传，叙事之法，已进以人物为中心。其间或以一人为一传，或合数人为一传，而其性行同类者，则更以品汇相从，又或取子书成法，以为自序。故较而论之，则有专传，有合传，有类传，有自传。后世杂传之体，初不出此四者之外。斯其原本马迁列传之明证。《四库提要》乃远溯姬周，以《晏子春秋》为传记祖，非其实也④。

马迁之没，后有续书。考诸前载，盖亦以列传为主⑤。其于杂传发展，殆有促进之功。既而刘向典校经籍，始作《列仙》、《列士》、《列女》诸传⑥，复

(续上页注)华，事出于沈思，义归乎翰藻，故与夫篇什，杂而集之。”此之所云，可见八代史书文学化之程度。

② 杂传之名，本诸《隋书·经籍志》。其间异名亦颇众，如或称传（《陈寔传》），或称世家（《王祥世家》），或称叙（《赵至叙》），或称家传（《谢车骑家传》），或称言行（《殷羡言行》），或称行状（《赵吴郡行状》），或称本事（《徐江州本事》），均见《〈世说新语〉注》。而称别传者尤多，目详姚振宗《〈隋书·经籍志〉考证》。别传者，盖本对史传而言，及后史无传而仅有私撰之传者，亦称别传，则别传又进为单行传记之称矣。

③ 《左传》定公九年：“吾从子如骖之靳。”杜《注》：“靳，车中马，言相从如骖马之随靳也。”

④ 以《晏子春秋》为传记之祖，见《四库提要》史部传记类叙。

⑤ 《七略》云：“（冯商）能属文，后与孟柳同待诏，颇叙列传，未卒。”《汉志》载冯商所续《太史公》七篇。又班彪为《后传》六十五篇，见《后汉书》本传。

⑥ 《隋志》杂传叙：“武帝从董仲舒之言，始举贤良文学，天下计书，先上太史，善恶之事，靡不毕集。司马迁、班固撰而成之。股肱辅弼之臣，扶义俶傥之(注转下页)

采故书所载行事，分别部居，勒为《说苑》、《新序》，凡数十篇[①]，于是离史别行之传渐盛。东都以还，各随事类相继而作者甚众。若其无所标举但出传主之名者，亦至繁多。语其源委，信肇兴于西京之末，而大盛于魏、晋以来矣。

尝试稽诸目录，兼诠佚文，知杂传之所包容，至为广泛，举凡邑里、家世、圣贤、豪杰、忠节、孝友、文章、隐逸，与夫释子、仙人、鬼神、奇怪、列女、童子之伦，莫不因其志尚，布之篇籍[②]。推其原故，盖亦各具因缘。东汉以来，世重高门，人轻寒族，竞以姓望所出，邑里相矜。及魏普行九品中正之制，以门第取士，斯风尤甚。人物挺生，莫不视为郡国族姓之荣，此其一也。东京尊崇节义，敦厉名实，儒术甚隆，风俗亦美，故或楷模前代，或月旦今人，大而伦常，小而艺事，皆传其行事，以为标榜，此其二也。两汉之际，佛教东来。往古神仙家言与之推激，更成道教，并盛于魏、晋以下。其徒每每宣扬卓行，造作奇迹，以弘厥法，而神怪之谈，亦相附滋生，此其三也。杂传虽或依性行而汇为总集，或出名氏而列作专篇，征彼题材，多不外此，用是知其勃兴，实与时势为因缘。

若夫史传杂传之殊，亦有可言者。史传之作，乃以史实整体为对象。故以传传人，亦着眼史实所关，而定其去取。若《史记·留侯世家》谓留侯"所与上从容言天下事甚众。非天下所以存亡，故不著"，是其义也。而杂传之作，则专以传主一人为对象，虽所取资亦有存汰，然要与史传标准有

(续上页注)士，皆有记录，而操行高洁，不涉于世者，《史记》独传夷齐，《汉书》但述杨王孙之俦，其余皆略而不记。又汉时，阮仓作《列仙图》，刘向典校经籍，始作《列仙》、《列士》、《列女》之传，皆因其志尚，率尔而作，不在正史。"阮仓《列仙图》及《列士传》今佚，《列仙传》亦经后人窜改，唯《列女传》犹存刘氏之旧云。

① 《说苑》、《新序》二书今存。旧隶诸子儒家，以意主鉴戒故也，然其主要材料皆为传记。故《史通·采撰篇》云："班固《汉书》，太初以后，杂引刘氏《新序》、《说苑》之辞。"

② 今据《隋书·经籍志》各举一例如次。邑里：圈称《陈留耆旧传》二卷。家世：佚名《李氏家传》一卷(不著撰人)。圣贤：稽康《圣贤高士传赞》三卷。豪杰：徐整《豫章烈士传》三卷。忠节：梁元帝《忠臣传》三十卷。孝友：王韶之《孝子传赞》三卷。文章：张骘《文士传》五十卷。隐逸：皇甫谧《高士传》六卷。释子：虞孝敬《高僧传》六卷。仙人：刘向《列仙传赞》三卷。鬼神：王琰《冥祥记》十卷。奇怪：魏文帝《列异传》三卷。列女：刘向《列女传》十五卷。童子：王瑱之《童子传》二卷。

异。此一事也。次则史传乃全书之一部分,凡诸史书,莫不彼此牵连,欲去复重,必赖互见。故史迁为管晏作传,但及轶事,以寄其孤抱,而二人勋业,则书之于《齐世家》①。至于杂传之体,则以单行为主。故不独传主在所详叙,即有关诸人,亦皆旁及,在所不遗②。此又一事也。复次,则史家自马迁以次,多本《春秋》之旨以著书,故多微婉志晦之衷、惩恶劝善之笔。而史传人物,遂每以此而成定型。杂传则如《隋志》所云:"率尔而作,不在正史。"褒贬之例,不甚谨严。虽其中不免杂以虚妄之说、恩怨之情,然传主个性,反或近真。此又一事也③。凡此种种,均足孜见杂传之特征与价值,不可不注意及之。

## (四) 地理书

史传支流之有关文学者,杂传而外,则推地理之书。盖自《尚书》列《禹贡》,《周礼》述职方,已开先河④。两汉则史迁之书,但记河渠;朱贡之作,唯条风俗⑤。班固为《地理志》,始于郡国区分,山川夷险,时俗之异,

---

① 《史记·管晏列传》于管则述其交鲍叔,于晏则述其交越石父及荐御者为大夫,皆借轶事以抒其愤懑,而其功绩则于《齐世家》详之。

② 如《〈世说·黜免篇〉注》引《郭林宗别传》曰:"钜鹿孟敏,字叔达,敦朴质直。客居太原,杂处凡俗,未有所名。尝至市贸甑,荷担堕地坏之,径去不顾。适遇林宗,见而异之,因问曰:'坏甑可惜,何以不顾?'客曰:'甑既已破,视之何益。'林宗赏其介决,因以知其德性,谓必为美士,劝令读书。游学十年,遂知名,三府并辟,不就,东夏以为美贤。"按此所叙,全以孟为主,若在史传,必在孟传中,而此则于郭传中叙之,盖既以郭为中心,而又单行,故于有关郭事者皆连类及之也。

③ 如《〈世说·假谲篇〉注》引《曹瞒传》云:"操在军廪谷不足,私语主者曰:'何如?'主者曰:'可以小斛足之。'操曰:'善。'后军中言操欺众。操题其主者背以徇曰:'行小斛,盗军谷。'遂斩之,仍云:'特当借汝死以厌众心。'其变诈皆此类也。"此事《魏志》决不肯载,然操之个性则以之而表露矣。

④ 《夏书·禹贡》一篇,旧传为禹制九州贡法,因详其山川道里之远近,物产之所宜,而今人则断为战国作品。《周礼·夏官》有职方氏,掌天下之地图,主四方之职贡,《周礼》盖亦战国时人托古改制之作也。

⑤ 《隋志》地理类小序云:"(汉)丞相张禹使属朱贡条记风俗,班固因之作《地理志》。"其书不传。

风气之殊，各有攸叙。晋世挚虞作《畿服经》，进而具悉“先贤旧好”，则兼及于人事，此殆郦道元《〈水经〉注》、杨衒之《洛阳伽蓝记》之体所由来也[①]。今考《隋志》所载地理书目，当时作者，数亦至众，惜几尽亡佚。硕果仅存，独有郦、杨之书。而郦书尤征引繁博，诸家旧作，往往赖之以存。苟能加之籀绎，则于六朝地理书文章之美，亦可窥见其大略矣。

《水经》者，不知谁作，考其时代，盖出三国[②]。逮于后魏，郦氏始博览群籍，掇其菁华，以为之注。其意本在辨水道之源委，记流域之情况，旁及遗闻逸事，奇风异俗。而以胸有丘壑，文多藻思，遂为古来山水记叙之杰作。若夫考据辞章，于文本为二途，作者于兹，罕能兼善。而郦《注》不独考据精详，文词安雅，且施以镕裁，泯其畛域，一篇之中，辨订描绘相间迭出，而融会贯通，毫无牵强凑合之迹，则尤足珍视者也。

《洛阳伽蓝记》之作，据杨氏自序，盖以自后魏定都洛阳，笃崇佛法，刹庙甲于天下，及永熙之乱，城郭丘墟。其后行役重過，感念废兴，因捃拾旧闻，追叙故迹，以成是书[③]。所记虽以伽蓝为主，而叙变乱，述风土，委曲详尽。其文秾丽秀逸，虽繁不冗，足以肩随郦氏。故世之论家，评品六代志地之作，皆以《〈水经〉注》为上，《伽蓝记》次之。

---

① 《隋志》地理类小序又云：“晋世挚虞依《禹贡》、《周官》作《畿服经》，其州郡及县分野封略事业，国邑山陵水泉，乡亭城道里土田，民物风俗，先贤旧好，靡不具悉，凡一百七十卷，今亡。而学者因其经历，并有记载，然不能成一家之体。”

② 《四库总目》史部地理类《〈水经注〉提要》：“《水经》作者，《唐书》题曰桑钦，然班固尝引钦说，与此经文异。道元《注》亦引钦所作《地理志》，不曰《水经》。观其涪水条中称广汉已为广魏，则决非汉时。钟水条中，称晋宁仍曰魏宁，则未及晋代。推寻文句，大抵三国时人。今既得道元原序，知并无桑钦之文，则据以削去旧题，亦庶几阙疑之义云尔。”

③ 杨氏自序略云：“逮皇魏受图，光宅嵩洛，笃信弥繁，法教愈盛。……于是昭提栉比，宝塔骈罗，争写天上之姿，竞摹山中之影。金刹与云台比高，广殿共阿房等壮。岂直木衣绨绣，土被朱紫而已哉！暨永熙多难，皇舆迁邺（指东西魏分裂，东魏迁邺），诸寺僧尼，亦与时徙。至武定五年，岁在丁卯（东魏孝静帝年号，公元 547 年），余因行役，重览洛阳。城郭崩毁，宫室倾覆，寺观灰烬，庙塔丘墟。墙被蒿艾，巷罗荆棘，野兽穴于荒阶，山鸟巢于庭树。游儿牧竖，踯躅于九逵；农夫耕老，艺黍于双阙。始知麦秀之感，非独殷墟；黍离之悲，信哉周室！京城表里，凡有一千余寺，今日寥廓，钟声罕闻。恐后世无传，故撰斯记。”

# 子之余波与论之杰思

## ——汉魏六朝文学散论之三

## （一）八代子书之衰落

《文心雕龙·诸子篇》云："博明万事为子，适辩一理为论。"然则子之与论，其侈弇之殊乎。自文集渐兴，子书日替，篇章体制，遂随学术流变而迁移。尚论古先说理之文，周、秦诸子，甄微立极，固矣。汉代稍稍凌迟。魏、晋以降，则论辩之作，勃尔复兴，追配前修，斯为两大。其废兴递嬗之迹，有可考者，兹总为此篇说之。

盖自战国以来，作者大盛，九流十家，纵辔争驱。讫于八代，流风未沫。汉、隋著录，历历可征，是周、秦者，子书之隆盛期，八代则其延续期也。综览旧文，探其要略，则汉武以前，时势有同战代，故当时作者，发为文辞，言各有主，犹与先秦同风。考之前载，如高文诏策，谊、山书疏，仲舒条教，东方设论，皆各依宗旨，归之九流[①]。是则当时子书，体制所包，已

---

① 《汉志》儒家："《高祖》十三篇，高祖与大臣述古语及诏策也。"又："《孝文传》十一篇，文帝所称及诏策。"又："《贾谊》五十八篇。"今题《新书》。《汉书》本传所载《治安策》，及《食货志》所载疏二篇，皆取之《新书》，又传载《请封建子弟疏》，即《新书·益壤篇》；《谏封淮南诸子疏》，即《新书·淮难篇》。又："《贾山》八篇。"今本传唯载《至言篇》，王氏《补注》引叶德辉曰："其言谏文帝铸钱，讼淮南无大罪，言柴唐子为不善，皆无其文，当在此八篇中。"（马国翰说同。）又："《董仲舒》百二十三篇。"本传云："仲舒所著，皆明经术之意，乃上疏条教，凡百二十三篇。"又杂家："《东方朔》二十篇。"本传载《答客难》、《非有先生论》。颜师古《注》云皆在刘向《别录》所录朔书之内，（注转下页）

与后世文集无异，然学术流别，犹可推寻。此一事也。汉武以后，孔学独隆，唯六艺经传得立学官，说经世儒，独受尊重。其著作文儒，则门徒弟子不见一人，身死之后，莫有绍传①。诸子百家，既以衰歇，而儒家者流，亦专事章句之学。故作者多逞翰藻，难具家言②。此又一事也。学术思想既以蔽固，一二魁杰，乃摅怀旧之蓄念，发思古之幽情，颇鄙雕虫之为，欲殚立言之统，自扬雄以讫曹氏兄弟、陆机、葛洪之徒，皆谋撰子书，以垂来叶③。此又一事也。东汉之后，藻绘日工，当时子书，亦多涂泽，其学既本无专门传受，但欲著书以图不朽，故谈道难穷远致，而行文正其素长，其始欲于文辞之外别作子书，乃卒不免文胜其质。故桓范《世要》有小辩之讥④，颜介

(续上页注)则二十篇中有此设论二篇也。凡此诸证，胥足见汉代子书之中，各体之文具存。

① 《论衡·书解篇》："著作者为文儒，说经者为世儒，二儒在世，未知何者为优？或曰：文儒不若世儒。世儒说圣人之经，解贤者之传，义理广博，无不实见，故在官常位。位最尊者为博士，门徒聚众，招会千里，身虽死亡，学传于后。文儒为华淫之说，于世无补，故无常官。弟子门徒，不见一人，身死之后，莫有绍传。此其所以不如世儒者也。"

② 汉武以后子书衰而辞赋盛，作者之喜逞翰藻，实亦一契机。

③ 《汉书·扬雄传》："雄见诸子各以其知舛驰，……是非颇谬于经。故人时有问雄者，常用法应之，撰以为十三卷，象《论语》，号曰《法言》。"又《法言·吾子篇》："或问：'吾子少而好赋？'曰：'然。童子雕虫篆刻。'俄而曰：'壮夫不为也。'"曹丕《与吴质书》："伟长著《中论》二十余篇，成一家之言，辞义典雅，足传于后，此子为不朽矣。"又《与王朗书》："生有七尺之形，死唯一棺之土，唯立德扬名可以不朽，其次莫如著篇籍。……故论撰所著《典论》、诗赋，盖百余篇。"曹植《与杨德祖书》："吾虽德薄，位为藩侯，犹庶几戮力上国，流惠下民，建永世之业，留金石之功。岂徒以翰墨为勋绩，辞赋为君子哉！若吾志未果，吾道不行，则将采庶官之实录，辩时俗之得失，定仁义之衷，成一家之言。虽未能藏之于名山，将以传之于同好。"陆机临终犹恨所作子书未成，见《抱朴子·逸文》(载严可均《全晋文》)。葛洪《抱朴子》自序："洪年二十余，乃计作细碎小文，妨弃功日，未若立一家之言，乃草创子书。"此皆汉、魏以来重视子书之证。

④ 魏桓范《世要论·序作篇》："夫著作书论者，乃欲阐弘大道，述明圣教，惟演事义，尽极情类，记事贬非，以为法式……岂徒转相放效，名作书论，浮词谈说，而无损益哉！而世俗之人不解作体，而务泛滥之言，不存有益之义，非也。……故夫小辩破道，狂简之徒，斐然成文，皆圣人之所疾矣。"

《家训》来架屋之喻[①]。此又一事也。

八代子书之流衍，大略如斯。由是以推，则后世此体，由衰落而泯绝，约其缘故，可二事焉。其属于思想者，则卫相上奏，董生对策，固使六学定尊，百家式微。而道术之由专而通，尤其枢机所在。盖周、秦诸家，各自树立，而后来博采，互相通融。故汉世诸家，论学则或综孔、老[②]，言治则每兼王霸[③]。夫自树立则绝依傍，相通融则多影响。于是求如史迁所谓“究天人之际，通古今之变，成一家之言”者，遂无可能，此博明万事之子所以日就衰微，而适辩一理之论反得渐趋发展也。其属于文辞者，则西汉以来，杂文日出，质文既殊，韵散亦别，厕之子书，虑难归附。隋《志》谓：“别集之名，东京所创。”是别集之实，或起西京。故《金楼子·立言篇》云：“诸子兴于战国，文集盛于二汉。”明集之由来，实蜕变于古子书。自文集既兴，而一人之著述得所萃聚。虽好古之士，辄思别造家言，而大势所至，卒令子微集盛。此章学诚《诗教篇》所以致慨于“子史衰而文集之体盛，著作衰而辞章之学兴”也。

故知子之与集，部居虽别，而推寻事迹，原委具存。求周秦、西汉之论辩于子书，求东京以降之论辩于文集，则说理文之统绪可明，而徒拘形貌之讥，亦苟免矣。

## （二）八代子书之重要著作

八代子书，目详《隋志》，攀跻前世，亦数百家。然佳作既鲜，亡书亦

① 颜之推《家训·序致篇》：“魏晋已来所著诸子，理重事复，递相模效，犹屋下架屋，床上施床耳。”

② 学综孔老，如司马迁即其人也。《史记》盛赞孔子，称为“至圣”（《孔子世家赞》），而于老子亦推为“深远”（《老庄申韩传赞》），不似后人之专崇孔而排老也。迁父谈论六家要旨，且申道而抑儒。

③ 治兼王霸，亦汉初之国策。《汉书·元帝纪》云：“（帝）柔仁好儒，见宣帝所用多文法吏，以刑名绳下……尝侍燕从容言：‘陛下持刑太深，宜用儒生。’宣帝作色曰：‘汉家自有制度，本以霸王道杂之，奈何纯任德教，用周政乎？……’乃叹曰：‘乱我家者，太子也。’”

众。绳之理要，格以文章，则汉初之为，当以刘安《淮南王书》为巨擘。其书成于宾客之手，兼综博采，与《吕氏春秋》为类，奇伟宏富，亦足追配先秦，信辞学之渊海也①。次有陆贾《新语》、贾谊《新书》，虽称说《诗》、《书》，归本王道，而纵横之风，犹有存者。至董仲舒作书二十三篇，始折衷于六艺，而本于儒言。下及刘向《说苑》、《新序》，扬雄《法言》、《太玄》，皆其丑夷。盖其流变，实在武帝之世。故刘熙载《艺概》云："贾长沙、太史公、淮南子三家文皆有先秦遗意，若董江都、刘中垒，乃汉文本色也。"

东京儒术益隆，故子书之作，亦以儒家为夥。桓谭《新论》、王符《潜夫论》、荀悦《申鉴》、徐干《中论》，是其著者。而《新论》尤懿。王充极重其书，至以素丞相称谭②，惜其亡佚，今但有辑本耳。顺、桓而后，政弛民慢，儒不可任，于是策时之徒，或援名法。崔寔述《政论》，仲长统造《昌言》，刘劭撰《人物志》，皆辩章功实，深疾淫靡③。王充作《论衡》，正虚妄，审向背，虽不名一家，而有所发摘，不避上圣④。斯皆儒学之反动也。其辩事论理，议政方人，非以庸言为故者可比。而充书形露易观，不以深鸿优雅为贵，但以分明苌露为通，尤论家所当措心焉⑤。

---

① 《汉书·淮南王安传》："招致宾客方术之士数千人，作为《内书》二十一篇，《外书》甚众。"《汉志》："《淮南内》二十一篇，《淮南外》三十三篇。"今存者，内篇也。

② 《论衡·定贤篇》："孔子不王，素王之业，在于《春秋》。然则桓君山不相，素丞相之迹，存于《新论》者也。"又《超奇篇》："桓君山作《新论》，论世间事，辩照然否，虚妄之言，伪饰之词，莫不证定。彼子长、子云论说之徒，君山为甲。"

③ 余杭章先生《检论·学变篇》："东京之末，刑赏无章。儒不可任，而发愤者变之以法家。王符之为《潜夫论》也，仲长统之造《昌言》也，崔寔之述《政论》也，皆辨章功实，而深疾浮淫……又恶夫以宽缓之政，治衰敝之俗。昌言最恢广。上视扬雄诸家，牵制儒术，奢阔无施，而三子闳远矣。名法之教，任贤考功，期于有列皆得其人，人有其第，官有其位。故刘劭《人物志》、姚信《士纬》作焉。"

④ 《学变》又云："华言积而不足以昭事理，故王充始变其术曰：'夫笔箸者，欲其易晓而难为，不贵难知而易造；口论务解分而可听，不务深迂而难睹也。'（见《自纪篇》）作为《论衡》，趣以正虚妄，审向背怀疑之论，分析百端，有所发摘，不避上圣，汉得一人焉，足以振耻，至于今亦鲜有能逮者也。"

⑤ 《论衡·自纪篇》："夫口论以分明为公，笔辩以苌露为通，吏文以昭察为良。……经传之文，贤圣之语，古今言殊，四方谈异也。当言事时，非务难知，使指闭隐也。后人不晓，世相离远，此名曰语异，不名曰材鸿。浅文读之难晓，名（注转下页）

魏、晋之际，钟会、袁准、傅玄之徒，皆撰子书，亦俱亡佚①。览其逸文，有可观者。其时法术、玄言，俱已大兴，辩照然否，讥评得失，大凑于单篇持论，而子书亦寖寖就衰。唯葛洪著《抱朴子》，词旨辩博，饶有名理。颜之推撰《家训》，经涉广漠，尤精义训。斯此期之后劲也。

综而论之，则八代子书，主体不外儒杂二流。若陆贾、贾谊、董仲舒、刘向、扬雄、桓谭、王符、荀悦、徐干、袁准之作，皆儒家也。刘安、王充、仲长统、钟会、傅玄、葛洪、颜之推之作，皆杂家也。崔寔《政论》，旧列法家。刘劭《人物志》，旧列名家。然崔书要归，实本儒术，固有异乎申、韩。刘书大旨，重在官人，亦不同于龙、析，固非先秦道术之旧。推原其故，则自汉以来，儒学定于一尊，与九流互为影响之所致，前既言之类。

## （三）魏晋论辩文勃兴之因缘

次就论辩之文而言，则单篇说理，事起汉末，魏、晋以降，斯为极盛。寻其发达所由，盖与当时之社会环境、学术流变关系綦切，兹约举四事，分别说之：

汉代自儒学独尊。其始经术政治，犹相缘饰②，故《春秋》可以决狱③，

---

（续上页注）曰不巧，不名曰知明。秦始皇读韩非之书，叹曰：'独不得此人同时！'其文可晓，故其事可思。如深鸿优雅，须师乃学，投之于地，何叹之有？"

① 《隋志》儒家："《袁子正论》十九卷，袁准撰"；又"《袁子正书》二十五卷"，今有严可均、马国翰辑本。又杂家：钟会"《刍荛论》五卷"，傅玄"《傅子》百二十卷"，有严辑本。

② 《汉书·循吏传》："孝武之世……时少能以化治称者，惟江都相董仲舒、内史公孙宏、兒宽，居官可记。三人皆儒者，通于世务，明习文法，以经术润饰吏事，天子器之。"

③ 《汉书·隽不疑传》："始元五年，有一男子……诣北阙，自谓卫太子。……诏使公卿、将军、中二千石杂识视。长安中吏民聚观者数万人。右将军勒兵阙下，以备非常。丞相、御史、中二千石至者，并莫敢发言。京兆尹不疑后到，叱从吏收缚。或曰：'是非未可知，且安之。'（颜《注》：安犹徐也。）不疑曰：'诸君何患于卫太子！昔蒯聩违命出奔，辄距而不纳，《春秋》是之（案：见《春秋》哀公三年《公羊传》）。卫太子得罪先帝，亡不即死，今来自诣，此罪人也。'遂送诏狱。天子与大将军霍光（注转下页）

《三百篇》可以当谏书[①]。后则士林困于经师家法、章句训诂，与贾、董以论道经邦为务者，相去日远。钻研六艺，徒为利禄[②]；通经致用，遂成具文。及东京中叶以还，外戚、宦官，干权害政，加以异族侵凌，民生凋敝，社会基础，已呈动摇。及黄巾起义，董卓构祸，中原板荡，文教沦胥。旧日传统之儒学，对指导政治，安慰人生，已皆无能为力。学术思想，乃不能不趋于转变。而刑名、老庄之学兴焉。盖积极者倾向于改革时政，则贵刑名；消极者倾向于苟全性命，则尚老庄。刑名之学，综名核实；老庄之学，洞幽通玄。发为文章，自与浸淫经术之作以和缓为体者绝异。此则学术之因素一也。

汉末儒学之衰落，虽属历史上之必然，而有意摧拉其残余势力者，则为曹操。操秉性雄猜，善用权术，既执汉柄，用人唯才。尝下令云："有行之士，未必能进取；进取之士，未必能有行。"因求"负污辱之名，见笑之行，或不仁不孝而有治国用兵之术者"，以为己用[③]。及乎一己之势位既定，群雄之割据皆平，则又多以嫌疑，杀害名士。三祖之后，典午专政，其所行为，又与魏武如出一辙[④]。夫其崇奖斯弛，故风教之美渐泯；勤求政术，故刑名之学日隆。而妒忌贤能，杀戮异己，又使天下才智之士相率遗落世

---

（续上页注）闻而嘉之。曰：'公卿大臣，当用经术，明于大谊。'由是名声重于朝廷，在位者皆自以不及也。"此所谓以《春秋》决狱也。男子名成方遂，又名张延年，貌似太子，因以行诈，后伏诛。

① 《汉书·儒林传》："（王）式为昌邑王师。昭帝崩，昌邑王嗣立，以行淫乱废……式系狱当死。治事使者责问曰：'师何以亡谏书？'式对曰：'臣以《诗》三百五篇朝夕授王，至于忠臣孝子之篇，未尝不为王反覆诵之也；至于危亡失道之君，未尝不流涕为王深陈之也。臣以三百五篇谏，是以亡谏书。'使者以闻，亦得减死论。"此所谓以三百篇当谏书也。

② 《汉书·儒林传赞》："自武帝立五经博士，开弟子员，设科射策，劝以官禄，迄于元始（平帝年号），百有余年，传业者浸盛，支叶蕃滋。一经说至百余万言，大师众至千余人，盖禄利之路然也。"

③ 引文见《魏志·武帝纪》载建安十九年令，又"求负污辱之名"云云，见《〈武纪〉注》引《魏书》载建安二十二年令。

④ 如曹操之杀孔融，司马懿之杀何晏、桓范等，师之杀夏侯玄、李丰，昭之杀嵇康，皆其著例。

事，以自韬晦。有所谈议，遂多由具体之事物而转及抽象之理论。此则魏、晋时政，不特于刑名校练之文有直接提倡之功，亦且于老、庄玄远之学有间接促成之效。傅玄《举清远疏》云："魏武好法术而天下贵刑名，魏文慕通达而天下贱守节。其后纲维不摄，而虚无放诞之论盈于朝野，使天下无复清议。"其言甚痛。抑知此事之于文学，则固一大事因缘者乎。此则政治之因素二也。

东京风俗，本尚名节。桓、灵之间，主荒政谬。国命委于奄寺，士子羞与为伍。故匹夫抗愤，处士横议。遂乃激扬名声，互相题拂，品核公卿，裁量执政，卒致党锢之祸①。然婞直之风，固未消歇。海内名士，相与标榜，有三君、八俊、八顾、八及、八厨之号②，流势及于乡曲，亦有月旦之评③。于是品鉴人伦，蔚为盛业，而尚友古人，衡鉴得失之文出焉。逮乎魏、晋，时局推迁。清议已衰，清谈渐盛。然臧否人物，题目流品，犹不少更。此则风俗之因素三也。

战国燕、齐怪迂之谈，流行至于西汉，而方术渐盛。方术之上，其始但讲求鬼神、服食之事，兼具方技、数术之长。后乃窃取黄老哲学与佛教仪式，而创立天师道。佛法则自汉明时已行于华夏，一再传后，其教亦兴。二氏之学虽各自开门，然在初叶，顾相淆混，时人因等夷视之④。值末世，民生涂炭，空虚是逃，愚民则皈依以求福，贤士亦托迹以全生，用是其教大

---

① 以上本《后汉书·党锢传序》。

② 《党锢传序》又云："海内希风之流，遂共相标榜，指天下名士为之称号，上曰'三君'，次曰'八俊'，次曰'八顾'，次曰'八及'，次曰'八厨'，犹古之'八元'、'八凯'也。窦武、刘淑、陈蕃为'三君'。君者，言一世之所宗也。李膺、荀翌、杜密、王畅、刘祐、魏朗、赵典、朱寓为'八俊'。俊者，言人之英也。郭林宗、宗慈、巴肃、夏馥、范滂、尹勋、蔡衍、羊陟为'八顾'。顾者，言能以德行引人者也。张俭、岑晊、刘表、陈翔、孔昱、苑康、檀敷、翟超为'八及'。及者，言其能导人追宗者也。度尚、张邈、王考、刘儒、胡母班、秦周、蕃向、王章为'八厨'。厨者，言能以财救人者也。"

③ 《后汉书·许劭传》："劭与（从兄）靖俱有高名，好共核论乡党人物，每月辄更其品题，故汝南俗有'月旦评'焉。"

④ 《后汉书·楚王英传》："晚节更喜黄、老，学为浮屠斋戒祭祀。"又《襄楷传》载其《上桓帝疏》："闻宫中立黄、老、浮屠之祠。"皆二氏并举而不别异。详贺昌群《魏晋清谈思想初论》。

行，区别亦显。于是儒与道、佛，遂多辩难，更由哲理之异同，及于宗教之优劣。《文心·论说》平议当时之作，谓滞有者全系于形用，贵无者专守于寂寥，而独推般若绝境，动极神源。盖佛家之学，析理最密，故影响文体，于论辩为尤著焉。此则宗教之因素四也。

## （四）论辩文题材之分析

尚考其时名论，主题既广，条流甚繁。今为区别义类，述其崖略。

首就研寻哲理者而言，《老》、《庄》、《周易》，时人总称三玄。盖自王弼注《易》，一扫汉世以象数言《易》之榛芜，专说义理以切人事，畅玄言以明本体，而儒道两家之会通，遂以此经为骑驿。而老、庄虚无之学，则本适应尔时潮流。故三者相连结，乃为论家大宗。三玄诸论，或赞一书之义蕴①，或较二流之得失②。引而申之，则有有无之论③，有才性之论④，有力命之论⑤，有养生之论⑥，有言意之论⑦，有出处之论⑧，其甄辨性道，极论空有，盖先秦所不逮矣。

次就衡论宗教者而言，儒家之学，本非宗教，然迄汉以来，渐渍已久。民间思想习俗，莫不据以折衷。自佛道二教之隆，树义立仪，多与儒异；而佛之与道，又各不同。其旨趣所存，虽有区别，玄鉴之士，尚能观其会通，而施之世法，则以彼此扞格，辄有争执。故关涉宗教之论，反多齐末之谈，少揣本之议，此亦不可不察也。析其题目，大抵或辩孔、老、佛之异同⑨，

---

① 如阮籍《通易论》、《达庄论》之类。

② 如王坦之《废庄论》、戴逵《放达非道论》、孙盛《老庄非大贤论》之类。

③ 如裴頠《崇有论》、《贵无论》之类。

④ 如钟会、傅嘏、李丰、王广《才性四本论》之类（钟合、王离、傅同、李异）。

⑤ 如李康《运命论》之类。

⑥ 如嵇康《养生论》之类。

⑦ 如欧阳建《言尽意论》之类。

⑧ 如谢万《八贤论》、皇甫谧《玄守论》之类。

⑨ 如释慧琳《白黑论》、宗炳《难〈白黑论〉》，何承天《释〈白黑论〉》之类。

或评论儒、释、道之高下①，或研因果报应之有无②，或探形神生灭之究竟③。而佛氏来从天竺，或又以戎华异俗，不必相效，借以排抵，于是更有夷夏之论焉④。

次就品藻人物者而言，品藻人物之风，起于清议，原与实际政治相关。值汉世大一统之局面解体，儒家之严肃教条与伦理观念，遂为道家之旷达与法家之综核所变易，思想潮流既已更改，人生态度亦自随之不同。而人生观之转移，盖不独影响于本人之性行，亦影响对他人之评价。是故当时诸家，或优劣古人⑤，或甲乙当世⑥，而此类之作亦众。其间又有比较两地人物，发为文章者⑦，则邑里相矜之风，略如杂传之有先贤、耆旧诸目也。

次就箴砭风俗者而言，自光武中兴汉室，颇以尊崇节义，敦厉名实为事。故所举用，莫非经明行修之人。逮其末流，至有尚气轻生以成卓特之行者，故东汉风俗，最称纯笃，史家论之详矣⑧。然国运遭夷，世风随转。崇法之弊，至于权诈迭进；尚道之弊，至于浮华日增。深识之士，杜渐防微，造作篇章，以申箴砭⑨。沿及六代，斯风不衰。其持论不外感时俗之浇薄，叹世途之屯险，秽士夫之贪鄙，憾交道之凌迟，思欲扶持名教，匡辅

---

① 如张融《三破论》、释僧顺《释〈三破论〉》、刘勰《灭惑论》之类。

② 如孙绰《喻道论》、何承天《达性论》、颜延之《释〈达性论〉》之类。

③ 如宗炳《神不灭论》、范缜《神灭论》之类。

④ 如顾欢《夷夏论》、释僧愍《戎华论》之类。

⑤ 如孔聚《周武王、汉高祖论》之类。

⑥ 如费祎《甲乙论》(论曹爽、司马懿)之类。

⑦ 如孔融《汝颖优劣论》之类。

⑧ 顾炎武《日知录》卷十三《两汉风俗》条："汉自孝武表章六经之后，师儒虽盛，而大义未明，故新莽居摄，颂德献符者遍于天下。光武有鉴于此，故尊崇节义，敦厉名实。所举用者，莫非经明行修之人，而风俗为之一变。至其末造，朝政昏浊，国事日非，而党锢之流，独行之辈，依仁蹈义，舍命不渝……三代以下，风俗之美，无尚于东京者。故范晔之论以为，'桓灵之间：君道秕僻，朝纲日陵，国隙屡启。自中智以下，靡不审其崩离，而权强之臣，息其窥盗之谋；豪俊之夫，屈于鄙生之议'(《儒林传论》)。'所以倾而未颓，决而未溃，皆仁人君子心力之为'(《左雄传论》)。可谓知言者矣。"参赵翼《廿二史札记》卷五《东汉尚名节》条。

⑨ 如鲁褒《钱神论》、刘实《崇让论》、刘峻《广绝交论》之类。

彝伦。斯又时代思潮之反动，与干宝之论晋俗①，范宁之罪王、何②，消息有可相通者焉。

次就讨论礼制者而言，魏晋之乱，经术已不行于王路，然六代礼学独精，议礼之文，亦超前世。此盖缘于当时社会组织之需要也。考江左立国，全赖世族，门阀制度，因以形成。而维系门阀之尊严，则唯礼教。诸凡尚门地，慎婚姻，严家讳，主清议，皆其具体之方式也。而丧祭之纪，冠昏之仪，讲说则学有异同，搴采则代有损益，故必证定然否，以便施行。此则礼学亦为论题之一所由来也③。

魏晋六朝论辩主题，尤要者殆不出左列五事。他若音乐、天象、艺文之属，亦多精到之文④，姑不备及。统观此期作品之起伏，则单篇持论，实起后汉。朱穆之《崇厚》与《绝交》，刘梁之《破群》与《辨和同》，延笃之《仁孝》诸篇，或箴风俗，或研哲理，虽题材有异，然皆舍事象而言原则，盖魏、晋论师渊源所自。及乎当涂、典午之朝，因缘合会，王、何、钟、傅、嵇、阮以次，遂得抽其秘思，发为异彩。或擅金声于中朝，或振玉音于江表，独步千古，莫与比隆。故余杭章公《论式篇》赞之，谓其"守己有度，伐人有序，和理在中，孚尹旁达，可以为百世师。"下及齐、梁，差能继迹，然已渐乏严整，颇杂枝叶。比夫前代，其风已微。及隋氏平陈，北风南渐，政治丕变，习俗亦殊，于是论辩之作，亦随南朝之学术思潮而同归消歇矣⑤。

---

① 干宝《晋纪总论》："风俗淫僻，耻尚失所，学者以庄、老为宗而黜六经，谈者以虚薄为辩而贱名检，行身者以放浊为通而狭节信，进仕者以苟得为贵而鄙居正，当官者以望空为高而笑勤恪。"

② 范宁著论，谓王、何之罪深于桀纣，见《晋书》本传。

③ 如刘智《丧服释疑论》、释慧远《沙门不敬王者论》之类。

④ 如阮籍《乐论》、鲁胜《正天论》、裴子野《雕虫论》之类。

⑤ 此篇深受刘弘度（永济）丈《十四朝文学要略》之启迪，谨志于此，以表感谢之意。

# 第三辑

## 校雠目录辨

治书之学，旧号校雠。比及今世，多称目录。核其名实，歧义滋多。《〈文选〉注》及《太平御览》引《风俗通》云："按刘向《别录》，'雠校'，一人读书，校其上下，得谬误，为校。一人持本，一人读书，若怨家相对，故曰雠也。"盖校雠本义，惟在是正文字。然观《国语·鲁语》载闵马父之言曰："昔正考父校商之名颂十二篇于周大师，以《那》为首。"则次第篇章，亦称校矣。此一歧也，而郑樵《通志序》谓其《校雠略》之作，乃"欲三馆无素餐之人，四库无蠹鱼之简，千章万卷，日见流通"。详所论列，求书、校书之外，兼及类书、藏书。是此诸业，亦归校雠。此又一歧也。逮章学诚撰《校雠通义》，自叙其书，以为"校雠之义，盖自刘向父子，部次条别，将以辨章学术，考镜源流。非深明于道术精微、群言得失之故者，不足与此。后世部次甲乙，纪录经史者，代有其人；而求其能推阐大义，条别学术异同，使人由委溯源，以想见于坟籍之初者，千百之中，不十一焉"。则虽求之、校之、类之、藏之，犹未足以尽校雠之能事。必也明系统，精类例，使人得由书籍之部居类别，以见道术之源流异同。此又一歧也。

校雠歧义，具如上述。还语目录，何莫不然。《〈文选〉注》尝引《别录·列子目录》，其文今存，盖即刘向校书，随竟奏上，合《汉书·艺文志》所指"条其篇目"之目与"撮其指意"之录而成之篇。是目录之始，在为一书条篇目，撮指意，俾览者得于籀读之先，知其大较，其事甚明也。嗣班固《汉书·叙传》述其志艺文，有"刘向司籍，九流以别，爰著目录，略序洪烈"

之语。持是以稽《汉志》体例，则班氏之所谓目录，已引申条一书篇目之义为定群书部类，撮一书指意之义为别学术源流。后来承响，遂有以为治学涉径之学者。如王鸣盛《十七史商榷》云："目录之学，学中第一紧要，必从此问途，方能得其门而入。"即是此义。此一歧也。而黄丕烈《汪刻〈郡斋读书志〉序》曰："余从事于此，逾二十年。自谓目录之学，稍窥一二，然阅历既久，知识愈难。曾有《所见古书录》之辑，卒不敢以示人者，以所见之究未遍也。"考丕烈昔人列之赏鉴家，其精诣独在版本，旁及校藏；于类例出入，学术派别，初未闻有所甄明。兹亦以目录为言，则赏鉴校藏诸端，皆此学所有事矣。此又一歧也。然语及目录学界义之恢宏，近人张尔田之言，尤为极致。其孙德谦《〈刘向校雠学纂微〉序》曰："目录之学，其重在周知一代学术，及一家一书之宗趣，事乃与史相纬。而为此学也，亦非殚见洽闻、疏通知远之儒不为功。乃世之号目录家者，一再传后，寖失其方，百宋千元，标新炫异。其善者为之，亦不过如吾所谓鳃鳃于写官之异同，官私著录之考订而止，剖析条流，以为纲纪，固未之有闻。"详张氏此所谓目录，即前引章氏之所谓校雠，盖笼括一切治书之学，而以辨章学术、考镜源流者为之主。此又一歧也。

由上可知，盖始有校雠目录之事，继有校雠目录之名，终有校雠目录之学。其始也相别，其继也乱，其终也相蒙。若夫目录之名，昉诸汉世，目录称学，则盛有清。虽征之载籍，宋苏象光《丞相魏公谭训》尝记乃祖颂："谒王原叔，因论政事。仲至侍侧，原叔令检书史，指之曰：'此儿有目录之学。'"可据以远溯宋初，然固未甚通行也。故自郑樵而后，治书之学，统被校雠之名，其正诂遂转晦。逮于乾、嘉，异书间出，小学尤精，古籍脱讹，多所改定。校雠本义，复显于时。彼以类例部次为主者，乃不得不别号其学为目录。其在初兴，章学诚尝持异议，见意于《信摭》之篇。其言曰："校雠之学，自刘氏父子，渊源流别，最为推见古人大体；而校订字句，则其小焉者也。绝学不传，千载而后，郑樵始有窥见，特为校雠之略，而未尽其奥。人亦无由知之。世之论校雠者，惟争辨于行墨字句之间，不复知有渊源流别矣。近人不得其说，而于古书有篇卷参差，叙例同异，当考辨者，乃谓古人别有目录之学，真属诧闻，且摇曳作态以出之。言或人不解，问伊：书只求其义理足矣，目录无关文义，何必讲求？彼则笑而不言。真是贫儿卖弄家私，不值一笑矣。”章氏云云，乃已习于固有之名，遂致讥于新兴之学。然言虽骏利，殊鲜和人。则以校雠一词，沿用最久，叠经变易，义陷模糊。不独目录之学，拔帜树帜，即专事是正文字者，且或改称校勘之学，以自殊异。夫以偏概全，既涉淆混，求其副实，更造新名，此学术史中公例，无足惊奇，而况宋代已有此称乎？此其所论，不免拘虚之见矣。其后若朱一新《无邪堂答问》云：“刘中垒父子成《七略》一书，为后世校雠之祖。班《志》缀其精要以著于篇，后惟郑渔仲、章实斋能窥斯旨，商榷学术，洞彻源流，不独九流诸子，各有精义，即词赋、方技，亦复小道可观。目录校雠之学所以可贵，非专以审订文字异同为校雠也。世徒以审订文字为校雠，而校雠之途隘；以甲乙簿为目录，而目录之学转为无用。多识书名，辨别版本，一书估优为之，何待学者乎？”所言虽推衍郑、章，而已校雠、目录二名交举。张氏《〈刘向校雠学纂微〉序》又云：“《隋书·经籍志·簿录篇》云：‘古者，史官既司典籍，盖有目录以为纲纪。汉时刘向《别录》、刘歆《七略》，剖析源流，各有其部，推寻事迹，疑则古之制。’知校雠者，目录之学也。”而德谦以郑氏校雠一略，备论编次，因亦言：“夫校雠略中而备论编次之事，则校雠者，乃目录之学，非仅如后世校雠家但辨订文字而已，是可知也。”则均径以校雠即是目录。诸家之说，皆相乱相蒙之证，此二者之同异，与夫所以同异之故，胥治斯学所当先知者也。

至名称而外，范畴若何，自来学人，亦有数说。“藏书家有数等。得一书必推求本源，是正缺失，是谓考订家，如钱少詹大昕、戴吉士震诸人是也。次则辨其板片，注其错讹，是为校雠家，如卢学士文弨、翁阁学方纲诸人是也。次则搜采异本，上则补石室金匮之遗亡，下可备通人博士之浏览，是谓收藏家，如鄞县范氏之天一阁、钱塘吴氏之瓶花斋、昆山徐氏之传是楼诸家是也。次则第求精本，独嗜宋刻，作者之意旨纵未尽窥，而刻书之年月最所深悉，是谓赏鉴家，如吴门黄主事丕烈、邬镇鲍处士廷博诸人是也。又次则于旧家之中落者，贱售其所藏；富室之嗜书者，要求其善价。眼别真赝，心知古今。闽本蜀本，一不得欺；宋椠元椠，见而即识。是谓掠贩家，如吴门之钱景开、陶五柳，湖州之施汉英诸书估是也。”此洪亮吉《北江诗话》之说一也。“自刘、班志艺文，而后人得考天府之储存；自晁、陈传书目，而学者借见私家之著述。海内流传，或钞或刻，不下百数十种，然亦分为两派：一则宋刊明钞，分别行款，记刻书之年月，考前贤之图记，此赏鉴家也。一则包括四部，交通九流，蓄重本以备校雠，钞新帙以备浏览，此收藏家也。”此缪荃荪《〈古学汇刊〉序目》之说二也。“近世言藏书者，分目录、版本为两种学派。然二者皆兼校雠，是又为校勘之学。”此叶德辉《书林清话》之说三也。“纲纪群籍、簿属甲乙者，则目录家之目录是也。辨章学术、剖析源流者，则史家之目录是也。鉴别旧椠、校雠异同者，则藏书家之目录是也。提要钩元、治学涉径者，则读书家之目录是也。”此汪辟疆师《目录学研究》之说四也。尝试考之，洪氏所言，乃就藏书者流立论，非一指治书之学。所谓掠贩之辈，直书估之精于鉴别者尔，奚足名家？若考订一项，则治书虽不废考订，然考订之学，又非治书之学所能包，是二者但交相为用而已。故所标举，独校雠、收藏、赏鉴三家可称治书之学，而不及书籍部次。缪氏所陈，又隘于洪，盖与黄丕烈同以鉴藏为主。叶氏举目录版本为藏书家之两派，谓皆兼校勘。然藏书亦自有其道，非目录版本而兼校勘即可尽者。至汪先生持论，殆以目录为宗，其所云目录家、史家、读书家者，皆目录学之流派尔，余则并入之藏书家。见仁见智，广狭之殊，抑又如此。

窃意四家所云，各存微尚，局通虽异，专辄无嫌。而今欲尽其道，则当折中旧说，别以四目为分。若乃文字肇端，书契即著，金石可镂，竹素代兴，则版本之学宜首及者一也。流布既广，异本滋多。不正脱讹，何由籀读？则校勘之学宜次及者二也。篇目旨意，既条既撮，爰定部类，以见源流，则目录之学宜又次者三也。收藏不谨，斯易散亡；流通不周，又伤锢蔽，则藏弆之学宜再次者四也。盖由版本而校勘，由校勘而目录，由目录而藏弆，条理始终，囊括珠贯，斯乃向、歆以来治书之通例，足为吾辈今兹研讨之准绳。而名义纷纭，当加厘定，则校雠二字，历祀最久，无妨即以为治书诸学之共名。而别以专事是正文字者，为校勘之学。其余版本、目录、藏弆之称，各从其职，要皆校雠之支与流裔。庶几尚友古人，既能递溯而明家数；启牖来学，并免迷罔而失鉴衡，其亦可也。

**校雠学范畴诸家论列异同表**

<table>
<tr><th>洪 说</th><th>缪 说</th><th>叶 说</th><th>汪 说</th><th>程 说</th></tr>
<tr><td>（3）收藏家</td><td>（2）收藏家</td><td></td><td rowspan="3">（3）藏书家</td><td>（4）藏弆之学</td></tr>
<tr><td>（4）赏鉴家</td><td>（1）赏鉴家</td><td rowspan="2">（2）版本派</td><td>（1）版本之学</td></tr>
<tr><td>（2）校雠家</td><td rowspan="5"></td><td>（2）校勘之学</td></tr>
<tr><td rowspan="3">（1）考订家</td><td>（1）目录派</td><td>（1）目录家</td><td rowspan="3">（3）目录之学</td></tr>
<tr><td rowspan="3"></td><td>（2）史　家</td></tr>
<tr><td>（4）读书家</td></tr>
<tr><td>（5）掠贩家</td><td></td><td></td></tr>
</table>

# 校勘略说

## （一）校雠与校勘

校雠一词，最早见于刘向《〈孙卿新书〉书录》。唐卷子本《玉篇》言部引《别录》，也有“雠校中经”之文。应劭《风俗通义》解释说：“一人读书，校其上下，得谬误，为校。一人持本，一人读书，若怨家相对，故曰雠也。”可见校雠的原始意义，就是改正书面材料上由于种种原因而形成的字句上的错误，使之恢复或接近本来面目。

而校雠以及通过校雠事业的总结而建立的校雠学，自来就有广、狭两个界义。狭义的仅指改正书面材料上的文字错误，广义的则兼指书籍的板本、校雠、编辑、目录、保藏和流通等方面的研究。如宋郑樵的《校雠略》、清章学诚的《校雠通义》这两部专著，其所讨论的范围都涉及广义的校雠。为了便于区分，后人也往往将狭义的校雠改称校勘。

我国的校勘事业起源很早，周、秦时代，已有从事校勘的实例，《吕氏春秋·察传》：“子夏之晋，过卫，有读史记者，曰：‘晋师三豕涉河。’子夏曰：‘非也，是己亥也，夫‘己’与‘三’相近，‘豕’与‘亥’相似。’至于晋而问之，则曰：‘晋师己亥涉河也。’”己字的古文作㔾，缺去两“丨”，便误为“三”。古文亥作 ，豕作 ，非常近似，故子夏得据文义及字形加以校勘，从而纠正其错误。

汉代以下，历朝都有学者从事校勘。随着整个学术的发展，规模日趋宏大，考辨日益精详。到了清朝，段玉裁、王念孙、俞樾等人，总结前人的经验，写成了校勘学的单篇论文或专著（如段的《与诸同志论校书之难》、王的《读〈淮南子〉杂志后序》、俞的《古书疑义举例》后三卷）。在现代学者中，鲁迅校《嵇康集》，闻一多校《楚辞》，陈垣校《元典章》，岑仲勉校《元和姓纂》，也都有突出的成就。

## （二） 书面材料发生错误的情况

（一）讹误。这是在传抄和印刷过程中最容易发生的。

它的最普遍的情况是原稿本来作甲，却误为乙。如刘向《〈列子〉书录》中所提到的某些《列子》抄本，以“尽”为“进”，以“贤”为“形”就是。

此外，有本是一字而误为两字的。如《礼记·缁衣》：“信以结之，则民不倍；恭以莅之，则民有孙心。”“孙心”是“愻”字之误。说文：“愻，顺也。”

也有本是二字而误为一字的。如《淮南子·说林》：“狂者伤人，莫之怨也；婴儿詈老，莫之疾也，贼心䖅。”“䖅”字乃是“亡也”二字之误，“也”误为“山”，又与“亡”合成了“䖅”字。“贼心亡（无）也”，即本无害人之心。

也有因重文叠句作“＝”而发生讹误的。如《毛诗·硕鼠》：“逝将去女，适彼乐土；乐土乐土，爰得我所。”据《韩诗外传》，第三句是叠句，也当作“适彼乐土。”因古人有重文叠句从省不书的习惯，只将二、三两句合写为“适＝彼＝乐＝土＝”，其后“适彼”两字其下的＝号又脱去，故后人就将第三句误写为“乐土乐土”了。

也有因缺字作“□”而发生讹误的。如《大戴礼记·武王践祚》：“口生诟，口戕口。”前句本应作“诟生诟”，因上“诟”字缺，传抄者加上一个空围——□，以待校补，后人却误认为“口”字，便误写成了“口生诟”。

（二）缺脱。原稿本有某字某句，但在流传中，却将它漏掉了，因而使得文章残缺不全。

在这方面，最普通的是脱漏一两个字。如《汉书·艺文志》称刘向以中古文本《易经》校施、孟、梁丘诸家的本子，或脱去“无咎”、“悔亡”等字就是。

也有整句脱去的。如《国策·楚策》:“楚国之食贵于玉,薪贵于桂,谒者难得见如鬼,王难得见如天帝。今令臣食玉炊桂,因鬼见帝,”下文语气未完。据《艺文类聚》、《太平御览》诸书所引,知末句之后,还有“其可得乎”一句,今本《国策》却脱去了。

也有脱简的。古人以竹简写书,以韦穿其两端,订成篇册。如断烂重穿时,没有细加清理,脱去其中的一简或数简,则文义无法衔接。所以《汉书·艺文志》称刘向以中古文本《尚书》校欧阳、大小夏侯三家的本子,发现《酒诰》脱简一,《召诰》脱简二,凡是每简写二十五字的,也就恰恰脱了二十五字;每简写二十九字的,也就恰恰脱了二十九字。后代抄刻之书,也有整叶脱落的,情况略同。

(三)衍羡。这和上条正相反,是按原稿,并无某字某句,而后人在流传时,窜入了原文所无的部分,以至文义不通,或与原意相背。

个别的衍文,在古书中是习见的。如《周礼·亨人》:“职外内饔之爨亨煮。”这“煮”字就是衍文。这是由于古代经师在解释此“亨”字时,说这就是烹字,作烹煮解,学者因记一“煮”字于旁,后来就混入了正文。

也有成句是衍羡的。如《韩非子·难三》:“且夫物众而智寡,寡不胜众,智不足以遍知物,故因物以治物;下众而上寡,寡不胜众者,言君不足以遍知臣也,故因人以知人。”原文本作:“且夫物众而智寡,寡不胜众,故因物以治物;下众而上寡,寡不胜众,故因人以知人。”旧注于上面的“寡不胜众”下注了一句“言智不足以遍知物也”,于下面的“寡不胜众”下注了一句“言君不足以遍知臣也”。注文既误入正文,又于上句脱去“言”“也”字,正文第二个“寡不胜众”下也多衍一“者”字,就不可通读了。

也有成段是衍羡的。如《史记·司马相如传赞》有“扬雄以为:靡丽之赋,劝百风一,犹驰骋郑、卫之声,曲终而奏雅,不已亏乎?”诸句。这原是《汉书·司马相如传赞》中的话,有人钞在《史记》上,以便和司马迁所说的“相如虽多虚辞滥说,然其要归引之节俭,此与《诗》之风谏何异”诸句作比较。后人将其误入正文,不只是就时代说,扬雄后于司马迁,故《史记》绝不能引扬说,为不可通,就是就内容说,上下文的观点也互相矛盾了。

（四）错乱。这种情况是原稿文字俱存，并无讹误、缺脱或衍羡，但在流传时，却将其先后次序颠倒错乱了，必须加以校正，才能通顺。

有的是字的错乱。如《论语·季氏》："不患寡而患不均，不患贫而患不安。""寡""贫"两字错乱，应当互换。因为"贫"指财富言，不均就还不如贫；"寡"指户口言，不安就还不如寡。

有的是句的错乱。如《淮南子·俶真》："势利不能诱也，辩者不能说也，声色不能淫也，美者不能滥也，智者不能动也，勇者不能恐也。""声色"句应在"辩者"句前，因为"势利"、"声色"是一类，而"辩者"、"美者"、"智者"、"勇者"又是一类，乙转以后，就不相淆混了。

有的是所谓错简。这也是由于竹简的韦带断后重穿时发生错误而形成的，不过不是脱落，而是颠倒。如《孟子·尽心》中有这样一节："何以谓之狂也？曰：其志嘐嘐然。曰：古之人，古之人，夷考其行而不掩焉者也。"后面又有如下一节："曰：何如斯可谓之乡原矣？曰：何以是嘐嘐也？言不顾行，行不顾言，则曰：古之人，古之人，行何为踽踽凉凉？生斯世也，为斯世也，善斯可矣。阉然媚于世也者，是乡原也。"这两节文义都不连惯，很是费解。细加寻绎，才知道后节中自"何以是嘐嘐也"至"行何为踽踽凉凉"，乃是错简，本应在前节的"其志嘐嘐然，曰"之下，"夷考其行而不掩焉者也"之上。而前节中的"古之人，古之人"六字，乃是断简的残留，校正时当加以删除。经过这样一番改正，则前节当作：（万章问：）"何以谓之狂也？"（孟子答）曰："其志嘐嘐然。"（万章又问）曰："何以是嘐嘐也？"（孟子又答）"言不顾行，行不顾言，则曰：'古之人，古之人，行何为踽踽凉凉？'夷考其行而不掩焉者也。"后节当作：（万章问）曰："何如斯可谓之乡原矣？"（孟子答）曰："生斯世也，为斯世也，善斯可矣。阉然媚于世也者，是乡原也。"这就完全文从字顺了。

我们往往会遇到两种或两种以上的情况同时存在，即一句一段之中，既有衍羡，又有缺脱，既有错乱，又有衍羡，那就必须仔细加以研究，才能恢复文籍的本来面目。

## （三）书面材料发生错误的原因

### 1. 发生讹误的原因

有由于声音相近而误的。如《吕氏春秋·慎势》:“汤武之贤,而犹借知乎势。”“知”当为“资”,以音近致误。

有由于形体相近而误的。如《淮南子·人间》:“夫墙之坏也于隙,剑之折必有啮。”“也”亦当作“必”,以形近致误。

有由于字形坏缺而误的。如刘向《〈战国策〉书录》所说:“本字多误为半字,以‘赵’为‘肖’,以‘齐’为‘立’。”

有由于字形难识而误的。如《墨子·经上》:“恕,明也。”“恕”即“智”字。旧体多误为“恕”,盖因不识“恕”字致误。

有由于牵涉注文而误的。如《韩非子·外储说左》:“吾父独冬不失袴。”旧注:“刖足者不衣袴,虽终其冬夏,无所损失也。”据注,知正文原作“吾父独终不失袴。”故注释为“终其冬夏无所损失。”今本是牵涉注文中“冬”字而误“终”为“冬”。

有由于牵涉讳字而误的。如《管子·霸言》:“故贵为天子,富有天下,而伐不谓贪者,其大计存也。”原文本作“世不谓贪”,唐人避太宗李世民讳,改“世”为“代”,传写中又误为“伐”。

有由于政治压迫,故意改动的。如清人刻明代书籍,凡是“夷”、“胡”、“虏”等字,都改用其他字代替,或作空围——□,以免触犯满洲贵族,将许多书的《四库全书》本与明刊本对校,将顾炎武的《日知录》的旧钞本与通行刻本对校,都可以发现这种情况。

### 2. 发生缺脱的原因

有由于简策坏烂或传写脱落的。如《韩非子·初见秦》:“以乱攻治者亡,以邪攻正者亡,以逆攻顺者亡。”乾道本脱去末句,就与上文的“三亡”不相应。

有由于两句相连中有重字而误脱的。如《列子·仲尼》:“孤犊未尝有母,非孤犊也。”“有母”之下,应重“有母”二字,今本无,是由于两句相连而误脱其重字。

有由于字义不明而误删的。如《淮南子·道应》:“敖幼而好游,至长不渝解。”“渝解”犹言懈怠,后人不明古义,以为难解,就在传写时删去“解”字。

有由于两文疑复而误删的。如《周书·酆保》:“不深不重,乃权不重。”后人因两句都有“不重”,就误删其一,作“不深乃权不重”,不知上句“重”字乃重复之重,下句“重”字乃轻重之重,字虽同而义各异。这两句是承上文“深念之哉,重维之哉”来,意思是不深念重维,则人君之权不重。

有由于政治压迫,故意删除的,清朝对有民族思想的著作,不只是改字,而且整句整段地删除。国民党反动派对于鲁迅的杂文,也曾经采用过这种卑鄙手段。(鲁迅杂文凡是经国民党反动派删改后在报刊上刊出的,后来他编成集子时,都将删去部分补上,并用黑点在旁边表明,一览可知。)

### 3. 发生衍羡的原因

有由于两字意义相同而衍的。如《老子》第六十八章:“是谓配天古之极。”“天”字系衍文,《尚书·尧典》郑注:“古,天也。”此因二字义同而误衍。

有由于两字形体相似而衍的。如《管子·事语》:“彼壤狭而欲举与大国争者。”“举”字系衍文,因和“与”字形似而误衍。

有由于两字相连误叠而衍的。如《国语·晋语》:“夫利君之富,富以聚党,利党以危君。”“富”字不当叠,原文上句只当作“利君之富以聚党”。

有由于牵涉上下文而衍的。如《墨子·尚同下》:“故又使国君选其国之义,以义尚同于天子。”下“义”字乃牵涉上“义”字而衍。

有由于牵涉注文而衍的。如《礼记·檀弓》:“望反诸幽,求诸鬼神之道也。”“反”字不可通,是牵涉到上面的注文“庶几其精气之反”的“反”字而误衍的。

有由于旁记之字阑入正文而衍的。如《史记·历书》:“端旃蒙,年名也。”“端蒙”就是“旃蒙”。后人在“端”旁记一“旃”字,传写者就将它也抄入了正文。

### 4. 发生错乱的原因

有由于两字平列而颠倒的。如《礼记·月令》:“制有小大,度有长短,衣服有量,必循其故,冠带有常。”“长”字与“短”字平列,本应作“短长”,才和“小大”相当,与下“常”字协韵。此或系抄写时以为无伤文义而随意颠倒。

有由于两句平列而字颠倒的。如《礼记·明堂位》:“夏后氏之四琏,殷之六瑚。”“瑚”是夏之祭器,“琏”乃殷之祭器,因两句平列,传写时就将它们误倒了。

有由于数句平列而两句颠倒的。如《老子》第二十一章:“道之为物,惟恍惟惚,惚兮恍兮,其中有象,恍兮惚兮,其中有物。”“恍兮惚兮”二句,当在“惚兮恍兮”二句之前,因为“其中有物”句是和“惟恍惟惚”句协韵的,而“惚兮恍兮,其中有象”二句则另行转韵。

有由于简策断烂而错乱的。如《法言·学行》:“吾不睹参辰之相比也,是以君子贵迁善。迁善者,圣人之徒也。百川学海而至于海,丘陵学山而不至于山,是故恶乎画也。频频之党,甚于鸒斯,亦贼夫粮食而已矣。”这几句文义很费解,当是简策错乱所致,如以“频频之党”三句,与“是以君子贵迁善”三句互换位置,就完全说得通了。

## (四) 校勘的资料

校勘工作的目的既是纠正书面材料中文字上的各种错误(有时也包括行款、格式,但那是次要的),使之恢复或接近本来面目,那就必须掌握一批可以互相比勘的资料,否则,工作就无法进行。

在这方面,首先就要选择一个和其他一切资料进行比勘的底本。选择底本,一般有两个标准:一是错误较少的,二是流传较广的,最好是两者兼而有之。

底本以外的资料，则大致可分为三类。

（一）本书的异本。这包括作者的手稿和历代流传的抄本、刻本，等等。其中自然以作者手稿的价值最高。如近年来发现的蒲松龄《聊斋志异》手稿，虽然只有半部，仍旧是校勘《志异》诸刻本最原始的、最珍贵的资料。

其次则要数古抄本。由于我国较早地发明了印刷术，所以我们今天保存的古抄本并不太多。

总的说来，手稿和抄本都是不多的。所以，从事校勘，主要的还得依靠各种不同的刻本。刻本以时代较早的和出自学者主持、校对精审不苟的为好。如鲁迅校《嵇康集》，是以吴宽丛书堂影宋抄本作底本的，因为这是一个经过名人手校的古本，而用以和这个古本比勘的，则首先为黄省曾、汪士贤、程荣、张溥、张燮五家刻本，然后再及其他资料。

除了仅载本文的底本外，有许多古书是有一种乃至多种注本的。其中少数是手稿和抄本，多数还是刻本。这类注本也是很重要的资料，它可以用来作底本，也可以用来作比勘的异本。注本对于校勘的特殊作用是可以根据注文中的训诂及解说来推断并改正正文中的某些错误。另外，古书常有正文注文发生错乱的情况，也可以依据另一注本来纠正。如闻一多的《〈楚辞〉校补》，是用流传最广的洪兴祖《〈楚辞〉补注》作底本的，其所用来和底本对勘的注本则有敦煌抄本《〈楚辞〉音》、六种不同刻本的《〈楚辞〉章句》、覆元刻本《〈楚辞〉集注》及《知不足斋丛书》本《〈离骚〉集传》等四部书九种本子。

选本是选录群书而自成一书的，因此，对于那些曾经入选的书来说，也是一种有价值的校勘资料，应当算是异本的一种。如《群书治要》选录了先秦诸子，就可以用来校那些子书；萧统《文选》选录了《楚辞》及《史记》、《汉书》中一些篇章，也可用来互相校对。选本中文字与原书不同，或者是选家所改，或者是选家当时别有根据，经过彼此互校，往往可以使得某些文献更其接近本来面目。

（二）曾经引用过本书的古类书、注解。这是仅次于各种异本的重要校勘资料。

类书原来是搜罗群籍，分类或按照字顺编排，以便人们在写作及研究时查考成语、故事的。其中多系节录各书原文，有时甚至将整部书籍完全收入，而较古的类书如《北堂书钞》、《艺文类聚》、《太平御览》、《册府元龟》等，还是在书籍刻本大量流行以前编成的，其所收材料大体上是直接从古抄本转录，因而在文字上更其接近各书的本来面目，可以用来校勘原书。

某些古书的注本，由于注者知识丰富，方法谨严，在作注时往往博引群书原文，以求作者记事、用典、措辞所本。所以对于校勘其注中所引用过的各书来说，也很有用。如刘孝标《〈世说新语〉注》、裴松之《〈三国志〉注》、郦道元《〈水经〉注》、李善《〈文选〉注》。

闻一多《〈楚辞〉校补》，除了用各种异本、选本对勘外，还广泛地搜集了各种古类书、注解中的资料，类书自隋杜台卿《玉烛宝典》以下，注解自晋郭璞《〈尔雅〉注》、《〈山海经〉注》以下，达数十种之多。鲁迅校《嵇康集》，也是一样。

但是，引用类书、注解作校勘资料，需要特别慎重。古人编辑类书时，常常根据内容的需要及篇幅的限制，对引用之书有所删节；而撰写注释，除了为节省篇幅，对引书加以删节外，还不免为迁就所注正文，将引来作注的古书在个别地方加以改动，所以校勘时对之不能完全信赖。另外，类书和注解本身也会存在由于传写而发生的错误，也是应当注意到的。

（三）另外一类资料包括的范围是很广泛的，习见的则为后代学者所著性质相同或相近的书，甲骨、金、石文字，诸家杂记等。如顾野王撰《玉篇》，曾参考《说文》古本，故可以用《玉篇》校《说文》；王桢撰《农书》，曾依据《齐民要术》，故可以用《农书》校《齐民要术》。郭沫若在《汤盘孔鼎之扬榷》一文中，曾据古铜器《商句兵》铭文，校出《礼记·大学》所引《汤之盘铭》“苟日新，日日新，又日新”乃“兄日辛，祖日辛，父日辛”之误读，从而纠正了汉儒的附会，则是以金石文字校正古书一个较著名的例子。

不过，这一类资料和原书的关系往往是间接的，甚至是比较疏远的。援用时必须更其审慎，才能避免主观武断的弊病。

## （五）校勘的方法——对校和理校

校勘的方法大体上可以区分为对校和理校。

对校，或称为底本的校勘，乃是校勘工作的基本方法。这个方法是先择定一个合用的底本，用其他异本逐页逐行、每字每句和它对校，先记录其同异，再判断其是非。这种方法的长处是一切发现的和改正的错误，都是有其他的本子作为直接根据的，这就在很大的程度上避免了主观武断、妄改旧文的弊病。而且，校者将所有的异文汇集一处，编为校刊记时，则读者手此一编，就等于掌握了许多板本。如阮元著的《〈十三经注疏〉校勘记》，就具备上述的长处。

对校法的长处还可以从另外一些方面看出来。如有些书面材料的文字，看上去并没有什么问题，只有用它本对校，才能发现有删改错乱等情况。试举一例，《聊斋志异·仇大娘》："时有巨盗，事发远窜，乃诬禄寄资，禄依令徙口外。"这段文字很是通顺，似乎毫无问题，但用手稿对校，才知道本作："魏又见绝，嫉妒益深，恨无瑕之可蹈，乃引旗下逃人诬禄寄赀。国初立法最严，禄依令徙口外。"今传刻本的文字是因为怕触犯满族统治者而窜改了的。

也有明明知道有问题，但非用它本对校，就无从知道是怎样一种情况的。如《嵇康集·难宅无吉凶摄生论》"占成居而知吉凶，此为宅自有善恶，而居者从之"诸句之下，突接以"则当吉之人，受灾于凶宅；妖逆无道，获福于吉居"。文气总觉不甚衔接，用丛书堂抄本对校，才知道中间脱落了"故占者观表，而得内也。苟宅能制人使从之"共十七字。如果没有这个抄本，读者虽然发现了问题，却无从解决它。

广收异本，进行对校，择善而从，乃是校勘所应当首先采用的基本方法。另外，将本书的上下文进行对比，找出它在思想上、文字上的异同，从而改正错误，或称本校，其实也是一种对校，而且往往很有效果。

除了完整的异本之外，用选本和类书、注解中引用的本书文字，来校正本书，或称他校，其实也是一种对校，但用此法更需要慎重一些。

理校，或称为推理的校勘，乃是校勘工作的补充方法。当我们发现了书面材料中的确存在着错误，可是又没有足够的资料可供比勘时，就不得不退而求其次，采用推理的方法来加以改正。

我们使用这个方法时，主要是从文字、事实与义理三个方面来着手的。

在文字方面，可以根据字形、字音相近的情况来推断错误，进行改正。这种情况比较简单，在上面分析致误的原因时，已经举有例证。此外，也可以根据语法结构——词例来推断。如《诗经·汉广》："南有乔木，不可休息；汉有游女，不可求思。"按照句法，一、二句和三、四句是一样的，"休"和"求"押韵，而"思"字则是个无实义的语尾助辞。由此可见，"不可休息"乃是"不可休思"之误。

也可以根据押韵的形式来推断。如《楚辞·离骚》："曰黄昏以为期兮，羌中道而改路。"有的本子有这两句，有的本子又没有。我们通观《离骚》韵例，都是双进的，如有这两句，就是武、怒、舍、故、路五字相叶，成为单数了，这是和全篇形式不一致的。因此，就可以推断这两句是衍文，没有这两句的本子是正确的。

在事实方面，有时可以根据历史事实来推断。如《文心雕龙·时序》："及明帝叠耀，崇爱儒术。"明帝只是一个人，是不能"叠"耀的，从历史上看，明帝之后，即是章帝，"章""帝"两字，形近易误，因此，可以知道这句本来当作"明、章叠耀"。

有时也可以根据地理事实推断。如孟浩然《夜渡湘水》诗："客舟贪利涉，暗里渡湘川。……行侣时相问，涔阳何处边？""涔阳"，有的本子作"浔阳"，但浔阳即今江西九江一带，距湘水很远，而涔阳则在今湖南澧县附近，距湘水很近，由此就可以得出结论，一本作"浔阳"是不对的。

在义理方面，我们常常可以发现由于书面材料的文字有误，以致道理说不通的情形，这自然需要加以改正，方能通读。而在并没有资料可供对勘的情况下，改正的工作就只能根据义理加以推断了。如《文心雕龙·诸子》："斯则得百氏之华采，而辞气文之大略也。"下句文理不甚通顺，一览可知，但并没有其他可据以校改的资料。于是读者只好从义理方面推断，有人认为“文”字是衍文，还有人认为除此以外，“而”字可能是“总”字之误。虽都不能证实，却比较合于文理一些了。

为了便于说明问题，我们将校勘方法分成对校和理校两者，理校之中，又从文字、事实、义理各方面来谈。但在实际工作中，这些方法往往都是综合地加以使用的，特别是在理校方面，必须同时从各个不同的角度来考虑，才能取得近真的结果。

要做好这项工作，需要具备目录学、版本学、文字学、音韵学、历史学、地理学等方面的知识。

此外，还得具备关于所校勘的那一部书的专门知识。如陈垣撰《〈元典章〉校补释例》（新印本改名《校勘学释例》），其中有关元代语言、名物的特例就有三卷之多，正说明了陈先生如果不是一位元史专家，他这项工作是不可能取得那么优秀的成绩的。

## （六）校勘成果的处理形式

在一般情况下，人们从事校勘时，总是采用一种最方便的办法，即将校出的异同是非记在底本上面。

校勘成果大致可以用下列七种形式来处理。

（一）定本。经过校勘，分别同异，判断是非，然后将自己认为正确的文字写下，成为定本。这是从汉代刘向等校书时就采用的办法。今人选注古典文学普及读物，也还有用这个办法的。它的长处是简单明了，短处是所定正文，未必一定正确，有时还使人无法找到它的依据。

（二）定本附校勘记。这种方法也是选取经过校勘后认为正确的文字著为定本，但另附以校勘记，说明其所校定的根据或理由。如郭沫若著《〈盐铁论〉读本》，即是一例。它的长处是既有定本之简明，又不至于使人不知定本文字所从出；其短处则仍然是定本文字，对于读者，不免先入为主，但又不能保证其必无错误。

（三）底本附校勘记。选择一个作为校勘基础的底本来和其他资料互校，工作完成后，连同底本和校勘记一并发表出来。其中多数是将校勘记整理以后作为底本的附录，如《士礼居丛书》影刻宋本《国语》、《战国策》，均附有黄丕烈撰《札记》，即是其例。将校勘记加以整理，作为附录，连同底本一并刻印出来，这乃是发表校勘成果的主要形式，因为它是谨严的、完整的。它既没有以意改动正文，又没有以意取舍异文，而是先进行详尽的搜集再加以判断，甚至并不加以判断，留待读者自行考虑和决定。

（四）不附底本全文的、单行的校勘记。这种方法和前一种是一样的，不过由于底本繁重，或者习见易得，所以发表时就只摘录有校文的部分，单独印行。读者如果需要底本，不妨另行寻找。它的发表形式一般有两种：一是合多书的单行的校勘记为一书，最有名的如卢文弨的《群书拾补》；二是每种校勘记自为一书，如罗继祖的《〈辽史〉校勘记》。

（五）与注释混合的校勘记。学者们为某一古书作注时，往往要牵涉到校勘的问题，因为正确的文字乃是正确的解释的前提。正因为这样，文字的校订和注释便经常混合在一起了，我们看《史记》、《汉书》、《文选》等的旧注，就随时可以发现这种情形。就是我们今天作注，有时也采取这种对于撰者叙述和读者阅览都很方便的形式。当然，如果是专门从事校勘，这种形式就无法采用。

（六）载在读书笔记中的校勘记。前人读书笔记，如《日知录》、《癸巳类稿》所论就遍及群书；《经义述闻》、《廿二史考异》则专究某一类书。其余就某一部书写下自己钻研心得的，则为数更多，不胜枚举。在这些笔记中，不涉及校勘工作，不刊载一些校勘成果的，为数极少。用笔记的形式来发表校勘记，在成果较少，不能独立成书时，是非常适合的。

（七）用单篇文章（论文、题跋、书信）发表的校勘记。这事实上是一种特殊形式的校勘记。如段玉裁的《与诸同志论校书之难》这篇书信体的论文，就是通过详细分析几个典型的例子，来揭示校勘学上“定其是非之难”这一情况的。

这里仅就校勘工作几个主要方面作一般介绍，希望同志们指正。

# 《别录》、《七略》、《汉志》源流异同考

叙曰：

往者清儒王鸣盛《十七史商榷》尝称引金榜之言，以为不读《汉书·艺文志》，不可以知天下书。其云《汉志》，实今目录流略之学也。

刘氏父子尚矣！而《别录》、《七略》，今俱不传。欲窥厥初，惟在《汉志》。客岁衡如师讲授此篇，余幸得从受业。记诵之余，于三者源流异同，略能省识。春来小暇，因演赞师言，钩稽群籍，以为之考。虽非率尔，岂曰寡尤。如有匡正，敬俟君子。乙亥五月。

## 上　源流考

《别录》、《七略》、《汉志》三者源流，可从其书之作者及书之本身两方面言之，其在作者方面，则刘向初奉命校中秘书。

《汉书》卷十《成帝纪》："河平三年……秋八月……光禄大夫刘向校中秘书。谒者陈农使使求遗书于天下。"

同上卷三十六《楚元王传》："上方精于《诗》、《书》，观古文，诏向领校《五经》、中秘书。"

《前汉纪》卷二十五《孝成纪》卷二："三年（或作二年，刊误）……秋八月……光禄大夫刘向校中秘书；谒者臣农使使求遗书于天下，故典籍益博矣。刘向典校经、传，考集异同……"

而向之子歆及班固之伯祖斿亦与其事。

《汉书》卷三十六《楚元王传》:“河平中,(歆)受诏与父向领校秘书,讲六艺、传记、诸子、诗赋、数术、方技,无所不究。”

同上卷一百《叙传》:“斿博学有俊材……与刘向校秘书,每奏事(师古曰:斿每奏校书之事也。)……”

盖其时从事者多,固不止如《汉志》总叙所云“步兵校尉任宏校兵书,太史令尹咸校数术,侍医李柱国校方技”之数子而已。会向死而歆继之,始竟业焉。

《汉书》卷三十六《楚元王传》:“向死后,歆复为中垒校尉,哀帝……即位,复领《五经》,卒父前业。歆乃集六艺群书,种别为《七略》。”

《前汉纪》卷二十五《孝成纪》卷二:“刘向卒,上复使向子歆继卒父业,而歆遂撰群书而奏《七略》。”

歆之受命竟父业也,班《书》以为在哀世,荀《纪》则云在成时(阮孝绪《七录叙》与荀《纪》同)。以史载刘向卒年考之:

《汉书》卷三十六《楚元王传》:“(向)年七十二卒。卒后十三年而王氏代汉。”

则皆是。盖王莽始建国元年,乃西历纪元九年。而初始元年(8)冬十二月,莽已自称新皇帝。夺玺之事,即在是时。是其代汉,当以初始元年始也,史称“卒后十三年”,则当自孺子婴居摄二年(7)起上推。据此,向实卒于成帝绥和二年也(前7)。成帝亦崩于是年三月。新君即位,翌年始得改元,故是年哀帝虽立,年号不改。观上引荀《纪》,刘向既卒,成帝犹能诏歆继其事,则向必卒于其年三月之前。逮哀帝嗣立,重申前诏,则是班

《书》之所言也。意者，成帝诏时，歆方在苫块，未遑及此。哀帝再命之，始董其事耳。

向之校书，始于成帝河平三年（前26）秋八月，终于成帝绥和二年春，都十八年有余。而刘歆于哀帝建平元年（前6）更名秀。今存《山海经》叙奏全文，即此年上，署秀名矣。同岁移书让太常博士，触怒大司空师丹。丹于秋九月被策免，而歆惧诛，先丹出守于外。歆之奏《七略》也，其在出守之先乎！厥后东山再起，为新国师，殆亦无暇及此矣。若此，则歆之从事，自绥和二年春迄建平元年秋，盖一年有半。父子合计，适二十年也。

时求书良难，故为学匪易。刘氏以宗室校书内府，班氏以外戚家承赐书，洵为异数。宜其述作，皆充实而有光辉者矣。刘氏父子，世业廿年。班斿尝共向校书，又得秘书之副（当是校后者也）。

> 《汉书》卷一百《叙传》："况生三子：伯、斿、稚。伯少受诗于师丹。……斿博学有俊材……与刘向校秘书，每奏事。斿以选受诏进读群书，上器其能，赐以秘书之副。时书不布，自东平思王以叔父求《太史公》、诸子书，大将军白不许。……稚生彪，彪字叔皮，幼与从兄嗣共游学。家有赐书，内足于财，好古之士，自远方至……有子曰固。"

其受刘氏影响，自为重大。固克绳祖若父武，撰作《汉书》，其《艺文》、《五行》、《律历》诸志及《儒林传》，皆本之刘氏。其倾倒之心，亦尝形之楮墨焉：

> 《汉书》卷三十六《楚元王传》："赞曰：仲尼称：'才难，不其然与！'自孔子后，缀文之士众矣，惟孟轲、孙况、董仲舒、司马迁、刘向、扬雄。此数公者，皆博物洽闻，通达古今，其言有补于世。传曰：'圣人不出，其间必有命世者焉。'岂近是乎！刘氏《洪范论》发明《大传》，著天人之应；《七略》剖判艺文，总百家之绪；《三统历谱》考步五星日月之度，有意其推本之也。"

三书作者渊源，略述如上，今请更从书之本身方面言之。班氏所云，实为简要。

《汉书·艺文志叙》："至成帝时，以书颇散亡，使谒者陈农求遗书于天下。诏光禄大夫刘向校经传、诸子、诗赋，步兵校尉任宏校兵书，太史令尹咸校数术，侍医李柱国校方技。每一书已，向辄条其篇目，撮其指意，录而奏之。会向卒，哀帝复使向子侍中奉车都尉歆卒父业。歆于是总群书而奏其《七略》，故有《辑略》，有《六艺略》，有《诸子略》，有《诗赋略》，有《兵书略》，有《术数略》，有《方技略》。今删其要，以备篇籍。"

顾《录》、《略》之书，《隋志》、《唐志》虽皆著录：

《隋书·经籍志·簿录篇》："《七略别录》二十卷，刘向撰。《七略》七卷，刘歆撰。"

《旧唐书·经籍志·目录类》："《七略别录》二十卷，刘向撰。《七略》七卷，刘歆撰。"

《新唐书·艺文志·目录类》："刘向《七略别录》二十卷。刘歆《七略》七卷。"

而迄唐季五代之乱，其书遂亡。

姚振宗《〈七略别录〉佚文叙》："《别录》自唐《艺文》著录之后，后史无传焉。虽亦见于《通志·艺文略》、焦氏《经籍志》，皆虚列其目，非实有其书。盖亡于唐末五代之乱，宋初人已不及见矣。"

又同上《〈七略〉佚文叙》："《七略》自唐《艺文》之后，《崇文总目》、《遂初堂书目》、《晁志》、《陈录》、《通考》、《宋志》皆不著录。盖与《别录》同亡于唐末五代。"

近世诸儒，多有辑本：计辑《别录》者则有洪颐煊（《经典集林》本）、严可均（《全汉文编》本）、马国翰（《玉函山房辑佚书》本）、张选青（《受经堂丛书》本）、姚振宗（《快阁师石山房丛书》本）、顾觀光（未刊，稿藏北京图书馆，闻之衡如师）诸家。辑《七略》者则有洪颐煊、严可均、姚振宗、顾觀光（版本皆同《别录》）、章宗源（据姚氏《〈七略〉佚文叙》）诸家。碎锦零珠，固于兹略备，然殊不能如《汉志》之全文俱存，为足餍吾人之意也。

三者以授受言，固歆受之向，班受之刘，此无可疑者也。即就其卷帙多寡，亦可明之。向每校一书，辄为一录，历年近廿，其多可知。故逮其既殁，时人为之编辑，乃达廿卷也。歆主事未及二年，其书即成。虽或在向生时，规模已具，然其但举学术纲领，不复详于一书，观今《汉志》，可知仿佛，遂惟七卷，于《录》为三之一矣。《汉志》又班氏删其要以备篇籍者，因更从省为一卷焉。

然以成书先后言之，则鄙意以为《七略》之成，当在《别录》之先。向之叙奏群书，其事未竟，故死后一年，歆犹有《上〈山海经〉表》。是在向生前，实无集众录以成《别录》之可能也。姚振宗《〈七略别录〉佚文叙》以为："相传二十卷，殆子骏奏进《七略》之初勒成之。……当时似未尝奏御者也。"然据余前所考证，歆主校书之事，多不过一年有半。在此期间，其工作一则叙奏向所未及诸书（《上〈山海经〉表》可证），二则造作《七略》，能否再有余闲，更勒《别录》，是难言也。若阮孝绪之说，则较为圆通。

> 《广弘明集》卷三《七录叙》："昔刘向校书，辄为一录，论其指归，辨其讹谬，随竟奏上，皆载在本书。时又别集众录，谓之《别录》。子歆撮其指要，著为《七略》。

惟有二点，须事诠释，于义始安：其一则"时又别集众录"之"时"，犹言时人也，非定指向。其二则"撮其指要"之"其"，乃言随竟奏上之录，非言《别录》也。

且《七略》成于《别录》之先，《别录》之名，亦一佳证。《隋志》、《唐志》俱称《七略别录》，已见前引。姚振宗释之云："其曰《七略别录》者，谓《七略》之外，别有此一录。”（《〈七略别录〉佚文叙》）此义至精。盖据此可知《七略》不先成，则《七略别录》一名无自来也。至历来称引，则简称《别录》者为多云。

> 章宗源《〈隋书·经籍志〉考证》卷八：“《〈诗·大雅〉疏》‘师尚父’，《〈尚书〉疏》‘武帝末民得《泰誓》’。又《尧典》作《虞》、《夏书》，《〈周礼〉疏》‘路寝在北堂之西，社稷宗庙在路寝之西’，《〈左传〉疏》‘左丘明授曾申’及‘荀卿授张苍’，并称刘向《别录》（无七略二字）。《史记集解》、《索隐》、《两汉注》诸书所引，皆无《七略》二字。”

三书授受与成书先后，既皆辨之如上，是宜进窥其体例矣。惟《汉志》大体，等诸钞胥，但论《录》、《略》，即知梗概。

刘氏父子工作，虽当时情况，千载以下，莫悉其详；然从其所留遗于今日之成绩言之，则实判然有异。向之所为，《汉志总叙》称：“条其篇目，撮其指意。”《七录序》称：“论其指归，辨其讹谬。”孙德谦《刘向校雠学纂微》曾细析其事，盖二十有三条。约言之，则备众本、删复重、订脱误、谨编次、撰叙录五事而已。自今日视之，则版本、校勘、目录之事也（观其今存叙奏全文，即可知之）。至歆之所为，《汉志总叙》称：“总群书而奏其《七略》。故有《辑略》，有《六艺略》，有《诸子略》，有《诗赋略》，有《兵书略》，有《术数略》，有《方技略》。”则是分类之事也。人所为工作既异，则书之体例自亦不同。《别录》之文，本随竟奏上，皆附在本书。故其对象，以书为主，而源流旨意，附见其中，其体当如今群书题记之类。《七略》则因向所叙奏为书，时既仓卒，尽去繁文，惟以分类见学术之源流，其对象实中国学术之全体。复恐但存纲目，厥旨弗明，乃取其父叙奏中通论之文，著为《辑略》。《辑略》者，《七录序》所谓“六篇之总最”，颜监《注》所谓“诸书之总要”也。及班氏而复没《辑略》以入众篇之中，是以今传《汉志》，但有六略，然实删《七略》之要而成，观《志》固可以知《略》矣。

《别录》之书，本总集群文而已，非一系统之著作，其体当如今群书题记之类，前则既言之矣。是不应有《辑略》冠之，于事甚明。而世之辑《别录》者，若马国翰、姚振宗之伦，反为立一《辑略》，取佚文之可比附者实之，宁非大谬！马氏无说，姚氏则引《荀纪》以实其言：

《〈七略别录〉佚文·叙》："荀悦《汉纪》称：刘向典校经传，考集异同，云：'《易》始自鲁商瞿子木，受于孔子……'以下云云，并与《汉书·儒林传》、《释文叙录》相同，而与刘中垒叙奏之文，颇不相合。后复推求，知为《别录》中《辑略》之文。荀氏节取而为《纪》，班氏取以为《儒林传》，陆氏取以为《叙录》。各有所取，亦各有详略，而其为《辑略》之文审矣。"

同上："《七略》首一篇，阮氏云：'即六篇之总最，故以《辑略》为名。'颜氏《〈艺文志〉注》亦云：'辑与集同，谓诸书之总要。'盖六略分门别类之总要也。《荀纪》引文有云：'分为九家：有儒家、道家、阴阳家、法家、名家、墨家、纵横家、杂家、农家，又有小说家。'此即所谓《诸子略》之总最也。《初学记》政治门引刘歆《七略》曰：'论方技为四家：有医经家，有方家，有房中家，有神仙家。'此其《方技略》之总最也。六略中最可考见者，惟此二事。其余四略，可想而知。大抵六艺传记，则上溯于孔子，诸子以下，各详其官守，皆一一言师承之授受，学术之源流杂而不越，各有攸归。《释文叙录》所载七经流别，盖仿其体而小变之者也。由是推寻，知《荀纪》所引，确为总最之大略。"

案姚氏所据，重在荀《纪》"刘向典校经传，考集异同，云……"一语，又以其文不似叙奏诸作，因疑是《别录》中《辑略》之文。此忽于《别录》体例之过也。古之称引故籍者，于出处则或仅举人名，或误书卷数，于文字或字讹句脱，或意反义殊。盖有未足即据之以定为某书佚文者。辑佚者于此，惟有精察原书之旨意与组织，或旁证以他书，庶几得之。姚氏固尝称师古引文之谬，何乃明其一昧其二邪？

《〈七略别录〉佚文·叙》："颜监引《别录》，有未足据为佚文者。如《艺文志·诗赋略》中'《骠骑将军朱宇赋》三篇'。师古曰：'刘向

《别录》云：骠骑将军史朱宇。《志》以宇在骠骑府，故总言骠骑将军。’刘奉世曰：‘其实惟脱一史字耳。’案颜《注》颇谬，刘说是也。此条实不足为《别录》佚文。二家（严可均、马国翰）辑本皆取之，今删入刘歆《七略》中。”

愚意荀《纪》云云，当以父子世业，言向足以举歆耳。不云《别录》，意其出《七略》也，而《初学记》尤足证之。《方技略》一条，姚氏既征之矣。今更得一条，取与班《书》、荀《纪》、刘氏《移书》、陆氏《释文》共比勘之，虽详略互殊，而言皆大体符合。

《初学记》卷二十一《文部经典》第一：“刘歆《七略》曰：‘《尚书》，直言也，始欧阳氏先君名之（《御览》卷六百引此条无君字）。大夏侯、小夏侯复立于学官。三家之学，于今尤为详。”

《汉书》卷八十八《儒林传》：“欧阳生字和伯，千乘人也。事伏生……世世相传，至曾孙高子阳，为博士。高孙地余……后为博士，论石渠。……少子政为王莽讲学大夫。由是《尚书》世有欧阳氏学。……夏侯胜，其先夏侯都尉，从济南张生受《尚书》，以传族子始昌，始昌传胜……胜传从兄子建，建又事欧阳高。……由是《尚书》有大小夏侯之学。”

《前汉纪》卷二十五《孝成纪》卷二：“《尚书》本自济南伏生，为秦博士。及秦焚书，乃壁藏其书。汉兴，伏生求其书，亡数十篇，得二十九篇。文帝欲征伏生，时年九十余，不能行，遣晁错往受之。千乘人欧阳伯和传其学。而济南张生传《尚书》，授夏侯始昌，始昌传族子胜，胜传从兄子建，建又事欧阳氏，颇与胜异。由是为大、小夏侯之学，宣帝时立之。”

刘歆《移让太常博士书》：“往者博士《书》有欧阳，《春秋》公羊，《易》则施、孟。然孝宣皇帝犹复广立穀梁《春秋》、梁丘《易》、大小夏侯《尚书》。”

《经典释文叙录》：“汉兴，欲立《尚书》，无能通者。闻济南伏生传之，文帝欲征，时年已九十余，不能行。于是诏太常使掌故晁错受焉。……伏生受济南张生、千乘欧阳生。……欧阳氏世传业，至曾孙高作《〈尚书〉章句》，为欧阳氏学。高孙地余，以《书》授元帝。传至欧阳歙，歙以上八世皆博士。……张生受夏侯都尉，都尉传族子始昌，始昌传族子胜。胜从始昌受《尚书》及《洪范五行传》，说灾异；又事同郡简卿……又从欧阳氏问。为学精熟，所问非一师，善说礼服，受诏撰《尚书》、《〈论语〉说》(《艺文志》：夏侯胜《尚书章句》二十九卷)，号为'大夏侯氏'学。……夏侯建师事夏侯胜及欧阳高，左右采获，又从五经诸儒问与《尚书》相出入者，牵引以次章句，为'小夏侯氏'学。……汉立欧阳《尚书》。宣帝复立大、小夏侯傅士。"

以知诸家所本同源，而《初学记》所引，既标子骏之名，知必出《七略》之《辑略》。至《别录》则本无《辑略》，又乌得有其佚文？

虽然，姚氏之说，于诸本为最晚出，用力亦至劬，舍此一端，他固可宝。吾人今日而欲窥《录》、《略》真面目，以明三书源流，则姚辑本固知津之作，终不以一眚掩德也。——以上考源流竟。

## 下　异同考

异同者，谓《七略》与《汉志》之异同也。《别录》之与《七略》亦有异同，然兹不之及者，盖向、歆虽父子，其于学术上之见解，固多不同，此观本传可以知之：

《汉书》卷三十六《楚元王传·附歆传》："父子俱好古，博见强志，过绝于人。歆以为左丘明好恶与圣人同，亲见夫子；而公羊、穀梁，在七十子后。传闻之与亲见之，其详略不同。歆数以难向，向不能非间也，然犹自持其穀梁义。"

然《别录》、《七略》，今皆亡佚，两据佚文，难从取较，此其故一也。《曲礼》

曰："拟人必于其伦。"书何不然？《录》、《略》之书，体制弗牟，持此衡彼，无可拟并，此其故二也。《汉志》则本依《七略》，小异大同。今但举其异，同自见矣。集郑樵、章学诚、章宗源、姚振宗、孙德谦诸家之说，纂例十三如次。自来言刘、班异同者，略尽于此焉。

其关于班《志》与刘《略》相出入者，凡例二：曰家出入例。曰篇出入例。章、孙两氏，举例綦详。

章宗源《〈隋书·经籍志〉考证》卷八："班固因《七略》而志《艺文》，其与歆异者，特注其出入，(《书》入刘向《稽疑》，《礼》入《司马法》，《乐》出淮南刘向等《琴颂》，《春秋》省《太史公》，小学入扬雄、杜林，儒入扬雄，杂入兵法，诸子出《蹴鞠》，兵权谋省《伊尹》、《太公》、《管子》、《孙卿子》、《鹖冠子》、《苏子》、《蒯通》、《陆贾》、《淮南王》，出《司马法》入《礼》，兵技巧省《墨子》重，入《蹴鞠》。)使后人可考刘氏原本。"

孙德谦《〈汉书·艺文志〉举例·称出入例》："《论语》曰：'大德不逾闲，小德出入可也。'吾观班氏《艺文志》，其于刘《略》七篇，则颇有出入矣。《书》家云：入刘向《稽疑》一篇。《礼》家云：入《司马法》一家百五十五篇。《乐》家云：出淮南、刘向等《琴颂》七篇。小学家云：入扬雄、杜林二家三篇。儒家云：入扬雄一家三十八篇。杂家云：入兵法。赋家云：入扬雄八篇。兵权谋家云：出《司马法》入《礼》也。兵技巧家云：入《蹴鞠》也。而于每略总数后，又重言以申明之。在班氏亦可谓不惮烦矣。然班氏既有此例，可知依据他书而其编次未尽得宜者，不妨由我出入之。"

惜于出入之义法，未能深究(章宗源并称省者亦列之，更为无当)。考《班志·六艺略》，《书》家称："入刘向《稽疑》一篇。"师古注："此凡言入者，谓《七略》之外，班氏新入之也。其云出者，与此同。"而章学诚《校雠通义》卷二《郑樵误校〈汉志〉》第十二之二注则云："注出入者，刘录于此，而班录于彼也。"其言与颜监稍异。严格言之，《通义》之说是也。盖凡言出入，出于此者必入于彼，出于彼者必入于此，则载籍始有可稽。颜监所云，实增省而非出入。然夷考班《志》本文，言入者七，言出者三，而其相应者，惟《司马法》一家百五十五篇，《蹴鞠》一家二十五篇而已。是班氏用语，初亦率尔而书，增或云入，省或云出，胥无定谊。颜、章解故，遂尔两歧。今除上举二事外，凡《志》称出入者，皆宜作省增观，庶无悖出入之质义耳。

其关于班《志》视刘《略》为省者，凡例六。盖班《志》本删刘《略》之要，故为例亦多也。曰省略例。刘歆《七略》，班书仅有其六。章学诚、孙德谦皆以为《辑略》班氏所删。

《校雠通义》卷一《原道》第一之三："刘歆《七略》，班固删其《辑略》而存其六。颜师古曰：'《辑略》谓诸书之总要。'盖刘氏讨论群书之旨也。此最为明道之要，惜乎其文不传。"

孙德谦《刘向校雠学纂微·撮指意》："《七录序》……曰：子歆撮其指要，著为《七略》。其一即六篇之总最，故以《辑略》为名。而师古亦云：辑与集同，谓诸书之总要。则《辑略》者，乃撮群书之旨意，为班氏删去者也。岂班氏以史志艺文，异于专家目录，但挈取纲领可乎？然而书之旨意，向、歆父子所为会撮者，从此不传矣。斯岂非憾事也哉？"

而姚振宗则以为盖没入众篇之中。

《〈七略〉佚文叙》："阮氏《七录序目》曰：班固因《七略》之词为《汉书·艺文志》。是《艺文志》皆班氏删省《七略》之文，亦即《七略》之节本也。又曰：《辑略》即六略之总最，而《志》但载六略，不及《辑略》。盖《辑略》亦析入六略中。章氏《校雠通义》谓班固删《辑略》而存其六，非也。其原书以总叙、篇叙及门目汇为《辑略》一卷，略如《释文叙录》注解传述人之体，其下六卷，但载六百余家之书，而系以略说。所谓剖析条流，各有其部，如《四库简明目录》也。"

今细案班《志》，追度刘《略》之体裁，当以姚氏之言为当。曰省家例。曰省篇例。

《〈汉书·艺文志〉举例·称省例》："《汉志》之于刘《略》……其中又有称省者，再为条举之。《春秋》家云：省《太史公》四篇。兵权谋云：省《伊尹》、《太公》、《管子》、《孙卿子》、《鹖冠子》、《苏子》、《蒯通》、《陆贾》、《淮南王》二百五十九种。兵技巧家云：省《墨子》重。则书为刘氏两载者，班氏从而省去之也。夫一人著述，扼其宗旨，录之于此，复可录之于彼。是不妨重复互见。苟于全书之内又足自成一类，更不妨裁篇别出。盖不如此，则学术流别，无由发明。然则班氏何以省去之？吾尝推求其故，殆以《伊尹》、《太公》诸书，已入专家之内，并有重见于他书者，不必过事分析乎？乃复注出省字者，可知孟坚之意，盖欲使读者知兵家之中，虽不登其目，伊尹诸贤，其学实兼长于兵耳。否则竟删削之可也。则谓之为省者，亦《汉志》之一例矣。惟《太史公书》本为百三十篇，今于《春秋》家亦以是著录。所省者四篇，不知是何篇名。吾不敢强为之说。"

孙氏所谓省伊尹诸家，省《墨子》重，即章学诚《汉志》无互著之说，此省家之义，有与省篇不同者也。章氏盖深慨乎班《志》之省并部次，遂令后人不复知有互著之法。

《校雠通义》卷一《互著》第三之二："刘歆《七略》亡矣。其义例之可见者，班固《〈艺文志〉注》而已。（班固自注，非颜注也。）《七略》于兵书权谋家有《伊尹》、《太公》、《管子》、《荀卿子》（《汉志》作《孙卿子》）、《鹖冠子》、《苏子》、《蒯通》、《陆贾》、《淮南王》九家之书；而儒家复有《荀卿子》、《陆贾》二家之书，道家复有《伊尹》、《太公》、《管子》、《鹖冠子》四家之书；纵横家复有《苏子》、《蒯通》二家之书；杂家复有《淮南王》一家之书。兵家技巧家有《墨子》，而墨家复有《墨子》之书。惜此外之重复互见者，不尽见于著录，容有散佚失传之文。然即此十家之一书两载，则古人之申明流别，独重家学，而不避重复著录，明矣。自班固并省部次，而后人不复知有家法，乃始以著录之业，专为甲乙部次之需尔。

孙德谦非之。

《〈汉书·艺文志〉举例·互著例》："《汉志·兵书略》云：'省十家二百七十一篇重。'盖如《伊尹》、《太公》诸书，本重列兵家，今为班氏省去之。或谓自班氏删并刘《略》，后人遂不知有互著之法。其说是矣，要亦不尽然也。今考之班《志》，儒家有《景子》、《公孙尼子》、《孟子》，而杂家亦有《公孙尼》，兵家亦有《景子》、《孟子》；道家有《伊尹》、《鬻子》、《力牧》、《孙子》，而小说家亦有《伊尹》、《鬻子》，兵家亦有《力牧》、《孙子》；法家有《李子》、《商君》，而兵家亦有《李子》、《公孙鞅》；纵横家有《庞煖》，而兵家亦有《庞煖》；杂家有《伍子胥》、《尉缭》、《吴子》，而兵家亦有《伍子胥》、《尉缭》、《吴起》；小说家有《师旷》，而兵家亦有《师旷》。此其重复互见，班氏虽于六略中以其分析太甚，或有称省者，然于诸家之学术兼通，仍不废互著之例若是。"

然其所举各例，篇数胥弗同。盖同名异实之书，若儒家、小学家、赋家之皆有扬雄也。著者究是否一人，今亦多无从考证，则殊不足据以斥章氏之疏。

《校雠通义》卷三《汉志·兵书》第十六之七："书有同名而实异者，必著其异同之故，而辨其疑似焉。……兵形势家之《尉缭》三十一篇，与杂家之《尉缭子》二十九篇同名；兵阴阳家之《孟子》一篇，与儒家之《孟子》十一篇同名；《师旷》八篇，与小说家之《师旷》六篇同名；《力牧》十五篇，与道家之《力牧》二十二篇同名；兵技巧家之《伍子胥》十篇，与杂家之《伍子胥》八篇同名。著录之家，皆当别白而条著者也。若兵书之《公孙鞅》二十七篇，与法家之《商君》二十九篇，名号虽异，而实为一人，亦当著其是否一书也。”

章氏又谓互著之法，造端任宏，其言可信。至云刘氏亦未尝深究，则不免太过。

《校雠通义》卷二《补校〈汉·艺文志〉》第十之七：“任宏《兵书》一略，郑樵称其最优。今观刘《略》重复之书，仅止十家，皆出《兵略》，他部绝无其例。是则互著之法，刘氏且未能深究，仅因任宏所称存其意耳。”

叙奏之事，皆向为之，若其弗审斯义，则容有不待班氏即省之者矣。至省篇之法，当与前称出入者合观。直称“省”者，仅有二例耳。章学诚初未知称出入之有二义，故尝致疑于出而不入之篇：

《校雠通义》卷三《汉志·六艺》第十三之十二：“《乐》部旧有淮南刘向等《琴颂》七篇，班固以为重而删之。今考之《诗赋略》而不见，岂《志》文之亡佚邪？”

若省《太史公》四篇，孙氏不解（已见前引），章氏亦莫能明。

《校雠通义》卷三《汉志·六艺》第十三之十二：“《春秋》部注：‘省《太史公》四篇。’其篇名今不可知。案《太史公》百三十篇，本隶《春秋》之部，岂同归一略之中，犹有重复著录及裁篇别出之例邪？”

今实无从考证矣。曰省书名例。

《〈七略〉佚文叙》：“史志之例，多从减省。如《六艺略》，《易》家第一条曰《易经》，末一条曰《章句》，皆合并施、孟、梁丘三家之经注。其第二条曰《易传》，则统包《周氏》以下十余家之书。除经本相同不分外，余皆分别写录。于《易传》则每条加易传二字；于《章句》则每条亦各加章句二字。此体例宜然，非有妄增。”

曰省解题例。

《〈隋书·经籍志〉考证》卷八：“《〈文选〉注》：‘《邹子》有终始五德，从所不胜，木德继之，金德次之，火德次之，土德次之。’（《魏都赋》、应吉甫《集华林园诗》注）乃《邹子终始》解题。又：‘雅琴，琴之言禁也；雅之言正也。君子守正以自禁也。’（《长门赋》注）乃《雅琴赵氏》等解题。《太平御览·职官部》：‘孝宣帝重申不害《君臣篇》，使黄门侍郎张子乔正其字。’乃《申子》解题。此类《汉志》皆未取（冯商、庄忽奇、杜参、朱宇，师古注皆依《七略》补《汉志》）。”

曰省文例。

《〈隋书·经籍志〉考证》卷八：“《曲台记》、《易九师道训》（《文选·竟陵王行状》注）、《蜎子》（曹子建《七启》注）、谈天衍、雕龙赫（《宣德皇后令》注。按：“谈天衍”，当作“天口骈”。）、《鹖冠子》（《辨命论》注）、《盘盂书》（《新刻漏铭》注），班固本注虽依《七略》，而语多从简。

其关于班《志》视刘《略》为增者，凡例三。曰增家例。曰增篇例。此亦当与前出入之例，合而观之。班《志》增刘向、扬雄一事，最为郑樵所讥。

《通志·校雠略·编次不明论》：“班固《艺文志》，出于《七略》者也。《七略》虽疏而不滥，若班氏步步趋趋，不离于《七略》，未见其失也。间有《七略》所无，而班氏杂出者，则蹶矣。扬雄所作之书，刘氏盖未收，而班氏始出。若之何以《太玄》、《法言》、《乐箴》三书合为一总，谓之扬雄所序三十八篇，入于儒家类？案儒者旧有五十二种，固

> 新出一种，则扬雄之三书也。且《太玄》，《易》类也；《法言》，诸子也；《乐箴》，杂家也，奈何合而为一家？是知班固胸中，元无伦类。”

而章学诚则为之辨，以为此班效刘尤，其说似确。

> 《校雠通义》卷三《汉志·诸子》第十四之八：“刘向所叙六十七篇，部于儒家，则《世说》、《新序》、《说苑》、《列女传颂图》四种书也。此刘歆《七略》所收，全无伦类。班固从而效之，因有扬雄所叙三十八篇不分《太玄》、《法言》、《乐》、《箴》四种之弊也。郑樵讥班固之混收扬雄一家为无伦类，而谓班氏不能学《七略》之征；不知班氏固效刘歆也。”

若是则于此点固无殊也。今缘章学诚论班《志》之疏数语至精，因并存录。

> 《校雠通义》卷三《汉志·兵书》第十六之二：“大抵《汉志》之疏，由于以人类书，不能以书类人也。《太玄》、《法言》、《乐》、《箴》四书，类于扬雄所叙三十八篇；《新序》、《说苑》、《世说》、《列女传》四书，类于刘向所叙六十七篇，尤其显而易见者也。《孙子》八十二篇，用同而书体有异，则当别而次之。纵欲以人类书，亦当如《太公》之二百三十七篇，已列总目，其下分析谋八十一篇，言七十一篇，兵八十五篇之例可也。”

若其“纵欲以人类书……”云云，盖由不知分类目录与著者目录之大别，时世限之，难以深咎也。若孙德谦则曲为班讳，以为此丛书之体，后世可法，是真谬矣。

> 《〈汉书·艺文志〉举例·一人之书得连举不分类例》：“丛书之名，始于唐陆龟蒙，如《笠泽丛书》是。其后一人著述，汇成一编，因亦有丛书之目。实则班《志》儒家刘向所叙六十七篇，扬雄所叙三十八

篇，虽无丛书之称，已具丛书之体也。……夫班氏作此志，其分类也，以书不以人。观于此则似又以人为定矣。……若然，后之为儒者，可援其例，列入于儒家。某书某书，但剖别种类，次于其人之下，不必再归他部者也。”

曰增文例。

《〈汉书·艺文志〉举例·每类后用总论例》：“班氏于《易》、《书》二家，皆有‘刘向以中古文……’云云，《乐》家又言：‘刘向校书，得《乐记》二十三篇。’至小学类中，则谓：‘臣复续扬雄作十三章。’然则《志》中后论与夫总论所言，为其所加，不出刘氏之旧。吾于此叹孟坚学识之大也！”

其关于班《志》与刘《略》相异，而又非出入省增者，凡例二。曰异书名例。章宗源误引阮孝绪《七录》之文，以为班《志》书名，或异刘《略》之旧。

《〈隋书·经籍志〉考证》卷八：“《史记正义》：‘《管子》十八篇，在法家。《晏子春秋》七篇，在儒家。’（《管晏传》）‘《新语》二卷，陆贾撰。’（《陆贾传》）考《汉志》，法家无《管子》，惟兵家注云‘省《管子》’。儒家《晏子》八篇，又削‘春秋’二字（《史记》论曰：‘余读《晏子春秋》。’是春秋二字，非汉以后所加）。《陆贾》二十二篇，不言《新语》。俱异《七略》之旧。”

姚振宗已辨其非。

《〈七略〉佚文叙》：“《史记正义》引阮氏《七录》，行本往往误为《七略》，并有云阮孝绪《七略》者。此其刊写之误之明证也。严、马二家所录‘《晏子》七篇，在儒家。《管子》十八篇，在法家’两条，皆张守节泛引《七录》之语。《七录》《晏子》七篇，《七略》则八篇。《七录》《管子》十八篇，在法家；《七略》则八十六篇，在道家，又见兵家。此两条不特非《七略》佚文；在儒家在法家之言，并且非《七录》本文。”

夫古籍殊名，为例实夥。孙德谦以为《汉志》盖准之刘向，

《刘向校雠学纂微·定书名》：“《史记·管晏列传赞》云：‘及《晏子春秋》。’而《汉志》但称《晏子》。淮南王之书，本为《鸿烈解》(按：解指高注，孙说非)，而《汉志》又但称《淮南》。《蒯通》五篇，其本传则号《隽永》，而《汉志》又但称《蒯子》。诸如此类，非班氏之好自更张，《汉志》著录，悉宗于向，吾谓彼数书者，亦从向所定名也。”

其言可征。今存《战国策书录》先述诸名然后定称是也(先秦旧籍，多作者与书名不分，余以此道术初兴之征，拟别为详说，兹不赘论)。又谓书改旧称，缘省烦重。

《〈汉书·艺文志〉举例·书名称省例》：“《吕氏春秋》之为《吕览》，《白虎通德论》之为《白虎通》，以书名烦重，因而省称之。后人知其故，亦无有致疑者也。然吾读《书录解题》矣，直斋之于《晏子》也，则振振有辞矣。其言曰：‘《晏子春秋》十二卷，齐大夫平仲晏婴撰。《汉志》八篇，但曰《晏子》；隋、唐七卷，始号《晏子春秋》。今卷数不同，未知果本书否？’盖疑《汉志》省称《晏子》，不加‘春秋’之目，遂以今本《晏子春秋》，以为非原书矣。不知《晏子春秋》者，《史记·管晏传赞》有之，班氏特出省称耳。以陈氏之博，乃不能取征《史记》，何其疏也。且《汉志》之称省者多矣：如贾山《至言》则省称《贾山》；贾谊《新书》则省称《贾谊》；蒯通本名《隽永》，则省称《蒯通》；《淮南王》本名《鸿烈解》，则省称《淮南王》。其他：屈原之赋，不名《离骚》乎？今则又省称《屈原赋》。诸如此类，亡者不必言。若《新书》、《离骚》、《鸿烈解》，亦将疑其为假托邪？”

则未为定论。班《志》于一书有二名者，且或为之注出。如《诸子略》儒家《王孙子》注云："一曰《巧心》。"则固不得谓其图省烦重矣。观今存《战国策书录》之文，知盖择其最当者称之耳。据上可知书名之异，不在刘、班。徒以章宗源误举于先，惧来者无以祛惑，因反复申之如此。曰异文例。姚振宗之言，深合实情。

《〈七略〉佚文叙》："班氏修史，颇改旧文。此亦史家通例，有不得不然者。"

此佚文中例颇多，不备举。至章宗源所陈，

《〈隋书·经籍志〉考证》卷八："诸书所引《七略》，如：'《诗》以言情。情者，信之符也。《书》以决断。断者，心之证也。'(《初学记·文部》、《御览·学部》)《汉志》作：'《诗》以正言，义之用也。《春秋》以断事，信之符也。'"

则似讹传，不关通例。以是又知异文之例有二也。

二书所异，备述如上。析其原故，可得而言：其一，相出入者，则两君对于分类见解之不同也。今可考见者，惟《司马法》与《蹴鞠》二事。《蹴鞠》出之诸子而入之兵技巧，良是也。《司马法》出之兵权谋而入之《礼》，则郑樵非之而章学诚是之。

《校雠通义》卷二《郑樵误校〈汉志〉》第十一之二："郑樵讥《汉志》以《司马法》入《礼》经……疑谓非任宏、刘歆所收，班固妄窜入也。……按《司马法》百五十五篇，今所存者，非故物矣。班固自注：'出之兵权谋，而入于《礼》。'樵固无庸存疑似之说也。第班《志》叙录称《军礼司马法》，郑樵删去'军礼'二字，谓其入《礼》之非；不知《司马法》乃周官职掌，如《考工》之记，本非《官礼》，亦以司空职掌，附著《周官》。此等叙录，最为知本之学。班氏他处未能如是，而独于此处，能具别裁。樵顾深以为讥，此何说也？第班氏入之《礼》经，似也。其出于兵家，不复著录，未尽善也。当用刘向互见之例。庶几礼家不为空衍仪文，而兵家又见先王之制，乃两全之道耳。”

今案章氏是也。其二，《志》省《略》者，则史家目录之从简也。

《〈汉书·艺文志〉举例·删要例》：“班《志》用刘歆《七略》，而于《辑略》一种，则不之载。首序则云：‘今删其要以备篇籍。’所谓删要者，颜师古注：‘删去浮冗，取其指要。’是也。夫刘氏之《辑略》，所以辑诸书之总要也，自应录而存之，用备后人之览观，使知作者之意。且《七略》虽不可见，刘向所作《别录》虽亦亡佚，然《荀子》、《管子》诸家，有向《书录》一篇。皆钩玄提要，其明其立言之旨。书录者，《别录》之遗文，是其序说犹可考见。歆之《七略》继父而作，则《辑略》者，亦必语多扼要，有不可删节者。吾尝求班氏所以删要之故而不得其解，及今思之，知史家作志，异于专家目录者在此。专家目录于一书也，不惮反复推详。若史家者，其于此书义理，只示人以崖略，在乎要言而不烦。是故以刘氏之《辑略》，虽提纲挈要，犹取其至要之言。余则毅然删之，而无所顾惜。”

其三，《志》增《略》者，则班氏之后出也。其四，《志》异《略》者，则或缘史家修史，惯改旧文；或缘传钞引用，久生讹谬也。

世之治目录之学者，虽于刘氏定一尊，而于班氏，则毁誉不一。若郑樵，则极口诋班者也。虽其是，亦非之。若孙德谦，则极口崇班者也。虽其非，亦是之。夫心不平者，不可与论古。过犹不及，岂得谓平？班氏取《七略》旧文以成书，事等钞胥，难言著述，时有小善，未云大雅。故于刘氏之失，则少所匡正，若刘向所序六十七篇总入儒家是也。于刘氏佳处，或抹杀之，若废互著之法是也。郑樵诋諆之语，虽时或不近人情，然其《校雠略·编书不明分类论》称“孟坚初无独断之学，惟依缘他人以成门户”。在《艺文》一志观之，则实为不易之论。敢引之以束吾文。——以上考异同竟。

# 杂家名实辨证

欲征诸子之朔，则刘歆之言审矣。

《汉志·诸子略叙》云："诸子十家，其可观者九家而已。皆起于王道既微，诸侯力政，时君世主，好恶殊方，是以九家之术，蜂出并作，各引一端，崇其所善，以此驰说，取合诸侯。其言虽殊，辟犹水火，相灭亦相生也。"此本子骏《辑略》为说也。

若乃诸子著录，亦始刘、班。九流十家，区以别矣。逮于后世，作者殊列，载籍增损，不能无变焉。其同源异流者，固分合可寻；而亡实存名者，遂迷离莫辨。今观子部杂家则信然矣。是以章学诚论之曰："《汉志》始别九流，而儒、杂二家，已多淆乱。后世著录之人，更无别出心裁，纷然以儒、杂二家为龙蛇之菹焉。凡于诸家著述，不能遽定意指之所归，爱之则附于儒，轻之则推于杂。夫儒、杂分家之本旨，岂如是耶？"(《校雠通义》卷十四之五)

章氏此言，识其大者。若云《汉志》已多淆乱，非所敢承。今余此文，但上规《略》、《志》，下迄《提要》，稍事整比，以见杂家之流变。而证后世目录门类名实不符，数典忘祖者，在所多有，辨章学术，考镜源流之难，盖不自今日始云。

今既欲辨证名实，自非先明杂家本义不为功。然则其本义云何？

曰：杂家者，百家所从入，期于为治最切，盖秦学也。

《汉志》之叙云："杂家者流，盖出于议官。兼儒、墨，合名、法，知国体之有此，(师古曰："治国之体，亦当有此杂家之说。")见王治之无不贯。

（师古曰："王者之治，于百家之道无不贯综。"）此其所长也。及荡者为之，则漫羡而无所归心。"此真杂家之初义也。春秋以降，诸子朋兴，而杂家起于嬴秦，于百家为独后，故得网罗众论，舍短取长。征在本书，则汪中序《吕氏春秋》，盖详之矣。中之言曰："周官失其职，而诸子之学以兴，各择一术，以明其学。莫不持之有故，言之成理。及比而同之，则仁之与义，敬之与和，犹水火之相反也。最后《吕氏春秋》出，则诸子之说兼而有之。故《劝学》、《尊师》、《诬徒》（一作《诋役》）、《善学》（一作《用众》）四篇，皆教学之方，与《学记》表里。《大乐》、《侈乐》、《适音》（一作《和乐》）、《古乐》、《音律》、《音初》、《制律》，皆论乐。《艺文志》言刘向校书，别得《乐记》二十三篇。今《乐记》有其一篇，而其他篇名载在《别录》者，惟见于《正义》所引。案本书《适音篇》，《乐记》载之。疑刘向所得，亦有采及诸子，同于河间献王者。凡此诸篇，则六艺之遗文也。《十二纪》发明《明堂礼》，则明堂、阴阳之学也。《贵生》、《情欲》、《尽数》、《审分》、《君守》五篇，尚清净养生之术，则道家流也。《荡兵》（一作《用兵》）、《振乱》、《禁塞》、《怀宠》、《论威》、《简选》、《决胜》、《爱士》七篇（案当作八篇），皆论兵，则兵权谋、形势二家也。《上农》、《任地》、《辨土》三篇，皆农桑树艺之事，则农家者流也。"（《述学内篇补遗》）此则杂家之源也。

章学诚曰："诸子之奋起，由于道术既裂，而各以聪明才力之所偏，每有得于大道之一端，而遂欲以之易天下。"（《文史通义》卷二《言公》上）此明诸子之学，起于救世，期于为治。然所诣既殊，持论亦别。其在初起，伟论恐多，故曰："儒者博而寡要，墨者俭而难遵。"（《史记·太史公自序》）降及名、法，渐稗事理。而杂家为最晚出，故但左右采获，不遑自创以矜，而务为治也最切。吕氏成书，所以备一代之典要，固纯乎杂矣。而其他学虽杂出，或各有长，若《子晚子》三十五篇，原注云："齐人，好议兵，与《司马法》相似。"则善于兵者也。《尉缭》二十九篇，师古《注》引《别录》云："缭为商君学。"则近于法者也。《淮南子》则章学诚所谓"自托于道家之支流"者也。要之不害其为杂家，以其通众家之意，而成一家之言也。考高诱序《吕氏春秋》，称"此书所尚，以道德为标的，以无为为纲纪，以忠义为品式，以公方为检格，与孟轲、荀卿、淮南、扬雄相表里也。"刘安亦自谓："若刘氏之书，观天地之象，通古今之事，权事而立制，度形而施宜。原道之心，合三王之风，以储与扈冶。玄眇之中，精摇靡览，弃其畛挈，斟其淑静，以统天下，理万物，应变化，通殊类，非循一迹之路，守一隅之旨，拘系牵连于物，而不与世推移也。故置之寻常而不塞，布之天下而不窕。”（《要略篇》，校文从刘文典《集解》）此杂家言之仅存者。观其书，固欲综先王之道，行时则之治。他若《由余》、《尉缭》、《尸子》之书虽亡，而征之载籍佚文，犹得见其大旨。（《由余》事见《史记·秦本纪》，《尉缭》事见《始皇本纪》，《尸子》则刘向《别录》云：“今案《尸子》书，晋人也，名佼，秦相卫鞅客也。鞅谋事画计，立法理民，未尝不与佼规也。”）班氏称其所长，以为“知国体之有此，见王治之无不贯”，信乎不差。此则杂家之旨也。

《汉志》叙杂凡二十家，四百三篇，今实存三百九十三篇，少十篇。《由余》三篇，原注云：“戎人，秦穆公聘以为大夫。”《尉缭》二十九篇，师古《注》引《别录》云：“缭为商君学。”《尸子》二十篇，原注云：“名佼，鲁人。秦相商君师之。鞅死，佼逃入蜀。”《吕氏春秋》二十六篇，原注云：“秦相吕不韦辑智略士作。”皆异国入秦之士也。案《淮南内》二十一篇以前凡八家，皆先秦书也。而《孔甲盘盂》二十六篇，原注云：“黄帝之史，或曰夏帝孔甲，似皆非。”《大命》三十七篇，原注云：“传言禹所作。其文似后世语。”盖文不雅驯，搢绅先生难言之矣。是则除《伍子胥》八篇，《子晚子》三十五篇而外，秦产之书，得其泰半。故顾实曰：“夫秦本无儒，异国之士，辐凑于秦，形成帝业，于是杂家之学大盛。《由余》、《尉缭》、《尸子》、《吕览》先后踵辉，此亦一时之奇观也。”（《〈汉书·艺文志〉讲疏》）盖秦以变法强，以养士盛。不崇一家，尚能为主。《太史公书》俱在，可复按也。杂家之学，发祥于秦，岂无故与？此则杂家之地也。

故曰：杂家者，百家所从入，期于为治最切，盖秦学也。

上举三端，皆绳《汉志》。洎夫嬴秦失轨，刘汉代兴，余师尚存，流风未沫。杂家之学，亦有踵华。自《淮南内》以降，为家十二。惜其多亡，良可不论。考九流之别，本姬周迄汉学术之要诠。而名、墨、纵横之流，小宗衰族，再世失传，后世莫能继轨。宗风不畅，篇简俄空。然论者犹得循名拊实，征其初义。至杂家之学，当时既启宇未弘，后世更称名易混。世人往往不之深考，以为无胜旨可言。以言名理，固沦附庸。部次图书，更成尾闾。世之君子，且以杂家之学，不足名家矣。今既揭橥杂家大旨于前，允宜评骘诸君弹射于次。庶几尽所欲言。

章学诚之为学，最重师法专门；然余考以杂家为不足名家，实始龚自珍，而自珍之言，又自学诚启之，此或亦其自所不料者也。盖学诚尝云："《吕氏春秋》，先儒与《淮南鸿烈》之解同称，盖谓集众宾客而为之，不能自命专家。斯固然矣。"然章氏固服膺刘《略》之纲目者，故又为之解曰："然吕氏、淮南未尝以集众为讳，如后世之掩人所长以为己有也。二家固以裁定之权，自命家言，故其宗旨未尝不约于一律（吕氏将为一代之典要，刘安托于道家之支流），斯又出于宾客之所不与也。"（《文史通义》卷二《言公》上）由此观之，吕、刘固足名家。章氏此论，未倍其素。龚自珍恢宏学诚之绪论，著《古史钩沉论》，谓《五经》者，周史之大宗；诸子者，周史之小宗。其原杂家云："胪引群术，爱古聚道，谦让不敢删定，整齐以待能者，名曰任文之史，宜为杂家祖。"（《定庵续集》卷二《古史钩沉论》二）在实斋以为"二家固以裁定之权自命家言"者，璱人则谓"谦让不敢删定，整齐以待能者"。斯亦可得其辜较，明其是非矣。

然璱人此论，虽无当于杂家本义，持说未苛。其后有江瑔者，始奋臆说，谓："杂家之学，兼儒、墨，合名、法，而兼取各家之长。大抵诸子之书，不能属于各专家者，可以隶于杂家。此在学者分析学术之派别，以寓天下之群书。其于各有专家之名者，既各从其类；若夫既无专名，又不能附于各家之下，则不能不以杂家之名统括之，此诚为不得已之苦心。然既曰杂，则并蓄兼收，宗旨必不纯一。古之名为一家之学者，必有纯一之宗旨，以贯彻其初始。既杂矣，何家之可言？杂则非家，家则不杂，未可混而一之。既曰杂，又曰家，则不词之甚。况杂家之学，出于议官，名之曰杂，与议官之意何涉？是则杂家之名，于理亦未当矣。"（《读子卮言·论九流之名称》）呜乎！杂家者流，果如是耶？

夷考江君此蔽，大较在不知《汉志》义例所在，故以疏破注，援今论古，反不得其真。今试论之：夫道术肇兴，成周始烈；著录之业，《略》、《志》为先。先道后器，若网在纲。盖凡所称引，莫非专门之业。虽年堙世远，或存或亡，而探赜钩玄，仿佛如在。此在全书，固绝无例外者。江君既称《略》、《志》流别，复诋其不通，举矛陷盾，故无所困。此以疏破注之病也。又云："若夫既无专名，又不能附于各家之下，则不能不以杂家之名统之。此诚为不得已之苦心。"则似以今之图书分类法衡目录之学，子骏、孟坚当日，恐不如是也。近李继煌编《古书源流》，采有此篇，特加案语云："近世学者，于分析事类，或条举约章，往往有列举及总括之二法。其可以指数者，既列举于前，恐有罣漏，则以凡字及其他等字以总括于其后，九流之中有杂家，想其命名之故，理亦犹是。然如其说，则宜以杂家居九流之末，列于第九，其理始顺。今班《志》列杂家于第八，反居农家之前者，亦未可解。岂以农家之学，传者甚微，不及杂家之盛，故列之于前耶?"则知虽阿好者犹不得强为之解。此援今论古之失也。若其"既杂矣，何家之可言？杂则非家，家则不杂，未可混而一之"云云，则更属望文生义，缴绕为能，而不明《汉志》称杂之例也。

余考《汉志》称杂之例，约可四端：《汉志》条理，略下系种，种下系家，家下系篇卷。若《诸子略》之杂二十家，四百三篇；《诗赋略》之杂赋十二家，二百三十三篇；《数术略》之杂占十八家，三百一十三卷，皆略下所系种称杂者也。凡此均属专门之学，有可循之界，其杂家及杂占，皆有类叙可征；杂赋无类叙，而余别有说（详拙著《〈汉志〉杂赋义例说臆》）。此其一也。次则有杂记、杂说、杂传、杂议连文者，见《六艺略》。如《诗》有《齐杂记》十八卷。又叙云："汉兴，鲁申公为《诗训故》，而齐辕固生、燕韩生皆为之《传》，或取《春秋》，采杂说。"《春秋》有《公羊杂记》八十三篇。［顾氏《讲疏》曰："公孙弘学《春秋》杂说（《史记·平津侯传》），弘习《公羊》盖此类。"］《孝经》有《杂传》四篇。（王氏《考证》曰：蔡邕《明堂论》引魏文侯《孝经传》，盖杂传之一也。）又《五经杂议》十八篇。（原注云："《石渠论》。"王先谦《〈汉书〉补注》曰："此五经总论也。"）均是也。凡此均属作者不一，而主题则同，各系所论，无所混厕。此其二也。再次则有杂子连文者，见《数术》、《方技》二略，其例滋繁。《数术略》天文首列《泰壹杂子星》二十八卷，顾氏《讲疏》释云："杂子星者，盖杂记诸星。"其说非也。杂子星固多矣，而他如《黄帝杂子气》三十三篇、《泰壹杂子云雨》三十四卷、《子赣杂子候岁》

二十六卷、《天老杂子阴道》二十五卷、《宓戏杂子道》二十篇、《道要杂子》十八卷、《黄帝杂子步引》十二卷、《黄帝杂子芝菌》十八卷、《黄帝杂子十九家方》二十一卷、《神农杂子技道》二十三卷、《泰壹杂子黄冶》三十一卷，“杂子”下字，均各不同。盖“杂子”之义，固当另释。余谓凡此均属形下之道，持说卑浅，作者又皆依托，难以据信，故虽各冠作者，仍以“杂子”为称。此其三也。复次则但标“杂”字，六略所同，或缘篇章凌乱，不堪编次，但总众篇，略标题目。故“杂”字多以冠首，且绝无作者可征；然依所系，其论次犹可推见。此其四也。凡此纲领，证在本书，初无江君论点所据。故使其人略涉《汉志》藩篱，持论容不如斯峻刻。夫发唱惊挺，操调险急，骇俗可期，而不中于聪耳，此一例也。至九流出于王官之是非，非本文兹所欲论，姑从阙焉。

《汉志》所谓杂家之本义既明，乃可及《汉志》以后杂家之流变。流变之实，成于《隋志》。此书以前，文献莫征。考《隋志》叙杂家，称：“杂者，兼儒、墨之道，通众家之意，以见王者之化无所不冠者也。古者司史历记前言往行、祸福存亡之道，然则杂者，盖出史官之职也。”其言与《汉志》无异。惟称源出史官，盖以《周礼》无议官耳。又论其所短，谓：“放者为之，不求其本。材少而多学，言非而博，是以杂错漫羡而无所指归。”亦与《汉志》同科。惟宣究其实，则两志固大相径庭，非条疏子目，不能知也。《汉志》种种，前详之矣。若夫《隋志》，虽总号杂家，实暗分四目。姚振宗谓由《尉缭子》五卷讫《金楼子》十卷，则“诸子之属，为一类。《四库提要》所谓杂学之属是也”。由《博物志》十卷至《论集》八十六卷，则“皆杂家之不明一体者，为一类，其中亦略有分别，以类相从。故撰人如沈约、卢辩皆前后两见。《四库提要》所谓杂考、杂说、杂品、杂纂之属皆有之”。由《皇览》一百二十卷讫《书抄》一百七十四卷，则“为类事之属，至《唐·经籍志》始别为一类”。由《释氏谱》十五卷讫《玄门宝海》一百二十卷，则“皆释家之属，两《唐志》皆附于道家之后”(《〈隋书·经籍志〉考证》卷三十)。此等区分，大体不谬。惟《提要》所云杂学，固与《隋志》未同，其详当俟后论。其余三目，则张华志《博物》而杂著有作，魏文集《皇览》而类事始萌。佛教之来，虽在东汉，而释书之体，备于六朝。此皆刘所未见，班所莫先。著录之门，不能无变矣。惜《中经》以降,簿录多亡。《隋志》杂家诸书,旧录究隶何部,均不可考。惟《皇览》于《中经新簿》为丙部,属史家,此一事可征耳(见《隋志·叙》)。然《隋志总叙》自称:“远览马《史》、班《书》,近观王、阮《志》、《录》,挹其风流体制,削其浮杂鄙俚。”则由《汉志》之杂家变为《隋志》之杂家,昧本义,成尾闾,滥而易遵,往而不返,其间自有始作俑者焉。故知诸子杂家之义,汉后已亡,著录杂家之冗,历世愈烈。此一变也。

刘昫《旧唐书·经籍志》纲纪坟籍,断自开元,条别未周,不为世人所善。然其部次杂家,但称“以纪兼叙众说”,则实别具界义,不似《隋志》之名存实亡。又于子部特立类书一家,出释家诸杂著附道家之后,余仍旧贯。举措之方,瑕瑜不掩。然其廓清《隋志》,断制新猷,虽不知远绍刘、班,而后之继者,若《唐书·艺文志》、《崇文总目》、《通志·艺文略》、《郡斋读书志》、《书录解题》、《国史·经籍志》之流,均尔因循,莫之能改。则虽移国近伪,而鼎革能安,亦可谓善变者矣。此二变也。

降及朱明,山阴祁承㸁博物洽闻,嗜书成癖,有《澹生堂书目》十四卷,虽遵四部,颇有流通。稽其子部,凡十有三类:则儒家、诸子、小说家、农家、道家、释家、兵家、天文家、五行家、医家、艺术家、类家、丛书是也。其诸子一类,凡五子目:则墨家、法家、名家、纵横家、杂家是也。祁氏此目,本就所藏,因恐“多者则丛聚而易淆,寡者又寂寥而易失”(《澹生堂书目》卷首《庚申整书略例》),依书为目,遂有迁就。其非显学,乃沦附庸。所以如此,祁氏未尝有所申明,然以其《略例》揆之,则因繁以摄简之法,盖“事有繁于古而简于今,书有备于前而略于后”故也。其后泉州黄虞稷编《千顷堂书目》,声华之盛,突过前修,子部十二类,其二曰杂家,注云:“前代艺文志列名、法诸家,后代沿之,然寥寥无几,备数而已。今削之,总名曰杂家。”盖亦即《澹生堂书目》所谓诸子也。及清人修《四库提要》,亦列杂家,叙云:“衰周之季,百氏争鸣,立说著书,各为流品。《汉志》所列备矣。或其学不传,后无所述;或其名不美,人不肯居。故绝续不同,不能一概著录。后人株守旧文,于是墨家仅《墨子》、《晏子》二书;名家仅《公孙龙子》、《尹文子》、《人物志》三书;纵横家仅《鬼谷子》一书,亦别立标题,自为支派。此拘泥门目之过也。黄虞稷《千顷堂书目》于寥寥不能成类者并入杂家。杂之义广，无所不包，班固所谓合儒、墨，兼名、法也。变而得宜，于例为善。今从其说，以立说者，谓之杂学；辨证者，谓之杂考；议论而兼叙述者，谓之杂说；旁究物理、胪陈纤琐者，谓之杂品；类辑旧文、涂兼众轨者，谓之杂纂；合刻诸书、不名一体者，谓之杂编。凡六类。”所言自本前人，然其依据，只及黄书，则亦未为知本。今案杂学，即旧时杂家而兼诸子之小宗者也。杂考以下四家，《隋志》已有其书，名义则自兹乃著。杂编，则今之所谓丛书，《澹生堂书目》子部自为类，张之洞《书目答问》自为部者也。至是，杂家乃兼包诸子。论其恢廓，盖属空前。此三变也。

流变诸端，综如上述。盖《汉志》之所谓杂家，非《隋志》之所谓；《隋志》之所云，又非《唐志》之所云；及《千顷堂书目》以下而愈远矣。推究原因，则《略》、《志》杂家之学，汉后渐微其传；刘、班不见之书，后世日兴未艾。世之编目者，又拘于七略四部，九流十家。杂家名义不昭，藩篱易撤，遂浸假而无所不包。杂家之土日以拓，杂家之实日以亡。后之学者，卒莫能辨。清儒卓尔如汪容甫，且以《吕氏春秋》为“后世《修文御览》、《华林编略》之所托始，《艺文志》列之杂家，良有以也”(《述学内篇补遗·吕氏春秋序》)。则自郐庸何讥焉。章学诚云：“并由师法不立，学无专门，末俗支离，不知古人大体。下流所趋，实繁且炽。其书既不得悉付丙丁，惟有强编甲乙。”(《文史通义》卷六《和州志·艺文书叙例》)诚慨乎言之矣！

**杂家子目出入表**

| | | | | | | | | | |
|---|---|---|---|---|---|---|---|---|---|
| 汉书·艺文志 | 杂家 | | | | | | | | |
| 隋书·经籍志 | 杂家 | | 杂考 | 杂说 | 杂品 | 杂纂 | 类书 | 释家杂著 | |
| 旧唐书·经籍志 | 杂家 | | 杂考 | 杂说 | 杂品 | 杂纂 | 在子部<br>自为家 | 入史部杂传<br>子部道家类事 | |
| 新唐书·艺文志 | 杂家 | | 杂考 | 杂说 | 杂品 | 杂纂 | 在子部<br>自为家 | 入子部道家 | |
| 崇文总目 | 杂家 | | 杂考 | 杂说 | 杂品 | 杂纂 | 在子部<br>自为家 | 入史部传记<br>子部释家 | |
| 通志·艺文略 | 杂家 | | 杂考 | 杂说 | 杂品 | 杂纂 | 自为部 | 入子部释家 | |
| 郡斋读书志 | 杂家 | | 杂考 | 杂说 | 杂品 | 杂纂 | 在子部<br>自为家 | 入史部传记<br>子部释书类书 | |

续表

| | | | | | | | | | |
|---|---|---|---|---|---|---|---|---|---|
| 汉书·艺文志 | 杂家 | | | | | | | | |
| 书录解题 | 杂家 | | 杂考 | 杂说 | 杂品 | 杂纂 | 在子部自为家 | 入子部释氏 | |
| 国史·经籍志 | 杂家 | | 杂考 | 杂说 | 杂品 | 杂纂 | 在子部自为家 | 入子部释家 | |
| 澹生堂书目 | | （诸子） | 杂考 | 杂说 | 杂品 | 杂纂 | 在子部自为家 | 入子部释家 | |
| 千顷堂书目 | | 杂家 | 杂考 | 杂说 | 杂品 | 杂纂 | 在子部自为家 | 入子部释家 | |
| 四库提要 | | 杂学 | 杂考 | 杂说 | 杂品 | 杂纂 | 在子部自为家 | 入子部释家 | 杂编 |

# 《汉志·诗赋略》首三种分类遗意说

## （一）

章学诚曰："《汉志》分艺文为六略，每略又各别为数种，每种始叙列为诸家。……大纲细目，互相维系，法至善也。每略各有总叙，论辨流别，义至详也。惟《诗赋》一略，区为五种，而每种之后，更无叙论。不知刘、班之所遗邪？抑流传之脱简邪？今观屈原赋二十五篇以下，共二十家，为一种；陆贾赋三篇以下，共二十一家，为一种；孙卿赋十篇以下，共二十五家，为一种。名类相同，而区种有别，当日必有其义例。今诸家之赋，十逸八九，而叙论之说，阙焉无闻，非著录之遗憾欤？若杂赋与杂歌诗二种，则署名既异，观者犹可辨别。第不如五略之有叙录，更得详其源委耳。"（《校雠通义》卷三《汉志·诗赋》第十五之一）

又曰："诗赋前三种之分家，不可考矣。其与后二种之别类，甚晓然也。三种之赋，人自为篇，后世别集之体也。杂赋一种，不列专名，而类叙为篇，后世总集之体也。……就其例而论之，则第一种之淮南王群臣赋四十四篇，及第三种之秦时杂赋九篇，当隶杂赋条下。而猥厕专门之家，何所取邪？揆其所以附丽之故，则以淮南王赋列第一种，而以群臣之作附于其下，所谓以人次也。秦时杂赋列于荀卿赋后（《志》作孙卿），《孝景皇帝颂》前，所谓以时次也。夫著录之例，先明家学，同列一家之中，或从人次，或从时次可也。岂有类例不通，源流迥异，概以意为出入者哉？"（同上之四）

按上举章氏之言，其致疑于《汉志》者二事：其一，则诗赋何以每种无叙论也。其二，则首三种赋区分之义例何在也。其诋刘、班之违失者一事：则第一种中之淮南王群臣赋及第三种中之秦时杂赋应隶杂赋，而二氏则未能“先明家学”，遂“以意为出入”焉。

余曩读《汉志》，于此节颇同章氏之致疑；其诋刘、班之违失，亦尝窃韪。逮本年重治是书，觉其部次甲乙，条别源流，在在井然，间有小疵，亦能使后人得以穷其原委。原心略迹，固不得谓其为率尔操觚之作也。而于前述问题，管见所及，颇疑《诗赋略》每种之无叙论，自有其故。循此以求，首三种赋区分之义例，亦复昭然若揭。至淮南王群臣赋与秦时杂赋之分隶一三两种，更属自具因缘。近人孙德谦云：“《汉志》诗赋一略，其别有五：杂赋、歌诗二类，则标立子目。至屈原以下二十家，陆贾以下二十一家，孙卿以下二十五家，并不有所论说，初不知何以为之区分。且其赋亡者甚多，亦无以考其剖析之故，吾谓此正班氏之不规规于尽立子目也。……此三家之赋在当日各为分类，班氏必能辨别体裁。其不复如杂赋、歌诗再列子目者，以为门类既分，唐勒诸赋自从屈原而出，枚皋诸赋自从陆贾而出，秦时杂赋诸赋自从孙卿而出。吾但使之类集相处，子目故无容设立也。……要之，《艺文》一志，其于子目也，可分则分之。”(《〈汉书·艺文志〉举例·分类不尽立子目例》)其言诚是。惜语焉不详，于章氏质疑，亦无解说。思补其阙，遂为之疏释如下，以就正于师友。祈是正焉。

## （二）

欲明此问题，须先追本源，考究赋始。案赋名始见《周礼·春官》：“太师教六诗：曰风，曰赋，曰比，曰兴，曰雅，曰颂。”次则《诗大序》：“故诗有六义焉：一曰风，二曰赋，三曰比，四曰兴，五曰雅，六曰颂。”或曰六诗，或曰六义，而六者次第，则复相同。体用未形，草创可见矣。

及于萧梁，钟嵘《诗品》卷上叙云：“故诗有六义焉：一曰兴，二曰比，三曰赋。”称引《大序》之言，已知夫去取。孔颖达《〈毛诗〉正义》乃云：“赋、比、兴是诗之作用，风、雅、颂是诗之成形。”据此则六诗分为二类，后人为之，古人无此别也。即此一事，已肇赋为文体之端。

若《国语》："天子听政……师箴，瞍赋，矇颂。"《汉志》："《传》曰：不歌而颂谓之赋。登高能赋，可以为大夫。"(《〈毛诗·鄘风·定之方中〉传》也。)此犹声音之异，盖即不入乐之诗，后世所谓吟式诗也。及班固《两都赋序》乃言："赋者，古诗之流也。"距《楚辞》之兴，亦已远矣。

夫《楚辞》声音神宇，迥异三百五篇；徒以宋玉之作，或袭赋名，《风赋》、《高唐赋》、《神女赋》、《登徒子好色赋》诸篇，不一而足(今并见《文选》)。自儒术独尊，《诗》为教典。《离骚》既谊函讽谕，法用比兴，《楚辞》遂祧于《诗》。《文心雕龙·诠赋》篇云："至如郑庄之赋《大隧》，士蔿之赋《狐裘》，结言短韵，词自己作，虽合赋体，明而未融。及灵均唱《骚》，始广声貌。然则赋也者，受命于诗人，拓宇于《楚辞》也。"今观此言，未以为得。《大隧》、《狐裘》，遗文具在。(《左传》隐元年："公入而赋：'大隧之中，其乐也融融。'姜出而赋：'大隧之外，其乐也泄泄。'遂为母子如初。"又僖五年："初，晋侯使士蔿为二公子筑蒲与屈，不慎，置薪焉。夷吾诉之，公使让之，士蔿退而赋曰：'狐裘龙茸，一国三公，吾谁适从。'")乃三百篇之形貌，非《楚辞》之祖祢也。其云"赋体"，则应对比兴而言，乃修辞之法门，又非文章之体式也。故知诗可以赋之法为之，赋多以赋之法为之；然而诗非赋也，不得谓赋出于诗也。比也，赋也，本最简之修辞法，凡在初民文学皆有之，而况《楚辞》之兴，其国文化已甚高乎？黄伯思《翼骚序》云："屈、宋诸骚，皆书楚语，作楚声，纪楚地，名楚物，故可谓之《楚辞》。"(见陈振孙《直斋书录解题》卷十五)此诚确切不移之论。人或有引史载春秋时楚人多通晓三百篇，以为《骚》自《诗》出之证，此亦不然。楚其时崛起山林，蔚为上国，其士夫通晓当时外交上之通行仪式——赋诗，盖为必然。《诗》、《骚》本身，固绝异也。

由上可知，三百篇与《楚辞》，原为二事。赋者古诗之流，其说似是实非。故赋有二义焉：《周官》、《诗序》所言赋，则一种修辞法门也。后世所言赋，则一种文章体式也。顾赋之本义，实为铺陈。故在修辞，则为直叙；为文体，则尚夸张。其理致未殊，其源流则异也。

然则赋究属何种文体乎？此难言也。《汉志》诗赋一略，实包举一切纯文学之篇章。故自广义言之，凡非诗之文体，多以入赋。此于《诗赋略》体例自见之。赵幽王赋一篇，诸家注释，以为或即本传所载歌。若此，则歌亦赋也。上所自造赋二篇中有《秋风辞》，杂赋中有成相杂辞十一篇，则辞亦赋也。刘向赋三十三篇中有《高祖颂》，王褒赋十六篇中有《圣主得贤臣颂》、《甘泉宫颂》、《碧鸡颂》，又李思有《孝景皇帝颂》十五篇，荀赋之属，则颂亦赋也。杂赋中有隐书十八篇，则廋词韵语亦赋也。

考以上所举列，歌与赋，据前引"不歌而颂谓之赋"，似不可通。辞与赋，则汉人多并举，如曹丕《典论·论文》："王粲长于辞赋。"曹植《与杨德祖书》"以孔璋之才，不闲于辞赋"是也。颂与赋亦然。《史记·司马相如传》："臣尝为《大人赋》。"又云："相如既奏《大人》之颂。"《汉书·枚皋传》："（皋）为赋颂，好嫚戏。"杨修《答临淄侯笺》："今之赋颂，古诗之流。"《文心雕龙·诠赋篇》："故知殷人辑颂，楚人理赋，斯并鸿裁之寰域，雅文之枢辖也。"可证（刘说后）。至隐书为赋，则有如《文心雕龙·谐隐篇》所云"荀卿《蚕赋》，已兆其体"矣。

若自狭义言之，则惟自以赋名者，始得称赋。故章学诚曰："古之赋家者流，源本《诗》、《骚》。"（《校雠通义》卷三《汉志·诗赋》第十五之二）既云本《诗》、《骚》，其非《诗》、《骚》也明矣。又《文选》分类，骚、赋有别。骚祖屈子，赋冠班生。昭明之意，亦可概见焉。

## （三）

赋之为体，历代各殊，盖众作中之总杂者也。即《汉志》所列，区为四家，亦刘、班苦心，非易致矣。杂赋尽亡，今试言前三种。屈、荀之作，初未定称。名之曰赋，以冠一、三两种，后人为之。盖汉人自作，乃多称赋。当志《艺文》，自宜一名，因分数种。今请得分别论之。

屈原赋二十五篇以下二十家为第一种，《楚辞》之属是也。今传《楚辞》，刘向所辑，而《汉志》独无其书。盖即今之第一种赋耳。《楚辞》所录凡屈原、宋玉、景差、贾谊、淮南小山、东方朔、严忌、王褒、刘向九家（王逸《九思》，后所自增也），今《汉志》不著景差、东方朔之作，余悉有之，在第一种。此足证矣。及后宋朱熹为《〈楚辞〉后语》，乃并以荀、扬之作，为屈附庸。斯辞、赋之失纪，源流遂昧矣。

《楚辞》文盛周季，名始汉初。《史记·酷史列传》始云："买臣以《楚辞》与助俱幸。"稍后则《汉书·地理志》、《朱买臣传》、《王褒传》并有之。其在初叶，殆无总称。故或曰歌，《九歌》是也。或曰章，《九章》是也。或曰颂，《橘颂》是也。或曰赋，宋玉四赋是也。大篇若《离骚》、《招魂》之伦，都无文体题目。而篇中又有间称其作为诗者。如《九歌·东君》："翾飞兮翠曾，展诗兮会舞。"《九章·惜往日》："惜往日之曾信兮，受命诏以昭诗。"《悲回风》："介眇志之所惑兮，窃赋诗之所明。"皆是也。

次则陆贾赋三篇以下二十一家为第二种。今多亡失，惟扬雄之作独存。考《汉志》著录"扬雄赋十二篇"，而后"右赋二十一家二百七十四篇"下注云："入扬雄八篇。"近人顾实以为："盖《七略》据雄传，言作四赋，止收《甘泉赋》、《河东赋》、《校猎赋》、《长杨赋》四篇。班氏更益八篇，故云十二篇也。其八篇，则本传《反离骚》、《广骚》、《畔牢愁》三篇，《古文苑·蜀都赋》、《太玄赋》、《逐贫赋》三篇，又有《覈灵赋》(《文选》、《御览》)、《都酒赋》(即《酒箴》，亦作《酒赋》，详《全上古三代文》)二篇，凡八篇。"又谓："然若益以《解嘲》、《解难》、《赵充国颂》、《剧秦美新》诸篇，则溢出十二篇之数矣。岂此诸篇不在内耶?"(《〈汉书·艺文志〉讲疏》)以今论之，则汉赋之属(第二种赋，皆汉制也)。

汉代赋家，或因循屈、宋，无所变革，第一种中汉人诸作是也。或则入以纵横之风，一变楚臣之忠爱缠绵，从容辞令，庄谐杂出，快意为主。此类之作是也。何以言之？其一，扬、马自来并称，所作形体又类，子云盖亦自意文似相如。故其《甘泉赋序》云："孝成帝时，客有荐雄文似相如者。"又《答刘歆书》曰："雄作《成都四城隅铭》。蜀人杨庄为郎，诵于成帝，以为似相如，遂得见。"(并见《汉书·王莽传》及《文选》李《注》，此虽他人之言，而屡自称引，正见有同心耳。)次则乘、皋父子，应亦无殊(实斋以为"淮南王赋列第一种，而以群臣之作附于其下，所谓以人次也"。然则乘、皋父子，亲谊尤逾君臣，何乃不以人次邪？此见淮南王群臣赋之列第一种，自别有故也)。而相如、枚乘，列第一种；子云、枚皋，列第二种。何邪？以意度之，非有他故。相如尚有骚人绪风（《史记·相如传赞》："相如虽多虚辞滥说，然其要归，引之节俭，此与《诗》之风谏何异？"王逸《〈楚辞·离骚经〉章句》："离，别也。骚，愁也。经，径也。言己放逐离别，中心愁思，犹依道径，以风谏君也。"此见《诗》、《骚》同有风谏之义），子云则无复其遗意矣（"扬雄以为：靡丽之赋，劝百而风一，犹驰骋郑卫之声，曲终而奏雅，不已亏乎？"《史记·相如传赞》）。又以为"非法度所存，贤人君子诗赋之正"（《汉书·本传》）。此见其时辞赋已非屈、宋体制，盖不流于靡丽，即失之俳谐，子云虽欲力挽颓风，顾有所未能矣。而据前引《汉书》皋传，以例乃父之作，则《七发》虽诡，状物为多，未同传述皋制，此亦可见。惜皋赋今亡，无从取证耳。

其二则此种赋乃以陆贾冠诸家。案《史记·郦生、陆贾传》云："陆贾者，楚人也。以客从高祖定天下，名为有口辩士，居左右，常使诸侯。"此足证入纵横之风非诬。贾为高祖开国功臣，本辩士，赋有纵横气，宜也。效之者特众，则又有故焉。纵横家者，本受命而不受辞，上诈谖而弃信（本《汉志·诸子略》纵横家叙论）。故《韩非子·五蠹篇》曰："纵横之党，借力于国……非所以持国也。"殆《论语》所谓"利口之覆邦家者"矣。时当乱世，足以干人主，取富贵。迨天下既定，则帝王未有不恶而远之，以所居足以倾国也。（《史记·项羽本纪》："汉王乃封侯公为平国君。……曰：此天下辩士，所居倾国，故号为平国君。"）汉初犹有周末遗风，郦（食其）、陆（贾）、蒯（通）、娄（敬）之流，其佼佼者，当时必有以传其学。顾其后人主既不此之好，而惟辞赋是求，此辈本业说辞，焉有不与世推移者？此陆贾以下所以有二十一家二百七十四篇之多也。及其久也，乃夺《楚辞》之席而为汉代辞赋之主流。《志》以紧次《楚辞》，非偶然也。

再次则荀卿赋以下二十五家，其书皆亡，可旁征者，《荀子·赋篇》而已。今本《荀子》篇凡三十有二，《赋篇》属焉。然《汉志·诸子略》儒家有《孙卿子》三十三篇，《诗赋略》又有孙卿赋十篇。此足证《赋篇》非《诗赋略》所著录之赋矣。近人惟顾实独主荀赋尚存之说，其《〈汉书·艺文志〉讲疏》云："十篇盖十一篇之误。《荀子》有《赋篇》、《成相篇》。成相亦赋之流也。《赋篇》有《礼》、《知》、《云》、《蚕》、《箴》五赋，又有《佹诗》一篇，凡六篇。《成相篇》自‘请《成相》，世之殃’，至‘不由者乱何疑为’是第一篇。自‘凡《成相》，辨法方’，至‘宗其贤良辨孽殃’是第二篇。自‘请《成相》，道圣王’，至‘道古圣贤基必张’是第三篇。自‘愿陈辞’，至‘托于《成相》以喻意’是第四篇。自‘请《成相》，言治方’，至‘后世法之成律贯’是第五篇，合赋篇之六篇，实十有一篇。”今夷考其实，于义多有未安。其一则《成相》篇数，言者不一。顾氏本王先谦《〈荀子〉集解》之说，分为五篇。而朱熹《〈楚辞〉后语》，则作三章。旧本或分四段（起讫不具引）。诸家相左如此，而顾氏乃秉一家之说，窜改《汉志》原文，此非善于为学之道也。其二，据《艺文类聚》卷八十九，知淮南王亦有《成相》。而《汉志》杂赋中亦有成相杂辞十一篇。故如荀子《成相》裁篇别出，则当入此成相杂辞中。盖既云杂辞，自非一家之作耳。相本俗谣之类。《曲礼》云“邻有丧，舂不相”是也。其三，今《荀子·赋篇》无自称“某赋”之证，而《佹诗》则称“天下无道，请陈《佹诗》”。故余意《赋篇》者，疑指荀子所为诗，其体则皆用赋者耳，其赋则另著于《志》为十篇。以此三者观之，则顾说毋乃臆度不足据已。虽然，荀赋之属，既全佚矣，犹幸有此以资管窥。同源异流，要自不远。据《赋篇》以推荀赋，论理虽弱，亦学者所不敢废也。

夫《赋篇》文体，实介《诗》与《楚辞》之间。观其造句，四言为主，实三百篇之遗。至若间用“兮”字（《佹诗》：“璇玉瑶珠，不知佩也。”以下四也字句，《战国策·楚策》引之，也字皆作兮字），或称“反辞”（《佹诗》：“与愚以疑，愿闻反辞。”杨倞《注》曰“反辞，反复叙说之辞，犹《楚辞》‘乱曰’”）。又《楚辞》之别子，此核实而有同者也。《佹诗》既自称诗矣，而《战国策》、《韩诗外传》引之，皆冠“因为赋曰”字，此综名而有异者也。案《汉书·楚元王交传》云：“（王）少时尝与鲁穆生、白生、申公同受《诗》于浮邱伯。伯者，孙卿门人也。”又《史记·孟荀列传》云：“齐人或谗荀卿，荀卿乃适楚，而春申君以为兰陵令。春申君死而荀卿废，因家兰陵。”是荀卿既传孔门之《诗》，又曾入楚问俗。此种文体之产生，有由来矣。

三家流别，列如下表。取其明了，未遑包举，但具崖略而已。

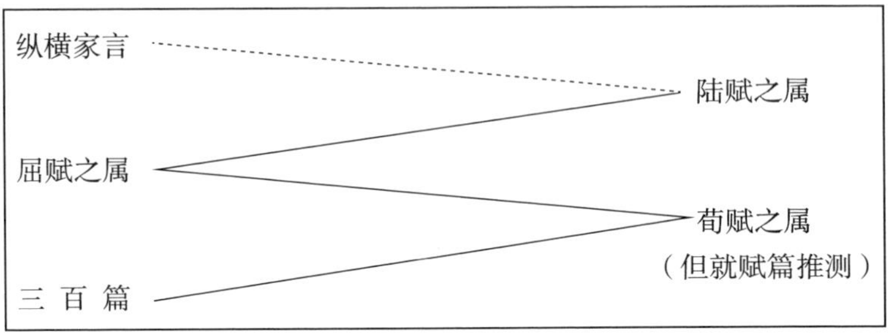


# （四）

上节略言三种赋之殊异。盖循源流，为之区别。力求其简，字数亦逾千矣。

尝冥然以思，欲求为此三种赋立一简易之分类标准，竟日卒不可得，辄复自悯其劳。今试言之：其一，则不可以地域为分类之标准也。如第一种赋，《楚辞》也。而洛阳少年如贾谊，蜀人如相如，宗室如刘德、刘向父子之作皆在焉。此见无从以地域分类也。其二，则不可以时代为分类之标准也。第二种赋皆汉人作，差为划一；而一、三两种，则都上始战国，下讫成、哀。此见无从以时代分类也。其三，则不可以气息为分类之标准也。人或言屈赋之属有“楚气”，荀赋之属有“齐气”。意谓楚人多怨，齐人多谐隐也。然观宋玉《登徒子好色赋》，未尝不觉其谐。《九章·橘颂》，亦刻画如《赋篇》。至读《佹诗》至“璇玉瑶珠，不知佩也”以下，至“乌乎上天，曷维其同”，又与骚人之哀怨奚异者；此见无从以气息分类也。其四，则不可以主题为分类之标准也。顾实《〈汉书·艺文志〉讲疏》以为：第一种者，主抒情；第二种者，主说辞；第三种者，主效物（按此说实本之仪征刘君《论文杂记》、余杭章君《国故论衡》）。然第二种中扬雄之《反离骚》、《广骚》、《畔牢愁》三篇，今皆在本传，乃抒情者也。第一种有宋玉《招魂》，亦说辞之善者也。第一种中有屈原《橘颂》、王褒《洞箫赋》；第二种中有冯商赋九篇，其中当有《镫赋》，（《艺文类聚》卷八十一引《别录》曰：“待诏冯商作《镫赋》”。）亦效物者也。此见无从以主题分类也。其五，则不可以巨细为分类之标准也。近人姚振宗《〈汉书·艺文志〉条理》卷三释荀赋之属云:“大抵皆赋之纤小者;观孙卿《礼》、《知》、《云》、《蚕》、《箴》五赋,其体例从可知矣。”此殊未然也。《九歌·礼魂》,赋中最小者,余篇巨细,亦伯仲今传荀作。况荀赋今原不可考乎?此见无从以巨细分类也。其六,则不可以声音为分类之标准也。《楚辞》得名,与其声音有关。故《隋书·经籍志》云:“隋时有释道骞善读之,能为楚声,音韵清切。至今传《楚辞》者,皆祖骞公之音。”顾《楚辞》籀讽,虽异常音,而二、三两种,不闻可以诵读为别。此见无从以声音分类也。

夫在目录,分类不易,标准尤难。立一标准,必求无悖于全,纵有未能,亦以不远为则。而上举六端,皆不能也。盖都略有其意,而又不能具体。合此六者,源流董之,庶几近焉。刘《略》于《别录》已为大纲,《班志》则又删其要以备篇籍者,固不可繁。今求为此三种赋标一简易之名目既有所不能,则惟隐为之区分,更不加以叙论,亦势所必至也。三种之外,体制猥多,更不分别,悉入杂赋,故得标以杂焉。虽或已具别集、总集之形(以今观之,固不得谓前三种者别集,但可谓诗赋一略纂录之法,已隐有别集、总集之雏形),然亦必非刘、班所著意如章氏之说耳。

王逸《〈楚辞·招隐士〉章句》曰:“《招隐士》者,淮南小山之所作也。昔淮南王安博雅好古,招怀天下俊伟之士。自八公之徒,咸慕其德而归其仁,各竭才智,著作篇章,分造辞赋,以类相从,故或称大山,或称小山。其义犹《诗》有《大雅》、《小雅》也。”据此知淮南王群臣赋即《小山》之流也。《小山》之作,今犹存《招隐士》一篇,实《楚辞》之遗响。刘、班区别此三种赋,本以源流,则入之第一种,章氏又何疑乎?以此例彼,则秦时杂赋,当是荀卿赋流支,是以列其次。于此可见刘、班对此二者之排列,其初意亦非章氏之所谓以人次、以时次。而章氏乃讥以未能“先明家学”,致于“类例不通”者,亦“概以意为出入”。岂其然欤?

# 《汉志》杂赋义例说臆

《汉志·诗赋略》分赋为四种，前三种无所序释，但曰：右赋若干家，若干篇。其四则标曰杂赋。昔余考前三种分类遗意，搴幽索隐，见者然之。惟其时于杂赋但云："三种之外，悉入杂赋，故得以'杂'标焉。"语本旧说，未遑深讨。顷作《杂家名实辨证》一文，于《汉志》称杂之例，有所钩稽，乃悉杂赋亦非滥厕总杂之谓，其义例隐有可寻。因著是篇，资补过云。

案杂赋著录，计客主赋十八篇，杂行出及颂德赋二十四篇，杂四夷及兵赋二十篇，杂中贤失意赋十二篇，《杂思慕悲哀死赋》十六篇，《杂鼓琴剑戏赋》十三篇，杂山陵水泡云气雨旱赋十六篇，杂禽兽六畜昆虫赋十八篇，杂器械草木赋三十三篇，大杂赋三十四篇，成相杂辞十一篇，隐书十八篇，凡十二家二百三十三篇。今尽亡佚。然依标目，亦有数事可征：皆无作者，则其一也。皆无年代，则其二也。皆署主题，则其三也。多冠杂字，则其四也。

以臆度之：

子骏既依作述源流，叙赋为屈原、陆贾、荀卿以下三种，而民间所进，中秘所藏，书简缺脱，篇章总杂者，亦所多有。其中当不乏作者莫征，年代失考之作。又畴能析其源流，为之附丽？然则首二事者，当日著录之困难也。

然因噎废食，前哲致讥，既属秘书，安得无录。故惟有著为变例，别录主题，以类相从，于凌乱之中，辟识别之径：或缘问对，或述情感，或标技艺，或举自然，以及动植之文、谐隐之篇。取譬草木，区以别矣。又以部次未周，人代难详，乃多冠杂字，诏示来学。若杂行出及颂德赋，当多属封禅之事；杂四夷及兵赋，当多属征伐之事。则又以主题不一，连及相称者也。然则后二事者，当日匡救之方法也。

此杂赋义例之仅知者。孔子曰："夏礼吾能言之，杞不足征也；殷礼吾能言之，宋不足征也。"今此妄测，毋乃徒劳。然杂赋非滥厕总杂之谓，则庶几明矣。

# 言公通义

## ——章学诚学术思想综述之一

自会稽章氏发言公之义，然后古人立言之宗旨，作述之情态，类例之依据皆以大明。顾其《言公》三篇，论及者惟第二义耳。若夫上推其原而下明其用，则散见他篇，本文初未暇及。盖专门名家，旨无旁出，约守博通，义存一贯，章氏则然。而今之读者，或遂以为言公之说止于识别真之所以为真，伪之所以为伪而已。此非能知章氏者也。辄就《遗书》，会通其旨，俾世之论此者，不徒自画以一端；而知辨章学术，考镜源流，所以为典籍之大原者，固于是乎在焉。

所谓立言之宗旨者：心生言立，言立文明，生民有初，兹事即著。然古人之言，其旨也公；后人之言，其旨也私。言或同而所以为言则不同。此不可不审也。原夫公私之有异，由于官师之分途；官师之分途，由于治教之殊辙；治教之殊辙，由于器道之相别；器道之相别，由于事理之两歧。其在古先，则事理也，器道也，治教也，官师也，固二而一者也。

盖上世质僿，文教未兴，书契之功，惟在治察。

> 《经解》上："《易》曰：'上古结绳而治，后世圣人易之以书契，百官以治，万民以察。'夫为治为察，所以宣幽隐而达形名，布政教而齐法度也。未有以文字为一家私言者也。"（《遗书》一，《文史通义·内篇》一）

而事实易知，理虚难喻。

《经解》中："事有实据，而理无定形。"（同上）

六艺之文，官司是守，治化所出，号令所宣。其所发施，但期共晓。有理必寓于事，而不托空言；有言皆出之公，而非由私意。乃当然矣。

《易教》上："六经皆史也。古人不著书，古人未尝离事而言理，六经皆先王之政典也。"（同上）

《经解》上："古之所谓经，乃三代盛时，典章法度，见于政教行事之实，而非圣人有意作为文字以传后世也。"

扩而充之，则事所存者器，理所明者道。事以寓理，器以寓道，厥义亦自无殊。

《原道》中："《易》曰：'形而上者谓之道。形而下者谓之器。'道不离器，犹影不离形。后世服夫子之教者，自六经，以谓六经载道之书也，而不知六经皆器也。《易》之为书，所以开物成务，掌于春官太卜，则固有官守而列于掌故矣。《书》在外史，《诗》领大师，《礼》自宗伯，《乐》有司成，《春秋》各有国史。三代以前，《诗》、《书》、六艺，未尝不以教人。……盖以学者所习，不出官司典守，国家政教；而其为用，亦不出于人伦日用之常，是以但见其为不得不然之事耳，未尝别见所载之道也。夫子述六经以训后世，亦谓先圣先王之道不可见，六经即其器之可见者也。后人不见先王，当据可守之器，而思不可见之道。故表章先王政教与夫官司典守以示人，而不自著为说，以致离器言道也。……夫天下岂有离器言道，离形存影者哉？"（《遗书》二，《文史通义·内篇》二）

《答客问》上："嗟乎！道之不明久矣。六经皆史也。'形而上者谓之道，形而下者谓之器。'孔子之作《春秋》也，盖曰：'我欲托之空言，不如见诸行事之深切著明。'然则典章事实，作者之所不敢忽，盖将即器而明道耳。"（《遗书》四，《文史通义·内篇》四）

凡此皆以古者典章政教，具在王官，非宦学事师，则受书无所(余杭章君《检论·订孔》曰："古者世禄，子就父学为畴官。宦于大夫，谓之宦御事师。言仕者又与学同。明不仕则所无爱书。"案《诸子学略说》亦有是说，盖推本会稽之论也。)故治教不分，官师合一，学术所在，莫不从同也。

《原道》第一之一："古无文字，结绳之治，易之书契，圣人明其用曰：'百官以治，万民以察。'夫为治为察，所以宣幽隐而达形名，盖不得已而为之，其用足以若是焉，斯已矣。理大物博，不可殚也。圣人为之立官分守，而文字亦从而纪焉。有官斯有法，故法具于官；有法斯有书，故官守其书；有书斯有学，故师传其学；有学斯有业，故弟子习其业。"(《遗书》十，《校雠通义·内篇》一)

《史释》："三代盛时，天下之学，无不以吏为师。《周官》三百六十，天人之学备矣。其守官举职而不坠天工者，皆天下之师资也。"(《遗书》五，《文史通义·内篇》五)

及周之东，天子失官，而官师分途，而治教殊辙。

《史释》："东周以还，君师政教不合于一。于是人之学术，不尽出于官司之典守。秦人以吏为师，始复古制。而人乃狃于所习，转以秦人为非耳。秦之悖于古者多矣，犹有合于古者，以吏为师也。"

私门著述，以渐兴焉。

《史释》："盖自官师治教分，而文字始有私门之著述。于是文章学问，乃与官师掌故为分途。而立教者，可得离法而言道体矣。《易》曰：'苟非其人，道不虚行。'学者崇奉六经，以谓圣人立言以垂教，不知三代盛时，各守专官之掌故，而非圣人有意作为文章也。"

《言公》中："呜呼！世教之衰也，道不足而争于文，则言可得而私矣；实不充而争于名，则文可得而矜矣。言可得而私，文可得而矜，则

争心起而道术裂矣。"(《遗书》四,《文史通义·内篇》四)

然尼山垂教,不言性天,信而好古,述而不作。

《原道》下:"子贡曰:'夫子之文章,可得而闻也。夫子之言性与天道,不可得而闻也。'盖夫子所言,无非性与天道,而未尝表而著之曰:此性,此天道也。故不曰性与天道不可得闻,而曰'言'性与天道不可得闻也。所言无非性与天道,而不明著此性与天道者,恐人舍器而求道也。夏礼能言,殷礼能言,皆曰'无征不信',则夫子所言,必取征于事物,而非徒托空言以为明道也。"(《遗书》二,《文史通义·内篇》二)

《经解》中:"夫子之述六经,皆取先王典章,未尝离事而著理。"

《经解》上:"三代之衰,治教既分,夫子生于东周,有德无位,惧先圣王法积道备,至于成周,无以续且继者,而至于沦失也,于是取周公之典章,所以体天人之撰而存治化之迹者,独与其徒相与申而明之。此六艺之所以虽失官守,而犹赖有师教也。"

上方姬旦,殊轨同归。殆犹欲以师儒之教,复合于官守之治,知其不可为而为之耳。

《原道》上:"周公集羲、轩、尧、舜以来之道法,而于前圣所传,损益尽其美善,玉振之收于其后者也。孔子尽周公之道法,不得行而明其教,后世纵有圣人,不能出其范围,金声之宣于其前者也。盖君师分,而治教不能合于一……周公集治统之成,而孔子明立教之极,皆事理之不得不然……故孟子曰:'周公、仲尼之道,一也。'……然而治见实事,教则垂空言矣。立言必折衷夫子,大贤而下,其言不能不有所偏矣。"(《遗书》二,《文史通义·内篇》二)

迄乎战代,世易时移,百家之言,乃趋闳肆。

《经解》上:“官师既分,处士横议,诸子纷纷,著书立说,而文字始有私家之言,不尽出于典章政教也。”

虽溯源穷变,流别可知,语其本原,仍出王官之掌。

《易教》下:“诸子百家,不衷大道。其所以持之有故而言之成理者,则以本原所出,皆不外于《周官》之典守。其支离而不合道者,师失官守,末流之学,各以私意恣其说尔。非于先王之道,全无所得,而自树一家之学也。”(《遗书》一,《文史通义·内篇》一)

而官师治教终不可合,器道事理卒以逾远。古人言公,后人言私,乃如黑白之不侔。则其往而不返,固非一日也。

是知事为言主,器寓其事,官守其器,古人言公之极也,周公之治则然。理为言主,道明其理,师传其道,后人言私之本也,孔子之教则启之矣。故公私枢机,惟周与孔。虽孔子之法周公,貌异心同;诸子之法孔子,貌同心异,有当分别观之。然古人立言之宗旨在事以寓理,器以寓道,治以举教,官以举师,而不同于后人,则其较然可知者。此言公之本,其义一也。

所谓作述之情态者:自私学朋兴,言公义泯,百家腾说,寖失其方。公私之别既严,真伪之争乃起。宋明迄清,辨伪遂成鸿业。其术密栗,近世称焉。然古人贯道之文,无取虚理。口耳之传,胜于文字。专家之学,不重主名;诸子之言,每存旧典。述作之情,大异后来。不明所以,则真真伪伪,正复难言。夫学风迤易,今古攸殊:前人之蔽,误伪为真,时人之缪,诬真为伪。此则风气之持,学者所以贵识也。

夷考古者立言,既以贯道,则其为言也,盖有所不得已。而其言之也,初不必自我,斯其固然。

《公言》上:“古人之言,所以为公也,未尝矜于文辞,而私据为己有也。志期于道,言以明志,文以足言。其道果明于天下,而所志无

不申，不必其言之果为我有也。”(《遗书》四，《文史通义·内篇》四)

《原道》下：“夫子曰：‘予欲无言。’欲无言者，不能不有所言也。孟子曰：‘予岂好辨哉！予不得已也。’后世载笔之士，作为文章，将以信今而传后，其亦尚念‘欲无言’之旨，与夫‘不得已’之情。庶几哉！言出于我，而所以为言，初非由我也。”

而当时声音之功，胜于文字；官师之传，多恃口耳。转相告语，主名难具，抑又莫得而私焉。

《诗教》下：“古无私门之著述，未尝无达衷之言语也。惟托于声音而不著于文字，故秦人禁《诗》、《书》，《书》阙有间，而《诗》篇无有散失也。后世竹帛之功胜于口耳，而古人声音之传胜于文字，则古今时异而理势亦殊也。”(《遗书》一，《文史通义·内篇》一)

及乎晚周，著之竹帛，或以古今异时而辞气不类，或以传闻异辞而事理有乖。疑伪之说，因以蜂起。

《诗教》上：“三代盛时，各守人官物曲之世氏，是以相传以口耳。……至战国而官守师传之道废。通其学者，述旧闻而著于竹帛焉。……以战国之人而述黄、农之说，是以先儒辨之文辞而断其伪托也。不知古初无著述，而战国始以竹帛代口耳，实非有所伪托也。”

《言公》上：“《公》、《穀》之于《春秋》，后人以谓假设问答以阐其旨尔。不知古人先有口耳之授，而后著之竹帛焉。……商瞿受《易》于夫子，其后五传而至田何。……然自田何而上，未尝有书。则三家之《易》，著于《艺文》，皆悉本于田何以上口耳之学也。是知古人不著书，其言未尝不传也。”

则由不明私门著述之始，有出依附，有由旁托。

《淮南子洪保辨》:“古人有依附之笔,有旁托之言,有伪撰之书,有杂拟之文。考古之士,当分别观之:依附之笔,门人弟子为其学者辗转附益,或得其遗,或失其旨,或离其宗,各抒其所见也。旁托之言,诸子著书,因寄所托,标其风旨。有所称引,人即传为其人自著。……《艺文》所著诸子九流,刘、班注谓似依托者,多不出二种,皆非有心于造伪也。”(《遗书》七,《文史通义·外篇》一)

依附则自张家学。

《说林》:“展喜受命于展禽,则却齐之辞,谓出展禽可也,谓出展喜可也。弟子承师说而著书,友生因咨访而立解,后人援古义而敷言,不必讳其所出,亦自无愧于立言者也。”(《遗书》四,《文史通义·内篇》四)

旁托则假重古人。

《书教》中:“周末文胜,官礼失其职守,而百家之学多争托于三皇五帝之书矣。艺植托于神农,兵法、医经托于黄帝。好事之徒,传为《三坟》之逸书,而《五典》之别传矣。不知书固出于依托,旨亦不尽无所师承。”(《遗书》一,《文史通义·内篇》一)

而官守之遗,往往具在。盖由公而私之渐也。

《〈述学〉驳文》:“治学既分,礼失官废,诸子思以其学用世,莫不于人官物曲之中,求其道而通之。将以其道易天下,而非欲以文辞见也。故其所著之书,则有官守旧文,与夫相传遗意。虽不能无失,然不可谓全无所受也。故诸子之书,虽极偏驳,而其中实有先王政教之遗,惟所存有多寡纯驳之不同,而其著书之旨,则又各以私意为之。盖不肯自为一官一曲之长,而皆欲即其一端以易天下。”(《遗书》七,

《文史通义·内篇》一)

推本其义,则前哲述造,后来取资,苟得其道,亦自无害。

《答问》:"或问:前人之文辞可改窜为己作欤?答曰:何为而不可也。古者以文为公器,前人之辞如已尽,则后人述而不必作也。赋诗断章,不啻若自其口出也。重在所以为文辞,而不重文辞也。苟得其意之所以然,不必有所改窜,而前人文辞与己无异也。"(《遗书》六,《文史通义·内篇》六)

文章之公,今日犹然。刻舟之见,殆徒滋纠葛已。是以辨伪之举,君子慎焉。

故明乎古人贯道之文无取虚理,则言有不必出于私而自公;明乎古人口耳之传胜于文字,则言有不得出于私而自公;明乎古人专家之学不重主名,诸子之言每存旧典,则言有不欲出于私而自公。以知言公非凿空之谈也,征之古昔,则有《诗》、《书》之公焉,六艺、《论语》之公焉,诸子百家之公焉,史籍之公焉,传注之公焉(详《言公》上);征之后世,则有制诰之公焉,馆局之公焉,文移之公焉,书记之公焉,募集之公焉,乐府之公焉,点窜之公焉,拟文之公焉,假设之公焉,制义之公焉(详《言公》下)。此言公之体,其义二也。

所谓类例之依据者:纲纪典籍,类例最要。诚以类例既分,学术自明。然六艺九流,自为部次;七略四库,代有异同。其间出入分合,前人究之详矣。独依据所在,论者罕闻。盖以古人立言之宗旨弗彰,作述之情态难考故也。若绳以公私之义,则经之于史,古人公言之所存也;子之与集,后人私言之渐集也。史乃经之本,集则子之流。依据既知,区以别矣。

原夫古之学业,既在官守,故其书籍之类例,即依职掌之区分。

《原道》第一之一:"官守学业,皆出于一,而天下以同文为治,故私门无著述文字。私门无著述文字,则官司之分职,即群书之部次,不复别有著录之法也。”

盖六艺之文,犹可推证。

《原道》第一之二:“后世之文,必溯源于六艺。六艺非孔氏之书,乃周官之旧典也。《易》掌太卜,《书》藏外史,《礼》在宗伯,《乐》隶司乐,《诗》领于太师,《春秋》存乎国史。夫子自谓‘述而不作’,明乎官司失守,而师弟子之传业,于是判焉。秦人禁偶语《诗》、《书》,而云‘欲学法令者,以吏为师’。其弃《诗》、《书》,非也;其曰以吏为师,则犹官守学业合一之谓也。”

及刘歆治书,析类为六,荀(勖)李(充)继作,分部为四。屡变之由:一缘作述宗旨,古今不齐;一缘卷帙多寡,先后自异。然隶类虽别,大旨差同。要皆周室之遗法也。

《文集》:“昔者,向歆父子之条别,其《周官》之遗法乎!聚古今文字而别其家,合天下学术而守于官。非历代相传有定式,则西汉之末,无由直溯周、秦之源也。”(《遗书》六,《文史通义·内篇》六)

今即四部以征公私之义,则经史之别,上世所无。

《传纪》:“古人文无定体,经史亦无分科。”(《遗书》五,《文史通义·内篇》五)

经者官书,守之则史,故曰“六经皆史”。究其质性,则皆言之公者也(张尔田《史微·内篇·明教》曰:“经与史之区分,政与教之所由判也。由前而言,六艺皆三代之政也,故谓之为史。由后而言,六艺皆孔子之教也,故谓之为经。”案经史之别,章氏未详。此论明确,足补其阙)。后世之史与子集,则又六艺之遗。

《方志立三书议》:“古无私门之著述,六经皆史也。后世袭用而莫之或废者,惟《春秋》、《诗》、《礼》三家之流别耳。纪传正史,《春秋》之流别也。掌故典要,官《礼》之流别也。(案诸子书有官守旧文与先王政教之遗,详前引《述学驳文》,是诸子多存掌故典要,即官《礼》之流别也。故亦云:“官《礼》诸记流为诸子论议。”)文征诸选,风《诗》之流别也。”(《遗书》十四,《方志略例》一)

《上朱大司马论文》:“六艺之教,通于后世有三:《春秋》流为史学,官《礼》诸记流为诸子论议,《诗》教流为辞章辞命。”(《遗书补遗》)

经史同科,无俟具论。子则私言渐作,而古人专门之意犹存。

《文集》:“自治学分途,百家风起,周、秦诸子之学,不胜纷纷,识者已病道术之裂矣。然专门传家之业,未尝欲以文名。苟足显其业,而可以传授于其徒,则其说亦遂止于是,而未尝有参差庞杂之文也。”

《经解》中:“术数诸家,均出圣门制作。周公经理垂典,皆守人官物曲,而不失其传。及其官司失守,而道散品亡,则有习其说者相与讲贯而授受,亦犹孔门传习之出于不得已也。然而口耳之学,不能历久而不差,则著于竹帛以授之其人,亦其理也。是以至战国而羲、农、黄帝之书一时杂出焉。”

集则屡变离宗,而古人立言之旨愈远。

《文集》:“两汉文章渐富,为著作之始衰。然贾生奏议,编入《新书》;相如词赋,但记篇目:皆成一家之言,与诸子未甚相远。初未尝有汇次诸体,裒焉而为文集者也。……自挚虞创为《文章流别》,学者便之,于是别聚古人之作,标为别集……而后世应酬牵率之作,决科俳优之文,亦泛滥横裂,而争附别集之名。是诚刘《略》所不能收,班《志》所无可附;而所为之文,亦矜情饰貌,矛盾参差,非复专门名家之语无旁出也。夫治学分而诸子出,公私之交也;言行殊而文集兴,诚伪之判也。势屡变则屡卑，文愈繁则愈乱。苟有好学深思之士，因文以求立言之质，因散而求会同之归，则三变而古学可兴。惜乎循流者忘源，溺名者丧实，二缶犹且以钟惑，况滔滔之靡有底极者？……呜呼！著作衰而有文集，典故穷而有类书。学者贪于简阅之易，而不知实学之衰；狃于易成之名，而不知大道之散。江河日下，豪杰之士，从狂澜既倒之后，而欲障百川于东流，其不为举世所非笑，而指目牵引为言词，何可得耶？"

《诗教》上："子史衰而文集之体盛，著作衰而辞章之学兴。文集者，辞章不专家，而萃聚文墨以为蛇龙之菹也。……经学不专家而文集有经义；史学不专家而文集有传记；立言不专家而文集有论辨。后世之文集，舍经义与传记论辨之三体，其余莫非辞章之属也。"

则皆言之私者也，然纵横之术既兴，公私之分乃著。故论古今作述之情，文章升降之会者，必权衡于战国，而探源于《诗教》。

《诗教》下："典章散，而诸子以术鸣。故专门治术，皆为官《礼》之变也；情志荡，而处士以横议，故百家驰说，皆为声《诗》之变也。战国之文章，先王礼乐之变也。然而独谓《诗》教广于战国者，专门之业少，而纵横腾说之言多。后世专门子术之书绝，而文集繁，虽有醇驳高下之不同，其究不过自抒其情志。故曰：后世之文体皆备于战国，而《诗》教于斯可谓极广也。……是故明于战国升降之体势，而后礼、乐之分可以明，六艺之教可以别；《七略》、九流、诸子百家之言，可以导源而浚流；两汉、六朝、唐、宋、元、明之文，可以畦分而塍别。官曲术业，声诗辞说，口耳竹帛之迁变，可坐而定矣。"

若其所以资类例之依据者，固亦总于此焉。

由公私之别异，则知类例之依据，纵而非横；则知道术之系统，无乎不贯。公者，私之所由起也，故公以统私；经史者，子集之所自出也，故经史以统子集。古今学术异趣，时世异宜。典籍源流，校雠条理，每苦迷罔，无所适从。以此为绳，庶乎坐定。此言公之方，其义三也。

盖言公之义，必通兹三者，乃见其全。知古人立言之宗旨，则官私学术之原其庶几可明也。知作述之情态，则穿凿附会之谈其庶几可免也。知类例之依据，则辨章考镜之业其庶几可能也。余读章氏书，辄慨近世以来，其学渐为时尚，而言公一义，最为其抉原揣本之谈者，夫子自道，既明而未融；时贤述论，亦鲜见申说。因为综述大略，以资研讨之助。所举三事，以章还章，不华辞博证为者，盖犹是章氏“前人之辞如已尽，则后人述而不必作”之意。至若其说之得失，固当别论，此不具也。

# 清孙冯翼《〈四库全书〉辑〈永乐大典〉本书目》钞本跋

清孙冯翼《〈四库全书〉辑〈永乐大典〉本书目》一卷，墨格旧钞本。丙子新岁，归省杭州，得之抱经堂书肆。其书但依《四库提要》钞撮书名、卷数、作者。然时有讹脱，未一厥体。疑其未定之稿，人又据以传钞者也。辄穷数日之力，以《提要》为之重校一过。凡有增订，皆规识之。聊增箧中一长物耳。

考辑钞《大典》中故书之业，全祖望实启其端。盖时寓王城，因李穆堂得亲秘笈，遂事迻录。其《钞〈永乐大典〉记》有云："取所流传于世者概置之。近世所无，而不关大义者，亦不录。但钞其所欲见而不可得者。"（《鲒埼亭集·外编》卷十七）大旨若是。及乾隆朝四库馆开，朱筠奏请将《大典》择取缮写，各自为书。而旨下亦但尚其"实在流传已少，其书足资启牖后学，广益多闻者"（《四库全书总目》卷首载三十八年二月十一日上谕）。与谢山之意无殊。及于今日，观念悬绝，范畴亦广。故馆臣当日于四库著录《大典》辑本之后，称"菁华已采，糟粕可捐"（《四库全书总目》卷一百三十七，《〈永乐大典〉提要》），要不免于时人之嗤点。《大典》一毁于明末，再毁于清季，今存卷帙，已为剩馥残膏。若干旧籍，原赖《大典》以传，今《大典》云亡，则翻依辑出诸书，略存面目。此亦释氏所谓因缘也！

初，馆臣王际华、裘曰修等奉命详校《大典》，叙列进呈，有《〈永乐大典〉采辑书目》，独遗《四库存目》诸书。又邵懿辰《四库目录标注》史部卷十四著录《〈永乐大典〉书籍散篇目》一卷，云"何子贞有钞本，四库馆臣原辑"。今不可见。以臆度之，当即乾隆四十年十一月十七日上谕所云"据四库全书馆总裁将《永乐大典》散片各书进呈"之散片所辑成，尚未经取舍之目也(此谕今见《四库全书总目》卷首)。其后缪荃荪作《〈大典〉考》,附佚书目,摭拾渐夥,间亦不周。近赵万里又作《〈永乐大典〉内辑出之佚书目》,所采下逮今人辑书,并著其版刻,最为详备。共此为五矣。皆小有异同。前修未密,后出转精,理固然耳。而此目独不见各家著述。

今检卷帙,或与《〈大典〉提要》所计小殊。《提要》称裒辑成编者,凡经部六十六种,史部四十一种,子部一百三种,集部一百七十五种,共四千九百四十六卷。存目不计,今综核全书,则经部七十种(较《提要》所计多四种),七百四十七卷,又存目九种,三十四卷;史部四十一种,一千二百九十三卷,又存目三十七种,一百八十四卷;子部一百一种(较《提要》所计少二种),五百四十九卷,又存目七十一种,三百三十三卷;集部一百七十五种,二千四百一十九卷,又存目十种,六十七卷。大凡四部著录三百八十七种,五千零八卷(较《提要》所计多六十二卷)。又存目一百二十七种,六百一十八卷。合计五百一十四种,五千六百二十六卷。冯翼叙此目称万余卷,殆以意言之,初未及实较也。

冯翼字凤卿,沈阳人,乾、嘉间疆臣孙曰秉德元子。耽辑佚之业,尝刊《问经堂丛书》,多时人校辑古籍,已作十余种亦在焉。与孙星衍善。星衍为时老师,“性喜奖借后进。所至之地,士争附之”(阮元《孙星衍传》)。冯翼既以贵介公子从之游,执礼甚恭,故尤多启迪。尝共董业(同辑《神农本草经》)。相遇在师友之间。观其叙冯翼所作,或称之为弟(《〈说文〉正字叙》),或称之为从子(《〈燕丹子〉辑本叙》),或称之为家凤卿(《〈神农本草经〉辑本叙》),是其明证。其编此目,在嘉庆六年,正侍德元官金陵藩署,即星衍所称“公在江南,清节弥厉”之日也(《碑传集》卷七十四,孙星衍《孙曰秉行状》)。云居青溪寓馆,青溪故南朝以来胜地,寓馆今不可考。

余检《碑传》诸集,沈阳新志,俱无冯翼事实。饤饾丛残,略如上述。乾嘉学术,如日中天,家和球锽,人被明月。冯翼小家之伍,宜其不章。使无《问经堂丛书》,则身后寂寥,更可想见。此张之洞《书目答问》所以劝人刻书传世也。然观所述作,致力弥殷,盖亦有意名山之业者。钟记室品古诗,悲人代之冥灭,而清音独远。今之视昔,迩远未侔。然伤往之意,将毋同乎!夜阑揽此,良用怃然!

# 桑榆忆往

程千帆 述

张伯伟 编

# 题 记

本书以程千帆先生晚年回忆录为主干，取名《桑榆忆往》。全书由四部分构成：

程先生生于一九一三年，亲历了二十世纪的许多动荡岁月，其不平坦的一生，正应了庄子所谓“大块载我以形，劳我以生”。坎坷的经历可以成就一诗人，却往往难以成就一学者，“文章憎命达”所表达的无非是“诗穷而后工”。因此，当我们面对其损失了十八年黄金岁月，从八十年代以来完成的二十多种著作时，又如何能不兴悲欣交并之情？读书诵诗，知人论世。述“劳生志略”。

三四十年代的南京和四川，聚集了不少大师宿儒，程先生或从之问学，或与之共事，名德重望，耳濡目染。昔司马越有云：“讽味遗言，不如亲承音旨。”程先生将其闻见录而为文，正可使后学“多识前言往行以蓄其德”。述“音旨偶闻”。

“白头想见江南”的程先生，在晚年再度移砚南京，开始了其生命中最辉煌的时期。既有其等身著作的次第问世，更有一批弟子在学术界的崭露头角。学生对老师的教导，信受奉行，珍同拱璧，一如子张退而“书诸绅”。兹辑录成帙，以飨同好。述“书绅杂录”。

对程先生的学术，今人多有评论。本辑选录了八篇，其中三篇出于门弟子之笔。先生每以蕲春黄君之语勉励诸生：“学业既成，师弟即是朋友。”弟子虽不敢以友朋自视，而先生辄恒以成为友朋相勖。今汇集为一，以志努力方向。述“友朋评议”。

一九九九年八月十五日

受业张伯伟谨记

# 劳生志略

## 一、引　子

有许多东西在过去来说，因为没有这些录音设备，过去也就过去了。比如李龟年的歌唱，公孙大娘的舞蹈，曾经令杜甫那样惊叹；珠帘秀这样的伶人，关汉卿这样的大艺术家，都只有一些文字上的描写记录，但是我们现在看不到他们的原貌了。科学的发展使许多事情成为可能，至少谭鑫培这一代艺人的京戏我们已经听到了，也看到了，这应该说是老天爷的厚道吧。但是对于学人来说，有的人记忆力很强，所以能叙述得很有条理，我觉得胡适就有这个本事；冯友兰《三松堂自序》的一些细节也很有意思，比如说闻一多跟他开玩笑：贤者咸也，所以防闲人之多吃也。模仿《易经》上的话，他都记得。我恐怕缺乏这样非常有连续性回忆的能力。口述的历史只是因为近代科学的发展它才成为可能，当它被人们掌握后无疑会变成史学的一个分支，而且还会壮大起来，所以口述史学是重要的。我最早看过的是丘吉尔的回忆录，他原来是一个海军世家，他的爸爸和伯父都是海军的或海军史的专家，所以他的回忆录写得非常丰满，八大本，好像是商务印书馆翻译过来的。而像饶宗颐的就写得比较简单或比较概括，他偏重他的汉学，同海外汉学的接触这一方面写得比较多。至于我个人来说，总的来讲是很简单。所以学生访问时，我说我是很简单的人，我的生平也很简单，除了晚年闯了一场祸，过了十八年不由自主的生活以外，其余都太简单了。如果要把我的一生划成几个段落的话，也只能根据我生活的自然段落：先是很小的时候读书那一段，能够记忆的已经很少了。后来就到了南京，到大学毕业又是一段，跟着一些有学问的老师念书。这个我现在能回想起来，但具体的事实都不是很多。再后来就是抗战到胜利，我走上大学教书的岗位。然后就是解放以后这一段，就是运动。最后是到南京这一段。

我这一生逢到的可以说是多灾多难，但不管怎么样，我没有沉沦下去。这个原因，如果说得冠冕堂皇一些，就是对传统文化，特别是儒家文化有深厚的感情。我所接触到的各种思想，也是要用传统文化来加以衡量，也就是“批判地接受”。我对“文化大革命”是极端地反感，特别是一些具体的事情，真让人连哭都没法哭。你看赵少咸先生搞那个《广韵疏证》，六七十岁的人了，红卫兵把他抄了多少遍的稿子，摆在他床面前烧了。我接到殷孟伦先生这样的信，简直连哭都没法子哭。我总感觉到中华民族无权沉沦下来，如果说这个文化中没有一种真正合理的内核，她为什么亡国多少次又站起来？从小的方面说，我是感觉到我个人总可以对国家人民有所贡献的，你们让我这样下去，我不服。所以这是对祖国文化传统的理解，也是对个人的自信。沈祖棻出了车祸以后，程丽则陪我在家住了三个月。她是工人，工厂里对他们很好，比武汉大学好多了，没有催她。后来他们厂长自己来看她一次，我就心里有数了，让张威克先去，再过了一阵，程丽则也去上班了。他们上了班，第二天我就开始整理沈祖棻的诗稿，我就觉得她的东西是有价值的。我一辈子对不起沈祖棻，因为她是一个应该过得好一点、舒服一点的人，可是我让她过得很苦，稍微好一点又出了车祸。一直到现在为止，我要以更多地理解她的作品作为对她的忏悔。大概你也晓得，我希望早早的硕士论文写她外婆的传记或写她的作品分析，这个对我来说也是表示忏悔。我后来同陶芸结婚，她最了解我对沈祖棻的感情。她一点都不嫉妒，是个好女人，很不容易。我之所以没有完全垮掉，至少还是希望把损失的时间赶回来，主要有大一点的理由和小一点的理由，那就是对传统的珍惜，很强烈的感情；再就是我的个性，说到底我就是不服。长期以来，我把所受到的一切不公正的待遇都尽量地压在心里，所以别人让我写回忆录，我尽量不写。这次是一个机会，我觉得也要使后人知道，中国传统的知识分子不是那么容易被摧毁的。哪怕很软弱，但是又很坚强。这个传统从古代，《春秋左传》、《战国策》中记载的故事，到明清之际的顾炎武、黄宗羲，一直到辛亥革命，没有断过。

# 二、家世及早年求学经历

我原名逢会，改名会昌，字伯昊，四十以后，别号闲堂。千帆是我曾用过的许多笔名之一，后来就通用此名。祖籍是湖南宁乡，老家在土蛟湖竹山湾（现改属望城县），但上代已迁居长沙。一九一三年九月二十一日（农历癸丑年八月二十一日）生于长沙清福巷本宅。

我的家境比较贫寒，没有多少物质财富，但却有一个非常丰厚的文学传统：我的曾祖父霖寿，字雨苍，有《湖天晓角词》；伯祖父颂藩，字伯翰，有《伯翰先生遗集》；叔祖父颂万，字子大，有《十发居士全集》；父亲名康，字穆庵，有《顾庐诗钞》。先父是近代著名诗人和书家成都顾印伯先生的弟子，专攻宋诗，尤精后山。母亲姓车，名诗，字慕蕴，江西南昌人；外祖父名赓，字伯夔，侨居湖南，以书法知名当时。诗是我的家学，我幼承庭训，十二三岁即通声律，曾写过一些当然是极其幼稚的作品，呈请子大叔祖和伯夔外祖批改。叔祖的批语有“诗笔清丽，自由天授”之语，外祖的批语是“有芊绵之思，可与学诗”。这些过情的鼓励对我后来致力诗学，当然有很大影响。

我三岁时，母亲就去世了，我的儿童时代是在外家度过的。1923 年左右，因为军阀混战，在长沙不易谋生，我家迁居湖北武昌，我也回到自己的家里。在武昌的五年中，我曾短期进过武昌圣约瑟中学附属小学和汉口振华中学，但大部分时间是随堂伯父君硕先生学习的，他是我在古代文学方面的启蒙老师。在一九二八年秋天以前，我的知识主要来自私塾。伯父名士经，是子大叔祖的长子，自幼才华出众，以早慧知名，十多岁就出版了他的第一部文集《曼殊沙馆初集》。但这也是他唯一的文学结集。他

程千帆与父母的合影,照片上的千帆约一岁

的才华如同在那个社会的多数文士一样,被困厄的生活压折了。

他那时流寓汉口,在家里办了一个名为"有恒斋"的私塾,招收了十名左右十二三岁到二十岁的少年,教读自给。二十年代,即使在汉口这样的大都市,新式学校还是不多的,能够出钱送子弟进这类学校的人家也不多,所以私塾也还不少。这个私塾就设在他家里,先在汉口模范区蔼吉里,后在特二区三教街。

有恒斋的主要特点是起点非常高。我们从来不读《三字经》、《百家姓》、《龙文鞭影》、《幼学琼林》,我们连《古文观止》、《唐诗三百首》也不读,因为君硕先生认为这类书是不知义法的俗学。我们不读《纲鉴易知录》,而是一上来就读《通鉴》。按照君硕先生的设想,他几乎要把传统士大夫应当具备的知识都教给我们。在这段时间里,我学过的主要经典著作有《论语》、《孟子》、《诗经》、《左传》、《礼记》、《文选》、《古文辞类纂》、《经史百家杂钞》、《资治通鉴》,其中除《礼记》、《文选》外,都是通读的。所以我的文言基础比较扎实。

注意写作训练是有恒斋的另一个特点（当然全是用文言文）。每天一定要写日记，记下自己的日常生活、读书心得。这既练习了文笔，又锻炼了恒心，当然是十分有益的。记得这些日记我在大学时还保存着，曾经将有关《礼记》的一部分整理出来发表过。汪辟疆老师看到了，还曾夸奖说：今天学生肯治经的不多。我可没有敢对老师说，这是从读私塾时的日记中摘抄的。除了日记以外，每周还要作文一篇，这可是正儿八经的。伯父改得可仔细，坏的墨杠，好的浓圈，赏罚分明，我们也就不敢随随便便。记得在一篇游记中有“隔江灯火，下垅牛羊”之句，又云：“烟波荡我心胸，晨昏异其观感。”他老人家高兴地说：也难为你了。我在最近把《闲堂诗文合钞》印了几百份，分寄给各地的朋友。我发现许多朋友非常欣赏我的文言文，为什么道理呢？他们基本上都做不来了，即使年龄和我差不多，但当年北方的学校就不做文言文。倒过来看，觉得你能做几句就还不错。

君硕先生的讲授是文辞义理并重，所以选授《礼记》时，《曲礼》、《少仪》、《内则》以及有关丧服诸篇说得很详细，对于《礼运》、《大学》、《中庸》等篇尤为重视。这对我一辈子做人，起了一定的作用。

君硕先生虽然很贫困，但仍有些藏书。他常常指点我们在正课之外读些书，我也因此泛览了许多书籍。我从《日知录》初识考据门径，从《近思录》、《呻吟语》、《松阳讲义》初识理学面目，从《小仓山房尺牍》略知应酬文字写法。

写字也是每天必做的功课，这包含两个内容：一个是正确，即不准写错字、别字（包括碑帖上的异体）。这和今天要求的汉字规范化颇为相同。另一个是优美，即要把字写得好看。这就要读帖和临帖。我常用的帖，小字是《洛神赋》、《灵飞经》，大字隶书是《张迁碑》、《曹全碑》，楷书是颜真卿《颜氏家庙碑》、《颜勤礼碑》，褚遂良《兒宽赞》、《圣教序》，欧阳询《醴泉铭》等。但没有学过篆书和草书。总之，要求能知能行，写、作俱佳，也包括在君硕先生的教学目的之内。我后来在成都，那时已经是副教授了，为了锻炼自己的恒心，还用打好格子的纸抄写文章，最好的成绩是抄了七千字，没有一个错字。

说实在的，当日读这些书，许多地方没有懂，其中部分至今茫然。但懂了的，逐渐成为我知识结构的一部分。用现在的话来说，就是在国学上打了一些底子了，这使我具备了阅读古书和写作文言文的能力。对于后来我以古典文学作为自己的专业，这是很有好处的。我在接受现代教育之前，学习生活就是在这样的私塾中度过的。

# 三、接受现代教育

一九二八年的秋天，我由于一个偶然的机会，从私塾学习改进新式学校，从汉口来到南京，考入金陵大学附属中学初中三年级，作为一名插班生，开始接受了八年正规的现代教育，直到一九三六年大学毕业。

我在金陵中学学习了四年，开始从多方面接触现代科学。我至今怀念在中学时代给我教益的几位语文老师：带着浓重安徽口音的张剑秋先生，他的诗人风度和抒情性的讲授是非常富于吸引力的。泰州林从周先生永远是那么容止闲雅，谈笑从容，知识就在不知不觉中流进了学生的心田脑海。余姚黄云眉先生，后来是海内外知名的明史专家，在上高中三年级课时，一个学期只为我们讲了一篇曾国藩的《圣哲画像记》，事实上却是以此为纲，上着国学概论的课。这种概论式的宏观论述是我在私塾学习时所不曾接触过的，所以“受之者其思深”。由于我在作业中发表了一些对李商隐诗的谬论，黄先生还特地将我叫去，勉励有加。这些半个多世纪以前的事，是我难以忘怀的。

在高中时，我遇到一位极好的化学老师，宁波王实铭先生。在他的循循善诱下，我对化学兴趣大增，成绩也极好。一九三二年八月，我升入金陵大学时，原先准备读化学系，但当我去注册交费时，竟然要付一百多块钱。我父亲当时失业，无力负担，于是我遍查各系交费情况，发现中文系只要化学系的一半，我就进了中文系，从而走上了一条完全不同的道路，这也似乎有些偶然。人生道路是被偶然所决定的呢，还是有其必然性？对此，我感到迷惘。我不知道偶然性只是在诸必然性的交叉点上出现的说法,能否说明这个令人迷惘的问题。这样,我就没有机会当戴安邦等老师的学生,却做了黄侃、吴梅诸位老师的学生。我想,如果当初成了戴老师的学生,我也会在配位化学方面做出成绩来,不会当戴老师的不争气的门徒的。

金陵大学附属中学读书期间留影

进入大学以后,现代文、现代的科学和现代的意识,对我来讲受益匪浅。我跟王绳祖先生学欧洲近代史,从维也纳会议讲起,一直讲到第一次世界大战;然后跟陈恭禄先生学中国近代史,从鸦片战争讲起。还有一门社会科学概论,是一门通论课,教社会学两个星期,经济学两个星期,法律学两个星期,人类学两个星期,等等,都讲得很扼要,讲完就考试。授课教师名叫虎臣,是个回教徒,后来去了美国,一直没有回来。他博学多能,也非常会讲课。所有这些课程,使我由一个完全接受鸦片战争以前的知识的人,通过两年的训练变得“现代化”了。我也由过去的读写“之乎者也”,开始写新诗和白话文。然后再开始接受在今天我们看来是国学大师的训练。三十年代南京的高等学府中,大师云集。有的我获得受业门下、亲承音旨的机会;有的虽未尝从学,却也曾进登龙门,有所请益。现在想起来,确实是一个非常难得的机会。我跟黄季刚(侃)先生学过经学通论、《诗经》、《说文》、《文心雕龙》;从胡小石(光炜)先生学过文学史、文学批评史、甲骨文、《楚辞》;从刘衡如(国钧)先生学过目录学、《汉书·艺文志》;从刘确杲(继宣)先生学过古文;从胡翔冬(俊)先生学过诗;从吴瞿安(梅)先生学过词曲;从汪辟疆先生(国垣)学过唐人小说;从商锡永(承祚)先生学过古文字学。我是金大的学生,但中央大学老师的课我也常跑去听,因为那个时候是鼓励去偷听的。我曾向林公铎(损)先生请教过诸子学,向汪旭初(东)、王晓湘(易)两先生请教过诗词。汪辟疆先生精于目录学和诗学,虽在金大兼过课,但没有开设这方面的课程,我也常常带着问题，前去请教。

中大的管理很松，那时找到一个同乡就可以躲在学生宿舍里，钱也不交，就这样读四年。像佘雪曼先生就完全是在中大偷听出来的。他口齿很好，字也不错，还会画画。后来在南洋大学教书，再后来到香港办了个雪曼艺文院。像这样的人，以前旧社会中可以产生。金陵大学就不一样，有秩序，办事有条理，不像国立大学那样随随便便、纪律散漫。整个金陵大学的学风，不只是国学的，而是对待整个的学问的态度，她那种教会学校的严格对我有大的好处。我一九七八年回到南京大学，那时教务处一些很老的，从金大一直留下来当职员的，都非常能干。

关于老师们，季刚先生树义谨严精辟，谈经解字，往往突过先儒，虽然对待学生过于严厉，而我们都认为，先生的课还是非听不可的，挨骂也值得。小石先生的语言艺术是惊人的，他能很自在地将复杂的问题用简单明了的话表达出来，由浅入深，使人无不通晓。老师们对自己的研究成果，也从不保密。如翔冬先生讲授《重订中晚唐诗主客图》，瞿安先生讲授《长生殿》传奇斠律，便都是自己研究多年的独得之秘，由于我们的请求，毫无保留地传授给了学生。这种精神使我终身奉为圭臬，对学生丝毫不敢藏私。

瞿安先生的学问很有意思，他最早专门研究戏剧，后来研究散曲。他是一个大师，虽然他本人只在曲方面比较全面。但是他的散曲研究传给了卢冀野、任二北，曲律研究传给了蔡莹、王玉章，对词的研究传给了唐圭璋，南戏研究传给了钱南扬。然后任先生往唐朝发展，也有的往后发展。如钱南扬先生研究宋元以后，除南戏以外，笑话、谜语都研究。

我选了这些大师的课，现在回想起来，最吃亏的就是对整个国学缺乏全面占有的欲望。这么好的老师黄季刚先生，他的学生也都是大师了，而我感觉声韵学比较干枯，很难学，就不选，只选了有兴趣的课，像《文心雕龙》之类。

我在金大的得益处也不完全来自于大师，有一位历史系的讲师陈登原先生，研究文化史，他的阅读面非常之广，他写的《中国文化史》、《国史旧闻》都是非常博洽。我喜欢博览群书，无论懂不懂，无论是否自己所需

金陵大学北大楼石阶上留影

要的，都想看看。这就是从陈先生那儿学来的。当时他还是一位讲师，别人并不重视他，但是我在陈先生那里得到很大的好处。

我在进金大之前，几乎没有接触什么白话文。这时我开始大量阅读白话文，很多时间在图书馆里看杂志，看整本的白话书倒不多，但杂志看得较多，差不多每一期的《清华学报》、《燕京学报》都看。另外，凡是遇到论战我都很注意，比如中国社会史的论战。到现在为止，托洛茨基的那些理论我还是不懂。不懂归不懂，当时吃下去再说，拿卡片记下来。还有呢，就是练习写。最初的白话文写作是学作新诗，现在还留了一本小诗集在那儿。当时练习写作，跟穷困也有关系。在报纸的副刊上写小文章，五毛钱一千字，一块钱就不错了。如果有三块钱一千字的文章，四千字发表了，十二块钱，差不多一个半月的伙食费都解决了。因为那个时候六块钱就可以吃一个月饭，如果是八块钱呢，一菜一汤还带一点点肉。我是个很

一九三六年，程千帆在大学毕业期间

穷的学生，全靠自己奋斗出来。我那个时候能写各式各样的文章，只要报刊需要我就写，一个月有个五六块钱，最好有个十块钱，就能够过下去了。我的爸爸大概有两年的时间没有工作。那个旧社会，你们不能想象，比如换了一个厅长或局长，底下的人都换掉，不问你有理无理，有资格无资格。所以我就向各种地方投稿。我也写小说，写小说的最好成绩是在《东方杂志》上发表的。就这样，在一个非常困难的环境中把大学念完了。刚好那个时候金陵大学的史学研究所被批准成立了，我考取了，那等于是硕士研究生。考取了以后一年能得到四百块钱的奖学金，生活是够了。可是偏偏又要打仗了，也就没有办法读书，所以我是被金陵大学史学研究所录取的学生，但是没有上。那个时候已经同沈祖棻恋爱了，想结婚了。她是研究所毕业，我是大学毕业。我在金陵中学教书，就想一边教书，一边在金陵大学的历史研究所读课程。当时还有一个机会就是到燕京大学去，到哈佛燕京学社，也有一定的奖学金，那就像王钟翰这些人一样，同他们一辈。他们审查了我的作业，说你的英语不行，过来补一年英语，第二年录取你。当然没想到要打仗了。燕京大学的那些教授有顾颉刚、洪业，还有陆侃如他们。当时我有一种很奇怪的想法，好像给黄季刚、吴梅先生当过学生的，再去给顾颉刚他们当学生，就吃了亏一样。这种心理很奇怪，我也很少同人家讲起。中国旧学很注重传统、班辈。当大师的晚年学生，在辈分上就很占便宜。的确是的，比如任老是我的前辈，但他同我说起来是师兄弟，他写信给我也是这样称呼的。

除了以前为了生活而投稿，在报纸副刊上发表的文章，我一辈子写得最早的学术论文，是在刘国钧先生的班上写的作业。那时他给研究生讲

一九三四年，沈祖棻的中央大学学士毕业照

《汉书·艺文志》研究，因为是研究生课程，不是闭卷考试，而是作一篇文章，我那个时候对目录学、校勘学有兴趣，我就写了两篇，不是一篇，后来收在《闲堂文薮》里面。一篇是《〈汉志·诗赋略〉首三种分类遗意说》。因为陆贾赋、荀卿赋、屈原赋没有序，别的都还有几句话，恰恰这个没有。刘先生让大家各抒己见，后来我就写了这篇文章。另外又写了一篇《〈别录〉、〈七略〉、〈汉志〉源流异同考》，现在流传下来的只有《汉书·艺文志》，《别录》、《七略》据推想是在唐末五代之乱中散佚掉的。后来就只有辑佚，大概总有十几二十种。清朝人做辑佚，慢慢地弄清楚了，我就根据清儒的考订结论作进一步推论。现在弄清楚《汉书·艺文志》是把刘歆的《七略》七卷压缩为一卷。《别录》在留下来的宋版书中有所反映，像《荀子》等。所以我写书时，对于底下的篇目我是不用“目录”两个字的，因为目是目，录是录，我总是写作目次，写篇目也可以，无论如何不能写目录。总之，先有一个命题的规范，要解决什么问题，然后就是论证，再就是推出结论。所有引用的材料，要有比较谨严的出处。这就是我开始写学术论文，是在大学四年级的时候，也就是一九三五年的冬天。此后我就按照这个轨范陆陆续续写了一些文章。我写的第一篇文学论文是在一九三六年的春天，写的是《少陵先生文心论》，那是我的大学毕业论文，是中文系主任刘继宣先生指导的。刘先生这个人极其谦和，他拿了也没改，打了个分数，这以后就毕业了。毕业以后在金陵中学教一班初中二年级的语文，编校刊，一个星期出一期，就是《金中周刊》。这个周刊没有保存完整的。我很想得到，因为那个时候有很多东

一九三六年春天，程千帆与沈祖棻在南京玄武湖公园

西发表在上面，也还有沈祖棻的许多散文，我想找来收到她的集子里，找不着，没有办法。

我还想补充一个问题，我前后娶了两个妻子，都是金陵大学的同学。沈祖棻比我班次高，她年纪也比我大。当时在女同学当中，老师也好，同学也好，对她的文采评价还是不错的，但是她始终没有能够找到一个合适的伴侣。她读金陵大学国学研究班二年级的时候，我是三年级学生。当时三、四年级的学生成绩好的，可以听研究班的课。这样，我就有机会同她接触。后来打仗了，我们从南京逃到屯溪，就在那里结了婚，跟我受了一辈子的苦。在学校的时候，陶芸和我同级但不同系，互相认识。后来沈祖棻不幸过去之后，我想再找一个妻子，我就了解一下。她也很不幸，丈夫因政治问题去了台湾，同她离了婚。她一个人带三个孩子，现在一个在美国，两个在南京。我就开始同她通信，到了南京了解这些情况后，就比较快地结婚了，因为大家过去都是有所了解的。我们两个人，学校说是模范文明家庭，我们的确处得很好。我们各自都有自己的孩子，我有一个女儿，她有两个儿子、一个女儿，我们很和谐。我现在很衰老了，很多事情

一九八〇年六月，程千帆与陶芸留影于济南趵突泉

都要她做。比如说今天早上，我要回答广州一个新闻记者的信，我给他写了一篇文章，那个人认错了一个字，我就要告诉他你认错了，应该是什么字。但我自己不能写，就要她帮我写。前时香港中文大学拿一篇稿子来叫我审查，我审查以后又要批一段，也是她给我抄了以后送走的。生活上依靠她的就更多，她如果不按时给我吃药，我就完全不会想起。我说这些的意思是，金陵大学给我的，不仅是学业和事业，也还有婚姻问题在里面。

# 四、四川和武汉

抗战开始了，我找不到工作，有人推荐我到四川重庆的西康建设厅，职务是科员。我的工作是给厅长私人写信，实际上就是秘书工作。我因为才毕业，所以当不上秘书，只是一个科员。当时的厅长是叶秀峰，他是陈立夫的大学同学，又是美国匹茨堡大学的同学。匹茨堡大学的冶金专业是很有名的，陈立夫在那里学习，后来回国以后，就不搞工科了，搞政治，同他的哥哥陈果夫一起，他们两个是国民党的元老陈英士的侄儿。后来叶秀峰就跟着陈立夫走，他到西康当建设厅长，也是陈立夫的关系。他不常常在康定，一有时间就到重庆，所以我那时也常到重庆。一年多以后，由于国民党内部的问题，不知是陈立夫、陈果夫与刘文辉有什么矛盾，所以叶秀峰就不当厅长了。当时在乐山有一所中央技艺专科学校，有蚕桑、制革、农产制造等专业，现在或者叫技专，陈立夫就想让叶秀峰去当这个技专的校长，叶秀峰不肯做。他后来就说，你原来手下的一班人如果没有地方去，可以到这所学校去教书。这样，在一九四〇年的二月，我就到了中央技艺专科学校去教语文。那几年中我什么论文都没有写。我在那里教全校的语文，一共五个班，每班每周两个小时，共十个小时。这个学校虽小，却有一个很有名的女学生，名叫杨惠敏。上海沦陷时，谢晋元的一团部队退守四行仓库，坚决不投降。但是没有国旗，不能表示还没有沦陷的意思。这个杨惠敏，一个小女孩子，就在半夜里冒着危险从苏州河游过去，把国旗带在身边，送给他们，又安全地游了回来。第二天一早，就有国旗竖起来了，全国人民都欢欣鼓舞。我在技专的时候，这个女孩子也考到这所学校，后来宋美龄还接见过她。这么一所不起眼的学校，有这么个学生却很有名。

我在技专工作了有一年半样子，当时武汉大学也到了乐山。刘永济先生原先是湖南民德中学的老师，后来才到武大的。他在长沙的时候，与先叔祖程颂万有来往，拿家庭世交关系来说，他是个晚辈。我家里一直藏着一幅十发老人的画，上面有刘老师的题字，后来不见了。我估计是“文革”中被抄走了。刘永济先生到了乐山以后，我去看他。我当然也是很希望有机会到武大去教书，就带了几篇文章去，又把沈祖棻的词抄了一些给他看。刘老师晓得我的家世，原来是个世交子弟，再看到我同沈祖棻很用功，也很高兴，因为他在四川很寂寞。那个时候刘老师住的地方叫作学地头，是过去学宫的一块荒地。那个地主姓蓝，过去给军阀当过副官，攒了一些钱，砌了两所房子，就在那个地方，等于说是隐居吧。他把多余的房子租给我们。刘先生住在山腰，我住山顶上。我在山顶的邻居是钱歌川，他的诗集里还有同我往来的诗。记得有一年夏天，大概是一九四一年，我知道武汉大学要进人，添一个教大一国文的，我就去见刘先生。刘先生问我愿不愿意到武汉大学教课，我说当然愿意。他又说武汉大学有个怪规矩，夫妻两个人不能在一所学校教课，只有一个例外，就是杨端六和袁昌英。杨先生这个人，蒋介石曾请他当过军事委员会第三厅的厅长，军衔是上将，他替国民党的军队建立了一个非常强的会计制度。他又是英国的经济学博士。袁先生留学法国，写过《孔雀东南飞》，在五四前后的早期女作家中是很有名的。他们在武汉大学刚开始办时就来了。后来有越来越多的夫妻留学生要进武大，就立了这么一项规矩。当时沈祖棻不是一个社会性的女性，她并不是非要教书或工作不可，两个人只要能够生活，她就不教书。这样我就到了武汉大学。原来是要我教三个班大一国文，刘先生就同中文系主任刘博平先生商量，把中文系本科一年级的国文提出来，单独成立一个班，讲得深一点，每周五个小时。所以那个时候大家都是三个班，九个小时的课，我是教十一个小时。中文系是五小时，教的内容就是“文论十笺”，这是后来的名称，当时叫“文学发凡”。我最初对是不是要选《文心雕龙》，花了很长的时间来考虑。考虑的结果还是不选，因为很容易破坏它的整体性。这个讲义原来有三部分,现在印出的是总论,还有一部分是骈文,一部分是散文。我后来在武汉大学讲下来,十篇讲一年,紧得不得了。那个讲义的底子也丢掉了,现在记不住是哪些篇,只记得关于骈文的有李兆洛《骈体文抄序》,散文方面有《经史百家杂抄序》、《古文辞类纂序》,一共有二十来篇,有一个油印本发给学生,不讲,让他们自己看。

武大当时有个《文哲季刊》,那时的印刷、纸张已经很坏了。因为我还在搞目录学,研究《文史通义》,就写了一篇《言公通义》,现在还存着,收在《闲堂文薮》里。

后来我又认识了徐哲东(震)先生,是太炎先生的弟子,常州人,讲公羊学,又讲韩柳文。他先在中央大学当讲师,到武汉大学的时候已经升教授了。徐先生住在乐山城外一个叫作王石碑的地方,离乐山嘉乐门外还有十五里路。有一次,日本人听说蒋介石要去乐山视察,便派飞机把整个城市都炸了,这情报是错误的,但城市给炸了。当时人能够在城外找到房子的,都在城外找了房子。我住在学地头,离嘉乐门外大概有几里地,到王石碑还有十五里,很远。徐先生是练过武功的人,走这点路不大在乎。他在中央大学当讲师的时候,有一次中文系开会,请哲东先生舞剑,他答应了,舞剑的时候长袍子全身都作响。朱东润先生当时在武汉大学,刘博平先生当系主任,朱先生教文学批评史。博平先生的学术思想比较守旧,认为文学批评可以不必修。徐哲东先生应聘到武大,人还没有来,要开学了。博平先生是系主任,就替徐先生开列了一些课,其中有一门课是传记文学研究,这是当时教育部选课的课程。徐先生到了以后,看到这个课表说,我以前没有教过这个课,是不是暂时开别的课代替。他同刘先生商量后,就决定开个“韩柳文研究”,因为他原先在中央大学教这个课,中央大学的《文艺丛刊》里面还有他的《韩集诠订》这样的专门著作发表。朱东润先生就开玩笑,写了一篇杂文,投到当时重庆的一个刊物叫作《星期评论》上发表,是国立编译馆馆长刘英士编的。刘同我也有点来往,我在那里投过稿。他后来在南京办《图书评论》,我也发表过文章。朱先生的杂文说,大学里面也很特殊,传记文学怎么开出“韩柳文研究”来了?是不是把讲

《郭橐驼传》和《永州八记》变成了传记研究？徐先生看到后很生气，说：他的嘴巴很巧，我可不会讲，但是我会打。我要打他，我打的人不是我治还治不好。东润先生就很狼狈。那时教室旁边有个教员休息室，两课之间可以在里面休息。只要哲东先生在里面，东润先生就不敢进去。后来哲东先生有个比较熟的朋友，是法律系的教授，好像是叫刘经旺。他是湖南人，是个好先生，就劝徐先生。徐先生也就答应不打了。这些轶事，朱先生自传中没有提及，知道的人现在不多了。

在技专的时候，西南联大开始办《国文月刊》，居然在乐山能够买到，我也就买了看看。那个时候恰好国民党教育部颁布了一个新的课程表，我不大满意。其实那个时候我人还在技专，没有到中文系教书，我就写了一篇叫作《部颁中文系课程表平议》，投给《国文月刊》。余冠英主编这个杂志，他看了很高兴。不晓得什么原因，西南联大的人也不满意这个课程表，但并没有发表评论。他一看到我的文章，就把它发表了，还给我写了封信，希望我给他写点稿子。那个时候几乎没有什么刊物发表短篇文学论文，既然有个地方可以发表，我就隔些时候寄点稿子去。大概办到四十期，后来都是郭绍虞先生编，我也因此和郭先生比较熟。在《国文月刊》上，我又闯了祸。我写了一篇文章讲今天大学中文系教学的弊病，这个也无所谓。那时候我常常读太炎先生的书，太炎先生闹革命，骂清政府是“建夷”（明人称满洲为建州卫，贬称建夷），我也就用了“建夷”，给罗常培看到后大发脾气，因为他是满族人。这实在是好古好出来的毛病。这件事在很久以后，冠英先生才告诉我。常培先生是我很尊敬的一位学者，他早年在北京大学是黄季刚先生的学生，我怎么也没有意思要得罪他。总之，这以后我就较多地写文学方面的论文。一直到《国文月刊》停刊，最后的一篇就是《诗词代语缘起说》，很长的一篇，记得是分两期登的。

在乐山的时候，我又认识了马一浮先生。他当时住在乌尤山，其实是一个小岛，就在乐山大佛的下面。据说汉朝有个犍为舍人，犍为也是乐山的别名，他曾在那里注《尔雅》，称作“尔雅台”。可能是个假古董。马先生住在那里的时候，刘先生常去看他，我也随着去，这样就认识了。复性书院也在那里。马先生年轻的时候，留学美国、日本，很通西学。但是回国以后，专讲宋学。他是汤寿潜的女婿，汤是浙江人，好像当过省长。后来他太太死了，他的丈人很看重他，就一直供给他读书。他生活很舒服，也完全有时间研究学问。抗战中，不知怎么孔祥熙知道了他，拨了几万块钱，让他办书院，他就办了复性书院。这个人很有意思，他原来同熊十力都讲理学，但平时大概也没有很好讨论过。马一浮办了书院，就请熊先生去讲学，熊先生在台上一讲，意见与马先生不合。他讲过以后，马先生上去说，熊子真讲的话完全错误，一句也不能听。两人就闹翻了。后来贺昌群也去讲过学，也不一致。再后来他发现，要讲真正的学问只能独断独行，就不再请人了。那里也招了一些学生，每个月给一些膏火费，日子过得比较清苦，但能过下去。

在武大一年半以后，因为他们那儿的怪规矩，夫妻俩不能在一所学校工作，于是我和沈祖棻就在一九四二年八月一起到成都的金陵大学任教。我们都是副教授，不过沈祖棻是研究班毕业的，工资还比我高一些。我在武大时编了《文论要诠》的讲义，就是那十篇文章，没有编完，到金陵大学就继续编。后来金陵大学自己出钱，就把这教材印了出来，线装本，书名是《文学发凡》。那时叶圣陶（绍钧）先生也离开了武大，在成都，他的开明书局的编译所恢复了。我去看他，说有一本书，能不能出？他翻了翻，看到第一篇文章就是章太炎的《文学总略》，他说古字太多，印起来不方便。我说十篇文章中就一篇有古字，其余九篇都没有。后来他就同意了，但是认为《文学发凡》的书名不好，太广泛了，所以改成了《文论要诠》。胜利以后，就在上海印出来了。最后在黑龙江重印的时候，我又改成《文论十笺》，把

程千帆在成都期间留影

范围更缩小一点，限于十篇。这本书真正作为学术著作来说是有欠缺的，它的特色在于它的结构，每篇后面有按语，所以作为教材很方便。这本书很奇怪，生命力很强，很多人要，日本奈良女子大学的横山弘教授（曾经在南京大学留学）在日本找这个书找不到，他们也是说当教材非常好。叶先生在武汉大学的时候，我还在技艺学校。后来他到了成都，我也到了金陵大学，就去看他。他待人接物非常谦和，他在武汉大学，教员要填写履历，他老老实实填上“中学毕业”。他任教授，但没有教专业课，教的是大一国文，还有二年级的写作。我在武大的时候，认识了一些金陵中学毕业的学生，他们知道我也是金中毕业的，组织了同学会，我和他们有交往。从他们口中知道一些叶先生的情况。叶先生尽管在本系教的课在当时看来是最一般的课，但是学生非常欢迎他。因为他的教学方法很新，改作文很认真。所以像刘永济先生对叶先生还是蛮好的。叶先生在武汉大学教书时，他的两个儿子，叶至诚、叶至善，两个人都在中央技艺专科学校念书。毕业以后，叶至善一直跟着他爸爸。解放以后在北京，叶先生好像是民进的中央委员，叶至善就帮着做些民主党派的工作。叶至诚留在南京，在文艺界。他后来结婚了，妻子叫姚澄，是著名的锡剧演员（至诚已于数年前病故）。武汉大学当时的学术思想比较守旧，刘永济先生就是学衡派，他和吴宓先生很好。所以对于新文学不太看重，对于胡适一派的学问也看不上。陆侃如、冯沅君、高亨都在武大工作过一段时间，后来都离开了。

在金陵大学我教目录学、教骈文，用的是《六朝文絜》，也教《文心雕龙》。因为那个时候诗歌是高文先生在教，过去的习惯就是，如果一个朋友教的课和你重复，就应该让开。高先生是南京人，后来一直在河南。他现在九十了，他的诗做得非常好，他除了教诗，也教《说文》。前几年出了《汉碑集释》，那是他专门用功的成果。

当时四川大学也在成都，金陵大学开始请刘君惠先生兼课，我觉得刘先生课教得也蛮好，就提出是不是可以把刘先生改成专任，他们也同意了。但后来又反悔，不愿意请刘先生。这样我很难办，就提出请刘先生当专任，我做兼任。这样我就到四川大学教书，兼教金陵大学的课。抗战胜利后，刘先生到南京，还在金陵大学待了一年。他是四川人，在南京生活不习惯，就回去了。我在四川大学工作了一年，从一九四三年八月到一九四四年七月。也是因为四川大学内部有些问题，那时赵少咸先生当系主任，他是殷孟伦的岳父，后来换了系主任，我也就没有再在那里工作。四川大学当时有些很有学问也很有意思的学者，如赵先生关起门来研究音韵学，黄季刚先生在世时非常难得钦佩人，但是看到赵先生的稿子，很佩服他。黄先生当时在全国已有大名，赵先生则谁也不知道，而黄先生称赞他。黄先生去世后，中央大学不知请谁来教文字音韵。当时殷孟伦已经是赵先生的女婿了，就推荐他的岳父来当教授，汪东先生是文学院院长，支持殷孟伦。殷孟伦自己是助教，推荐他的岳父来当教授，这么不避嫌疑，但当时不讲这些。来了以后，教了一两年书，打仗了，他就回四川了。我在川大的时候，因为赵少咸先生对我很好，所以那儿的老先生都对我很好。川大的先生中，有几个是章太炎先生在日本讲学时的学生，当时年龄也很大了。还有一位庞石帚（俊）先生，他是自学成才的。他是教蒙馆出身，四川那时逢年过节的时候常常要猜灯谜，他猜谜非常有名。所以就有一些学校请他去教课，他也教得很好。后来四川有个大名人叫赵熙（尧生），是清朝末年的御史，当时隐居在四川的荣县。赵先生晓得庞石帚了，就表示说，如果像庞石帚这样的人当我的学生，我很愿意。这样，庞先生就去拜门，他在四川学术界的地位也就大大提高了。当时蒙文通先生也还在川大，他也很有意思。他是四川人，又是廖季平的学生。所以他和学校闹翻了，学校不聘他，他还照样去上课。他说你不聘我是你四川大学的事情，我是四川人，我不能不教四川子弟。学生照样去上课，学校拿他没有办法。我在四川的时候很年轻，我和四川的关系，除了我爸爸的老师是四川人，或者黄季刚先生的父亲是四川人，在四川做过官以外，没有任何关系。但四川的老先生对我非常好，我是非常感念他们的。我感觉到受了他们的恩，要想办法报答他们。像庞石帚先生的遗著，我就推荐给王元化，现在已经交到杭州大学出版社了，也许今年可以校稿。好几十万字，就叫《庞石帚集》。他还有一部《国故论衡疏证》，我托人介绍给中华书局，但一排队还要两年才能排出来。四川这个地方，一方面是外面的人根本不晓得四川的学者有多大能耐，另一方面，四川的学者还很看不起外面这些人。他看不起自有他值得骄傲的地方。拿研究旧学来说，他们在群经诸子这些朴学方面很有实力，像赵少咸、向宗鲁、庞石帚这些人，读书博雅，知道得多。有一段时间任鸿隽请刘大杰先生到四川大学当中文系主任，就丢了丑。因为刘大杰做的那些旧诗，连他们的学生都不如，所以后来没多久他就走了。那个时候刘大杰是新派人物，同四川的旧学基础相比差得很远。还有一个特殊的情况，四川要么不出人，要出一个人就很奇特。比如早年的廖季平，后来又出了个吴虞，就是那个宣称只手打倒孔家店的。

一九四六年春天，沈祖棻在成都留影

朱自清先生有一年休假到了成都，他的太太当时在川大图书馆工作，那时成都的生活费比昆明便宜。我最近在看吴宓先生的日记，其中也记载到当时昆明的物价涨得很厉害，吴先生在成都和乐山的日记也记到我。那时我已经在川大任教，在《四川大学文学季刊》上发表了《韩诗〈李花赠张十一署〉发微》的文章，是油印的刊物，朱先生看到了。他到了成都以后，我就去看他。我对于朱先生有一个很深刻的印象，这个人是非常严肃的。他谈到我文言文写的论文，问我为什么不用白话文写文章。我说我受的教育，我的家庭和老师都是比较倾向于文言的，所以要自我解放出来也很不容易。他就说，如果你用白话文写，使得更多的人能够明白，不是更好吗？我不敢回答他这个问题。

我们在金陵大学，一直到一九四四年。后来发生了一件事情，就是当时在学校里的教会负责人贪污政府发给教师的平价米，我们当时的想法很简单，就去上告，结果非但没有把他们告倒，反而遭到解聘的处理。当时沈祖棻有词《鹧鸪天》四首咏此事，我后来有笺，详细记录了这件事：

## 鹧鸪天四首
## 华西坝春感

百尺高楼数仞墙，蛮弦羯鼓度新腔。暗收香稻防鹦鹉，故斫孤桐恼凤凰。　　春漏泄，意仓皇。记名瑶册忍相忘。何曾一斗供闲醉，空自殷勤捧玉觞。

笺曰：此咏金陵大学当局干没职工食米事也。当时米价昂贵，政府因按公教人员每家直系亲属人口，不论其是否在成都，一律发给平价米一大斗，合三十二斤，以维持生活。平价米价格远较市场价格为低。校方见利忘义之徒竟篡改法令，擅自按照教职工家口实在成都者发放平价米，余人则按平价给予法币。多余之米则按市场价私自售出，以饱私囊，所得甚丰。一九四四年春，有人在学校总务处抄得一九四三年九月二十二日学校致粮食部四川民食第一处名单（发文号为蓉字第2618号），始发现此贪污行为，于是全校大哗。余夫妇乃上告教育部，当局及诸附丽之者则多方掩饰。几经扰攘，卒以退还半年侵吞之食米了结，而余夫妇遂被解聘。古人云：不可为善，盖此类是也。此第一首，上阕首二句谓其事出于外人出资兴办之大学。新腔，谓新闻，实丑闻也。第三句喻侵渔食米，第四句喻扼杀正义，皆斥贪渎之徒。下阕首三句谓名单曝光，群丑惶恐。末二句谓多数教职工姓名虽在配米册中，然所得甚微，犹举空杯而饮，实无酒也。

暗撒金钱盛会开，浣纱女伴约同来。繁声故乱霓裳谱，皓腕争收玉镜台。　　空作嫁，自为媒。文成倚马叹高才。苕华未肯留名字，夜梦无心到锦鞋。

笺曰：此第二首，写本案曝光，当局狼狈，组织人力反扑，企图敉平其事。上阕首二句谓上下互相勾结利用，各有所得也。当时召开全校教职工大会，主席为农学院院长某君，力主家丑不可外扬，以不能倒掉金字招牌为说，而反对贪污、主持正义者每一发言则被叫嚣之声掩盖，不能毕其辞，故曰“繁声故乱霓裳谱”也。校方又暗中保证发给不继续追究者以下年度聘书，亦有受其迷惑者，故曰“皓腕争收玉镜台”也。下阕写有人在会中提议发宣言否认贪污之事，胁令与会者签名，其言甫毕，已有人将预先拟就之宣言提出，故讥为“文成倚马”。余夫妇拒绝签名，盖去志已决矣。《诗经·苕之华》云：“人可以食，鲜可以饱。”温庭筠有《锦鞋赋》，段成式嘲之曰：“知君欲作《闲情赋》，应愿将身托锦鞋。”末二句出此。

十载芳华忍泪过，高坛广座负春多。凭谈海客瀛洲梦，却讶情人碧玉歌。　　夸舞袖，妒嫦娥。几回辛苦点青螺。不须得意钗钿约，凤牒鸳函字易磨。

笺曰：此第三首，盖悲当时附丽当局、阿谀取容者之终无所得也。上阕谓在学校工作之教师，长期受当局之蒙蔽，或闻将派其赴美留学，则感激曰：厚我厚我。迨案发后，乃惊叹此亦如薄幸情人之爱情歌曲为不可信也。下阕补足此意，正告诸不辨是非或见利忘义者。厥后抗战胜利，学校迁回南京，诸投机取巧、临难苟免之徒亦多被逐，斯言验矣。

塘外轻雷梦未惊，羽书空费墨纵横。无情野草妨来往，解意垂杨管送迎。　　怜晚照，付春酲。尊前先计去时程。自知不是秦楼侣，一任鸾笺负旧盟。

笺曰：此第四首，写米案之余波。时有不以余等揭发贪污之举为然，致书丑诋者，亦有扬言欲饱以老拳者。余夫妇虽泰然处之，而诸生颇以为虑，每于余夫妇往返学校时，轮流护送。此上阕之所喻。下阕则谓已决心离去，盖羞与彼辈贪污势利之徒为伍，虽被解聘，亦无所顾惜也。时成都学术界皆不直金陵大学当局之所为，故暑假后，华西协和大学中文系主任闻在宥先生敦聘祖棻至该校任教，而陈孝章兄亦介余于成都中学校长钱智儒先生。虽别上庠，仍登讲席，所谓公道自在人心也。

那时人的观念中，大学和中学在社会地位上没有什么区别，而且以收入而言中学还比较多。那时很有意思，比如说一堂课四十五分钟，但只讲三十五分钟。上课铃响了，教师并不去讲。我开始不知道，摇铃了我就去，结果教室里一个人也没有。后来有人告诉我，要迟一刻钟去，这样实际上也就提高了教师的待遇。当时成都的中学里，确实有些学问很好的先生，像庞石帚先生开始也是在中学里的。前时我收到王元化的一位博士生的信，告诉我说自己是赖高翔的学生。赖先生的文章我只看过一篇，就是他给那个"只手打倒孔家店"的吴虞写的一篇活着的墓志铭。吴虞是他的老师，知道他的文章写得好，就要他写一篇墓志铭。虽然也是模仿古人，但的确写得好，很像清代汪容甫、洪北江这些骈文高手。抗战胜利以后，我有一个很好的朋友叫叶麐，原来是清华大学的心理学教授，他当川大的教务长，黄季陆当校长。他想留我和沈祖棻在四川，不要下来了。我觉得离开江南的时间太久了，不想留在四川，待了八年了。如果留在那里，也很难说现在是个什么局面。

一九四五年抗战胜利，刘永济先生知道我离开金陵大学不是我的错，就要我回武汉大学，我去了就是副教授。学校也迁回武昌。到一九四七年升了正教授。那时升教授也简单，就是系里通过推荐就行了。我就拿了《古典诗歌论丛》里的文章，当时还没有结集出版，抄写了一份，交给刘博平先生看了，认为够水平了，就升了教授。后来是文怀沙看了这个稿子，就拿到上海印了出来。那时的文学史是苏雪林先生在教，但她总讲不完，总是讲到唐代就结束了。刘先生认为这样不行。那时按照刘永济先生的看法，文学史在唐以前是重要的，于是干脆分成两年。要我教前半段，苏先生教后半段。苏先生每一次教文学史都只教到唐代，现在要她从宋代教起，她就要重新备课，所以她心里很不愿意，有意见，但不是对我的意见。这些问题都是过去历史上的问题。武汉大学才办的时候，文学院是闻一多当院长，后来他走了，就是陈源（字通伯，笔名西滢）当院长。但中文系主任是刘博平先生，一来他是湖北人，二来他是黄季刚先生的大弟子，有学术地位。所以陈源尽管当院长，也不能动他。陈源是胡适他们一派的，中文系像刘永济先生、谭戒甫先生、徐天闵先生、刘异先生（他是王闿运的弟子,讲经学的),都是旧学一派。还有朱东润先生,和陈源是同学,他们一起到英国去留学。陈源大概有钱,就一直读完,朱先生比较穷,没有读完就回来了。后来还是陈源介绍他到武汉大学教书,他和刘博平先生、刘永济先生搞不好,并不是两位刘先生对朱东润先生有意见,主要是他们对陈源有意见。我到武大的时候是个年轻人,我对朱先生还蛮尊敬,他对我也蛮好。一直到他晚年在复旦大学,他的博士生答辩还要我去。他在中央大学的时候和胡小石先生关系也不好。大概这些老先生,像胡小石先生、刘永济先生,他们对于传统的学术理解得很深,对于有些近乎半路出家的朱东润先生都不大表示佩服。其实按我看,朱先生也还是蛮不错的。他特别用功,在复旦他们就说朱先生每天要读多少书,写多少文章,一定要完成,几十年都是如此,光这一点,就令人佩服。苏雪林到武大是陈源的夫人凌叔华的关系,凌叔华是个有名的女作家,也能画画,风度也很好。她就在家里当主妇。他们在乐山的时候,我曾去看过他们。后来他们去了英国,一直没有回来。最初他们去英国是国民党外交部的一个什么名义,后来就在英国住下来了。因为陈源被鲁迅骂得很厉害,所以解放以后他们也不敢回来,又不愿去台湾,最后死在英国。我在武汉大学,当然不会反对刘永济先生、刘博平先生。永济先生是我的世交,老前辈,博平先生是我的同门,但我也从不帮着他们去反对朱东润先生。所以我说,只要你没有什么成心,首先觉得他好或不好,就是根据自己的理解去接触人,多数人还是蛮好的。

抗战胜利以后,武汉大学从乐山回到珞伽山。此前胡适在美国当驻美大使,周鲠生就当他的法律顾问,事实上也就是他的幕僚。胡适回国当北大校长,就请周鲠生当武大的校长。王星拱先生就调到中山大学。周先生原来当过武汉大学的教务长,他很熟悉武汉大学的情况。他很清楚,自从国民革命成功以后就办武汉大学,有些人在学校创办初期就来了。他有一个想法,就是不能让这些威望很高,但相对来说在学术思想上比较保守,或者不太愿意革新的人继续当院长、系主任。所以他就聘请了很多年轻人当教授,同时也换了一批系主任。有的系没有换主任,但是加了新人。当时哲学系就聘请了刚从印度回来的金克木先生,外文系聘请了从爱丁堡回来的周煦良，他是周一良的堂兄，历史系的唐长孺是武汉大学在乐山的时候培养起来的。我们四个人相对来说，比较倾向于革新，所以关系也很好。我当了系主任以后，首先就要求重新开设新文学的课，原先苏雪林先生开过这个课，但是后来慢慢地被刘博平先生他们用一种冷淡的方式取消了。原来是必修课，然后就改成选修课，慢慢地就取消了。后来我就请苏先生来教这门课，她还不愿意。因为她教文学史已经习惯了，不愿开新文学的课，但是我还是请她教了。再比如吴于廑先生当历史系主任，他就认为历史系学生不能光读历史，至少要读一门中国文学史和一门中国哲学史。他来同我谈，因为要从上古一直教到近代，没有人肯教，我就只好自己教。教了两年，效果很好。我后来写的《程氏汉语文学通史》，就是根据那个时候的讲义为基础修改、充实、提高的。唐长孺先生不仅是史学很好，文学也很好。他的文章、诗词都作得很好。要是拿中国的传统来说，在文学方面，他是金松岑的学生；在历史方面，他是吕思勉的学生。金克木先生我原先不认识，最初是看到他写的新诗，觉得很好。抗战胜利以后，我回到珞伽山，听说哲学系聘请了金先生。他刚从印度回来，哲学系需要有个人讲印度哲学，就把他聘来了，那时他还没有结婚。我们几个人常常在一起，谈学问，也谈其他。隔了两三年，胡适希望金克木到北大去。当时北大有季羡林，还有一些懂梵文、印度文、乌尔都文的先生。金克木在武汉大学如果讲中国哲学还有朋友，如果讲印度哲学，就他一人，所以他也很想去北大。当时唐长孺有个妹妹叫唐季雍，在北大哲学系读书，金克木要调到北大去的时候，唐长孺就对他说：我有个妹妹，还没有结婚，如果你们见了面，觉得很好，也可以谈。后来金克木到了北大，一谈就觉得很好，就要胡适给他们证婚，他们就结婚了。这样，唐长孺和金克木就成了亲戚。金克木和我的另一位朋友丽尼（郭安仁）一样，都是无师自通，外文特别好。他的法文非常好，他最初在湖南大学就是教法文。他去看杨树达先生，杨先生看他很年轻，还以为是个学生。后来他去了印度，在印度的一所大学里教书，他的职称是在印度定的。他这个人非常聪明，他在北大先是教梵文，后来北大希望印度文化的内容近代化一些，不要讲太古老的，他就教乌尔都文。乌尔都文大概是印度多种语言中流行得最广泛的一种语言。解放以后，金先生好像不在系里，到了南亚研究所。他写过一本《梵语文学史》，还翻译了一些印度的书。他对于中国的佛学也知道得很多。我有一年到北京去，刚好那时旧书非常便宜，他想买一部《大藏经》。因为拆零了，不完全，他就把自己感兴趣的部分都买了。买回来以后，家里的房子太小，没地方放，只好又退还给书店。他又懂天文学，所以解释《古诗十九首》中"玉衡指孟冬"就解释得很好。他在近十年中非常活跃，出了好几本书，都是二十万字左右的，我很喜欢。周鲠生在解放以后因为徐懋庸的排挤，后来就离开了武汉大学。他以前在国际联盟工作过，熟悉国际法，就到外交部当顾问。周恩来很看重他，他入党也是周恩来介绍他入的。

从抗战胜利到武大，沈祖棻一直作为武大的家属闲住着，后来她因为生孩子出医疗事故，我就经常到上海陪她看病。有一阵沈祖棻在上海开刀，我住在亲戚家里。那时我教元明清文学，想找些书看，我也不认识复旦大学的赵景深先生，就直接上门，说我是程千帆，他说我晓得你这个人。他这个人真热情，并且对自己的材料非常公开。我从他那里借了许多古书，很罕见的各种抄本。他说你拿去，什么时候用完什么时候还我。非常大方，人也很和蔼，他丝毫没有想到你会借了不还，所以我很感动。后来我想到鲁迅骂他"赵老爷"，实在有些过分。

大概在一九四七年或者是一九四八年的时候，快解放了，武汉大学的老先生没有一个愿意当系主任，我就当了武汉大学中文系的主任，一直到解放以后。最后是被撤职的，他们认为我思想改造得不好，把我撤了。那时哲学系、历史系的学生要学一年制的文学史，谁都不肯教。我是系主任，凡是无人肯教的课都推到我身上，所以我教一年制的文学史，教文艺学，教四年级的写作课，教写总结、写报告什么的。我教文艺学，先听丽尼的课，那时没有录音机，全靠记笔记，我学得很认真。他人很好，什么都肯讲。第二年就自己教这门课了。丽尼的本名叫郭安仁，是湖北人。他没有什么学历，全靠自学，外文特别好，也一直是在左翼联盟底下活动的。抗战中，他到国民党军队副参谋总长白崇禧那里，专门帮他翻译外国报纸上有关军事的消息。他在重庆，蒋介石这一派的人，老是想把他弄走。白崇禧偏不肯，一直当到陆军少将。解放以后，白崇禧也没有发现他是左倾的。他到武汉大学是陈荒煤介绍的，后来陈荒煤到北京当电影局长，也把他带走了，帮他办电影出版社。“文化大革命”时，陈荒煤被赶下台，丽尼就被弄到广东，不知是暨南大学还是中山大学，红卫兵把他整死了，非常可惜。

我由于从私塾出来，到了南京，从原来接受的封建传统的东西变为接受新的社会科学知识。有了这个经验之后，在解放以后，由原来所学的改为接受新的思想也并不感觉到特别困难。

一九五三年，我参加慰问团去朝鲜，在那里待了半年。主要是根据一些宣讲材料，比如何处建立了钢铁厂，哪里的工厂有一点八吨重的螺丝，国内的生产情况如何，后方怎样支援前线，等等，起鼓舞士气的作用。在朝鲜时，有严格的纪律，比如说不许用人民币，怕扰乱他们的金融秩序。不管什么人，不管在国内的地位有多高，一旦犯了问题，立刻抓回国关起来处理。我们的团长是贺龙，湖北分团的团长是副省长王海山，是个老红军。那个时候在朝鲜差不多没有担任一般工作的男人了，所有一切后方的工作（包括对我们的保卫工作）基本上都是妇女来做，她们很能吃苦。我们不会讲朝鲜话，但一些老先生读过孔孟之书，可以笔谈，我也和他们笔谈过，用文言文。那时朝鲜的古版书非常多，是在战火中残余的，也很便宜，但是不敢买，大家都很守纪律。有一回大家去参观一个高射炮的阵地，我们一个团员就问：“怎么没有看到炮啊？”人民军的一个指挥员把哨子一吹，一下子从山洞里大炮都出来了。后来这个人受到批评：“怎么可以问这样的问题，这是属于军事机密的。”当时朝鲜人民军表示对中国的慰问团没有任何保密，有问必答。我们也听他们的报告，内容多数是关于打胜仗，俘虏了多少美国兵之类，我们就记笔记。我同几个著名的越剧演员王文娟、徐玉兰，还有几个级别比较高的领导一起吃饭，吃的东西在当时的条件下要算是比较好的。吃过饭后，陪我们的人鞠个躬就走了。事实上，当时的生活非常枯燥，不知哪些东西该讲或不该讲，很小心谨慎。

一九五三年九月十三日，一家人到上海探亲时的合影

沈祖棻开始一直在武汉大学闲居，后来成立了苏南师范学院，就是现在苏州大学的前身，他们就要她去任教。那时胡小石先生过继外家的儿子杨白桦也在那里工作。我希望能和她调在一起，希望离开武汉大学。但武汉大学不愿意，就把沈祖棻调了过来。我们在一起，只隔了一年就反右了。

# 五、反右运动与“文革”

我一生中最大的挫折就是遇到反右派的政治运动。旧社会的知识分子,特别是孔孟的书读得多,就比较单纯。解放后接触到的一些事物总的来说是好的,但不是那么很理想,比如那些宣传,对苏联的学习,包括它的哲学、文艺。反右开始以后,说是大鸣大放,言者无罪。我当时的确是想要帮党整风,大家畅所欲言,就讲了很多犯忌讳的话。比如说有一年暑假,我同一些人上庐山去,沈祖棻和程丽则也都去了。当时武汉市的一个宣传部长也带孩子去了。那个孩子大概五六岁吧,就在程丽则面前说:我们家看电影都是内部电影,你们看不到的。诸如此类的话。孩子很小嘛,就跑来问她妈妈。沈祖棻比较谨慎,就说:我不晓得,不要去问这些事情。我却把这个事情记住了,觉得当时党的高层内部生活不对外公开。我无所顾忌地谈这些问题,可能这是比较触忌讳的。再有就是向苏联学习的问题,我当时也很有看法。一个复员军人,断了一条膀子,在大学不知读了一年还是两年,作为文艺学专家派来,要大家都去听他上课。我当时的确年轻气盛,我说他要来听我的课,我还要考虑接不接受他,我怎么会去听他的课?这些地方都非常触忌讳。而且解放以后,像当时的校长徐懋庸,满脑子征服者的特权味道,在学校里很有影响。这样一来,反右一开始我就变成一个重点,被称为“右派元帅”,最为有名。还有一个比我大两岁,是一个国际法的专家,现在还活着。他是哈佛大学出来的,后来解放以后遇到国际司法的问题,与外国人打官司,都会找他。他说话比较隐蔽,不像我这样子,就被称为“山中宰相”,好像陶弘景的山中宰相,不过是珞伽山的宰相。一个很一般的女老师，武汉大学外文系说她是一个反动权威。她的丈夫说：“我太太讲，我既不反动又不权威，我在美国留学一两年算什么权威呢？反动我也实在不反动。”

在武汉大学的徐懋庸，鲁迅骂他是“奴隶总管”，这个判断实在非常准确。他又培养了一男一女两个人，被武汉大学的同事们称作“金童玉女”，后来这两个人当了副校长。所以徐懋庸离开了以后，他的班子没有散。一直到现在为止，武汉大学不团结、闹宗派这种情况，就是徐懋庸搞起来的。这样一来，很长一个时期别的学校都先动手摘帽子，说悔改好了，徐懋庸那里不动。我就这样被拖了十八年。张威克（我的女婿）的姐夫是武钢的一个老工人，工宣队到武汉大学，他也被派去了。他一去之后就问：我有一个亲戚在这个地方，叫程千帆。别人一听就说：知道知道，最顽固、死不悔改的。什么道理呢？一开始他们说我反党、反社会主义，也有人揭发我的问题，有许多不符合事实，但是你不能申辩，因为一核对就会妨碍运动的深入，正确的态度就是都接受下来。我就循着这样一个思路去改造。人活着总能看到听到一些东西，越来越觉得他们并不是那么神圣，那我也就不是那么罪大恶极了。所以改造来改造去，不是认罪，反而加强了对自己的认识。比如说批判传统文化，特别是在“文化大革命”中，批得那么厉害。我就觉得中国的传统文化，儒学乃至道家，的确还是代表了人类部分的真理吧。他们越批判，我就越觉得不是那么回事，屈打成招得不出真理来。这样一想，我反而安定下来，还能读读书，也还能够想些问题。我就没有把摘帽子看得十分迫切。当然很希望摘，明天摘了最好，但是不摘也没什么了不起。这样一来就拖得很久，在这期间也看到了人生的许多事相，坚定了自己的信念。我只要有机会就做自己的工作，很多比较细致的工作都是那时做的。比如校王安石的诗，批《杜诗镜诠》。在这过程中对自我也有所评价：第一，我没有做对不起老百姓的事情；第二，我的工作对人民是有用的，现在不用，总有一天用得着。

有一件事对我的打击很大，那就是把我的《史通笺记》、《唐代进士行卷与文学》，还有一些小稿子，就是《古诗考索》里的那些文章，都给红卫兵抄走了。我们那个时候完全处在一种红卫兵的暴力专制的环境下，他要怎样就怎样。一件东西，他若是看中了，就可以随便拿走。你也不敢说他是抢还是偷。比如毕焕午先生，他有一块破表，放在资料室的桌子上，一个红卫兵看到了，喜欢，就拿走了。毕先生去告，学校也觉得这有点太不像话，就把这个学生喊来。学生怎么说呢？“他是右派。”意思就是右派的东西人人可拿。毕先生是个很有意思的人，他年轻的时候在北京读中学，后来朱自清先生看他写散文、写诗还不错，就把他弄到清华去教大一国文。他同左翼联盟有关系，有些活动是在党领导下进行的。学生罢课，闹学潮，他也在里面鼓动。后来在清华待不下去，就被开除了。后来又被日本人抓去，严刑拷打，他虽然没有背叛，也就不敢参加革命活动了。解放以后，他作为比较进步的知识分子，先当湖北文化局的局长，后来又到武汉大学。他实际上不是右派，就这样一件事，算他是有历史问题了。我的这些稿子说是拿去审查，结果随便朝个地方一扔，不晓得过了多少年，三四年或是四五年，忽然在一个锅里找到了。刚好沈祖棻到了系里，他们就对她说：这里有程千帆的稿子。沈祖棻这个人很弱，一大堆稿子从学校抱了回来，抱得气直喘。我们那时住得很远，她拿回来以后，以为我会非常之激动，因为我非常想得到这些东西。但是我拿到以后并没有这样，好久好久没有作声。以为绝对没有了的，经过多少年之后，忽然摆在你的面前，一个意外使你自己也不知怎么处理好。过了几天之后，我冷静下来了，就开始抄第二份，这些稿子我就一个字一个字从头抄。所以我有一部《史通笺记》是抄得非常工整的，现在大概是在档案馆。就像我跟学生说的，我从小最大的野心就是当个教授。我当了教授，有机会做一个教授应该做的事情，当中忽然把它们掠夺了，不让做，这是处理知识分子、虐待知识分子最恶毒的一个方法，我不知道是哪个智囊团给想出来的，非常刻薄。对我来说，这可能是最厉害的惩罚。

打成右派以后就不能教书了，到资料室去抄卡片，抄了好几年。还有就是劳动。先是在学校里劳动，让你做那些最困难的事。比如说珞伽山的建筑，有的地方要砌房子，把你弄去搬砖；或者是有淤泥的地方，让你用铲子把淤泥铲走，整个的脚都站在淤泥里。我从来没有赤过脚，没办法，只好穿着袜子到里面去。于是又挨骂、受批判：“你怎么可以不打赤脚？”

诸如此类。后来又到了一个很大的农场，叫东西湖农场劳动。回来以后又到资料室干了一阵。他们把这些人编成队伍，比如说没有人种菜了，你们就马上去种菜；没有人养猪了，你们就马上去养猪，搞了这一阵以后，下到八里湖，那叫下放。下放之后，过了一阵又回来。也不知道为什么回来，都弄不清楚。后来就比较长期地待在沙洋，大概有五六年时间。沙洋是个劳改农场，离武汉有好几百里，根本不能回家，非常偶然的情况下或者可以，还要抽签。表面上说是敌我矛盾按照人民内部矛盾处理，表示宽大，而事实上呢，处处都是不平等的。比如说夏天洗澡，右派只能有一瓢水，一瓢水怎么洗法呢？所以我们从来没有洗过澡，最多只能拿个帕子这样擦一擦。一直到后来差不多只剩下极少数右派。到一九七五年，胡耀邦上台了，右派的问题要解决了，这样我才所谓摘掉帽子。但是在七五年以后，又巧妙地改称五七干校，反正你还是不能回家。沈祖棻那个诗里说：“历尽新婚垂老别，未成白首碧山期。”原来是想两个人平平安安地过日子，后来好容易回来了，没有多少时候她又出了事。整个来说，我就感觉到自己最适当的做学问的年龄，全给放牛放掉了。我到南京也不过二十一年，做了多少事。当右派当了十八年，那时是一九五七年，才四十多一点。那个时候学生说我教书教得好，课上引材料，《汉书》多少卷都记得清清楚楚，每一条材料都非常确凿。而且那个时候野心也比较大，想一个人写一部大文学史，结果只写了半部宋文学史。

我觉得解放以后最初也许有一种善意，想把知识分子改造得马列化一些。翦伯赞后来自杀了，听说是有人讲：这些知识分子真是没有办法。意思就是不可改造。像那样紧跟还不可改造，那要怎么改造呢？我想，人的思想改造真正说起来，还是要自我反省，完全靠一种外在的力量很困难。我倒是觉得退休以后这几年，慢慢地对一些事物的理解不说是怎么样进步，至少要比较圆通一些。这个时候并没有人要批判我，是我自己慢慢地反省得到的。一步一步积累起来，慢慢达到这样的境界。我这一辈子受到的挫折，现在回想起来，就是最好的做学问的时间被剥夺了。假如说在武汉大学那个十八年中，也可以培养一些学生，即使不能达到后来我教你们这个程度，总是可以早日出现、早日工作。这个账算不清，所以说

一九六三年八月，全家合影

一九七七年六月二十三日在上海留下的程千帆、沈祖棻最后一张合影

“此情可待成追忆，只是当时已惘然”。我常常有这样的感觉。但是有一点，我也累次同你们讲过，我没有什么太多的愤怒、不平，我在想这个损失不是属于我个人的，是整个中华民族的。这个命运也是整个民族要负担

的，刘少奇扛一大块，我扛一小块。他扛得太重了，很早就过去了，我现在八十六岁了，比他大，还活着。个人的历史，民族的历史，就好像恩格斯讲的高山滚石头，这个挤那个，那个挤这个，挤成这个样子。如果碰到刀背上，可以不出血，一碰到刀口，你就要出血。我就刚好碰到刀口上，那就咬紧牙关过去吧。我现在只有一点是不大能够回忆的，就是沈祖棻的突然死亡。她本来是个富家女子，可以生活过得很好，但就是为了爱情，一辈子受苦，最后又是这样一个结果。我现在尽可能地使她的东西保存下来。最近冰心、柯灵她们编一个四十年代的女作家小说集，把她的作品也收进去。她的东西很少，就是六七篇。后来早早要做她外婆的论文，到图书馆去乱翻了一阵，也没翻到多少东西。这种现象在文学史上很少见，就是说用一种文体创作，在这个文体上就很有成就，但不久之后又放弃了，用别的文体创作。不知道外国的作家有没有这种情况。沈祖棻先是写小说，写新诗，后来就作词，时间最久，后来又倒过来作诗。所以我在一篇文章里说她是个作家，不是个学者，学者是余事，作家是她的本分。

# 六、晚年生活

我一九七八年重新回到南京，开始新的工作和生活。武汉大学的极左思潮很厉害，是徐懋庸培养起来的，虽然他离开了，但是根子还在。我还没有到南京以前，武汉大学有个想法，就是尽量不让我出来继续工作。那时沈祖棻已经出事了，我的情绪很不好。他们的办法就是迟迟不让我回武汉，还在沙洋。一旦回来，马上就宣布我“自愿退休”，一点余地也不留。他们的话讲得很冠冕堂皇，就是“安度晚年”。我当时已六十多岁了，生活也很困难，沈祖棻过去了，已经没有工资。一个大学生毕业的最低工资是七十元，我就按这个标准打七折，每个月四十九元。他们把我过去三级教授都不算了，就算我是一个大学毕业生。我就在那所破房子里住着，有些对我比较好的人就对我说，他们没有意思要我回武汉大学工作，劝我赶快离开。有的人不太了解学校内幕情况，还劝我留下。两种人都有。但是我想得很清楚，他们并不想我回武汉大学，因为我政治上的问题解决了，真正活动起来，对他们也很不利。那时在苏州开一个语言学方面的会，殷孟伦先生、徐复先生、洪诚先生都参加了，武汉大学中文系的副主任李格非也参加了，他们就住在他隔壁。他们三个人就私下谈到我的事情，洪诚先生说，我知道南大需要人。于是背后商量定，洪诚先生一回到南大，就向学校汇报了。当时匡亚明先生在南大当校长，他就派叶子铭先生到武汉来找我。叶先生到了武汉，花了几个小时才找到我的住处，因为我住的地方很偏僻，是过去苏联专家的汽车司机的住宅。那些苏联专家是修武汉长江大桥的，大桥已经修好了多年，专家也已经撤走很久。那个房子一直没有人住，我就住在那里，难怪他找不到。当时还有其他几个学校要我去，一个就是南京师范大学，孙望先生很希望我能够去，但是他胆子很小，他知道我的事情比较麻烦，就不敢向学校提出。其实南师对孙先生还是非常尊重的，他真的要推荐我，也不是不可能。还有一个学校就是安徽师范大学，有个张涤华先生要我去，他研究语言学，是刘博平先生的老学生，学问也很好。他有一定的政治地位，是省人大代表、政协委员。当时我就觉得，到芜湖地方很小，去外面活动很不方便。所以他们要我到南京，我就很愿意。叶先生到了武汉，看到我就问："你到南大去，有什么条件？"我说："我没有什么条件，我要工作。"叶先生想了一下，就说："那好办，我包了。你到南京去吧。"结果他回来就向匡老汇报，匡老回答得也很干脆，立刻恢复教授待遇。工资不好算，匡老就说："每个月先给程先生一百块钱，其余的以后再说。"我到南大后，武汉大学听说南京大学对我很好，就很奇怪。一次在北京开会，武大的一个头头碰到南大的人，就问我的待遇是怎么样。南大的人就回答说："给一百块钱，等恢复工作以后再说。"那人又问："这一百块钱从哪里来呢？"南大的人就开玩笑说："南大订

一九七九年在南京大学宿舍

了很多报纸，除了图书馆保留以外，其余的都卖了。每个月卖废报纸的钱就有一百多块。”这当然是子虚乌有的事。那个人回到武大，就说：“程千帆跑到南大去了，很狼狈，每个月卖废报纸过日子。”整个来说，我在武汉大学是被迫离开的。我在那所学校有三十多年，沈祖棻也是在那里过世，我的父亲也是在那里去世。所以，不是万不得已，我是不愿意离开武汉的，还有个感情在那里。

我才到南大的时候，匡老也不认识我，只知道在武大当过系主任，是个教授。究竟是个什么样的人，也不清楚。他们也很慎重，我刚开始上课，上的是大一语文。第一堂课的时候，范存忠、匡老，党委书记，可能是章德，都来听课。听了一次课下来，好像也还过得去。我开始送稿子给《南京大学学报》，他们也要拿去给范存忠先生审查一下。

后来张月超先生也想来南大，他是中央大学毕业的，是南大的校友。张先生到了南大以后，同我的情况不怎么一样。他有点以过去在武大当右派为诫，不太愿意多管事。我还是老脾气，比较见义勇为，该管的还是管，或者给校长写信。

不久在昆明开古代文学理论学会，我也去参加了，当时就成立了全国古代文学理论学会，把我选成了理事。那时几乎没有学会，是拨乱反正以后的第一个学会，所以很重视。云南的省长、省委书记都请客、照相，等等。理事的名单在报纸上也登出来了，武汉大学的人就感到很奇怪，怎么程千帆还有人选他当理事。

我才到南大的时候，就住在十三舍，随身的就几个木书箱，书也几乎没有什么了。我后来的书，多数是到了南京以后再买的。我离开武汉到南京，真可以说是落荒而走，几乎一无所有，家破人亡。以后怎么过下去，自己心里也没有把握。钱也没有，名也没有，但是我的业务还在那里。我想，只要真正在业务方面认真做的话，我总还是有出路。但我首先要解决一个问题，就是要安一个家。那时程丽则他们还没有来，我到南京以后，就和陶芸联系上了。我们原来就认识，是同学，也有感情。她那时也是寡居，我就和她谈一谈，希望两个人能够在一起生活。那时她已经六十四岁，我六十五了，比她还大一岁。因为我们是老同学，彼此了解，所以很快就结婚了，这样我就有了一个家。她那时已经退休了，但还在继续教课。我们结婚以后，她就不教课了，帮我做些事情。我就等于在南京重新开始生活。有一次，下课回来，天上下起雨来，我看到陶芸拿了把伞匆匆忙忙地走出来，她是给我送伞的。我当时就觉得，沈祖棻去世以后，这样的事情就不曾有过。当时我们结婚时年龄都大了，我们想，要是能够一起生活十年也就够了，没想到现在已经二十多年了。这在当时的确是想不到的。

匡老不愧是个大人物，是个有气魄的人，是个能够用人的人。我没有对他特别地恭敬，从没有委屈自己去取得他的满意。意见相同我就支持他，不同我就提出来。我也从来没有去看他，总是他来看我。最初的时候，在课堂附近没有休息室，课间老师只好在课堂周围转，我看了觉得不像话，就写信给他，他马上就办好了。还有一次，是关于培养研究生的，我有许多看法。我在武大也培养过研究生，我不满意当时的一些做法，就给他写了很长的一封信。匡老是怎么处理的呢？他把信发到全校每一个教研室，大家念一遍，然后提出意见。所以这些地方使我感觉到，如果我在南大不认真工作，就对不起匡老。一直到他临死前两天，我去看他，我还对匡师母讲："如果没有匡老，不会有我的今天。"有很多东西就被埋没下去了，我的一些想法，是通过他的权力才能够实行的。我在南京，安了一个家，找到一个很好的领导，这是我在南京有所成就的关键。

有一回研究生院院长在作报告，全部讲的理科的事情，我听他讲完后就说："我今天听了院长的报告，我很奇怪，我以为我们学校是清华大学，不是南京大学。如果是南京大学的话，怎么会没有文科的事呢？"他很难堪，我也不管。慢慢地，我们自己也做出成绩了。我们培养了新中国第一个文学博士，后来你们也都上来了。总的来说，我到了南大，有一个很大的愿望，但是没有完全做到，就是要把在武汉大学去放牛的二十年时间抢回来。现在虽然也出了十几本书，但是比我所想象的还是要少些。

我到了南大以后，有几条我是比较注意的：第一，如果学校有事情，外面也有社会活动，我是尽量地要保证学校里的工作。我不大出去开会，如果要出去的话，可以整个月都在外面。我就常常感叹一个很好的朋友殷孟伦先生，他的学问比我好，年级也比我高，但是他太好玩，到处去开会，

一九八一年开会之暇徜徉于青岛海滨

新疆都去过几次。所以一直到他去世，他的一本关于《尔雅》的书也没有写好。他是黄先生亲自传授的学生，非常可惜。这当然与他的环境也有关系。他的脾气不太好，山东大学的某书记也很有点官派，殷先生不太理会他，所以这个党委书记就和他过不去。但是殷先生和杨尚昆是同学，他们可以直接书信往来。殷先生就去告，那个书记大概也受到什么方面的指示，要他对殷先生客气一些，但结果殷先生还是很吃亏。少出去开会是我在南大的第一点。第二点是，我把自己的研究工作摆在第二位，而把培养学生放在第一位。我拿出相当多的时间来和你们谈话，改你们的卷子，大概你那里也还保留了一些。改卷子是一件非常重要的事，因为对你们来说，改一回就进步一回。并不要讲很多，但是要把扼要的地方讲出来。改卷子很麻烦，改得不对，又涂掉重改。这是一件需要很顽强的耐心的事情。我感觉到自己在南京大学最大的成功，就是培养了你们这些学生，而且多数还留在学校。凡是没有留在学校的，将学问传下去就比较困难。孙望先生的学问很好，殷孟伦先生的学问很好，但是他们的学生毕业以后都散掉了。最开始的时候，莫砺锋他们三个做我的研究生，每个星期都来我家，谈一个多小时。包括英文，那时陶芸也辅导他们。当然我自己也很抓紧时间，我和陶芸结婚以后，从二号新村搬到汉口路，一直到这里，几乎没有玩过。第一次出去是到徐州搞校对，《古诗今选》先是中文系内部印来作教材，是在徐州印的，我们就住在那里一个多月，校这部稿子。两个人一起校，抓到一个错字就很高兴。后来大概是一九八〇年，还是为了《古诗今选》，那是上海古籍印，要重新修订。我们就自费到了庐山，有一个广播室有空房可以出租，还供应伙食。每天我写，陶芸抄，只是黄昏时散散步。后来一九八六到一九八七年，我们又到武汉，在湖北大学讲学。我上课之外就是修改《两宋文学史》，还是陶芸抄，大概有三四个月。我在南京二十年，认认真真工作，带了几个学生，而这些学生在工作事业方面都很有前途，还可以发展下去。老话说死不瞑目，我是死也可瞑目了，自我感觉还是比较好的。当然我有的时候脾气不好，自己觉得有理时，讲话不够客气，我觉得朱家维先生还是很能容忍的，他当个书记还是蛮好。我如果说还做出了一点成绩，和朱书记的帮助分不开。

# 七、我的著作

我的治学是从校雠学入手的。除了刘衡如先生教过我目录学，兼及版本和校勘，另外我曾向汪辟疆先生请教过目录学方面的问题。自己也曾认真学习过从《汉书·艺文志》到《书目答问》以及郑樵、章学诚等人的有关著作，并且长期在大学里讲授这门课。我的家学和师承决定了我在学术研究中比较注重文史结合的方法，虽然我的著作大多数谈的是文学问题，但都是建立在史学的实证精神和严密的史料考据基础上的。同时，我也注意到，不能用历史学的方法去解决应当用文艺学的方法才能解决的问题。因为长期教文学通史和分期文学史的课程，我也曾编写过几种讲义，在结构的安排和资料的运用上，显示了与其他同类著作的不同之处。我还认为，文学创作和文学理论的关系是互相影响、互相促进，因而大体上也是同步发展的。我研究、讲授文学史，也很注意与创作同步发展的理论。以上几个方面，也就是我一生著作所涉及的范围。下面，我谈谈自己在写作有关著作时的一些想法：

## （一）关于《古诗考索》

诗学研究是我的家学，在诗歌的研究方面我的确有许多别人没有提过的看法。《古诗考索》下辑中的文章多数是在四川给《国文月刊》写的。上辑中的文章，有一部分是当了右派在资料室工作的时候写的。当时很空闲，安安静静在那儿坐着，我就开始写一些文章。记得那个时候凡是找不到的资料，我就写信给殷孟伦，叫他给我查对。后来到南京来的时候，《古诗考索》里的文章大多数没有发表，凡是友人问我要文章，我总是很快就拿出来。也有的文章是后来写的，如谈《春江花月夜》、《饮中八仙歌》等。我自己也感到很奇怪的是，我经过十八年的困厄之后，对一些问题在理论上的认识，好像比以前弄清楚许多。我同你们谈过，我说文艺学在理论上解决问题，文献学在史料上、背景上解决问题，我所追求的是文艺学和文献学的高度结合。但是在替《国文月刊》写稿子的那个阶段，我怎么也想不到这一点。《古诗考索》中的一部分文章，曾经在一九五四年由上海文艺联合出版社出版，题为《古典诗歌论丛》。沈祖棻在后记中有这样一段话：

当初我们之所以写这一类的文章并用这样一些方式来研究古代作家与作品，特别是千帆。在这些论文中，他尝试着从各种不同的方面提出问题，并且企图用各种不同的方法就此加以解决，是因为在过去的古代文学史研究工作当中，我们感到，有一个比较普遍的和比较重要的缺点，那就是，没有将考据和批评密切地结合起来。有些人对作家生平的探索、作品字句的解释是曾经引经据典，以全力来搜集史料，做了许多有益的工作的，但却没有能够根据这些已经取得的成绩，更进一步，走进作家们精神活动的领域，揭露他们隐藏在作品中的灵魂。另外一些人，曾经反复地欣赏、玩索那些多少年来一直发散着光和热的作品，被它们所吸引，因而能够直觉地体会到作家们在他们的灵魂深处所存在的一些东西，但因为仅仅是从直觉中获得的印象，也就往往对于其中的“妙处”说不出一个所以然。或者虽然说出了所以然，但又没有证据，不足以服人。这样，就不免使考据陷入烦琐，批评流为空洞，无疑地，对古代文学史的研究都是不利的。

基于这样的理解，我们就尝试着一种将批评建立在考据基础上的方法。当然，这并不是我们所创造的，例如，伟大的古典文学批评专著《文心雕龙》论述文学原理和文学历史，基本上就是用的这种方法。因而它的著者刘勰，虽然是一个唯心主义的佛教徒，但由于他的

> 许多结论，都是认真地研究了丰富的第一手材料才作出来的，这部书中就在许多地方显示了、流露了它的自发的唯物论观点。
>
> 从这基本观念出发，我们就尝试着利用当时自己所能占有的一些知识来进行对于古代作家和作品的研究。读者们不难看出，我们不仅希望从文学、史学方面获得立论的根据，而且有时还更其广泛地利用了其他科学来解决一些通过这些科学可以获得解决的问题。

这里特别讲到要“两条腿”走路，但要用非常明确的语言把这个意思极其简单地表达出来，是直到现在才能如此。我通过自己这个实践懂得了马列主义的一句话：真理都是极其朴素的。至于说文艺学和文献学的结合怎样占比例，是要看具体的材料、具体的主题。以前的前辈学者的文艺学论文，如我很佩服的朱自清、陈寅恪、浦江清、朱光潜等先生的文章，都能在不同程度上体现这一点。

关于这个“两点论”，就是文艺学与文献学相结合，这是一个原则。一个东西弄到最后就是这样简单，比如说空间，它的极致是其小无内、其大无外，时间是无始无终，纯哲学的概念就是这么理解。但是具体到任何一个问题，文献学同文艺学的比例，它使用的分寸，每个问题都不同，一定要加上这一条，就是说具体问题具体对待。儒家讲仁，最后只有一点，仁就是人际关系，两个人，这就变得无所不包了。但是《论语》上孔子同门人谈仁，每个人不一样。所以你不用担心，无所不包不会一无所包，这是个艺术实践的问题。在艺术创作上，形象永远是大于思想的，所以当它表现出来，被你具体感受的时候不一样，解决的途径也就不同了。我是这样体会这个问题，否则的话的确会变得空空荡荡。学术史上的大师研究一辈子，最后一定能够用极其简单的道理概括为一个原则，但是你实践到每一个问题时又必须是非常具体的。所以说两点论永远颠扑不破。

我写《古诗考索》、《被开拓的诗世界》以及《闲堂文薮》，整个来说，我写文章的思路基本上是一致的。就是说，一般的、很容易证明的，这样的文章我是不写的。如果文章写得像一汪清水一样，一上来一眼就能看到底，这样的文章没有必要写。总之，如果没有什么很特殊的想法最好不写。清朝有个古文家说写文章，最重要的是删题，剩下的文章就会较好，我写论文也是这样。从这个角度出发，我写的论文不是很多。我如果觉得一个题目没有多少意思，就不写了。同时，我就情愿写得很短。我有一篇文章写那个古代的文学理论和古代文学的理论，要是写成一篇大文章，不知要写多长，但是我最后就写了两千字左右。因为那个时候太忙，没有时间写。其实这个题目你将来如果有好学生，好学深思的，还可以写成一篇博士论文，这是个好题目。我现在已经没有精力了。其实我的《治学小言》里，每一个题目往往只有千把字、几百字，都可以写成大文章。还有一点，无论是写论文，还是抒情文字，我始终非常注意文字的简洁。有好多人，能够把文章写得很长，是一种本领。我没有这种本领。鲁迅的小说真是了不起，他写得很短。现在人文章越写越长，这个与物质文明的发达也有关系。大家用电脑打字，非常方便。这里面，很大的问题是学风。怎样写才能在学问方面得到益处，或是在经济、物质方面得到好处？一心想到多得稿费，自然文章越写越长。但从另外一方面想，写得短些，人家看起来省力。三个钟点能够看完的，为什么要他五个钟点看完呢？这还是个群众观点的问题。说到底，还是个学风问题。我们现在要保持南京大学的良好的学风，可能的话保持个三代、四代传下去，当然，也不是要完全亦步亦趋。孔子说的“大德不逾闲，小德出入可也”。学风的培养，不是让你抹杀个性，而是在很大程度上发扬个性。既不能够没有规范，又不能够丧失个性。难就难在这里。我早年在散文方面没有用过功，到了南京以后，我在这方面下过一些功夫，在《闲堂诗文合钞》里面大概有五六十篇文章。以前几乎没有，根本不做，回避了问题，后来我就迎头赶上，有一些进步，但不能令自己满意。自己会写，再回过头来看古人的文章，就能够有体会。比如你写论诗的文章，我总劝你们自己写点诗，并不是要你们能够写得像陆放翁、杨万里那样好，但是自己能做，就有体会，理解古人的诗就深刻。这个不带勉强，自己感觉到非写不可了，那就写吧。那个时候我写了几首诗批评郭沫若，在安徽的《艺谭》杂志上发表了，就有人去告，主编不理他，告的人也只好算了。如何能够宽容，不仅是自己思想上、政治上的宽容，在文学艺术上，不同的风格、不同的做法的宽容，也非常重要。否则的话，结果吃亏的是自己。特别是搞文学理论的人，应该允许、欣赏异量之美，能够体会别人。

## （二）关于《唐代进士行卷与文学》

最早我写的一些文章，多半是学生问我问题，有的能够回答，有的答不出。答不出的问题，我就摆在那里，慢慢地想。行卷问题，就是从王维的那首诗《送綦毋潜落第还乡》引发而来的。沈德潜对这首诗有个评论，他还是科举时代的人，他的时代虽然与唐代不同，但那时的社会结构、制度，特别是科举考试，与唐代没有太多的区别。所以沈德潜的评语是有一定的生活依据的。在这种情况之下，我就看到了寅恪先生谈唐朝行卷的文章。后来我遇到有关的资料，就纂录下来。但在后来写的时候，对这些资料又去掉很多。这些去掉的资料，不约而同，后来傅璇琮先生都注意到了。他就把题目扩大了，写成《唐代科举与文学》，有三十多万字。我最后把这里去掉，那里去掉，只剩下六万多字。我觉得这是一个钻得较深的题目。现在我们一个很大的问题，是有关唐朝人的笔记、小说中讲科举的，丢失得太多，不是很完备。所以，我能找到的就找，实在找不到的，就算了。比如说，像王涯被刺的事情，甘露之变，那一年的进士行卷，很多人是写小说，就是写这件事情。但是这个材料一点也找不到。我这本书出来以后，比较受到学术界的重视，就是因为它在很窄的范围内开掘得很深。傅先生读书范围很广，很博雅，但是关于行卷这一部分，他的书能够

《唐代进士行卷与文学》

补充我的也很少。后来台湾的罗联添先生也写过这个问题，不过他是偏重书札，收集得相当详备。如何通过历史材料同文学的考试制度结合起来，文史结合的研究，我做得比较具体的就是这本书。后来我就再没有继续写下去，因为关于这样一个题目，基本上差不多了。稍微有个别的可以加上去，也可以不加的材料，比如说穿锦半臂，就是穿很漂亮的衣服，后来我才发现这个材料，才又加上去的，所谓“真销得锦半臂也”。就是说，进士行卷制度不仅是一个考试的问题，也牵涉到社会的风习，连穿衣服都有影响。这个同《东城老父传》讲天下之人皆衣皂，穿黑衣服一样，因为唐朝的军队是穿黑衣服的。进士都是穿锦半臂的衣服，少年爱漂亮也穿。这种材料其实是可加可不加的。黄耀先先生就说，这种材料可以删掉，因为他喜欢做古文，主张雅洁。

## （三）关于《被开拓的诗世界》

讲杜诗我从武汉大学到南京大学，讲过多少遍。每一次我都换讲义，实际上就是换内容。我当时的想法，是要通过对讲义的改变，使学生通过讲义能够了解到杜诗的各个方面。最后一次是给你们讲杜诗，后来就再也没有开过这门课。我就想，是不是可以通过论文的形式，把我对于杜诗的一些想法总结一下。当时我就找到砺锋同宏生两个人，我对他们说：“想写几篇文章，这些文章已经有了结论，你们把这个结论作有条理的表达。”后来他们就试了一下。我提出一个结论，你如何达到这个结论，我不说。《被开拓的诗世界》里的论文，我自己写了一篇，就是谈《饮中八仙歌》的那篇。砺锋、宏生也各自写了一篇。还有八个题目，我就分给他们两个人，一人写四篇。这样一来，有的题目比较容易，有的题目比较困难。所以有的写得比较好，有的写得不能满意。写得不好，我就改；写得好的，我就再使它精密一些。我曾经提到其中有一篇我改得很厉害，就是关于“白战体”的那篇。宏生起初没有体会到我的意思，我几乎完全重新写过，后来他就理解了。所以我觉得，老师与同学合作，这是一个很好的指导研究生的方法。而且先告诉他结论，再要他把这个结论完全弄清楚，又是一个很好的方法。后来宏生作毕业论文《江湖诗派研究》,傅璇琮先生称赞他,说他进步得很快,这与我同他们合作写上面的论文或许有很清楚的关系。这本书出来以后,对于人们研究杜诗还是有帮助的,因为其中提出的问题,是过去研究者没有十分注意的方面。我一方面注意到在历史发展过程中的变化,同时注意到以前人忽略的问题。所以我觉得,与同学合作,有明确的结论,也有解决的方法,可是要同学亲自做一遍,这样对他们的发展比较快。这本书所起的很大的作用是在培养学生方面。

## (四)关于《校雠广义》

我的治学可以说是从校雠学入手的。一九三四年秋,我跟刘衡如老师学习目录学,写了一篇题为《〈汉志·诗赋略〉首三种分类遗意说》的学期论文,将《七略》和《汉书·艺文志》中屈赋、荀赋、陆赋三家分类的标准,作了合理的说明。此文发表于《金陵大学文学院季刊》第二卷第一期。这是我发表的第一篇论文,那时我是大学三年级的学生。为了巩固自己的学习,我又连续写了几篇论文,其中有《〈别录〉、〈七略〉、〈汉志〉源流异同考》、《杂家名实辨证》、《杜诗伪书考》等。这些论文后辑为《目录学丛考》,一九三九年由中华书局出版,该书为我的第一本论文集。我在一九三八年写的一首诗中,曾描述过当年学习校雠学的心态:

> 恒情恶贫贱,得饱更求馀。吾亦常苦贫,而不乐篴裾。撑肠借旧业,发箧著我书。注杜称千家,幽闷烦爬梳。孳孳事目录,琐琐及虫鱼。埋梦盈荒斋,聊可鬼载车。虚窗对平野,此意同春锄。

当时学术界对校雠学的名称、范畴的理解众说纷纭,莫衷一是,而对于校雠学的主要内容版本、目录、典藏,往往又专精其中的某一方面。我对这一问题,曾作过深入思考,并将思考的结果记录在1941年写的《校雠广义叙录》中,略云:

今欲尽其道，则当折中旧说，别以四目为分。若乃文字肇端，书契即著，金石可镂，竹素代兴，则版本之学宜首及者一也。流布既广，异本滋多，不正脱讹，何由籀读？则校勘之学宜次及者二也。篇目旨意，既条既撮，爰定部类，以见源流，则目录之学宜又次者三也。收藏不谨，斯易散亡，流通不周，又妨锢蔽，则典藏之学宜再次者四也。盖由版本而校勘，由校勘而目录，由目录而典藏，条理始终，囊括珠贯，斯乃向、歆以来治书之通例，足为吾辈今兹研讨之准绳。而名义纷纭，当加厘定，则校雠二字，历祀最久，无妨即以为治书诸学之共名，而别以专事是正文字者，惟校勘之学。其馀版本、目录、典藏之称，各从其职，要皆校雠之支与流裔。庶几尚友古人，既能追溯而明家数；启牖来学，并免迷罔失鉴衡，其亦可也。

余以颛蒙，尝攻此道，熏习既久，利钝粗知。阅览古今著述，其治斯学也，或颇具深思，而零乱都无条理；或专精一事，而四者鲜有贯综。其极至主版本者，或忘其校勘之大用，而陷于横通；主校勘者，或详其底本之异同，而遗其义理；主目录者，或侈谈其辨章考镜，而言多肤廓；主藏弆者，或矜秘其一廛十驾，而义乏流通。盖甚矣，通识之难也。今辄以讲授馀闲，董其纲目，正定名义，厘析范畴，截取旧文，断以律令，明其异同得失，详其派别源流，成书四篇，命为广义。俾治书之学，获睹其全，入学之门，得由斯道。

一九四二年秋，金陵大学已迁至成都，我就母校之聘。那时，衡如先生仍然担任着文学院院长，工作非常忙，因为知道我在继续学习校雠学，并且计划写一部比较全面的书，就将这门功课派我担任。这对我来说，当然是既求之不得，又诚惶诚恐的事。于是就一边讲，一边写下去。一九四五年，我改到武汉大学工作，担任的课程当中，仍然有这一门，积稿也随之逐渐充实。解放以后，进行教学改革，这门课被取消了。随后我又因人所共知的原因，离开了工作岗位近二十年，对这部没有完成的稿子更是理所当然地无暇顾及了。但是对衡如先生的谆谆教诲与殷切期望，我一直铭记在心，尝写《上衡如先生》诗二首：

老厌京尘自闭关，还将肠胃绕钟山。长怀寂寞刘夫子，广座春风梦寐间。

争关梦觉叹何曾，敬业传薪愧不能。未死白头门弟子，尚留孱愧感师承。

一九七八年，我重新出来工作，在南京大学指导研究生。考虑到如果要他们将来能够独立地进行科学研究，则校雠学的知识和训练对他们仍然是必要的。于是就从十年浩劫中被抢夺、被焚烧、被撕毁、被践踏的残存书稿中去清查那部未完成的《校雠广义》，结果是校勘、目录两部分还保全了若干章节，至于版本、典藏两部分，则片纸无存。但因为工作需要，也只好仓促上马，勉力讲授。这就是后来由南京大学研究生徐有富、莫砺锋、张三夕和山东大学研究生朱广祁、吴庆峰、徐超等同学记录整理的《校雠学略说》。

有富毕业之后，留校任教。和当年我随刘、汪两位先生学习这门科学时深感兴趣一样，他也对校雠学有强烈的爱好，并且有对之进行深入研究的决心。因此，我就不仅将这门功课交给了他，而且将写成这部著作的工作也交给了他。我能够与有富合作写这部书，教学相长，薪尽火传，实为晚年的一大乐事。

《校雠广义》一书可以说写了半个世纪，终于在一九九六年完成了。根据我国传统文化而建立的包括版本、校勘、目录、典藏四个部分的校雠学，也许这是第一次得到全面的表述。我们将重点放在这门科学的实际应用方面，而省略其历史发展的记载。应该指出的是，校雠学并不是我专攻的专业，本书也说不上是一本校雠学的学术专著。前辈的目录学大师如余嘉锡、姚名达先生，其学术水平非我能望其项背者。同时代的专家如张舜徽、来新夏等先生，其专业知识也远胜于我和有富。我比较有自信心的是，上述诸名家的校雠学著作或综论校雠学史，或专论校雠学某一分支的深奥问题，而本书则是比较全面地论述校雠学的实际操作方法的教科书。所以对于初涉文史研究工作的学生而言，本书或许具有较大的实用价值和指导意义。

## （五）关于《文论十笺》

最初我到武汉大学工作，中文系主任刘博平先生根据文学院院长刘永济先生的提议，想把中文系的学生与一般性的大一国文课区别开来，一周五小时。我就问刘永济先生用什么样的讲义。他想了一下说："你可以自己编讲义。"当时大一国文用的讲义，是黄耀先(焯)先生选的，比较偏重散文。后来我就想讲一点带有文学理论的内容。当时就我所了解的情况，写了一个讲义，分上、中、下三篇：一篇是总论，一篇是骈文，一篇是散文。骈文和散文主要是选本的序跋，比如《古文辞类纂》的序，《骈体文钞》的序，等等。总论就选了十篇文章。拿给刘先生看，刘先生就让我试着边教边改进。我就开始对这十篇文章作注解。头一篇是章太炎先生的《文学总略》，庞石帚先生有个注，注得很详细。后来才晓得《文史通义》也有叶长青先生的注，当时我没有看到。一年讲下来，根本没有时间讲总论以外的东西，我就向文学院院长、系主任汇报了，他们认为比一般的大一国文在程度上是提高了。后来我到金陵大学，我就要求系主任高文先生，仍然用这个讲义教中文系一年级的国文。在金陵大学的时候，这个书的初稿写好了，金大有些钱，他们就印了出来。用线装的，题为《文学发凡》。我后来也没有时间把骈文和散文的部分继续注解。当时叶圣陶先生已经恢复了开明书店编译所，他是所长。我就把这部稿子给他，他就接受了，寄到上海。抗战胜利以后，开明书店就把它印出来了，把题目改成《文论要诠》。开明一共就印过那一回，但是后来台湾和香港都有盗版，没有通知我，也不给任何报酬。后来在黑龙江人民出版社印的时候，我就把书名改成《文论十笺》。后来又收入我的选集之中。每次重印，我都尽可能地作些修改补充。日本学者把这本书当成文学概论的教材来用。这部书不是很完整的体系，就我来说，是第一次伴随着前人的工作，加了一点工。十篇文章，有注解，有按语，还成个体系。当时我下了个决心，也和刘先生商量过，没有选《文心雕龙》。现在想来，这是对的，因为《文心雕龙》太完整。这本书许多人喜欢，生命力很强。

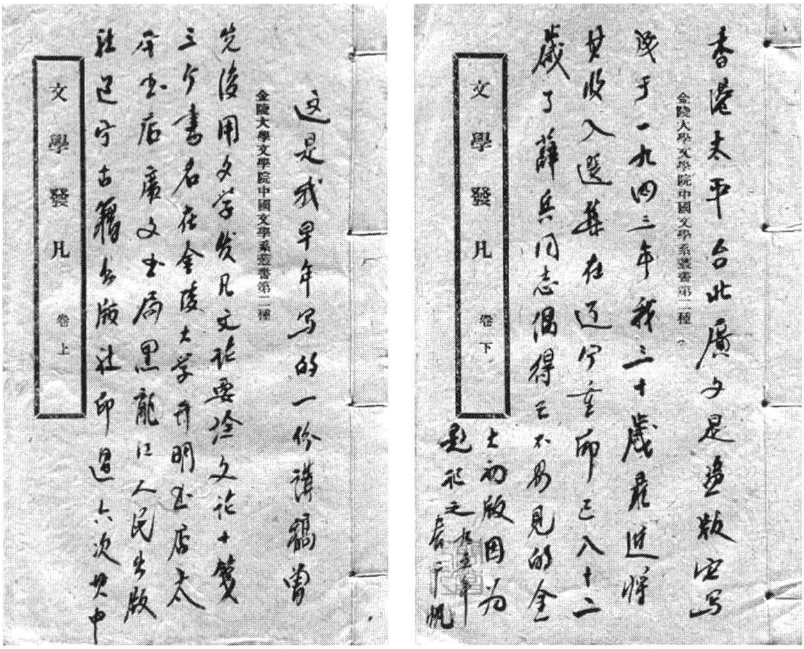


一九九四年，江苏作家薛冰在南京古旧书店偶然淘得程千帆早年著作《文学发凡》，系一九四三年八月成都刊本。千帆为之题识，简介此书五十二年间六个版本之源流。

## （六）关于《史通笺记》

我第二次到武汉大学，我开了一门《史通》的课，作为一门专书研究的课。从那时开始，我就开始作注。拿浦起龙的《史通通释》作底本，他不完整的地方，我就增补；他有错误的地方，我就纠正。《史通笺记》前面有八条凡例，开始写的时候并没有，后来交给中华书局，他们提出应该有凡例才完整，所以是后来才写的。我一直很感谢邓广铭先生，那个时候胡适当北大校长，他当秘书，他可以指挥底下的工作人员抄书。当时金克木先生也在武大，金先生和邓先生关系很好。我要是在武汉大学找不到的书，我就请金克木先生写信给邓先生，他就帮我从图书馆里把书借出来，请人抄好，抄得很工整。我这部书稿，在“文化大革命”中丢掉了。学生说拿去审

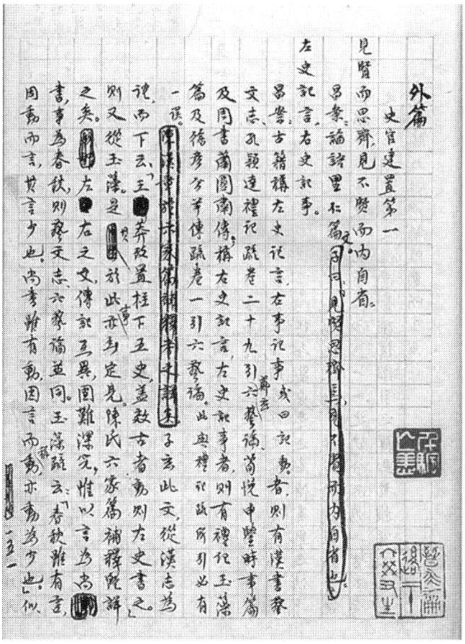

一九六一年冬，整理《史通笺记》一稿手稿

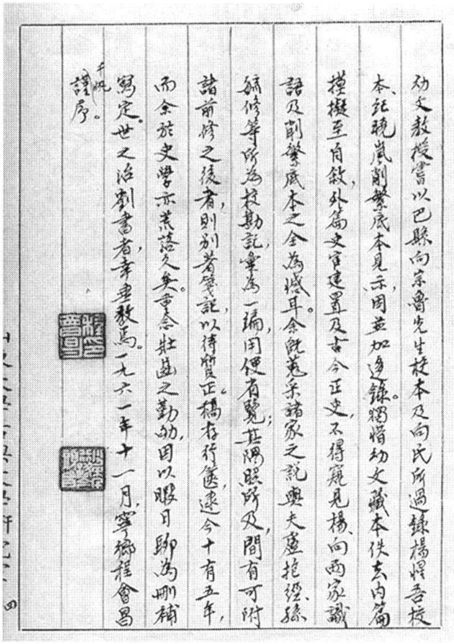

一九八〇年，整理《史通笺记》二稿手稿

查，实际上就往一个地方一丢，不管了。隔了四五年，他们又在一个地方发现了，交给沈祖棻。除了《史通笺记》以外，还有《行卷》等一大堆稿子，沈祖棻气喘吁吁地抱回来，以为我会很高兴，因为我一直念叨着这些稿子，可是我拿到之后，酸甜苦辣，一齐涌上心头，不知说什么好。再后来，我就重新整理一下，并且把每部书都抄了一个副本，因为那时没有复印机，保存这些东西很不容易。《史通笺记》较《通释》更为完备，特别是收入了近代学者的研究资料。

## （七）关于《两宋文学史》

一九五六年的时候，教育部想组织一个班子，写一部文学史的教科书，我也参加了这项工作。当时我和冯沅君先生是一个组，她是组长，我们负责的是宋元部分。我那时才四十多岁，就有一个想法，如果自己能够像刘大杰先生那样，写一部中国文学通史，是一项值得尝试的工作，那时很少有个人写文学通史的。我最初的想法是受到刘大杰先生的启发，我写文学史的时候,很多文学史著作还没有出来,比如余冠英先生的三卷本,或者游国恩先生的四卷本。我所能够作为基础,或者说是学习的对象,就是刘先生的《中国文学发展史》。这部书后来因为评法批儒的关系,被改得一塌糊涂。刘先生这个人是很善良的,他在上海待久了,当然也善于世故应酬,所以他当系主任、文学院院长,都很会当。他是受了当时评法批儒的影响,自己不由自主地陷进去了。这个问题我后来在北京开会,见了面也和他谈过,他也很后悔。这个人非常聪明,学问上很有通识,所以文学史写得很好。后来改成那个样子,不是他的意思。我最初就是根据刘先生这个书作为基础,想把它再扩大一点。我就把这个想法同冯先生谈了,她是个在女性学者中很有气派的人,就认为很好。她作为主编之一,也很赞成。我就这样开始写了。那时我的工作很紧张,因为当时倾向于把古代文学作为一门很重要的课,每周六小时。我大约连材料带自己的讲授,一小时需要二千五百字的讲稿。按照这样来算,一个星期差不多要写一万五千字。武汉大学的印刷条件很好,随时写出来,随时就可以排出来,于是我就先写了宋元部分的文学史稿。到了第二学期,也就是一九五七年,反右运动开始了。最初学校对这些所谓犯了"错误"的人究竟能不能上课,也拿不准,因为教育部没有命令,后来一直到很迟,才决定右派不上课,统统要改造。在这之前,我就基本上把宋元两代写完了。写完了以后,也就没有什么用处了,我就把这些稿子搁在那里了。此外,也有一部分明清文学史的稿子,记得是有关几部长篇小说的,后来这些稿子也不知去向了。到了南京以后,我有条件整理旧稿。但如果要整理,就必须花很多时间来看材料,特别是二十多年中的一些学术记录。我考虑了一下,就觉得花太多的时间来整理宋元文学史,会不会妨碍带研究生的工作,当然也还有别的工作要做。后来偶然一次我同吴新雷先生谈起,自己有一部稿子,想把它整理一下,但没有时间,问他是否愿意做。吴先生是专门研究戏曲的,也作一些小说的研究。他过去研究问题比较细致,但范围相对较窄,所以要他写这样一部大书,他也要好好考虑。我就对他说,在这部书中,自己感觉不足的主要是宋代的话本、南戏,也就是说,是宋元时期处于萌芽状态的戏曲、小说,而这一方面正是他的长处,如果他来担任的话，这部书可以写得很好。我已经有一个基本的稿子，请吴先生来看，不满意的地方就去掉，满意的就保留。他就答应下来了。他这个人有个非常好的特点，就是重然诺，答应了的事情就不会在中间打退堂鼓。他写得很快，我们又在一所学校，经常讨论。我也有些意见和他不一样，他也很爽快，可以就改，不可以就坚持。他也是胡小石、汪辟疆先生的学生，毕业比我迟，我们的私人关系还是很好的。后来我们把这部书交给上海古籍出版社，他们很快就接受，并印了出来。本来还有元朝部分，写完宋代以后，我就问吴先生是否愿意继续将辽金元代部分合作完成。但他的工作方面有个转折，就是匡老请他去主持思想家研究中心的日常工作。他当了一阵也不习惯，就辞掉了。他后来专心于戏曲史的写作，也有了成果。总的来说，这部书是以我下决心写一部文学通史开始，其结果是写了个两宋的断代文学史，而且最后还是请吴先生帮忙才写完的。所以我在后记中很有感慨地说："就我个人来说，一部一九五七年春天就写成了初稿的书，一直要等到一九八八年，还是在一位朋友的大力协同之下，才能完成，历程竟达三十一年之久，这是不幸呢，还是幸运？亲爱的读者们，请在读完这部书之后，代我回答这个使我不无迷惘的问题吧。正是：'韶光到眼轻消遣，过后思量总可怜。'"

## （八）关于《程氏汉语文学通史》

关于文学史，我尝试过好多种写法。一种是模仿刘申叔的《中古文学史》，那个在旧的历史学家中有这么一派，他们把原始材料低两格写，个人的观点如同纲目一样，顶格写。很有名的书有邓之诚的《中国二千年史》、柳诒徵的《中国文化史》、刘师培的《中古文学史》，还有刘永济先生的《文学通史纲要》（就是《十四朝文学要略》），都是这一派。我也尝试着写了六七篇，曾在湖北大学的学报上连续发表过。后来收在书里的时候，我觉得汉魏六朝部分写得较好，其余的不行，我就留了三章，收在《闲堂文薮》里。另外我还写过宋元文学史，那是一个断代文学史。此外，我还写过一个很压缩的文学史，那是我在武汉大学当中文系主任的时候，历史系的吴于廑先生，同我私人关系非常好，他当时是历史系主任，想要让历史系的学生扩大一些知识面，学一门中国文学史和一门中国哲学史，希望中文系能给他们开这门课。我就和一些先生商量，但他们已经习惯在一个比较短的时段中讲课，要从上古讲到近代，觉得很麻烦。这样一来，只有我自己讲。我就在历史系开了中国文学通史的课，后来就当了右派。这部稿子还在，但我也一直没有想到把它完成。一直到前年，有人问我是否还有什么存稿，我就说有一部文学史的稿子，但不完整，现在也没有这个精力来从头至尾写一遍了。我对程章灿一直有个想法，他在本科阶段读的是历史系，偏重于亚洲史，后来转到中文系来，文学史的基础不够，要好好再学一学。我就问他："我有一部稿子，你能不能帮我看看。"不是要他审查，而是要他补充。通过改这部文学史稿，使他从中得到提高。后来他就说试一试。因为我们都姓程，就取名为《程氏汉语文学通史》。所以我是写过一个纲目式的文学史，写过一个断代文学史，又写过一个文学通史。最初写这部文学通史的时候，好多文学史都还没有出版，我就根据自己的想法，认为哪些东西是应该要写的，我就把它们写进去了。写得很简单，所以只要自己手上掌握的材料够，我就写一章，所以内容和一般的文学史很不一样。最初拿给辽海出版社的时候，那个时候正好出了一批文学史，包括章培恒他们的文学史。他们就有个疑问，这部书会不会与别的文学史重复，到时卖不出去。我就说，能否卖出去我不知道，但不会重复，因为我写的东西别人没看到，我从来没有发表过。比如说，八股文我们就列了一章。还有一些游戏文字，只要有材料，我们都写。另外像汉魏六朝的传记文学，这是受到朱东润先生的启发，我们觉得那些材料根据《隋书·经籍志》的目录以及清人的辑佚，很容易将它写成一章。也许有人会觉得，这些游戏文字在文学史上不占有重要性。照我的看法，这个重要性在不同角度会得出不同结论。比如说对联，它对于民间的风俗，从过年贴红对联起，过寿、结婚，到名胜古迹，非常普遍。它事实上就是小骈文。骈文里头"落霞与孤鹜齐飞，秋水共长天一色"就是很好的对联，它是从骈文中分化出来的。从这个意义上说，它就很重要。但真正要说哪一个人作对联作得非常出名，比如说清朝末年在扬州有个方地山，被人称作"联圣"，的确做得很好，但总不能把“联圣”和曹雪芹、吴敬梓相提并论。到现在为止，在湖南、广东这些地方，还非常注重对联，在民间还是受到普遍欢迎。如果我们认为文学史不仅仅是文士手上的工具，也包括老百姓的话，那么就应该把这些文学样式的地位提高一下。这就是一个观念的问题。朱东润先生总是说刘博平先生的观念守旧，不把白话文看成是文学。五四时期像这样的人不稀奇，刘博平就是黄季刚先生在北大的学生，当时把新文学看成是引车卖浆者流的作品。当时胡适敢提出《尝试集》，“八不主义”，还是很了不起的。我们现在倒过头来看，比如说一个人教古诗，可以说自己不会作诗，也反对作旧诗。这个在我们当学生的时候就不行，如果汪辟疆先生教苏诗，王伯沆先生教杜诗，他说自己不会作诗，我们是难以想象的。我不过毕业了六十年，就完全改变了。现在社会上还有很多人作旧诗，做得怎样是另外一回事，旧诗体的刊物比起新诗的刊物《诗刊》这么独此一家要多得多，总有好几十家。有人赞赏，也有人反对，这就比较正常。所以，如何理解文学样式的社会化，在文学史的写作中要考虑到。我们这部文学史是比较有条理地介绍了一些过去文学史上所不提的内容，我们写了，大家不欢迎，那将来不重印，也就消失掉了。但总应该试一试。我们原来还有个想法，就是把五四运动以后直到现在也写几章。后来我们觉得自己在这一方面没有用过功，临时学习恐怕会使这部书本身的质量降低，所以就没有再写下去。这部书出来之后，很难说学术界会给个什么样的评价，但至少是与别人的不太相同。总的来说，我就感觉到，写文学史是一件很困难的事情。因为我们面对的是一些作品，我们要用文字去表达它，而且又不能用形象的文字而是要用抽象的文字。怎么能够抽出一些条条框框来，而这些条条框框与文学的实际又不是相去太远，很难捉摸。依我自己的经验来说，往往是自己被哪些作品所感动，然后用你所认为适当的语言表达出来。这个时候就会觉得写得很不错，但究竟写得怎样，也很难讲。要把文学史写好，就必须对每个作家都研究得很精深，这就需要专家；而写文学史又需要通才，具有广博的知识，而且还要很泼辣，不能太拘谨，这是一对矛盾。你对一个问题有一个很好的看法，往往你的实际功底达不到那个高度。幸亏我们的合作没有什么顾忌。所以我认为和同学、朋友合作是一个很好的方式，但最重要的一点是要没有顾忌，彼此之间能够坦诚交换看法。

## （九）关于《宋诗精选》

这部书在收入我的文集的时候，改成了《读宋诗随笔》，就是把这部书中的品评的部分辑出来汇集而成。这部书就我个人的爱好而言，我非常喜欢。它不是一部很好的宋诗选本，并不能够反映整个宋诗的面貌，但是，凡是我所选的诗，都是我有些个人想法，也仅仅把自己的那点想法写了出来，就几百个字。当时出版社有个很奇怪的想法，希望不要写得太多。我想可能就是因为有些先生写起东西太长，前辈当中，俞平伯先生就是这样。他讲词，一高兴起来，一首小令可以讲上几千字。而我原来就是不喜欢写长文章，所以我只写几百字。我特别注意所选的诗有什么特点，我有什么体会。如果有特点，而我又没有能够发现，我就不写。一定要既能发现其特点，又能将它表达出来，在这个前提下，我才会写下来。所以，写作的时候没有任何条条框框，只要喜欢这首诗，有所体会，就选了。这是一部晚年之作，自己在写作时没有什么拘束，比较自由。其中所表达的道理都比较朴实，能够代表我晚年的一些看法。写的方式也是多种多样，比如说我写到王安石的《明妃曲》，我觉得朱自清先生讲得很好，我就抄上去了，自己不加一语。我觉得一个人写文章，写到最后，自己不约束自己，很随便，这是一个到老年才能达到的境界。钟仲伟说“文多拘忌，伤其真美”。我早年的文章多少有些矜持，有意识想把文章写得好一些，这样就不够自然。写这部书的时候，因为比较放松，写得比较快，也不苦。我觉得做学问能够做到自我放松的自在的境界，是比较高的，这个境界不是一下子能够达到的。我现在就是觉得当时选少了一点，现在也没有精力再写了。我觉得这部书对于一个才学宋诗的人，作为宋诗入门的书是很好的。你有我早年和缪琨先生合作的《宋诗选》，把这两部书放在一起合看，就可以看出我的进步了。

# 音旨偶闻

## 一、忆刘永济先生

### （一）

刘先生名永济，字弘度，别号诵帚，斋名易简，湖南省新宁县人。一八八七年（清德宗光绪十三年）十二月二十五日诞生，一九六六年十月二日逝世，享寿七十九岁。

先生出身于一个“书香门第”。祖父刘长佑虽曾做过清朝的直隶、云贵总督，但却一直保持着读书人的家风。父亲刘思谦就只在广东、云南等省做过几任知县，因为不能随波逐流，而弃官归隐了。

在祖父、父亲身边读书的先生，从小就培养了对于文学、学术的爱好，为后来的事业打下了坚实的基础。他十九岁离乡，先到长沙明德中学，后去上海复旦公学学习。一九一〇年，考入天津高等工业学校；次年，考入北京清华留美预备学校。清华留美预备学校的学生，是从该校在各省招收限额学生的极为严格的考试中选拔的，所以可算是“得天下英才而教育之”。与先生同时考入而后来同样卓有成就的学者，有梅光迪、吴宓、吴芳吉等。入学不到一年，因有学生不满学校当局的一些措施，加以批评，反被开除学籍。这事引起了全校学生的公愤，于是推选代表，向学校要求收回成命。不料校方仍然采取高压手段，将十名代表一并开除。后经教授调停，要由代表们写具“悔过书”，才能恢复学籍。但先生和吴芳吉却认为无过可悔，断然拒绝了这种无理要求，放弃了官费留学的机会。辛亥革命发生，先生受当时民主革命思潮的影响，便由北京赶到海南岛，动员和协助任琼崖道道台的四哥滇生起义。民国成立后，回到上海居住。

辛亥革命以后到一九一七年，先生一直住在上海。这时，近代著名词人况周颐、朱祖谋都在上海做寓公，先生便向他们问学，得到两位老辈的特别赏识，走上了以后研究词学的道路。一九一七年，先生应老师长沙明德中学校长胡元琰之约，回湘任教。次年，军阀张敬尧因胡校长参与了孙中山领导的革命，密谋逮捕胡校长，胡校长仓皇离开，学校濒于解散。先生就将多年积蓄起来预备出国留学的三千银元，全数取出，作为学校开支，而自己也仍然留在校中教授语文，和全体教职员一样，每月拿八元的生活费。后来，因为学校经费困难，胡校长始终没有将那三千元还给先生，先生也从未索取。但先生本拟出国学习林业，从事实业救国的愿望，却从此不能实现了。

一九二四年中秋节，先生与黄惠君女士结婚。她是北京女子高等师范学校毕业生，当时任湖南省立第一女子师范学校校长。结婚以后，感情一直非常融洽。先生能够在其后时局艰危、生活困苦中，精勤治学，始终不懈，她给予了极大的鼓励和支持。先生逝世后不久，她也因悲痛太甚而离开了人间。

一九二五年，在清华大学的吴宓先生介绍先生和吴芳吉先生到清华大学担任教授，先生因胡校长的挽留，未能应聘(吴芳吉也因故未去，后来清华就聘请了俞平伯、朱自清两先生)。一直到一九二八年，先生才由吴宓再度介绍，到沈阳东北大学担任中国文学系教授。

“九一八”事变发生，东北沦陷。先生改任武汉大学教授，中间除了从一九三八年到一九三九年曾在广西宜山浙江大学及湖南辰溪湖南大学各讲学半年而外，一直在武汉大学。一九四二年到一九四九年，并兼任文学院院长。

一九四九年，全国解放，先生已六十二岁，但认真学习马克思列宁主义，接受党的领导，努力从事教学科研，较之中青年教师，有过之而无不及。党和政府也非常尊重先生。他于一九五六年被评为一级教授，并先后被选为中国人民政治协商会议武汉市委员会常务委员、湖北省文学艺术界联合会副主席、中国作家协会武汉分会理事、《文学研究》编辑委员会委员。

刘永济

先生为人一向热爱祖国，耿直不阿，富于正义感。六十年的生活经历与对马列主义的学习，又使他明确地认识到，只有在中国共产党的领导之下，努力从事社会主义革命与社会主义建设，才能使中国富强起来；同时，作为一个受党重视的老知识分子，也必须对党的事业十分忠诚；要敢于直陈利弊，知无不言，言无不尽。先生是这么想的，也是这么做的。但就是因为这些，他却被打成“内定右派分子”、“白旗”、“反动学术权威”，在十年浩劫中，饱受凌辱，终于被夺去了宝贵的生命。

先生一辈子服膺屈原，研究屈原。屈原由于“亦余心之所善兮，虽九死其犹未悔”，终身与黑暗势力斗争，最后被迫自沉。但最公正的历史老人却给了他以极高的评价，同意刘安所说的他的志行可与日月争光的话。今天，在万恶的“四人帮”覆没之后，党给先生彻底平反，使先生正直的品德和精深的学术，得以继续发扬和流传，可以说是比屈原更为幸运了。

## （二）

先生简单的经历和他丰富的著作恰好形成鲜明的对照。在五十多年的学术生活中，先生在古典文学领域内，从研究到创作，作了多方面的探索，取得了非凡的成果。除现在还没有来得及搜集的单篇论文和未完成的残稿之外，已经成书者，共有下列二十种，今将其分类简介如次：

**【文学史二种】**《十四朝文学要略》、《唐乐府史纲要》。

一九二八年，先生初到东北大学任教，主讲中国文学史，便拟订了一个宏伟的计划，着手撰写一部《文学通史纲要》。当写完第二卷，即写到隋朝的时候，因系中改请先生担任其他课程，便没有续写下去。其后，将已成部分，连载于《学衡》杂志。一九四五年，贺昌群先生又将其介绍于中国文化服务社出版，并易名《十四朝文学要略》。这是一部在结构和见解上都有特点的文学史，可惜流传不广，现正由黑龙江人民出版社重印。

先生同意王士禛“唐三百年以绝句擅场，即唐三百年之乐府”的观点，以绝句为重点，写了《唐乐府史纲要》。这是迄今为止，我国研究唐代乐府历史的唯一专著。此书也写于在东北任教时期，有讲义本，待正式出版。

**【文学理论二种，附二种】**《文学论》、《〈文心雕龙〉校释》；附《〈文心雕龙〉征引文录》、《〈文心雕龙〉参考文录》。

先生早年即从事文学理论之研究，在《学衡》上发表的《文鉴篇》，对文艺鉴赏有极精微的剖析，传诵一时。《文学论》是在明德中学讲文学概论的讲义，贯通中西，要言不烦。此书后由商务印书馆出版，重印多次。

到武汉大学以后，先生在文学理论的研究方面，集中于《文心雕龙》，在四十年代完成了《〈文心雕龙〉校释》一书。先师黄季刚先生所著《〈文心雕龙〉札记》，久为学林推重，先生此书乃继《札记》之后，又一力作。诸所诠释，能得刘勰原意。在乐山时，先生曾在闲谈时对我说：“季刚的《札记》，《章句篇》写得最详；我的《校释》，《论说篇》写得最详。”以精于小学推黄师，以长于持论自许，可以说是平情之论。此书解放前曾由朱光潜先生介绍给正中书局出版。解放后，再加修订，由上海中华书局出版。其附录二种，远较范文澜《文心雕龙注》所附录的为详备。《征引文录》所订凡例若干条，尤其精审。以后出版社重印《校释》时，即使因为篇幅关系，难以将附录二种全部付印，也应当将其小引、凡例、篇目附印正文之后，以供读者之参考。

**【屈赋四种】**《屈赋通笺》、《笺屈余义》、《音注详解屈赋定本》、《屈赋释词》。

先生毕生致力于屈原研究。《屈赋通笺》初稿成于一九三二年，反复订补，一九五三年才写定。首为序论六篇，然后对《楚辞》中可以断为屈原作品的《离骚》、《九辩》、《九歌》、《天问》及《九章》中的《惜诵》等五篇，每篇都分解题、正字、审音、通训和评文五项，加以考究。其有关全书总义，有待商榷者，则别为《笺屈余义》十九篇。这两种，人民文学出版社曾合为一册，于一九六一年出版，惜印数过少，今已难得。

《音注详解屈赋定本》是先生根据《屈赋通笺》中所作的结论写成，供大学生阅读的。原来只据校文，写成定本，题为《屈赋定本》，附在《通笺》之后，其后才加以注解，独立成书。

《屈赋释词》卷上释虚词，卷中释词汇，卷下释句例。这是先生用王引之《经传释词》及俞樾《古书疑义举例》的方法，从语言学的角度来研究屈赋的一部专著（先生晚年还有意从这一角度研究《文心雕龙》，想编一部《〈文心雕龙〉词典》，可惜没有能够如愿）。以上两种，也待正式出版。

先生本拟写成《屈赋学》五种，但第五种未及写出。就已成四书看来，先生对于屈原研究，创获甚多，确于并世诸家中，独树一帜。

**【古典韵文七种】** 《唐人绝句精华》、《词论》、《唐五代两宋词简析》、《微睇室说词》、《宋词声律探源》、《宋代歌舞剧曲录要》、《元人散曲选》。

《唐人绝句精华》是先生晚年选注的。前有引言，对唐人绝句的源流正变、它的艺术价值以及此书的选旨，作了扼要的介绍。就某种意义说，它是《唐乐府史纲要》的姊妹篇。已由人民文学出版社出版。

《词论》是一部通论词学的著作，其特色是突出了对前代词人作词方法的研究。它分类选辑著名词话，加以按语，论其得失。计分总术、取径、赋情、体物、结构、声采等项。先生曾经对我说："这事实上是一部词话选，前人的精论要语，都在其中。"

先生早年讲词选，曾编《诵帚庵词选》四卷，选录较多。到了老年，由博返约，又撷唐宋词的精华，写成《唐五代两宋词简析》，将唐五代宋词的主要流派，系统地加以介绍，每篇都有精要的注释。其中还注意到了前人和时人所忽视的流派，如两宋通俗词及滑稽词等。以上二种已由上海古籍出版社出版。

一九六〇年，先生为青年教师讲授南宋婉约派词，以吴文英为重点，并前溯周邦彦、姜夔、史达祖，后及王沂孙、周密、张炎，以见此派源流，撰成《微睇室说词》二卷。上卷专说吴，计七十八首，下卷周（邦彦）六首，姜六首，史二首，王五首，周（密）一首，张二首。这是在当代词人陈洵《海绡说词》及陈匪石《宋词举》之后，又一部说词的名著，也是先生对于宋词的晚年定论。他研究之功力及成就，备见此书。现正设法出版。

《宋代歌舞剧曲录要》及《元人散曲选》是先生讲曲选时的讲义，书前各有序论一篇，颇多发前人所未发的意见，如认为宋代歌舞剧曲的结构有纵列横列之分，元人散曲风格有阴刚阳柔之分，都值得重视。前者已于五十年代在上海古典文学出版社出版，后者已由上海古籍出版社出版。

《宋词声律探源》是先生晚年研究词律的专著，详列图谱，论证精密，多所发明，尚待出版。

**【杂著一种】**《默识录》。

《默识录》是先生多年积存的读书札记，除已写入各种专著的之外，晚年复将其余部分辑为此书，共四卷。《文学遗产》1980 年第 3 期发表了其中十二则，可见一斑。现正设法出版。

**【创作二种】**《云巢诗存》、《诵帚庵词》。

先生在创作方面，以词为主，诗不多作。晚年经过精选，辑成《云巢诗存》一卷，《诵帚庵词》二卷。词集曾在一九六四年由武汉大学印刷厂排印，但由于当时“左倾”思潮的影响，这一部主要记录了旧中国的苦难，体现了一个正直学者的心灵，并具有高度艺术性的作品，却被诬为有“毒素”，全部被销毁。由于这部“反动词”，先生也以风烛残年而横遭迫害，饮恨而死。但凝聚着先生毕生心血的这些著作，却是永远也不会消亡的。词集在先生冤案平反昭雪之后，武汉大学曾将手稿胶印若干册，但为数过少。这两部集子，都有待正式印行。

## （三）

我从一九四〇年在四川乐山谒见先生，直到一九五七年被错划为右派为止，这十七年中，除了在成都三年之外，一直和先生在一道工作，因而有机会向先生学习。学他的治学精神和方法，学他丰富的知识，特别是他崇高的品德。先生的著作（往往是稿本），我都有先读的幸运。其中许多，我还知道其惨淡经营的过程。现在回想起来，有很多事是使我深受教益的。

首先，我觉得求真是贯穿在先生五十余年为人治学中的一根红线。基于对祖国学术文化的热爱，对人民的责任感，先生一辈子都在探求真理的过程中。他早年深受儒家学说的影响，洁身自好，决不同流合污，尤其注重民族气节。所以对于北洋政府及国民党政府的崇洋媚外、祸国殃民，深恶痛绝。在乐山时，曾断然拒绝友人约他加入国民党的请求。但祖国往何处去的答案，先生也和当时许多人一样，并未得到。全国解放以后，经过一段时间的实践和思考，他终于懂得只有社会主义才能救中国这个道理，而且认识到，这正是他所毕生追求的。

在一篇〔鹧鸪天〕中，先生写道："六十年中百变俱，可怜倦眼眩龙鱼。难抛身外无穷事，补读平生未见书。"说明他最初接触新事物的惶惑和惊奇。但是，在党的教育下，他终于认识到，应当和过去告别了：

> 检点心魂清静了，春光重豁吟眸。百年过半底须愁？河山皆锦绣，人物足风流。　　明日欢欣何处见，百花齐放梢头。好开怀抱乐时休！人生归有道，此外更何求。
>
> ——〔临江仙〕

这一篇写于六十五岁的作品，标志着先生已经进入了一种更高的精神境界，使他为社会主义祖国又努力工作了十多年。

先生为人如此，治学亦然。他的著作，没有一部不是精心草创，然后又反复加以修改的。蝇头细字，在稿本的天、地头上都批得满满的，加以誊清，然后再改，为的就是求真。先生曾举《寓简》所载欧阳修晚年改定自己的文章，用思甚苦，不是为了怕先生生气，却是为了怕后生嘲笑的话告诉我，并且说："嘲笑还不要紧，但误人子弟，问题就大了。"所以先生对于学术界一些哗众取宠、欺世盗名的恶劣作风，是深为不满的。

其次，先生治学的勤奋也使我深受感动。一九四一年秋，和先生在乐山嘉乐门外的学地头结邻，居住在一个小山丘上。钱歌川教授与我住在山顶，先生住在山腰，相距不过一百米，有一条石级相通。小路两旁，栽满竹子。晨光熹微，竹露滴在石级上，淙淙作响，而先生的读书声则从雾气露声中断续飘来，每天如是。这声音像警钟一样激发着我和祖棻少年好学的心，使我们一点也不敢懈怠。凡是熟悉近代学界逸闻的人都知道，北大中文系老教授林损以狂放出名，他曾当面痛斥胡适的洋奴哲学而博得人们的尊敬。有一次，先生和我谈起林先生，说："大家都以为公铎(林损字)只会使酒骂座，可是我和他在东北同事，看到他每到冬天必然温习经书。书，是要反复读的。'好书不厌百回读，熟读深思子自知'，这是颠扑不破的话。"到了晚年，先生更是爱惜光阴，天还没有亮就起床工作，午餐后，睡一觉，又工作到夜深。他说："我是把一天当作两天过，但还是恐怕'所为不及其所欲为'。"一直到最后，先生还以没有完成《屈赋学》的第五种和《〈文心雕龙〉辞典》为憾。从前曹操认为，只有袁遗和自己才老而好学。先生不也正是这样的人吗?

由博反约是先生治学另一个突出的特点。在四十余年的教学生涯中，先生所经常开设的课程是"屈赋"、"文心雕龙"和词。学林便也很自然地推崇先生在这些领域中的造诣。但在我经常和先生的往还谈论中，在我将自己的一些习作呈请先生教诲时，我才逐步发现，先生治学之广，读书之多，是惊人的。他在群经、诸子、小学及古史方面，在目录、校勘、版本方面，在沿革地理、名物制度方面，修养都很深厚。所以研治古籍，就能左右逢源、多所创获。从有关《屈赋》等著作中，我们可以看出先生对古文字学和古史的造诣；而从其有关《文心雕龙》等著作中，又可以看出先生对于玄学，特别是《庄子》的造诣。但先生除了偶尔谈论有关这些学术的问题外，几乎完全没有发表过文学研究以外的文章。我曾对先生说："您论《庄子》如此之精，却不肯著书传世，难道是'善《易》者不言《易》'吗?"先生只是微笑，没有回答。先生的著述，篇幅都不大，要言不烦，取其足以达意为止。显然属于"简约得其英华"的南派，而不是"深芜穷其枝叶"的北派。黄庭坚评陈师道说："其读书如禹之治水，知天下之脉络，有开有塞，至于九川涤源，四海会同者也。”先生治学由博反约，不废考据，但主要是着眼于“辨章学术，考镜源流”，也正是如此。

“好学深思，心知其意”，“多闻缺疑，慎言其余”，这是我国古代学术的优良传统。先生正是这样身体力行的。先生平时比较严肃，言语不多。初见到他的人，往往产生一种错觉，认为他崖岸很高，难以亲近。但和他处久了，才知道他非常谦虚谨慎而且平易近人。先生的著作生前正式发表的较少，我每每劝他及早公布，以利后学，但他总觉得自己的一些见解还不够成熟，谦让未遑。例如他讲《史记·屈原列传》中有错简，《天问》中的“鲧何听焉”的“听”字应为“圣”字之误，以及论述魏、晋、南北朝的学术对当时论辩文的影响，吴梦窗词的艺术特征，等等，都是发千古之覆的卓见，其中有些生前迄未发表。由于我和祖棻往往有幸读到先生的手稿，常蒙先生不耻下问，有时我们也提出一点幼稚的看法，先生无不乐于接受。我们曾经保留了将近一百幅先生手写的词稿，都是精楷，其中有些在稿后还附有先生斟酌字句要我们帮同抉择的意见。可惜这些极其珍贵的文物，在十年浩劫中，已经被造反派抄我的家时抄去销毁了。先生还给我写过一副斋联，上联是：“读常见书，做本分事。”下联是：“吃有菜饭，着可补衣。”这一副对联足以说明先生为人治学的根本态度，可惜也在前些年“焚书坑儒”时被焚掉了。

先生为人治学值得我学习的地方太多了，很难说全，这只是举出了我感受最深的几点而已。

## （四）

先生不但是一位卓越的学者，也是一位杰出的诗人。从先生所写作的诗词当中，我们可以看出他对于伟大的祖国、伟大的人民，是多么热爱；而对于她和他们在解放前处于水深火热之中，多灾多难的情况，又是多么悲愤和忧伤。

先生在东北大学教书的时候，日本军国主义者企图吞噬东北的狼子野心已经充分暴露。先生讲课的时候，就对学生反复宣传民族大义，教导他们保卫祖国是每一个人的神圣职责，使学生们深受感动。“九一八”事变发生后，以中文系学生苗可秀为首的爱国青年，便组织了东北大学抗日义勇军，奋起抗日。先生给予了积极的支持，并为他们谱写了一篇《满江红》作为军歌。后来苗可秀不幸壮烈牺牲，有人曾把他的事迹写成名为《凤凰城》的话剧。一九三九年先生在湖南大学时，同学们演出了这个剧本，先生因为不忍看到苗可秀最后被杀害的场面，提前退场。回到家里，就写了下面这三首诗，来怀念这一位“国殇”：

无端皂帽落穷边，曾见苗君正妙年。今夕氍毹表忠烈，如尘如梦最凄然。

苌弘碧血成秋磷，精卫冤魂塞海东。为问当年六千士，几人还唱《满江红》？

已惊碧月凄魂夜，忍见黄沙授命时？独向青灯忆俦侣，故关风雪到书帏。

抗日战争时期，国民党反动派盘踞着大西南，表面上说抗日，实际上是在反共反人民。沦陷区的人民处在敌伪统治之下，物质、精神饱受磨难，而国统区的贪官污吏、土豪劣绅却剥削压迫，花天酒地，无恶不作。这些现象使这位正直的诗人心情十分激动，写下了许多使人读了都会感到作者心灵正在燃烧的作品。下面就是其中之一：

闻道锦江成渭水，花光红似长安。（“地转锦江成渭水”，又“花光不减上林红”，皆李白诗句也。）铜驼空自泣秋烟。绮罗兴废外，歌酒死生间。　野哭千家肠已断，虫沙犹望生还。金汤何计觅泥丸？西南容有地，东北更无天！

——〔临江仙〕

在另一首〔浣溪沙〕当中，先生写道："终古鸡虫谁做主？野坛狐鼠自通神，山川能语定酸辛。"可以看出，由于当时反动派的封锁，先生没有条件接近共产党，没有机会学习马列主义，但他追求光明，对国民党的腐败统治极其不满，则是肯定的。在垂暮之年，他终于找到了能使我们这个古老民族起死回生的灵丹妙药，这就是党的领导和社会主义道路。于是，在一九五一年国庆日，这位六十四岁的老诗人就写下了这一篇欢欣鼓舞的词：

四座且安坐，听我唱新词。中华古称神胄，文物久衰微。溯自蛮烟东犯，(林则徐词"蕃航别有蛮烟"，指鸦片也。)四境重关都启，欧美竞凌欺。魑魅与饕餮，相率吸人脂。　　到而今，已百载，更谁悲？识时赖有英杰，奋起树红旗。万里长征伟绩，八路雄师苦战，灿烂建弘基。天地顷清朗，民物共雍熙。

——〔水调歌头〕《国庆颂》

在《诵帚庵词》的自序中，先生曾经叙述了自己从近代词学大师况周颐、朱祖谋两位学词的经过，而且强调创作必须反映现实生活，以及它既要继承又要发展的道理。先生说："历世既久，更事既多，人间忧患，纷纭交午。有不得不受之；受之而郁结于中，有不得不吐者，辄于词发之。复值日寇入侵，而窃禄者阘茸淫昏，绝无准备，国势危于垒卵。中情激荡，所为渐多。斯事之艰苦，亦知之渐深。然衡以古词人之所为，每以自愧。而所遇之世，有非古词人所得想象者，其艰屯则皆倍蓰之。故其所以为言，有非可范以往矩者。既已不得起朱、况两先生而质正之，终恐弃之乱烟衰草中耳。"关于这最后一点，先生是过虑了。那些摧残祖国优秀文化的刽子手，不是曾经千方百计地想消灭它而终于可耻地失败了吗？

从十八世纪末叶，张惠言兄弟推尊词体，认为过去被人们视为小道的词，也可以而且应当反映重大的社会政治事件，和作者对这些事件的思想感情，使得词在这以后的一百多年中，无论在创作上，在理论上，都有较大的发展。其中像周济、陈廷焯在理论上贡献较多；王鹏运、朱祖谋在创作上显出了实绩；谭献、况周颐则在理论和实践上都很有成就。先生的词学正是继承了这些前辈的业绩的。他的创作态度非常严肃，总是缘事而发，绝无无病呻吟之作。他特别赞成况周颐词要“重、拙、大”的理论，字里行间往往充满了一种“无可奈何之境，万不得已之情”。这是与一般吟风弄月的作者毫无共同之处的。

晚清以来有成就的词家，都能够熔铸古人，自成面貌。例如朱祖谋的作品就兼有东坡、梦窗之长。先友卢冀野教授在〔望江南〕《题清名家词》中说：朱氏是“老去苏吴合一手，词兼重大妙于言”。这一评论是很正确的。而先生的词则取径更广。他不独如席启駉教授所作的《诵帚庵词集序》中说的“为梦窗词，而往往似白石，意其胸襟性情或近之欤”，而且对于南唐的冯正中以及东坡都下过很深的功夫。所以他的作品可以说是将冯之深婉、苏之豪放、姜之清刚、吴之丽密，合一炉而冶之。例如下面这两篇作品，就是很好的例证：

秋老山空，乱蛩里，露草光摇玑玓。鸾驾应怯新凉，霓衣皱轻白。愁记省眠云俊侣，暗萦惹、十年尘迹。涨海铜琶，明湖翠盏，都到胸臆。

算惟有丸月疏星，向天末依然伴岑寂。多少瑶情霞思，总而今抛掷。伤换劫、河山坏影，堕玉尊特地凄碧。那更残曲重寻，故人难觅。

——〔琵琶仙〕《辛巳乐山中秋，约子苾夫妇、味榝薄饮云巢。念辛未、甲戌此夕，曾与豢龙叠和坡仙水调，以写幽忧穷蹙之音。今时境远非昔比，而豢龙深隐衡云，予乃窜身荒谷。奇情胜概，久堕苍茫，顾影婆娑，怅然成咏》

万缘吹剑首，忍遥吊，楚兰魂。正残画芜城，斜阳故宇，何限愁痕！乾坤只供醉眼，奈忧时，肝胆自轮囷。谁惜千经万纬，换来泪雨哀云。　　前尘去，水潾潾。情漫苦，梦难温。记乱雪榆关，惊涛汉渚，恨墨空存。孤坟甚时酹酒，唤灵旗、赤豹出荒榛。为语沧江淡日，故人垂老酸辛。

——〔木兰花慢〕《挽豢龙》

唐人律绝诗是词的来源之一，所以词当中的小令与绝句非常接近。由于篇幅的限制，它们都比较难于用来写莽苍的景物和壮阔的胸怀。但先生的小令却往往显得波澜起伏，有咫尺千里之奇观。这一点也很突出，是在古代和当今词人中少见的，试看下面这两首写在不同时期的〔浣溪沙〕：

行到蚕丛地尽头，凄清云物又成秋，销忧难觅仲宣楼。　剩水吞声过楚峡，斜阳凝血下神州，欲呼辞魄吊高丘。

久缺高情作胜游，尘埃长负归盟鸥，荒城一上抵登楼。　晴野大云含雨度，平江浊浪拍山流，又收残暑入新秋。

先生词学造诣很深，而我对于此道所知又极少。以上所论，不过是管窥蠡测。如先生的词集能正式出版、广泛流传，那时，读者将会证明我所说的绝不是“阿其所好”；反之，很可能是没有能够把先生的成就充分地、准确地表达出来。

## （五）

先生晚年指导的词学研究生马昌松同志回忆说：“刘老师对我们和青年教师既严格又热情。例如为了使我们弄清楚俗传诗律中‘一三五不论，二四六分明’这两句话的来历和是非，他除了要我们阅读有关材料外，还要图书馆设法从外地借来只在《三续百川学海》这部丛书当中才有的《阳关三叠图谱》，给我们看，并且教导我们怎样读。从这些地方可以看出，先生认为从事科学研究，必须尽可能地详细占有资料和深刻理解这些资料。我们写的读书笔记，先生都详加批阅，连错别字也一一改正。特别令人感动的是，他即使卧病，到了该上课的时候，他仍然躺在藤椅上照常讲授，同样坚持批阅我们的作业。为了培养接班人，先生真是呕心沥血地工作着，死而后已。”

从我个人和先生的接触中，也完全可以证明昌松同志的话都是“实录”。我在很年轻的时候就知道先生，因为先生早年在长沙的时候，就曾经向先叔祖子大先生（名颂万，别号石巢居士，又号十发老人）问学。后来我又在《学衡》杂志和武汉大学《文哲季刊》上读过先生许多文章，非常钦佩。所以一到乐山，便去拜见先生，并把自己和祖棻的一些习作呈请批改。先生不以我们为愚顽不堪教诲，很热情地接待了我们，而且送了我们一首词：

> 鼙鼓声中喜遇君，硗硗头玉石巢孙，风流长忆涉江人。　画殿虫蛇怀羽扇，琴台蔓草见罗裙，吟情应似锦江春。
>
> ——〔浣溪沙〕

后来先生便推荐我到武汉大学中文系任教，这是我到大学教书的开始。先生在学校威望很高，但从来不轻易荐人。在武大十年，就只介绍过刘豢龙先生（名异，湖南衡阳人，是晚清今文经学大师王闿运的弟子）。我是他介绍的第二个人。那时，我才二十八岁。先生怕我不能胜任，就在我讲课的课堂隔壁，旁听了一个星期，才算放了心。这件事，一直到一九四八年我已经是武大中文系的教授兼系主任了，惠君师母才在闲谈当中告诉我，但先生始终没有对我说过。几十年来，每当想起先生对于后辈是如此地提携、爱护，就深深地为自己学业无成，辜负了先生的关怀而感到悔恨；同时，对待自己的学生，也总想以先生为榜样去做，虽然还差得远。

先生是在十年浩劫中含冤死去的。身后的情况，真很像宋代诗人张舜民在《画墁集》中追悼王安石的诗里所写的：“乡间匍匐苟相哀，得路青云更肯来？若使风光解流转，莫将桃李等闲栽！”这种世态当然是当时特定的政治气候和邪恶势力的压力所造成的，不足深责。但也正如张诗另一首中所说：“江水悠悠去不还，长悲事业典型间。浮云却是坚牢物，千古依栖在蒋山！”先生的道德文章将在祖国文化史上永远占有一席之地。

一九六六年先生逝世的时候，我正在农村被监督劳动，没有资格前去吊唁。一九七九年党为先生平反，开追悼会，我并没有收到正式通知，但听到这个消息以后，就借用陈师道挽他老师曾巩诗中的两句话，托人写了一副挽联送去，但却被某些人以礼仪改革为借口，拒绝悬挂，因此我始终没有机会公开地表示对先生的哀思。现在我愿意把陈师道的那两句诗录在这里，向先生致敬致哀，以作为这篇传记的结束：

丘原无起日
江汉有东流

一九八二年春，于南京

# 二、黄季刚老师逸事

## （一）最后一堂课和最后一首诗

一九三五年十月五日下午，天气很阴沉，我在金陵大学北大楼朝北的一间教室里，在听季刚老师讲《诗经》。老师晚年讲课，常常没有一定的教学方案，兴之所至，随意发挥，初学的人，往往苦于摸不着头脑。但我当时已是四年级的学生，倒觉得所讲胜义纷陈，深受教益。可是老师讲书，也并非完全从学术角度着眼，而每用以借古讽今，批评时政，针砭时弊。这一天，他正讲《小雅·苕之华》，当他念完末章“牂羊坟首，三星在罶。人可以食，鲜可以饱”之后，又接着把《毛传》“牂羊坟首，言无是道也。三星在罶，言不可久也”，用非常低沉，几乎是哀伤的声音念了出来。既没有对汉宋诸儒训说此诗的异同加以讨论，也没有对经文和传文作进一步的解说，但我们这些青年人的心弦却深深地被触动了。当时的情景，现在还牢牢地铭记在跟我一同听讲的孙望先生和我的脑海中。四十七年之后的今天，我们作为一个强大的社会主义国家的公民，回想往事，也就更其能够亲切地体会：一个曾经为中华民族的伟大事业献身的革命学者，眼看着祖国在日本帝国主义的侵略和蒋介石法西斯统治之下满目疮痍而无力挽救，其内心的痛苦是如何巨大了。

老师的谈锋不知怎么地一转，又议论起中西文化和生活方式的比较来。他由木版书便于批点，便于执持，便于躺着阅读等方便，而讥讽精装西书为“皮靴硬领”；又谈起中装之文明和舒适远胜西装，他当即并不用手而把自己穿的布鞋脱下，然后又穿上，并且对一位坐在前排的同学说：“看，你穿皮鞋，就没有这么方便。”很显然，季刚老师并不是什么国粹主义者、顽固分子，他是一位爱国主义者，一位资产阶级民主革命家。他对于当时买办阶级全盘西化论者“外国的月亮也比中国圆”的论调，是非常鄙视的。这种开玩笑的中西文化比较论，只是他爱国忧民、愤世嫉俗的一种表现而已。

下课铃一响，老师抱起他那个黑布书包，走出教室。我们再没有想到，这就是他给我们上的最后一堂课。

十月五日是星期五，六日就是农历的重九节。季刚老师是一个有山水胜情的人（这一点下面还要谈到），南京又是一个“千古风流佳丽地”，所以他在一般情况下，断无不出去登高之理。但这一天却独自坐在九华村量守庐的书房里，郁郁寡欢。他想起了李后主的《却登高文》，有所感发，作了一首七言律诗：

> 秋气侵怀正郁陶，兹辰倍欲却登高。应将丛菊沾双泪，漫借清樽慰二毛。青冢霜寒驱旅雁，蓬山风急抃灵鳌。神方不救群生厄，独佩萸囊未足豪。

刚刚做好，林尹先生（字景伊，著名学者林损的侄子，钱玄同的学生，当时在金陵女子文理学院教书，现在台湾）来看他，他就将这首诗给林先生写了个条幅。就在当天，老师因饮酒过多，胃血管破裂，抢救无效，两天后，即十月八日，就不幸逝世了。同样，谁也没有想到，这就是他最后的一首诗，最后的一幅字。

儒家哲学认为：兼善天下是人生最终目的，季刚老师也是这么想的。这一篇诗以雁象征流离的人民，以鳌比喻猖狂的日帝，对于自己虽能安居治学却缺少救国的“神方”感到内疚。思想境界是多么崇高！求之古人，只有宋王令《暑旱苦热》中所写“昆仑之高有积雪，蓬莱之远常遗寒。不能手提天下往，何忍身去游其间”，其胸襟可以相提并论。汪旭初先生在其季刚老师周年祭悼词中说，“季刚伤时纵酒，遂以身殉”，这是事实。老师只活了五十岁，是我国学术上无可估量的损失。

## （二） 大师之大

具体地评赞季刚老师的学术，我是没资格的。这应当由健在的一些老学长像陆宗达、黄焯、殷孟伦诸先生以及现在台湾的潘重规先生来谈。因为他们是得到了老师的真传的，而我则及门恨晚，所知无多。

但老师是中外学术界公认的大师之一。在老师生前一直到死后，我常常想到一个问题，就是：大师之大，大在何处？现在我想就自己此问，自作一答。

首先，我觉得季刚老师的学问是既博且专的。无论你用经、史、子、集，儒、玄、文、史，或义理、考据、辞章来分类，老师都不仅有异常丰富的知识，而且有非常精辟的发明。他在文字、音韵、训诂诸方面的成就是空前的，那就不用说了。他所批点的《十三经注疏》、《史记》、《汉书》、《新唐书》，从句读到训释，都有许多发前人所未发之处，其研究成果虽然没有正式公布，但有过录本流传，世所共知。《文选》也是如此，章太炎先生曾经将他和李详先生并举，认为两人是现代中国最杰出的《文选》学家。《〈文心雕龙〉札记》则开创了一代古典文论研究之风。至于文学创作，无论是骈文、散文、诗、词，都写得很好，自成家数。虽然老师对自己文学上的成就并不满意，认为古人是“天九”，而他只是“地八”（见刘博平先生《师门忆语》）。但“地八”终究是仅次于“天九”的“地八”。关于哲学，季刚老师的论说不多，但一篇《汉唐玄学论》，至今仍是研究我国中古哲学的重要文献，而于其他论文，也见出其“名理校练”。总之，如果将我国整个古代学术比作十项全能运动，那么老师除了保持了一两项世界纪录以外，其他项目的平均积分也是很高的。

第二，季刚老师脾气很坏，爱骂人，这是学术界都知道的。但是人们往往乐于传播他性格中狂放的一面，却忽略了他性格中非常谨慎谦虚的一面。他和刘师培先生在北京大学同事，因为自己的经学不如刘先生，就正式拜他为师，这件难能可贵的事说明了他年轻的时候就很谦虚。在日记里，他曾经提到自己读书很快，但记忆力不够好，所以每要引用一条材料，即使极熟的书，也要核对。他在课堂上曾对我们说："我讲小学比较'自如'，讲经学，拿着书还怕讲错。"在讲声韵学的时候，他极口称赞曾运乾先生的《喻母古读考》是个重要的发明。我流寓成都时，还在赵少咸先生家里，读到过老师复赵先生的信，措辞极其谦和。赵先生去信赞赏老师所撰《音略》，老师则回答说："尝自笑非经略之略，乃疏略之略也，何意先生称道之乎？"可见得他论学待人，一贯如此。至于对于国民党中那些卖国贼、贪官污吏，学术界中那些欺世盗名之徒、崇洋媚外之辈，不留情地加以怒骂，或者大声呵斥一些懒惰的学生，那又有什么不对，有什么不好呢！

第三，季刚老师"学而不厌、诲人不倦"的精神，也是使得他本人和他的学派取得成就的一个很重要的原因。老师不是迂夫子，而是思想活泼、富于生活情趣的人。他喜欢游山玩水，喝酒打牌，吟诗作字，但是有一条，无论怎样玩，他对自己规定每天应做的功课是要做完的，日记是要记的，白天耽搁了，晚上就一定补起来。他在日记中曾经提道："平生手加点识书，如《文选》盖已十过，《汉书》亦三过，《注疏》圈识，丹黄烂然。《新唐书》先读，后以朱点，复以墨点，亦是三过。《说文》、《尔雅》、《广韵》三书，殆不能记遍数。"其实何止这里提到的几部书。别人读书，只是受到了书的益处，老师读书，则是他先受到了书的益处，反过来书又受到了他的益处。殷孟伦先生告诉我，他过录了一部老师读过的吴检斋先生的《经籍旧音辨证》，上面和吴先生商榷的批语就达四百多条，即是一例。至于他临危时还要把一部没有圈完的书最后一卷圈完，更是足以说明他献身学术的精神，真是"鞠躬尽瘁，死而后已"。

现在我们再来谈一谈老师是如何教导学生的。他一九一四年初到北京大学，是教文学的，从到武昌高等师范学校以后，就往往同时兼教小学、经学和文学。老师门下研究小学的人固然最多，但研究经学和文学而有成就的人也不少，甚至于有受到老师的启发，学到了老师谨严的治学方法而后来改攻史学的，例如金毓黻先生研究东北史就成绩卓著。因材施教，不拘一格，正是老师教人的特点之一。第二个特点就是老师经常把教学和科学研究联系起来，即使他教过多次的课，每次重讲都有新的内容，所以有的学生对他所授的同一课程甚至听过几次，而每次都得到不同的和更多的收获。还有就是他研究有得，就开新的课程。一九三四年，金陵大学开设国学特别研究班，招收研究生。老师开列了一个准备次第讲授的课目表，一共八门，除《说文》、《尔雅》、《广韵》、《文选》及《文心雕龙》之外，还有“唐人经疏释诸经辞例辑述”、“樊南四六评”及“《新唐书》列传评文”等从来没有开设过的课，而且每门课都作了简要的说明。例如“樊南四六评”的说明是“樊南四六，上承六代，而声律弥谐；下开宋体，而风格独峻。流弊极少，轨辙易遵”。可惜的是，没有来得及完全开讲，他就去世了。学术界流传说，老师对自己的学术甚为珍秘，不肯传人，显然是一种无稽之谈，经不起事实的检验（当然，对那些道听途说，靠稗贩度日的人，老师是难以耳提面命的，又当别论）。老师教人还有一个特点，就是言传身教，他所要学生做的，往往正是他身体力行的。例如治学贵发明，不贵发现：读一部书一定要从头读到尾，在没有把前人的意见搞清楚以前，决不随便议论；发表著作是对祖国文化负责，不是为了个人的名利，必须非常谨慎；等等。所以凡是跟季刚老师读过书的人，研究方向各异，成就大小不同，但是用走江湖的方法来做学问的人是不多的。

第四，季刚老师之所以成为一代大师，也是和他热爱祖国、热爱人民的思想分不开的。他早年在家乡曾经领导过推翻清朝政府的武装起义，在日本时又参与过章太炎先生领导的资产阶级民主革命运动。后来他虽一心做学问，不再参加政治活动了，但是对祖国和人民的命运还是经常深切地关怀着。日本帝国主义的侵略和国民党政府的腐败，给他精神上带来很大的痛苦。这些思想感情反复地出现在他晚年的文学创作中，例如一九三一年九月二十日，即“九一八”事变后的第三天，他写了一首《闻警》：

早知国将亡，不谓身真遇。辽海云万重，无翼难飞赴。

还有大约写于次年冬天的《岁暮书感》二首：

杀节凋年惨惨过，惟将泪涕对关河。沧溟鳌抃移山疾，武库鱼飞弃甲多。一国尽狂应及我，群儿相贵且由它。贤愚此日同蒿里，只恐无人作挽歌。

弧张孤说事何如，载鬼仍惊满一车。北斗挹浆空有象，东郊种树岂须书？失巢伫吊依林燕，聚糁先怜在沼鱼。病肺愁时逢止酒，那能因梦到华胥？

在这些诗里，反映了他对国家现状、民族前途的深切忧虑，对当时反动政权的无比愤慨。但是他手上并未握有改变这种现状的权力，他所能做的，只能是像王夫之、顾亭林和章太炎先生等人所做的一样，以维护并发扬祖国的传统学术、民族文化为己任。爱国主义炽热的火焰是指引他在学术道路上不停地前进的明灯。他对于一些问题有自己独特的看法，非常顽强，在我们今天看来，甚至于显得有些偏执。如果不从当时的历史情况和他的心灵活动去理解，是很容易产生误会的。

我认为，以上这些，就是使得季刚老师成为一代学术大师的主要因素。

## （三）留连金凤与花天酒地

季刚老师的父亲名云鹄，字翔云，清末曾任四川盐茶道。翔云先生品学都好，但并非官场中的干员。抗战时期，我在四川雅安听到他老人家一件逸事，很可以说明这一点。离雅安城不远的山上有一座金凤寺，寺里有一位能诗的和尚，翔云先生出差到了雅安，和这位老和尚一见如故，便把公事放在一边，长期住在庙里，跟和尚唱酬起来。省里面的主管大不以为然，便参了老先生一本。执笔的幕僚，提到这件事，只用了“留连金凤”四个字。奏折发出去了，上面看的人没有想到金凤是寺名，误认为是个妓女，而清朝官吏狎妓，是视为厉禁的，几遭严谴，后来经过解释，才弄清楚。因此一直到本世纪 40 年代，“留连金凤”这件逸事，还在老辈口中流传。

我记得先父还曾就此事作过七古一首，有句云："敢占温柔谑金凤。"当我向四川一些老先生请教时，他们谈到翔云先生，都一致说是位廉吏，才情也好。季刚老师虽然十三岁就死去了父亲，但是翔云先生的品德、性格、才学、爱好，对他显然不能没有影响。

季刚老师在北京的时候，教学研究之余，最爱同学生们一起游山玩水，而经常陪同老师游玩的则是孙世扬（字鹰若）、曾缄（字慎言）两先生，所以当时他们就被称为"黄门侍郎"。孙先生的《黄先生蓟游遗稿序》中曾说："丁巳（一九一七）戊午（一九一八）间，扬与曾慎言同侍黄先生于北都。先生好游，而颇难其侣，惟扬及慎言无役不与，游踪殆遍郊坼，宴谈常至深夜。先生文思骏发，所至必有题咏，间令和作，亦乐为点窜焉。"这些作品都已经刊载在《制言》第六期中，不再赘述。我这里想公之于世的只是曾先生和季刚老师联句的《西郊禊游诗及序》：

> 蕲春黄公既殁，缄播帑旧稿，得往与公所为《西郊禊游连句》五言一首。西郊者，在燕京西直门外，都人所谓三贝子花园者也。易代而后，更名万牲，槛兽笼禽，此焉罗列。鸟兽咸若，草木鬯然。公以戊午上巳之辰，与缄修禊于此，憩豳风之馆，升畅观之楼，遂仿柏梁，赓为此作。属咏未已，时已入暮，司阍逐客，踉跄而归。其后思之，未尝不笑乐也。良辰赏心，忽逾一纪；昔游在目，遂阻重泉。而缄忝厕门墙，获陪游衍。学射吕梁，曾惊掉臂；抚弦海上，粗解移情。乃奉手未终，招魂已断。池台犹昔，而觞咏全非；翰墨如新，而墓木已拱。抚今怀昔，良以怆恨，故述其由来，追为此序。嗟乎！子期吊旧，悲麦秀于殷墟；叔夜云亡，聆琴音于静室。即斯短制，悼念生平，固将历千载而常新，怀三年而不灭。第摩挲断简，腹痛如何！庚辰长至，曾缄。
>
> 嘉辰禊郊野（公），有约寻池台。扶携度广陌（缄），纡道东城隈。饼金买瓶酒（公），果蔌兼鱼膎。提挈上鹿车（缄），修道清氛埃。路出西直门（公），万绿迎人来。方畦麦始秀（缄），圆沼萍初胚。依依晒弱柳（公），郁郁瞻高槐。迤通向林陬（缄），夕阳已西颓。匆匆入园去（公），所见多奇陔。汤池饲猛鳄（缄），坚槛羁凶豺。树有相思名

(公),草非忘忧材。历径必窈窕(缄),循廊亦徘徊。踯躅清溪旁(公),春波漾莓苔。惊鸿影一瞥(缄),独雁情方哀。舍此登高楼(公),摄斋升层阶。觚棱曜金碧(缄),壁带含玫瑰。仙人好楼居(公),王母安在哉!黄竹响久绝(缄),青鸟音常乖。去去勿复顾(公),游目天之涯。西山净暮霭(缄),平野兴微飔。回首望故乡(公),郁乎何垒垒。兴来促命觞(缄),景密情亦赅。惧干阍者禁(公),暂勒吾驾回。还涂意未渫(缄),更欲亲尊罍(公)。

曾先生这篇写于一九四〇年的序文,真是文情并茂。今日读来,当时情景犹在目前。

刘博平先生的《师门忆语》中曾经比较详细地叙述了季刚老师和当时的学生如何亲密无间的情况,他特别指出:“箴规訾敕即寓乎其中,使人日发愤迁善而不自觉。”就文学角度说,老师率弟子出游,往往也就是一次创作实践。我跟季刚老师学习的时间可以说是很短,但接触的老学长不少,听到这些“头白门生”在几十年以后,还深情地谈到老师对他们的教诲和从老师游处所得到的益处,都使自己深以从学之日太浅为憾。

南京是一座古城,名胜很多。季刚老师到中央大学和金陵大学任教后,颇有文酒登临之乐。在汪旭初先生的《寄庵词》里面,就有一首抗战时期在重庆写的〔偷声木兰花〕:

桃腮杏粉俱飘落,客里清明闲过却。酒地花天,桑泊游踪只惘然。　　年年解挽征衣住,杨柳多情千万缕。恰又无情,飞絮随波总化萍。

其序云:“金陵玄武湖,当清明前后,花开如幄。季刚行吟其下,尝顾余曰:‘此真花天酒地也。’客中怀思,凄然得句。”这反映了季刚老师风趣的“花天酒地”四字,也是传诵一时的。

当时在中央、金陵两大学中文系任教的,都是一些学术、文词兼擅的先生。每逢春秋佳日,他们便集会在一起,登高赋诗。我现在还保存着一件珍贵的文物，就是一九二九年老师们《豁蒙楼联句》的手迹。这是七位老师用鸡鸣寺中和尚的破笔在两张长条毛边纸上写的，每人写上自作诗句，并署名其下。诗云：

蒙蔽久难豁（弢），风日寒愈美（沆）。隔年袖底湖（翔），近人城畔寺（侃）。篩廊落山影（辟），压酒潋波理（石）。霜林已齐鬓（晓），冰花倏缬绮（弢）。旁眺时开屏（沆），烂嚼一伸纸（翔）。人间急换世（侃），高遁谢隐几（辟）。履屯情则泰（石），风变乱方始（晓）。南鸿飞鸣嗷（弢），汉腊岁月驶（沆）。易暴吾安放（翔），乘流今欲止（侃）。且尽尊前欢（辟），复探柱下旨（石）。群屐异少年（晓），楼堞空往纪（弢）。浮眉挹晴翠（沆），接叶带霜紫（翔）。钟山龙已堕（侃），埭口鸡仍起（辟）。哀乐亦可齐（石），联吟动清泚（晓）。

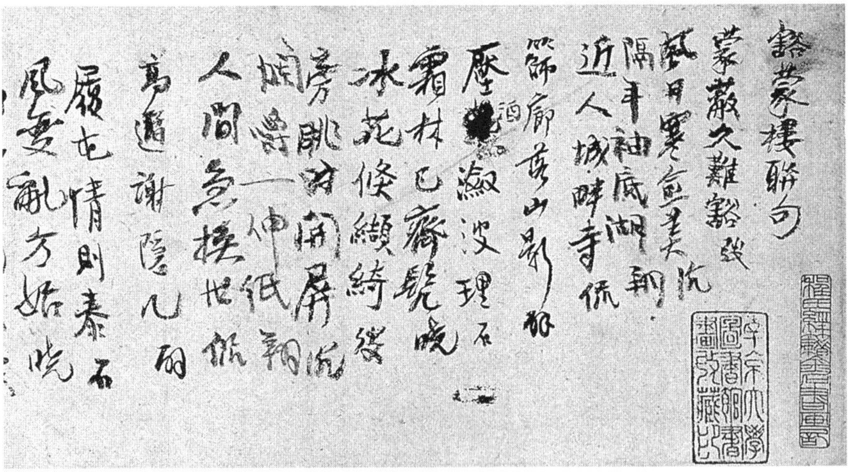

《豁蒙楼联句》（局部）

一九六四年，黄耀先（焯）先生将他所保存的这一手稿送给了亡妻沈祖棻，并做了一个跋："己巳冬，先叔父季刚先生邀象山陈伯弢，南京王伯沆、胡翔冬、胡小石（帆按：伯沆先生是溧水人，翔冬先生是和县人，小石先生是嘉兴人，都久住南京，所以这里统称为南京人），彭泽汪辟疆，南昌王晓湘诸先生，集南京鸡鸣寺豁蒙楼联句。此稿存先叔父遗书中，今以奉子苾世姊。甲辰秋，焯。”又附记云：“汪旭初先生当时因事未及与会，吴瞿安先生于时尚未至中央大学任教，故未列名其中。”

从联句中，可见老师们的逸兴雅致。但随着民族灾难的日益深重，“花天酒地”也终于被“兹辰倍欲却登高”所取代了。

## （四）季刚老师和瞿安老师及其他

回忆录之所以被人重视，是因其所记载的内容多出于作者所自为，或者耳闻目睹。正由于此，撰写这类文字，必须谨严慎重。我读了《学林漫录》第三辑中袁鸿寿先生的《吴瞿安先生二三事》，发现其中所说季刚老师和瞿安老师的关系以及瞿安老师生前死后的一些事迹，就都非“实录”，不得不在这里附带加以辨正，以利于后人对两位老师的了解和研究。

一、袁先生说：“一九三四到抗日战争这几年，瞿安先生为什么如此痛苦、如此颓废呢？据我所知，有三种压力伤了他的心。……最使他伤心的事是到了南京，黄季刚先生曾讥讽曲学为小道，甚至耻与擅词曲的人同在中文系当教授，从谩骂发展到动武。排课的人只得把吴的课排在一三五，黄的课排在二四六，使他们彼此不相见面。黄侃与系主任汪东都是章门弟子，自然瞿安先生处于下风。”

我不能不非常遗憾地指出，这种“所知”，纯属“想当然”。这问题可以从两个方面来说明和证明。

首先，说季刚老师和瞿安老师的关系。季刚老师在北京大学任教是一九一四年到一九一九年，瞿安老师则是在一九一七年到一九二二年。其间两人同事二年（当时如孙世扬、曾缄两位“黄门侍郎”就同时也听过瞿安老师的课。曾先生和我谈过他听瞿安老师课的情况，孙先生则在《制言》第四十八期发表瞿安老师的《霜崖词录》的编者按语中谈到这点）。两位老师纵无深交，也绝无恶感。如果季刚老师讥讽曲学为小道，并且耻与擅长词曲的人同当教授，那么这种使人不愉快的事情早在北京大学就该发生了，何至于要迟到三十年代呢？还有，据俞平伯先生《清真词释序》所载，他在北京大学就听过季刚老师讲词，这又怎么解释呢？从二十年代末期到一九三五年，两位老师又在中央大学和金陵大学同事，常常诗酒往还，交情渐密。所以黄焯先生在跋《豁蒙楼联句》手迹中，特别说明何以季刚老师没有请瞿安老师参与此会（其实这一点是黄先生记错了，瞿安老师在一九二八年已经到了中央大学，但同时还兼着上海光华大学的课，那时他可能恰在上海）。这就是说，瞿安老师如果在南京，季刚老师断无不请他之理。这也就间接说明了两位老师之间的关系是很好的。一九三四、一九三五年，我正在金陵大学读书，也曾陪侍老师们赋诗饮酒。记得只有一次，两位老师发生了一点口角，也不过是醉后失态，绝不涉及学术问题，当时既未动武，事后也并无芥蒂。还记得有一回，我和同学陆恩涌先生去看季刚老师，老师听说恩涌是跟瞿安老师研究曲律的，就对我们说："你们不要以为只有瞿安才会教曲子，我也会。"接着，他就大声背诵了一大段《桃花扇》。我们当时当然还是恭恭敬敬地听了，可是出来之后，就笑着议论，季刚老师这样好胜，真是个老天真。这不正也表现了他并不轻视词曲，并且还推重瞿安老师在这方面的造诣吗？

至于说到把课排在不同时间，是为了使他们不能见面，也不符合事实。当时在中央大学和金陵大学两校同时任教的老师，为了使两校学生能够把老师开设的课程都学到，所以尽可能地把授课时间错开。那时，季刚老师在中央大学的课是在星期二、四、六上午讲授，而在金陵大学的则是在一、三、五下午讲授；瞿安老师则反过来，在中央大学是一、三、五上午，在金陵大学是二、四、六下午。这怎么能像袁先生那样解释呢？

其实，瞿安老师晚年的精神状态是不难理解的。和季刚老师一样，他也是一位爱国知识分子。在其所创作的剧本中，曾多次借古讽今，表达了自己对民族、祖国和人民的热爱，如以明末瞿式耜抗清为题材的《风洞山》传奇，以戊戌政变为题材的《血花霏》传奇，以秋瑾就义为题材的《轩亭秋》杂剧，都可为证。他看到日本帝国主义的侵略，反动政府的投降卖国、贪污腐败，能不痛心吗？袁先生文中虽然也提到这一点，却认为它所给与瞿安老师在心灵上的创伤，远不及个人地位被贬低重要，这对瞿安老师决不是准确的评价。

其次，再说瞿安老师和汪旭初（东）先生的关系。汪先生和瞿安老师是同乡，都是苏州人，很早就是朋友。瞿安老师的《〈朝野新声太平乐府〉校勘记》就是于一九二四至一九二五年在汪先生主编的《华国月刊》上连载发表的。一九四五年，即瞿安老师死后六年，汪先生给沈祖棻画了一幅《涉江填词图》，在所题〔木兰花慢〕跋语中说："……又吴瞿安有《霜崖填词图》，题者甚众，惟限〔高山流水〕一调，余因循未成，而遭乱离，遂负亡友之托，然他日必补成之也。"友情如此惓惓，怎么谈得上伙同季刚老师屈使瞿安老师"处于下风"呢？而且大家都是学者，各尊所闻，传道授业，又有什么上风下风之可言呢？

二、袁先生说："抗日战争初起，南京中央大学决定内迁重庆。校方有一决定：凡不按时到重庆报到者作解聘论。瞿安先生到后方逾期了，校方竟把瞿安先生解聘。当然很多教师鸣不平，请他到沙坪坝。瞿安先生伤于酒，加上南行中途辛苦，一怒之下就病了。"这也不完全合于事实。内迁各校虽有这种规定，但如瞿安老师这样有声望的教授，当时中大校长罗家伦是不敢这样对待他的。何况系主任胡小石老师又是瞿安老师的多年同事和朋友呢？中大西迁之后，校、系负责人和中文系全体同学都曾经敦请瞿安老师到校，但老师因病，一一辞谢。他一九三八年底在桂林写的《与中央大学国学系诸同学书》中说："诸同学大鉴：敬复者，惠书诵悉。梅病日益增，气促至不可多语，尚能登坛讲授耶？纵诸君厚我，而仆病未能也。前致志希（罗家伦）校长及小石主任两书，已细述一切，希诸君子一请读之。不妨樗栎，得终天年，则幸甚矣！专此上言，即颂著福！十二月二日，吴瞿安顿首。"这封信很清楚地说明了中央大学当时并无对瞿安老师解聘之事。抗战初期，瞿安老师流寓湘潭、桂林，我和祖棻则在长沙、重庆，一直和老师通信。老师当时的病况、生活和心情，来信都说得很清楚。可惜这些信都在十年浩劫中被毁了，以致无从引证。但同门徐益藩、梁璆夫妇曾录有副本。益藩先生虽殁，梁璆夫人还健在，希望她能将这些有关瞿安老师生平的材料公布出来，如果没有遗失的话。

三、据李一平先生（也就是袁先生文所说云南大姚的那位同学）在《瞿安先生逝世先后略述》中所说，瞿安老师逝世时，师母、次子怀玉，还有好几个孙子送终。三子良士、四子怀孟当时在昆明工作，隔两天就赶回奔丧。李一平先生在老师病中，一直随侍在侧。后来将老师遗榇暂厝，还“名其墓道曰霜园，以识不忘，为后世岁时祭扫之地。盖移厝之日，勺象之徒，四方来会，垂涕而去者，亦千余人云”(李一平先生是大姚县小学总校长兼中学校董，在他号召之下，全体中小学师生及各界人士都来给瞿安老师送殡，所以有一千多人)。事情就是如此，何尝像袁先生所说：老师逝世的时候，“家人无一在侧，死后亦无条件奔丧。一代曲学山斗，孑然一身，客死他乡”呢？李一平先生也还健在，在追忆瞿安老师的时候，我们应当同时向这位笃于师门风义的老学长致敬。

瞿安老师逝世以后，纪念文章不少。据我所知见，开明书店出版的《文学集林》第一辑《山程》、《大美晚报》副刊《文史》第九期以及《戏曲》第一卷第三期都有这方面的材料，而瞿安老师的老学生如任二北(扬州师范学院)、钱南扬(南京大学)、王季思(中山大学)、唐圭璋(南京师范学院)、常任侠(中央美术学院)、殷孟伦(山东大学)、管雄(南京大学)、高文(河南师范大学)、万云骏(华东师范大学)等先生对瞿安老师在南北各校情况，也都有所知。如果查查资料，问问同学，再写回忆文章，似乎对逝世的老师和广大的读者，都更妥善些，有益些。

一九八二年春节，于南京大学

# 三、我与黄季刚先生

关于季刚先生，我曾写过《忆黄季刚老师》一文，述及先生所以能成为一代学术大师的原因，也谈到先生逝世前的有关情况，他与吴瞿安先生的关系以及其他的一些逸闻轶事。现在，再作些补充。

## （一）兀傲狂放与谦虚淳厚

季刚先生生性聪颖，才学过人，每每嗜酒使气，俾倪调笑，不甚拘礼法，人多谓之狂放兀傲。其实，这只不过是季刚先生性格的一个方面。人们有时乐于传播他性格中狂放的一面，却忽略了他性格中非常谦虚淳厚的另一面。比如，他与刘师培先生本在师友之间，后又为北京大学同事，只是因为自己经学不如刘先生，便拜刘先生为师，在学术界传为美谈，便是一个极好的例证。又如，季刚先生在他的日记里曾说到自己读书很快，但记忆力不够好，所以每要引用一条材料，即使极熟的书，也要核对。他在课堂上曾对我们说："我讲小学比较'自如'，讲经学，拿着书还怕讲错。"在讲声韵学的时候，他极口称赞曾运乾先生的《喻母古读考》是个重要的发明。我流寓成都时，还在赵少咸先生家里读到过他复赵先生的信，措辞极其谦和。赵先生去信赞扬他所撰的《音略》，他回信说："尝自笑非'经略'之'略'，乃'疏略'之'略'也，何意先生称道之乎？"可见得他论学待人的谦虚，是一贯如此。这里，我们还可以举出一件事，说明季刚先生的谦虚淳厚。

章太炎先生在《黄季刚墓志铭》中曾说道：

> （季刚）始与象山陈汉章同充教授，言小学不相中，至欲以刀杖相决，后又善遇焉。世多怪季刚矜克，其能下人又如是。

季刚先生与陈汉章（字伯弢）先生同事，是一九二八年受中央大学之聘来到南京之后。两位先生在章句之学方面有分歧，乃至发生争执，这里可不必多说了，因为这固然与性格有关，但在学术上有不同意见，本也是正常的事。学问不同，并不妨其友谊。季刚先生不因与陈先生“言小学不相中”，便视若仇雠，而是仍能“善遇”之。这种“善遇”，正足见季刚先生的谦和淳厚。

一九二九年冬某日，季刚先生邀同在中央大学任课的陈伯弢、王伯沆、胡翔冬、胡小石、汪辟疆、王晓湘诸先生，登南京鸡鸣寺豁蒙楼游赏。豁蒙楼乃张之洞都督两江时为纪念杨锐所建（参刘禺生《世载堂杂忆》“豁蒙楼”条），楼取名杜甫诗《赠秘书监江夏李公邕》“忧来豁蒙蔽”，亦为一时胜迹。汪旭初先生当时因事未能前来，吴瞿安先生因去上海光华大学授课，也没有与会。诸位先生游赏之余，兴之所至，因作联句。每吟一句，便用寺中寻得的破笔题写在毛边纸上，并署名其下。诗云：

> 蒙蔽久难豁（弢），风日寒愈美（沆）。隔年袖底湖（翔），近人城畔寺（侃）。筛廊落山影（辟），压酒潋波理（石）。霜林已齐髡（晓），冰花倏缬绮（弢）。旁眺时开屏（沆），烂嚼一伸纸（翔）。人间急换世（侃），高遁谢隐几（辟）。履屯情则泰（石），风变乱方始（晓）。南鸿飞鸣嗷（弢），汉腊岁月驶（沆）。易暴吾安放（翔），乘流今欲止（侃）。且尽尊前欢（辟），复探柱下旨（石）。群屐异少年（晓），楼堞空往纪（弢）。浮眉挹晴翠（沆），接叶带霜紫（翔）。钟山龙已堕（侃），埭口鸡仍起（辟）。哀乐亦可齐（石），联吟动清泚（晓）。

陈伯弢先生本不擅辞章，联句又无暇细思，仓促之间吟出的“南鸿飞鸣嗷”

一句，竟连用了五个平声字，于律不合。当时胡翔冬先生听了便不太高兴，批评道："真不像话！"陈先生有些难堪。季刚先生这时则宽厚地站出来替陈伯弢先生说话，谓："联句本为遣兴，就不要太严格了吧。"于是大家也就一笑释之。由此事可见季刚先生的谦和淳厚。

《豁蒙楼联句》的手稿原存于黄焯先生处，一九六四年，他将这一手稿送给了先室沈祖棻，并作有跋语。现在，这件珍贵的文物我已捐赠给了南京大学。

季刚先生的谦虚淳厚，我们还可从下面的一件事看出。陈伯弢先生撰有《史通补释》（原分载《史学杂志》一、二两卷，又附载于排印本浦起龙《史通通释》后，上海古籍出版社一九七八年版），柳诒徵先生和季刚先生都曾为之作序，季刚先生的序曰：

> 象山先生之学（案陈伯弢先生为象山人），深于礼与史，为当今之魁儒，即征事数典，必穷其朔。平生所见，自仪征刘君外，与先生酬酢，未有能如盛均之终席者也。顷承以《史通补释》见示，受读竟日，欢喜弗胜。闻先生于近儒瑞安孙君之《周礼正义》、定海黄君之《礼书通故》皆有补正之作，侃方将求读之，此一编犹未足慰其饥渴也。戊辰春三月下澣，门下士蕲春黄侃拜识。

语极推崇，决不掩人之善。

## （二）《黄季刚先生日记》的"书法"

十余年前，在校读季刚先生日记（逐录本）时，我偶然发现，季刚先生对门下从学之士或称弟某某，或只谓学生若干人，不知是何缘故。后反复思忖，方恍然有悟：凡称弟某某者，必定是正式行过拜师礼节的。而仅称学生者，则没有行过这种礼节，虽然他们也同在课堂上听先生讲授，在课下向先生请益，甚或时相侍从、叨陪末座。

季刚先生何以如此重视这种拜师礼节呢？杨伯峻先生在《黄季刚先

生杂忆》一文中，曾回忆起季刚先生关于执贽拜师的一段话。季刚先生说："我和刘申叔，本在师友之间，若和太炎师在一起，三人无所不谈。但一谈到经学，有我在，申叔便不开口。他和太炎师能谈经学，为什么不愿和我谈呢？我猜想到了，他要我拜他为师，才肯传授经学给我。因此，在某次只有申叔师和我的时候，我便拿了拜师贽敬，向他磕头拜师。这样一来，他便把他的经学一一传授给我。太炎师的小学胜过我，至于经学，我未必不如太炎师，或者还青出于蓝。我的学问是磕头得来的，所以我收弟子，一定要他们一一行拜师礼节。"关于季刚先生师刘师培先生的事，我们下面要谈到。这段话是季刚先生在杨伯峻先生向他行拜师礼时说的，它固然可以用来解释季刚先生之所以要重视拜师礼节的原因，但季刚先生所看重的，恐怕绝不只是这种执贽叩首称弟子的形式，更有这种形式背后所蕴含着的重道与尊师的双重意义。

"道之所存，师之所存。"（韩愈《师说》）寻师本为求道。季刚先生早岁即接受革命思想，后东赴日本，不久即加入孙中山先生领导的同盟会。其后得入章太炎先生门下，既有太炎先生赏其才华，而季刚先生亦推崇太炎先生学问的因素，也有二先生皆欲寻求真理，投身革命，因而志同道合的缘故。辛亥革命以后，季刚先生见国事日非，遂致力于教书、研究，以治学求报国。他认为治学是"存种姓，卫国族"的手段，学术不绝，人心不死，民族复兴方有希望。正因为季刚先生有如此胸襟和志向，所以他虽鄙薄刘师培的为人，然重其四世传经，自以为不如。袁世凯死后，刘氏穷处北京，季刚先生向蔡元培建议，聘刘任北京大学教授。蔡元培因刘曾党附袁氏，以为不可。先生曰："学校聘其讲学，非聘其论政，何嫌何疑，而不予聘？"于是刘终受聘北大。又，当刘晚年肺疾不治之时，季刚先生询问其门下何人可传其学，而刘皆不首肯，最后方提出非学问如季刚者不可。季刚先生从学术考虑，表示甘愿执贽为弟子，刘开始亦不敢相信，季刚先生则真心服膺，并非戏言。于是行拜师礼，从刘师培先生研读经学，直至其去世（详参黄焯先生《黄季刚先生年谱》，载《蕲春黄氏文存》，武汉大学出版社一九九三年版；又参其所撰《记先从父季刚先生师事余杭仪征两先生事》，载《量守庐学记》，三联书店一九八五年版）。

求师问道，重道亦必尊师。季刚先生自在日本时师从章太炎先生，二十余年间，为学一依师法，能传太炎先生之学；为人则谦恭谨慎，执弟子礼始终不渝。一九一三年，章太炎先生被袁世凯软禁于北京，季刚先生两度入京省视，一度搬入太炎先生寓所，侍奉左右，与之共患难，并集同门诸人致书教育总长汤化龙，希其出面斡旋。在此时所作的《有感》和《重有感》两首诗中，他分别写道："幽都咫尺师门远，赋罢《招魂》望未穷。""橐籥无路惭风义，白日风霾虎豹嗥。"师弟之情，溢于言表。季刚先生的师事刘师培，也是如此。不仅对其学问始终服膺，直至晚年仍言必称先师，谨守古道，其所为深受后人称道。

由此可见，季刚先生之看重执贽拜师之礼，正从一个侧面反映了他自己笃于师友的可贵品格，反映了他有意识地提倡尊师崇道精神、昌明祖国学术的良苦用心。

## （三）季刚先生的遗著和藏书

关于季刚先生的遗著及其整理出版的情况，徐复先生所编《黄季刚先生遗著篇目举要初稿》和黄焯先生所编《黄季刚先生遗著目录》（前者原载《金陵大学校刊专号》，一九三五年十一月四日，后者原载《文教资料简报》一九八一年第十期，现皆收入唐文先生与我合编之《量守庐学记》），已作了较详细的介绍，然也有黄先生所未寓目者。如，潘重规先生编次的《黄季刚先生遗书》，一九八〇年即由台北石门图书公司印行，内收季刚先生遗著八种。其中手批《文始》（原本）及重订《唐韵考》（过录本）两种，为《黄季刚先生遗著目录》所无；《古韵谱稿》虽有过录本流传，然《遗书》所收，是季刚先生手泽；另所收批注《说文》《尔雅》二书，则较原本有所增益。因此，我曾撰《黄先生遗著目录补》（亦载《量守庐学记》），作了一些补充。

季刚先生平生为学，至为矜慎，而研习勤恪，是人所共知的。其所创获，多识之于书眉，或载之于日记。季刚先生去世后，其所撰述和笺识评校的许多著作，已陆续刊行，而日记手稿则多毁于抗日战争中，仅余《六祝斋日记》一卷、《阅严辑全文日记》二卷及散页若干，偶存潘重规先生处，一九七七年由台北学生书局影印出版，可谓弥足珍贵。然季刚先生日记又有过录本，黄焯先生已在其遗著目录中著录。此本在内容上与潘先生所存并不重复，字体也摹仿季刚先生手迹，楷书外偶作行草，间杂篆文、古籀，或用古本字、通假字，一仍先生之旧。八十年代中期，同门友集议，以为应尽早将上述日记二种合辑整理出版。于是共推唐文、许惟贤、王庆元和吴永坤四位先生，负责此事。他们据日记过录本校点，而以残存手稿及所征引群籍勘正，凡有异同，即出校记。篆文、古籀和通假字等，则酌改为今通行字体。卷数悉依原稿，惟个别篇帙过巨者，则略加变通，按月分为数卷，以便读者。四位先生的工作完成后，又命我覆阅，因又在体例上作了一些统一。日记的整理工作全部完成，是在一九八六年冬，原拟送上海印行，然迁延未果。十年后，又先后转至南京大学出版社、江苏教育出版社，未知何日能印出。

季刚先生生前藏书颇多，曾自谓“书痴”。即如他到中央大学任教后的两年中，就为购金石甲骨文字书籍，几乎花费了自日用之外的全部俸金。汪辟疆先生也曾在一九二八年十月十六日的日记中记载说：

> 季刚近月购书颇多，经史要籍大略咸备。唐以前类书及丛书较多，至集部则选择颇严。然乾嘉老辈有关于考订及明清掌故者，则在兼收并蓄之列。故邺架所陈，不待展诵，略识标目，即已令人神往矣。(《方湖日记幸存录》，载《汪辟疆文集》，上海古籍出版社一九八八年版)

由此可见季刚先生藏书一斑。

此外，季刚先生亦珍藏有刘师培先生的若干手稿及《柳下说书》巾箱本等，据汪辟疆先生一九三四年三月二十五日日记载：

> 午后季刚约晚饭，饭后打牌四巡，负番币三十枚，季刚大胜。客去纵谈，出床下铁箧，皆申叔稿，以竹纸订小本，如《吕览鸿烈斠注补》、《古历》一卷。再出《柳下说书》数册，为清初柳麻子所据以登场者，云是武昌刘禺生所庋。此确为艺林珍秘之册。略为展阅，皆各自

为篇，凡史实说部人物，并厕其中，词极雅训，其惊心动魄语，亦谐亦庄。余因忆及冒巢民诗云："游侠髯麻柳敬亭，诙谐笑骂不曾停。重逢快说隋家事，又费河亭一日听。"每喜诵之，以为真能画出柳麻子也。今见此书，又为季刚诵之。季刚曰："此刘麻子，非柳麻子也。"余谓不必问刘、柳，要之此书与麻哥大有因缘。季刚大笑曰："此书已入黄阁，裹以黄麻矣。"十时返，即题《柳下说书》四绝句云："劫火难消一赫蹄，异书入手意凄迷。河亭灯火笙歌夜，此是先朝照水犀。""剪裁不出娄东老，便是虞山病阇梨。成就髯麻千载事，斜阳古柳石城西。""白衣残客哭江潭，画像提携在枕函(见钱谦益《初学集》)。解道报恩酬府主，一生知己左宁南。""拂几吹唇字字安，却从悲壮见辛酸。此中具有兴亡泪，莫作寻常院本看。"

日记中所记刘师培先生遗稿《吕览鸿烈斠注补》,《刘申叔先生遗书》中不载。关于巾箱本《柳下说书》，刘禺生先生《世载堂杂忆》有"巾箱留珍本《柳下说书》"条，并引及汪辟疆先生日记，可参。

日寇入侵，南京失陷前，先生次子念田以大车两辆，载先生藏书，寄存于其友人鲁亚鹤采石矶寓中。然待到抗战之后，潘重规先生闻讯前往访书时，鲁亚鹤则谓藏书尽毁，仅存《古韵谱稿》及手批《文始》二册。季刚先生藏书，至此已尽皆流失。解放以后，南京市文联还设法寻找过季刚先生遗书，然亦未果。不知先生藏书如《柳下说书》者还存于天壤之间否？

(本文由巩本栋笔录)

# 四、《汪辟疆文集》后记

这部文集辑录了先师汪辟疆先生除了已印行的和尚未印行的几部专著之外的论文、杂著和诗篇。遵照老师生前的主张，按文章的内容或体制分类排列。其中有些需要说明的，略陈如次：

《读书举要》等三篇，前两篇开列要籍，后一篇指示读法，都属读书指导一类。由于分别写于二十年代、三十年代和四十年代，后出图书未能列入，所论读书方法和今天的要求也不尽符合。但汪老师学识极为渊博，又是一位目录学专家，所举图书和对它们所加评论，现在看来，都还非常中肯；其对治学途径的阐述，尤多自道甘苦、深造有得之言，足供今天研究古代学术的参考。

汪老师在抗日战争以前，虽然也常和学生们谈到《水经注》的可贵，但专门致力于这部书的研究，则开始于抗战中住重庆时。一九三九年，李子奎将熊会贞受杨守敬遗嘱，以惊人的毅力完成的《水经注疏》带到了重庆，拟请老师设法刊印。这在当时当然是不可能的，但对老师从事于《水经注》的研究，这件事可能是一个契机。现收入文集的有关这方面的文章共计四篇，其中《水经注与水经注疏》一文，仅存前半，但其评述杨守敬《水经注疏》成书以前，历代对《水经注》的研究情况，对我们仍是非常有益的。

《汉魏诗选按语》是从汪老师所编中国诗歌史讲义附录中辑录出来的，全书未完，所以只能就现存部分选抄。其中所涉及的考证方面的问题，有些在今天已有新的结论，但老师对这一历史阶段诗歌流变的论述及作家风格的辨析，却仍然使人感到是很精辟的，值得重视的。

对于李商隐的诗，汪老师作过深入的研究，收入文集的这方面的两篇文章，《谈李义山诗》是一篇讲演稿，全面论述了这位诗人的生平和创作。《玉谿诗笺举例》则是为李诗读者示范而写的。他选了若干比较难懂的篇章，根据自己的研讨和体味，直凑单微地进行了分析，富有启发性。

《近代诗派与地域》以下六种是汪老师研究近代特别是光宣以来诗歌的成果。从青年时代起，一直到晚年，近代诗歌始终是他研究的重点，而由于家世、交游的关系，他又和诗坛前辈及并世名家多有往还酬唱，因而其记载是可信的，论述是深刻的。毫无疑问，这些论文、谱录、小传、杂记都将为今后写这一阶段文学史的人所取资。

《近代诗派与地域》是老师用力最勤的一篇文章，曾经多次修改。一九三四年秋天，金陵大学中文系学生会请老师作学术讲演。老师以此为题，讲了一次。我们感到极受教益，便将记录稿铅印成小册子，分发大家。老师看后，认为过于简略，便扩充重写，在中央大学《文艺丛刊》第二卷第二期发表。一九四三年，老师在重庆主编《中国学报》，在第一卷第一期上重行刊布此文，并附有同门吴菉所做小笺，但仅有引论部分。解放后，老师又再加修订，易名《近代诗人述评》，在《南京大学学报》一九六二年第一期登载。每次改动之处并不太多，但字斟句酌，足见前辈治学一丝不苟的精神。这里所收的，是老师晚年定稿，而将吴菉小笺附入。小笺是在老师亲切指导下撰写的，虽然不全，也值得参考。

《光宣诗坛点将录》初稿是汪老师一九一九年在南昌写的，今天已不可见。一九二五年，作了一些修改，连载在《甲寅》第一卷第五号至第九号。一九三四年到一九三五年，《青鹤》第三卷第二期到第七期，又刊登了一次。除序文中删去章行严先生曾索此稿刊之《甲寅》这一记载外，两本全同。一九四四、一九四五年，老师在重庆，对《甲寅》本作了很大的修改和补充，写成定本，另外还写了一篇定本跋。十年浩劫中，定本被毁，跋文以有副本，幸得保存。所以在我整理老师的这部遗作时，它便成了工作条例。

按照老师的设想，这部点将录在每位诗人名下有如下几个组成部分：赞、诗、评、杂记、小传，然后附录章行严先生的《论近代诗家绝句》。各项不求全备，可以缺少；每项不定一条，可以增减（如或有赞无诗，或有诗无赞，或赞后又有赞，或二人合一赞）。其他各项也是如此。有一作，有附见。

现存准备写成定本的残稿共三种：甲、存托塔天王晁盖至地丑星石将军石勇。共十四叶，似已写定，但是钞本，非老师亲笔。乙、起天罡星玉麒麟卢俊义的后半，至铁棒栾廷玉。共八叶，是老师亲笔。赞多诗少（诗多写在眉端），评全缺，偶有杂记、小传。这两本都没有序。丙、存托塔天王晁盖至地勇星病尉迟孙立。共四叶，也非老师亲笔。前有序，比《甲寅》本序详。但每位名下，仅有赞语及小传。此外，另有《光宣诗坛点将录略传》残稿两叶，录王闿运至吴观礼一十七人的小传，内容与丙本不全同。

我整理时，以甲本为主，地丑星以后，据乙本续编。其地丑星以前乙本所载诗及杂记等为甲本所无的，也按人增入。丙本及《略传》则主要取其小传。所缺评语，如《甲寅》本旧评与老师晚年所撰赞、诗不矛盾，就加以迻录。然后将行严先生的诗附于每家之后，无则缺之。体例全依定本跋中所定。有些地方我也加了些按语及注，以便读者。

因为是据诸本合校，断以己意，缀辑而成，很难说与老师的定本相符。古人早已说过，讽味遗言，不如亲承音旨，这原是无可奈何的事。但即使这样，这个本子也提供了研究近代诗歌和研究汪老师诗学观点的重要材料，值得重视。

汪老师对石遗老人陈衍所选《近代诗钞》不很满意，认为收录过杂，而且福建同乡的作品也太多，颇想根据《近代诗派与地域》的论点，精选一部近代诗，也曾开始甄录。为了协助老师完成这项工作，我曾请先君穆庵先生将家集数种以及晚清诸家诗文集数十种、清末民初诸老燕集照片及个人写真十余张都借给老师，以供采择。老师将此事就商于李拔可先生。拔可先生以为，入选诗家应当各附小传，老师也以为然。抗日战争爆发，老师图籍多失，这项需要大量资料才能进行的工作便又搁置下来，后来又想简化为《点将录诗选》，预定编成六卷，也未完成。本集《近代诗人小传稿》就是为诗选准备的部分材料。另外，它的姊妹篇《光宣以来诗坛旁记》也大略作于同时，其后复有增订。《小传稿》有清本，《旁记》有老师手稿。

因系随手记录，所以先后杂陈。这次整理，除了个别人物生卒年未详，依刘、班称并时例酌附外，一律按年代先后编次。这两部著作保存了许多首次用文字记录的文献，极可宝贵。

书札、序跋两部分，略依写作年代编次。汪老师勤于笔札。友生质疑问难，无不详答。点勘诸籍，多有题跋。但经过抗日战争及“文化大革命”，散佚已多，这里抄录的，不过存十一于千百而已。

《小奢摩馆脞录》等三种是汪老师的笔记。《脞录》成书最早，连载于一九一五年《小说海》。

由抗战中到解放后，汪老师曾在期刊上发表过读书笔记数十则，每次都别冠总名，前有小引。如发表在《学林》第一期上的《讲堂旁记》小引云：

> 讲学南雍，时逾十稔。目所籀绎，口说宣之，仓卒质难，不无微谛。境与事迁，旋复忘置。比来渝校，坟籍散失，抗心希古，并未稍杀。诗书至味，盎然在胸。爰于罢讲之余，为草宾退之录。虽竹头木屑，或有谢于高言；而蠡测管窥，庶无讥于短策。戊寅八月自记。

《中国文学》第一卷第三期所载《方湖读书钞》小引云：

> 余于讲贯之暇，喜籀坟籍，往往午夜篝灯，屡忘就枕。又苦善忘，久而茫昧。爰置一册座隅，偶有会心，辄命笔劄，既无诠次，亦少发明。久之，积卷盈尺，弃诸箧衍，亦不复省视矣。或有请其择要乙出，付之本刊。虽无新奇可喜之论，亦足免学子搜讨之劳。屡辞不获，因付钞胥。昔梁子初、杨子林写书万卷，而羊欣、葛洪、沈约、傅隆、沈麟士、袁峻、李彪、陆倕尤有名。此或因隋唐以前，书不易得，或全或节，借供讽诵。至若《黄氏日钞》、《潜邱劄记》，则又体近济翁《资暇》、李涪《刊误》、苏鹗《演义》、邱光庭《兼明书》之体，最有美言，兼存佚籍。若不佞此录，皆不能与前修等量齐观也。

又《中华文史论丛》一九八〇年第三辑所载老师遗作《读常见书斋小记》小

引云：

> 丁、戊之间，余避寇西迁，赁庐于重庆西里之覃湾。室湫而隘，西偏有室，面南而负冈，差较爽垲。初则屈促不自安，久乃习焉不以为陋，反若得此一椽之蔽为可乐也。性喜占毕，苦无书可读，悉索行滕，仅经史文翰十余帙而已。又喜酬接，地既僻处，始迁之一二稔，来者亦稀，后乃稍稍知其地者。每遇休沐，坐客常满，浇书摊饭之后，称引澜翻，不无可听。其有涉于学术掌故，足以资多识佐方闻者，或请付诸笔札，如赵行之《宾退录》、孙履斋《示儿编》之例。初未有应，终乃记之。昔桂未谷尝恐其书落冷摊中，桂氏书未必可弃，若不佞此册，真冷摊中物也。方湖。

这几部分笔记篇幅都不大，内容也基本相同，因此，把它们合并起来，再加上一些未刊的零星手稿，按经、史、子、集的次序排列，统称《读常见书斋小记》。

在我的老师们当中，吴瞿安先生、黄季刚先生和辟疆先生都是每天记日记的。吴先生的日记现在还全部保存着，已由他的家属捐献给国家，藏在北京图书馆。黄先生的日记在日本帝国主义入侵时被毁于采石矶。残存手稿数册已由他的女婿和弟子潘重规教授在台湾影印行世；另有抄本十余册，由其后人，连同黄先生其他许多遗稿，一并捐献给了武汉大学，尚待整理出版。汪先生的日记起于清代末年，一直到一九五四年后半身中风为止，每日小字正楷记录当天所治之事以及读书所得，从来没有间断过，原稿当在百册以上。“文化大革命”中被掠，不知下落，想已被毁。现存的仅有三册：一册是南京师范大学武酉山教授在夫子庙的地摊上用一角钱买回的；另外两册则是掠夺者在匆忙中遗落在地上的。此外还有零页若干纸。现在依照《竹汀先生日记钞》之例，将残本中论学部分辑出，依年月先后排列，题为《方湖日记幸存录》。黄、汪两先生日记先后被毁，这种损失是无法弥补的。一四五三年，拜占庭首都君士坦丁堡为土耳其人攻陷时，一些学者还能抢救出许多古抄本，远走意大利，从而保存了古代希腊的学术和文明。这使我们感到惭愧。同时我们也希望某些人今后变得聪明一些，不要再冒天下的大不韪，去干那些使人的价值全然丧失的蠢事。

汪老师不但是一位诗歌研究专家，而且是一位很有成就的诗人。前辈学者的学风和我们今天不完全一样，他们是很注重知能并重，即研究与创作并重的，认为二者互为影响，互相渗透。老师既精于诗学，又深于诗功。他对于诗歌的源流正变、诗人的风格技巧，叙述精确，分析深刻，是和他自己能诗分不开的。他早年受散原老人的影响，效法黄、陈；其后则转益多师，对唐朝的杜甫、李商隐、韩偓诸家，宋朝的梅尧臣、王安石、苏轼、陈与义诸家，致力尤深，合唐人的情韵、宋人的意境为一手，所以风格苍秀明润，用笔开阖自如，为并世诸老所推服。先生原存诗一千四百余首，编为二十余卷，也随同日记及其他手稿成为劫灰。现在收拾丛残，略依先后编成诗抄一卷。

《峡程诗纪》是一篇未完的游记。老师平生不以文章自负，但偶有所作，也可以看出他的造诣。其文大体取法晋、宋，骈散兼行，自具特色。收在本集中的《校定谢灵运集后记》和《国粹学报汇编序》以及这一篇，都可见一斑。

汪老师名国垣，字辟疆，又字笠云，号方湖，又号展庵。一八八七年十一月三日生于江西省彭泽县黄花坂老湾汪村。一九〇九年入京师大学堂，一九一二年毕业。一九二二年任江西心远大学教授，一九二八年改就第四中山大学之聘。后来第四中山大学几经易名，成为中央大学，解放后又改名南京大学，先生一直在这所学校任教，前后共三十八年。一九六六年三月十二日因病逝世，享年七十九岁，葬于南京雨花台望江坡公墓。

在汪老师不幸逝世以后，我就有整理其遗集的愿望。一九七八年，我来南京大学任教，和先生的长子超伯共事，才知道他已着手收集材料，准备编辑，但因工作太忙，进行得比较缓慢。由于我的要求，超伯便慨然以此相托。断断续续工作了八个月，终于编成了这部文集。对于超伯的充分信任，使我有机会对先师尽一点心，我是非常感激的。

一九八四年二月二十五日　程千帆谨记

# 书绅杂录

## 一、书绅录

闲堂师夙健谈，思维敏捷，出语风趣，学生环坐，如沐春风。每侍先生讲论谈笑，总有如珠妙语深印脑海，归去不免笔于日记，一如子张退而“书诸绅”的意思。兹从日记中辑出若干，以记录时间先后排列，以飨海内外未得亲承音旨的好学之士。门人蒋寅、巩本栋、张伯伟一九九九年四月二日记。

（以下蒋寅记）

**一九八五年三月二日**

你们跟我读书，我对你们的要求有个八字纲领：“敬业，乐群，勤奋，谦虚。”

关于“敬业”。要明确弘扬祖国文化的目的，只有这样才能有动力，有观念，有行动，认真对待学习与工作。

要有自制自励的能力，不放松自己，体会古人说的“慎独”的意思。

一切从基本操作开始，书写与叙述要求规范化，养成严肃的工作态度。

作业引用材料要可靠，要根据第一出处，要注明卷数、版本、出处。有异文要说明。力求对字句理解准确，是成说还是私见，要分清楚。

关于“乐群”。师生、同学间要互相帮助。道德品质上互相规劝，学习上互相帮助、支持，决不可互相妒忌和搞小动作。

同学之间应该多交流。不要把材料当成学问，而搞材料保密。这说明心肠狭窄。学者应该大度和开阔，不畏人批评。妒忌别人则塞其受益之路。

关于"勤奋"。要抓紧时间，多读点书。但也要掌握节奏，善于生活，兴趣广泛一些。布置一些课程，有具体要求。但自己要多接触外国文学及现代文学。

注意学与思的关系。学再多，不思也不成为系统的科学知识。学是积累，思是消化。

对博与专的问题一直有争论，可以各存己见，但基本的东西一定要掌握。

关于"谦虚"。青年人总是有点骄傲的，这是自信的表现。但要掌握分寸。如果一点也不表现自己，那是学术的"乡愿"。可以坚持自己的观点，但发现错误一定要改。谦虚不难在一张白纸，难在小有成就时。我年轻时走了一段狂妄的路，是五六十年悟出来的经验。

**一九八五年三月二十八日**

学的东西广，将来不知什么时候就用上了。前辈基础扎实，刘弘度(永济)先生一生对《庄子》下过很深功夫，但不写东西，只是诗词中时时表现出庄意。我曾经问过他，他说："你以为读了书一定要让人知道吗?"这话说得多好啊!

(问《戴叔伦诗集校注》可否交出版。)目前学习紧张，可以不忙出版，等放些时日补充成熟。前辈为学不轻示人，必待养成。

(我说写文章常觉不能把握论题。)做学问须有悠游涵润之功，要在脑子里玩味思索。日前有个老同窗编《金陵诗词选》求序，我应下，构思再三不满意。先从六朝繁华说来，过一两天，早晨忽有新意，于是静坐凝神半晌，觉文思条畅才动笔，从交游说起，论及两人关系，这样就比较亲切。

(呈译著《郁达夫——他的青春与诗》，题"程先生雅正，学生蒋寅敬赠"。)做老师便什么都要教，有关行款的方式我也应该告诉你。像这样的关系应称"千帆先生"，或者"千帆吾师"，"雅正"是同辈之间的客气说法，前后辈应用“教正”或“诲正”。当然，我不是怪你。怎么写都可以，只是一些老传统不可不知。

**一九八五年四月十一日**

读书和研究最好几个题目并行，这可以互相启示，互相贯通。我一般是这样。拼命突击一部书，当时虽然很明白，但不久就会忘掉。你现在读《诗经》，可以和《楚辞》、《文心雕龙》一起参读，《文心雕龙·辨骚》篇便有对屈原的评价，可以帮助你了解古人的观点。

程千帆指导莫砺锋读书

博士论文要有开拓性，或者在别人零碎不成熟的研究上建立体系性的成绩。不管是五十万字也好，十万字也好，总要有个体系。（张宏生说太早定题目容易撞车。）撞车当然不好，但如果你估计大家水平差不多，那就不要紧，可以比一比。“君子无所争，必也射乎。”你做你的，我做我的。你是破汽车怕撞，要是坦克车还怕撞吗？（笑）当然，如果别人已做出相当的成绩，估计不可能超过，或不可能有大突破，那就罢了。莫砺锋本来要作《朱熹研究》，后来听说钱穆写了一本朱子学案，就将题目改了，撞钱穆是撞不过的。

我从刘先生二十多年，得他教益最深。刘先生最精《楚辞》，《屈赋通笺》可备一本。出语极精，深有意味。《唐人绝句精华》也好，只短短一二句评语，却讲得极好。俞平伯《词选》也是，所谓“南人简约，得其英华，北学深芜，穷其枝叶”。姜亮夫先生《屈原赋注》部头超过刘著一倍，征引极博，但阐发不及刘精深。

博士论文不宜搞一个作家研究，应取一个诗派或一段文学史最好，因为这可锻炼和表现出综合概括能力。莫砺锋做了江西派，江湖派、韩孟元白或大历都可以做文章。你若做韩，我告诉你一句话，韩愈是要将不是诗的东西硬作成诗，而且要人承认它是诗。这是我几十年得到的结论。

（张宏生打算博士论文做僧诗。）僧诗无甚高处，而且一般僧人于释理也不深，诗中典故却有些。《藏经》很好找，但读到熟悉要花不少时间，这样太不值得。明确自己的文学研究中心，就应注意文学方面的内容。作为文学研究者，对哲学史、思想史是必须了解的，比如曹虹要搞六朝文学，必须熟悉三玄，把这搞通后可以从哲学和文学的关系作深刻研究。

（张宏生的读书报告准备比较《诗经》和汉乐府的爱情民歌。）还可以下推到南朝民歌，其商业特点和市民习气同早期民歌不同。还要注意地域问题，可看《汉书·地理志》、《礼乐志》等，注意论地理、人情的部分。《风》为北方诗，汉乐府也有北风，南朝乐府是长江上游，有地域色彩，这似乎还无人注意到。

**一九八五年四月十九日**

（汇报论《诗经》忧患意识的报告。）忧患意识在《诗经》许多诗篇里表现出来，但具体作品产生于何时，是忧的什么，要落实。这就要注意作品的写作年代。古代文学这点很要紧，非要结合特定的历史背景与时代去解释。解决问题与下结论要设几个驳难，怎么使自己立于不败之地。

**一九八五年四月二十五日**

（博士论文想作“闺怨诗研究”。）这个题目太小，而且难有开创性，不易见水平。

辑佚很有意思，我想招一个古典文献方面的博士生，就做《清代辑佚书考》。曾有郭恭伯专门研究大书，作《四库考》、《大典考》、《宋四大书考》。（问辑自《大典》者可否信其完璧。）不可，这要看馆臣主学官的学力、态度。而且辑佚容易出错，古人修书，同书称“同前”、“同上”，一旦漏刻书名，则二书混一。陈寅恪著作引书从不用这类字，宁愿繁复抄写，就为不致出错。甚至阿拉伯数字也不写，必用汉字大写。（抽陈书举例。）随便翻一下都是。

**一九八五年五月九日**

（张伯伟论庾信《枯树赋》到王渔洋《秋柳》。）这个题目有意思。中国文学的继承性很强，一个故事一个意象给后人留下深刻印象，不自觉会以各种形式表现出模仿，可以再找些例子，包括戏曲、词、小说最好。这样证成其说，文章显得丰满，也显出它不是凭空而出，而是有着历史的沿袭。

文章要尽量写得精，只拣最需要、不可不说的话说。一般的话简而精说，可说可不说的话尽量不说。呵，三个层次。

（谈到新方法。）刘再复、林兴宅等人的思想很新，肯探索，而且绝不是哗众取宠，是严肃的。文学所以刘为所长，也显出新生力量的活力。但他们的文章，总有点与具体文学现象不合。当然有些地方我不懂，对中国文学我还算较熟悉，看他们的理论总不能和文学现象印合。

我也在探索，寻求新方法、新路子，我也不喜欢把眼光局限于某一处。即使写很小的问题，我也喜欢站在高点看它，从中阐述些大问题。比如《一个醒的和八个醉的》，虽然是讲一首诗，实际是说杜甫是怎样觉醒的。杜甫的现实主义的转变，是他自己的自我发现，猛醒到社会。

我自觉才弱，也无能力写很大问题的文章。要我写那种很抽象空洞的文章，我是不敢。我愿从具体问题入手，上升到一定高度，历史主义是不可少的。（我说目前新思潮是逻辑主义倾向。）逻辑主义是需要的，光考据并不能解决所有问题。尤其是上古，文献太少。顾颉刚先生曾考老子——当时曾有考老子之风，但他对我说，材料太少了，没办法。是啊，这几条材料，你这么组合就是这一观点，他那么组合又是一种说法。现在根据老子的思想倾向，认为是战国人，实际是思想史问题。这就是逻辑方法，但逻辑方法也不能抛开历史，否则就成了唯心主义。不管当前是怎样的倾向，要宽容一些，允许大家探索。学者心胸应该广阔，要善于把一切有益的东西吸收过来，发挥作用，“偏见比无知更有害”。

（曹虹说有人主张《诗经》成于一人之手。）读古书要有历史知识，有时常识的判断是最准的。《诗经》不说内容涉及几百年，就是风格也绝不同：周颂最古奥，其次大雅，小雅和风很接近，但二南和秦又不同。《汉书·地理志》、《礼乐志》说音乐与地域的关系是清楚的；《左传》季札观乐，指出音乐也各国各异，说成于一人之手是很难说服人的。当然，他有他的推证，就像顾颉刚说禹是一条虫，若说禹是某以虫为图腾的部族尚可，说是虫就未免荒谬了。上古文献少，须加以分析。陈寅恪是很幽默的，韩愈说非三代两汉之书不敢观，陈说寅恪平生不敢读三代两汉之书。

**一九八五年五月二十三日**

现在研究新方法，是个好风气，否则文学研究就会像“四人帮”时那么僵化。（张宏生说叶嘉莹讲词注重各人独特之处，而国内分析作品则将个性变成共性。）这是原则问题，但也是修养问题，叶嘉莹、缪钺、沈祖棻讲词都有特色，就是细。他们除了能讲，也能写，深知其中甘苦，才能讲到点子上。文学是人学，归根到底，还是要归结于情感的表现。现在杂志省级以下的，文章公式化很强，都是一个模式。每篇作品有独特的构成，分析也要各异，根据不同的作品作不同分析。

我《古诗考索》的文章讲诗，也尽量从不同的角度去解决不同的问题。虽然解放前我从未接触马列主义，但写文章也没有模式，解放后尤其是来南京以后，我有意识地探索新方法，力图从具体上升到抽象一般的原则。

马克思主义只要不是教条地对待它，不搞得僵死，那它是有可以包容一切的宽容的。只是我有个忧虑——所谓“小民之忧”，就是引进新方法，不能使文学研究变成美学和哲学的素材或工具，那就颠倒了主客关系。这里有重点所在，即不将文学搞成哲学理论（比如控制论）的印证。引理论解决文学问题和用文学来印证哲学是有不同的，要从具体的作品出发，抽象出理论，发展理论。

当今搞古典文论的人，搞来搞去是研究古人怎样批评，而不自己进行批评。只是从古书中找些名词术语加以说明，不研究它出现时对创作的指导意义。因为这就牵涉到创作，而一讲到创作，许多人便束手无策了。他们研究刘勰、钟嵘、严沧浪、王夫之，却没有人自己成为刘勰，这就是不从文学出发研究的结果，也是古代文论研究上不去的原因。写批评史，王国维以后，自己不能成为一章，比如蒋寅的文学批评。这一点胡适之就好，不管人们怎么骂他和指责他，但他确实提出了自己的一些主张，在批评史上应该列出一章。

念《文选》看李善注是主要的，文选学大部分是李注学。骆鸿凯的书条例不全，有名词不适当的地方，可以考虑补订它，自己琢磨一些条例。

**一九八五年五月二十五日**

文学史教学将史与作品分开，很不科学。讲作品时又要顾到史，结果作品讲得不深。讲史总穿插作品，逻辑发展交代不清楚。而且划分成若干段落，每人一块，互不干涉，将历史上一些文学现象割裂了。讲到陈子昂学生不会想到阮嗣宗，讲到陶渊明不知道唐代的、宋代的甚至近代的。文、史应分开，青年教师先讲史，给外系普通班上，掌握通史，然后回中文系讲作品，再讲史。这样反复上升，各方面的能力都培养了，史培养了逻辑、历史的能力，作品则提高了鉴赏力。

**一九八五年六月六日**

《文史知识》约我写文章谈治学，我就自己感受说有两点。其中一点是能与知、感与知相结合。首先要熟悉作品，先有爱憎然后有好恶，熟悉作品，与作家心灵沟通，爱上他，才能进行评价。还要创作，知甘苦。

拟古和模仿首先是学习，模仿到最后总会走出来的。任何有才能又不脱离生活的作家，最终都会从模仿中走出来。当然，没有才能的作家就窒息了。如周美成词，方千里等人有和周词，但无价值。又有作步周词的，也失败。周仍然是周，但他们都不是自己的。苏东坡学杜，早期《荆州十首》显然是学《游何将军山林》，但见功力，已显示出诗人的天才，只未见风格而已，后来就不同了。拟古和模仿除诗人本身的创造外，也有时代影响，陆机拟古诗，有骈偶风，不是古诗平行之式。陆机正处于单偶交变时期，诗也略见。江淹的拟古则积累了不少经验，不是像陆机一句一趋，而是得其精神，但也受齐梁风气影响，显出清来。总之，模仿是必要的，朱自清有拟古诗，是黄节先生的作业，一句一拟，是下功夫的。朱先生讲诗作诗有意思，是下功夫熟悉的。（我说拟古有竞争心理。）那是出于崇敬古人，要与之竞赛的善良愿望，它正是文学发展的动力之一。事实上大家都有意学习古人并要超过前人，杜诗多用前人句，仇注一一注出，有些嫌琐碎和无意义，但目的是为创作提供比较和借鉴，并非如今人注解之意而已。

博士论文不宜做作家。当然，像刘后村，作个论文分量足够了，但问题是水平不够。因为有现成的框子可套，不外乎编年谱、考证等，而做一段文学史需要具备各种能力。

曹虹可考虑一下南北朝文学与批评的关系问题，因为现在都各自立论，很少从两者的关系及原因着眼。（曹虹说在考虑南北文化迁移的问题。）是的，这个问题要联系到当时文风的不同和地理的差异，刘申叔的文章只是开了个头，还大可研究。佛学也是重要的影响。

（问唐末江湖诗人似与南宋江湖派有共通之处。）但有重大的区别你考虑过吗？前者依附于藩镇，而后者是依附于官僚的，如姜夔就依附于范成大。唐代俸禄重外轻内，宋代南宋是重内轻外，文官地位高，待遇优厚，退休后往往购庄园养老。唐人题庄院园林的诗不多，而宋人极多。

**一九八五年六月二十日**

（告刘崇德在辑唐佚诗。）辑佚补缺的工作是不断可以进行的，但注意，辑佚所得的材料常不是什么重要的。《全唐诗外编》王重民补的敦煌诗，只有《云谣曲》和《秦妇吟》是有价值的。宋本《张祜集》的发现是较重要的，其他零星的就不甚重要了，至多对考证有用。科研首先应该着眼于基本材料,从中发现问题。一味追求新材料,会走到“红学”式的考证的路子上去。

科研有三个步骤,提出问题,(发现问题,)解决问题,然后努力证明自己的解决不错。只说努力,因为不一定就对。

(提出想做大历诗研究。)大历贞元正是两个高峰之间的波谷,很少有人注意,是可以做的。但要设想个好的角度去做,要让人耳目一新。还有,我看要注意到当时文化的各个方面,像树剖开看年轮,看其横断面,也是有意思的。当时的诗和古文似乎并不相关,是各管各的发展着的。《万历十五年》可以读一下,这写法是尝试性的,很有意思。写了四个政治、哲学方面的代表人物,通过他们来展现晚明的腐朽。

**一九八五年九月七日**

(寅与张宏生《左传》读书报告拟作与《战国策》说辞的比较。)《左传》的说辞和《国策》不同,是很有意思的问题,你们可以进行对比,写成报告。但要从社会历史上找出原因进行分析。只作一下排比和对照那是大学生也能作的,博士研究生要能深刻地分析现象,透过它揭示出本质的方面。这是训练你们的历史和文艺社会学的研究能力,所以不要限于文学的范围内,眼光放远些。这些工作对你们将来的研究是有好处的。

现在让你们读几部书,取不同的角度做读书报告,可以培养不同的能力。我写文章的方法也不同。这样才能把学问做活。不然总是一个框框,十篇如一篇,就可悲了。

**一九八五年十一月四日**

最近看萧涤非先生研究生的论文,他的文章别具一格,很有意思。这个人有才气,只是文中搬了不少洋典,没有必要。亏得我还是教会学校毕业,读过圣经文学,不然还得查书。引进新名词概念,只是在旧有的不能满足需要才行。如果是为了炫学或是其他,就有点哗众取宠了。

大历贞元文学确实如你所说,有个从反思社会到对文学本身进行反思的问题。这时候的诗人有一种迷茫,既不满现实,但又不知出路在何处，只能逃遁到内心深处，等到政权稍稳固些，方镇问题稍息，白居易等人就要革新了。

**一九八五年十一月十二日**

（寅说《文心雕龙》下篇是具体指导写作的规律，修辞要求有针对性。）艺术规律和原理是多层次的东西，有的适应面宽，有的窄。诗赋有各自不同的规律，韵文有与散文不同的规律，整个文学又有自己的规律，都是规律。我们研究就是要确定研究的层次，然后把握住它的规律。

（寅谈《文心雕龙》属于文章学理论体系的观点及对其成因的看法。）这个设想很有意思，前面的部分可以成立，后面的尚不成熟，还要进一步思考。可以先把前面写成文章。（寅说那样太简单了，还是想对成因作个初步的解释。）那也好。科研本来就是从提出问题到解决问题，不成熟写出来老师可以提意见。反正是读书报告，不一定急着发表。你们现在最好的就是有老师批评指点，我现在老师都故去，有谁来指点我的不是呢？

（张伯伟开课拟涉及佛教与文学的关系。）佛教教义是比较深奥的，与文学的关系可以探讨。但宜先从一些较浅近的入手，如《百喻经》、佛教故事，然后再读《五灯会元》等。在课堂上讲，有些问题讲不深就老实对学生交自己的底，不必故作高深，学生也许会有兴趣去研究。“弟子不必不如师，师不必贤于弟子。”韩退之是很懂得这些的，韩门也很大。

**一九八五年十一月十五日**

（寅告先生在戴氏宗谱中发现梁肃撰戴叔伦神道碑。）家谱的材料很丰富，常会保存些世所不传的东西。但要注意其材料是否可靠，因为古人爱附会名人，防止他作伪。还有古人经常闹宗系斗争，也会影响到材料的可靠性。以前我在四川时，族中要我去修谱，我便辞却，因为也是宗系间闹矛盾。

现在家谱的材料有待发掘，这需要各方面尤其是地方文管会的努力。但有时他们很保守，总占着一点材料慢慢摸。如果公开一下，大家研究岂不好？况且地方材料有限，人力物力都不足，只会延宕科研的进展，所以科研保守材料是最坏的。

## 一九八五年十二月十四日

（寅问自己写文章太长，是否因文章写得太尽。）有些地方已是众所公认，便不必多叙，只要提一下即可。你们现在是博士研究生，写文章的档次要高点，除了观点的新颖外，内容也是面向高层的。一般的、别人已说过的不说，只说最有意义、最新颖的，那么你的文章就精了。陈寅恪作崔张故事考，说这两个形象是出于《游仙窟》，“其他论者多矣，寅恪不复再述”。孙望先生后来考证崔莺莺故事，写成一万七千字，看到陈文，马上删了七千，只剩一万字。我论《饮中八仙歌》也只论述八扇屏风，其他从略。

写文章本身就是个功夫，有新观点有新材料，不一定能写出好文章。我自己在这方面是要求高的。让你们写六篇报告，严格要求从各方面训练，那么到你们做论文时便会驾轻就熟了。我看了别的先生的研究生论文，似乎这一环比较薄弱，只是平平叙来，不懂得作为一个学术论文或博士论文要追求什么。写学术论文绝不比编讲义，要落尽皮毛，独存精神。

## 一九八六年五月二十二日

我一辈子研究杜诗，但没写什么文章，现在老师和学生共同写成一部书，也是个创举。贯穿着一个方法，就是由点上升到面，从具体分析中得到结论性的东西，要提出些别人没谈过的东西，也不是全面研究杜甫。

莫砺锋或是宏生可以再写篇回溯杜甫与历史上人物的关系的文章。杜甫受屈原的影响很深，但不是风格上，而是精神上，对政治的敏感。贾谊和绛、灌的矛盾不是什么思想的不同，主要是政治上的迟钝和敏锐的矛盾。司马迁将屈原和贾谊放在一起正是这个缘故。历来只有两个人，屈原与贾谊有那种精神，后来杜甫继承了他们的精神。顺便说一句，司马迁这个人是厉害的，他把老庄申韩合传也是独具眼光的。老庄的放任反转为严酷，严而少恩。

杜甫晚年用律体来写政治，这是个独创。前人总是用五言古，杜甫独用七律。后来李商隐学他就学这点。

（以下巩本栋记）

**一九八七年九月十五日**

我们（时周勋初师在座）要求每一位博士生都要读几门课程，决不允许学生仅凭一篇论文就拿到博士学位。学生必须在各门课程都取得成绩以后，方能获得作论文的资格。每个学生要读的功课并不一样，根据你的具体情况，准备让你读五门专业课：《楚辞》、《庄子》、《文选》与《文心雕龙》、《后汉书》或《南史》以及古典文献整理与研究。这些课程都以自学为主，请系上其他先生具体指导，我和周先生总其责。《楚辞》的学习，请郭维森先生指导。《后汉书》或《南史》，请卞孝萱先生指导。"古典文献整理与研究"课，将由专人讲授。每一门课都要做作业，做作业要能尽量地采取一些不同的研究方法，但也不要哗众取宠，不要用谁也不懂的新名词。我们所运用的基本理论，还是辩证唯物主义和历史唯物主义，同时强调和重视对文学作品本身的艺术性、对作家的心灵的感知和理解。写文章要注意简洁，一句话能说清楚的问题，绝不要说两句。除此之外，政治理论课要读一部马列原著，也要写出作业。英语在一个学期内通过课程考试，到二、三年级的时候，在上专业外语课的基础上，争取搞一些专业文献的翻译。第二外语要求达到借助工具书可以阅读的程度。博士论文的选题，可在一年级以后慢慢酝酿，题目不能太大，也不能没有分量，基本上掌握在经过努力方能完成的程度。要作开题报告，毕业论文的提纲还要寄到外校请有关专家鉴定，看是否已达到博士毕业的水平，是否能进行答辩。

**一九八八年一月一日**

写文章一定要思路清晰，逻辑严密。有何观点，要拿出证据来，不要废话。写得慢不要紧，写得慢往往是由于自己没有完全想清楚而又很认真的缘故。

**一九八八年一月三十日**

做学问一定要把基础打牢一些、打宽一些，不然像有的先生那样，一生治一本书或某一时期的文学，所指导的研究生也像他的老师一样，毕业以后，分配都不好办。有的学者，看似著述很多，但其治学方法单一，路子都是一个。

**一九八八年四月二日**

毕业论文的选题，要求能解决文学史上某一悬而未决而又有意义的问题，要有独到的艺术见解，要努力创新。

每个人的才赋虽可能不同，但勤奋却应当相同。

**一九八八年十月十五日**

对北宋党争与文学的关系进行全面、综合研究的论著，迄今尚未见（时《北宋党争与文学》的博士论文选题已确定）。研究北宋党争与文学的关系，先要有一个界定。要弄清政治观点的不同怎样影响了文学，政治上的党派斗争又究竟是怎样在文学中加以表现的。还要注意到二者关系的复杂性，党争激烈，私人之间的关系未必就十分紧张，如苏东坡与王安石，气度都很大。

**一九八八年十一月十九日**

材料的搜集是“学”，从材料中提出问题是“识”，解决问题要靠提高理论水平，要能选取一个好的研究角度，比如周勋初先生的《魏氏“三世立贱”的分析》一文，角度就非常好。可以读读王国维、陈寅恪先生的文章，取法乎上，不是要看他的结论如何，而是看他解决问题的角度和方法。

毕业论文中论述党争的分量不宜过大，还是应以文学为主。

党争对东坡的影响最大，在这方面要特别花力气。

要注意散文创作中的党争因素。如王安石的《答司马谏议书》，其本身未必具有多少形象性，但整篇文章却完整和生动地塑造出了王安石本人的形象。《三国演义》中的诸葛亮的形象是塑造得很好的，但最能表现诸葛亮形象的，恐怕还是他本人的《草庐对》。

## 一九八九年四月八日

北宋党争的哲学基础是“学”争，党争的影响波及文学。

师生合影。博士生左起：陈书禄、蒋寅、巩本栋、程章灿、张伯伟、莫砺锋、曾广开、曹虹、张宏生、姚继舜、王青

夫子自道与他人评论是有差异的。王安石不认为自己是法家，东坡也不承认自己是纵横家。东坡反对使人同，但王安石并没有使人同。

要梳理出一些较少为前人注意而又反映党争、在文学史上有一定影响的诗文。

## 一九八九年八月二十七日

自己吃透的问题才能出现在论文的正文中，否则至多放到注中。

（谈及《朱子语类》。）此书皆其学生所记。须注意朱子与他的学生的谈话，即使是谈同一问题，也往往有不同的回答。这一方面是因为要因材施教，另一方面，朱子本身的思想前后也有发展和变化。可见对材料的辨别和使用也是应该注意其产生的具体背景或环境的。某人为何说某话，对谁说的，在什么样的场合下说的，双方各方面的情况如何，都要弄清，这样才不会在使用某些文献资料时出现错误。

**一九八九年九月二日**

北宋党争与文学的研究最终要落在文学上。党争怎样影响作家的心态和文学创作及风格，作家又是怎样得用文学来参预和影响党争，彼此的交叉关系如何，要深入挖掘。苏洵的《辨奸论》值得注意。

文章的论述方式，也应考究。不但要写出新的东西，还要力争在研究和论述的方法上出新，给人以启发。黄仁宇《万历十五年》的论述方式是否可以参考。

**一九八九年九月二十四日**

（与先生谈论文写作，提出应从宋代士人的思想品格、政治品格入手展开讨论。）这一想法不错。应当对党争与文学的关系有一个宏观的把握，有一个通盘的考虑。北宋士人的政治态度和情感不会不表现在诗文中，如东坡就在诗中写道："读书万卷不读律，致君尧舜知无术。"（按此苏轼《戏子由》诗句），当然他也有反映其亲情的《与子由书》。总之，如何论述，从何种角度切入，要有一个整体的考虑。我们的目标是要从别人认为没有问题的地方发现问题，但又不失之于穿凿。沈祖棻论周邦彦和柳永的文章可以参看。周、柳都并不完全是词人一语所能概括得了的。唐代的李商隐也是这样，即使是论文，当时他最为人称道的也不是诗，而是他的四六文。有很多人，如欧阳修、东坡等，都首先是政治家。要把北宋人的主要的集子都读一下，如温公、苏门诸学士。还要注意士人的个性，荆公、温公、东坡、山谷都很有个性。山谷对荆公相当尊敬，似没什么派性，东坡与荆公在文学上也是互相尊重的，这都不能以革新或保守简单论之。

要注意宋人题跋的文学性，其中有些是写得相当好的。前些天我为台州郑广文纪念馆书杜诗并作一跋文，虽然很短，先后几易其稿，也要通盘考虑，颇费踌躇。

又，前人书信也是最能流露真感情的。

## 一九八九年十月八日

（向程先生呈交论文的第一章《北宋党争的背景与原因》。）背景所谈三点，应注意一个问题，即宋之不同于唐的所在究竟在哪里，哪些东西是不可易移的，要具体讲明（如宋代的重内轻外、重文抑武等）。原始的史料要读，也可以尽可能地利用前人的研究成果，如钱穆之论宋代相权，陈寅恪也有对宋代的零星论述。但最终重点还要落在党争怎样影响文学、文学怎样反映党争上来。应抓住几条主线，解决几个主要问题，这才会有深度。如陈寅恪先生的文章，一开始便总是说明自己要谈的是哪几个问题。

（谈及北宋的文人集团。）文人集团有两种情况：一是创作倾向比较接近，后人归纳为一派或一集团，而这些人并不一定有师承关系；二是确实有师承关系，但风格则并不都一致。前者如建安时期的邺下文人集团、韩孟，后者如苏门弟子。

韩琦的诗很好，可注意。陈衍就曾称赞韩琦说："中朝大官工诗者，殆无如安阳。"（按此为陈衍《宋诗精华录》卷一韩琦诗《发白有感》评语）山谷有《病起荆江亭即事十首》，反映出北宋的党争，晁补之、张耒的诗文中有没有？他们当时都是做过小官的。这里还要注意对党争的一般同情与介入其中的区别，晁补之、张耒与温公就不同。东坡似乎主要还是一位文学家，让他参大政未必就行，他的诗文好讥刺，是一贯的。

（谈到论文写作中一些具体问题。）从硕士到博士，老师对你们的指导方法也是不同的，我现在对你们的指导主要侧重在方法上，至于某些具体问题，你可以自己有自己的看法，只要言之有据就行。

（谈到发表文章。）写十篇一般性的文章，不如写一篇有质量的文章。张伯伟等同学的论文都压在我这儿，要修改补充，过一两年再说发表的事。

## 一九八九年十月二十八日

某种情感用什么文学体裁加以表现，是个文学观念问题。文以载道。诗中可以抒发怨愤，却不说这些怨愤是怎样产生的，而可以到文章中去说。

## 一九九〇年五月十四日

（与先生谈及毕业分配问题，先生曾代向山东大学中文系等单位推荐,时确定留校中国思想家研究中心工作。)老师为学生找工作,旧时都是如此。只是到了一个新的地方要努力工作,不辜负老师的希望才好。不是自己说好,要让人家说好。要谦虚,要有忍让精神,人家觉得你这个人还有些好处,就对你不设防了。

**一九九〇年九月五日**

学术研究,一方面要运用逻辑,推理、考证,进行理论思维,另一方面又要深入到作品实际中,去体味、把握作者的内在感情和内心世界,进行形象思维。二者应当结合起来,并注意考察二者所得结论是否一致,仅仅据一方面的思考所得的结论未必一定靠得住。对具体作品有了深刻的把握,理论思维所得的结论是否正确,一对照便可知了。

(谈到文章写法。)王国维、陈寅恪先生的文章立意高、深刻而又澄澈得像一泓水。

**一九九一年一月十一日**

伯伟编《诗论选集》,谈到我治学撰文,不作空泛之论,能从某一不为人所注意的侧面切入,以微见著,既微观又宏观,通融无碍。如此能进而达于化境的,当以王国维、陈寅恪先生为显例。周勋初先生亦近此境,很不容易。

**一九九一年三月十七日**

读书与翻书不同,每天读一点,积以时日,太急了不行。当然,也不能拖拉,时间一拖就过去了。

读古人的作品,要设身处地地替作者着想,尽可能地贴近作者的心灵。你不知道作者如何想,又怎么来评价他。

写文章要寻找新的角度,层次要高,而不要随便写什么鉴赏文章。其实,鉴赏文章也未必易写。俞平伯先生、浦江清先生有一些这类文字,但那也是多年玩索、感知的结果,并不是拿着凿子、锤子,就随处可以打出眼来的。

**一九九一年六月十六日**

思想政治倾向与文学创作的关系，往往很难把握。要从对作品的反复阅读、体会中去察出其思想倾向。从作品中找材料是浅层次的研究，从阅读作品中察出它的好处，才是深层次的东西。这一方法掌握了，可以终身受益。

**一九九一年六月十九日**

（我谈到宋人的以议论为诗是否受到佛教论议影响的问题。）“三教论衡”主要不在辨异，而在求同。它多半流于形式，在思想史上并无多大影响。如果你说宋人的以议论为诗受其影响，就要拿出证据来，如王安石、苏东坡是否参加了此项活动，对创作又有多大影响，等等。

范仲淹、欧阳修、王安石、苏轼等人都卷入了北宋的党争，这没有问题，他们在一些文章中，直接反映了党争，也没有问题，但他们的诗歌是如何受党争影响的呢？这就比较复杂了。文学还有文学的规律，它可能受党争影响，也有可能不受。比如，足球赛再激烈，我不看，便不知道马拉多纳是何许人。这里有个契合点的问题。北宋政府不杀士人，允许议论，有一个较宽松的政治环境。韩愈以文为诗，直接影响到北宋的诗歌创作。可否这样认为，以议论为诗，在党争的背景下，在某些人的创作中，变得更明显、更突出了。

**一九九二年二月十八日**

古人的作品现在还得以流传的，多是经过自然删汰而留下的一些精华，所谓读常见书，个中的道理即在此。

**一九九三年九月十日**

（与先生谈及社会上的一些不正之风。）从五十年代末到“文化大革命”结束的二十多年，我被剥夺了学术研究的权利。“四人帮”倒台后，我来到南大，努力工作，想尽可能地挽回过去的损失。现在，一些该写、该出的书基本上都出版了，还有几种，如《校雠广义》、《汉语文学通史》，正在写作中。同时，我还培养了你们这十几位博士、硕士，学问上都很努力，人品也好，学术事业后继有人。我个人其实已没有什么心事了。如果说还有什么要担心的话，最大的担心，就是我们国家的反腐败斗争能否有大的成效了。比如中央电视台广告上有那么多"××"之类的产品，那难道是普通老百姓所需要的吗？这种宣传有何益处？

**一九九三年十一月一日**

治学应该有自己的特点和领域。我的学生留在南大的有六位，如(张)伯伟治诗学理论、诗学与佛学的关系，(张)宏生从宋代文学延至清代，你可以博士论文为基点，再发展扩大。注意从政治与文学的关系，从思想文化的大背景上来研究文学，逐渐形成自己的特点。

**一九九四年三月一日**

有两种影响：直接影响和间接影响。传统思想文化对现代社会的影响，多是间接的。举一个例子，中国古代的建筑，多并不高大，而是宽广、稳固，如北京的天安门就是。我们国徽上的图案饰以天安门的形象，除了政治意义之外，是否也有要使人民政权稳固不可动摇的含义呢？

**一九九五年九月十二日**

(与先生谈及《辛弃疾评传》的写作。)要反复阅读、体味辛弃疾的作品。文学研究水平的高低与否，往往取决于你自己对文学作品理解的深刻程度如何。辛弃疾的作品，邓广铭先生大都作了编年，这就为你的研究提供了很大方便。有一些作品，无法考知其具体作年，但能确定它作于哪一个时期也就行了，不一定太拘泥。比如我自己作诗，某一首诗究竟是哪一年哪一月作的，有时候也会记不清楚的。

宋高宗是不希望钦宗返回宋朝的。辛弃疾自北南来，宋廷是否把他当成了自己人，要弄清楚。辛弃疾还是一个战士，这是他与同时代的其他作家的最大不同。

辛弃疾在当时面临着丰富的文学创作遗产，词至南宋已相当成熟，他可以选择某些作品作为他学习的蓝本，也可以不选，有他自己的充分的自由。

文学研究者应当有创作实践，否则终是吃亏。比如，辛弃疾将侍女整整送与给他夫人治病的医生，作了一首词："医者索酬劳，那得许多钱物。只有一个整整，也盒盘盛得。　　下官歌舞转悽惶，剩得几枝笛。觑着这般火色，告妈妈将息。"（按此辛弃疾〔好事近〕词）感情很深，不可轻轻放过。

辛弃疾的诗歌，有一个读者的问题。读者喜欢他的词，而不是诗，说明他诗歌的成就不如词。

（以下张伯伟记）

**一九九五年六月十八日**

（上午诣闲堂师，伟说最近收到某某大学寄来的一份博士论文，无论是观点、材料、方法皆无可取，严格地说，连硕士水平也没有达到。）关键是硕士阶段没有受到严格的训练。你们以后要带博士生，一定要注意看他的硕士论文。这不只是一个读书多少的问题，还有学风、思维方式，我们不可能在三年内做六年的工作。现在我们也只能管好自己，十年以后，学术界里的差异就表现出来了。我现在看到不满意的论文要我评审，就说自己身体不好，但是看到好的论文，也还是老眼一明。现在最麻烦的就是要"创收"，这是最不好的。

最关键的是要保持好的学风，一旦搞坏了，再要恢复就很困难。南大就是以前一个宣传部长，搞什么"论"，把学风弄坏了。周勋初先生，还有郭维森先生，他们都是逆风而行，这才冒出来的。顺风而行的是大多数，所以都被淘汰了。要认识到过去学风的不行，是不容易的。一直到你们出来，才改变了过去的学风。所以一定要保持好。

（伟说已读完先生的友朋书札，拟在七、八月份写一小文。）不着急，放到档案馆就算送给他们了。我的信这是第三次收集了。第一次是在抗战时毁掉的；第二次是"文革"中被抄了，只有一封周贻白谈戏的信，夹在一

一九九九年八月，老师向张伯伟口述生平学术

本书里，当时是忘记收集了，没有和其他信件放在一起，后来倒是遗存下来了。许多信是我的前辈，甚至是我的前两辈人写的，可惜都没有了。周先生一肚子都是戏，随便说说就是掌故。就像陈白尘先生一肚子是话剧一样。他的几本书，重庆那一段给毁了，干校那段，他用密码写，后来翻译出来，真是有本事。只是比较简单。

**一九九五年六月二十七日**

（蒋寅写成《程千帆选集》评介文，下午，伟送到先生家，谈起刘永济《文学论》一书。）刘先生这本书写得很早，是他在明德中学任教时的讲义。后来商务印书馆把这本书印出来的时候，只印了前面两卷。原来后面还有很长的附录，都是一些文章，像《诗品序》、《南齐书·文学传论》等。刘先生这个人也很有意思，他年轻时攒了一笔钱，想出国留学去学习林业。当时湖南的胡元琰（子靖）先生，是个很有名的教育家，在长沙明德中学当校长。就对他说：“你出国之前，先到我这里来教书吧。”刘先生是个书生，也不知钱该怎么用，就把钱托胡先生代管，说什么时候要用再来取。可是那个学校的经济状况很糟，没有办法，后来就把刘先生的钱挪用了。国也出不成了，刘先生也无所谓，就在那所学校教书。《文学论》就是当时教书用的课本，用的是四号字印的，很大，厚厚的一本。后来是大革命，长沙左翼势力很强，要抓刘先生，他就给吴宓（雨僧）先生写了封信，所以就到沈阳东北大学教书去了。那个时候人的观念和现在不同，现在一个教授和中学的普通教员之间地位相差很大，当时人没有非要到大学任教的想法，像叶圣陶、朱自清先生都当过中学教员，到大学当教授也是一个偶然的机会。这是我后来和刘先生熟了，听他自己讲的，现在当作文坛掌故告诉你。（伟问："胡先生和刘先生是什么关系呢?"）他们都是湖南新宁人。北大的陈贻焮也是新宁人。陈贻焮的岳父叫李冰若，就是《栩庄漫记》的作者，他的词学修养很好。（伟插话："就是作《花间词注》的作者吧。"）就是。他的路子和俞平伯先生是一样的，他是吴瞿安先生的学生。他的《漫记》，后来陈贻焮先生又在人民文学出版社重印了，用的是开明书店的纸型，就是他的词话。我后来作那本《宋诗精选》，就是用的他的方式，有话则长，无话则短。可惜出版社还是有些规定，要求每首写个几百字，不然可以更加灵活些。

（伟谈到钱锺书的诗集。）钱先生的诗就像他的《围城》中人物的对话一样，精彩极了。这个人真是聪明，又有学力。他的感觉极其细密，用思也极巧，那些对偶工稳极了。如果说有缺点的话，那就是太要好了。就像赵执信说的"朱（彝尊）贪多，王（士禛）爱好"。那些对偶太好了。他还是黄山谷的路子。有一点你注意到没有，读他的诗，好像钱先生不是生活在我们这个时代中的人，这么多的运动、变化，特别是解放以后，几乎一点痕迹都没有。就像是阮嗣宗，天下之至慎者也。所以他的诗中没有雄浑的、沉郁顿挫的风格。我写诗有时还忍不住有些影射，钱先生的诗里一点看不出来。我怀疑他还有另外一本诗集。

（伟又谈到《蒙文通学记》一书。）蒙文通先生现在是以一个上古史专家的面目出现在学术界的，其实他的学问源于清末四川今文经学的大师廖季平。他是把廖季平那些稀奇古怪的想法用现代学术加以表现出来的。这个问题很值得研究。我有一个想法，我觉得你不一定要把自己限于文学或文学批评，也可以更开阔些，作一些其他方面的研究。我上次给大学生讲，花了很大一段说，专家是需要的，但我们更需要通才。就拿现在的续修《四库全书》来说，季羡林先生有一个意思是对的，现在找不到能写出那样的提要的人。叫你写一篇《风月堂诗话》的提要会写得不错，但要你写李鼎祚的《周易集解》，我就不能放心。更重要的是，写出来以后，到哪里去找能够总览的人，就像纪晓岚那样的。虽然也还有错误，像余嘉锡先生写的辨证。余先生说："易地以处，纪氏必优于作《辨证》，而余之不能为《提要》决也。"纪晓岚他们是乾嘉学术高峰时出现的人物，余先生已经有了现代学术了。余先生那句话讲得真好，我总是记着，感到有一种道德的美。章太炎先生说："大愚不灵无所愤悱者，睹妙论则以为恒言也。"对一句话的理解，感情上和理智上的理解，是和一个人的经历、环境等联系在一起的。以太炎先生的话去读《世说新语》，就能感到他们的对话是一种心灵的沟通，几句话就觉得胸中爽朗。

蒙文通先生也是个"怪人"，当时的学校中很有些"怪人"。像黄季刚先生也是"怪人"。一个大学应该有些"怪人"。蒙先生在四川大学时，因为批评了当时的校长，被解聘了。我当时也曾"出言不逊"，不过我很年轻。蒙先生被解聘后，还是照样去上课。他说："我可以不拿钱，但我是四川人，我不能不教四川子弟。"校长一点办法也没有。他真有意思，是个大胡子。

我现在也想要多和你们谈谈。我现在不能写了，但总还有些想法。朱夫子说是"晚年定论"，我想改一个字，叫"晚年谬论"。

**一九九六年二月三日**

陈寅老以一考据家的面目出现，谈论的实际上是文化的走向问题。可惜从这一点研究者尚少。我体悟到这一点已经太晚，来不及做这一工作了，你们还可以做。我现在眼睛、耳朵都不行了，反而有时能考虑一些从前未能虑及的问题，关键是比较放松。你在考据上已经有些基础，以后要有意识地更加开阔。

我最近看《顾颉刚年谱》，他的学问和陈寅恪有距离，没有能够把学问与国家命运联系起来。顾的学问很广泛，为人也很热情，家累也重，所以写的东西多，后来主要研究上古史，将历史地理沿革也集中在秦汉时期，用传统的方式研究《尚书》，恐怕没有人搞得过他。以前在重庆的时候，朱家骅奉承蒋介石，要献九鼎，当然都比较小，请人写铭文。四川有许多老先生很擅长此道，但他们都不愿意写。后来找到顾，他大概迫于压力，答应了。实际上他不内行。他说一个鼎上写一句，最后一个鼎落款。前四句忘了，后四句是："我士我工，载歌载舞，献之九鼎，保于万古。"朱家骅有政敌，就去对蒋介石说，他在骂你。四川人骂装疯卖傻者是"献宝"。把后四句的第一个字连起来读，就是"我在（载）献宝（保）"。后来蒋介石看到，果然如此，一脚就把鼎踢翻了。是小鼎，所以用皮鞋就能踢翻。《年谱》也记载了此事，所以也还是如实的。黄裳来信说到此事，但他不知道顾作铭文的背后还有个故事。

陈寅老的学问走向更近于梁启超，而远于王国维。陈寅恪先生的学生中没有人真正传其学术的。最多也只是考据，但陈寅老不是纯粹的考据。

（师母插话："王国维那时真好玩，在清华讲课，还留条小辫子。"）辜鸿铭也留辫子。我们和老辈比较起来，最欠缺的就是宽容。政治和学术不是一回事，不能拿政治方式移入学术，动辄批判。我的书大多都给了思想家研究中心，但是有一本没有舍得，就是黄秋岳的《花随人圣庵摭忆》，文笔真好。但他是个汉奸。我从前还买到郑孝胥在满洲作的诗，后来"文革"中害怕，烧了。

（伟说昨天买到一套《南京文献》。）这是卢冀野编的，当时有许多老先生如王伯沆、柳翼谋等帮助，收集了很多有用的资料。卢从年龄上看是我的师辈，不过他是吴瞿安先生的弟子，所以我们算同辈。他这个人喜欢喝酒，爱唱昆曲，一点都没有老辈的架子。当时于右任当监察院的院长，他是委员，弄来一笔钱，就办了《南京文献》，是很有意义的工作。解放后，他害怕共产党，躲到上海的一个中学里当教师，也没事。

（伟又说最近购得邓云乡的《文化古城旧事》，可见当时学者的生活丰富多彩。）到南京快二十年了，有关系密切或疏远的同事，但没有朋友。家庭之间都很少来往。这种社会风气，不是一个开放向上的社会所有的。（程师讲这话时，神情有些黯然。）

**一九九六年二月九日**

（伟谈及南大文科强化班事和研究生培养的问题。）这几年的博士皆不够理想。徐兴无的文章没有看过，某某因为要我推荐其书出版，曾经看过。太马虎，错别字留着也不改。我要他增写一章，更为完整，他很快就写好，错别字都在上面。日思误书，亦是一适。但不能故意留着不改。当然也有像某某，原来马虎，后来改好的。你马上当博导，宁愿不招，要招就是好的，培养一个是一个，这就像细胞分裂，会带出一大片。

**一九九六年四月二十日**

（伟说近日要去韩国，想多买一些古书或复印一些资料。）当年去朝鲜慰问志愿军，纪律严明，不许使用人民币，因为战时人民币很值钱，可以在当地买到大量超值的物品。所以严禁使用，否则立即送回国判刑。最感到可惜的是当时有许多古书在地摊上出售，纸张、印刷皆极好，无法购买。特别是一部吴挚甫的尺牍，没能买下。（先生面露出遗憾的神情。伟说翻阅近年黄山书社印的《吴汝纶尺牍》，校刊时未用到朝鲜本。）

你对培养学生不要失望。从孔子开始，做学问的人就是不多的。这里总有个缘分。我佛为一大因缘出世，如何是佛祖西来意。我到南大来，培养的学生，直到某某为止还是不错的。有前途的，就多施些肥，让他成长得更快些。

我的《两宋文学史》，是五七年时在武大写的一卷，那个时候有写几百万字书的雄心。

（伟说最近给研究生讲《汉书·艺文志》，结合讲秦汉学术史。）从学术史的角度讲《汉书·艺文志》，是姚振宗《汉书艺文志条理》讲得最多。你还可以扩展到《隋书·经籍志》。

（伟说日本兴膳宏教授最近出了一本《隋书经籍志详考》，在姚振宗《考证》的基础上更为细致，尤其在佛道二藏的文献方面。但也有的日本人认为，里面没有涉及新出土和敦煌的文献，所以不是现代的日本学者所应该做的。）这就不是在《隋书·经籍志》的基础上做了，而是要另外做一本，比如《先秦经籍考》之类。还有我们怎么能知道这些出土的资料不是刘向当时刊落的呢？这就是家法。因为他认为不重要，就去掉了。这类工作还是值得做。有富这个人很用功，所以我要他发挥所长，做一部《书目答问》疏证。

过去有位杨家骆先生用统计的方法研究选本，汪辟疆先生说这不解决问题。同样选这首诗，各有各的义法，各自有其系统，是从不同的角度去肯定的。就好像诗话里都赞扬一个诗人或一首诗，其实用意是有区别的。从前武大有位徐天闵先生，真正是述而不作，他常常说的话是“这是明朝人的意见”，哪怕话是清朝人讲的。这里也有个系统、家法的问题。

**一九九六年九月十五日**

（伟写就“素心会”发起词，送千帆师审阅。）“素心会”这个名称很好，我报名参加（作举手状）。

白敦仁《巢经巢诗钞笺注》和屈守元《韩诗外传笺释》，很了不起。向宗鲁原来在一家做塾师，此家藏书甚富，且多稿本钞本。回到重庆就当了教授，这些人（指白、屈）都是向先生的学生。当时也不讲资历。

（讲到年轻人的颖悟。）寅恪先生三十多岁到清华当教授，但最了不起的是他发现当时还没有条件做东方学研究，就立刻转向中国史，非常果断。

**一九九六年九月十七日**

上午研究生入学典礼，千帆师来讲话，要点有二：一是要意识到自己是研究生一年级，而不是大学五年级。所以在学习上，不是被动地接受，而是主动地思考。举例《长恨歌》首句，大学生只要明白意思即可，而研究生就该思考，为何第一句这样写？这是写唐明皇的好色不好德，是春秋笔法；既是谴责，又为何题作“长恨”？因为这个皇帝的早年也曾做过对国家有利的事，晚年很不幸，诗人对之又有同情。二是要努力开拓自己，视野广阔。

## 一九九六年十一月一日

（上午带韩国博士研究生郑台业诣千帆师。台业提到在台湾时听潘重规先生课。）这是我同门中最佩服的一位。他后来研究敦煌学，对于从《玉篇》到《龙龛手镜》系统的俗字作了最系统的研究。那么大的年纪还有新的开拓，真了不起。（又问台业听潘先生什么课，答曰《红楼梦》。）这是他到香港、台湾以后才讲的。他的《红楼梦》研究有渊源，是以前中央大学的王瀣（伯沆）。潘先生是跟他学的。

我是黄季刚先生晚年的学生，是目前健在的黄门弟子中最年轻的。当时做学生时，潘先生、殷孟伦先生、黄耀先先生都在中大当助教。所以我和他们的关系也很接近。这是现代学术史上的一段佳话，现在不可能有了。就是要跟着老师学习，老师在一天，就一天不离开老师。后来黄先生去世了，他们都到其他学校去，一去就是教授。还有一位研究训诂学的陆宗达先生，在北大读书，上到二年级，黄先生离开北大到武昌，陆先生就不要北大的文凭，跟着黄先生到了武昌。后来陆先生很有地位，北大又补发了一张毕业证书给他。

（台业说在韩国时就读了《两宋文学史》，后记特别令人感动。）当时的情况下，白天劳动，挨批判，晚上坚持读书。有这样的信念，就使中华民族的优秀文化传统不会断。在这样的动荡下，中华民族渡过难关，就永远也不会被打垮。也许再过二十年，也是这么一个雨天，你们想到有一位中国的老头子说的一些话。那个时候，我的骨头可以用来敲鼓了（手作敲鼓状）。

## 一九九六年十二月十五日

（与闲堂师及师母一起同谢正光教授共进午餐。谢教授谈起自己的研究越来越传统，虽然在美国三十年，但对于新的理论一概不知。）传统的魅力在于不断能从古老的东西中发现新的、与现代相合的东西。万古常新，既是万古，又是常新。学术研究如陈寅老说要预流，这只是一方面，也有通过自己的专业，对于新兴的学科有所贡献者。如潘重规先生，他是季刚先生音韵、训诂学的传人，但他接触敦煌学，发现敦煌的俗字非错字，就是对于敦煌学的贡献。

**一九九七年一月一日**

（与曹虹同去程师家贺年。）某某大学所编批评史，缺点是不懂创作，缺乏个案研究，举不出解决的问题所在。这样的学风不变，即使写再多，也是不得提高档次。你编《中华大典》的《文学理论分典》，应该通过这项工作，建立古代文学理论的资料体系。

# 二、闲堂师语

翔冬先生工诗。己卯年仲夏，金陵大学文学院为刻其集于成都，雕板现存南京师范大学。我们本来也想把老师的诗集交广陵刻印社刻印，陶芸还抄补过老师到四川后的诗作，后来，南京师范大学方面因故作罢。他的侄子黄健中是国民党的一个政要，把他的诗集在台湾也重印了出来。

曾任国民政府行政院长的谭延闿死后，大办丧事，颇事张扬。翔冬先生看不过，就写了一首《埋狗》诗，冷嘲热讽。诗收在他的《自怡斋诗》。翔冬先生去世后，学校当局曾向行政院请求一个表彰，也没有得到批准，可能与此诗有关。

二三十年代，中央大学、金陵大学教授的待遇很高，中大的教授每个月三百块大洋，金大的教授也有一百八到二百元。胡翔冬老师常常带学生出去玩，请学生一起喝酒，往往一个人面前半斤黄酒，吃不完没关系，不够还可以加，常去的有一家是夫子庙的小酒馆——小乐意，每次大约只要花三四块钱。

王伯沆先生似乎在前清有过功名，他跟陈散原先生是同辈，季刚先生等都很敬重他。有人开玩笑说，居然教蒙馆的成了大学教授，伯沆先生笑而不答。他在散原先生家中做过塾师，教过隆恪、寅恪两先生，蒋天枢先生《陈寅恪编年事辑》系之于光绪二十一年乙未(1895)。寅恪先生因为自小从过名师，所以基础打得极好。

伯沆先生学问很高，诗也做得好，可是不好著述，也不大作诗。他在中大教过四书、杜诗等课。他能把四书讲得十分生动好听。他对《红楼

程千帆书房留影

梦》很认真地批过几次，后来，赵国章、谈凤梁先生把它整理了出来，交江苏古籍出版社印了出来。

我们上大学时候，敬重的是老师的学问，至于老师们课上得怎么样倒不讲究。老师们当中，胡小石先生最会讲课，很有条理；季刚先生上课喜欢漫谈；汪辟疆先生不大会上课，有的学生讲他上课几乎是语无伦次。可是如果上汪老师家请教他什么问题，他能把有关的书一本本指示给你，然后一一讲析，令人佩服。

中大的教授间有“如社”、“潜社”等诗社，有时也让学生参加，沈祖棻词集中的一些，就是用社集的题目，如《访媚香楼遗址》。

抗战军兴，大学内迁，老教授们也随之入川，他们习惯了安定的日子，这时候心情都不太好。翔冬先生成都白丝街住的院子里，有一棵橘子树，上面只结了一个橘子，他就请来一个漆匠，把橘子漆成黑色的。高文他们那时住在旁边，也不敢问老师，更不敢阻挡。我恰好来看老师，也看到了，也不敢问他。

你有感悟力，可以学作诗。这一方面，我不如沈祖棻。学诗，不要只看自己喜欢的，也要看一些自己不喜欢的。当然可以先看你喜欢的。我年轻的时候，曾有一段时间喜欢温、李的诗，熟到几乎每一篇都能背诵的地步。

我是讲目录学的，知道目是目，录是录，所以我写的书前面不用“目录”，而称“目次”。

周祖譔先生是浦江清先生的学生，傅璇琮先生也是跟浦江清学的，一个在解放前，一个在解放后。后来，周先生又培养出了吴在庆、贾晋华两个，现在他们又和傅先生一起搞文学编年史。学术都是有渊源的。

（谈到王安石、苏轼。）蔡上翔《王荆公年谱考略》写出来以后很久，才有机会印出来。张尔田在哈佛燕京社时，曾经是总导师，他把这书稿买下来，印了出来，我买的就是线装的几大本。蔡上翔的立场基本上是公正的，他对王安石的看法与封建社会的流行看法不同。北宋的笔记诗话中，有很多攻击王安石的不实之词，南宋以后，就好一些。王安石幸好个人操守方面没有什么大毛病，除了不大喜欢清洁、严厉好胜，有时有些不近人情外，对手们也说不出更多的什么。苏轼是能比较公正地对待王安石的，他佩服王安石的学问和文学。有些时候，不同政治集团间的领导人之间，彼此并没有很深的个人矛盾，而集团中的其他人，则搞得很僵。宽容是非常重要的。

（我提到苏洵《辨奸论》及对此文真伪的争论。）现在还在争论。苏洵这个人喜欢走偏锋，他是个乡里老儒，思想上比较自由放达，岁数很大了，才与京师的学者交往，加上个性的关系，使他的思想与众不同，有很多的兵家、纵横家的东西。正统的儒家学者不喜欢他，如韩魏公就不喜欢他。

翔冬先生和陈延杰本来是好朋友，《自怡斋诗》中有不少和陈延杰（仲英，后改仲子）的酬唱诗作。后来，两个人论诗的意见不合，就不好了。老辈做人真是认真，论诗不合也会影响交情。所以，翔冬先生诗里写过：“交穷诗是鬼，肥胜酒为兵。”

翔冬先生是有些怪。有一年暑假，我到窑湾老师家里去，看到他打着赤膊，在大厅里高坐在一个方凳上看书，旁边有好好的藤椅，就是不躺。我将先君新印的成都顾先生（印伯）诗集呈给老师，老师翻阅以后叹息道：“好多人都过去了。”言下不胜感叹。

（程章灿记）

# 三、打好基础，拓宽视野

## ——与硕士生的一次谈话

我上次让你们看看国外汉学家的一些著作。显然，由于民族的隔膜，有些汉学家对汉字是怎么来的，不太了解，他的理论是从楷书来的，而不知道应该更进一步向金文、甲骨文去追。最近我们中国的一些学者也在讨论古代美学的问题，在方法论上使用了些新的东西。他们使用材料，不像外国学者，特别是纯粹的西方人，后者对材料往往缺乏辨别力。所以我让你们先看刘若愚等学者的书，然后再谈这些，就是要你们在方法上不要走弯路，走弯路很吃亏。我们既不能抛掉传统，又不能排除新东西，都要有，然后形成既是中国的，又是现代的，更切合实际或更合理的一种方法。

你们写的作业，我先翻了翻，慢慢再细改。总的印象觉得还可以。试一试，多练习练习，慢慢就熟了。你们比较注意一些基本操作规程，说明听进去了。凡是写文章，字体要工整，语法、修辞、用字要准确，引用资料要注明出处，这些，一下子不太容易掌握，大家能注意到，这就很好，要不为什么说文章写好了要改呢。改的目的是什么呢？就是使它能够迫近你所要表达的那个知识。这个知识有两个方面：一是客观实践，一是你的主观思想。至于这知识的价值如何，那是另外一回事，但你总有一个东西想表达出来，要表达得准确，也还不是很容易的。你们大学毕业后恐怕没有这么认真地练习过吧？（学生：这是第一次。）但这一习惯养成了的话，那就给了你一个一辈子可以依靠的工作方式，你有了这么一个起点的话，进步就快了。

你们是不是在练字啊？（学生：每天练三四十分钟。）好，你们就守着一个帖写。中国文学理论上有“出”和“入”这一对对立统一的概念，要能入乎其中，又要出乎其外。所谓入乎其中，就是能够准确地写出外在的景物和内在的心理。但是文学艺术，不论是欣赏还是创作，不是说叫你像一个照相机，一股脑儿地拍，拍照得很准确，但也就是准确而已，这就是入。但那不是艺术。我要求不仅要入，还要出，出就是艺术创造。我看过你们写的卷子，才是开始呢。要注意两个方面：一是间架，也就是现在说的结构；一是点划，如写捺，柳和颜不同，颜和褚又不同。对于间架，你认真写，就能每个字都写好，左右、高低都很匀称。但你要想把点划写好，却不那么容易，这是一辈子的事。点划最能体现人的风格，真正点划好的字，漏掉一个字，或歪歪扭扭，都不要紧。你看《兰亭序》就是歪歪倒倒的，但对它的评价却那么高。褚的《圣教序》、柳的《玄秘塔》和欧的《九成宫》，非常工整，比较适合于初学，但进一步下去，就得突出变化。我们最初写字，往往学写这些，都是最基础的，也就是各个流派的代表作，你守着它写，就是入门之道。先练一家，先练楷书，最初注意间架，然后注意点划，是对的。我写字来了兴致时，不太控制自己，但是一般我是不喜欢草的，你要先有了功夫，再草，就容易。就比如写诗一样，现在有些人一上来就作七言绝句。确实，七言绝句又容易作，又不限制你的才情（年轻人才情奔放），既能收，又能放，就和你写的寸楷一样，能缩小，也能放大。但在我看来，最好先学作五言古诗，开始不要太长，慢慢练。我们最初跟老师就是这样学的。比较而言，它的规矩不是太多，变化也比较少。近体诗其实很难做，像七律，你别看它只有五十六个字，限制却非常大，容量也非常大。就像有人说的，是“带着镣铐跳舞”，所以说那是很难的。从汉朝到唐朝，五言诗总占很大的比重，一直到了宋朝，七言古诗才得到了较大的发展。唐朝人有许多活动，都得请你作五言诗。我们今天来回溯这个有两点意义：一是使你自己学诗时能够内行一点；一是对诗歌本身发展的历史能够看得更清楚些。诗歌史是搭起来的，不是对起来的。好比说这是五古（伸右手），这是七古（伸左手），不是说五古到了这儿（指左手）就没有了，而是这样搭起来的。唐朝有五古，到了宋朝慢慢削弱了，但不等于没有了。历史都是重叠的，绝不是对着干的，不是一刀切的。过去讲唐宋诗分疆，太一刀切了，是不符合实际的。你们现在正看八代诗，八代诗非常有意思。古诗是民间的比较贫穷的下层知识分子写的作品，它的体裁和风格都是慢慢从民间歌谣来的。这与作者的社会地位有关，所以他们写不出建安七子那么华丽的东西。你看曹子建的诗，拿我的老师黄季刚先生的话说：曹子建"文采缤纷，而不离闾巷歌谣之质"。一方面是文采缤纷，另一方面又带有闾巷歌谣之质，这就在古诗十九首的基础上又前进了一步。从这个角度来看建安七子的"慷慨以任气，磊落以使才"，我们就会理解，一方面是时代给诗人们提供了某种气质或内在的东西；另一方面，在文采上，以前的五言诗，却并没有为他们提供现成的遗产。所以说专讲建安诗，是讲不出道理来的，要连同赋、散文等一起讲。像杨德祖的文章，已很有文采，阮瑀等人的公文，也很有文采。你们学诗歌时，不要把诗歌孤立起来看。像曹子建的诗，当然写得好，但同时也要看他的文章。建安文学，作为一个阶段，不仅是诗，也有文，包括公文。建安阶段有这么一个文人集团，首先是政治集团，然后才是文学集团。大家在文学上相互学习竞争，作同一题目的诗。赋也是如此。阮瑀死得早，曹植便为他的太太伤心，作了《寡妇赋》，很多人都同作，便引起了文学史上的同题共作。其中有因袭的地方，也有互相竞争的情况。如果没有曹子建，就不会有潘、陆，潘、陆也华丽，但不是由曹子建直线发展而来的。曹子建又不同于正始，不同于阮嗣宗。阮嗣宗是从十九首来的，受曹的影响较小，不华丽，很真挚。在文学史上，真正把一个诗人的内心世界全部摊开的是阮籍，尽管"文多隐蔽，难以情测"，但他心中的那种难过劲儿，却是可以感觉到的。读阮的《咏怀诗》，要读八十一首，你要是只读选本，就不能真正了解他。要看这一段的文学，总的来说，是曹直接影响了潘、陆，十九首影响到阮、嵇，然后这两个东西又重叠到郭璞身上。郭璞又谈玄，又有游仙之佳兴，又有文采。左思的《咏史》八首和郭璞的游仙诗，很明显地可以看出这两个来源。文学的影响，不像生孩子，可以直接说出哪个是哪个的爸爸，它是复杂的。这样来看陶渊明就清楚了——他跟阮是一路；谢灵运同郭、潘、陆以及曹子建相接。一个比较朴素些，一个比较华丽些。陶同自然界采取一种契合的态度，而谢则对立。后来，由于南朝的丽辞、声律和贵族生活的影响，优美高华的贵族生活中比较好的情操渐渐消失了，就变成了齐梁的宫体，而到了隋朝文帝、炀帝等，又有变化。所以，并不是唐朝初年才变的。我这次看《大百科全书》的稿子，给他们提了一条意见，他们接受了，就在里面加上了杨广一条。隋炀帝是一个很重要的作家，尽管他的作品很少，但却是居于转变风气的地位。现在的一个政治上的要人提倡个什么都能有这么大的影响，更不要说那时候的一个帝王了，好影响可太大了。你们现在正读《古诗笺》，我就给你们画一个轮廓，这样学习起来更清楚些。

一九八三年，在家中书房留影

你们上魏晋南北朝专家诗的课，管（雄）先生让你们读谢灵运的诗，这很重要。谢诗是古今的一个枢纽，对唐人影响很大。元好问就谈到韦、柳受大谢的影响："谢客风容映古今，发源谁似柳州深？"谈到柳学谢，现在人想问题很简单：韩、柳提倡古文运动，既是古文家，那时提倡不作骈文，柳应该不赞成谢。但事实上柳却学谢，因为他当时被流放到南方，要摹写山水，最好的样板，就是谢。所以我上次给你们谈，搞科学研究，要能够欣赏异量之美，不然的话，就太狭窄了。朱光潜先生是我在武汉大学时的同事,也是老前辈了,我当讲师时,他做教务长。他有一句话和我平时的想法一样:“离开具体的艺术来谈美学思想,不但会过于抽象说教,而且是一件极费力的事情。”我看到这一句时非常高兴,因为我的看法与老前辈的观点暗中相合。我写那篇“一与多”(《古典诗歌描写与结构中的一与多》)的文章时,想的就是这些问题。一与多本身就存在于作品中,你不从具体作品去研究,不是空谈吗?马列主义讲辩证法,也是从大量事实中来的。当然,各人的想法不一样,路子也不一样。我曾用了不少时间去读那基于西方哲学背景产生的著作,黑格尔的美学、《拉奥孔》和歌德的谈话录,我也读过。但是我把重点放在作品上,因为作品本身是实在的,你可以有新的发现,不然的话,倒过头来用许多概念去套,写出来的东西就是两回事了,尽管结论和你的一样,但走的路不一样,事实上还是不一样。

要注意作品,不能够把文学批评、研究作品和资料考据对立起来,你可以有所偏重,专门搞考据,但不是说只有自己这才算学问,别人的都不算。现在就有这样的人,比如在唐代文学讨论会上,有的人说,只有校勘、笺注等才算是学问,你要讲艺术特点什么的,他就说你空洞。这不对。因为你搞笺注,最后要干吗?是要研究作品所反映的心灵活动。你专讲某字当什么讲,最后其实还是要接触作品本身。这是很重要的一点。你所作出的判断,是你根据对历史背景、思想背景和社会政治背景的了解以及对语言、训诂的理解。这些不掌握,你想去揣摩作家的心灵活动,是靠不住的。也会遇到没法考据的事。比如张若虚的《春江花月夜》,我们对这个作者几乎一无所知,只知道他是初唐时的人,写诗的背景也不知道,只好根据他的诗本身来看。但如果有具体的考据资料,如谢灵运、曹子建,生平都很清楚,那你为什么要把它分离呢?至于语言文字,更不能分离。你总得先把文字搞懂才能进行研究吧!认为只有考据才是学问,那是偏见;说可以抛弃语言文字,直接去进入作家的心灵,那完全是神秘主义。所以你们一定要掌握两套本事,至于将来做什么,可以有偏重。你可以专门搞考据,但不能菲薄文学批评;你搞批评,也要学会利用别人的成果。我更偏重于搞批评,但我绝不反对搞考据,因为要是反对它,你就连基础也没有了。我一辈子就是两套本事,既搞考据,又搞批评。(学生:记得您说过,要把批评建立在考据的基础上。)对。但我那时的提法有点毛病,因为考据只是一种方法,如果说成把批评建立在通过考据而得出的坚实的材料的基础上,就更准确了。你们现在作研究,必须学会审查材料,才能去下结论。要审查别人没审查过的材料,如果别人已经审查过,而又很可靠的话,那这一步就可以省略。搞考据的人看不起搞批评的,与搞批评的人本身有关。有些人立论,完全没有根据,想入非非,这就给那些读了很多书的人看不起。两方面都注意到,就可以左右逢源了。就如教学同科研是互相支持的一样。现在的一些青年教师恨不得每天都写文章,不教书。这不好。“学然后知不足,教然后知困。”不要说年轻人,就说我教了一辈子的书,有时为了一个典故,常常多少天打转转。学无止境啊!同学们提的问题,我不见得都能回答。要是无人问你,不同同学们交往,绝没有好处。

你们问了一些做学问的基本问题。《文心雕龙·章句》篇说:“章之明靡,句无玷也;句之清英,字不妄也。”整篇文章是由句子构成的,句子又是由字构成的,所以,每个字都是经过好好选择的。这是谈的创作过程。理解的过程要倒过来,这就是语言文字的训诂关,要过好这一关。还有,作品是怎样产生的,有两个方面:一个是作者的生平,他的生活道路,就像鲁迅说的,贾府里的焦大,绝不会爱林妹妹的;一个是他在什么样的特定情况下写此作品。曹子建的《求通亲亲表》,就是魏文帝卡他,既不许他建功立业,又不许他同自己的弟兄来往。脱离了当时的背景,不了解他们兄弟不和,就很难理解这篇作品。有人说,曹子建封了王,一个王爷还发这么大的牢骚吗?事实上就是如此。左太冲的《咏史》诗,如果脱离了当时高门压抑寒门的背景,也不好理解。左思还是个贵族,妹妹又是晋武帝的嫔妃,他都有气。他还算过得去的呢,都有这么大的愤慨。各人的个性对他的生活道路又有决定性,研究作品,各方面都要注意:一是一般性的,一是独特性的,这就是历史唯物主义。谈一个问题,首先必须把它放到一定的历史范围内。特殊问题就有特殊性。孟浩然一辈子想做官,但没做成,只当了个山人。这跟苏东坡不一样。东坡一下子做到翰林学士,但一下子又被充军,充到海南岛。孟浩然诗中不可能出现“杳杳天低鹘没处,青山一发是中原”这样的句子。王、孟并称，实际上二人有一部分是不同的。王维的《老将行》、《洛阳女儿行》，这样的风华，孟浩然就写不出来。孟诗比较枯淡，这是生活决定的。他们都生活在开元盛世，大环境相同，小环境有所不同，这要注意。另外，还有些隐逸的人，和孟浩然不同，孟能写出“不才明主弃，多病故人疏”，表示算了；但有些人就不同，很不满，要闹，愤慨得不得了。同是隐逸，陶渊明有易代之感，孟浩然就没有。所以要时刻注意，搞研究时，你所研究的东西是不可替代的，同时反对一般化，这样就能比较具体。你要是讲《西洲曲》，可是移到东、南、北洲曲都能讲，那还叫文章啊！那不叫文章。再就是你的分析，总应该有你自己的东西，分析作品的过程也就是反映了你的思想水平、认识能力的过程。同样作一篇文章，大家都谈《西洲曲》，每个人会不一样，有浅深，有出入，也有是非。它反映了作者自身，应该是能站得住的，是不可替代的。当然要做到这一步也并不容易，但你起码应该有这么一个想法，如果你连这样一个想法都没有，那就是我常说的，起点太低，要求自己不严格。我发表的文章也不少了，有一个原则，就是我从来不写那些一般性的东西。要是没什么见解，我就不写。当然，我上课的时候，要从初唐王、杨、卢、骆往下讲，那就不能由着自己的性子来，还是应该把基本知识传授给学生。你们是从一个受基本知识的教育转到一个严格的、较正规的科学研究道路上来，不要搞那一般性的东西。当然，也不能说人家都是两只眼，你是三只眼。但是，你这两只眼应该看得狠些，看问题要锐利些，看得透些。写字也是一样，你最初写得规矩些，间架正些，风格形成后，一点一划写得不一样，就反映出了个性。

你们师兄弟和同学之间经常讨论问题，这很好。同学间要互相学习，共同提高。不要小看这样一种交往，很重要。我们那时在南京念书，有二三十个同学，后来这些同学在学术界都很有成就，彼此在学术事业上得到很多支持，因为各有所长嘛。所以我一直劝你们在原则的基础上搞好关系。老话说：“同船过渡，都是有缘。”我年纪很大了，“文革”前在武汉大学招的研究生年纪也都很大了，有的都当爷爷了，他们都能体会到这一点。所以，你们一进来，我就送给你们八个字：“敬业、乐群、勤奋、谦虚。”乐群，就是要大家互相团结，这对于一个人在学术上能否出成就，或成就大小，是非常重要的。

附记：八一级硕士研究生入学后，第一个学期，千帆师采取的教学方法是每周谈一次，或谈读书，或谈生活，或谈治学，或谈做人。在这些看似随意的内容中，寄托着千帆师对年轻一代的殷切希望，也反映着他有关培养硕士生的教学思想。这里所录，是千帆师一九八二年四月二十三日的一次讲课的记录。涉及的方面较广，因此给予我们的启发也多。张宏生整理并记。

# 四、敬业·乐群·勤奋·谦虚

## ——关于博士研究生培养的谈话

想谈两个问题。

第一，关于对博士研究生的总体要求。这可以用八个字来概括，即“敬业、乐群、勤奋、谦虚”。

（一）敬业，是指你对你所从事的事业应抱一种非常严肃认真的态度，学习目的要十分明确，不能把读博士学位当成个人的功名。一个人的名利思想也可以产生动力，但是，只有思想境界更崇高一些，把你的工作同人民的事业结合起来，学习的目的是为了使祖国的文化得到发展，那你的动力才是强大的，而且是无穷无尽的。我们希望大家在学习中一帆风顺，但很可能也会遇到挫折。比如你做的卷子完全要不得，功课不及格，遇到这种情况，如果你完全是从个人打算，那就很容易灰心丧气，但如果你学习不是为了个人，而是为了祖国，为了人民，为了党的教育事业，或科学研究事业，你就不会被这些困难所吓退，你才能持久、有耐力地前进。你们的学习和研究工作是很重的，要度过这几年并不那么轻松，要出一把汗。我们总的想法，是要把你们的学习掌握在一个非常紧张而又不至于被压垮的程度。所以你们要有充分的思想准备。如果你没有这个思想准备，又没有一种敬业精神，那你就可能中途坚持不下去。敬业，不是说有这么一个观念就行了，而是要有具体的行动，是不是真正对待你的学习和工作非常认真；主要的是看你的实践，通过实践看你树立了专业思想没有。例如，你们有一系列的课程，将来还要做博士论文，但你们首先要注

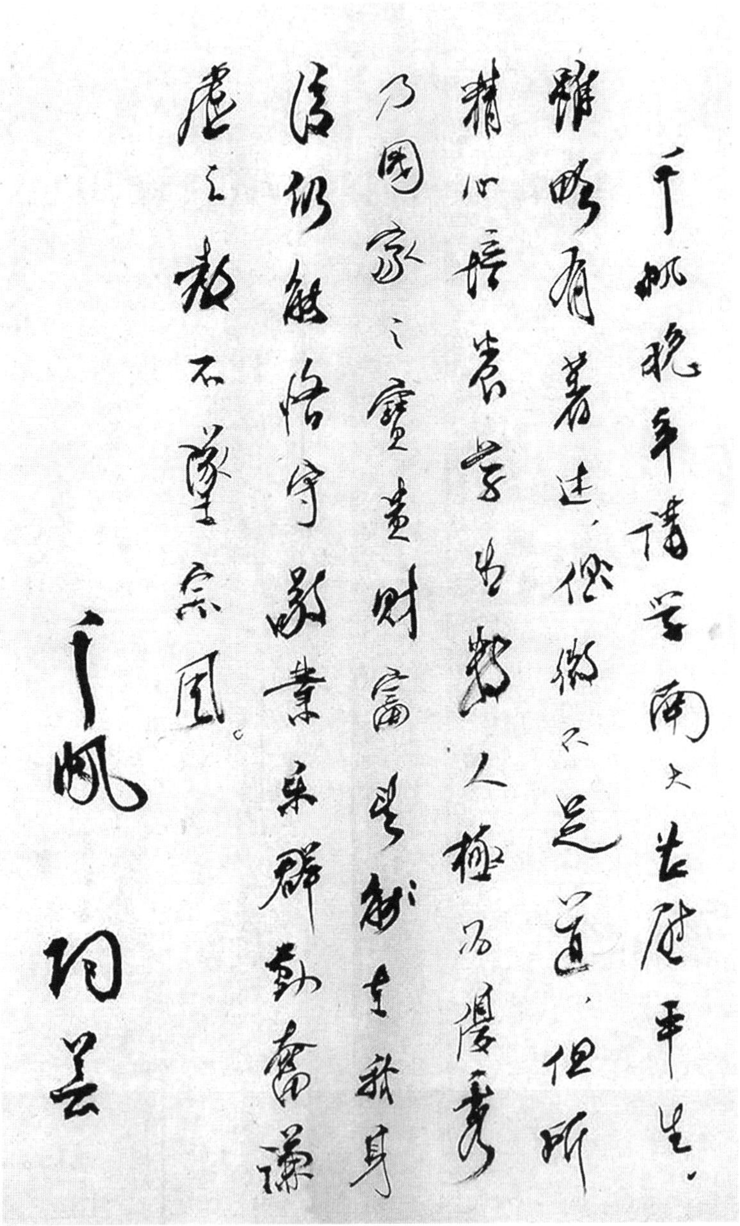

一九九六年，程千帆手书遗嘱中对弟子们的嘱托，寄望他们在其身后“仍能恪守敬业、乐群、勤奋、谦虚之教，不坠宗风”。

意的，是一些基本的操作规程、基本训练。南京大学的研究生，从硕士阶段起，就不允许写任何错别字和潦草字。你们以后写一个条子向我请假，也要写正楷字，不许写文字改革委员会没有公布的简化字（但可以写繁体字）。一定要注意语法是否正确，意思是否清楚。像这些问题，是在进入博士学习阶段之前就应该解决的，如果连这一点还没有解决，那就应该很好地补。绝对不允许一篇作业完成后，连第二遍都不看，便向上一交。当然，你写上一个一两万字的文章，偶然出现一个错别字，这也可以原谅，但总的来说，你不能抱着这种自我原谅的心思。因为我们不是搞物理、搞天文的，而即使是搞物理、搞天文的，像钱学森、张钰哲这些老学者，他们的文字表达也是很规矩、很好的。其次，你们写作业所引用的任何材料都要有出处，都要有篇名、卷数和版本。凡是能找到第一手材料的，不可以用第二手材料；凡是有不同版本、有异文的，应该加以注明。这些，都要求你们必须有一种严肃认真的学习态度，都应该十分注意，你们的作业也应该体现博士生所应具有的基本功。你们平常的学习，在很大的程度上是你们自学，老师不过点拨、指导你们一下。你们有些课程，将来还要作论文，所有这些都要求你们自己有高度的自治能力。在中国古代，儒家讲“慎独”。当一个人待在房间里的时候，特别要谨慎，没人管着你，所以要慎独。博士研究生不集体上课，因而比硕士生更要慎独些。这是敬业。

（二）乐群（乐，按经籍旧音读 yào），就是说师生之间、同学之间，关系要处得好，要亲师取友，用现在的话说，就是要团结友爱。你们同学三年，用老话说，也算有个缘分吧，应该在学习上互相帮助，在道德品质上互相规劝、互相学习。“文化大革命”对青年人的影响不好，老是从自己的利益着想，不那么光明磊落。我向来看不得妒忌别人、搞些小动作等卑劣的行为，这种人成不了一个学者，成不了国家需要的人才。郭维森老师、周勋初老师的五十年代的同学，现在在各校当教授的很多（如谭优学先生），他们互相之间关系都很好。我与孙望、徐复、唐圭璋、殷孟伦等先生已是五十多年的朋友了，也处得非常好。我们互相切磋琢磨，而且很直率。孔子说：“友直，友谅，友多闻，益矣。”交朋友要“直、谅、多闻”。这里提醒你们一点，不要认为材料就是学问。如果你把材料当成学问，就会对材料保密。真正学问做得好的，主要不是靠在材料上有什么新发现，当然，发现材料也很重要，但材料本身并不就是学问。现在很多人把材料当成学问，有点什么材料不给别人看，这是纨绔子弟作风。我曾向萧涤非先生要过一个黄节先生保存的材料（黄是萧的老师），他马上让学生抄了寄来了。我们不作兴把材料当成秘密，那样只能说明你做学问没出息，心胸狭窄。做学问要心胸开阔，要有气象，要能规劝别人，也能容纳别人的批评。别人说你不对，你就不高兴了，这不但只能说明你的骄傲，还说明你贫乏。你没什么东西，就那么一点，别人一说，你没有了，所以就紧张了。如果你真正不断地积蓄、努力，在学问上很富有，哪怕你讲我有十条错误，我还有一百条呢，我怕什么呢？你自卑、自满，就会把前进的道路堵塞了；你妒忌别人，就把从别人那里取得益处的道路也堵塞了。堵来堵去，你就成了孤家寡人。所以乐群是非常重要的，也要落实到具体的行动上。如果你把有限的时间消耗在无聊的事情上，那就对不起国家。我这个人说话喜欢摆在桌面上，而且要说在先。这是我说的乐群。

一九九三年春节在汉口路家中

（三）勤奋。我看过你们的入学试卷、论文等，你们还是勤奋的。国家给你们钱，让你们有三年整块的时间（在职研究生是四年）可以用来专心学习，这是一个非常难得的机会。时间很容易就过去了，像我们现在能抽出整块时间来做学问已不大可能了。周勋初先生就有很繁重的行政工作，还有社会工作，有些还非做不可。你不能说我什么都不管。你们现在有整块的时间来读书，所以一定要抓得很紧。当然，也要注意节奏，一张一弛，文武之道也。善于学习，也善于生活，我要求的是一个思想活泼，学问做得很结实，而且能够在科学事业、教育事业方面有组织能力这样一种人，我不要求把我的博士生培养成为书呆子。所以，一方面要爱惜光阴，一方面要生活得有节奏，可以去打打球、划划拳。莫砺锋在南京待了五六年，什么地方都不知道，我觉得这也是个缺点，尽管你一天到晚埋在图书馆里，得了博士学位。要有适当的节奏，劳逸结合。你不参加校排球队是对的，但整个连球摸都不摸就不对了。我喜欢上课，可是现在身体条件使我不能再上课了，所以希望你们把身体锻炼得好一点，兴趣广泛一些，学学书法、作作诗。研究中国古代文学，我们会给你们安排一些课程，提出一些具体要求，因为我们国家的学位制度要求这样，但这并不意味着你应当学习的东西就是这些，这一点你们应当清楚。你们还需要自己去补很多东西，知识面要扩大一些，不要读了古代文学博士生以后，连高晓声是什么人都不知道了，现代、当代文学一点也不看，那也很难得到学位。特别是一些西方的文艺理论、美学著作，自己要看一看，兴趣广泛一些。这就主要在于你们自己了。你们看了什么，我也可以从你们的作业中看出来。勤奋学习，还要注意学与思的关系，即吸收和消化的关系。你记了很多典故、很多事实，但如果你没有抽象的能力，也就难以形成科学的体系，所以古人说要笃学，又要慎思，明辨。“学而不思则罔，思而不学则殆。”学就是积累，思就是去吸收、抽象、条理。现在学术界对这一问题有争论。有人提倡要读些基本书，知识面要宽一些，对自己的专业钻研深一些；也有的人则提倡走马看花，说有些知识老化了，没有用了。知识老化了当然没有用，但是没有老化的呢，还要用怎么办呢？学术界讲百家争鸣，可以各讲各的，我的想法是，有些最基本的知识，恐怕还是要掌握，要吸收的。

（四）谦虚。人总是有点骄傲的，我回想起自己过去也很狂妄。狂妄或骄傲，也意味着自信，问题是怎么把它们区别开来，是不是可以谦虚，同时又有自信，这个分寸比较难于掌握，但最好要掌握。“满招损，谦受益。”你谦虚到什么主见也没有，自己什么意见也不敢拿出来，那就成学术界的乡愿。什么东西拿出来都四平八稳，是没法子使科学发展的。所以既要谦虚，又要自信，当一个道理没有能够说服你的时候，你可以坚持下去，但当你真正发现了错误以后，就应该有勇气承认它。你们现在或许还很谦虚，以后可能慢慢地变得不太谦虚了，变得狂妄了。因为骄傲与成绩往往是同步增长的，你有了点成绩，比如在《文学评论》上发表了一两篇文章，便感觉自己不错了，有本钱了。谦虚的困难不在于当你是一张白纸的时候，而是在你小有成就的时候。我过去走过一条很狂妄的路，现在想起来非常后悔，所以愿意一上来就告诉你们这一点。

第二，想说一下学习内容。

学习内容有几项。（一）读一些先秦两汉的经典著作。过去教育部规定研究生课程读一年半，所以那时莫砺锋就读了八本书，现在研究生课程为一年，计划让你们读六部书。具体哪六部，再分别同你们谈，不要求一刀切。我们历来反对拿一篇论文换一个学位，要求一定要读一点经典著作。这些著作的选择标准是什么呢？第一是对后代的文学和文学思想有较大影响，第二是时代在唐以前或者汉以前，这样做是为了使你们更好地受到读古书的训练，你们学训诂学，是为了读古书，反过来，多读一些比较难读的书，也可以丰富你们训诂学方面的知识。你们读这些专书时，应当把哲学史、史学史、经学史等找来读。如任继愈的《中国哲学史》、皮锡瑞的《经学历史》、金毓黻的《中国史学史》。有没有这方面的知识，从你们作业中会体现出来。这次莫砺锋备魏晋南北朝文学史课程，我发现他就读了不少书，有许多东西是我们没有教过的。他原来是读外文系的，特别是孔、孟、庄子与魏晋南北朝文学上的一些问题，他基本上清楚。我感觉到还是应该这样做，应该坚持下去。每一部书，由老师规定你们做不同形式的作业，有的做札记，有的做论文。你们做出来的东西，要达到能发表的水平（发表不发表是另外一回事）。这里给你们说一下，有两种情况可供你们选择,一是在你们读博士学位的三年中,你们发表任何东西都通过老师,你们把作业拿来,我们帮你们审查、推荐,这是一条路;另一条是你们自由投稿,我们不干涉,随你们选择。如果你们觉得自己去试试,不要老师看,也可以;我们看了替你们修改之后,再给你们推荐,也可以。过去一般是我们看过再推荐比较多。

(二)学位前考试。做论文以前的考试,要考三个内容:一是关于马克思主义的经典著作。你们读一部专书,或者读恩格斯的《家庭、私有制和国家的起源》,或者读其他著作,必须是原著。然后完成一篇作业,我们来看,或者请哲学系的老师看,看内容怎么样,一定要通过这个考试才能做论文。第二是综合考试,经史子集什么都考。比如说你们是唐宋文学研究方向的博士生,论文做唐宋方面,但除此之外,你们对中国古代文学知道多少。综合考试,包括你们读的经典著作,哲学史、文学史等(但不包括外国文学和现当代文学),即整个中国古代的学问。如果这两个考试你们能通过,便可以在教研室做博士论文的开题报告;如果前两个考试没有通过,就不能做博士论文。这些考试大概在第三学期进行。还有一门外文的考试。第一外语一定要做到四会。莫砺锋的外语考试是口试,免去了笔试,因为他在《中国社会科学(英文版)》上曾发表过文章。你(指蒋寅)能用日文写一篇文章,我可以给你介绍到日本去发表。我们想找一些外国留学生、专家同你们结成对,你教他中文,他教你日文或英文,用这种方法互相帮助。莫砺锋曾用过这种方法,对提高外文水平比较有效。他的英文原来也不行,后来与加拿大的布鲁斯教授结成对子,就上去了。我们如果万一找不到适当的人,就采取听课的办法,到外文系插班听课。总之,要重视外语,一定要能够比较方便地使用外语。第二外语要基本上做到能借助字典来看书。外语考试放在第五或第六学期。论文也可以从现在开始酝酿,要做一个有相当规模的题目,不能太小,也不能是古籍整理。应该是一个宏观的、有思辨性的著作,写出来后就是一本书,不仅指分量上,而且应该是有高质量的。

我们非常重视博士生的培养,因为你们将来就是我们的接班人,所以必须要求你们品学兼优。除了搞好学习之外,对你们的行为也要十分注意，我不允许你们有任何一点叫人看不上眼的东西，任何一方面都要恪守校纪、法纪，私人生活要注意。因为我们培养你们到博士这个阶段，我们，还有你们徐州师院、广西师大的老师，是费了心血的。我们不愿意一个人变成废品，教育部规定研究生有三个月到半年的试读期，对你们也适用。如果半年内我们发现你不适合做一个博士生，那我们就把你辞退。因为这牵涉到国家的荣誉，我们不是美国，个人的行为他们不管，只要你业务上达到博士水平，就给你文凭。我们不是这样。中国古代论士，先器识，尔后文艺，“行有馀力，则以学文”。总之，道德品质非常重要。你们在两个星期以内要向我交三篇自传。一篇用白话文写，写得详细一些，把自己的家庭情况、学习情况、思想情况都说一说，特别注意要字迹端正，文字通顺，长短不拘。另一篇用文言文写，看你们使用古汉语和剪裁的能力。中国古代有许多传记、行状等，看你们能不能作一篇像样子的古文。还有一篇用外语写。以后，你们两个星期到我这里来一次，最好是晚上，有什么谈什么，师徒之间互相了解和交流，了解彼此做学问是个什么路子，否则也没法子成为师徒。

附记：本文是程千帆先生与南大中文系古代文学专业八四级博士研究生的一次谈话，由巩本栋据录音整理而成，题目为整理者所加。

# 五、老学者的心声

## ——程千帆先生访谈录

**生**:您研究中国文学长达几十年,有很多自己的经验和感觉。我们想首先请您谈谈,这几十年以来,古代文学研究在整体成就上有些什么样的重大突破?

**师**:听到你这个问题,我想起恩格斯《路德维希·费尔巴哈和德国古典哲学的终结》谈到十八世纪同十九世纪自然科学发展趋势的区别的一段话。恩格斯说,一直到上一世纪也就是十八世纪末期,自然科学主要是搜集材料的科学,关于既成事物的科学。但是,在本世纪,那就是十九世纪,自然科学本质上是整理材料的科学,关于过程,关于这些事物的发生和发展,以及关于自然过程结合为一个伟大整体的联合的科学。我们当然不能把自然科学同社会科学、人文科学绝对地等量齐观,但是,肯定某些基本方面有它们相同的地方。我想到,他说的搜集材料的科学,约略相当于我们的文献学或者考据学;而他讲的整理材料的科学,探讨事物的内涵,从大量的材料中抽象出它的内部结构,阐明它的本质,如果拿文学来说,相当于文学史科学、文艺学或文艺美学。恩格斯好像是把这两者看作是两个层次,我们呢,也看成是两个层次,但是,第二个较高的层次永远不能代替第一个较低的层次。文献学、考据学,材料整理永远是需要的。我一直想,从清朝朴学兴盛以来,有很多东西我们平常忽而不察,事实上这两者在并行发展。像现在这样的文学论文的论式,乾隆时期,在翁覃溪的《复初斋文集》中就有《神韵论》这样的论文,上中下三篇。比翁更早一点的是康熙时期的叶星期，他的《原诗》也已经抽象历史事实，形成自己的观点，约略相当于我们现在的文学论文或文艺学论文。在文学以外，某些学者从事其他科学研究的论文，也有这种情况。我很注意俞正燮《癸巳类稿》和《癸巳存稿》里面的一些单篇论文，它们已是根据大量材料抽象出来的，只是范围比较窄一些。到了近几十年，无论是文学文献学、文学史或文艺学，发展都很快。谈到有没有大的突破，如果专就某一点具体成果来说，很容易指出非常多的突破，如陈寅恪对唐代历史文化的研究。如果是讲整体的突破，也就是有意识地把文献学同文学史、文艺美学相结合，在这一方面，鸦片战争以前（俞正燮是道光时候的人），没有达到这个境界。陈寅恪先生他们的传统学术基础比较厚，老辈学者像冰山一样，基础在水底下，浮出水面的才一点点。陈先生一辈子没讲经学，但他偶尔引用一些经学，也非常内行。如《隋唐制度渊源略论稿》第二章《礼仪》附论《都城建筑》，引了很多《周礼·考工记》即是一例。一方面，有传统的基础，受外来文化的影响，思考得更广阔，包括用新的眼光来理解它。一方面，与外来文化中真正有价值的东西结合起来，不是生搬硬套，是融解、渗透，这里面有非常严格的界限。这可以以章太炎、王国维、陈寅恪，后一辈的朱光潜，现在还在从事学术活动的王元化等人为代表，这些人把传统文学文化与外来的文学文化相渗透、相结合，结果无论在文献学本身，或者在文学历史或文艺美学的研究方面，都有新的突破。这一点要从总体上去把握它，不是单指哪一篇文章，哪一个结论。王元化讲我国古代文论中的风格，比别人讲得都好，这是由于他对德国古典美学体会深，不是硬用黑格尔套刘彦和，或者反过来。朱先生的《诗论》，也的确开创了一个新的局面。这是就我从这些前辈或同辈身上所受的益处来说的，是跟以前相比较而言的。

**生**：程先生对年轻一代学者非常关心，到南京之后，带出了许多研究生，平时与各地的年轻学者也多有接触，很多年轻学者出版了新作，也常常寄给您，在您和现在从事文学研究的年轻学者的接触中，您觉得年轻一代的治学体现了什么样的新的特色，或者有什么值得注意、应该注意的问题？

**师**：我始终觉得，“后生可畏”。以前，黄季刚先生总是勉励我们说，学业既成,师弟即是朋友,这句话我到现在还没忘记。学业未成,需要老师用不同的方法和态度来帮助,态度有时候要严厉,有时候又不能太严厉。我对于你们的态度非常注意,什么时候可以重一些,什么时候要轻一些,因为目的是在帮助你们,不是要显扬自己。季刚先生就是这样。他喜欢骂人,但他骂,正是对你有厚望,他帮助学生也是不遗余力。殷孟伦先生跟他念书,就在他家里念,中午都不回家,吃了六年中饭,就是让他有个好的读书环境。对于学生学问的特点,不能站在老师的地位去看,因为我们是处在另外一个特定的环境里面成长起来的,与你们不同。你们现在成长的条件基本相同,我没有你们这个机会,反过来,你们也没有我那个机会。我小时候读私塾,什么自然科学都不懂,啃了很多古书,啃的时候也不懂,就死背,那是一种野蛮而并非全无益处的教学方法。你们接受的是新的、诱导式的方法,当然也承受一些压力。所以,看现在的年轻人,首先要看到他们是在另外一个不同的环境中学习的,因此,各门学科所达到的程度也不同,有些方面你们很难赶上我们。比如,我现在可以用唐宋时代的古汉语很自如地表达自己的思想,这方面你们赶不上我们,或许以后的人还赶不上你们。另一方面,你们吸收了一些新的知识,这种知识是经过别的学者努力积累下来的,很方便地就让你们吸收了,这方面你们就比我好。你们外文也比我好,我的英文以前还勉强,后来不常用,就丢了。诸如此类。所以,我觉得,不能拿我们过去的程度或水平同你们比,我们也不能同寅恪先生相比,他也是在特定的环境下成长起来的。他读过多少大学,跟多少大师学习过,但始终不要学位,这是我们今天做不到的。他从日本起,先后到美国、巴黎、柏林,学了许多种语言。除了这特定的环境,还有家学渊源。散原先生的学问文章不必说了,而后来中央大学中文系最受人尊敬的老教授王伯沆先生就是陈家当时的塾师,这么好的启蒙老师上哪儿找去?所以,评价你们今天的情况,只能根据你们今天多数人所共同的环境来谈。在这点上,每一个年轻人有每一个人的长处。如果说对你们有什么要求,有两点:一个是社会环境的压迫,使你们不能够随心所欲。没有市场经济,你们也会受到儒家所说的外物的引诱。现在要评职称,要出成果,有时会使你们不能把学问做得很结实,必须要在某种情况下适应社会的客观需要。所以,文献学的基础你们往往比较差,我特别注意这一点。如果你们学新理论、新知识不比别的青年人差,你们的文献学基础再比别人扎实,那么,你们就会超过他。有些年轻人常常出一些不应该出的错,章句之学、训诂之学没有下功夫,其实有的问题,不用说翻《尔雅》,只要翻一下《现代汉语词典》就能解决,他就是不翻。这是个态度问题。这就是如何更好地提高文献学修养,同已经掌握的文艺学、美学、历史知识水平平衡起来的问题。还有第二点,就是如何使你们的理性思维更好地同感性思维相结合。我劝你们写写字,作作诗,欣赏欣赏音乐,加强和扩充自己的心灵活动和表现能力。因为研究文学归根结底是面对人的感情,哪怕你研究理论,理论也是从作品中概括出来的。如果你对心灵的火花、感情的悸动缺少同情,缺乏爱赏,而是非常理智地去品评它,也不能说不对,但总是隔了一层。就好像一只蜜蜂,钻不出玻璃窗或者纱窗,看到外面的花很好看,花香也能透进来,但就是采不到。这一点上,我也有责任。我没有很好地花时间替你们改诗改文。你自己能动手,体会他人的创作也可以加深,分析时自然能讲出内行话来。俞平伯先生《唐宋词选释》话最少,话多一点的是《读词偶得》、《清真词释》,都讲得非常深入,真能体会词心,很大的原因就是俞先生自己词作得好。理解文学,达到通释,有感受力,这是很重要的。客观方面是文献的掌握,主观方面是感受的深浅。上次伯伟拿一篇文章给我看,我劝你好好将《毛诗》孔疏和《诗三家义集疏》从头到尾读一遍,再选读一些《礼记》。你搞文学理论,在这方面你的文献学基础要加深,不然就不能再往上突破。季刚先生晚年给研究生开课,有一门课他还没有开出来就去世了。非常可惜。课的题目很长,叫“唐人经疏释诸经词例辑述”,专门讲唐人经疏解释诸经的条例。《文选》李善注有条例,不是放在前头,而是摆在注文当中,骆鸿凯辑出了几十条。以前有人说李善是书簏子,只注事不注义,这是外行话。他不是不注义,而是一般的义不注,只注重要的义。五臣就低了一个层次,什么样的义都注。所以,对于你们提的这两个问题,我还是觉得,一方面要能够吸收现代的经过许多学者消化融解而得出的知识。研究文学,研究学问,永远不是私家的事情,个人可以有成就,但最后总要有历代群体的积累，才有可能获得较巨大较重要的成就。一方面能真正对作品有美的感受，有深切的感受。批评家最好也懂创作，作家最好也通理论。文学批评最终必然要同文学创作分家，作家与评论家发表的成果也不一样，研究作家的作品同纯粹的理论研究也不一样，但它们的根总连在一起，断不了。如果说我有一些看法与别的先生有些不同，那是与我反复看某个或某些作品又互相沟通比较分不开的。不一定研究杜甫就死看杜甫，也许看清朝末年的一个诗集对你研究杜甫也有启发。一是求精，一是求通，要能通解，又能深入。而其关键在于既有理性思维，又有感性思维，即使不能合二而一，也绝不能将二者对立起来。

**生：**我们这一代的成长条件、环境跟您这一代的成长环境不同，当然跟二三十年代那一批学者也不一样。那个时代出现了陈寅恪、王国维等国学大师。依您看来，在我们这一代或者我们的下一代，有没有可能出现像他们那样的学术大师呢？

**师：**我想，大师应该有两个意义：一个是他本身研究的对象十分博大精深，超过同辈人；还有一种大师，我觉得是更基本也是更重要的，就是他能开一代学术风气。不是要求他之后的人都沿着他开拓的疆域路子走，而是以他的人格品德学风，来启发整个一代人。两者常常是结合在一起的。鲁迅是一位大师，他带起了多少文学青年，还领导了整个左联。鲁迅的老师章太炎也是这样。鲁迅所带起来的青年作家群，除了像唐弢、聂绀弩个别人杂文写得很好以外，不是所有人都擅长写杂文的，许多人写诗歌，写小说，但在鲁迅影响之下，形成了一种进步的创作风气。章太炎的学生中，朱希祖是很有名的，但他主要是搞史学，成就主要在南明史。还有其他很多人，治学的大范围一样，小范围不一样。寅恪先生和王国维也是这样。他们影响最大的，用寅恪先生的话说，就是预流。新发现的材料，新开辟的领域，他们不但自己投入，而且引导一系列学者参加。新发现的敦煌卷子，新发现的甲骨文，还有西方及日本汉学的引入等。不是研究哪一门，如《蒙古源流》，新、旧《唐书》，而且归根究底也不是整理材料的科学。寅恪先生非常想写一部中国通史，但特定的环境、条件限制了他，使他没有办法完成。真正的史学大师都是想根据自己对历史的理解，看

一九九八年六月，在家中书房

待整个中国的历史文化，并著为一部书的。孔子修《春秋》、司马迁作《史记》、司马光编《通鉴》是这样，下至钱穆写《国史大纲》也是这样。这种人的出现，一是有特定的环境，一是他本身勤奋，又以自己的行动带动一批人。所谓环境，就是比小环境更大、再大一些的宽松自由的环境，无限大的宽松环境是不可能的。世界上没有绝对的自由，这是事实，但怎样使环境宽容，更有学术自由，确是很重要的。在这样的环境条件下，专精一门学问，其品格为人足以令人衷心敬佩，带动其他人；他研究的问题领域又是预流的，而不是陈旧的，这样就有可能出现大师。人类永远是进步的，因此大师是应该出现的。我希望你们将来都变成大师。记不清是清代哪位大师说的，大国手门下只能出二国手，二国手门下倒能出大国手，我所望于诸君者正是如此。我到南大来以后，同陶芸结婚，她很照顾我，支持我，坦率地说，你们也因此获益匪浅。这是因缘，也是环境。你们的妻子都很好，很支持你们的事业，这很不容易。所以，你们还是有条件成为大师的，自己要争取“舜何人也，予何人也。有为者，亦若是”。光有为还不行，还得有守。有为有守，就给成为大师创造条件了。

**生：**您刚才讲到预流，这好像是出自佛教的词汇。现在常常讲，每一门学科都有所谓前沿问题。程先生您刚才的意思，预流好像也就是要进入学术前沿，而不是研究一个已经反复研究过的问题，使用已经反复使用过的材料，而且要包括一些新的材料、新的问题，开辟一些新的领域。如果从当代学术的角度来看，在您看来，哪些问题是属于学术前沿的？研究哪些问题可以是预流的？

**师：**这两个名词，我想是相通而不相同。所谓流，是由于客观上的需要，经济上的、思想上的、政治上乃至学术文化上的需要，成为一个比较热门的研究对象。比如南南问题，南方的贫困和动荡使得北方的富国也不安了，这就出现了南北对话的要求。在地缘政治学的学者看来，这应该是个要解决的实际问题，是个热门。作为地缘政治学者，如果完全不管这些问题，恐怕不能算是预流。在我们来说，如古代某些新发现的东西，或者虽然是老的东西，但忽然出现了新的情况、新的问题，大家都来搞，当然也不是赶某种政治风向，迎合某种潮流。反右，“文革”，十年上山下乡，使当代文学中出现了大墙文学、知青文学，这显然是现实生活中人们所关心的，作家创作它，评论家也要评论它。流是客观需要形成的，还有可能是由于意外的发现，如王道士发现敦煌卷子。至于前沿，从古到今，每一门科学都在不断向前跨越。只要你不是重复别人已经有过的研究，而是在前人的基础上向前推进，那就是前沿。前沿是一个学术发展过程的新起点，预流是学术的客观潮流来了你是否投入的问题。我并不是说为了预流，就不研究热点以外的冷门。但作为大师，他有责任领导学术的走向，他不能对新事物视而不见。第一个把雅各布森(Roman Jakobson)的语言学说介绍到中国的就是章太炎。最早把西洋政治学、哲学、社会科学及文学大量输入中国的，是严复和林纾。他们这么做就是预流。严复带进来的是西洋的国计民生，林纾带进来的是西洋人的心态、社会结构乃至文学本身。事实上，许多工作都是很重要的，文献学的工作我们做得太少，如整个文学的系年研究还很不够，需要加强。

**生：**最近若干年以来，关于重新编写中国文学史，以怎样的一种思路、结构、形式、框架来撰写现代人、当代人心目中的文学史，古代文学界和现代文学界都有过不少讨论。新时期以来，也出过很多文学史，有个人的，有集体的，有教材，也有专著。是不是请您谈谈对文学史编写问题的看法。

**师：**我做过一些试验，包括现在交给章灿改写的那部文学通史。那部稿子我基本上不以人为中心，而是以时代及问题为中心。另外也试验过采取一种非常简明扼要的写法，即注比正文详细，就是《先唐文学源流论略》那几篇。后来，我同吴新雷先生合写《两宋文学史》，结构比较复杂一些，有的是以问题为主，有的以流派为中心，也有以人为中心，写一个作家及其追随者。还有一种写法，说远一些，从《春秋左传》，到佛经合本子注及其效法者，如《三国志》、《水经注》、《洛阳伽蓝记》，还有后来的《三朝北盟会编》等，一个纲，下面分系很多材料。刘师培《中国中古文学史》就是这样写的，刘永济先生《十四朝文学要略》也是这样写的。我觉得，文学史实，好像一个八面玲珑的宝塔，周围还有其他环境风景的点染，在观赏者和描摹者看来，主体会由于视角的不同而有异，环境北方同西方不一样，高处与低处也不同，站在一个角度写同站在另一个角度写可能大不一样。以人为纲，就是《文苑传》的扩大，只是更现代化一些。以事为主，按先后叙述，那就是编年体的历史，虽然并不一定按年叙述。把一件事有头有尾地叙述，就变成了纪事本末。历史上最常见的几种史籍体裁现在也还在采用，有的是文学史料，有的是文学史。

**生：**这样说来，现在最通行的还是纪传体，而分体的文学史也就好比国别史。

**师：**是的。我们如果要做，还要根据对象，选择更适于突出表现对象的方式。屈原、杜甫、苏轼这样的大家，不单立一章，似乎不足以突出他们在历史上的地位。江湖诗派本身的成就不能同影响最深远的其他诗派相比，但作为一个特定社会环境下出现的诗人群体，作为一个诗派有其特色，可不可以把戴复古或永嘉四灵作为中心，而以诗派的首尾经过包括江湖诗案来写。又比如古文运动，除了文学艺术外，还涉及儒佛斗争、世俗地主阶级与僧侣地主阶级争夺土地、争夺兵源诸问题，除了韩、柳等大家要专论外，这些问题恐怕也要涉及，才能见出这一文学运动的政治社会意义。江湖诗派有值得肯定的大家，也有很多末流。前者可详，其余可将其弊端的出现及反对派的意见，作为这一章的后半段的内容。六朝真正很有特色有成就的大诗人数不上十个，它同佛教的关系，同当时高层社会奢华风气的关系，同当时偏安政局的关系，这些现象很复杂，而且在中国文学史上很独特，似乎也可以写成一章。我的意思是要不拘一格，多面体现中国文学史，对读者来说，好比到了泰山就看山，到西湖就看水，得到最独特最有价值的东西，不一定要强制性地说，文学史就应该写些什么东西。在《两宋文学史》中，我们试了一下，比如戏剧一章，没有足够的作品好讲，也就少讲。这需要很大的个性，还要不怕挨骂，胆子大一些。中国文学史界还没有能够写出多卷本势均力敌、各有千秋的大文学史的作者队伍，很多文献问题没有解决，大作家的诗是哪一年作的很多还不清楚，如王安石。集体写作体例也不容易统一。还是放手让大家写，可以把《两宋文学史》的方式用得再彻底一点。在这部书中，有些显然是自己研究不够，所以处理不够妥当。比如不敢把宋四六并到各章里面，把欧阳修的四六放在欧阳修章下讲，最后还是独出一章，主要还是介绍性的。还有一个原因是宋四六太生，一般读者简直弄不清是怎么回事。你要我把苏东坡的散文、诗词加上四六，变成纯然一块，我学问还不够，我承认我还不太懂他的四六文同散文之间怎样沟通融洽。所以和吴先生商定，单独把宋四六列为一章。章灿改写我那部文学史，可以放胆写，是否可以把明末小品文、《聊斋》、讲唱文学如《再生缘》等几个明清文学的突出点合起来，单列一章，以补救不能详叙明清诗文、文言小说及讲唱文学的缺陷。这种做法也许太古怪了。

**生**：这样是不是太庞杂了些？

**师**：杂是杂了些，但比没有好。

**生**：现在看来，前一段对文学史的讨论，大家都提出了很多新观念，像逻辑结构等，尝试成功的还没见到，有些断代分体的还写得比较扎实。我看，文学通史在近一段时间内，很难出现按自己的理论而搞成功的实践。

**师**：问题在于，你要搞出一个被人认为较好的新框框，代替旧框框。世界上哪有没有框框的？只有打破旧的框框，也拿出新的框框。要写文学史，不能只谈如何写文学史。

**生：**现在，考研究生又有些升温。能不能请程先生主要谈谈，从本科生到研究生学习阶段的跨越，应该注意哪些问题？

**师：**我觉得现在大学中文系课程设置对本科生不是很适用，对研究生也不是很适用。我总感觉教研室的设置容易发生学术上的本位主义，片面强调本学科课程的重要性和数量，而不是从如何培养学生的总体出发。培养学生，一方面要注重基础，一方面要使之有广泛的选择余地。我们的必修课太多，而且总是按各学科死的比例，不考虑学问的难易差别。课学了很多，没有主动选择深入一门。再一个是教学方法问题，多数还是老师讲、学生听，讨论以及布置学生课外作业，都比较少。还有一个最奇怪的现象，是现在文科不规定必读参考书并按时交读书报告了。我们那时候课不多，但课外作业相当重。现在是很多参考书借不到，学生没读到，就跟不上教师的要求，同研究生学习就不大能衔接。我们那时候到大学四年级就可以读研究生的课，只要系主任批准，这样两阶段就能衔接起来。如果能作某些改革，让学生尽可能减少必修课，在后面两年内就能集中力量学某一方面的课，比较有意识地倾斜、加强。三十年代系主任很重要的一个任务是帮学生选课，根据各人具体情况制订计划，哪些方面弱了应该加补，当然是商量性的，一般学生都愿意听系主任的指导。考研究生的升温，无论其动机是注意知识还是学历，都是好事，这两者应该统一起来。问题是使他们学的东西更适当和充实一些。

**生：**根据您平时的接触，您觉得，四十年代、五十年代和六十年代出生的学者有没有什么分别？

**师：**当然有。每一个重大政治局势的变化阶段会给每个人打上很深的烙印，文学研究上也这样。“文革”的时候，听说毛泽东说过喜欢三李，郭沫若就写了《李白与杜甫》，把杜甫骂得一塌糊涂。郭沫若如此，何况年轻人？新时期以来，把“百花齐放，百家争鸣”的口号在实践上施行了，过去虽然也提，但往往没做到。建国初期，文学论文不少是用一种神学思维模式写的，用很多东西证明伟大领袖某一理论某句话是对的。这种论文很安全，但没有价值。我当时也这么写。慢慢地懂得一些辩证法，才想到怎样利用辩证法解释一些现象，回答一些问题。的确，辩证法比形式逻辑推理更细致合理，也更有用。现在，年轻人摆脱了至少避免了一些宗教式或教条式的学习，最大的不同，是知道要用先进的思想方法、手段，独立思考，解决问题，也不排除使用辩证法以外的方法。这是一个很大的进步。如果能照现在这样的风气下去，不反复，就可以根据学术本身的发展形成各个时代的特点。通过竞争，有些东西会被自然淘汰消失，比如过去那种完全不根据文献乱发议论，乃是一种很不良的风气（你们总还记得，有人将“有教无类”硬释为“囿教无类”吧）。现在这种不实事求是、对文献的理解使用不负责任的现象，至少在《学人》、《原学》和你们的《中国诗学》上，似乎还没见到。是不是以每十年为一个区分时代，不一定，也许更长，也许很短。除了本身的发展，还有很多外力，但必然会走向更严肃、认真，不是佛家所讲的戏论。马一浮晚年号蠲戏老人，要求自己蠲除戏论之类，总的说来，就是要愈来愈科学，愈来愈细密，愈来愈富开拓性。只注重科学性、细密、严整，而忘记了开拓，很容易在原地打转。发展的意义，除了清除本身的弊病，还一定要往前走。我常常讲，研究古代文化文学，是为了现在活着的人，不想到这一点，我们的研究便没有意义。我们把杜甫讲得再好，杜甫也不知道了。我们把杜甫讲得更深刻一些，是为了更多方面贴近文学史本体，是为了现代人，是为了现代的文化创意，包括创作，包括建立我们的文化体系。这一点要非常注意。所以，我要你们了解一些创作，尝试一些创作，这才能使我们的古代文学研究在某种程度上融入当代的创作。当然，文献学本身很难直接施加影响，但艺术分析和美学研究是可以影响到目前的创作的。凡是研究古代传统的东西，一定不能忘记现在活着的人民。这一点很重要。

**生：**程先生您治学的兴趣非常广泛，涉及诗学、史学、文献学、校雠学，还有古代文论、诗文创作等。在您看来，这中间是不是还有轻重主次之分？我们还想知道，假如您现在年轻二三十岁或更多，您最希望先去钻研哪些问题？

**师：**我才走进金陵大学的时候，看到那么多课程，又兴奋又紧张。我不知道搞什么好。我去问老师，各个老师的回答也不一样。季刚先生就说你首先要通章句之学，要先把书读懂读通，我对此不是很满足。刘国钧先生说要先通目录之学，治学就容易摸着门径。他引了一段章太炎的话。章太炎曾讲过谭复堂（献）有个儿子，才十来岁，并没读过多少书，可是开口就谈《汉书·艺文志》九流十家，非常空疏，极不可取。所以，刘先生告诉我，治学要有门径，又不能流于空疏。后来我接受了刘先生给我的指示，从目录学入手。但只记住些书名，看些目录提要，还不是学问的本身，靠目录学入门后，要进而达到专门，我是愿意这样做的。至于我后来专门搞诗歌，除了本身喜欢，还有些内在外在的因缘：一是家庭因素。我的叔祖父、伯父、我父亲，都作诗。而后来在各大学任教分配课程时，又恰巧有教诗的机会。教学相长，因此研究课题也就向诗倾斜了。此外，我对很多学问都感兴趣，同我对中国传统国学的目录比较熟悉也有关。每一门学问都有它独特的地方，又彼此相通。可以根据自身的条件选择一门作为专攻，同时把知识铺得越宽越好。不可能对每门学问都很深入，有很多东西只是作为你研究某一学问的支撑点，好比煤矿工从巷道中取出的是煤，而巷道里全是坑柱。没有这些坑柱，巷道是要垮的，煤也取不出来。假使说我现在是一个大学生，我还是首先注意从目录学入门，此外还要能非常好地使用语言，包括汉语和外语。我现在的确感觉不如你们。我对外国的东西也看，但使用时极其慎重，因为我吃不透它们。精和博，要有适当的统一。你们将来多半是研究文学，但要使之与文献学相结合。没有文献学的基础，会在基本材料上遇到难题：一是找不全，二是理解有错。资料占有是同发言权成正比的。占有的资料并不要全面反映在你的著作里，绝大部分或至少有一半是要排除的。不看过这些资料怎么知道排除？为了写《郭景纯、曹尧宾〈游仙诗〉辨异》，我把从魏晋到唐朝所有的游仙诗都抄了卡片，只用到一小部分最典型的例子，所有被排除的都可以此为代表，这样就不至于繁芜。一个人要做学问，就是要有所发明。拿破仑说，不想当将军的士兵不是好士兵。我看，不想出名，不想有发明创造，就不是好学者。要预流，要加入世界学术的行列，参与竞争，有更大的发言权，最好要掌握一到两门外语，绝对都掌握是不可能的。应当有重点。寅恪先生花很多工夫学外语，主要是为了阅读。我当面问过他，他说自己英文写得不好，主要是阅读。他发表在《哈佛亚细亚学报》上的英文论文是当时美国汉学家翻译的。像钱锺书先生那样能将英文写得好那最好，实在不能，就要能真正准确地理解。我总劝你们把古汉语、英语更吃透一些，要真正自致隆高。语言是个非常麻烦的事情，又要准确，又要严密，又要生动活泼，是一辈子的事，无论写和读都有这些问题。

**生**：这十几年以来，您跟海外学者的接触也比较多，您对他们研究汉学特别是研究中国文学的成果有什么评价？他们的方法、思路对我们现在有什么启发？有什么可以借鉴之处？

**师**：我这里谈的不包括华裔学者，光讲汉语非其母语的那些汉学家。我觉得，他们的长处也就是他们的短处。他们对中国文化、文学、文字，由于不是土生土长，常常以一种异族的眼光来看待。一方面，有很多古怪的错误。五十年代我看过一篇俄国学者的论文，他说杜甫怀李白的那首诗，“清新庾开府，俊逸鲍参军”，前句以庾信比李白，后句以鲍照自比，因为他认为律诗要对仗，上下两句就不能指同一个人。这就差得很远了。但另一方面，他们有些想法，我们也想不到，至少一下子想不到。也是一个俄国学者的文章，他强调了《西厢记》中的张生是对爱情（一开始可能只是对美女，因为一上来他的爱情还没有基础）的执着的追求的形象。在后来的戏剧舞台上，张生往往是红娘取笑的对象，戏剧评论也没有从社会意义或美学意义上给这位男主角以什么程度的肯定。而他则认为，中国知识分子最重要的是走科举道路，张生正是在预备入京赶考途中遇到崔莺莺，遇到美女就把科举暂放到一边。这说明，他对爱情生活的追求胜过他对政治前途的追求，认为人生娶到美貌的妻子比赶考做官更重要。在这个意义上，这个形象具有轻视当时科举制度的意义，当然也不见得他彻底不要功名，所以，他与莺莺的问题解决后，就入京赶考了。我觉得分析得很好。我解放后也意识到张生这个角色的出现有一定的反封建的意义，但他讲得这么具体，而文学评论的高低，往往在于是否能具体，所以，我觉得这位外国学者讲得很好。威斯康辛大学的倪豪士（W. Nienhauser Jr.）在南大访问时，忽然要我给他书写一首李清照的词，他觉得李清照的这首词隐喻性生活。我对他说，你错了。作为李格非的女儿、赵明诚的妻子、赵挺之的媳妇，她从小所受的文化修养决定她不会这么写，而且倪对词中隐喻形象的解释非常牵强，这就很成问题。荷兰汉学家高罗佩（R. H. Van Galik）所著《中国古代房内考》第三编第八章有一节论及李清照的家庭生活和文化生活。不知倪豪士这种想法是否受了此书的影响。但高罗佩书完全没有涉及女词人的性生活，她的作品中也的确没有这方面的描写或暗示。但日本学者是另外一回事。日本学者特别是研究中国古代文学的，还保留、坚守了我们五四以来特别是解放以来逐渐抛弃的传统。这一点，中国台湾和香港地区、日本都比我们大陆做得好。横山弘教他们日本大学生读《文选》李善注，读了多少，读懂多少，是另一回事，可我们的大学生反而没有这么做，可以说，"礼失而求诸野"。我们需要这样一种真正把东西弄懂的功夫和态度。学风漂浮是最吃亏的。过分地抬高或贬低国外学者，都不是一种正确的态度。他们有些文章还是很不错的，比如砺锋你们最近翻译出版的《神女之探寻——英美学者论中国诗歌》中的一些论文。但整体来说，大陆上的研究成果还是远远超过他们。但如叶嘉莹、高友工、林顺夫等人，他们的成就都值得钦佩，所以应该把华裔学者排除在外。有趣的是，很多华裔学者是先学了外语，然后出去教授研究中国文学，但叶不是，她是顾羡季先生的传人。

**生**：宇文所安（Stephen Owen）先生在《中国传统诗歌与诗学》（*Traditional Chinese Poetry and Poetics*）中说，"白也诗无敌"中"白也"是模仿《论语》中孔子称学生颜回的"回也"句式，是上对下、老师对学生的口吻，而"清新庾开府，俊逸鲍参军"的言外之意是说李白遭遇就像庾信晚年流落北方、鲍照死于乱军之中一样不幸，这也是很新奇的。

**师**：的确，他们恐怕未必考虑庾信、鲍照在文学史上的地位以及初唐盛唐时代《文选》对文人学士的巨大影响，所以认为这是自己的发明。他们也许注意到个别问题，未必注意整体的背景。

**生**：程先生刚才讲到外国学者也有国别的差异，在对语言文学的研究方面，恐怕还有不同领域之分。有些领域可能他们走在前面，比如敦煌学、中古汉语特别是俗语研究、小说研究，可能是由于西方有叙事文学的传统，他们分析小说结构，我觉得更清晰。可能因为他们有这样的理论背景与传统。

**师**:他们确实拥有这样一些具体的手段和方法。这也牵涉在中国乃至世界范围内,中国古代文学、文化研究不平衡,格局不尽合理。所谓格局合理不合理,只能根据现在自然形成的布局,我们主观地判断它是否合理,不是说它本身先存在一个蓝图、一个理想的合理的布局,我们应当照它实行。在古代文学史上,散文占有非常大的比重,是一笔非常巨大的财富,内容非常广泛,同政治、社会、文化的千丝万缕的联系可能超过诗歌,而研究的人偏少。在敦煌学、道教等方面,我们的研究力量较弱,一时也很难赶上去。这还关系到大环境,学者有很好的工作条件、很安定的生活环境,自然能很快发展起来。很多东西的出现或不出现,有偶然因素,无法理性地解释,也不随人的感情意愿,这就如佛教讲的缘法。我们用个人或团体的力量来促进学术的发展,这是可以做到的,但究竟也受到一些我们意想不到的材料、条件和环境的制约。人生也如此,我常回想我这一生,在许多三岔路口充满了偶然性。如果不是一九三七年而是一九三八年打仗,我也许就去了美国,大陆解放时我如果去了香港,那现在是个什么样的人,谁知道?如果不是匡亚明校长坚持聘我,我可能就到其他大学了。到了南京后,晚年生活安定了,又得到你们这些学生,我过得很充实,真做到了受之于师,传之于弟子。这是我所高兴和引为自豪的。

**生**:学术的兴衰除偶然性之外,也牵系着时代的大环境。敦煌学我们现在落后了,如果我们这几十年是个很安定的环境,肯定也会有一批学者献身于学术,推动学科研究进步的,从而跻身世界学林的前列。

**师**:看了《学人》、《原学》、《中国诗学》这些刊物,我对学术界的年轻人充满了信心。这些年轻人,包括你们在内,很厉害。当然,你们也有走路不稳当的时候,但总的来说,绝不比我们那时候差到哪儿去。我们那时候有我们的长处,但你们也有你们的长处。个人的命运不可能不与社会民族的前途相联系,有时相对立,有时顺着走,总的来说是处在这个大涡流中,走向发展进步。"一江春水向东流"。

**生**:程先生谈到大环境,在学术史上也常常看到这样的事例,事业有成就的学者本身并没有一个非常优越的环境,而是在艰难困苦中成熟起来的。现在年轻一代学者都碰到一个很大的问题，就是经济冲击的问题。如果有志于学术，肯定不能坐等经济条件、生活环境改善之后才去做学问。程先生您作为一个经历过许多世变，有过艰难，有过顺利的老学者，您对现在有志于学术的年轻人有些什么样的期待呢？

**师：**拿我自己的经历来说。我出身于一个没有经济上的任何遗产而有较丰富的文化遗产的家庭。我父亲一辈子做低级的公务员，晚年在银行里当文书，比较稳定些，就遇上战乱，流落到四川，靠卖字卖文为生。我除了抗战初在西康建设厅当过一年科员，一直在教书。从抗日战争、解放战争到解放后的历次运动，我这一辈子生活安定的时候是很少的。从上高三到大学一、二年级，我父亲失业，有时候一个冬天连袜子也没穿过，就这么过。也曾为了生活而写文章，最多卖到三块钱一千字，就很满足了。我思想中，一方面想凭自己的能力学问出人头地，这个观念是很顽强的；另一方面，又总觉得我所学的对历史文化传统的弘扬（那时候还不懂人民什么的）是有用的。反右斗争中，在最艰难的时候，许多人自杀，我就想起先室沈祖棻有一句词："浊世更无轻命地。"这么一个污浊的世界，连要自杀也找不到一个干净的地方。我的信念就是无论如何也要同这种不合理现象对抗下去，就是不死，就是要看看到底结局如何。在沙洋农场，图书室没别的书，正好有一套中华书局校点的晋隋八史，我白天劳动和挨斗，晚上就把这些书看了一遍。这包含了自私的个人信念，也包含了对祖国文化的热爱的信念，二者很难区分。这种生活情感是相当强大的力量。你们现在处的环境比我那时候要好得多，希望你们永远不要有我们那样的遭遇。至于物质生活，我希望你们首先认识到，世界上有比金钱和金钱所能获得的物质生活更有价值的东西。钱是需要的，是好的，关键是"不义而富且贵，于我如浮云"。认识并坚信这一点，不仅不会羡慕别人，而且会过得很快乐。应该坚信你们本身的价值是会被肯定的。不是说现在的环境就蛮舒服的，就令人满意了，目前环境对知识分子来说还是很困厄的。如果你心里老想着别的，一心以为鸿鹄将至，做学问就挺苦的。我不仅要求你们学问出人头地，也非常希望你们"大德不逾闲"，有义利之辨。对不公正的待遇，要始终坚持抗争。在武汉大学时，他们说我是最顽固、最反动的右派，所以近二十年后才给我摘帽子。做学问要顽强，做人也要顽强，当然是要讲道理的顽强。

**生**：《原学》是以六十年代出生的年轻学者为主体的刊物，他们提倡实证的研究。其实，像程先生刚才讲的，未必要以十年划分一个时代。我个人觉得，同一时代的学者间也不尽相同，虽然成长的大环境大致相同，小环境却不相同。总的说，这一代学者，程先生您有什么期望？

**师**：你们可以集合一批同时代的人共同朝一个大的方向努力，同时，你们要注意整个文化界的大动态。比如，最近中央提倡传统戏曲，提倡高雅音乐，你们是不是可以就这些文化现象的是非、与复古运动的区别何在、其在融入当代文化的走向中占有什么样的地位等，展开评论。最好能综合一些情况，写文章也好，座谈也好，来表态。比如评一个时期的文学研究，如评八十年代的文学博士论文，调查一下，从中抽出问题来谈，指出不足，概括出特色来。吴晗关于《明实录》和王明关于《太平经》的出色论文，代表三十年代研究生论文的最高水平，可以作些比较，看出发展。你们要做调查研究，在当前的文化文学领域争取并赢得发言权。可以通过发表专文或书评的方式来进行，不要限于评一本书，尤其不要那种先事吹捧、曲终奏雅、略指缺点的公式化的书评，要讨论式的，而且像荀子说的，“以仁心说，以学心听，以公心辨”，这样就能吸引别人注意。态度是与人为善的，可以认真讨论批评，但说话不要尖刻，要温厚。该表扬的表扬，该批评的批评，培养一种学风，从而形成你们的特色。还可以评论最近若干年来对国外汉学成果的介绍。这样就同广大的学术界结合起来了，一上来就要防止几个人摇旗呐喊，要融入潮流，又保持特色。我感到，现在学术界也不无官僚作风，一些书评变成了不痛不痒、油头滑脑的应酬文字。这不但是可悲的，甚至是可耻的。以前《清华学报》的书评都是很扎实、很客观的讨论。我曾经组织你们在《南京大学学报》上写过一些这样的书评，就是要提倡这样的风气。

**生**：学术界目前对学术史研究、对学术界现状的评论还是太单薄了。

**师**：我刚才说的就是应当从事当代学术史的评论，当然不一定要标举这个名目。

**生**:《文学遗产》今年第四期要发一组关于当前古典文学研究学风问题的笔谈,据说徐公持先生对此很欣赏,这个栏目以后还要办下去。他认为这一期出来以后,可能会对古典文学界产生一定的影响。

**师**:我认为的确是这样。你们治学道路才开始,意识、态度上都不能专横,要非常宽容。书评中讨论搞不起来,就是因为顾虑多。不少人甚至认为你批评我,就是攻击我,触犯了我。其实哪里是这么回事呢?

**生**:学问由公器变成了私器。

**师**:刚才说到做学问的环境问题,说到人在艰苦的环境里成长,王船山是最显著的例子。章太炎也有很多书是关在牢里写的。顾亭林对付环境也有自己一套办法。

**生**:现在一些研究生毕业后改行,从事各种各样的职业,总是说是因为目前生活过于困窘,我们这里的一些研究生也这么说。总希望有个好环境后再来治学,这种情况比较普遍。

**师**:也许应该反过来考虑,由于你努力治学,才有可能加速好环境的出现。他们这么说往往只是作为一种推托的借口。曾国藩、胡适等人当然生活不困难,但也确实够忙的,做学问要费气力,摆脱各种牵扯。曾国藩许多文章写于与太平军作战的时期,胡适到死也还在研究《水经注》。艰难困苦不单纯是个物质的问题,还是一个如何摆放自己位置的问题。

**生**:五十年代一直到“文革”结束,运动不断,真正能在运动中仍然坚持自己的学问的,现在都成了非常优秀的学者。

**师**:很多人运动过后,自己就变成白痴了,至少变成哑巴了,无意再搞学问了。

**生**:是不是可以这样说,有些人把自己现在不愿治学的原因归咎于这个时代?

**师**:他事实上不想治学,而利用这些话找个比较光彩的台阶下台。其实治不治学是个人的事。要下海也没有什么不好,他干得好,我们还应该祝贺他。对职业、对人生道路的选择,是个人的事,我们不能勉强别人。一个人真正走上一条有价值的人生道路,是不容易的,是要付出代价的。

“腰缠十万贯，骑鹤上扬州”，鱼与熊掌兼而有之，在现实生活中恐怕只能是幻想。

附记：一九九四年七月十九日及二十五日，弟子莫砺锋、张宏生、张伯伟、程章灿博士两度访问程千帆教授，本文由程章灿根据谈话录音整理。

# 六、两点论

## ——古代文学研究方法漫谈

素心会是系里的新生事物，它的前途未可限量，它给了我们一个良好的表达学术上的思想、意见的机会。这才是第二次，我们还可以继续下去，更多的教师、更多的同学将参加这个活动，形成一个"苟日新，日日新，又日新"(《礼记・大学》)的生动活泼、不断开拓、不断深入的学风。我已退休好几年了，但当我听到系里老师说有这样一个机会，我非常愿意来参加学习。

今天的题目是两点论，我想以中国古代文学的研究为例，谈谈治学的方法问题。我们先从一个很远的地方讲起。中国古代民间有个流传很广的八仙成道的故事，讲八仙是如何成为神仙的。中国神话、仙话的系统，它是属于民间创造的，真正人民创造的神仙，多半都很富有人情味。八仙成道的故事中塑造的吕洞宾这个人物，形象就很有趣味，他不仅到处济困扶危，他也恋爱，有个情节是"吕洞宾三戏白牡丹"。这吕洞宾游戏人间，在一个人家里住了很久，临走时，他问主人，你有什么需要的东西我可以帮助你，那主人没有回答他。吕洞宾就把手一指，一块石头变成了金子，再问要不要，他不要，吕洞宾就把一块更大的石头点化成金子，诸如此类，主人都说不要。吕洞宾就问他到底要什么，那个人想了半天，说，我要你点石成金的指头，我要了这块金子就只有这块金子，而有了这个指头，我就什么都可以点。在这个地方就有一个判断，从一方面讲这个人贪婪，品德不好；另一方面，对做学问的人来说，这又是个非常聪明的想法，他不是

一九九六年十月十二日，程千帆在素心会上发言

要某个学问，而是要得到做学问的方法。就好像你有一个仓库，内有货物二十吨，也就一个仓库而已，如果你有所有仓库的钥匙，能打开所有仓库的门，那所有的货物就都是你的了。所以这个故事给我们的启发就是，我们所需要的不是个别的知识，而是要得到那个研究学问的方法，只有这样，才能取之不尽、用之不竭。

《西游记》上有这么一段，孙悟空见到他的老师以后，祖师问他，你要学什么仙法，有流字门、静字门、动字门，孙都不学，最后老师密传了他长生不老七十二变。这就是他后来大闹天宫，除了如来佛祖谁也不怕的本领由来。那也就是说，学本领要学到最高的东西。那么我讲了吕洞宾的故事，又讲了孙悟空的故事，这两个故事如何结合到一起，我就又要回到那个主人问吕洞宾要指头的问题。人有十个指头，有长有短，那么如果这是个聪明的主人，他会向吕洞宾要哪个指头呢？一定会在十个指头中要右手的大拇指。动物中有手的很多，但是只有人才有大拇指，有位人类学家给人类下了一个极其简单的定义——人是会用大拇指的动物。人类就凭着这个大拇指创造了工具，创造了劳动，创造了世界，创造了人类本身。还有很重要的一点，劳动创造了美感。我们研究历史、文学，就研究这些内容。所以孙悟空向他老师学的就是十个指头中的大拇指。这也就是说，你们要做学问，当然要通过一定的方法，而最重要的就是我今天所要讲的：做学问在任何时间、条件下都需要记住两点论。

我们至少从高中起，就开始接触我们目前认为思想上最正确的辩证唯物主义，辩证唯物主义有个最基本的观点，即整个时间、空间的条件不断地变化。一个很著名的说法，这个茶杯是个茶杯，同时又是个别的什么东西。一切其大无外、其小无内的空间，无始无终的时间和在特定的时间空间当中形成的条件，使一切万物都在变化，任何东西作为一个客观存在，都有与之相对应的另外一面。在中国的哲学中所谓一阴一阳谓之道，天地、男女、是非、善恶都是相对的。中国古代的一部哲学名著《易经》，这个“易”有三个含义：变易，指不断变化；不易，是说在特定的某个时间、空间条件下是不变的；还有一个就是简易，即一切真理都是朴素的。举个例子，我们这里很多是学语言学的，语言是不是可以不管文学呢？文学是语言的表达成果，语言是文学的根本材料。如果说对文学完全不理解，那你就是站在一个金矿里不动手去挖，看着大量的语言材料在你面前流逝；反之，研究中国古代文学的也是如此，无论你是搞创作还是研究，首先都要求准确使用语言，语法、修辞各方面都通过语言表现出来。这是就我们中国语言文学系的两个系统随便说说，下面我主要就形象思维与逻辑思维方式、文艺学与文献学两个问题来谈谈研究古代文学的基本方法——两点论。当然，“两点论”绝不只是研究古代文学的方法。

人类通过自己的物质生活使大脑变得发达起来，那么就有两种思维，一种是对客观事物观察以后总结出来的，我们一般称之为形象思维。文学是形象思维的产物，我们看杜甫的“国破山河在，城春草木深”，杜甫在安禄山占领长安以后，关在城内逃不出去，看到唐政权即将崩溃、老百姓四处逃亡的景象，这是形象。另外一种思维，是根据生活经验对客观事物作出判断，一般称为逻辑思维，产生于哲学、历史等需要推理的学问中。二者不是互相排斥，而是相互支撑。根据我国目前的学术风气，有一点没有认真考虑，就是多数时间是对客观事物的估量和研究，而忽略了文学本身是一种情感作用，从感情开始，然后归到感情。形象思维与逻辑思维不同时进行，对你们来说是很吃亏的。我们那时读书，老师要求我们作诗，那个时候认为文学重在“能”而不重在“知”。你能创作是文学家，你只能讲不是文学家而是文学研究家。所以在这种情况下，我对你们的建议是进行研究的同时应注意文学创作，这个道理很简单。比如说这里有两个姑娘，一个是专业学校毕业，分配在幼儿园带小孩，她可以根据老师讲的很好地照顾小孩；另外一个姑娘没有经过专业训练，可她结了婚，有了孩子，对孩子护理得可能比那个专科毕业的姑娘更为仔细，经过不懂到懂，非常有经验，是个好妈妈、好老师。我们研究文学，自己完全没有创作经验，就像那个没有当过母亲的老师一样。我讲的创作经验是非常广泛的，你会弹琵琶，跳迪斯科，也是一种创作经验，只要你有激情，有感发，而不是冷冰冰的。我看到现在很多青年同志写论文，好像一个严格的法官，把杜甫往这里一摆：根据历史条件，根据哲学，根据人生观，根据开元天宝年间的时代背景，现在宣判杜甫符合现实主义的三条，违背浪漫主义的七条，杜甫要哭的呀！我们不能如此冷酷地对待我们的艺术大师，因为文学艺术是个感情的东西。记得我读书的时候，有一天我到胡小石先生家去，胡先生正在读唐诗，读的是柳宗元《酬曹侍御过象县见寄》：“破额山前碧玉流，骚人遥驻木兰舟。春风无限潇湘意，欲采蘋花不自由。”讲着讲着，拿着书唱起来，念了一遍又一遍，总有五六遍，把书一摔，说，你们走吧，我什么都告诉你们了。我印象非常深。胡小石先生晚年在南大教“唐人七绝诗论”，他为什么讲得那么好，就是用自己的心灵去感触唐人的心，心与心相通，是一种精神上的交流，而不是《通典》多少卷，《资治通鉴》多少卷这样冷冰冰的材料所可能记录的感受。我到现在还记得当时胡先生的那份心情、态度，就是在这样的情况下，我学到了以前学不到的东西。我希望头一点告诉你们的，就是形象思维和逻辑思维并重，对古代文学的作品理解要用心灵的火花去撞击古人，而不是纯粹地运用逻辑思维。

至于逻辑思维和形象思维是如何互相支撑的，我们可以举一个例子。《古诗十九首》产生的时代过去有两个说法：一个说比较早，一个说比较迟。说早的理由是《明月皎夜光》一首诗中，有“玉衡指孟冬”一句。“玉衡”，是指北斗七星中的第五颗星，第五颗星至第七颗星习称斗柄。“孟冬”，古人把北斗绕北极星运转的圈子，分为十二份，配上太阳在周天运行时途径的变化，即黄道十二宫（用地支子丑寅卯等来表示），来测定一年中的四季和昼夜的时间。斗柄所指方位不同，季节或时间也不同。“孟冬”，是指十二宫之一的亥宫。“玉衡指孟冬”，李善注《文选》解释说是指的季节，而且用的是汉武帝太初改历以前的历法，孟冬十月，就是夏历的七月，这样此句才能与全诗所写秋景相合。于是，人们由此也认定这首诗产生于西汉初年，但后来金克木教授写了一篇文章，叫《古诗“玉衡指孟冬”试解》，发表在《国文月刊》一九四八年第六十三期上，现收入他的《旧学新知集》（三联书店一九九一年版）。金克木先生根据天象学的知识，认为“孟冬”在这首诗中并不是指季节，而是指孟秋或仲秋下弦月夜半至天明之间的这段时间。金先生的这个说法，很多人认为很合理，所以这首诗出自西汉不太可能。另外，就整个西汉时代来看，没有出现这样成熟的五言诗，不是说没有五言诗，而是没有出现这样成熟的、艺术性高的一个群体。凡是要讲考据，就要有不断地规范它的定位的一些词句。我们利用形象思维来判断这诗的年代，因为这在考据上没有，我们看得出诗人有着极大的忧患意识，简直是惶惶不可终日，非常忧伤，好像黑暗得一点希望都没有。我们把东汉的历史一段段地来看，只有在黄巾大起义前，桓灵之时，整个东汉帝国马上就要消亡，农民起义迫在眉睫，敏感的诗人感到一片黑暗。说还不到农民起义，是因为它里面没有任何反映农民起义的字眼。这样来判断，我们就可以用形象思维来理解来支撑这个逻辑思维，因为这不是用考据能够解决的，这种情况很多。我有一篇很长的论文谈到唐代诗歌中的地理问题，用纯粹几千里，在什么方位，不能代替诗人的想象，诗人的想象是超越时空的。所以文艺学的方法和文献学的方法，两者是交叉的，互相支撑的。

现在我们南大有一个很好的学风，就是要求一定要同时注意两方面：一方面是文艺学，从美学的观点分析理解诗人的心理；另一方面，要充分运用书面上和考古所得的各种材料，包括国外汉学家的材料。我们工作的目的，研究的最高希望就是文艺学和文献学两者的精密结合。这要求一方面要有比较深刻的美学艺术修养，其中包括创作经验在内；另一方面要有深厚的文献学知识，要懂得版本、目录，要懂得音韵训诂，还要懂风俗、制度等。如果你没有这些知识，你就会有很多东西不懂。比如唐人的诗“胡麻好种无人种，合是归时底不归”（见唐孟启《本事诗·情感》）。要是你不懂唐人风俗，种芝麻关我何事？便难以理解诗意。而根据唐代的习俗，胡麻（芝麻）要夫妇同种，这样才会长得茂盛。芝麻是多子的，古人以多子为好，这意思是说，你该回来了，不是要种芝麻，而是该有个孩子。再比如，唐人小说《东城老父传》中，那位身历数朝、目睹唐王朝盛衰的老人贾昌，谈到他过去休假回家，走在街上，看到卖白布的商人很多，邻里百姓想买点祭祷用的黑布都不容易，只好用当兵人系的黑头巾代替。可是安史乱后，在街上连穿白衣服的人都已少见了。于是他感慨地说：“岂天下之人皆执兵乎？”如果你不懂得唐代的制度是平民穿白衣服，而士兵自武则天以后，便穿黑衣，那么你就会不理解小说主人公所发的这番感慨。这种地方太多了。要写出一篇很有见解的论文，一定要文艺学和文献学两方面都注意到。有的同学说这挺难的，做学问就是难，不难怎么叫做学问呢？所以真正要做学问就是要耐得住寂寞。古人讲十载寒窗，我有十几年时间都不能工作，只能放牛，白天劳动或者挨批，晚上我还在看晋隋八史，至今有些章节还能记得。现在你们的条件大不一样，更应好好珍惜。另外，在两方面结合上还有一个实践的问题，首先是要看别人用这种方法写的文章；其次就是实践。做学问要靠材料，要靠理论，还要靠想象。胡适的话还是对的，“大胆假设，小心求证”，常常好像里面有什么好挖掘的，试一试，不行，这也是经常有的。能够自己动笔写，有些想法，大家一起讨论，要有为自己不成熟意见辩护的勇气。当然也要有勇气认输，说我错了。

一方面是形象思维，另一方面又要注意逻辑思维；既注重文艺学基础，又注重文献学的基础，这就是我今天所要讲的两点论中主要的两个点。还有文与史、高与大等方面的关系，我们在这里也可以略略谈一谈。对文来说，史就是历史背景，如果你对于一个作品只知道它写得好，而不知道它是什么历史背景下产生的，什么人写的，那你只知道了一半，知文而不知史；相反，你也不能知史而不知文，把文学作品完全当成一个史料。

高与大是有区别又相通的两点，做学问应该积累到很高的程度，但基础要非常好。一方面是广博，一方面是精深。胡适有两句话："为学要如金字塔，要能广大要能高。"我们现在做学问，存在一个问题，就是对某个具体问题知道得很多，但除了这个之外，就知道得很少了。要既能高，又能大，不要像秋天田里的高粱秆子，高倒是高，一削就倒下来了。同时，对于研究者本人来说，也是既要去潜心读书，又要能善于思考；既要做好学问，更要努力养成高尚的品德和人格。再就具体的研究对象来说，也是应该用辩证的方法来看待的。比如，文学史的研究，不应只是以人为中心的一种模式，还可以以时代和问题为中心来进行研究；中国古典诗歌是以抒情言志为主要传统的，但其中也有叙事和说理的，只要不缺乏形象性，就不应偏废；古典诗歌的描写与结构中，讲究平衡、对称和整齐的艺术美，不过有的时候，我们的诗人又会有意地打破这种规律，在平衡与不平衡、对称与不对称之间，求得一种更新的结合，来巧妙地反映生活；我们研究的古代士人可能是诗人和散文家，然而他们往往也是思想家和政治家，等等。

另外，有一点很重要：就是对很多不同的美学趣味要采取极其宽容的态度。对于嗜好喜欢，可以有独特的见解，并可以坚持；作为一个历史学家或评论家，你要宽容，用行话来说，就是能够欣赏异量之美。赵飞燕很瘦，杨玉环很胖，同时可以欣赏她们的人称为"环肥燕瘦"；兰花和菊花都很好，"兰有秀兮菊有芳"。能够欣赏异量之美，不仅使自己的美学欣赏能力扩大，而且使人的气象扩大。一个真正研究文学的人，在一定程度上可以坚持自己独特的美学趣味，但是一定要有两点论，不要忘了美学更重要的是宽容。清朝有个大学问家毛奇龄，他很爱同人争论，一辈子就不喜欢苏东坡的诗，那么不喜欢就不喜欢，他还到处宣讲批评。有人说苏东坡也有好诗，"竹外桃花三两枝，春江水暖鸭先知"，对初春的景物写得非常好。结果毛说，那为什么是鸭子先知，鹅就不先知了？所以作为两点论，我们一方面学得异量之美的宽容，一方面可以对于某个东西特别欣赏。就如唐朝人的诗，别人说你长得这么美，君王应该很喜欢你，这个诗人写道："承恩不在貌，教妾若为容？"我怎么打扮他也不喜欢，叫我有什么办法？还有，任何事情都有一个训练欣赏的过程，有很多东西最初不觉得它好，等过了一段时间，到了深层次才会觉得它好。例如宋诗和唐诗不一样，有许多深刻的东西一时不能够体会。如陈师道《丞相温公挽词三首》“时方随日化，身已要人扶”，一个对国家非常尽忠的老政治家形象就凭着“身已要人扶”全都衬托出来。人家还没觉得政治已有所改变，越来越好，他已是鞠躬尽瘁，走都走不动了，写得多深刻啊！随着时间的推移，这些深刻的地方就会渐渐领悟。所以有好多文学欣赏见解的变化同你自己的生活经历是有着很大关系的。

总而言之，如果我们能在研究中注意坚持和运用方法上的两点论，而不是一点论，那就可以相信，我们是能够在学术上做出更大的成绩来的。

附记：南京大学中文系古代文学学科为了推进读书人之间真诚平等的学术对话，于一九九六年九月下旬成立了读书会，取陶渊明“闻多素心人，乐与数晨夕。奇文共欣赏，疑义相与析”句意，定名为“素心会”。十月十二日是素心会第二次活动，由程千帆先生演讲，本文由张春晓根据录音整理而成。

# 七、贵在创新

## ——关于学术论文写作的问答

**问:**过去常听人谈及,某某学者一生饱览诗书,学识渊博,却惜墨如金,很少著述,身后所留文字,寥寥无几,令人惋惜。出现这种情况的原因,我想自然是多方面的(比如,他们也许更注重的,是自我人格的完善和修养的提高等等)。但有一点却大致相同或相近,即彼时彼地的学术研究,尚未成为一种专门的职业,而随着现代科学的发展,学术研究已越来越走向专门化和职业化,以论文、专著以及其他不同的表现形式为载体,将这些学术研究成果记录和表达出来,也早已是十分必要和毋庸置疑的了。先生一向重视学术论文的写作,这既从一个侧面反映了先生治学之强调创新精神(论文的形式,较之专著,更便于表达个人独特的学术观点),又可见出先生在治学方法上,注重从具体作品和问题的研究出发的特点。这里,先生能不能专就论文写作的目的、怎样选题、何谓创新等问题,谈些看法,这对于从事学术研究工作的人尤其是初学者,无疑是十分有益的。

**答:**好的。一个人进了大学,便要做学期论文、学年论文、学位论文,以后工作中或出席学术会议,也要写作和递交论文。从现代科学研究的发展情况看,论文是人类用语言文字来表达自己的思想观点的最方便、最好的一种载体,也是科学研究最基本和最好的一种载体。为什么要写论文,这至少有三个方面的原因:一是为了检验自己工作中已获得知识的深度和广度。你研究某一问题,目的是什么,使用了何种文献资料,为学术

一九九九年十二月三十日，在南秀村家中所摄

界提供了多少信息，只要你一动笔，人们就可以马上看出来，你对某方面的知识掌握有多少，你对某一问题把握的程度如何。所以，论文的写作，不可避免地要把自己学得的东西展现出来，检验自己学识的深度和广度。其次，论文总是要创新，通过论文的写作，可以检验自己的思维能力和判断能力。我在这里把思维能力和判断能力分开来讲，是因为一个人有时候可能很会想，想出很多事例和道理来，但最后哪一个是最好、最合适的呢，这就需要选择和判断。在论文写作过程中，通过思维和判断，得出正确的结论，从而锻炼自己的思维和判断能力，也就是处理实际问题的能力，展现你已获得的知识，检验你获得这些知识的方式方法。第三，论文写作要对科学研究做出某些贡献。你论文所得出的结论，是对科学本身有所发展呢，还是在浅层次上重复人所共知的东西，这个问题很重要，做论文是要解决新的问题，或者前人对有些问题解决得不完善，你使它更完善了。如果你说出的东西没有新意，没有贡献，那这个论文便不是很有价值。值得强调的是，科学论文要求创新。通俗性的科普读物，有许多写得非常好，也对人民群众非常重要，但科普读物不是科学论文。我们非常尊

重科普读物的作者，但不能承认他的工作是科学研究。

**问**：学术论文写作的目的是创新，同时，在这种创新过程中，也不断检验着自己所掌握知识的深度和广度，检验着自己思维和判断的能力。而要创新，就意味着从一开始便应当选择好自己的研究方向，或者说力争选择那些有可能创新、出成果的课题进行研究。有时我们也会跟学生讲，做论文要选一个好题目。意思是说，按照这个题目做下去，如果方法正确的话，就会有收获。而题目选得不好，即使方法正确，也难以做出成绩来。从这个意义上说，课题选择的本身，恐怕也很能检验出自己的学识和思维、判断能力。那么，我们应该怎样去选题呢？

**答**：我想应该根据以下几点：第一，根据主观上的条件。就是说，凭着你所掌握的知识和方法，你可以按某一题目做下去，并取得成绩。比如我们研究天体物理学，需要有很深厚的高等数学知识作基础。如果你想研究，而数学基础却很差，那恐怕很难会有什么成就。选择什么题目，首先要看你已掌握的知识和所具备的条件，如果没有一些最起码的条件，那就困难。第二，根据客观条件。除了你自身应掌握的知识和拥有的方法外，还要看客观条件如何。如果没有一定的图书设备，没有实验室，要进行某些研究，尤其是很特殊的研究和实验，那还是不行。比如以前研究敦煌石窟发现的卷子。由于历史的原因，这些卷子大部分都藏在伦敦、巴黎和北京，其他地方也有一些。如果你想研究这些卷子，而不到伦敦、巴黎等地方去，见不到实物，真正研究起来是很困难的。后来虽然有了缩微胶卷，现在台湾也出版了敦煌卷子的影印本，研究起来方便多了，但这些文献年代久远，现代摄影和印刷技术并不能绝对体现这些古代文献的原貌。所以要真正研究敦煌学，如果有条件的话，最好还是到上述那些地方去看看。这是文科的研究，我想理科可能也是这样。第三，要在前人研究的基础上创新和开拓。任何一种研究，都不可能是平地起楼台，而总是站在巨人的肩膀上再往上攀登的。如果完全没有前人的开掘，没有前人的工作，也就不可能有高的起点。现在已是二十世纪末，由于人类文明的长期积累，大多学科的发展已有几百年、上千年的历史了。假如你定要平地起楼台，不要任何文献地往前走，虽勇气可嘉，却毕竟起点太低，也无此必要。

**问：**先生所说的站在巨人的肩膀上向上攀登，意思是学术研究要尽可能地全面了解和汲取前人的研究成果，充分利用前人所提供的各种文献资料，在此基础上，选择课题，再作开拓。不过，在实际研究过程中，往往会遇到某些课题前人已研究很深，各种研究文献已积累很多，而另一些课题则相对研究较少、文献较少的情况，同时，就课题本身的文献（指文本文献）来说，也有个多寡的问题。如此又应该怎样选择呢？

**答：**就已有研究文献的具体情况看，文献多，则迫使我们要努力推陈出新，往深处发掘。比如你研究李白、杜甫，要写出具有新意的论文，就很困难。杜诗的注本，宋代已有很多，号称千家注杜，更不用说后代研究杜甫的大量的论文、论著了。要在此基础上创新，当然不会很容易。可见，文献多有文献多的困难。文献少，在研究上为薄弱点，或者前人完全没有提供研究的文献资料，一片空白，无可依傍，则又需要我们扎实工作，努力开创。比如你研究唐代的一位小诗人，前人没有研究过他，你不得不从其作品的辑校、注释，其生平的考证等最基本的工作做起，这种开创也很困难。重点有重点的困难，薄弱点、空白点也自有其各自的困难。所以，有时一些朋友跟我谈，说搞科学研究这个事情很难，我说是啊，不然那就不叫科学研究了，人家很容易就把问题解决了，还要你们干什么。至于如何根据研究对象本身文献资料的多寡进行选题，如前面已谈到的，那仍要看你自己的主观条件如何，看你对某方面知识掌握的深度和广度如何。另外，还有某些学科，论文的选题来自社会调查。像理科要反复进行实验一样，搞社会科学则要反复做调查。例如做方言调查，我们现在有很多古代音韵学的资料已经丧失了，古代没有录音机，他们的语音如何，我们已不能完全清楚。但是，有很多古音材料，在福建闽南地区，还保存着，到了那里，就像发现了一座矿山。还有比较语言学，有些东西在汉族语言中消失了，但在藏族或其他民族语言中还保留着。这就需做必要的社会调查。总之，选题主要是根据研究者主、客观方面的具体条件，根据已有文献的具体情况进行的，题目选择恰当，就有可能做出成绩来。

**问：**诚如先生所说，科学研究贵在创新，那么，我们应该怎样理解学术研究的创新，怎样才可谓之创新呢？

**答:**创新,就是要在某个问题上取得前人所未有的进展。首先是前人所未涉及或未论述过的东西,你论述了,这叫创新。人类文明的发展已有几千年的历史了,近代以来的科学发展史,也已有几百年了,一般说来,很少有哪一门科学、哪一个学术领域是完全没有人涉及过的,但我们还是要努力去发现学术研究的新天地,虽然这样做很困难。十九世纪,长期生活在北美印第安人部落中的美国历史学家摩尔根,曾依据他调查所得的大量史前文化的珍贵资料,撰写了《古代社会》一书,恩格斯复又利用摩尔根提供的材料,写下了著名的《家庭、私有制和国家的起源》。现在要像摩尔根那样,在某一方面为学术界提供大量的珍贵材料,自然是很困难。比如,要从对海洋和原始森林的考察中,获取一些新的鱼种和陆地野生动物品种,恐怕已不那么容易。而同样,要在浩瀚的宇宙星空中,凭借望远镜,去发现一些新的行星,也不容易。但是,只要我们努力去发掘,总还会发现某些前人未曾发现的鱼类和陆地野生动物的新品种以及一些小行星。每发现一个,都很珍贵。搞社会科学、人文科学研究也是这样,总希望发现一个别人未曾发现的新领域。费孝通先生在苏南农村搞长期性的社会调查,就是一种别人较少涉及的好的研究课题,至今仍富有典型意义。除了去开创前人完全未涉及过的领域之外,我们在研究中所遇到的更多的一种情况,还是前人已做过一些研究,但做得还不够充分,有继续补充和扩展的必要;或者是前人的解释尚不够圆满,不能让人完全信服,有必要作进一步的阐释。这种在前人研究基础上的进一步扩充和重新解释,也是一种创新,而且是现在科学研究中最多的一种命题。还有第三种情况,就是前人对某一问题已有涉及和论述,但其论断并不正确,需要加以修正。这同样可认为是一种创新。我们经常会看到与某某同志商榷之类的论文题目,那就往往意味着别人的论述不太圆满或不够正确,经过反反复复地讨论、商榷,当然是一种非常客观的、与人为善的商榷和切磋,使某一问题逐渐得到圆满解决。比如,从计划经济到市场经济的转轨,好多地方问题看似解决了,但在具体运作中又会遇到问题。这其实正是科学研究和发展中所必须经历的一个不断完善的过程,也是一个实践过程。从完善到不够完善,再到完善,我们就是在这样一个轨道上不断地把科学推向前进的。所以,我们说创新,并不一定都是别人未曾碰过的东西,自己从头搞起,除了别人完全没有研究过的东西之外,如何去完善、修正别人的研究,也叫创新,不然的话,我们所能够谓之创新的东西恐怕就太少了。

**问:**先生刚才就论文写作目的、如何选题、何谓创新等问题发表的看法,其实也是整个科学研究过程中所必须遵循的最基本的原则。在学术研究已愈益专门化、职业化的今天,对任何一位研究者来说,当其对上述问题已有清醒的认识,并开始进入某一课题的具体研究之时,恐怕也还应有一个可资遵循的科学的操作程序、步骤和规范问题,以有利于其研究少走弯路,真正有所创新。

**答:**科学研究当然应有符合科学研究的工作步骤和程序,我这里主要是指思维上、逻辑上的步骤。你一定要非常认真虚心地阅读有关你所研究的问题的各种文献,了解哪些问题已经解决,哪些问题解决得不好或不充分、不正确,需要补充和修正。以前我与朋友们闲谈,把这叫作“敌情观念”。科学研究是一种竞争,有个竞争对手问题。你如果没有“敌情观念”,对“敌人”的强弱不了解,对有关的文献资料不熟悉,无的放矢,往往容易吃亏。我带过一位博士生,他本来想对朱子思想及其文学创作进行研究,我也指导他读了一些书,搜集了一些材料,后来忽然发现在台湾的著名历史学家钱穆先生已有一个八卷本的《朱子新学案》。你一个才想争取博士学位的年轻人,虽然初生牛犊不畏虎,可是去同一位从事学术研究已几十年的老学者较量,那就不容易获得较好的成绩,这也是很自然的,得换题目。造成这种情况的原因,是由于我们同台湾学术界隔了几十年,有些动态不太清楚。后来这位博士生改题做江西诗派研究,出版了。书出来以后,又得知台湾的一位学者也写了一本《江西诗派研究》,找来一看,发现各做各的,没多少重复,这才放心。所以,搞学术研究,要尽可能地了解和掌握学术研究的信息和动态,否则就会出现这样一种情况:你很得意地作了一篇文章发表了,再一看,别人三年前就已经作过了,内容差不多,人们不免会问,你们谁抄了谁的呢?因为如果大家都根据材料说话,总的结论也就不会相差太远,至多是你多看了几本书,他少看了几本书,如此而已。我手头有一本美国朋友寄来的登载国际汉学研究方面的博士论文目录的期刊，我时常要翻检它，怕我的学生的研究课题同他们的完全相同。如果题目类似，也一定要将别人已发表或尚未发表的论文，寻来作参考。因此，科学研究的第一个步骤就是掌握有关信息和文献，如果不掌握，当你最得意的时候，也许正是你失败的时候。这是第一点。第二，你要根据选题本身的特殊性质，采取适当的方法去解决它。方法论在哲学上总是与本体论联系在一起的，二者互相影响。拿搞文学的人来说，我们最注重的是两个东西：一个是材料，称作文献学；另一个是对作品本身的艺术思考，叫作文艺学。真正好的研究成果，往往是将文献学与文艺学两方面相互结合、渗透、协调在一起所取得的。在材料上要考证清楚，尽量使它没有问题，靠得住；在艺术分析上，要深入到作家的内心世界，将它发掘出来，成为一般读者可以感觉到的东西。这二者完美地结合起来，当然很困难，不是每一个人都能做到的，但一定要考虑到这些方面。如果题目是偏重于文献学的题目，需要进行考证的，那就不能用艺术手段去解决，你不能用艺术或美学的观点和方法去研究一个历史考证问题，反过来也一样。

**问：**先生曾撰写过一篇文章《论唐人边塞诗中地名的方位、距离及其类似问题》，指出唐代诗人有时会不顾地理形势的实际，使其作品中的地名，出现互不关合的方位或过于辽远的距离的情况，这是为了更突出地表现边塞这一主题，因为不如此不足以揭示时空的巨大背景，以唤起人们对历史的复杂记忆，领略边塞将士的生活和思想感情。这显然是从作品的实际出发，采取文艺学方法而不是文献学方法来分析解决问题的一个成功的例子。

**答：**这只是我用文艺学的方法去解决文学作品中的地理描写往往错位的一种尝试。虽然有的朋友对这一说法表示赞成，但也不能认为这是最后的结论。因为，当科学研究的结论作出以后，我们还必须注意到它所具有的不稳定性。随着人类认识的发展，学术的进步，许多曾经被认为已经解决了的科学问题，又常常有新的开拓，从而形成新的结论。所以当一个结论作出以后，一方面要承认它是一个新的结论；另一方面，又必须承认这个结论是不稳定的。这种辩证的认识可以使科学研究者不断地奋进，同时又能在奋进中保持谦虚，不会满足于已经取得的成绩。

**问：**学术研究，除了要遵守一定的思维和逻辑上的科学程序外，在具体操作上，还有哪些特别的事项要注意，其中是否也有一个科学的研究程序和规范问题。请先生再谈谈。

**答：**应该是这样。例如使用文献，就要遵循严格的科学程序，弄清它的版本、卷数、真伪，等等。如郭沫若先生的诗集《女神》，一九二八年的版本就与一九二一年的初版不同，很多地方都改掉了，改得更进步、更符合无产阶级思想了。北京大学严家炎教授曾指出这一点。他说："郭沫若的《女神》，1921 年 8 月的初版本和 1928 年的修改本就有很大的不同。有的同志说郭沫若五四时期已经是一名'具有初步共产主义思想的知识分子'，依据的就是 1928 年的修改本。其实，在初版本中，《匪徒颂》并无对马克思、恩格斯的歌颂（原句是对罗素、哥尔栋这两个资产阶级人物的歌颂），《巨炮之教训》也没有'为阶级消灭而战'等字样（原句是'为自由'、'为人道'、'为正义而战'）。因此，要真正考察五四时期郭沫若的思想实际，我们当然只能依据《女神》的初版本。"（《现代文学研究方法答问》，载《怎样学习语言文学》，中国青年出版社一九八三年版）郭沫若先生怎么做，由他自己负责，我们无权干涉。但我们要研究郭先生，自己也得负责，得看《女神》诗集的版本是一九二一年的，还是一九二八年的，或者是解放后新出版的。如果你研究郭先生二十年代的思想，那就不宜用解放后人民文学出版社的本子。像这种地方就需要特别注意，你所使用的是什么版本，一定要非常清楚。还有，材料本身也有个真伪问题。

**问：**材料的真伪，随着研究的不断深入和人们认识的提高，也会发生变化。一方面，某些原来被人们认为是真实可靠的文献，并不可靠了，如司空图《二十四诗品》，当然目前这个问题学术界还在研究讨论中，不能遽下结论；另一方面，原来被认为是伪作的一些文献，后来却被逐渐证明是可靠的材料了。如，根据近几十年考古资料的发掘和研究，像《文子》、《尉缭子》、《尸子》、《鹖冠子》等这些过去被认为是伪书的文献，已被证明并非伪书，甚而像《孔子家语》、《孔丛子》等书，也可从出土的简帛佚籍中找到源头（参李学勤先生《简帛佚籍与学术史》，台北时报文化出版公司一九九四年版)。在这种情况下,我们就更应该特别注意所使用材料的真伪是非了。

**答:**由真而伪,由伪而真,学术研究的发展,在某种意义上,就是一个不断被证实,又不断地被证伪的过程。我们只有充分地注意到这一点,才可能使人们的研究避免不必要的失误,日趋完善。这是使用文献要注意的问题。另外,我们还要特别注意一条,切忌把别人的许多小结论化为自己的大结论。这就是说,不能把人所共知的东西,改头换面地弄成自己的结论。因为这并非真正意义上的科学创新,它仍旧属于一种低层次的重复,甚至是一种变相的抄袭,对自己对别人都是一种损失,它浪费了时间。有人曾告诉我某图书馆长的话:"我知世所谓著作:从我这馆里借十本书去,变成十一本,即是著作也。"又西人有幽默语谓:抄一本书,叫作抄袭;抄一百本书,叫作研究。这正是对那些化别人的小结论为自己的大结论之人和某些所谓学术著作的巧妙讽刺。前面着重提到,科学研究、撰写论文贵在创新,像上述这些做法,显然是与创新背道而驰的。学术界不乏弄虚作假之风,这正如同经济生活中要"打假"一样,也要"打假"。

(巩本栋记)

# 友朋评议

## 一、文学发凡序

殷孟伦

宁乡程君千帆，读书怀独行君子之德，器识远到，今之疏俊士也。初，余与论交都门，倾盖相得，欢若平生。时君之年，甫逾弱冠耳，而才思风发，跌宕文史，固已往往使老宿惊眙矣。既而相习，知君学有本原，叔祖子大先生，参南皮张文襄公幕，文采风流，世所知为十发居士者也。尊公穆庵先生，寝馈宋贤，扬葩吐芬，亦以诗名天下。君承其家世，好学深思，故所造跻，离群绝致，匪偶然已。君有《目录学丛考》，早行海内，阐微抉奥，盖多发前人之所未发。丁丧乱来，窜身四处，幸复集于恭州。遭时困厄，而相与谈艺不绝。或高吟抵掌，未尝以俗情滞方寸间。其后教于上庠，述《文学发凡》，采撷先士茂制，如陆士衡、刘子玄、章实斋以逮余杭章君、仪征刘君之作，用以垂范后昆，悬之埻臬。分上下卷，录篇十，谨取而约守，弗以夸目尚奢为也。所为疏通证明，条贯详核，如恐有遗，足当先正之功辅而无愧。其文朗畅该洽，杼机

三十年代中后期，风华正茂的殷孟伦

独具,非下士所敢望,都二十余万言,善哉其能之也!世衰学弊,莠言乱真,文学之业,久夷泯废。彼浮夫近士,骋辩腾说,稗贩谲诳之云,何适非然。叩其胸中之造,无有也。士不悦学,苟简是安,以耳代目,厥类不尠。若其游心坟典,澄思眇虑以为论议,求诸今日,罕同麟凤,讵非扬氏所谓“雕鎪谷布亡,于时文则乱”者与?《易》曰:“穷则变,变则通。”乃君之为,抑亦剥极必复之龟坼邪?方君具稿,不以余为寡昧,先使咸观览之,叹其拨烦除秽,斟酌饱满,大为承学省功力。乌乎!不有君之才之美,又奚能为役?世有达者,当审辨之也。既付剞劂,趣勉一言,余不胜皃藻,因缀述曩昔所蓄而题其耑焉。民国三十二年癸未秋七月,郫县殷孟伦石臞序。

# 二、程千帆先生的诗学历程

周勋初

程千帆先生原籍湖南宁乡，1913 年生于长沙。叔祖父名颂万，字子大，号十发，著有《十发居士全集》；父名康，字穆庵，著有《顾庐诗钞》。十发老人于光绪年间与易顺鼎、曾广钧齐名，称湖南三诗人；穆庵先生青年时，即蒙陈衍赏识而有诗作录入《近代诗钞》。父、祖二人还都著籍于汪辟疆师所撰的《光宣诗坛点将录》。千帆先生从小受到家庭的陶冶，也就自然地走上了诗学的道路。

正像清末民初一些著名知识分子家庭的子弟一样，千帆先生年幼时期，接受了严格的、传统的家庭教育，系统地学习了经、史，广泛地阅读了古代典籍。一九三二年，千帆先生进入金陵大学中文系，从黄季刚（侃）、吴瞿安（梅）、胡翔冬（俊）、汪辟疆（国垣）、胡小石（光讳）、刘衡如（国钧）诸名师学习，在朴学、诗、文学史、目录学等方面都下了功夫。这为他日后的研究工作打下了深厚的基础。

1937 年，千帆先生与沈祖棻结婚。沈先生是著名的女词人，在学生时代，即以才华出众而受到前辈学者的激赏。他们二人的结合，一时在学术界传为佳话，所谓前有冯（沅君）、陆（侃如），后有程、沈。一九七七年，祖棻先生在一次车祸中不幸遇难，千帆先生在悼亡词中说："文章知己千秋愿，患难夫妻四十年。"二人即使是在相濡以沫的艰难岁月中，仍然不废切磋之乐。

## 理论探索与科研成就

一九五四年，他们把建国之前发表于《国文月刊》等杂志上的文章，再加上新写的一篇《古代诗歌研究绪论》，编成《古典诗歌论丛》一书，由上海文艺联合出版社出版。在后记中，祖棻先生对千帆先生的治学道路和研究方法作了扼要的说明。她说：

> 在这些论文中，他尝试着从各种不同的方面提出问题，并且企图用各种不同的方法加以解决，是因为在过去的古代文学史研究工作当中，我们感到有一个比较普遍的和比较重要的缺点，那就是没有将考证和批评密切地结合起来。

于是他们努力“尝试着一种将批评建立在考据基础上的方法”。千帆先生所写的《诗辞代语缘起说》、《郭景纯、曹尧宾〈游仙诗〉辨异》、《陶诗“少无适俗韵”韵字说》、《韩诗〈李花赠张十一署〉篇发微》等文，就体现出了批评与考据结合的特点。

在当时来说，这些文章的着眼点颇有与众不同之处。千帆先生注意的是各家诗歌的创作特点。例如关于游仙诗的解释，千帆先生介绍了陈寅恪的学说，引用丰富的史料，对唐代女道士常具有娼妓的性质这一特殊的社会习俗作了细致的分析，阐明了曹唐《游仙诗》的底蕴，以此与郭璞的《游仙诗》作比较，从而作出了令人信服的论断。

韩愈个性倔强好奇，因而诗歌有奇险的风格。他在观察外物时，常是透过一层，在别人不加注意的地方着眼，因而在描绘李花和南山的篇章中，就都有一些新创的手法。《韩诗〈李花赠张十一署〉篇发微》中以桃与李为中心，描写花朵上色泽的变化，着眼于色彩和光线的对照。这种描写手法，前人没有应用过，韩愈以之入诗，是很大的创新。千帆先生运用近代物理学有关光谱分析的知识，说明此诗所赋，时当月底，月光照度甚弱，红色反光不强，故不可见；视觉所及，但有光存，故唯见白李，不见红桃。

据上可知，千帆先生认为诗歌反映的是丰富的社会现实和自然现象，若要深刻理解诗歌中复杂的内容和独特的表现手法，就得应用不同的方法予以解决。他在《与徐哲东先生论昌黎〈南山〉诗记》一文中，为确切理解诗义，特为介绍近代登山运动者的经验。大雪降后，遍山皆白，反光射目，经常引人流泪。据此解释《南山》诗中“时天晦大雪，泪目苦朦瞀”二句，也就显得得当妥帖了。显然，这里也是引用近代科学知识解释诗歌的一种尝试。

千帆先生把应用各方面的知识训释字句并阐明其义蕴，都看作是“考据”的功夫。考据既明，然后把这种成果上升到“批评”的高度。韩诗咏花的创作经验既已明了，千帆先生就将这项研究成果推广运用于对李商隐、郑谷、王安石、苏轼等人的诗歌研究中，从而说明了韩愈诗歌对后代的影响。

由上可知，千帆先生和祖棻先生所提出的方法和努力的目标，在《古典诗歌论丛》结集时已取得一定的成就。朱自清先生读了这些文章后，誉之为“心细如发”，并不断鼓励他们多写这类文章。

他们的上述见解，反映着时代的特点，也铭刻着他们个人经历的烙印。

考据之学，是清代的盛业。一些著名的学者，凭借经史和小学方面的深厚修养，对古籍中的疑难字句作出训释，为后人的学习提供了可靠的依据。只是限于历史条件，他们的着眼点，往往停留在个别字句的考释上，未能在此基础上作出更深一层的挖掘，因而每陷于琐碎饾饤。而我国古代的诗文评家，虽然对诗歌钻研有素，体会很深，然而常是采用随笔的手法，记下一些零星片断的感受。一些批评性的意见，固不乏精彩之处，而往往停留在感性的直觉上，缺乏细密的论证。这样，“就不免使考据陷入烦琐，批评流为空洞”。对于一个兼有这两方面的修养而又具有现代科学知识的人来说，自然要求弃二者之短，纳二者之长，熔考据与批评于一炉了。

千帆先生幼年秉承家学，接受了考据学的训练，青年时期进入大学，在学习诗歌的过程中，又大量阅读了诗文评方面的著作。对一个新时代的学者来说，前人的成就已经不餍于心，于是他尝试着“一种将批评建立在考据基础上的方法”。

这种理论的形成，显然曾受陈寅恪先生的影响。陈氏的研究工作，常是通过个别字句或史实的解释，揭示一些人们认为平常而不加注意的社会现象，他常在人们不措意处作些考证，阐明重要的社会问题。例如他在《读〈莺莺传〉》一文中，对《会真记》中的“真”字作了考证，说明“会真”即“游仙”，而“‘仙’之一名，遂多用作妖艳妇人，或风流放诞之女道士之代称，亦竟有以之目倡伎者”。从而说明唐代进士贡举与倡伎的密切关系。在千帆先生的文章中，也不难发现这种方法的踪迹。

陈寅恪先生是近代著名的唐史专家，他以诗证史，以史证诗，开辟了文史研究的新途径。千帆先生的治学，同样具有这一特点。

程家和陈家原是世交。千帆先生于寅恪先生谊属晚辈。他一直钦佩陈氏的学问，因此在自己的研究工作中接受其影响，也就是很自然的事。

《王摩诘〈送綦毋潜落第还乡〉诗跋》一文，就是文史研究方面的重要收获。为解说此诗，他对唐代的科举制度作了详细的说明，诸如进士的地位、考试的难易、考期的变化等等，都作了考证。背景既明，则读者对诗的内涵，自然领会得更深刻。以诗证史，以史证诗，这里正是沿着陈寅恪先生所开辟的道路发展的。

一九三六年，《哈佛亚细亚学报》上发表了陈氏《韩愈与唐代小说》的英译文，千帆先生又把它转译成中文，载《国文月刊》第五十七期。他敏锐地感受到文章中提出的“行卷”这种社会现象的重大意义，于是以锲而不舍的精神，对此作了深入的研究。时隔三十余年后，终于完成了《唐代进士行卷与文学》一书，交由上海古籍出版社出版，对这个有关历史和文学的问题作了深入的阐发。

全书共分九章，对行卷之风的由来、行卷之风的具体内容、举子与显人对待行卷的态度及其与文学发展的关系，都作了细致的考订。在此之前，人们从唐宋一些笔记小说的零碎记载中，虽也略知进士有行卷的风气，但对这一现象的具体内容则不甚了了。经过千帆先生的深入研究，不但大大丰富了人们这一方面的知识，而且澄清了若干混淆不清的问题。

唐代以诗赋取士，因而有人认为唐诗的繁荣与科举制度有关，有人则以为唐人传世的甲赋和试律诗大都水平低下，因此认为唐诗的繁荣与科举制度无关。千帆先生的结论则是：“唐人虽因以诗取士而工诗，但其工是由于行卷，而不由于省试。”“唐代进士科举对于文学肯定是发生过影响的。就省试诗、赋这方面说，它带来的影响是坏的，是起着促退作用的；就行卷之作这方面说，它也带来过一部分坏影响，但主流是好的，是起着促进作用的。”书中还列有“行卷对唐代诗歌发展的影响”、“行卷对推动唐代古文运动所起的作用”、“行卷风尚的盛行与唐代传奇小说的勃兴”三章，分析了行卷对三种主要文体所起的推动作用，这就全面而具体地论证了行卷这种社会风尚与文学发展的密切关系。这部著作，篇幅不大，但精义迭出，内容非常丰富，问世之后，立即得到国内外学者的重视和赞扬。日本奈良女子大学村上哲见教授著文介绍，发表在《东洋史研究》第四十一卷第二号上，对此书作了很高的评价。另外两位日本学者松冈荣志、町田隆吉也将此书译为日文，于一九八六年由凯风社出版。

从《王摩诘〈送綦毋潜落第还乡〉诗跋》到《唐代进士行卷与文学》，可以看出千帆先生在研究唐代科举制度时不断取得进展的历程。他之所以能够在这一方面取得成就，就在于他有深厚的史学基础。

我国古代向有“文史不分”的传统，千帆先生接受的教育，正是这一传统的体现。他年轻时在史学上下了很大的功夫，任教大学期间，一直开设《史通》研究的专题课，在多年精读此书的基础上，终于写成《史通笺记》一书，一九八〇年由中华书局出版。

大家知道，《史通》是我国古代最著名的史学理论著作。千帆先生的治学，重视理论修养的提高，史学方面如此，文学方面也如此。他在四十年代时，即曾选录代表古代文论各别范畴的十篇名著，详加诠释，深入阐发，编成《文论要诠》一书，一九四八年于开明书店出版。由于此书具有很高的学术价值，深受学界喜爱，于是他在一九八二年时又应黑龙江人民出版社之请，以《文论十笺》之名再版行世。

建国初期，千帆先生于武汉大学主讲“文艺学”的课程，更对古今中外的文学理论系统地钻研了一番，这对他后来的研究工作也有助益。可以看出，他在诗歌方面的研究后来有了新的发展，比他在史学与校雠学等领域中的研究进展，尤为明显。

时至七十年代末，政治上拨乱反正之后，千帆先生在全国各种杂志上发表了许多六十年代以来所写的论文，后又连同建国之前的论诗之作，合辑为《古诗考索》一书，一九八四年于上海古籍出版社出版。此书把建国后所写的文章作为上辑，把《古典诗歌论丛》中的大部分文章和建国前写的另外一篇文章《杜诗伪书考》作为下辑。上辑比起下辑来，面貌已多有不同，这不仅是文体或行文格局上的差异，在观点和方法上也出现了新的因素。

收在上辑中的十六篇文章大体上可以分为三组：

（一）《李白〈丁都护歌〉"芒砀"解》、《杜甫〈诸将〉诗"曾闪朱旗北斗殷"解》、《李颀〈听董大弹胡笳声兼语弄寄房给事〉诗题校释》、《读岑参〈走马川行奉送出师西征〉记疑》、《李商隐〈锦瑟〉诗张〈笺〉补正》五篇文章可以归为一组。作者在解决这五篇文章中提出的问题时，偏于使用传统的方法，主要应用了训诂和校雠的知识。例如李白《丁都护歌》中"君看石芒砀，掩泪悲千古"之句，旧注多不得其旨，千帆先生以为"芒砀"是一个叠韵的性状形容词，它以后置的方式与名词"石"结合，成为"石芒砀"这样一个主谓结构，用以形容石大且多和劳动人民就地取石之苦。杜诗《诸将》中有"见愁汗马西戎逼，曾闪朱旗北斗殷"之句，千帆先生认为这里使用的是"反对"的手法，"朱旗"向为褒义词，此句实际上是《燕然山铭》"朱旗绛天"的译文，好多杜诗注者把朱旗看作敌人的旗帜，是不对的。这里上下两句的意思是：面对现在的衰微，愁敌进逼；缅怀先朝的强盛，克敌扬威。他又根据校雠学上的许多成例，如"以旁纪之字入正

一九八〇年，程千帆庐山留影

文”、“因误衍而误倒”等情况，考出李颀诗歌题目中出现了多重错误，从而证明此诗原名当作《听董大弹胡笳声兼寄语房给事》。其他两篇文章，作者也用文学史上的多种知识作了深入的疏证。这些研究工作，对于指导读者正确理解古代的一些名篇，有启发作用。

（二）《关于李白和徐凝的庐山瀑布诗》、《李颀〈杂兴〉诗说》、《从唐温如〈题龙阳县青草湖〉看诗人的独创性》这三篇文章，可以归为一组。作者这里使用的，主要是艺术鉴赏的方法。我国过去的文人向来重视鉴赏，但他们往往偏重直觉的感受，而且只提供结论，缺乏理论上的分析。读者知其然，却不知其所以然。千帆先生力矫此弊，欣赏一首诗时，总要说出一个所以然来。例如《题龙阳县青草湖》一诗，因为作者唐温如不是什么名人，作此诗的背景也一无所知，千帆先生纯从文学史和创作经验的比较上论证此诗的独创性。这样的研究工作，有如东坡所谓“白战不许持寸铁”，尤见功夫，对于提高读者的欣赏能力，无疑是很有益的。对李颀《杂兴》诗的分析，情况与此相似。《关于李白和徐凝的庐山瀑布诗》一文，则应用了比较研究的方法，达到了同一效果。

（三）《论唐人边塞诗中地名的方位、距离及其类似问题》、《韩愈以文为诗说》、《相同的题材与不相同的主题、形象、风格》、《张若虚〈春江花月夜〉的被理解和被误解》、《古典诗歌描写与结构中的一与多》这五篇文章，又可以作为一组。作者在这里更多地应用了现代文学理论上的知识，视野也更开阔了。得出的结论，具有更广泛的参考价值。

《论唐人边塞诗中地名的方位、距离及其类似问题》一文，明显地反映出作者综合了过去积累的知识和新形成的知识。他在辨析李白《战城南》、高适《燕歌行》、王昌龄《从军行》、李贺《塞下曲》等作品时，抉发其中的地名同方位、距离存在的矛盾，使用的是传统的考证方法；而在说明这些现象时，则用生活的真实与艺术的真实，细节描写与典型环境、典型性格的关系等现代文艺理论加以解释。这样的探索，说明作者的思想有了新的发展。

其他四篇文章中，虽然不像上文那样引用很多新的术语说明问题，但也不难看出，作者运用的正是现代文学理论知识，而且正是在他学习了辩证法之后才能取得这样的成果。

《韩愈以文为诗说》中首先指出，以文为诗不是韩诗唯一的手段，只有部分作品存在着这种情况，最明显的是七言古诗。因为七古更富于流利、开张、曲折、顿挫这样一些笔法和章法，与古文相近。韩愈以文为诗，实际意义在于突破诗的旧界限，开拓新天地，这就成了宋诗新风貌的先驱。他以形象的方式发表议论，以议论的方法加强形象，使艺术表现增加了新的手段。千帆先生通过细致的分析，将韩愈的创作活动放在艺术发展的长河中加以考察，既看到了韩诗成功的一面，也指出了它的流弊。这样的分析，也就显得具体而富有说服力。唐宋诗中的这重公案，可以说获得了比较圆满的解决。

《相同的题材与不相同的主题、形象、风格》一文，对陶渊明、王维、韩愈、王安石四人所写的四篇著名的桃源诗作了比较的研究，借用哲学术语，指出“就主题说来，王维诗是陶渊明诗的异化，韩愈诗是王维诗的异化，而王安石诗则是陶渊明诗的复归和深化”。这样的评价，着眼于各家艺术上的新创，摆脱了崇盛唐轻中唐或重唐轻宋的门户之见，是一种通达的持平之论。

作者从而指出，有些研究工作者“企图用考据学或历史学的方法去解决属于文艺学的问题，所以议论虽多，不免牛头不对马嘴”。这种看法，和他早期提出的理论是一致的。可知他以前所说的“将批评建立在考据的基础上”的“批评”一词，实际上等于“文学批评史”之“批评”，寓有文学批评和文学理论的双重涵义。这就说明，研究文学问题时，要用各种传统的学问辨析材料，但研究的对象毕竟是文艺作品，所以最后还是要用文学理论加以分析，才能作出正确的评价。他在学习了马克思主义的文学理论之后，更能尊重文学的特点了。

回顾千帆先生诗歌研究方面的历程，可以看出几个阶段的踪迹。

《诗辞代语缘起说》，是发表在《古典诗歌论丛》中学术价值很高的一篇重点文章。千帆先生将古代诗文中代语的用法作了综合的分析，说明“代语之理，则原于人类联想之本能；代语之兴，则基于辞义修饰之需要”。他又将代语发生的缘由细析为九种。这里所使用的纯属考据家法，观原注中的一些小考证，如考《庄子》“柳生左肘”之类，尤可明白。千帆先生随后根据上述结论批评了王国维在《人间词话》和沈义父在《乐府指迷》中对代语的看法，指出他们各执一偏，非通达之见。但通读此文，可知其重心仍在中间九项使用方法的归纳，其体式与俞樾的《古书疑义举例》相类，继承的是这一朴学传统。清代朴学最常用的研究方法，是形式逻辑中的归纳法。千帆先生这里使用的正是这一方法。返观他近年来所写的《张若虚〈春江花月夜〉的被理解和被误解》一文，不难发现情况有了很大的不同。作者结合各个朝代文学思潮的变迁，说明此诗隐显的原因，尽管研究的对象只是一首诗，但统古今而观之，涉猎很广，发掘很深，对其“孤篇横绝”而“被理解和被误解”的情况作了细致的分析，找出其客观的和主观的因素。识见圆通，逻辑严谨，文笔则挥洒自如。这样的研究，就只能是在辩证法的指导下才能完成的了。

在《古典诗歌描写与结构中的一与多》一文中，千帆先生运用哲学上的对立统一规律，指出“一多对立(对比、并举)，不仅作为哲学范畴而被古典诗人所认识，并且也作为美学范畴、艺术手段而被他们所认识、所采用”，“一与多的多种形态在作品中的出现，是为了如实反映本来就存在于自己及社会中的这一现象，也是为了打破已经形成的平衡、对称、整齐之美。在平衡与不平衡、对称与不对称、整齐与不整齐之间，造成一种更巧妙的更新的结合，从而更好地反映生活”。他对诗歌表现手法中的许多复杂现象作了更广泛的考察，得出了具有哲理意味的结论。这样的研究工作，具有很深的用意。千帆先生指出：

> 从理论角度去研究古代文学，应当用两条腿走路。一是研究“古代的文学理论”，二是研究“古代文学的理论”。前者已有不少人在从事它，后者则似乎被忽略了。实则直接从古代文学作品中抽象出理论的方法，是传统的做法，注意这样的研究，可以从古代理论、方法中获得更多的借鉴和营养，并根据今天的条件和要求，加以发展。

从这里标举的宗旨来看，同他前期所追求的目标相比，思想境界已经迥然不同。显然，他想解决的诗歌研究中的古为今用问题，必须是在马克思主义的指导下，掌握科学的思想方法，才能取得成绩。当然，他之所以能够开辟这条途径，同他熟悉古代的诗歌创作和自己也有丰富的创作经验有关。

由上可知，《古诗考索》上辑中的三组文章，后面一组文章代表着最新的成就。或许可以说，它也代表着作者研究的新方向。

千帆先生的主要研究方法之所以能从形式逻辑发展到辩证法的高度，正是自觉地接受了时代的赐予。建国之前，他对文学的领会，固然有其独到之处，但还常是回旋于字句之间。这一时期的研究，固然也有不少精粹之见，但与后来的情况相比，视野还是较为狭窄的。建国之后，千帆先生接受了马克思主义的学说，把文学看成一种社会现象，这就把思想水平提高了一大步。例如一九五三年写的一篇书评，就是不满足于在分析古典作家时，仅仅局限于作家的家庭、经历、游踪、友谊这些小环境，而没有着眼于那一个时代的一切巨大的变革，因此对于作家的思想的发展，也不能作出科学的说明。这种批评，实际上也是对自己走过的学术道路的反省。这里反映出千帆先生对历史唯物主义的热烈追求。

由于接受了马克思主义，他这一时期的文章，已经出现了新的面貌。但文章的主要论点，还只是建立在若干条语录上，不像后来写的一些论文，尽管使用语录的地方少了，但对问题的剖析，能够坚持历史唯物主义的原则，客观地、具体地进行历史的、辩证的分析。显然，这正是作者的思想水平进入了更高的境界的缘故。

半个世纪以来，千帆先生在学术上的许多领域，如史学、文学史、文学批评、校雠学等方面都做出了显著的贡献，而他在诗歌研究方面的成就尤为突出。“天行健，君子以自强不息。”他在长期的研究工作中，克服种种艰难险阻，不断提高自己的思想和学识水平，探求新的研究途径。因此，他能从追求考据与批评的结合发展到用科学的文艺理论进行辨析，同时从运用形式逻辑发展到运用辩证法来分析问题。前后阶段之间一系相承，但已有质的变化，不过后者并不是对前者的简单否定，而是前者的提高与升华。他在研究工作中仍追求考证与批评的结合，但对考证的运用与对批评的理解，已与前时不同，二者之间的交相为用更如水乳之交融，这在他步入八十年代时所写的一些论文中表现得尤为明显。这是作者在研究方法的探索中进入了新的境界的缘故。

上面的分析，侧重于对千帆先生的诗学成就作纵向的研究，下面的文字，则着重对他在诗学方面的其他一些活动作横向的介绍。

## 杜诗研究：教学成果的展示与升华

千帆先生毕生从事教学工作。他在许多大学中开设过杜诗的专题课，而自一九七八年回母校南京大学任教，并指导博士生和硕士生后，继续开设此课。他用讨论的方式进行教学，引导学生逐步加深对杜诗的理解，并不断提高他们的研究能力。一九九〇年上海古籍出版社出版的《被开拓的诗世界》一书，就是在教学过程中酝酿出来的结晶。此书共收十一篇论文，其中指导莫砺锋、张宏生写作而联名发表者各四篇，自作一篇，莫砺锋、张宏生各写作一篇。莫砺锋和张宏生还合写了《后记》，介绍他们受教的经过，且对全书的内容和研究的方法都作了说明。

杜甫是我国历史上最伟大的诗人之一。自宋代至今，研究杜诗的著作汗牛充栋，后人要想在这领域中有新的创获，诚非易事。千帆先生能在杜诗研究中带领学生进行新的开拓，不但说明了他在诗歌研究方面的功力深厚，而且说明了他是一位高水平的教师，在教学工作中也取得了突出的成绩。

《被开拓的诗世界》一句，取义于宋人王禹偁的“子美集开诗世界”之句，可知千帆先生等人的着力之点，在于探讨杜甫在诗歌发展史中的地位和作用，以及他的作品的前后变化和多方创获。为了说明问题，千帆先生等人广泛地采用了比较研究的方法。与前人比，说明杜甫之前有所承与新的开拓；与后人比，说明杜甫对后代的巨大影响；与同时人比，则可说明杜甫其人、其诗的特异之处。通过比较，杜甫在我国诗歌史上的地位与作用也就清楚地凸显出来了。

但比较亦非易事。千帆先生指导他人学诗时，常是强调提高学养与培养艺术感受力的重要性。阅读《被开拓的诗世界》中的文字，就可明白这些谆谆教导绝非虚语。有关学养方面的问题，已可毋庸赘论；有关艺术感受力方面的问题，则尚可再作申论。

千帆先生能诗，而于旧体诗的写作造诣尤深。他在长期实践的过程中，锻炼了写作上的高超技巧，培养起了艺术上的感悟能力，因而能够了解古代诗人技巧方面的精微之处，从而对古人创作上的表现力能作出精辟的分析。书中《火与雪：从体物到禁体物》一文，论白战体及杜、韩对它的先导作用，就是一篇侧重技巧分析的论文。这一题目，以前似未见到有人论述过，目下也未见到有人触及过。作者注意到，“作家们往往不能仅从题材或主题的开拓上来推陈出新，还有必要通过表现角度的转变来显示自己的创造力。和这一点密切相关而又有所不同的是表现方法的变更”。杜甫在咏物体的写作中取得高度成就之后，又进一步作了摆脱尚巧似的传统，即从体物进而走向禁体物的探索。其后韩愈加入了这一探索者的行列，到了宋代欧阳修、苏轼的作品问世之后，才得到了诗坛的普遍关注。应该说，这里讨论的只是创作技巧方面的一个小问题，前人于此每以诗话的形式点滴道之。但千帆先生等把这问题放在中国诗歌发展史的背景下考察，将古代许多伟大诗人的苦心孤诣细细抉发，说明中国诗歌的表现手法之丰富多彩，出于这些诗人的辛勤探索和大力开拓，文章也就增加了力度与深度。写作这样的文章，要有丰富的学养，更要有敏锐的艺术感受力；阅读这样的文章，可对我国古典诗歌的伟大成就增加新的认识。

## 古诗今选：提高与普及的结合

出于对祖国文化的热爱，千帆先生还把很多精力投入编写科学性和普及性相结合的读物上，他热情地把古代诗歌中的优秀篇章介绍给读者，借以进行爱国主义教育。其中《古诗今选》一书，在经历了二十多年的不断加工之后，终于在一九八三年秋由上海古籍出版社出版。

这个选本，在选篇、注释、串讲、考证、辨析等方面都有特点。千帆、祖棻先生还把自己的研究心得用按语的方式逐篇、逐段加以申述，做到内容丰富,形式活泼。

我国具有源远流长的诗学传统,每个朝代都有反映各家各派观点的诗歌选本。处在目前这一阶段,根据什么标准挑选优秀的作品,这是至关重要的事。

千帆先生夫妇坚持思想性和艺术性相统一的观点选录作品,这就与以往一般的选本有了明显的不同。由于种种原因,人们通常是偏重"思想性"强的作品而忽视艺术性好的作品。总的情形是重视唐诗而贬抑宋诗。而在唐诗之中,又常是推崇盛唐而轻视晚唐。在唐末诗人中,则又常是以皮、陆或杜荀鹤、聂夷中等人的诗歌为压卷之作。在宋诗中,人们更是习惯于推崇南宋的爱国诗歌而贬低江西诗派。《古诗今选》则异乎是。编选者当然推崇唐诗,但同样也重视宋诗。他们推崇盛唐,但也并不排斥晚唐,而在唐末诗人中韩偓诗收五首,隐然居各家之首。此点似与其他几种选本的看法有所不同,但我们如果细读冬郎的那些悲离伤乱、眷恋故国而发为慷慨苍凉之音的诗作是如此叩人心扉,也就会同意这样的安排。宋诗部分,黄庭坚诗收十五篇,陆游诗亦收十五篇,二人并列为大家,这或许是与其他选本更为不同的地方。但山谷诗在章法和句法上都有许多创造,在思想上也并非一无可取,因而这样的选辑,从我国诗歌发展的全局来看,还是恰当的。千帆先生为了证明黄庭坚在诗歌创作上的成就,对入选诗歌的艺术技巧作了细致的分析。这些文字都很有启发性,具有很强的说服力。

千帆先生受家学熏陶,从年轻时起就对宋诗进行过深入的研究,一九五七年曾与缪琨先生合编《宋诗选》一书,由古典文学出版社出版。因此《古诗今选》中对宋诗的选注,驾轻就熟,更具特色。而建国以来,学术界对宋诗的重视相对地说要差一些,《古诗今选》中的宋诗部分,正可补这方面的不足。

这一选本,颇着眼于对作品中民本思想的阐发、爱国精神的赞颂、崇高品德的褒扬,故对读者能起良好的教育作用;而选注者对诗歌艺术方面的分析,也提供了不少精粹的研究心得。

有些诗歌,众口交誉,但习焉不察,不知其妙在何处。例如钱起的《归雁》“潇湘何事等闲回，水碧沙明两岸苔。二十五弦弹夜月，不胜清怨却飞来”一诗，千帆先生夫妇以为此乃问答之词，前二句为身居北方的诗人向雁发问：“风景幽美，食物丰富，雁子，你为什么随便地从这么个好地方飞回来了呢？”下二句乃来自南方的雁答诗人，“由于湘灵在月夜鼓瑟，那种凄清悲戚的声音使我的感情承受不住，所以只好回来了”。这样的辨析文字，精辟透彻，足见注释者诗心之细。千帆、祖棻先生随又提示，这诗应当与钱起的名篇《湘灵鼓瑟》合读，“就某种意义上说，它是上篇的补充”。这样的演绎文字，又可引导读者进一步深入钱诗的空灵境界。

阅读《古诗今选》，最应注意的当然还是选注者所下的按语。千帆、祖棻先生用随笔的方式把心得体会随篇表达，继承的是诗话的传统。但他们对作品进行分析时，注意前后呼应，通过具体作品的比较，勾勒出诗歌的发展线索，这就体现出当代学者撰述时注意结构严谨、体系完整的科学精神。一般说来，他们在阐释八代诗歌时，常是注意文体演变的问题，因为齐梁诗歌发展至唐初，也就是由古体向近体演变的重要阶段。所以他们在对庾信的《乌夜啼》、《寄王琳》、《秋夜望单飞雁》等诗歌的按语中，着重指明其七言古诗和五、七言小诗中出现的律化现象；而在薛道衡《昔昔盐》的按语中，则指出其“上承南朝民歌，下开初唐歌行”的特点，以为可作承前启后的一个标志；又如他们在对范云、何逊《范广州宅联句》的按语中，点明二人各写各的，名为联句，还没有融合成一个整体，随后在韩愈、孟郊《斗鸡联句》的按语中，揭示唐人于此取得的巨大进展：这就在注释诗歌时自然地勾勒出了文学演进的几个历程。他们在对宋诗的注释中，则注意创作技巧的发展，借以说明唐、宋诗风格特点之何以呈现。例如他们在阐发杨万里《暮泊鼠山闻明朝有石塘之险》诗中的颔联“雁来野鸭却惊起，我与舟人俱仰看”时，下按语曰：“粗读似乎并非对句，而细看则无字不对，非常工整。这便是所谓流水对，双句而单意。”“这种句法，唐人已开其端。而宋人运用更为自如。”又如他们在阐发王安石《思王逢原》诗中颔联“妙质不为平世得，微言惟有故人知”二句时，曰：“第二联写人才难得，知人不易，关合彼我，力透纸背；虽若发论，实则抒怀。正是在这些地方，宋人力破唐人余地。”这些精彩的意见，非深谙诗道而个人有创作经验者不能道。读者在这类文字上细加体会，当可获得其他选本中难以得到的知识。

一九九二年，江苏古籍出版社出版了一套“文苑丛书”，其中《宋诗精选》一种，即由千帆先生选注。此书体例与《古诗今选》相似，原诗之后附“品评”，但分析更为细致，见解也更为深入。例如道潜《临平道中》一诗：“风蒲猎猎弄轻柔，欲立蜻蜓不自由。五月临平山下路，藕花无数满汀洲。”品评曰：“莱辛在《拉奥孔》中曾指出：‘雕刻、绘画之类的造型艺术用线条、颜色去描绘各部分在空间中的物体，不宜于叙述动作；诗歌用语言去叙述各部分在时间上先后承续的动作，不宜于描绘静物。’但我们古典作家的追求则在于诗与画的相同、相通、相融合、相渗透，而非两者的差异、隔绝或对立。”所以苏轼激赏此诗，立即写了刻石；宗室曹夫人则据诗意作了一幅临平藕花图。千帆先生随即介绍了苏轼诗画相通的理论，用之于道潜此诗的分析，指明其状物之妙，“可是它又以诗人所表现在时间中永恒的动替代了画家所表现的在空间中刹那的静，因而使两种艺术在这首诗中合二而一”。大家知道，千帆先生曾经写过《说“斜阳冉冉春无极”的旧评》等脍炙人口的品评文字，可知他之所以能对前人诗词的赏析独具匠心，除了过人的感受能力等因素外，还与他有中外美学的深厚修养有关。

此外辽宁少年儿童出版社于一九九二年出版了一套“名家推荐丛书”，内《程千帆推荐古代辞赋》一种，注释工作分别由学生曹虹、程章灿承担，他则在遴选了自先秦至宋代的几十篇优秀之作后，又在卷首撰写了《辞赋的特点及其发展变迁》一文。

## 日本汉诗选评：国际文化交流的结晶

随着我国开放政策的逐步实施，国际文化交流日益频繁，千帆先生也热情地投入了这一潮流，与国外的许多汉学家建立了联系，并不断加深友谊。日本汉学的研究水平甚高，前代文士竞作汉诗，也留下了许多名篇。于是在中日学者的共同努力下，继俞樾《东瀛诗选》之后，完成了《日本汉诗选评》一书，一九八八年由江苏古籍出版社出版。全书计收作者二百人，诗四百一十五首，千帆先生和孙望先生逐篇加以品评，南京师范大学的吴锦先生在前言中介绍了日本汉诗的发展，并且详细叙述了中日学者合力完成此书的经过。

千帆先生的评语，颇致意于日本诗人与我国古典诗歌的继承发展关系，时而标举名句作为比较。他评赖襄《夜读清诗人诗戏赋》之一曰："扶桑诗人多宗唐，至山阳而兼综历代。其学博，其识高，才亦过人，故出语亦迥超群类，信乎彼邦一代宗师也。"可见他之所以能对日本汉诗作了有见解的评语，于此曾下很深的涵泳功夫。其评虎关师练《秋日野游》诗曰："宋僧道潜诗：'隔林仿佛闻机杼，知有人家在翠微。'东坡赏之。首二句用其意，后二首则荆公'缫成白雪桑重绿，割尽黄云稻正青'法也。"评伊藤长衡《春日雨中》诗曰："安贫乐道之言。第五句(一场春梦涵花影)好，尤胜陆鲁望'满身花影倩人扶'也。"这类评语都是很有启发性的，能够帮助中国读者很好地了解彼邦文士诗学上的杰出成就。

## 余　论

上述种种，只能说是为千帆先生的诗学历程勾了一个轮廓，但事实昭昭，读者也不难看出他在这一领域中取得了多么丰富的成果。然而千帆先生是个永不满足于已有成就的人，平时常对过去的成果进行自我解剖，并作严格的自我鉴定。他总嫌自己的知识面还不够宽，如对佛、道二家的典籍就缺少钻研，因而在指导莫砺锋做黄庭坚诗的硕士论文时，未能引导他在黄庭坚与禅宗的关系等问题上深入下去。于此也可看出他对教学工作具有极为认真负责的态度。

自一九八〇年起，千帆先生开始整理旧稿《两宋文学史》，其时他年事已高，故邀请吴新雷教授合作。二人经过八年的努力，终于完成了新编，一九九一年由上海古籍出版社出版，受到了学术界的欢迎。千帆先生和新雷教授研究文学史时，注意大作家的杰出贡献，也不忽视中小作家的重要作用，并常将二者结合而作群体或流派的研究。他们在分析作家的成就时，总是从具体作品中提炼或概括出结论；在对作品进行剖析时，则遵循着阅读、欣赏、批评的程序，由此进入作家的心灵世界。为了正确地把握研究对象，他们采用考证等手段；为了说明作家文学活动的背景，他们从事政治环境或文化氛围的考察。千帆先生和新雷教授运用了很多诗文评和笔记小说中的材料，吸收了古今学者的很多研究成果，并采择了西方文学理论中一些可取的研究方法，从而使宋代文学的研究工作既超越了前人，又融贯中西而不失其中国学术的品格，从而将文学史的研究工作推进了一大步。由于此书还具有其他方面的很多优点，如体系完整、条理明晰、分析透彻、评价公允等，能够指导读者较易掌握这一段内容丰富而又很复杂的文学历史，因而被国家教委核准为高等学校文科教材。但千帆先生也深感对于宋代道学与佛、道二家的学说在总体把握上未能超越时辈，因而分析有些伟大作家的思想时往往难以作出新的突破。他的这种自我批判精神是很感人的，它能给予后学很多启示。俗语说“学无止境”，只有永不满足于已有成绩的人，才能不断取得进展与开拓。

学问之道又贵触类旁通。这也就是说，学者掌握的知识门类越多，那他通过交叉学科的渗透而酝酿出新成果的可能性就越大。只是由于近代学术过分注重专业方面的分工，以致我国古来文史不分的传统难乎为继，即使文史兼擅如千帆先生，也已呈现出史学略逊于文学的倾向。他对《史通》曾有高水平的研究著作问世，但对史学领域中的若干门类，则未及一一进行深入钻研，例如他对历史地理方面的问题就觉得不能应付裕如。当他写作《论唐人边塞诗中地名的方位、距离及其类似问题》时，曾对高、岑等人之作也进行过一番钻研，本想写作类似论述杜甫的一组文字，终因感到历史地理方面的问题难以处理，后来放弃了写作计划。这些地方可以看出千帆先生学风的严谨，但也让人感到惋惜。这里他用自身的体验告诫后学，应该尽可能地掌握学术活动中所需要的各种知识，才能收到“触类旁通”而产生的多种效益。

一个时代造就一个时代的人才。千帆先生的成长，以及他在诗学领域中的不断开拓，都与时代的发展紧密相关。只是由于他能随着历史的前进而自觉地不断攀登，才能取得这些可观的成绩。他的研究成果，可供学界参考;他的诗学历程,可供后学参照。目下他已步入耄耋之年,但仍述作不辍,老骥伏枥,千里奔程上还将留下鲜明的足迹。这篇粗糙的研究文字,只能说是一篇未完成的草稿,日后定将重作研讨,续写新篇。

（原载周勋初:《当代学术研究思辨》,
南京大学出版社一九九三年版）

# 三、千帆诗学一斑

舒　芜

去年年底，差不多同时，出版了程千帆教授两部诗学著作：一为《被开拓的诗世界》，是专门研究杜诗的，程千帆、莫砺锋、张宏生合著，上海古籍出版社出版；一为《程千帆诗论选集》，张伯伟编，山西人民出版社出版。如果再加上一九八四年出版的《古诗考索》(程千帆著，上海古籍出版社出版)，将这三部书合而观之，虽尚未能尽千帆诗学之全，但概貌已大致可见了。

我一向佩服千帆的诗学，很喜欢这三部书，想来谈一谈，向读者作一些介绍，可是又觉得很不好谈。这三部书都有很好的后记，对千帆的诗学的特点及其所用的方法，已经作了精当的分析。《程千帆诗论选集》有编者张伯伟先生的《编后记》，指出："程先生研究古代文学历史及理论，是以作品为中心的；以作品为中心，其所谈的问题就必然是具体的。因此，他解剖问题的切入口，往往是某一作家、某一作品甚至是某一诗句。他往往是将某一问题放在一个大背景中加以考察，再从一个别问题中引出一般的、带有普遍意义的结论。……他着手直接处理的问题可能很细小，却不是饾饤琐屑；其结论虽然很大，但又不觉空泛无边。"其所以能达到这个成就，是由于他有一套方法，即是将考证和批评密切结合的方法，或者说是将批评建立在考据基础上的方法。这套方法大致是：(1) 以具体作品为中心。(2) 从文学感受出发，"感"字当头。(3) 必须用考据来扫除理解作品的种种外在障碍。(4) 但又尊重文学的特征，不以考据代替文学研究。

(5) 研究者的文学感受是从他自己的创作经验积累而来。(6) 研究文学理论也要与作品相结合。(7) 从传统方法中转化出新的生机。(8) 有“通识”,而且有当代意识。《古诗考索》有周勋初教授的《读后记——兼述作者学诗历程》,指出千帆一生的诗学,经历了两大阶段,“从形式逻辑发展到辩证法的高度”。前一阶段并不是简单地被抛之脑后,后一阶段也不是对前一阶段的简单的否定,“研究文学问题时,要用各种传统的学问辨析材料,但研究的对象毕竟是文艺作品,所以最后还是要用文学理论加以分析,才能作出正确的评价。他在学习了马克思主义的文学理论之后,更能尊重文学的特点了”。《被开拓的诗世界》有莫砺锋、张宏生两位先生的《后记》,亲切地谈了他们自己怎样在千帆的指导下,运用考证与批评相结合的方法研究杜诗,怎样师生合写出这部论集,“读者很容易发现,这些文章中并没有多少独得之秘,更没有什么惊人之论,但我们可以自信地说,这里呈献给读者的是在较长时期中独立思考和实事求是的结果。在那些与别人相同的地方,我们没有为了哗众取宠而人云亦云,在那些与别人相异的地方,我们也没有为了一鸣惊人而标新立异”。并且强调指出:千帆自己是深有造诣的诗人,所以他研究古典诗歌,“就不仅仅是站在海边远眺帆影,俯拾贝壳,而能亲自驾舟入海,领略起伏波涛之宏伟壮观与曼衍鱼龙之奇奇怪怪”。所有这些都说得极好,我完全同意而外,说不出别的来。转述吧,太略难免失真,太详又近于照抄,大家还不如看原文去,这就是我觉得不好谈的原因。

那么,我想,不如只从我自己的感受,抽出印象最深的一两点来谈谈。

首先,我佩服千帆善于比较。例如,《程千帆诗论选集》里面,有郭璞和曹唐两家《游仙诗》的比较(《郭景纯、曹尧宾〈游仙诗〉辨异》),有陶潜、王维、韩愈、王安石四家的桃源诗的比较(《相同的题材与不相同的主题、形象、风格》),有李白和徐凝两家的庐山瀑布诗的比较(《关于李白和徐凝的庐山瀑布诗》),有韩愈、李商隐、郑谷、王安石咏李花梨花诗句的比较(《韩诗〈李花赠张十一署〉篇发微》)。《古诗考索》里,有白居易《长恨歌》与吴伟业《圆圆曲》的比较(《〈长恨歌〉与〈圆圆曲〉》)。《被开拓的诗世界》里,更是从各个侧面用了比较的方法来研究杜诗:既比较了杜甫与屈原、贾谊的忧患感责任感(《忧患感和责任感》),又比较了杜甫的七律诗与李商隐、韩偓的七律诗中的政治内涵(《七言律诗中的政治内涵》),又比较了杜甫与韩愈、欧阳修、苏轼以及其他数家的禁体物诗(《火与雪:从体物到禁体物》),又比较了杜甫与高适、岑参、储光羲的登慈恩寺塔诗(《他们并非站在同一高度上》),等等。我从这些比较里,得到了好多好多教益。

一九八一年四月,程千帆在南宁讲学时的留影

例如,陶潜、王维、韩愈、王安石的四篇桃源诗,大家都很熟悉,我小时候都读过,有的更喜欢些,有的印象一般,可是我从来没有想过将它们比较一番。千帆却将这四篇诗放在一起,从主题、形象、风格三个方面进行了比较:在主题方面,千帆指出,陶诗是对一个和平宁静、富饶淳朴、诚实欢乐的无税的小国寡民世界的向往,王维诗改为对神仙世界的向往,韩诗则是对王诗神仙思想的批判,王安石诗恢复了陶诗的主题并且更为彻底。在形象方面,千帆指出,陶诗写的是被隔绝了的世界里的人间世俗生活,王维诗写的是幽美恬适的灵境,韩诗也写仙境而暗示其并不存在,王安石

则几乎全无景物铺陈，单刀直入地但以议论见长。在风格方面，千帆指出，陶诗省净、简妙、浑朴，王维诗绮丽青春而又飘渺幽逸，韩诗雄健壮丽，王安石诗雄奇而又精悍简劲。各人的形象和风格，从根本上说，都是各自的主题和诗人的思想生活所决定的。这样完整的条理的分析，我读了觉得头脑清楚，真有“怡然理顺”之乐。

千帆的比较，文心之细，细入毫发。例如陶潜的桃源诗云：“桑竹垂余荫，菽稷随时艺。”王维的《桃源行》诗云：“遥看一处攒云树，近入千家散花竹。”又云：“月明松下房栊静，日出云中鸡犬喧。”都是点染风景之句，似乎没有多大差别。千帆却指出：王维“将这灵境写得极其幽美而恬适，这正是陶诗中所缺少的，乃至陶诗中所写桑、竹、菽、稷，到王诗中也被花、竹、松代替了，也就是经济植物被观赏植物代替了（同是一竹，桑竹连文与花竹连文给人的印象就全然不同）”。原来这里面还有这么微妙的区别，不说不知道，说出来后越想越是这么一回事。

千帆还能把比较分析的结果提高到理论。他指出了四家主题的异同之后，概括道：“就主题说来，王维诗是陶渊明诗的异化，韩愈诗是王维诗的异化，而王安石诗则是陶渊明诗的复归和深化。主题的异化和深化，乃是古典作家以自己的方式处理传统题材的两个出发点，也是他们使自己的作品具备独特性的手段，这是从上面的讨论中可以看出来的。”关于主题和艺术形象的关系，他说道：“主题是作者认识生活并进而概括和提炼生活的结果。作品的主题，离不开依据生活所创造的艺术形象，它使人们通过生动的形象看到生活的本质。所以，主题的独特性和作品形象的独特性是不能分离的。”关于风格，他说道：“一位作家在认识生活并创造性地回答生活中提出的问题的时候，他必然会同时显示其独特的格调、气派。这也就成为他内心生活的准确标志。”这些都正是所谓“其结论虽然很大，但又不觉空泛无边”。

千帆的比较研究，善于吸收中国古代诗论的成果。本来，将四家桃源诗加以比较，前人诗话中就有。特别是清人陆以湉《冷庐杂识》卷七引金德瑛的一段话，千帆认为“真知灼见”，自称他的论文主要是受了金氏之说的启发，“为他的意见作了一点疏证而已”。这当然是谦词。金氏之说只有三百字，千帆则是万言长文，不可同日而语；但千帆由金氏之说得到启发，再进而进行周密的比较和开扩的研究，自然也是事实。此外，前人如王士禛、张谦宜、唐庚、程学恂、何焯、方东树、陈兆奎的诗论，有的比较了四家或三两家的桃源诗，有的单论某一家，千帆都加以吸收。他当然不是简单地把各家之说汇集在一起，而是运用新的观点、新的方法，把他们的零星片段的意见条理化、系统化，达到了他们未能达到的高度。例如金德瑛指出，韩诗一方面“一一依古事铺陈”，另一方面又有“当时万事皆眼见，不知几许犹流传”之句，此二句之后“则从情景虚中摹拟矣”。金氏所论，仅限于技巧。千帆指出他的不足：“金德瑛很敏感地看出了韩诗在构思和表现上的这些特点，但可惜他仅从技巧上指出韩愈化实境点染为虚摹的事实，却没有认识到，其所以要这么写，是为了表达自己的观点，是和篇首‘神仙’二句及篇尾‘世俗’二句相照应的。正是为了证实桃源神仙之说的渺茫、荒唐，而悲悯世俗之不知伪与真，才对实境加以虚摹。将宁知真伪归之世俗，文工画妙归之窦、卢，就于文于画，但取其工妙，却不涉及其主题，从而将这种对立缓和了。”这是把技巧同表现主题的需要联系起来，同全诗首尾的布局照应联系起来，大大超过了金德瑛，哪里只是给金氏作一点疏证而已。

千帆的比较研究，不仅用在不同作家的作品上。《古诗考索》和《程千帆诗论选集》都收了《张若虚〈春江花月夜〉的被理解和被误解》一篇，是令人拍案叫绝的学术价值极高的一篇文字。这里研究的只是一首诗，然而生动具体地展现了自初唐以降，经过盛唐、晚唐、明、清、民国以至当代这么长的时期里面，这首诗的湮没、发现、被理解、被误解的曲折复杂的过程，并由此反映出初唐四杰这一流派在文学史上升沉显晦的命运，而这一切都可以从各个时期的诗风诗学和审美习尚得到解释。这篇论文里面，首先是考察了自唐代以来，各种总集、选本、诗话之类，选没有选以及谈没有谈到这首诗的情况。其所考察的历代总集有：唐芮挺章《国秀集》、宋李昉等《文苑英华》、宋姚铉《唐文粹》、旧题宋王安石《唐百家诗选》、宋郭茂倩《乐府诗集》、元杨士宏《唐音》、明高棅《唐诗品汇》和《唐诗正声》、明李攀龙《古今诗删》、明臧懋循《唐诗所》、明唐汝询《唐诗解》、明钟惺和谭元春《唐诗归》、明周珽《删补唐诗选脉笺释会通评林》、明曹学佺《石仓历代诗选》、明陆时雍《唐诗镜》、明王夫之《唐诗评选》、清初徐增《而庵说唐诗》、清康熙《御选唐诗》、清初沈德潜《重订唐诗别裁》、清初管世铭《读雪山房唐诗抄》,共二十种。这就是说,为了研究一首诗,就要将这二十种古今总集拿来,加以比较,仔细查明各书中选没有选这篇《春江花月夜》,选在第几卷,一点也不含糊。这些总集都是大部头的书,有许多还是不甚易见的。单这一步功夫,就令人佩服了。千帆还有《张若虚〈春江花月夜〉集评》一篇(收入《古诗考索》),将前人的评语集中起来,广义地说,这也是一种比较。显而易见,没有这些比较,这一卓绝精深的研究是不可能进行的。

上述对历代总集的考察中,提到高棅的《唐诗正声》时,千帆有自注云:"《唐诗正声》二十二卷,《增订四库简明目录标注》卷十九著录,云:'又一本称《正音》,三十二卷。'未见,不知有张氏此诗否。"提到李攀龙《古今诗删》时,千帆有自注云:"《四库全书总目》卷一百八十九,《李攀龙〈古今诗删〉提要》云:'流俗所行,别有攀龙《唐诗选》。攀龙实无是书,乃明末坊贾割取《诗删》中唐诗,加以评注,别立新名。'我未能见到《古今诗删》,知道《诗删》中有张若虚的《春江花月夜》,是根据托名李编的《唐诗选》卷二所载此诗而推断出来的。"这两条自注可见其认真严肃地向读者负责的态度。引一书,要查考前人目录中著录此书的真伪异同的情况。自己见到了就是见到了,未见就是未见。若非第一手资料,便要交代是从什么第二手资料,如何推断出来的。千帆提倡考证与批评相结合,这两条自注虽然并不是精深的考据,但已经可见考证学者的认真严肃的态度。

上面主要是说千帆的诗学,善于比较。这不是千帆诗学方法中最主要的一条,只是我印象中最深刻的一条。我觉得,只有真正熟读博览,沉潜浸润于古今诗歌之中,长时期积累了欣赏和理解的成果,读书得间,自具慧眼者,才有可能运用这样多角度、多方面的比较方法。若没有这样深厚的根底,则往往只能局促于一家一篇之中,或者泛滥于一家一篇之外,根本不会知还有何可比,何从去比,如何去比。千帆自己有这个长处,并且能带领学生这样努力,《被开拓的诗世界》就是这样师生合作的成果,把这个好学风传下去，这是特别有意义的。

我还要指出，千帆那样长时期从事古典文学研究的学者，对于新的东西也十分注意。他谈到“鸳鸯绣出从君看，莫把金针度与人”时，引了安徒生童话《冰姑娘》。他谈到左思咏荆轲诗，忽然联系到茅盾小说《追求》中的章秋柳。他谈到王建宫词，忽然联系到曹禺剧本《王昭君》。他经常引用《歌德谈话录》，多次引用朱光潜《诗论》，甚至杂志报章上偶然一篇短论文中的可取之处，他平日都留心注意，适当时候就引用出来。可见他并不是埋头古籍之中，也不是只对自己专门研究的范围之内的东西感到兴趣。加以他的文字，用古文时是标准的考究的古文，不仅是一般浅近的文言文，用白话文时又是很新的考究的白话文，不是“改组派”的白话文，有时真令人不相信是出自同一人之手。张伯伟说他有“通识”，有“当代意识”，是完全对的。我常常想，这恐怕同他的经历有关。千帆读大学的时候，研究古典文学和进行旧体诗创作而外，还是一个新诗人，与常任侠、孙望、汪铭竹、沈祖棻等组织土星笔会，出版新诗刊物《诗帆》。后来他虽然不写新诗了，但年轻时有过这一段经历，同没有这段经历是不一样的。我总觉得千帆诗学成就之所以这样高，同他这个经历有极大的关系。这一层，我虽然末了才这么略略谈到，但是我其实最为看重，原来这篇文章是想主要谈这个意思，可是写起来觉得易流于泛论，才改为现在这样的写法，仍将这一层意思在末了点出，希望读者特别注意。

一九九一年三月一日

（原载《读书》一九九一年第六期）

# 四、评程千帆、吴新雷先生的《两宋文学史》

## ——兼谈文学史编写的若干问题

赵昌平

写下上面的标题之后，我首先想起的是一九八五年在洛阳唐代文学学会第三届年会上，千帆先生对中青年学人大意如次的一段谈话。先生就当时学界“新思潮”与传统方法的论争提出两点意见：一是要尽可能详尽地占有资料，尽可能深入地研究文本；二是要加强外语学习，以更全面深入地了解种种新思潮的实质，丰富研究的手段，与传统方法相结合，走出新的路子来。事隔七年，论争或者讨论仍在继续，不仅大陆上每年都有数次大型的讨论会，而且据知，海峡对岸台湾学者们的有关探讨也愈趋热烈。不过我一直有种感觉，方法论的讨论虽然重要，但如果能与文学史研究的实绩结合起来，便会切实得多，而眼前这部《两宋文学史》，似乎正印证了千帆先生当时虽然简要却十分深刻的意见。事实上程千帆、吴新雷二先生的这部力作（以下简称程吴史），不仅给我以对宋代文学史的新鲜感受与发展线索的明晰印象，而且对我在编写《唐诗史》过程中所遇到的若干棘手问题，提供了应如何解决的启示。于是，我想将标题所示的两方面的问题结合在一起来谈，希望既能给程吴史的读者们一些参考意见，以便更好地了解这部优秀著作的精髓；同时也对海峡两岸正在讨论的理论问题，略陈管见，以获得批评与指正。

# 文本与作家研究的新进境
## ——柱础之一

十余年来，古代文学史研究，可说是以对一九六六年前几部通行文学史（游国恩史、文研所史、刘大杰史）的评估与批评为出发点的。对这几部文学史的价值应如何看，后文尚会约略涉及。本章先说一种最普遍的意见，即认为通行史只是作家论的联缀，而看不出史的轨迹。这种意见固然是大体正确的。然而反过来，仍不能不承认，任何文学史的编写，都必须以作家及其作品（文本）的研究为起点与柱础，舍此，一切视角、线索、构架云云，都只能是空中楼阁。

程吴史的可贵处，首先在于出色地处理了文本、作家与视角、线索、构架的辩证关系，传统的文本分析法与汲取外来理论之合理因素的关系。它总是将对前人评论的精捡细择与作者自身敏锐的艺术感受力、独特的心解结合起来，尤其善于在比较之中别抉异同，显现因革，从而进行分析综合，使文本、作家的分析升华到“史”的高度。也就是说，它的视角、线索、构架，不是外在的机械的先验模式，而恰恰是从精辟的文本、作家分析中逐步、自然地形成的，而分析也因此显得高屋建瓴，精彩纷呈。书中对于南宋姜夔与吴文英两家的分析，即是好例。

姜词素称清空疏隽，吴词则以密丽质实名家。自南宋末张炎起，历代词家多视以为二端。至清代浙西词派宗姜，常州词派宗吴，更有互不相容之势。其间虽亦有并取二家者，但因传统评论固有的特点（有优点、有弱点）而语焉未详。程吴史则在自己心解的基础上吸取了近当代学人（如叶嘉莹）的研究成果，抓住清空与质实的辩证关系，对传统评论作了精深而富有创见的阐发，从而在文本分析的基础上，得出了姜、吴二家上承北宋周邦彦而又各各因时创革，既前后相承，又双峰并峙的结论，从而清理了南宋婉约派词的脉络与流变。对于“清空”与“质实”关系的阐述是这一节中的关键。作者在列举诸家有代表性的意见后，又别具只眼地引录了况周颐与蔡桢的两条评论，作为进一步分析的出发点，今迻录蔡说如次：

玉田以凝涩晦昧评梦窗，至有七宝楼台之喻，后人惑于其说，以为梦窗全集莫不如是，未免大误。夫梦窗用事下语，诚有深入而未能显出者。然《四稿》中不晦涩之作，细绎之亦实不少。以其含思高远，琢语幽邃，读者不易得其端倪，遂概以晦涩目之，岂得为持平之论？

这段评论，既是前此论吴词意象“不尽秾丽”，且“即使是字面秾丽，也可达清空境界”的小结，也是以下论吴词结构的纲领，——后一点，所论尤其精彩。

作者先参考叶嘉莹有关论述，指出梦窗词结构有时间、空间交错杂糅，而脉络神理自然贯通的特点，然后进一步阐发道：

由于作者的思维并非直线发展，而是随自己潜在的意识流的起伏跳跃，意脉前后旋转，因而在结构上也能充分发挥想象力，写景抒情都不受时间和空间的限制，转换自由。词人就可能把远近高低、上下古今的不同时空的各种景物摄取在同一幅画面里，自由地组成完整的形象。

接着便以梦窗《满江红·淀山湖》词作为典型作了精彩的文本分析。词云：

云气楼台，分一派、沧浪翠蓬。开小景、玉盆寒浸，巧石盘松。风送流花时过岸，浪摇晴练欲飞空。算鲛宫、只隔一红尘，无路通。

神女驾，凌晓风。明月佩，响丁东。对两娥犹锁，怨绿烟中。秋色未散飞尽雁，夕阳长是坠疏钟。又一声、欸乃过前岩，移钓篷。

在解析这首扑朔迷离的名作时，作者首先提挈了隐伏其间的意脉：“这是梦窗从吴江瓜泾乘船到杭州经过淀山湖时的作品。上片写湖山景色，先总叙淀山的一片大好风光，然后展延到传说中的神仙故事。下片借景喻情，暗寓了作者漂泊江湖的身世之感。”接着又精要地分析了围绕着这一意脉,“作者的感情则被有意识地覆盖在景物之中。词中视角随着跨度极大的空间而不断转换,从山上到山下,从湖中到岸边,从龙宫到神庙,从天上到人间,甚至从淀山湖跨到太湖,进行了多角度的回环描写。周济在《介存斋论词杂著》中说:‘梦窗每于空际转身,非具大神力不能。’正是指的这种独特的艺术手法”。在脚注中更指出这种手法可渊源于温庭筠。

这一分析,不禁使我想起了现代西方文艺批评中有关意象叠加,意象以相对、相近原则形成肌理联系,意识流等理论(我不知二先生是否自觉地在运用这些理论,但从同时转引叶嘉莹的有关论述中可以推知,至少是间接地从实例中吸取了这些理论的某些因素),但是整个分析又均不同于这些理论,贯穿其中的仍是传统诗论的意脉观念。这二者的结合使以上的分析既未导致将吴词比附为西方朦胧诗的结果,又比起“空间传神”、“草蛇灰线”等传统说法来得真切具体。虽然,由于写史,这分析甚简略(比如,如果点一下上片主句“算鲛宫、只隔一红尘,无路通”,实为下片末句“又一声、欸乃过前岩,移钓篷”伏脉,则“借景寓情,暗寓作者漂泊江湖的身世之感”这一意脉,更易为读者理解),但是已有力地论证了梦窗词通过结构的跳荡、回环,以意脉贯穿看似碎散的片断意象,达到密中且疏、虚实相间境地的艺术特征,从而使姜、吴两家的异同承革关系昭然若揭。

类似这样从精辟的文本分析来评论作家,显示演进轨迹的例子,在程吴史的每一章节中都能见到。这使这本学术著作读起来有触处生春、行云流水的感觉,而在愉悦的阅读之余,合卷思索,更会对一些方法论的问题有所解悟。这里我想先引录千帆先生有关治学的几段话:

> 文学活动,无论是创作还是批评研究,其最原始和最基本的思维活动应当是感性的,而不是理性的,是“感”字当头,而不是“知”字当头。……由感动而理解,由理解到判断,是研究文学的一个完整的过程。恐怕不能把感动这个环节取消掉,“为文造情”,不但不适宜于创作,恐怕对于诗歌研究也不完全适合。(《答人问治诗》,《程千帆诗论

选集》，山西人民出版社出版）

从事文学批评研究的人，不能自己没一点创作经验。在我国文学批评史上，没有一个理论批评家是不能创作的。正由于他们有创作经验，才能够从自己和别人（包括古人）的创作中，抽象出、概括出理论来……一位从来没有作过诗或没有其他艺术创作经验的人侈谈诗歌艺术，不说外行话，很难。（同上）

他曾在列举了南宋江西派与反江西派的对峙后说：

我们若不细读黄庭坚、陈师道、吕本中、杨万里、严羽、四灵、刘克庄、方回等许多诗人的创作，就实在很难将江西派与反江西派闹的是一些什么纠纷弄清楚。所以，我们研究文学理论批评史，要想深入些，细致一些，就决不可脱离当时理论批评家所据以抽象的文学现实，即作品本身。……如何理解作品，是继之而来的另一个问题，研究文学理论批评史……这纯粹属于逻辑思维的范畴。但是，阅读作品却不能完全这样。对于我们来说，阅读作品的最终目的是要分析它们，发现其与当时理论批评的关系，使自己的工作能够如实地反映出理论批评发展的历史进程，因此，理智的思辨是完全必要的。但不能忽视，任何作品主要是形象思维的产物……通过欣赏，你才会产生某种感情，再追究为什么会产生这种感情。通过这样的分析、抽象，才上升到理论。所以，对于从事文学理论工作的人来说，如何读作品，比较深入地理解作品，是一个不能而且无法回避的问题。（《读诗举例》，同上书）

联系程、吴二先生的著作实践来看，以上所论，不仅说明了文本研读是治文学史的柱础这一道理，而且反映了他们如何培筑这一柱础，使之坚实地厚积薄发的过程。

钱仲联先生序千帆先生《闲堂诗存》云："空堂独坐，嗣宗抚琴之怀也；天地扁舟，玉溪远游之心也。时复阑入宋人，运宛陵、半山、涪皤于一手。"

确实,劫后辉光,十不存一的《闲堂诗存》表现出兼融唐宋,远绍晋宋,骨老气清,圆美中见拗峭的洒然意度(如果我没有领会错,那么其得力于杜陵、涪翁、诚斋三家尤多)。这自然是与千帆先生一系列的评注、研究著作,如《古诗考索》、《古诗今选》、《先唐文学史略论》、《被开拓的诗世界》中所收论杜各章……相辅相成的。新雷先生同样累积深厚,他从陈中凡先生多年,对古代文学,特别是词曲、小说、戏剧下过很扎实的功夫,也同样有多年的教学经验。因此,进入文学史编写前的文本研读功夫,不仅仅是对个别作品的理解,而必须是对所研究段次的总体性的研究。不仅如此,还必须有对前后段次的比较全面深刻的了解(最好还辅之以自身的写作训练或实践)。比如,如果没有对杜诗的精深理解,肯定不可能有程吴史中对有宋诸家学杜而自成一格的精湛分析。这一点我自己也有别一种体会,经常有学友问我,何以近二年由唐诗研究转到六朝诗上去了,其实并非重点转移,而是我在酝酿《唐诗史》的过程中,痛感到对六朝诗史的把握仍不足,而这方面不好好补课,是根本谈不上进入《唐诗史》的编写的。而习作古诗文,也是我所师事的几位前辈先生,如施蛰存先生、马茂元先生,布置的第一门功课。

程吴史文本研究更有一个极可注意的特点,即由大量的感知的基础上向建构赏析理论、诗学体系发展的趋势。建议读者读一读《程千帆诗论选集》,特别是其中《读诗举例》、《古典诗歌描写与结构中的一与多》、《相同的题材与不相同的主题、形象、风格》、《张若虚〈春江花月夜〉的被理解和被误解》诸章。其中有关一与多、形与神、曲与直、物与我、同与异、小与大诸关系的艺术辩证法的论述,有关对古代,特别是近代诗论家研究成果的再思考,应可帮助读者了解到,前举姜、吴词辨体溯源,在本书中虽只是短短数百字,却包蕴了作者在精谙传统诗学基础上,兼融外来理论,力图建构高于民族特色的诗学体系的积久艰辛的努力。可以认为,这是从王国维先生开始的,近当代有成就的学者的一条重要经验。在《答人问治诗》的最后,千帆先生就来人问对西方引进的许多新的研究方法有何意见时答道:“非常惭愧,对于这些,我研究得很不够……如果健康和时间许可,我也将努力学习这方面的知识,并将其应用到诗歌研究工作当中来,我相信，这将是有益的。”读此，我进一步理解了七年前，千帆先生何以在要求中青年学人踏踏实实地发扬传统的同时，还要“学好外语”。

## 对前景材料的立体化的拓展与考证梳理

——柱础之二

程吴史中与精湛的文本分析相表里的是精审的考证梳理功夫，这应当是建构文学史体系的又一个不可或缺的柱础。关于考证，千帆先生曾论述道：

> 诗歌研究的终极目的，是要使诗人通过特定的艺术手段所展示的他的心灵，重现在大家面前，而考证则是排除在再现过程中，在语言上、前景上等等的障碍，总之是为了扫除内在的隔膜，以便呈露内在的实质。……我曾经利用校勘学、训诂学、语法学，乃至物理学等方面的知识，解决诗歌研究中的一些疑难问题，从而有助于对那些作品的内在涵蕴的理解。(《答人问治诗》)

可见，考证是作者文本研读理论中的重要组成部分。在文学史中，虽不可能如在《古诗考索》中一样详述考订过程，但如以《嘉泰会稽志》中的冷僻记载解吴文英《齐天乐》“翠萍湿空梁，夜深飞去”句以见使典用词特色(语言障碍)；联系史实(前景障碍)商榷前贤，解姜夔《暗香》、《疏影》，以见姜派词人咏物词寄忧国意识于不即不离之中的艺术特点等，均见别裁。程吴史中更有许多脚注，往往见出这方面的功力，不可等闲放过。如解秦少游“斜阳外，寒鸦数点，流水绕孤村”，脚注既引郭辑本《艺苑雌黄》及《笔麈》，指出其本于隋炀帝诗“寒鸦千万点，流水绕孤村”，复与晏几道“落花人独立”二句注(一〇〇页)所云实本于五代翁宏诗相互发明，从而可见北宋前中时期婉约派词人实际上已执周邦彦善用前人诗句之先鞭①。凡此

---

① 有关这一点似乎可以更作发挥写入正文，北宋前中期词人此类(注转下页)

均于文本解读及别抉传承，比较异同，大有助益。

程吴史中更多显示出考订功力的是对作家及作家群行事、交往、结集情况乃至个人与时代关系、由此而生的心态等的精审研究梳理。文学史说到底是文人与文人群的活动轨迹，因此不理清这些关系，同样难以进入史的编写。前几年有些研究者据西方结构主义语言学批评的一些说法，视这方面的工作为附加于文本的、外在的东西而予以否定，殊不知结构主义的有关论说既并非这么简单，且已为后起的学说（如新批评派等）所纠偏。更遑论以不同文化背景下产生的一种理论，去框架另一种文化背景中的作品，其凿枘之处，不可避免。

一九八五年十月陪同友人游览南京玄武湖。左起：张舜徽、程千帆、黄典诚、于安澜

---

（续上页注）手法甚多，比如大晏词“一曲新词酒一杯，去年天气旧亭台”，实本郑谷《和知己秋月伤怀》“流水歌声先不回，去年天气旧亭台”；“春风不解禁杨花，蒙蒙乱扑行人面”，当本朱放“杨花撩乱扑流水，愁杀行人知不知”；而〔木兰花〕“绿杨芳草”一首，则檃括玉谿数首无题成句。欧、柳各家此类亦不少。

程吴史这方面的考订梳理进入了系统的、具有立体感的境地，其特点有三：

首先，它既继承了通行史中凡大作家均分期叙介的传统，更充分注意了大量中小作家的铺垫作用，从而梳理了宋代众多文学流派的起因、构成及影响。这是此书所以能明晰地显示“线索”的重要内在因素。比如于江西诗派，过去一般只突出“一祖三宗”。于吕本中主要提其《宗社图》；于曾幾，往往只于论陆游中简略附及；其他人则几乎不提。程吴史则在论山谷、后山后，既序列了前期江西派诸家的行止，并提挈了他们的共同风格，指出其愈趋狭仄的颓势，更专立《江西派诗风的转变和吕、陈、曾》一节，切实地论列了三家于黄陈的传承关系、三人间的师友关系，以及稍后陆游、杨万里等与他们的渊源。从而别具只眼地指出吕本中“确实是江西诗派发展过程中的一个关键性人物”，他不仅因于时代，首矫前期江西派脱离现实之弊，更首倡“活法”并兼重“圆美流转”，于山谷脱胎换骨法及瘦硬作风有承有革。其后陈与义由山谷、后山追溯老杜，“从黄庭坚的奇巧和陈师道的朴拙而发展为雄浑沉郁”，“号称新体”。曾幾更宗尚一祖三宗而兼法居仁，自成“清新活泼”一格，成为后期江西派与南宋四大家之间的“承先启后”者。这样不但揭示了前后期江西派发展变化的脉络（后期的论述中，同样有其他四家的序列），更为下章论陆、杨诸家的创变作了出色的铺垫，避免了过去有的著作论陆、杨诸家之转变每嫌突兀的不足。

程吴史考订梳理工作的第二个特色是不仅注意了政治背景的提挈，更注重了学术文化背景的进一步考索，可以见出陈寅恪先生历史文化理论的影响。如《南宋前期散文的发展》一节中，不仅提挈了“民族危机中的创作潮流”，更着重论列了当时道学、心学、浙学三派鼎立及他们的交游状况；当时古文评选推崇韩、柳、欧、苏，尤重苏氏以及古文理论化的趋尚。从而既清晰地显示了南宋前期散文对八大家的文统，尤其是苏轼文继欧文后所形成的宋文新格局的继承，同时又可看出三派文的异同：共同的时代特点与政治家兼哲学家的身份所形成的忧国意识及学术意味（后一点又与北宋二程之迂腐不侔）是其所同；而由于对文道、义利、王霸诸关系的不同看法，又形成三派文论及创作上的种种区别与得失。不仅如此，更由于通行史中仅一提的鹅湖之会，在程吴史中已扩展为三派学人活动、交往情况的较细致的叙介，并显示了三家既为论敌又为师友的人际关系，因而，这一节所引录的纸面上的文章，读来便显得饶有生趣。此节中对吕祖谦的重视，也正是这种立体化考察的必然结果，特富创意。微感不足的是，我总感到南宋前期文虽法度精严，思致深刻，但已较缺少八大家文那种挥斥自如的气概与意度。即使如陈亮、叶适之文，亦慷慨有余，变化不足，这自然是与理性思维更多及文章技法的规范化有关的。如能于节末略加提挈，对于清理南宋前后期散文的变化轨迹，或有助益。

程吴史考订梳理中的第三个特点是颇注意文人逸事的爬梳，以见其心态。心态，可以说是社会文化背景由外在成分转化为作品内在成分，从而引起文体演进的中介。二晏词父子相承，风格甚接近，而程吴史却作了精细的辨析：晏殊身居显要，生活优裕，"喜宾客，未尝一日不宴饮"，往往"乐饮达旦"(《避暑录话》、《石林诗话》)，"但是优裕的物质生活并不能满足他渴求着探索人生奥秘的心灵，他心灵的触角常常是其来无端地伸向人心的深处，而又没有找到自己所寻觅的东西，于是一缕轻烟薄雾似的哀愁就上升到他的笔头，化为幽怨动人的小词"。所以，其"风格是和婉而明丽的，而在这种逗人喜爱的风格中间，又蕴藏着对于令人感到乏味的现实的不满和自己还不怎么明确的对于美好事物的追求"①。晏几道早年生活豪华，性格放浪，但因事株连下狱而屈沉下僚。山谷《小山词序》记其有四痴："仕途连蹇，而不能一傍贵人之门，是一痴也；论文自有体，不肯一作新进士语，此又一痴也；费资千百万，家人寒饥，而面有孺子之色，此又一痴也；人百负之而不恨，已信人，终不疑其欺己，此又一痴也。"其"真诚、傲兀、豪爽"的"个性与环境的矛盾，造成了他失意落魄的命运，而这种个性在命运的推移中不断地发展，这就使他的生活更加艰难，因而在其词作中，通过爱情生活的悲欢离合的描写，表现了一种极度哀愁感伤的情调"。确实，大晏之愁是富贵人的闲愁，小晏之愁是历经荣枯、落魄痴绝人的执

① 这类精确而文笔优美如诗的评述，在程吴史中很多，成为本书的一种特色，本拟专节论之，囿于篇幅，只能作罢，而以此小注志之。

着的深愁。因此父子二人虽同以婉丽称，大晏更多师法冯延巳之“明丽与疏朗，脱去了花间派的脂粉气，从而有所创新”，小晏则更近李后主，“细腻曲折”过于乃父，“在婉字上用力尤深”。因此，在风格上，小晏“有他父亲的明丽而无其雍容，有欧阳修的深永而无其放旷，他将自己不随流俗而沉沦下位的生活经历与感受，溶解在离合悲欢的题材里，使其作品具有浓重的感伤色彩，体现着对人生的忧患意识，一往情深，凄楚动人。这却是别的作家所不及的”。不难看出上述异同分析中，逸事所表现的词人心态，在其中的重要作用。

中小作者及流派的梳理，社会文化背景材料的拓展，文人生活、心态资料的发掘，使程吴史的考证梳理工作显示出与旧式考订的饾饤习气迥然不同的格局，却继承了它的精义。又不难看出其与近十几年来的一些新观念，如大文化背景论、深层意识观念等的联系（暗合或汲取），却又依然不失中国气派。这种由陈寅恪先生开创的治学方法与上章所论源于王国维先生的兼融中西、建构有民族特色的文本研究理论及中国诗学体系的努力，在程吴史中可说是有了较完美的结合与发展，于是它的视角、构架，也就不难产生了。

## 富于胆识与匠心的构架

### ——视角、构架与线索

不知是否与我有同感，如果不愿简单地以作家生卒先后排比叙介文学史，那么编写中最棘手的问题就是如何构架以有效地显示史的脉络了。而且往往是对研究对象的构成诸因素了解得较充分，思考得越细致，就越是会对构架游移不定。因为构架看来是一个技巧问题，其实更是一个理论体系或说是视角问题，有怎样的视角，就会有相应的构架。但是一有视角，就产生了一种“二难”，因为编写者所取视角，虽是自己最有心得的角度，实际上却只能反映出丰富的文学现象的某一或某几个侧面，而这些侧面其实与其他侧面密切相联不可分割。略去其他侧面吧，则连这一侧面的分析也会显得相当单薄，兼顾其他吧，文章就会向横向铺溢，影响了主线的明晰。所以多年来我一直在思考：文学史的视角或许应当是有主有从的多元化的视野；与之相应的构架也许应当是不强求形式划一的，灵活而务求突出每一阶段的主要动因与成果的不均衡构架。因为文学的艺术因素自身演进趋势，一个时代的社会文化背景及风会，个性化的作者及其心态——这三个文学史的主要因素，在特定时期，其作用的主次地位是不一致的，相互转化的。因而，如何从多种视角中确定主从、沟通纵横，便是文本研究充分、背景材料充实以后的首要任务，而程吴史在这方面的成就，尤其值得借鉴。兹以其北宋部分为例说明之，此部分凡五章，标目如次：

宋初文学的因革
欧阳修与北宋中叶的诗文
柳永与宋词的新变
苏轼在文学史上的杰出贡献
北宋后期的文坛风貌

在每一章下，都有若干节，节下有若干点。除苏轼一章专论大苏各方面的成就外，其他四章下各节、点大抵是以作家群或流派分列，视具体情况而轻重位置，前后勾连。本文前二章的例证中已论到节点的相互联系，囿于篇幅，不再赘析，仅就五章的分布试绎其总体构架。

五章的标目初看体例不一。一、五两章以时代分；中三章则以大作家名，其中二、三章兼带风会，而第四章则以大苏独立构成。然而就在这不均衡中体现了作者识力、胆略与匠心。

全书开宗明义称："北宋统一帝国的建立，把历史推向了一个新阶段，然而在文学方面，却不是随着改朝换代而突然发生同步变化的，它有一个从因习旧章到创新变革的渐进过程。"（一页）以此为纲，首章通过诗坛三体与文坛通变，显示了因革的第一程的轨迹。这种努力经过欧阳修所倡导的诗文革新与柳永所集中体现的宋词新变（二章、三章），至苏轼（四章）则集诗词文创革之大成，成为高峰。可见中间三章的三位大作家实构成了北宋中叶诗、词、文三体演进与交互影响的两个阶段（前二后一）。至北宋后期（五章），诗文则主要在苏门学士的推进下发展，江西诗派的确立是山谷、后山等因革苏诗的结果；而词则由苏门秦观到北宋末周邦彦等，在对苏词的因革与反拨中远绍宋初唐五代，螺旋上升，开创了婉约词的新境界。二者是北宋文坛新貌的主要表现。可见五章的标目及构架正于不均衡中成功地凸现了北宋诗词文的演进主线。细绎之，这个构架实体现了多种视角的综合：分期论与大作家中心论的综合，后者与中小作家铺垫说及流派论的综合，作家本位论与分体论的综合。而在这多种综合之中贯穿终始的是文学的艺术史这一主线。由于以上的多种综合，在处理这一主线与必然要遇到的，其与时代风会、个性化的文人两个因素的关系上，就能因实际情况考虑其主从转化关系，作出灵活而切实的处理（如前析，姜吴、二晏、南宋前期文，情况各不相同）。从而构成了主线分明、纵横沟通、具有立体感的网状构架，充分显示了作者对研究对象方方面面的谙熟及处理纷繁的资料的识力。

打破传统分期法的框架，采取多元而主从分明的视野，不仅要识力，更要胆略。比如，同为八大家之一，王安石散文与欧公各有千秋，诗歌成就应说超过后者，但却不立专章而附隶于欧公章下；宋初词家中，独于柳永设立专章，予以极其显著的地位。这些对于习惯于分期平行论列的读者来说会感到突兀。但细思之则可以悟到，作者在章节安排中，不仅考虑到个人的创作成就，更重要的是从文坛总体的运动趋势来考察以安置个人的。欧、王的轻重位置，既体现了二者倡与从的师承关系，又便于显示半山对欧公业绩的推进；柳永词于宋初诸家中别开长于铺叙，善道心曲之新生面，于慢词长调及音律考究等尤多功绩，凡此均为宋词不同于唐五代词的重要特征，因此，视以为转变唐五代风气的关键人物，当无不妥。因此这种不同一般的布局可称胆识并胜。

断代史因包含多种文体，构架相应较分体史更难，因此胆识之外更须匠心。程吴史在洞悉北宋诗文与词演进情况不尽相类的基点上，采取了以中心人物带动文体演变的格局，既让各体的叙介相对集中，便于领会，又凸现了具有自身演进趋势的各文体如何在因革的时代风会下，经由若干有中心人物的文人群的拓展而殊途同归。至大苏为交汇点，共同形成了北宋文学的鲜明个性。更汇而又分，在后期开始了新进程，后期之末以清真词结，而南宋部分则以漱玉词为中心的词人群相承。然后再转到诗文。安排极见匠心。

程吴史的构架亦略有可商处。如江西派为宋诗典型，不以章标目，终觉分量不够，如将五章标目改为"江西诗派与婉约词的新境界——北宋后期文坛风貌"，是否会好一些呢？又如宋四六、小说、戏曲，本身内容都写得很翔实而有特色，但均单独成章于书末，似与前此各章有些游离。比如宋四六似可并入前此宋文各章。小说、戏曲特殊些，如必须单独成章，也似当设法与前此诗文叙介呼应。我想这或许是因二人合作各有成章，不易相合之故吧。尽管有这些可商处，但程吴史的整体构架是很成功的，对我启发尤多。

## 对文学史编写中三个问题的管见

以上在对程吴史的评论中已随机而发，谈了一些我对文学史编写的浅见，今更就三个问题总结如下：

### 1. 文学史编写中的继承与创新

——对通行文学史的再评价

任何一位文学史的编写者，都想自己的著作能创新，然而任何一种文学史著作，其实又都无法避免对前人著作的承继。十几年来，古代文学史研究的新成果，虽往往以对三部通行史的批评为发轫，但批评者本身又几乎无不受这几部著作的沾溉。港台对它们的批评至今仍多多，但据知，最通行的仍是这几种书。因此我愿意在众多的批评声中对三书作一简略的再评价。在我看来，这三部著作凝聚了一代学者的心血，虽然它们囿于当时的历史与资料条件，有难以避免的缺点，但缺点本身又正是新的进程的起点。你可以批评它们有机械唯物论的影响，但是你却无法否认它们率先企图以现代科学的眼光来清理文学史资料的努力，并给予评点式的、说文论文式的传统研究所忽视的文学作品的内涵以充分的重视；你可以批评它们是作家论的联缀，但不能不承认作家及文本分析是文学史研究的柱础，而这三种通行史的作家研究应说达到了超越前人的高度。比如游国恩史中对李白诗结构特点的分析，文研所史对王维“诗画”特征的辩证解剖，均称精当，后来的研究虽有所丰富，但核心部分仍不可能出其牢笼。应当说这几部文学史达到了当时所能达到的新的高度，在培养一代文学史研究者上具有不容否认的功勋，而它们的缺点、不纯熟处，正使后来者得以知道就如何修正视角，开始新的探索。有所谓“重写文学史”的讨论，这在现代文学领域如何我不敢说，但在古代文学史研究中，是没有意义的。因为任何一部新的文学史都是在重写（不然就不必写了），但重写、创新，只能是研究的自然结果，而不能是预定的目的。刻意求新，一味做翻案文章，要想不偏颇，很难，甚至会走火入魔。因为文学史编写不同于单篇的学术论文，后者不容写已经解决或大体解决的问题，前者则必须概括前人与同时代人的成果。程吴史的成功，在相当程度上可说是继承与创新的成果，因而它又是不刻意求新而富于创见的著作。从王国维、刘师培、陈寅恪诸前辈起，古代文化研究开始了中西结合的路子，这个趋势是不可逆转的，不必随前些年新思潮纷来沓至而骂倒传统，也不能因这几年新潮渐落，而把前些年中不少虽或幼稚但不乏合理因素可以汲取的观念一概抹掉。清理近代以来直至最近十年来学术思潮的得失，公允地评价通行文学史乃至此前十数种（我所见者）文学史的地位以扬长避短，应当是古代文学史编写的起点，也是清理传统文论，建构民族特色的文艺学的起点。

### 2. 视角与柱础

这一问题前面虽已谈得不少，但仍想着重指出，这几年视角讨论太多，而柱础谈得太少。有两种意识在作怪：一种是治文学史者往往轻视鉴赏与考订工作的积久的偏见；一种是近十年来有些青年或已不那么年轻的学人，往往以为视角一新，便可点铁成金。其实文学史研究者如果不同时兼谙鉴赏与考订，总是以别人煮好的饭来炒花式蛋炒饭，而不问这饭数量够不够、生熟硬软程度如何，那是绝对炒不好的。以唐代文学为例，因研究者众多，这几年组织得也好一些，前述两方面的柱础培筑相对于其他段次要好一点。但是我在编写《唐诗史》的过程中仍感到两方面待补待纠处仍不为少——当然，如果没有前辈与同辈学者的浩繁工作，则根本进入不了写史的阶段。“应取何种视角”的问题，在编写者来说是必须深思熟虑的，也不妨交换意见，互相启发。但频繁的讨论，在我看来也无多必要。因为视角与柱础的关系，在研治过程中是互为因果的（当然柱础是第一性的），各个段次、各种文体的具体情况不一，所以只有在对具体材料切实的把握与分析中才能逐步修正以至确定视角。离开了具体段次、文体，视角的讨论往往有隔靴搔痒之感。即使是同一段次、文体，也因文学作品构成因素的多元性与研究者个人的气质素养不同，会有不同的感受，从而有不同的视角。任何视角都不能反映全部，但如果柱础扎实，从任何视角切入，都能给他人以启迪。很难说何者一定为佳，何者一定为劣。公认的定鼎于一的文学史的著作，在我看来永远是一种理想境界，而自以为是权威著作的编写者，则不免狂妄之嫌。如果有谁能写出一部定鼎于一的文学史，那么研究就画了句号，在笔底讨生活的学人们也就只有“田园将芜胡不归”了。虽然从责任部门考虑，总希望有一部相对的权威著作供学子们上课所用，这也未尝不可，在比较中选一种较好的著作也可以办到。然而从学术研究角度而言，文学史研究的繁荣，正需要有种种不同视角的论文、著作，在互补甚至碰撞中方能发生。只要下过苦功，即使不免有所偏颇，也不妨你写你的，我写我的——当然这是就学术言，而非就政治言，政治方向的正确自是前提。于是应当补充说明，我对程吴史构架视角的肯定，并非说两宋文学史只应当这样来写；说它对我有启发，却也肯定不能照搬，唐诗史自有其特殊性在。当然，我前面所说的一些理论问题，也只是我一己的感受，并无希望他人取用之意，用之覆瓿，倒是完全可以的。

### 3. 集体、个人、学派

由上一点可以看出，对于单纯以行政组织、集体来编写文学史的做法，我是持保留态度的。物极必反，行政组织可以集中大量优秀人才，是其所长，然而须知越是优秀的学者，越是有造诣的专家，其研究越具个性，行政组合的结果，往往是折中而磨去棱角。宣传多年的大文学史一直出不来（据说打算分开来出版），道理当在于此。因此，我以为应当鼓励有根底、有创见的个人著述，若干部同一段次而不同视角的文学史，可以似多棱镜一般反映该段次的各个侧面，完全不必将它们统一起来。个人著述也有弱点，因即使是断代史，甚至是分体断代史，以一己之力要想穷尽所有资料，通解所有文本，也极困难，而程吴史的做法颇有启发：它是个人著述，却又有群体的依托，程、吴二先生的紧密合作自不待言；而从脚注中更可以看到，此书不仅吸取了前人与同辈的成果，也吸取了南大年轻一辈学者的研究所得（顺便说一句，这类脚注不可少。有些著作，大量吸取他人成果却不注明出处，实在不可取）。千帆、新雷先生以积年心得指导年轻一辈向纵深发展并自行著作，又不没其功地吸取年轻一辈之所长，这是此书成绩斐然的原因之一。由于搞出版工作的职业需要，我常注意各研究单位的学术动态。总感到南大中文系，至少是中古段的群体力量是学界的一种新气象：有老成典型的带头人，有功底深厚的若干中坚，更有一批虎虎生气、成绩突出的后起之秀，尤可贵者是能彼此紧密合作，有发展成特色鲜明的学派的趋势。一个拿破仑骑兵一般不敌一个木马留克骑兵；二对二，则常打成平手；三对三，法骑几乎总是赢家，这就是群体合作的力量。学派的道理正同于此。如果古典文学研究中能逐步形成几个这样的声同气应的学派，那么一批高质量的各类文学史著作的问世，将是可以期待之事。

（原载《文学遗产》一九九二年第六期）

# 五、程千帆教授学术之品格

## ——《程千帆选集》评介

蒋　寅

由于众所周知的原因，我们的学术事业在一九五七年到一九七六年的二十年间曾屡屡陷于停滞状态，无聊的政治运动消耗了两代学者最宝贵的学术青春。以致许多学者到晚年总结自己的学术历程，想编一部体现毕生成就的论文集或著作集时，只能拿出不多的几篇论文或民国间的旧著。这样的事已不止一次出现在著名专家的文集中，很令人叹惋痛惜。然而当我们看到辽宁古籍出版社新近出版的《程千帆选集》时，却不禁在同样的感慨之余又生出许多钦敬。程千帆教授也历经了从反右到"文革"的二十年磨难，离开书卷，离开亲人，在广阔天地里干着各种繁重的体力劳动。正值学问走向成熟的年龄，却未能留下本该是最深的学术印迹。不过令人欣慰的是，千帆先生终究以渊深的学养与过人的睿智以及对新知识的热切关注，使自己的学术活动在八十年代以后焕发出蓬勃的活力，达到成就的顶峰。一百三十万字的《程千帆选集》，尽管不包括《两宋文学史》(与吴新雷合著)、《校雠广义》(与徐有富合著)两部晚年的重要著作，仍然呈现了作者毕生的学术成就，尤其是八十年代以来对学术的新贡献。所收《史通笺记》、《文论十笺》、《唐代进士行卷与文学》、《被开拓的诗世界》、《古诗考索》、《闲堂诗存》及附编(自传及他人评论)诸书，除诗外，前两种作于四十年代，次两种撰于"文革"以后，而《古诗考索》则汇集了作者几个时期的诗学论文。通览全卷，作者在古代文史和古典诗歌研究方面的业绩与学术历程清晰在目。诸书单行本脱销已久，《选集》的刊行无疑将给读者带来许多便利，希望了解程千帆教授学术全貌的人也由此获得一份较为完整的文献。

程千帆先生幼秉家学，少年时代便系统地阅读了四部典籍，打下传统学问的根基。一九三二年考入金陵大学中文系，师从于黄季刚、吴瞿安、胡翔冬、胡小石、汪辟疆、刘衡如诸先生，在前辈大师的陶冶下，在小学、史学、文献学、诗学、文学史等方面培养起广泛的兴趣和相应的研究能力。他最初的论著是关于文献学的，从三十年代后期到四十年代初，陆续发表《校雠目录辨》、《〈别录〉、〈七略〉、〈汉志〉源流异同考》、《杂家名实辨正》、《汉志诗赋略首三种分类遗意说》(收入《闲堂文薮》，齐鲁书社一九八四年版)、《杜诗伪书考》(《古诗考索》)等论文，不仅为日后的校雠学研究奠定基石，也为自己的全部学术开辟了广阔的途径。此后的史学著作《史通笺记》及文学史通论《汉魏六朝文学散论》三篇(《闲堂文薮》)，正是在此基础上进行深入的专门化研究的力作。一九三六年，陈寅恪先生用英文发表《韩愈与唐代小说》一文，千帆先生敏锐地觉察到文中提出的“行卷”现象对唐代文学的重要意义，于是将此文译成中文，并在日后的研究中不断搜集材料，进一步丰富、深化寅恪先生的观点，终于在三十年后完成《唐代进士行卷与文学》一书，对这一关乎唐代科举制度、社会风气和文学创作的重大问题，作了深入的阐述。该书一九八〇年由上海古籍出版社刊行后，很快就被译成日文，在海内外产生广泛影响。这部写得极为凝练的著作，集中地体现了中国学术文史结合的传统。

进入八十年代，程千帆教授不仅在学术机构和团体中担任重要职务，还指导硕士、博士研究生，日常事务分外繁忙。尽管年事已高，健康不如从前，他依然孜孜不倦地治学，在倾其所学指授学生的同时，自己也勤奋地写作了一批高质量的诗学论文，使他毕生颠沛以之、造次以之的诗学研究在晚年爆发出辉煌的创造力，结出丰硕的果实。只要通览一下《选集》中《古诗考索》、《被开拓的诗世界》二书所收的论文，我们就能窥见作者在这个学术领域的造诣及其不断深厚的历程。这在周勋初教授为《古诗考索》写的“读后记”及张伯伟君所编《程千帆诗论选集》(山西人民出版社一九九〇年版)的“编后记”里已有详致的论述,无须复赘。我在此只想就浏览《选集》所及,略谈点对千帆先生学术品格的认识。

通观千帆先生的著作,我格外感觉到受陈寅恪学风影响之深,这也是世所公认的。作为前辈大师,寅恪先生将钱牧斋注杜以诗证史、以史证诗的方法推广到整个唐代文史研究,实开一代风气。程、陈两家本是世交,千帆先生谊属晚辈,又夙钦佩寅恪先生的学问,学风受其影响是很自然的。其实,在三四十年代,寅恪先生渊博的学问举世仰止,受他沾溉的学人指不胜屈。但至今,又有多少人能继踵前修,以突出的学术贡献立于学林呢?看来,学风并不是决定学术造诣和成就的一切,还须辅以有效的研究方式和思想的智慧。以我看,开放的胸襟和强烈的理论意识乃是程千帆教授治学的基本品格。从早期著作《文论十笺》和《史通笺记》就可以看出,千帆先生从青年时代就对理论怀有热情。这两部书虽以朴学的方式著成,但其指归却是文学理论与史学理论。整个工作不是要完成一个朴学的成果,而是要借朴学形式的深入钻研达到对文史理论经典著作的深刻理解,从而为文史研究积累下丰厚的理论素养。值得提出的是,《文论十笺》是较早用当代眼光来处理古代文论资料,按中国传统文论的框架来建构理论体系的尝试。就我所知,这项工作发轫于刘永济先生的《文学论》(一九一七年),刘先生用传统文论素材编撰了中国第一部现代形态的文学理论。此后虽不断有各种文学概论出版,但大抵稗贩西说,因缺乏本土的创作实践而与中国传统文学脱节。《文论十笺》总结并建立起中国文论特有的理论结构和修辞学说,非但在当时有针砭时弊的意义,在今日“本土化”思潮下回顾之,更觉有某种超前的意义。

应当承认,理论意识是作为一个优秀学者所必须具备的基本素质。但在不同学者的研究中,其具体体现的方式是不太一样的。程千帆教授的理论意识,体现为研究活动中理论的运用与方法的自觉。考据与批评是我国传统的文史研究的基本方式,无论古代还是今天,都有无数学者运用这两种方式获得了丰硕的成果。千帆先生自己在早年的研究中,也分别运用两种方式取得了可喜的成绩,但他不满足于此。他有感于清代学

一九八九年六月十四日答辩会结束，各位教授与博士生合影留念。后排左起：周勋初、郁贤皓、程千帆、孙望、章培恒、吴新雷。前排左起：张伯伟、张宏生、曹虹

者将两种方式分开，“使考据陷入烦琐，批评流为空洞”的流弊，试图探索一种新的方式，开辟一条将二者有机结合起来的新途径。一九五四年，沈祖棻先生在他们夫妇合著的《古典诗歌论丛》（上海文艺联合出版社一九五四年版）的后记中曾说，千帆先生在他的论文中“尝试着从各种不同的方面提出问题，并且企图用各种不同的方法加以解决。因为在过去的古代文学史研究当中，我们感到有一个普遍的和比较重要的缺点，那就是没有将考证和批评密切地结合起来”。抱着这样的愿望，他们有目的地“尝试着一种将批评建立在考据基础上的方法”。这清楚地反映在千帆先生当时写的一些论文中。如《陶诗“少无适俗韵”韵字说》、《郭景纯、曹尧宾〈游仙诗〉辨异》二文，通过对“韵”字、“仙”字在六朝、唐代的独特含义，揭示出其中包含的社会风习，从而对作品作出令人信服的分析和论断。《王摩诘〈送綦毋潜落第还乡〉诗跋》一文，从详细考察唐代科举制度入手，抉发诗中包含的社会内容，使唐代习见的送人落第诗的深刻内涵通过个案分析得到了深刻的揭示。这些论文，都显示出陈寅恪先生论著中的以史

证诗的特点。但《韩诗〈李花赠张十一署〉篇发微》、《与徐哲东先生论昌黎〈南山〉诗记》二文则有些不同，它们运用近代物理学知识，引证登山运动者的视觉经验，用以解释韩愈诗中特殊的视觉描写，并说明韩诗艺术表现上的一些特点及对后人的影响，非常新颖。不仅显示出作者热心关注学科以外知识、乐于接受新知识的开放态度，同时也体现了沈先生所说的从不同角度提出问题，并用不同方法加以解决的尝试。读《古诗考索》中的论文，我们能欣赏到一种方法的智慧——每一篇文章都出自独特的角度，采取独特的解决方法，具有独特的构思和论析形式，给人以策略的启示。这种方法的智慧绝不同于前些年学界热谈的"方法论"，因为它们既不是作者一贯标举或奉行的理论，也不是具有普适性的原则，而只是一种智慧——找到解决问题的最佳方式的智慧。除上引沈先生那段话外，千帆先生自己似乎没有谈过"方法论"，只是通过具体的研究实践表明，解决问题是有多种角度、多种方法的，而每个问题的提出方式将决定解决的方法，或者说问题本身会构成对方法的选择。所以对所谓"新方法"，千帆先生的看法是：

> 应用新方法，有一个前提，就是一定要使结论比用旧方法得出的结论更深刻，新的方法要能发掘出新的内容。至少要对旧方法有所补充，否则又何必要新方法？新奇要落实到对作品的深入理解与开拓上，不然它就代替不了旧的。同时，不能因为提倡新的就排斥旧的，传统方法仍要保留。（见《访程千帆先生》，《文学研究参考》一九八七年第一期）

不难看出，千帆先生的态度是非常通达的，因为它基于科学方法论的首要原则——有效性原则。他论文中体现出的那种讲究方法却不执着于既定之法的态度，同样也是基于上述原则的。实质上，这正是中国古代工具论的最高原则"至法无法"的具体体现。

应该特别指出的是，理论意识在程千帆教授的研究中，并非仅体现于研究过程及具体手段，更重要的还是贯彻到研究结果中去，表现为超越具体认识的对理论升华的追求。学界普遍认为，千帆先生的论文是比较有理论眼光的。我想这不光与他乐于学习新知识，了解新理论有关，也与他追求认识深度的学术观念有关。千帆先生曾在《古典诗歌描写与结构中的一与多》一文中申述了如下的主张：

> 从理论角度去研究古代文学，应当用两条腿走路。一是研究“古代的文学理论”，二是研究“古代文学的理论”。前者已有不少人从事，后者则似乎被忽略了。实则直接从古代文学作品中抽象出理论的方法，是传统的做法，注意这样的研究，可以从古代理论、方法中获得更多的借鉴和营养，并根据今天的条件和要求，加以发展。

他的学生张宏生写道：“程千帆教授的治学，资料考证与艺术分析并重，背景探索与作品本身并重。研究问题时，往往从某些具体对象入手，然后从中抽象出一些规律来。”（《江湖诗派研究·后记》，中华书局一九九五年版）张伯伟则将老师对理论的态度归纳为“以作品来印证理论”与“从作品中抽象理论”（《程千帆诗论选集·编后记》）。前者如《读诗举例》一文，从古代作品丰富的艺术经验出发，考察了批评史上“形与神”、“曲与直”、“物与我”、“同与异”、“小与大”五对审美范畴，以创作实践发明了理论；后者则如《古典诗歌描写与结构中的一与多》一文，由描写、时间、声律、章法多方面揭示出古典诗歌写作中整一与错综的辩证关系，从古代诗歌丰富的艺术现象中提炼出一对未经理论家总结的美学范畴，抽象出一个带有普遍意义的艺术规律。这样一种主张及其实践，在理论上的意义是巨大的。从研究对象上说，它“不啻为古代文论研究界提供了已发现一个新矿藏的重要信息。而且这一矿藏，犹如古代传说中的‘息壤’，是生生不息，没有穷尽的”（张伯伟语）。而从研究主体来说，它要求学者在研究古代文学时不应满足于对具体事实的认识，停留在艺术现象的表面，而应该去发现纷纭的艺术现象背后那深刻、永恒的结构性存在。这实质上是对文学研究提出了超越现象、深入内核的哲学要求。这一要求无疑是非常之高的，也许就是在将来也很少有人能企及。但这志在高远的期待与黾勉不息的努力，已足以使千帆先生的诗学研究与时代脉搏共振，以新颖的角度和独造的深度，给学术界以耳目一新的感觉。我们还记得，十年前《张若虚〈春江花月夜〉的被理解和被误解》、《一个醒的和八个醉的》等论文发表时，带给学界的是一个什么样的惊喜。博得一致称赞的《一个醒的和八个醉的》，虽只是杜甫一首诗《饮中八仙歌》的阐释，可是千帆先生的阐释不仅角度新颖，分析透辟，而且通过一个个案的剖析，令人信服地作出一个论断：伟大的作家在他们创作出伟大作品之前都有个心理和艺术上的准备过程，并在一些作品中留下标志其自我觉醒之转折点的印迹。这是"从作品中抽象出理论"的一次成功的尝试，其宏观着眼、微观入手的方式，也突破"三段论"的八股气，给人一种新的感受。

作为后辈学者，我经常惊异，程千帆教授的学术研究在七十高龄还保持着旺盛的活力，保持着敏锐的思维。显然，强烈的求知欲和勤奋的思考能使人变得年轻。八十年代以来，西方学术思潮急遽涌入。当学术界非议蜂起，许多更年轻的学者都在抱怨"看不懂"，怀疑甚至拒斥它时，千帆先生却在冷静地理解、接受。以他的年龄，自然不可能去读原著，但他仍通过各种途径吸取新的知识，并以丰厚的艺术修养和通达的见识包容、消化它们。事实上，人类的心灵是相通的，对世界的认识本质上也是相通的。当人的学养与见识达到一定的深广度时，就会在世界上发现愈益多的相似。一九八〇年千帆先生写作《相同的题材与不相同的主题、形象、风格——四篇桃源诗的比较研究》时，尚未接触原型批评的理论，只是受清代金德瑛的启发；而 1982 年写作《张若虚〈春江花月夜〉的被理解和被误解》时，也尚未读到关于接受美学及解释学的学说，可是这两篇论文的出发点、意旨与方法却完全与上述两种理论相融通。这不仅启示我们，传统的研究方法中也包含有现代批评的因素，理论需要学习和借鉴，更重要的是说明了：理论最根本的源泉是创作与研究的实践。从具体的实践中抽象出理论，才是学术研究的根本任务和最终目的。因为这才意味着认识的深化。由此我们可以看到千帆先生开放的胸襟和强烈的理论意识，以及建立在此之上的追求认识的超越和深化的学术品格。

读完《选集》，钦佩之余又不免有点惋惜：如果他不虚耗那二十年的光阴，这部选集又将会增添多少内容？“十有八年真露电，剩将白首仰苍旻”，“未答涓埃伤老悖，极知祸福自乘除”，“无成素业劳湔祓，不辨遗书孰在亡”。一诵《闲堂诗存》中的零余之作，俯仰今昔，令人悲欣交集。千帆先生是个诗人，大学时代就曾与常任侠、汪铭竹、孙望等结土星笔会，出版《诗帆》。但他写作更多的还是旧体诗词，前后累积有数百首，不幸毁于浩劫。劫后就记忆所及并近作编为《闲堂诗存》，约二百首，附刊于《被开拓的诗世界》，赢得广泛好评。千帆先生一直强调：“从事文学批评研究的人不能自己没有一点创作经验。”（《答人问治诗》）他自己身体力行，我们要了解他的诗学，也不能不读一下这些含蕴深沉的诗作。

一九九五年六月二十二日

（原载《中国典籍与文化》一九九五年第三期）

# 六、程千帆古代文学研究述评

莫砺锋

一九七八年，年已六十五岁的程千帆先生以街道居民的身份被南京大学匡亚明校长聘为教授，重新开始了被迫中断二十年的学术生涯。从那以后，程先生在繁重的教学工作之余，不断地推出高水平的论著，引起了学术界的惊喜。最近我应河北教育出版社之约编辑《程千帆文集》，收入的著作共十八种，其中至少有十四种是在"文革"之后完成的。十年动乱以后重新开始学术研究的学者为数不少，但在劫后余生的耄耋之年仍不断写出上乘新著的似不多见。我国古代本有"发愤著书"的优良传统，程先生晚年的学术活动，很明显地带有"发愤"的性质。他正是以这种精神努力工作，为他自己，也为祖国的学术事业挽回了一部分损失。

程先生学术研究的范围相当宽广，他在校雠学、史学、文学批评史等方面都有很深的造诣，但最能体现其治学特点、成就最为突出的则是他的古代文学研究。在这个领域里，程先生向学术界奉献的不仅是有重大学术价值的成果，而且是有方法论启迪意义的范例。

## （一）

早在一九五四年，沈祖棻教授在《古典诗歌论丛·后记》中就为她与程先生的研究方法作了如下的总结："在这些论文中，他尝试着从各种不同的方面提出问题，并企图用各种不同的方法加以解决，是因为在过去的古代文学史研究工作当中，我们感到，有一个比较普遍的和比较重要的缺点，那就是，没有将考证和批评密切地结合起来。”她又说：“基于这样的理解，我们就尝试着一种将批评建立在考据基础上的方法。”

这种方法，程先生在四十年后又以不同的表述方式多次谈到过。例如一九九四年，他与研究生谈话时引用了恩格斯关于“搜集材料”和“整理材料”的科学的说法，并说：“他说的搜集材料的科学，约略相当于我们的文献学或者考据学；而他讲的整理材料的科学，探讨事物的内涵，从大量的材料中抽象出它的结构，阐明它的本质，如果拿文学来说，相当于文学史料学、文艺学或文艺美学。恩格斯好像是把这两者看作是两个层次。我们呢，也看成是两个层次，但是，第二个较高的层次永远不能代替第一个较低的层次。文献学、考据学、材料整理永远是需要的。”（《学养与创新》，《原学》第三辑）

显然，对于程先生来说，文献学与文艺学，或者说搜集材料与整理材料，都是考证与批评的不同表述方式。也就是说，程先生所倡导的这种方法正是他几十年学术研究中一以贯之的精神。考证与批评本是中国传统的文学批评的两翼，前代的优秀学者本是两者兼通的。可是到了现代，随着学术成果积累的日益丰厚和学术研究分工的日益细密，这两项工作渐渐分道扬镳。学者或精于此，或长于彼，互相隔膜。在古代文学研究界大声疾呼且身体力行地把两者结合起来的学者，程先生可说是当代第一人。

程先生十分重视文献整理，他亲自主编《全清词》和《中华大典·文学典》，而且下大功夫钻研校雠学，因为对于古代文学研究而言，校雠学正是收集材料、整理文献的基本手段，也就是治学的门径和基础。程先生在就读金陵大学时就对这门学科有强烈的兴趣，毕业后曾在金陵大学、武汉大学等校主讲这门课程，并开始写一部全面地论述校雠学各个分支内容的书。到一九七九年，程先生在南京大学重新开始指导研究生，亲自讲授校雠学课程，并在残存旧稿的基础上，与弟子徐有富君合作写成《校雠广义》四编。自清代以来，专治校雠学的学者代有其人，有关校雠学的专书也已有多种。然而，对校雠学的四个重要部分即版本、校勘、目录、典藏进行全面系统的论述，且将论述重点由历史源流转向实际运用，则《校雠广义》堪称开创之作。程先生在这部书上花费了几十年的心血,正是他重视文献学的具体表现。

程先生重视史实考订,他对古代学术中文史不分的传统深有会心。他一向喜爱史学,即使在农村牧牛饲鸡时,仍争分夺秒地通读了晋隋八史。程先生对古代史学理论名著《史通》下过很深的功夫,他广搜善本,博采众家校记及有关论著,以传统的形式写成《史通笺记》一书,其中颇多独到之见,发前人所未发。史学家周一良先生因而誉之为“子玄(刘知幾)之功臣”(见周一良先生一九八一年六月六日致程先生书,《程千帆友朋诗札辑存》第十册下)。虽说程先生的史学著作仅此一种,但渊博的历史知识和熟练的史学方法使他在处理古代文学的历史背景时左右逢源,如鱼得水。程先生对陈寅恪先生的道德文章十分钦佩,在自己的研究中深受陈氏诗史互证之法的影响。一九三六年,程先生把陈氏的著名论文《韩愈与唐代小说》由英文译成中文,并由此对陈文中涉及的唐代“行卷”这种历史现象进行了长期的钻研,后来写成为《唐代进士行卷与文学》这本专题论著。唐代科举特重进士科,而进士科的考试内容又以诗赋最为重要,因而有人认为唐诗的繁荣与科举有关。但由于传世的唐人应试所作的省试诗和甲赋中绝少佳作,所以又有人认为唐诗繁荣与科举无关,甚至有人说科举对唐诗是有害的,这是文学史研究中长期以来聚讼纷纭的一重公案。程先生凭借其深厚的史学功底,对唐代科举制度的特点以及附丽于进士科的“行卷”之风这种社会现象进行了深入的研究,从而从一个特殊的角度对上述公案作了令人信服的解答:是“行卷”之风对唐代的三种重要文体——诗、古文和传奇小说产生了积极的推动作用。此书篇幅不大,但精义迭现,正是文史结合的典范性成果,在海内外的学术界都得到了高度的评价。

如果说上述两方面的研究都可归入程先生所说的“考证”的范围,那么,他更为引人注目的成就则是出现在“批评”的方面,后者更鲜明地显现出他的学术个性。

一般人都认为,学术研究是一种纯粹的逻辑思维活动,文学研究也不例外,它至少应是以逻辑思维为主的。可是程先生却认为:“文学活动,无论是创作还是批评研究，其最原始的和最基本的思维活动应当是感性的，而不是理性的，是‘感’字当头，而不是‘知’字当头。作为一个客观存在的文艺作品，当你首先接触它的时候，感到喜不喜欢总是第一位的，而认为好不好以及探究为什么好为什么不好则是第二位的。由感动而理解，由理解而判断，是研究文学的一个完整的过程，恐怕不能把感动这个环节取消掉。‘为文造情’不但不适宜于创作，恐怕对于诗歌研究也不完全适合，就我个人的经验来说，我往往是在被那些作品和作品所构成的某种现象所感动的时候，才处心积虑地要将它弄个明白，结果就成了一篇文章。”（《答人问治诗》，《文史知识》一九八六年第四期）正是基于这种独到的见解，程先生主张从事文学批评的人应该具备一点创作经验：“一位从来没有作过诗或其他创作经验的人侈谈诗歌艺术，不说外行话，很难。”（同上）我在一九七九年报考程先生的研究生，有一道试题就是让考生写一首格律诗。他平时也常常要求学生们写些诗，不厌其烦地为他们修改、润色，并希望弟子们学会欣赏绘画、音乐等艺术，以期培养他们的艺术感受力。

程先生是一位诗人。他出身于诗人之家，自幼便与诗结下了不解之缘。他在年轻时热心写作新诗，曾与好友孙望先生等组织了“土星笔会”，并创办新诗刊物《诗帆》。他后来转而写旧体诗，即使在那些风雨如磐的黑暗岁月中，也始终不废吟事。自身的写作经验从两个方面增进了程先生对古代作品的理解和感悟：首先，程先生对求索诗歌艺术的甘苦有切身的体会，当他讨论古代诗人在艺术上的各种创新、探索时，就能如鱼得水，冷暖自知，有时简直是与古人相视而笑，莫逆于心。其次，程先生因自己作诗时内心跃动着强烈的情感，当他研读古人的作品时，就能敏锐地透过尘封的故纸堆而感受到古人的心底波澜。于是，析艺而知微，披文以入情，便成为程先生研究古代文学的两点鲜明特色，他由此而写出了那些使学术界耳目一新的论文。就像优秀的诗人总是具有独特的风格特征一样，优秀的学者也应具有自己的学术个性，程先生的学术研究是打上了鲜明的个人印记的。

杜甫的《饮中八仙歌》，人们对其感情内蕴向无异解。明人王嗣奭评曰：“描写八公都带仙气。”（《杜臆》卷二）当代学者也大多认为此诗“表现了那种不受世情俗务拘束、憧憬个性解放的浪漫精神”（陈贻焮《杜甫评传》第五章）。基于这种理解，人们将此诗系于天宝五载（七四六年）也即杜甫初入长安之时，理由是杜甫“往后生活日困，不会有心情写这种歌”（萧涤非《杜甫研究》卷下）。然而程先生却对此诗独操异解，他从此诗的字里行间捕捉到不同于盛唐浪漫主义氛围的生疏气息，发现所谓的“饮中八仙”事实上是“曾经欲有所作为，终于被迫无所作为，从而屈从于世情俗务拘束之威力，才逃入醉乡，以发泄其苦闷的”。所以，《饮中八仙歌》是“杜甫在以一双醒眼看八个醉人的情况之下写的，表现了他以错愕和怅惋的心情面对着这一群不失为优秀人物的非正常精神状态，因而是他后期许多极为灿烂的创作的一个不显眼的起点”。以上便是程先生《一个醒的与八个醉的》一文的主要论点。应该说明，这篇论文中不乏严谨的史实考证和细密的逻辑推理，这为其论点提供了坚强的证明。然而，促成此文产生的契机并不是考证和推理，而是灵敏的艺术味觉，是程先生与杜甫之间异代相通的心灵感应。显然，这正是程先生所倡导的文学研究“感字当头，而不是知字当头”的主张的实践范例。类似的例子还有《关于李白和徐凝的庐山瀑布诗》、《从唐温如〈题龙阳县青草湖〉看诗人的独创性》、《说“斜阳冉冉春无极”的旧评》等文，它们都闪耀着智慧灵性的光辉。

当然，“感”字当头并不意味着“感”字独尊，虽然古代的文学批评确曾有以感悟性的三言两语为重要形态的情形，然而现代的学术规范却要求感性思维必须与严谨的逻辑思维结合起来，程先生的大部分论著正是这样写出来的。例如《论唐人边塞诗中地名的方位、距离及其类似问题》一文，对唐代边塞诗中出现的地名在方位、距离上与实际情况不相符合的现象进行研究。李白《战城南》、高适《燕歌行》、王昌龄《从军行》、李贺《塞下曲》所写到的地名即有上述混乱现象，可以说，大多数读者对此类现象是不太注意的，一来因为古今地名多变化使人们对古地位的方位不甚了然，二来诗歌本来就允许想象、夸张，所以大家对之习焉不察。即使有些细心的学者发现了上述问题，也只是认为“读者当赏其用意精奥，自当略去此等小疵”（王琦《李长吉歌诗汇解》卷四）。而程先生却在他的阅读中敏锐地感觉到这是涉及文学基本理论的重要问题，从而引起了深入研究的兴趣。于是他对唐代边塞诗的一些代表作品以及自南朝诗直至岳飞《满江红》等更大时间跨度内的作品中的类似问题细加甄别、考订,发现其中有真有幻,情况多变。他又运用丰富的中外文艺理论对此作出阐释,指出这是生活真实与艺术真实之间的关系在古诗中的反映,从而较好地解决了这个问题。应该说,本文是建立在严谨的文献学基础上的,文中对地理沿革、文字正讹的考订都细入毫芒。同时它又具有浓厚的理论色彩,征引所及的中外文艺学家达十人以上。然而究其原委,促使程先生作此研究的关键却是来自他阅读作品时所获得的感悟。也就是说,本文是感性思维与理性思维有机结合的产物。

由此可见,感性思维和理性思维是程先生文学研究的两翼,他正是凭借这对有力的翅膀而翱翔于学术领域的。

## (二)

中国文学经历了两千多年没有间断的发展历程,古代文学的任何个别研究对象都是这条长河中的一个片断或一朵浪花。中华民族是一个特别重视历史传统的民族,古代作家在他们的创作活动中,或多或少地总有将前人作为宪章祖述的对象的情形,即使李白、苏轼那样的卓荦天才也不例外。而所有的杰出作家也无一例外地会对后代的文学发展产生重要的影响,屈原、杜甫就是最明显的例证。于是,无论是撰写完整的文学史论著,还是进行个别作家作品的专题研究,都不能离开史的意识,否则就难以得出实事求是的结论,更不能准确地揭示所论对象的价值和意义。

从更大的范围来看,中国古代文学又是中华传统文化的一个组成部分,它与古代的哲学、史学、艺术乃至科技等各种文化形态都有千丝万缕的联系。它作为古人心灵活动的最鲜活、最细微的记录,理所当然地反映着中华民族文化性格的各种特征。所以,研究古代文学,又不能不考虑到它所处的历史文化背景,这样才能更准确地把握它的精神实质,才能提高这种研究的学术品位。

上述两点虽然是很普通的看法，然而要在具体的研究工作中予以贯彻，却并非易事，因为这需要广博的知识和宏通的见解。我认为程先生的文学研究就是得益于此的，这是他给予我们的第二点有方法论意义的启迪。

程先生说："谈一个问题，首先必须把它放到一定的历史范围内。"（一九八二年四月与硕士生的谈话，《程千帆沈祖棻学记》，贵州人民出版社一九九七年版）他又说："如果说我有一些看法与别的先生有些不同，那是与我反复看某个或某些作品又互相沟通比较分不开的。"（《学养与创新》，《原学》第三辑）的确，程先生研究的对象往往是具体的作家、作品或文学现象，但他不是孤立地、静止地去考察这些对象，而是把它们置于广阔的背景中，从历时性和共时性两个维度进行比较、定位，然后得出结论来。这有下列两个方面的表现。

首先，程先生的研究兴趣较多地集中于个别的作家、作品，但他的研究从来不限于这些对象自身，而是时时把它们与别的作家、作品进行对比、分析。在他早年的论文中，这个特点已经有所体现。例如《左太冲〈咏史〉诗三论》，除了讨论《咏史》诗的旨意、年代以外，又对其渊源进行追溯，在前人关于咏史诗源自班固、杜挚之论的基础上，进而指明曹操父子有更重要的先导作用。又如《郭景纯、曹尧宾〈游仙诗〉辨异》，对郭璞和曹唐的《游仙诗》从承受之传统、所处之时代背景以及主题旨意等方面进行比较，从而透彻地说明了在不同时代的游仙诗名同而实异的情形。全文上溯屈原，下及吕岩，几乎是一篇具体而微的游仙诗流变史。

如果说程先生早期论著中的比较还大多局限于相同主题类型的作品之间，是对脉络比较明显的渊源关系之论述，那么他在后期论著中所作的比较，其对象之间的关系更加复杂，其所揭示的文学脉络更加隐蔽。他的研究也就更加带有探赜索隐的学术意义。我觉得《火与雪：从体物到禁体物》就是一个范例（此文程先生与张宏生君合作）。北宋的欧阳修、苏轼等人曾尝试着运用一种特殊的咏物手法——"禁体物"，也称"禁体"或"白战体"，他们力图在咏物时以貌取神，以虚代实。虽然多方刻画、烘托，但避免直接描写所咏对象的外部形态。由于这种手法在整个诗歌史只是昙花

一九八六年十月三十日，日本学者松冈荣志（左）来访。松冈荣志翻译了《唐代进士行卷与文学》在东京出版，书名为《唐代的科举与文学》

一现的现象，所以后人对之不甚留意，至多只是在诗话中偶尔谈到它。程先生却把这个现象置于远为广阔的历史背景中加以考察，从而发现了这种手法滥觞于唐诗的蛛丝马迹。论文从对杜甫的《火》、韩愈的《咏雪赠张籍》等诗的分析入手，指出它们出现了有意忽略细节描绘的巧似，追求以环境铺叙、氛围烘托来达到整体性表现效果的倾向。这种手法在杜、韩诗中尚未推向极致，即尚未彻底地“禁体物”，但其精神则无疑是欧、苏的先导。在弄清从“体物”到“禁体物”的发展过程以后，论文便对“禁体物”的意义和局限作出了准确的评判。显然，本文所作的比较的实质是把所论对象置于整个文学史的坐标中进行定位，这种方法的熟练运用当然得益于敏锐的艺术感受力，但宏通的史识更是其必要条件。

程先生治学，强调要有“通识”。他主张研究文学史应着眼于通史，而不宜自我封闭于某一阶段。他认为研究古代文学应注意各种文体及其关系，而不宜局限于某一种样式。他还认为古代文学批评和古代文学这两类研究之间不应存在鸿沟，优秀的学者应该两者兼通。推而广之，他还主张文史哲相通，文学与艺术相通，古代与现代相通，东方与西方相通……程先生对古代文学的审美观照，就是从整体着眼的系统性把握。当代学术界似乎有两种倾向：其一是专攻具体的个案研究而缺乏宏通的全局观念，其二是专事宏观的论述而忽视具体的个案研究。程先生的研究可称兼具两者之长而避其短，因为他常常在全局通识的指导下从事个案研究，这个特点最显著地体现在他的一些专题论文中，《张若虚〈春江花月夜〉的被理解和被误解》就是最有代表性的一篇。

张若虚的《春江花月夜》在现代已经成为家喻户晓的唐诗名篇，清末王闿运赞曰："孤篇横绝，竟为大家。"（《王志》卷三）闻一多先生的《宫体诗的自赎》誉之为"诗中的诗"，李泽厚在《美的历程》中也对其主旨作了深辟的分析。程先生的论文则别具手眼，他没有将目光停留在这首诗自身，而是着重论析了此诗在后代文学史上地位之升降以及由此而反映出来的文学风气之嬗变。程先生首先从文献学入手，考察了《春江花月夜》在历代总集或选本中入选与否的情况，发现在明代以前，除了宋代郭茂倩的《乐府诗集》之外，现存的唐宋元文献中都不见此诗踪影，而《乐府诗集》又是对乐府诗不论优劣一概收录的，所以仍可断定明代以前没有人注意过此诗。而自从明初高棅《唐诗品汇》选入此诗，特别是在李攀龙《古今诗删》入选此诗之后，它就成为重要的唐诗选本的必选之作了。历代诗话中的情形也与之类似，对于《春江花月夜》在文学史上的地位也随四杰而升沉。四杰的地位在陈子昂之后逐步下降，《春江花月夜》也就湮没无闻。直到明代，在"诗必盛唐"的复古风气之背景下，"前七子"中的何景明对初唐四杰，尤其是四杰的七言歌行提出了极高的评价，作为四杰一派歌行之杰作的《春江花月夜》也就理所当然地被"后七子"中的李攀龙选入《古今诗删》了。由于前、后七子在明代的巨大影响，也由于《春江花月夜》本身确是一篇杰作，而杰作一旦被发现后便不易再被埋没，所以它便成为公认的名篇了。正是在这种历史观照中，程先生又发现了王闿运、闻一多以来流行甚广的一种误解，即把《春江花月夜》看作一篇宫体诗。他指出，宫体诗风在隋代已得到部分的纠正，而四杰一派的歌行，即使是涉及男女爱情的，也已与宫体诗划清界限，所以张若虚《春江花月夜》已经不是宫体诗。这篇文章的研究对象虽然只是一篇作品，但它的意义却远远溢出于此，因为它的重点并非对作品自身的阐释、评价，而是对其作为一篇杰作却久隐方显的经历的考察，以及对这一现象的原因及其历史意义的揭示。可以说，初唐四杰一派在文学史上升沉显晦的地位变化以及作为其原因的历代诗歌风气与审美趣尚之嬗变，还从来没有得到如此清晰的论述。更不用说，对于《春江花月夜》到明代才成为名篇的原因，也是第一次得到合理的解释。

通过对个别问题的研究而得出具有普遍意义的重要结论的方法，正是学术界有口皆碑的，为陈寅恪先生所擅长的，人们往往称之为“以小见大”。我觉得它的必要前提是“以大观小”，只有能“以大观小”的学者，才能达到“以小见大”的境界。“以大观小”的“大”，就是程先生再三强调的通识。

程先生那些属于宏观研究的论著，就更加鲜明地体现出通识。例如《古典诗歌描写与结构中的一与多》一文，论述了被我们的先民所抽象出来的“一多对立”这组哲学范畴作为美学范畴和艺术手段而被古代诗人所认识、运用的情况，内容涉及诗歌表现中的数量、时间、空间、色彩，以及结构中的篇幅、声韵、组诗等各个方面，征引的作品遍及自汉迄清的整个五七言诗歌发展史，从而得出了五点具有普适性的结论，堪称是一篇从哲学的高度审视文学现象的杰作。刘勰说：“诠序一文为易，弥纶群言为难。”（《文心雕龙·序志》）如果不具备打通哲学、美学与文学诸学科之藩篱的通识，如果思考的范围囿于某一段历史时期，那么连这种题目都不可能想到，更不用说把它论述得酣畅尽致了。

程先生的两部文学史著作，即与吴新雷先生合作的《两宋文学史》以及与他的学生程章灿君合作的《程氏文学通史》，虽然是兼具教材性质的学术著作，所以不免有博综众家之长的地方，但书中仍有许多独到的见解。由于它们处理的对象本来就是“史”，所以更加强烈地贯穿着“通古今之变”的通识。可惜两部书都是长达五十多万字的大著作，非写专文难以评述，所以本文暂不置论。

总而言之，程千帆先生的古代文学研究是具有独特个性的学术活动，他的论著数量在当代学者中也许不算很丰硕，但是其学术质量却是第一流的，如上所述，他在奉献出一批卓越研究成果的同时，也为学界提供了富于方法论意义的启迪。“薪尽火传”，这是终生都以教师为职业的程先生常常念叨的一句古训。笔者立雪程门已近二十年，现将自己对程先生学术的一些粗浅感受公诸同好，希望程先生的治学经验能有益于更多的同行。当然，文学研究其实与文学创作一样，是有法而无定法的。细察程先生的几十篇重要论文，具体的写法无一雷同。但愿受益于程先生启迪的同行能领会贯穿其一生学术活动的求新精神，“变则其久，通则不乏”（《文心雕龙·通变》），则笔者幸甚。

（原载《文学评论》一九九八年第六期）

# 七、校雠学重建的奠基之作

## ——评程千帆、徐有富《校雠广义》

陶　敏

程千帆、徐有富两先生所著包括版本、目录、校勘、典藏四编的《校雠广义》四册，一九九八年四月由齐鲁书社全部出版了。作为读者，我为这部体大思精的学术专著得以在世纪之交出齐感到由衷的高兴。

我国历史源远流长，在漫长的历史进程中形成了大量的古籍，全部或部分留存至今的也有八九万种之多，它是传统文化的载体，也是中华民族的骄傲。在历代学者研究、整理、保存古籍的实践过程中形成并不断丰富完善的"治书之学"，深深植根于民族历史文化土壤之中。它是文化遗产宝藏的开启之钥，是治学的必由之门，是传统学术中最具有民族特色、最富于科学意识、最能为今人所直接利用的部分。

"治书之学"在长期的发展过程中派生了许多分支学科，同时也出现了一些淆乱。二十世纪以来，学者们在"治书"方面取得了许多优秀成果，极大地丰富和发展了这一学科。遗憾的是，由于校雠学的学科建设长期被忽视，建国后的大学中文系又取消了这方面的课程，它原有的内容还没有得到全面的清理，新鲜的经验也没有得到系统的总结。现在，《校雠广义》一书，对这一传统学科作了重新构建，赋予它以现代意识和科学品格，使它更好地为建设精神文明、弘扬民族传统文化服务，继往开来，功在后世，具有十分重大的意义。

每一门科学都有它特定的研究对象。为了重建这一学科,《广义》著者首先明确地、科学地界定了校雠学的内涵与外延。古代"校雠"一词初专指校勘,后来逐渐发展到包举版本、校勘、目录、典藏诸学,或以"目录学"一名取而代之,又或称之为"校雠目录学"。其范畴论列,诸家亦多歧异,或将其划分为收藏家、鉴赏家、校雠家、考订家、掠贩家(洪亮吉《北江诗话》);或将其中收藏、赏鉴、校雠三家合称为藏书家,考订家区分为目录家、史家、读书家(汪辟疆《目录学研究》);或将赏鉴、校雠二家称为版本派,以别于目录派(叶德辉《书林清话》);等等。鉴于名称和范畴的歧异淆杂,相乱相蒙,《广义》作者折中旧说,厘定名称,以起源最早的"校雠"一词作为种种"治书之学"的共名,而以"校勘"一词作为"专事是正文字"之学的专名,将它和版本、目录、典藏并列为校雠学的分支学科。著者明确地将校雠学界定为"治书之学",既对这一学科本身作出了规范,也将它与考据学等邻近学科区别开来,以利于各自的健康发展。正如著者所指出的:"治书虽不废考订,然考订之学又非治书之学所能包,是二者但交相为用而已。"(《校雠广义叙录》)因为考订以求得内容、事实的真实为目的,而校雠但求符同或接近原书而已。在谈到校雠学各分支学科的相互关系时,著者指出:"文字肇端,书契即著;金石可镂,竹素代兴,版本之学首宜及者一也。流布既广,异本滋多,不正讹脱,何由籀读?则校勘之学宜次者二也。篇目旨意,既条既撮,爰定部类,以见源流,则目录之学宜又次者三也。收藏不谨,斯易散亡;流通不周,又伤锢蔽,则典藏之学宜再次者四也。"(《校雠广义叙录》)因此,版本、校勘、目录、典藏四编,既将我国传统的治书之学囊括无遗,也科学地反映了书籍由版本研究、文字校正到编目庋藏的实际过程和主要环节。正如作者自云,《广义》一书"第一次全面地概述了自西汉刘氏父子创建、历代学者共同发展、至清儒而益臻完备的这门我国独有的自成系统的科学"①,堪称校雠学重建的奠基之作。

① 程千帆《闲堂自述》,见巩本栋编《程千帆沈祖棻学记》,贵州人民出版社,1997年版,第7页。

对校雠学的各个分支学科，著者同样给予了科学的区别和界定，指出："版本学是研究书的物质形态的科学，是校雠学的起点"（《版本编》一〇页）；"校勘的目的是改正书面材料上的错误，而校勘学则是研究和总结校勘规律的一门科学"（《校勘编》四页）；"目录学就是研究目录的产生和发展规律的科学，或者说就是研究如何更好地解决不断增长着的文献与人们对它的特定需要之间的矛盾的一门学问"（《目录编》八页）；"典藏学则是研究我国古代书籍保管与利用规律的一门学问"（《典藏编》二页）。这些明确界定对于解决校雠学学科内部"零乱无序"的问题，促使它们朝着规范化的道路健康发展有着重要的意义。

著者不但重视校雠学各分支学科之间的区别，而且特别注意它们之间的内在联系。例如，在《校勘编》第五章中就专辟"校雠学知识"一节叙述了版本、目录知识在校勘学中的应用，在第六章"对校"一节中谈到选择底本与弄清版本源流对于校勘的重要性，第七章 "定本附校勘记"一节又着重谈了如何选择底本问题。在《目录编》第三章"目录的著录事项"中专辟"版本"一节。《典藏编》中，更多处谈到版本、校勘、目录诸学对于图书出版、采购、编目、收藏、流通的意义。这样，就较好地解决了传统的校雠学著作"鲜有贯综"的问题。

不难看出，《广义》对传统校雠学进行了成功的改造和重建，而这正是著者坚持实事求是的原则，自觉运用唯物辩证法分析和解决问题的结果。

作为一部以重建传统学科为目标的著作，《广义》不但具有鲜明的科学性的品格，而且具有鲜明的实践性的品格。

著者在《叙录》中开宗明义地指出：《广义》"将重点放在这门科学的实际应用的论述方面，而省略其历史发展的记载。因为，照我们的理解，校雠学与校雠学史属于两个不同的范畴"。加强实际应用的论述，将校雠学和校雠学史区别开来，正是著者为重建校雠学所做的主要工作。因为，能够服务于实践并指导实践，正是一门传统科学继续生存发展的必要条件。《广义》在内容的整体构思和章节的具体安排方面，自始至终强调和贯彻了这一指导思想。如《版本编》共分为"版本学的名称与功用"、"文献载体"、"纸书的装式"、"雕印本的品类"、"雕印本的鉴定"、

“非雕印本的区分与鉴定”、“对版本的记录和研究”七章，全面叙述了书籍的各种物质形态及各种版本区分、鉴定、记录、研究的知识；书中附有插图，书末附有五十张图版。而“雕印本的鉴定”一章又分为牌记、刻工、讳字、版式、纸墨、字体、原书序跋、内容、题识与藏印、著录情况、别本比勘、综合考辨等十二节，这一切都是以帮助读者增长知识、提高实际应用能力为目的的。

传统的校雠学发展至清代而臻极致。但清人用力最勤的是在经部，其次是子、史，集部最为薄弱，至于小说、词曲，更鲜问津。所以各种有关校雠学的著作中，极少这方面的例证。今人整理小说、词曲，成就斐然，但散见于各种论著。有鉴于此，《广义》广泛采择、大量列举了今人诗歌、词曲、小说整理方面的成果，总结了这方面的新鲜经验。在《校勘编》中，仅就词一体而言，就列举了蒋礼鸿考释周邦彦《渔家傲》“赖有蛾眉暖客”之不当改为“缓客”，《黄鹂绕碧树》之“剩引榴花”不当改为“盛饮流霞”（一一五页），唐圭璋考订毛晋《六十名家词》之误删欧阳修《清商怨》“关河愁思”入晏殊词（一五六页），刘凯鸣辨《全宋词补辑》于沈伯文《望海潮》词中误加空围（一九六页），王锳纠订《全金元词》录程文海《临江仙》等三词录文之彼此淆乱（二一四页），不下十余处。这些例证十分典型，考辨精慎，结论确切无可移易，极大地丰富了校勘学的内容，对读者读书治学的实践具有很强的现实指导意义。

二十世纪出现了许多新兴的学问，它们的研究成果丰富了校雠学的内容。《广义》一书责无旁贷地肩负起了从校雠学的角度对它们进行总结的任务。以敦煌学为例，敦煌遗书中有许多通俗文学写卷，抄手多是“学士”（学生）、“童儿”，又因地域的缘故受到当地方言的语音、词汇的影响，俗字、俗语词很多，成为释读校录的重大障碍。《广义》就在《校勘编》第三章中以郭在贻等校《敦煌变文集·百鸟名》“花没鸽，色能姜（美）”（九六页）为例说明书籍可“因俗字而讹”，又以潘重规校王重民等录敦煌曲《山花子》为例说明书籍可“因忽略重文符号而脱”；在同编第五章中以潘重规释敦煌写本中的“代”“大”互用、郭在贻释王梵志诗之“好俅”为例，说明校勘“应识俗文字”（三三七页），又以张金泉释敦煌写卷《叶净能诗》中“赴”

为“覆”的同音借字为例，说明校勘当有方音知识（三四五页）；等等，所举都是董理敦煌文献必须注意的带有普遍性的问题，可以启迪学人，收举一反三之效。此外，《版本编》中第二章“文献载体”中引用了大量考古发掘的资料；《校勘编》“书面材料错误的类型”一章中说明古籍中篇章的倒误，以马王堆汉墓帛书《老子》和银雀山汉墓简书《孙子兵法》为证；等等，都反映着《广义》著者密切关注并广泛吸收其他学科的成果，为发展校雠学所做的巨大的努力。

对于现实生活中存在的有关校雠学的新问题，《广义》著者也能敏锐地察觉并及时地加以总结。简化字是建国后才开始广泛推行的，近年来，在与繁体字并行的情况下，二体互相转换，往往会出现错误。特别是在使用电脑进行机械转换的情况下，此类错误尤多。《广义》在《校勘编》第三章“因字体变化而讹”一节中特辟“因简化字而讹”一条，举出今人整理古籍时误将“馮”（凭）简化为“冯”，“閒”（间）简化为“闲”，误认“种”（chóng，姓）为简化字而改为繁体字“種”等例，总结了这方面的新鲜经验，这对于人们的实践活动无疑直接起着指导的作用。

程千帆先生不止一次谈到，他的治学“可以说是从校雠学入手的”①，他的整个学术生涯一直追求的理想境界就是“文献学和文艺学的最完美的结合”②。程先生又终生从事教育工作，曾长期讲授校雠学的课程。以学者而兼教育家来写《校雠广义》，既保证了此书的学术质量，也提高了此书的可接受性。全书布局合理，条理清晰，概念准确，语言简明，举例惬当而富于启发性，不仅是一部优秀的学术著作，也是一部优秀的校雠学教科书。《广义》虽重客观的叙述，字里行间依然洋溢着著者对于学术的执着与真诚。如《校勘编》第三章“因政治原因而删”一节中，著者举出建国后中华书局重印高步瀛《唐宋诗举要》删去原引曾国藩评语为例，指出曾氏“所评对唐宋诗篇颇有见解，不应以人废言”（一六三页）。在《版

---

① 《闲堂自述》，见《程千帆先生八十寿辰纪念文集》，江苏古籍出版社 1992 年版，第 377 页。

② 《闲堂自述》，见《程千帆先生八十寿辰纪念文集》，江苏古籍出版社 1992 年版，第 119 页。

本编》第一章“版本学的功用”一节中，著者严肃地指出：一九七三年版刘大杰《中国文学发展史》中充塞着“评法批儒”的内容，有“对历史事实极为荒谬的涂抹”，“对作家作了很不公正的评价”，“可以清楚地看到十年浩劫不仅扼杀了正常的学术研究，而且严重败坏了学风”（四〇页）。“惟真理之是从，不曲学以阿世”①，著者光风霁月的胸襟，独立不阿的人格，给人以深刻教育和强烈感染，使读者不但学会如何治学，也学会了如何做人。

作为一部一百二十万字的巨著，《广义》亦偶有疏失。如《校勘编》谓“校勘”一词“历唐宋更流行”，举《全唐诗》王初《送陈校勘入宿》诗为证，云“校勘当即校书郎”。但这位王初为宋仁宗时人，校勘亦为宋代官名②。同编第六章中“据目录校正文，据正文校目录”一条举吴企明校《全唐诗》唐彦谦《赠孟德茂》当为“应德茂”之误。但此诗实为元人戴表元诗误入③。吴氏所校虽是，仍未达一间。同编第三章举蒋礼鸿考订改周邦彦《渔家傲》中“暖客”为“缓客”为“不明通假”（一一五页）；同书第五章又引用同例说明校勘“当通训诂”（三四七页），不免重复。此外，各编亦有不平衡处，版本、目录、典藏三编采用今人成果就略少一些。当然，此乃大醇小疵，并无损于《广义》的成就。

从一九四一年撰写《叙录》，到一九九八年全书出版，《校雠广义》经历了近六十年的坎坷历程。它的命运和中国知识分子的命运、学术文化的命运、中华民族的命运紧密相连，它的历史，就是二十世纪中国学术史的一个缩影。值得庆幸的是，重视文献校雠之学，已逐渐成为当前学术界和教育界的共识。一九九八年，在《校雠广义》列入“中国传统文化丛书”出版的同时，教育部颁布的新的高校课程设置计划也将被打入冷宫近五十

---

① 程千帆《南京大学教授陈君墓碑》，赞陈白尘语，文载《中国文化》第十一期（一九九五年春季号）。

② 详见陈尚君《唐代文学丛考·〈全唐诗〉误收诗考》，中国社会科学出版社一九九七年版，第三十二页。

③ 详见王兆鹏《唐彦谦四十首赝诗证伪》，《中华文史论丛》第五十二辑，上海古籍出版社一九九三年版。

年的“文献学”列为中文专业必修的主干课程。因此，由老、新两辈学者合作完成的这部著作就有了新的象征性的意义：它不但为校雠学的重建奠下了坚实的基石，也昭示着这个传统学科后继有人，必将在新世纪中华学术文化的建设中发挥更大的作用，焕发出新的更加夺目的光辉。

一九九五年五月四日

# 八、“行道救世，保存国粹”

## ——程千帆先生的精神遗产

张伯伟

一九七七年高考制度改革，我幸运地考取南京大学中文系，于次年二月从黄海之滨的农场来到千年古都的南京，由下乡知青变成了大学生。同年八月，程千帆先生应匡亚明校长之聘，重返母校任教，从珞珈山边来到钟山之麓，由街道居民变成了大学教授。从那时开始，我就一直在老师身边学习工作，并经常聆听教诲，至二〇〇〇年六月先师归道山，屈指数来，前后二十二年。先师去世不久，我便有撰文纪念之意，但每一虑及，总是禁不住悲从中来，搁笔之间，竟流逝了十三个春秋。今年是先师百岁冥诞，文学院举办了隆重的纪念活动，人们回忆先师的嘉言懿行，作为对他的永恒纪念。二〇一四年，我们又将迎来中文系（即今天的文学院）建系一百周年的华诞。一所百年院系，自然有其蕴蓄于中的精神遗产，这些遗产是透过每个不同时期的人物创造、积累并承传下来的。如果说，文章之妙不外乎桐城派所标榜的“义理、考据、辞章”，则纪念文章的“义理”，就在于透过对往事的追述，再现时代面貌的侧影和一个人的人格世界，予后人以向往、追慕的精神力量，此即《周易》所谓“君子以多识前言往行以蓄其德”（《大畜・象》）。在知识人的精神世界雾乱幽暗的今日，这种力量是尤为珍贵和必要的。

## （一）

千帆先生与祖棻先生一九三七年结褵于安徽屯溪，至一九七七年祖棻先生遭车祸去世，整整四十年。早两年，祖棻先生有《千帆沙洋来书，有“四十年文章知己患难夫妻，未能共度晚年”之叹，感赋》一诗：

> 合卺苍黄值乱离，经筵转徙际明时。廿年分受流人谤，八口曾为巧妇炊。历尽新婚垂老别，未成白首碧山期。文章知己虽堪许，患难夫妻自可悲。[①]

以高度浓缩之笔写尽了共同生活期间的哀乐，而“四十年”竟为一谶。一九四六年三月八日，当吴宓在成都见到他们的时候，便将其观感写入日记：“昌（千帆先生旧名会昌）、棻均有行道救世、保存国粹之志。”而这一志向的秉持，是终其一生的。余生也晚，未能亲炙于祖棻先生之教[②]，只是结婚时承先师锡以室名曰“静好轩”，并垂示此乃祖棻先生使用者，又惠赐其藏书印“静好轩中长物”，如此而已。所以，尽管千帆先生与祖棻先生有很多共同之处，尽管吴宓的评价是针对两人而言，我只能偏重谈千帆先生。

“行道救世”和“保存国粹”，分别代表了中国文化中的忧患传统和知识传统，而作为一个身兼两种传统的大学教授，他往往是透过对知识的传承、创造以达到其“行道救世”之目的。《魏修孔子庙碑》中说夫子“遭世雾乱”，“屈己以存道，贬身以救世”（《隶释》卷十九）。他周游列国以行道救

① 《涉江诗稿》卷三，《沈祖棻诗词集》，江苏古籍出版社一九九四年版，第二九四页。

② 先父一九五三年入江苏师范学院（今苏州大学）中文系，曾亲聆祖棻先生授课。一九五五年院系调整，中文系合并至南京师范学院，祖棻先生亦移砚南京，至一九五六年转赴武汉大学。其时家母亦在南师中文系就读，但未有机缘受教于祖棻先生。而先父对祖棻先生的授课及衣着的印象就是两个字——朴素。

世，其塑造的学问品格，就是“述而不作”、“信而好古”，而在所述所信中，实际上对以往的文化下了一番因革损益的功夫。孔子奠定的传统，就是中国学术、中国教育的根本大统。只要这一根本大统不被丢失，中国文化的统绪就不会断绝，而必有再生、光大之一日。

读书人喜好读书并不难，难的是在苍黄离乱的日子里，在艰难困苦的环境中，还能做到“造次必于是，颠沛必于是”（《论语·里仁》）；难的是面对无穷的知识世界，即便已有所成就，甚至是很高成就，还能持续“愿学新心养新德，旋随新叶起新知”（张载《芭蕉》）。

千帆先生大学毕业后不久，抗日战争爆发，他辗转于屯溪、长沙、武汉、重庆、康定、成都，生活极不安定。然而就其个人而言，这不算是其独特的坎坷，也不算是对其人生最大的打击。在四十年代中期，千帆先生和祖棻先生目睹国民党统治的腐败溃烂，以至于在知识与理想集中地的大学也未能免，他们曾怀着读书人的正义感挺身而出，对种种贪腐现象予以无情的揭露，却因此而受到学校当局的解聘。我们只要看一下祖棻先生《涉江词》丙稿，如《鹧鸪天》四首“华西坝春感”、《减字木兰花》四首“成渝纪闻”、《浣溪沙》“后游仙词”等作和千帆先生的笺注，就是这段历史的生动再现。所以，当祖棻先生一九四九年在上海治病时，亲眼目睹旧日统治者对人民的迫害和“人民解放军的次序井然，秋毫无犯，对人民解放军和党就感觉到比较亲切而信任了”①。和许多知识分子一样，他们从新旧对比中看到了祖国复兴的希望，也看到了自己的前途，因而真诚地、自觉地学习马列主义、毛泽东思想，希望能够赶上时代的步伐。而从知识传统来讲，不断地更新自我，吸收新知，也是“保存国粹”的有力和有效的手段。一九五二年，千帆先生将他两年多来的文章结集为《文学批评的任务》一书，交由中南人民文学艺术出版社刊行。毫无疑问，此书有着很明显的时代印记，是他“不断地努力学习，不断地努力提高自己的政治水平和业务水平”的“一种纪录”，出版此书，也是为了“在今后跨越自己的时候能够清

---

① 沈祖棻《自传》，转引自徐有富《程千帆沈祖棻年谱长编》，南京大学出版社二〇一三年版，第一六二页。

晰地回顾一下经历过的旅程”①。一九五四年，千帆先生与祖棻先生合出了一册《古典诗歌论丛》，在十八篇论文中，只有两篇是祖棻先生撰写，其余皆为千帆先生所作；十七篇文章是旧作，只有《古代诗歌研究绪论》为一九五四年的新篇②。在此文之末，千帆先生写道：

> 伊·艾伦堡曾经说过：“只有希望，强烈的希望，那时候一切才能实现。”前面曾经提到，我们的古典作家，都是相信将来的人，因此，才在他们的作品中发射着强烈的希望的光辉，而现在，已经出现比他们所希望的理想社会不知美妙多少倍的社会，而且不久就要走进更美妙的社会了。那么，让我们也来希望，强烈地希望吧！③

这是多么真诚、多么热烈的咏叹！他是怀着一颗赤子之心期待着“更美妙的社会”在不久到来，但等待着他的，在不久的将来，却是人生途中的一次重创。

一九五七年六月，身为武汉大学中文系教授的千帆先生，在一夜之间成为右派分子，接着，学报副主编被撤，教授资格被撤，被《人民日报》点名为“武大右派教授头子”，又被称为“右派元帅”，接受大会小会批判，被迫放下笔杆子，拿起粪耙子，从事惩罚性体力劳动。虽然在一九六一年六月回到武汉大学，但仍不许讲课，只能在中文系资料室担任管理员，直到一九六六年六月“文革”开始。我们无法想象面对这一突如其来的变故，他是多么惊愕、茫然、愤怒。千帆先生在晚年说自己“一生中最大的挫折就是遇到反右派的政治运动”，“我从小最大的野心就是当个教授。我当了教授，有机会做一个教授应该做的事情，当中忽然把它们掠夺了，不让做。这是处理知识分子、虐待知识分子最恶毒的一个方法”，“对我来说，这可

---

① 《文学批评的任务·后记》，中南人民文学艺术出版社一九五三年版，第一二六页。

② 此文固然带着那个时代特有的印记，但就其提出的问题以及给出的答案来看，仍然对后人有所教益。

③ 《古典诗歌论丛》，上海文艺联合出版社一九五四年版，第三十五页。

能是最厉害的惩罚”①。他不得不接受命运的安排，但又无时无刻不在抗拒命运的安排。我们翻阅一下《古诗考索》的目次，上辑十六篇论文，写在一九六一年到一九六三年之间的就有五篇；又批校《杜诗镜诠》，删补写定《史通笺记》，点校李壁注王安石诗等。用他自己的话来说：“我只要有机会就做自己的工作，很多比较细致的工作都是那时做的。”②而“文革”开始，又经受更大的冲击，接受批斗、抄家，许多论著手稿被撕毁、被抢掠，限时勒令搬迁至偏僻、肮脏、简陋的平房中。“道途绝灯火，蛇蝮伏荆榛。”“青蝇飞蔽碗，雄虺卧当门。”“注屋盆争泼，冲门水乱流。”③祖棻先生的这组诗写出了当年住所之荒凉寥落，室内苍蝇成阵，门口毒蛇出没，遇雨则山洪奔泻入户，长夜屋漏沾湿。其后，千帆先生被赶到武大校办农场，继而发配到沙洋劳改农场，接受劳动改造。即便在这样的恶劣环境下，他仍然不忘读书，晚年曾这样回忆道：

> 我的信念就是无论如何也要同这种不合理的现象对抗下去，就是不死，就是要看看到底结局如何。在沙洋农场，图书室没别的书，正好有一套中华书局校点的晋隋八史，我白天劳动和挨斗，晚上就把这些书看了一遍。这包含了自私的个人信念，也包含了对祖国文化的热爱的信念，二者很难区分。④
>
> 改造来改造去，不是认罪，反而加强了对自己的认识。比如说批判传统文化，特别是在“文化大革命”中，批得那么厉害，我就觉得中国的传统文化，儒学乃至道家，的确还是代表了人类部分的真理吧。这样一想，我反而安定下来，还能读读书，也还能够想些问题。在这过程中对自我也有所评价：第一，我没有做对不起老百姓的事情；第

① 张伯伟编《桑榆忆往》，《程千帆全集》第十五卷，河北教育出版社二〇〇〇年版，第三十三——三十四页。

② 《桑榆忆往》，第三十二页。

③ 沈祖棻《忆昔》，《涉江诗稿》卷三，《沈祖棻诗词集》，第三〇五页。

④ 《桑榆忆往》，第一七二页。

二，我的工作对人民是有用的，现在不用，总有一天用得着。[1]

由于始终不懈地坚持读书思考，一旦天地回转，他就有了施展抱负的机会和能力。

一九七七年，千帆先生在武汉大学中文系奉命“自愿退休，安度晚年”。不久，祖棻先生因车祸去世。这应该是其一生中内心最为悲苦的阶段，既被强行剥夺了工作的权利，又丧失了感情上最亲近的伴侣。但他强忍深悲巨痛，埋头于逝者遗著和自身论著的整理和出版，在给门人的信件中说：“又恢复到五七年以前，每天没有三千字不下书桌了。一以忘忧，二以赎罪，三以比武。”[2]而当匡亚明校长决定聘请千帆先生到南京大学工作，派中文系负责人叶子铭先生去武汉与千帆先生面商，叶先生问“你到南大去，有什么条件”时，他喊出了：“我要工作！”一九七八年八月，千帆先生回到母校南京大学，开始了他人生中最辉煌的一段。在给友人的信件中说：“此间相待以礼以诚，大异武汉，想来可在此间以著述终老。”[3]其生平撰著二十余种，绝大多数都是晚年在南京完成，他是在年逾古稀达到其学术上的巅峰的。关于这些著作在学术上的成就，学界已多有评论，我想要强调的，是隐藏在这些著述背后的精神。

最近有一位学友对我说，他们专业的教授，年过六十还继续研究者在全国屈指可数，遑论自我突破。我不知这一说法的概括性如何，也未探究其原因所在。我想要说的是，千帆先生晚年移砚南京，已是六十六岁的老人，在其旺盛的生命力和创造力的背后，其实是有一种知识传统和学术精神支撑着的。“保存国粹”一语，自清朝末年到民国初年流行起来[4]，这显然与西潮涌入的大背景相关。我曾经用“赋诗断章”的方式，对百年来的中国学术作过一个漫画式的描绘，当时学术界的主流，便是“云谁之思，西方美

① 《桑榆忆往》，第三十二——三十三页。

② 陶芸编《闲堂书简》（增订本），上海古籍出版社二〇一三年版，第三十五页。

③ 《闲堂书简》，第一一五页。

④ 鲁迅《热风·随感录三十五》：“从清朝末年，直到现在，常常听人说‘保存国粹’这一句话。”人民文学出版社一九七三年版，第十四页。

人。彼美人兮，西方之人兮”（《诗经·简兮》），以西方学术为追求、效仿之唯一对象。到三十年代中期，千帆先生步入学术界之时[①]，整个的学术现状如何？遇到的问题何在？不妨以陈寅恪的说法为代表：一九二九年，他在给北大历史系毕业生的诗中写道：“群趋东邻受国史，神州士夫羞欲死。田巴鲁仲两无成，要待诸君洗斯耻。”[②]这里的“田巴鲁仲两无成”就是他对当时史学界新旧两派的概括和评价。此后续有论说，一九三二年又云：“以往研究文化史有二失：旧派失之滞……新派失之诬。”[③]一九三六年又说：“今日中国，旧人有学无术；新人有术无学。”[④]“学”指材料，“术”指方法。旧派乃抱残守阙、闭户造车之辈，新派则据外国理论解释中国材料，并标榜“以科学方法整理国故”者。在陈寅恪看来，旧派之闭目塞听、陶然自醉，固然难有作为；新派之高自标置、鲁莽夸诞，时或流于“画鬼”。他在一九三一年所强调的“今世治学以世界为范围，重在知彼，绝非闭户造车之比”[⑤]，体现的正是立足中国文化而又放眼世界的学术胸怀和气魄。宁乡程氏与义宁陈氏为世交，千帆先生在学术思想上也受到陈寅恪的影响[⑥]，

---

① 现存的著述中，《少陵先生文心说》、《杜诗伪书考》写于一九三六年，《目录学丛考》出版于一九三九年，所以，我们可以将这个时期看成其进入学术之始。

② 《北大学院己巳级史学系毕业生赠言》，陈美延、陈流求编《陈寅恪诗集附唐筼诗存》，清华大学出版社一九九三年版，第十八页。

③ 蒋天枢：《陈寅恪先生编年事辑》（增订本）附录二，上海古籍出版社一九九七年版，第二二二页。

④ 卞僧慧：《陈寅恪先生欧阳修课笔记初稿》，载刘东主编《中国学术》第二十八辑，商务印书馆二〇一一年版，第二页。

⑤ 《吾国学术之现状及清华之职责》，《金明馆丛稿二编》，上海古籍出版社一九八〇年版，第三一八页。

⑥ 千帆先生曾将陈寅恪《韩愈与唐代小说》的英文本翻译为中文，其《唐代进士行卷与文学》也受到“寅恪先生谈唐朝行卷的文章”的启发。他晚年给门人的信中也说：“陈先生说‘寅恪平生为不古不今之学’。汪荣祖竟然认为这是指他专攻中古史，即魏晋六朝、隋唐五代。这不但与事实不合，也完全不解陈先生的微旨。‘不今不古’这句话是出在《太玄经》，另外有句话同它相配的是‘童牛角马’，意思是自我嘲讽，觉得自己的学问既不完全符合中国的传统，也不是完全跟着现代学术走，而是斟酌古今，自成一家。表面上是自嘲，其实是自负。根据他平生的实践，确实也做到了这一点，即不古不今，亦古亦今，贯通中西，继往开来。”（《闲堂书简》，第四二五页）可见其认识之确、体会之深。

因而逐渐形成其“开放的文化保守观”(姑以名之):一是立足中国文化传统,二是不断吸取现代新知。这种学问品格,奠基于孔子的“因革损益”说,而朱熹“旧学商量加邃密,新知培养转深沉”(《鹅湖寺和陆子寿》),也明确昭示后人,旧学不经过新知商量,难臻邃密;新知不经过旧学培养,也难致深沉。所以,不吸收新知,也就无可能“保存国粹”。二十世纪以来的“新知”,就是世界范围的人文学术研究,至少也是国际上的汉学研究。千帆先生发表的第一篇学术论文《杜诗伪书考》,就曾寄呈日本京都大学铃木虎雄请益。直到晚年,在接受《文学研究参考》记者采访时还指出:

> 不少人认为,中国人研究中国文学理所当然是最高水平,外国人总难免隔雾看花,郢书燕说。因此没有必要去看国外同行的工作。具体分析起来,这种说法恐不尽然。……我认为国外中国学的某些成果是值得国内学者认真学习的。……国外中国学研究是随整个科学的发展而发展的,国外的科学发展较快,这是不能否认的事实。西方社会科学乃至自然科学的研究成果直接影响到国外中国学研究,是顺理成章的事。……重视国外的研究,还有另一个意义,就是,也有必要输出我们自己的优秀的东西。①

这里蕴含的意义有:要“保存国粹”,必须放眼世界。一方面是吸收国外同行的优秀成果,一方面是反思自身的学术工作②。国外中国学是西方学术整体的一个分支,通过对这一分支的理解,也能吸收到西方学术(包括社会科学和自然科学)的优长。而最重要的一点,就是在学习国外

---

① 《访程千帆先生》,巩本栋编《程千帆沈祖棻学记》,贵州人民出版社,一九九七年版,第九十一——九十二页。

② 千帆先生对海外汉学极为关心,如一九七九年十月十二日致叶嘉莹、周策纵的信中就列出了三项“所欲知晓各事”,分别为:“一、欧美著名汉学中心(包括图书馆、研究所及大学亚洲学系)之名称、地址及主持人。二、欧美著名东方学(汉学)学术刊物之名称、出版地址及主持人(此项旧有者多知之,乞详示近二十年新出者)。三、研究汉语古典诗歌及中国古代文艺理论之学人(特别是华族学者)及其主要著作(专书或论文,发表刊物及出版书店)。”(《闲堂书简》,第二五七、二七四页)即可略窥其旨。

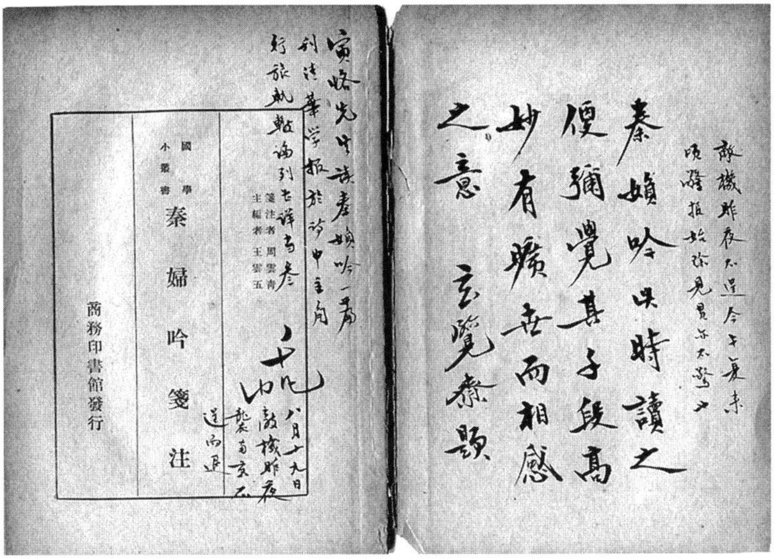


一九三七年八月十九日，题周青云《秦妇吟笺注》

中国学成果的基础上，逐步形成深度的学术对话，从而“输出我们自己的优秀的东西”，即“国粹”。这就是我所理解的“开放的文化保守观”的内涵。它植根于中国传统的学术品格，又经受了现代学术精神的洗礼，既针砭中国的学术现状，也为中国学术的发展在观念上廓清了是非。重要的是，千帆先生以自己的实践，给我们树立了一个光辉的榜样。用禅宗“云门三句”来形容，要的是“截断众流”，而非“随波逐浪”，这才能“涵盖乾坤”，至少也应做“乱流”中的“孤屿”吧。当年陈寅恪曾为自己“论学论治，迥异时流，而迫于事势，噤不得发”①而叹息，今日各大学纷纷以“与世界接轨”为口号，对国外汉学更是拥有了前所未有的热情。学者撰文著书，不用说理论框架，甚至连制题都仿效欧美，几乎成了“匪女之为美，美人之贻”(《诗经・静女》)了。从陈寅恪到千帆先生，他们的学术精神是一脉相承的，但何时才能使“要待诸君洗斯耻”的期望得到落实呢？这样看来，中国学术真应该用“任重道远”来形容了。

① 《读吴其昌撰梁启超传书后》，《寒柳堂集》，上海古籍出版社一九八〇年版，第一五〇页。

程千帆与叶嘉莹对相关学术问题进行交流

因此,学人的一生,就应该是不断追求新知、不断创造新知的一生。"学而不厌""不知老之将至"(《论语·述而》)、"不学,便老而衰"(《二程遗书》卷七),就是中国知识传统中对学人的精神状态的描述。有志于"保存国粹"的学人,无一不具有这样的精神状态。在这里,我再引用两段千帆先生给门人书信中的话,以结束此节:

> 就我来说,劳动有个效果问题,知识有个更新问题。人老了,知识不更新,劳动也就往往无效了,并非只要在不断地做,就是好的。①

> 真是新的、突破性的、创造性的,皆来自自己的"心潮"而不是举国逐狂的"新潮",当然,并不排斥应当受到"新潮"的影响。②

---

① 《闲堂书简》,第六十页。

② 《闲堂书简》,第三四一页。

## （二）

以大学教授来说，如果“保存国粹”偏重在知识传统的话，“行道救世”就偏重在忧患传统。一重在知，一重在行；一强调知识，一强调人格；一通过学术传承，一通过人才培养。而两者在实际运作时又是统于一身的。就千帆先生而言，他是充分自觉到这一点，并且为之付出了终生的努力。我们可以看这样两份文献，一是临退休前他给南京大学校系党政领导的信：

> 十一年前我才到南京大学的时候，就暗自立下了两条誓愿：一是要争分夺秒，把在政治错案中损失了十八年的时间抢夺回来，这一点现在看来并没有能完全做到；二是在教学科研中要认认真真地走路，在培养青年教师和学生中要勤勤恳恳地带路，在应当退休的时候要高高兴兴地让路。现在是该让路的时候了，我要向你们说，我的确是高高兴兴的。①

这里所发的“两条誓愿”，显然一属于“传承”，一属于“救世”。再看他手书的遗嘱：

> 千帆晚年讲学南大，甚慰平生，虽略有著述，微不足道，但所精心培养学生数人，极为优秀，乃国家之宝贵财富。望在我身后仍能恪守敬业、乐群、勤奋、谦虚之教，不坠宗风。②

这里所说的两点，一为著述，一为育才。在他的心目中，后者显然更重于前者。也可以说，“行道救世”是目的，“保存国粹”既是为达此目的的手

① 《闲堂书简》，第五七九页。

② 徐兴无编《程千帆书法选集》，南京大学出版社二〇一三年版，第六十六页。

段，也是能达此目的的资本。作为千帆先生的弟子，决不敢自认已如老师评价的那样，只能以老师为榜样终身孺慕、无限接近，或可少愧于老师的期待。

“行道救世”本是中国士阶层的传统，士阶层因读书而明道，于是对待人生、社会便油然兴起一种不可推卸的责任感，总是希望有一个更加美好的社会，也因此觉得当今社会之不圆满、有缺憾，无论是将美好追溯到远古的“三代之治”，还是系于未来的“乌托邦”。陶渊明眼见“大伪斯兴”之世，哀叹“羲农去我久，举世少复真”，因而想象“汲汲鲁中叟，弥缝使其淳”（《饮酒》其二十）；杜甫身处大唐盛世，在莺歌燕舞的太平光景中，清醒地认识到“表面上似乎很美妙，而实际上却不很美妙乃至很不美妙”①。这不仅仅来自于诗人的敏锐，也是中国士大夫的忧患传统所导致。千帆先生也是如此，对于自身所处的时代总有着不可抑制的关切。一九三六年，还是学生时代的他，在《苏诗讲义》后写了这样一段话：“丙子正月八日，宪兵围金陵大学，时距大考方二日。十五日则当局召集教育界谈话期也。汉、明学生清议，所遇未尝视今日为尤酷，所谓民主政体，乃如是乎？”②一九四六年，已是副教授的他批校《鲍参军诗注》，每卷之尾皆有跋语。如卷一跋云：

> 三十五年二月二十五日，学生以东北问题罢课，午后教授亦相与集议，又仿佛九一八在金陵时矣。夜不能寐，校鲍诗卷一讫，万感柴胸。

又卷二跋云：

> 三月一日夕校卷二讫。报载苏联增兵东北。

---

① 程千帆《一个醒的和八个醉的——杜甫〈饮中八仙歌札记〉》，张伯伟编《程千帆诗论选集》，山西人民出版社一九九〇年版，第二〇一页。

② 《闲堂序跋文抄》，附载《程千帆诗论选集》，第二五七页。

又卷三跋云：

> 三月六日校卷三讫。报载苏军在东北演习战斗。

卷末跋语有“兼旬卒业，民国三十五年丙戌三月十日”[1]，而《吴宓日记》中说程、沈“均有行道救世、保存国粹之志”，就在同年三月八日。五十年代后期，他怀着满腔热情“帮党整风”，迎接“更美妙的社会”的到来，结果成了“右派教授头子”，被迫中断教学工作二十年。一九八〇年六月，他在山东大学中文系对研究生讲《关于治学方法》，仍然强调古典文学的研究者要关心现代当代文学：“关心当代文学，就是关心人民。因为当代文学提出有关人民命运的问题。”“没有一部真正有价值的文学作品不是回答现实生活当中的问题的，指引读者走上美好的生活道路的。”[2]纵然受到如此重大的人生挫折，也没有能改变他的初衷。当然，千帆先生的“行道救世”，更多的是透过对于学术人才的培养来进行的。

人才培养，首先在于确立起敬业精神，这才能够养成对于知识的忠诚。我最近无意间看到千帆先生在一个本科生作业上的批语：“一定要把字写端正，不要潦草，更不要自己以意为之。从事科学研究，要每一个细节都对人对己负责。”看起来似乎只是对写字的要求，实际上是在训练从事学术研究的态度。程颢曾云：“某写字时甚敬。非是要字好，只此是学。”（《近思录》卷四）他是要通过写字的一丝不苟培养起从事学术的敬业精神。敬业不在于空泛言说，而是通过学术训练中各种规范的建立和遵守以达到的。一九八〇年三月，我还是一个大三的学生，写成一篇习作《钟嵘〈诗品〉推源溯流论——兼评中国古代的说诗传统》，并参加了当年的“五·二〇”学生学术报告会。在那篇习作的最后，我引用了恩格斯这样一段话：“科学的历史就是这种荒谬思想渐渐被排除的历史，是它被新

---

① 此书为千帆师惠赠，今藏百一砚斋。

② 《闲堂文薮》，齐鲁书社一九八四年版，第三二九页。

的、荒诞性日愈减少着的荒谬思想所替代的历史。”①但我当时没有查明其出处，所以用了“记得恩格斯说”这样的表述法，结果受到千帆先生的严厉批评。后来，他还在许多不同场合举出这个例子，以强调学术规范的重要性。中国传统的教育理念，用西汉扬雄《法言·学行篇》的说法，就是“铸人”，其最高典范就是“孔子铸颜渊”。司马光曾这样注释：“借令颜渊不学，亦常人耳。遇孔子而教之，乃庶几于圣人。”无论是模铸、范铸还是陶铸，都是要用外在规范使得事物成形，成为合格产品。学者的培养，也离不开学术规范的训练，逐步形成在“每一个细节都对人对己负责”的习惯。尽管今日大学生、研究生毕业后未必都从事学术研究，但只要有了这种习惯，在任何一个工作岗位上，都会是一个敬业的人，一个有益于人民的人。这样的人在社会上越来越多，就必然形成良风美俗，使得社会朝着愈加美好的方向变化发展，达成“行道救世”的目的。这就是办教育的意义所在。可惜这样的教育理念，在今天的大学里已经日益淡漠，甚至被人遗忘。有时我也想，千帆先生对于学术规范的强调，似乎在八十年代初变得极为严格②，这是为什么？陈澧曾经说：“天下乱由于学术衰，学术衰由于懒读书，懒读书，乱天下矣。”（《东塾读书论学札记》）千帆先生是不是在经历了“文革”的大动荡之后，对于导致“天下乱”的原因与陈澧有了同感和共鸣呢？或者他真的是预见到十年以后中国学术风气的堕落，为此而向初学者作“狮子吼”吗？无论如何，这样的“棒喝”对我来说，不仅是及时的，也是终身受益的。

在千帆先生晚年，已经目睹学风和社会风气败坏的情景。一九八八年八月八日给门人的信中说：“国步艰难，大约‘上下交征利而国危矣’，‘上下相蒙，难与处矣’二语足以尽之。”③此语一出于《孟子·梁惠王》：“王曰‘何以利吾国’？大夫曰‘何以利吾家’？士庶人曰‘何以利吾身’？

① 《恩格斯给史密特——一八九〇年十月二十七日于伦敦》，载《马克思恩格斯关于历史唯物主义的信》，艾思奇译，人民出版社一九六二年版，第八十八页。

② 如果我们看千帆先生在五十年代出版的论著，其中引用他人的言论，也未必皆有出处。我相信这些引文都是有依据的，但在注释方式上却并不严格。

③ 《闲堂书简》，第四一二页。

上下交征利，而国危矣。”一出于《左传》僖公四年。一个社会若群相取利，上下欺瞒，没有是非，不知羞耻，其结果能是怎样呢？一九九四年一月二日的日记云：“文风之变，皆急于成名所致，恐非少年文士之福。”①一九九五年十月三日，他在给一位老门生的信中说：

> 方今学术，哗众取宠欺世盗名者比比皆是，然荀子云：“狂生者不胥时而落。”君子之道，仍必闇然日章，我行我素，终必为今日后世所承认接受。吾湘船山先生隐居苗峒，著书数百卷，终能发其潜德幽光，其著例也。愿坚持勿懈。②

从这封信到现在，又是将近二十年过去，学风败坏之状已如沦肌浃髓，不可救药。但只要有人能够坚持理想，哪怕只有少数人在“风雨如晦”的世界中“鸡鸣不已”，也终究能够扭转颓势。一方面诅咒社会的丑恶，一方面坚持自己的理想，千帆先生的这个信念总让我想起十九世纪瑞士历史学家布克哈特(Jacob Burckhardt，一八一八——一八九七)，这个被称为“十九世纪最有智慧的心灵”在诺贝尔文学奖得主斯彼德勒(Carl Spitteler，一八四五——一九二四)的回忆中是这样的：“我最常听他嘴里冒出来的话是：‘这是一个邪恶的世界。’他每次都说得那么认真，那么斩钉截铁。……这是他人生观里不断回旋的韵律。”③然而，他又在其著作中充分展示出“人文涵养”对人类的重要，使得读过他的书的人，都变得与过去不同。也让我想起当代美国史学家娜塔莉·泽蒙·戴维斯(Natalie Zemon Davis)的一句话：“无论现状看起来多么陈腐不堪和不可救药，过去总是在提醒我们，变化是可以发生的。”④我从这些言论和表现中，分明听

① 转引自《程千帆沈祖棻年谱长编》，第六七六页。

② 《闲堂书简》，第七二〇页。

③ 转引自花亦芬译《意大利文艺复兴时代的文化·绪论》，台湾联经出版事业公司二〇一三年修订版，第五十页。

④ 玛丽亚·露西娅·帕拉蕾丝-伯克编：《新史学：自白与对话》，彭刚译，北京大学出版社二〇〇六年版，第五十六页。

到了孔子“人能弘道，非道弘人”（《论语·卫灵公》）的回响。佛教中也有“千载一时、百世一人”的说法，千载理想，百世事业，全系于一时又一时、一人又一人的不断努力；反之，一时一人的努力，也能够决定千载百世理想和事业的成功。颜元（习斋）在《唤迷徒》第四唤中说：“非一人所可为，虽千万人亦一人之倡也；非一日所可为，虽千百年亦一日之积也。救得一人是一人，转得一日是一日，正得一分是一分。”（《存人编》卷二）因此，无论现实多么令人窒息和失望，也要做一个永恒的发光体，向这个世界放射无休无止的“正能量”。

“人非圣贤，孰能无过。”（倪岳《会议》）面对自己的过失讹误，无论是教学还是科研，应该采取什么样的态度？千帆先生曾多次告诉门人，一九三六年他从金陵大学毕业，拟往金陵中学任教时，刘国钧（衡如）先生给他的临别赠言是：“只告诉你一条，你肯定会有讲错的地方，什么时候发现了什么时候告诉学生，说：‘我讲错了！’”所以，他要求于我们的，一方面是“道之所存，师之所存”，另一方面则是“吾爱吾师，吾更爱真理”。这在其著述上表现得尤为充分。千帆先生晚年给本科生上大课，一次是一九七九年二月至一九八〇年一月，为七六级工农兵学员讲“历代诗选”课，我曾去旁听；另一次是一九八〇年九月到十二月，为七七级同学讲“古代诗选”，我担任课代表。使用的教材都是中文系自印的《古诗今选》，学期结束，布置作业，其中之一就是为该教材匡谬指疵。有的同学就其中的注释问题提出了自己的意见，千帆先生非常高兴，择其合理者吸收，在正式出版时还一一写上这些同学的名字。比如曹植《白马篇》“左顾凌鲜卑”注：“左顾即东顾，向东看。（张觉君举扬雄《解嘲》：‘今大王左东海，右渠搜，前番禺，后椒涂。’证明左顾即东顾，其说甚是。）”①又如繁钦《定情诗》“日旰兮不来”注：“旰，晚。孙月沐君说：旰当为盱之误。盱，训日初升。诗由日盱、日中、日夕写到日暮，是一天之内事。若作日旰，就变为两天了。按

① 程千帆、沈祖棻选注：《古诗今选》上，上海古籍出版社一九八三年版，第五十二页。

孙说可取。”[①]注释中提及的张觉、孙月沐都是我当时的同班同学。千帆先生与祖棻先生嬿婉情深，祖棻先生不幸去世后，他为之整理出《宋词赏析》、《唐人七绝诗浅释》等，寄托哀思。但当他看到有年轻学子撰文与祖棻先生商榷且言之成理，却高兴地予以好评[②]。一九八九年，我受命为千帆先生编其诗论选集，选入其《从唐温如〈题龙阳县青草湖〉看诗人的独创性》一文，此文据《全唐诗》而将唐温如当作唐代诗人。文章刊出后，中山大学陈永正先生撰文指出，唐温如生活于元明之际，并非唐人，千帆先生特地为此撰一跋文，介绍陈氏批评意见，并坦言“因为不想掩饰自己读书不多，见闻弇陋而造成的失误，没有对已发表过的文章再加修订，读者谅之”[③]。这里，我想谈谈对于千帆先生非常强调的“谦虚”一语的认识。谦虚固然涉及日常生活中对人的态度，但更重要的是如何对待知识世界，是否具有忠实知识、敬畏知识的态度，对学人的“谦虚”来说，应该是更为重要的本质。前者即孔子所谓“知之为知之，不知为不知，是知也”（《论语·为政》），后者即庄子所谓“吾生也有涯，而知也无涯。以有涯随无涯，殆已”（《庄子·养生主》）。忠实知识，就既不能在知识面前猖狂放肆，大言不惭，又不能故步自封，不思进取；敬畏知识，就既不宜对他人吹毛求疵，尤不可对自己文过饰非。孔门弟子中，以颜回最为好学，其特征之一便是“不贰过”（《论语·雍也》）。能做到“不贰过”，就是因为他能“过则勿惮改”（《学而》）。因为“过而不改，是谓过矣”（《卫灵公》），只有“小人之过也必文”（《子张》）。蘧伯玉“欲寡其过而无能”（《宪问》），连孔子都表示钦佩，可见进德修业，老而不倦，在实际的道德活动和知识活动中是不容易做到的。个人如此，群体也是如此。

---

① 程千帆、沈祖棻选注：《古诗今选》上，上海古籍出版社一九八三年版，第五十七页。

② 千帆先生一九八一年十二月七日记载：“下午《江海学刊》许总、曹朋二君来，出示华师中文系七七级喻志丹君秦少游二词考辨，驳祖棻说，甚佳。”（《程千帆沈祖棻年谱长编》，第三五九页）。

③ 《程千帆诗论选集》，第二四六页。

## （三）

“行道救世，保存国粹”，虽然可以分而论之，但实际上，这种精神遗产是融合为一地体现在千帆先生身上的。尽管作为一个教授，他的日常行为更多地体现在其知识活动中，无论是知识的积累、创造还是传承，但是归根结底，认识世界的目的还是为了改造世界。儒家讲“知行合一”，佛教重“行解”胜过“知解”，作为浸润在传统文化中的千帆先生，对于这些观念不仅耳熟能详，而且身体力行，他是要透过其知识活动以达到其“行道救世”之目的。所以，对于知识的积累，是不停歇的积累；对于学术的创造，是无止境的创造；对于文化的传承，是不疲倦的传承。未有“不学”而能有真学者，未有“不学”而能有真学术。故曰：“圣人生于疾学，不疾学而能为魁士名人者，未之尝有也。”（《吕氏春秋·劝学》）若滚滚滔滔尽为“魁士名人”，而罕见以“疾学”（即努力学习）所致者，真要令人慨叹“天下事可知矣”（借用晋人桓冲语）。

我在千帆先生身旁二十二年，多受其言传身教之熏陶，所学所感所思所悟实不止上文所述，但能够理解、把握到的其精神遗产，尤其是对当今大学的教育、学术能收“应病施药”（借用《临济录》语）之效者，大体在此。引经据典，似乎了无新义。然在今日之诸公、诸君、诸生骤而读之，或将疑其与当下所见、所闻、所受殊途异趋，则我之所述者，不啻寱言独语。但如果从这些精神遗产的渊源来看，在中国的知识传统中每能听到其回响，又可谓恒语共识。但正如晋人所言：“夫学之所益者浅，体之所安者深。闲习礼度，不如式瞻仪形；讽味遗言，不如亲承音旨。”（《世说新语·赏誉》）千帆先生给我们的，是一个触摸可及的活生生的模范。我如今忝为人师、讲学南京大学也近三十年，虽然无法企及老师教书育人的水准，但也渴望能够将其精神延续下去。

十年前在韩国，曾在李恒老（一七九二——一八六八）故居遇一张姓后人，问我“张姓在历史上以何人最伟大”？继而自答：“是宋代的张载。”那就让我再次引述这位伟大先贤的诗：“愿学新心养新德，旋随新叶起新知。”宋人熊刚大注解此诗，以为上句是“尊德性功夫也”，下句则“道问学功夫也”（《性理群书句解》卷四）。既“尊德性”又“道问学”，由“一己之心”而推广至四海天下，这，也许就是中国学术伟大的道统所在吧。

癸巳除夕

（原载《中国文化》二〇一四年春季号）